国家骨干高职院校工学结合创新成果系列教材

道路工程施工项目管理技术

主　编　吕春雨

副主编　刘艺荣　何日林　邹双凤

主　审　方　崇

中国水利水电出版社
www.waterpub.com.cn

内 容 提 要

本教材为国家骨干院校建设重点专业——建筑工程技术专业课程改革系列教材之一，依据国家骨干院校建设专业人才培养方案和课程建设的目标与要求，按照校企专家多次研讨后确定的课程标准进行编写。本教材共分3大项目、13个情景，按编制实施施工组织设计的工作开展顺序，围绕3大项目：认识道路工程施工项目管理与组织、编制实施性施工组织设计、编制施工项目管理计划，介绍进行道路工程施工项目组织与管理所要掌握的知识内容，包括认识公路工程施工项目管理、工程项目施工准备、施工总体部署、编制施工进度计划、编制资源需用量计划、编制施工总平面设计、认知公路工程施工项目进度控制、认知施工项目技术与质量控制、认知施工项目成本控制、公路工程施工项目合同管理、建设工程职业健康安全与环境管理、公路施工项目的组织协调与竣工验收、公路施工实施性施工组织设计实例13个情景教学内容。

本教材可作为道路与桥梁工程技术、公路工程监理、公路工程管理、公路工程造价、市政工程等专业的施工项目组织与管理的教材，也可作为工程管理人员的培训用书及在职人员的继续教育和参考用书。

图书在版编目（CIP）数据

道路工程施工项目管理技术 / 吕春雨主编. -- 北京：中国水利水电出版社，2016.1(2024.1重印)
国家骨干高职院校工学结合创新成果系列教材
ISBN 978-7-5170-3573-2

Ⅰ. ①道… Ⅱ. ①吕… Ⅲ. ①道路工程－工程施工－高等职业教育－教材 Ⅳ. ①U415

中国版本图书馆CIP数据核字(2016)第026274号

书名	国家骨干高职院校工学结合创新成果系列教材 **道路工程施工项目管理技术**
作者	主编　吕春雨　副主编　刘艺荣　何日林　邹双凤　主审　方崇
出版发行	中国水利水电出版社 （北京市海淀区玉渊潭南路1号D座　100038） 网址：www.waterpub.com.cn E-mail：sales@mwr.gov.cn 电话：(010) 68545888（营销中心）
经售	北京科水图书销售有限公司 电话：(010) 68545874、63202643 全国各地新华书店和相关出版物销售网点
排版	中国水利水电出版社微机排版中心
印刷	北京印匠彩色印刷有限公司
规格	184mm×260mm　16开本　30.25印张　718千字
版次	2016年1月第1版　2024年1月第2次印刷
印数	1501—3000册
定价	**69.50**元

前言

教材事关国家和民族的前途命运，教材建设必须坚持正确的政治方向和价值导向。本书坚持党的二十大精神，全面贯彻党的教育方针，落实立德树人根本任务，为党育人，为国育才，弘扬劳动光荣、技能宝贵、创造伟大的时代风尚。

本教材是依据国家骨干院校建设重点专业——建筑工程技术专业的人才培养方案和课程建设目标与要求进行编写的。

施工项目组织与管理类课程在传统学科中是作为管理类的教学课程，但在实际应用中它是集技术、经济、法律等综合知识为一体的综合类应用技术课程，它旨培养学生在实际工作中，能够运用国家现行的施工规范、规程、定额、技术标准；能进行施工准备、编制资源供应计划、施工方案、进度计划，绘制施工平面图，能编制实施性施工组织设计；具备组织工程实施、从事现场施工组织、项目管理的综合技术能力。

近年来，随着我国交通运输事业的飞速发展，公路工程项目施工组织与管理的新技术、新方法不断涌现。工程项目组织与管理方面的高职教材建设取得了一定的成效。但从总体上看，这方面的教材建设仍不能很好地适应高职高专教育的发展需要，主要表现在：缺乏科学理论的支持，缺乏行业支持，缺少对生产实际的调查研究和深入了解，缺乏对职业岗位所需的专业知识和专项能力的科学分析，出现体系不明、内容交叉或重复、脱离实际、针对性不强等问题；与相关课程的教材内容自成体系，缺乏沟通衔接；版本偏老或内容陈旧，不能及时将新法规、新知识、新技术、新装备、新案例反映到教材中来。

在此背景下，我们广泛而深入地了解了高职高专教育的相关专业和课程设置，系统地研究了该类课程的体系结构，教材的定位更加强调“以就业为导向”；编写思路清晰，体系结构安排合理，注重知识体系的有序衔接，避开知识的断层和重复；参编的教师既有丰富的施工管理经验，也有多年从事教学的实践，本教材的编写及时跟进社会及行业的最新发展动态，将最新、最权威、最具代表性的成果运用于教材当中，从而避免所讲知识与社会脱节。教材内容的组织“突出行业需求，突出职业的核心能力”的特色。

为了编好本教材，先后组织教师到广西各地进行调研，召开了多次校内外专家论证会，广泛听取各方面专家、教授对教材编写的意见，尽管如此，由于编者水平有限，仍难免存在一些不妥之外，热忱希望各院校使用本教材的教师和读者提出宝贵意见，对书中的缺点和错误给予批评指正。

编者

目　录

项目3　编制施工项目管理计划

项目1　认识道路工程施工项目管理与组织

【任务】 结合工程实例，认识道路工程施工项目和管理与组织

【知识目标】

1. 认识公路工程建设项目
2. 了解施工项目管理与建设项目管理的联系与区别
3. 了解施工项目管理与组织的关系
4. 熟悉施工组织设计的组成结构与内容

【专业能力目标】

1. 掌握公路基本建设的内容和程序
2. 能够述说施工组织设计内容和编制方法
3. 能够述说施工项目管理内容

情景1　认识公路工程施工项目管理

1.1　认识公路工程建设项目

1.1.1　项目、基本建设、建设工程项目、施工项目的概念

1. 项目

项目是为创建某一独特产品、服务或成果而临时进行的一次性努力。是为达到符合规定要求的目标，按限定时间、限定资源和限定质量标准等约束条件完成的，由一系列相互协调的受控活动组成的特定过程。

项目一般来说，具有如下基本特征：有明确的目标、有一定的约束条件、具有生命周期、系统性和整体性、实施过程的不确定性、不可逆性等基本特征。

一般来说，项目具有以下的基本特征：

(1) 明确的目标，其结果只可能是一种期望的产品，也可能是一种所希望得到的服务。

(2) 独特的性质，每一个项目都是唯一的。

(3) 资源成本的约束性，每一项目都需要运用各种资源来实施，而资源是有限的。

(4) 组织的临时性和开放性。

(5) 实施的一次性，项目不能重复。

(6) 实施过程的不确定性，在项目的具体实施中，外部和内部因素总是会发生一些变化，因此项目也会出现不确定性。

(7) 特定的委托人，它既是项目结果的需求者，也是项目实施的资金提供者。

(8) 结果的不可逆转性，不论结果如何，项目结束了，结果也就确定了。

2. 基本建设

基本建设（capital construction）是指国家经济中通过投资进行的建筑、购置和安装固定资产以及与此相联系的其他经济活动。

基本建设是国民经济各部门为了扩大再生产而进行的增加固定资产的建设工作。即把一定的建筑材料、设备等，通过购置、建造和安装等活动，转化为固定资产的过程，诸如工厂、矿山、公路、铁路、港口、学校、医院等工程的建设，以及机具、车辆、各种设备等的添置和安装。

公路工程基本建设就是通过勘察、设计和施工以及有关的经济活动等，将一定建筑材料按设计要求与技术标准使用机械设备建造成公路构造物的过程。

公路工程基本建设的作用：

(1) 为国民经济各部门建立固定资产，提供生产能力，是扩大再生产，促进国民经济

发展的重要手段。

(2) 是提高国民经济技术水平，实现“四化”的重要条件。通过基本建设，增加国民经济各部门的固定资产，提高劳动者技术装备程度，提高生产的机械化、自动化水平。

(3) 是有计划地调整旧的部门结构，建立新的部门结构的重要物质基础。通过基本建设投资在国民经济中正确分配，可以改变不符合发展需要的生产比例，建立新的合理的生产部门，促进国民经济按比例的协调发展。

(4) 是合理分布生产力的重要途径，通过基本建设，使各生产部门和产品数量在地区分布上保持协调比例。

(5) 为了改善和提高人民的物质文化生活创造物质条件。

3. 建设工程项目

建设工程项目（construction project）是指为完成依法立项的新建、扩建、改建等各类工程而进行的、有起止日期的、达到规定要求的一组相互关联的受控活动组成的特定过程，包括策划、勘察、设计、采购、施工、试运行、竣工验收和考核评价等。

建设工程项目是一个建设单位在一个或几个建设区域内，根据上级下达的计划任务书和批准的总体设计和总概算书，经济上实行独立核算，行政上具有独立的组织形式，严格按基建程序实施的基本建设工程。一般指符合国家总体建设规划，能独立发挥生产功能或满足生活需要，其项目建议书经准立项和可行性研究报告经批准的建设任务。如修建一座工厂、一个矿山、一个居民区、一幢住宅、一所学校、一座水电站、一栋大楼、一条公路等具有质量、工期和投资目标要求的一次性工程建设活动等均为一个建设项目。

建设工程项目是项目中最重要的一类。

为了计划和管理的需要，建设项目可以从不同角度进行分类：

按项目的建设阶段，分为前期工作项目、筹建项目、施工（在施）项目、竣工项目和建成投产项目；

按建设的性质，分为新建项目、扩建项目、改建项目、迁建项目和重建、技术改造工程项目；

按建设规模和对国民经济的重要性，分为大型、中型、小型项目；

按隶属关系，分为主管部直属项目和地方项目；

按其投资效益，可分为竞争性项目、基础性项目、公益性项目；

此外，建设工程项目还可按管理系统或国民经济部门划分，前者不论其建设内容是属于哪一国民经济部门，只按项目的所在单位在行政上（或业务上）属于哪个主管部归口管理而定；后者是按项目建成投产后的主要产品种类或工程的主要用途划分，而不论其隶属于哪个管理系统。例如，冶金工业部建设的冶金机械厂和学校，按管理系统划分，属于冶金工业部系统；按国民经济部门分类，则分别属于机械工业项目和教育事业项目。

凡属于一个总体设计中的主体工程和相应的附属配套工程、综合利用工程、环境保护工程、供水供电工程以及水库的干渠配套工程等，都统作为一个建设项目；凡是不属于一个总体设计，经济上分别核算，工艺流程上没有直接联系的几个独立工程，应分别列为几个建设项目。

建设工程项目根据分期管理的需要可分解为单项工程、单位工程、分部工程、分项工程各检验批。

4. 施工项目

施工项目是指建筑企业自施工承包投标开始到保修期满为止的全过程完成的项目。

施工项目除了具有一般项目的特征外，还具有以下特征：

(1) 施工项目是建设项目或其中的单项工程、单位工程的施工活动过程。

(2) 建筑企业是施工项目的管理主体。

(3) 施工项目的任务范围是由施工合同界定的。

(4) 建筑产品具有多样性、固定性、体积庞大的特点。

只有建设项目、单项工程、单位工程的施工活动过程才称得上施工项目，因为它们才是建筑企业的最终产品。由于分部工程、分项工程不是建筑企业的最终产品，故其活动过程不能称为施工项目，而是施工项目的组成部分。

1.1.2　公路工程建设项目的概念、分类及组成和内容

1. 公路工程建设项目

公路工程建设项目是以公路工程建设为载体的项目，是作为被管理对象的一次性工程建设任务。它以建筑物或构筑物为目标产出物，需要支付一定的费用、按照一定的程序、在一定的时间内完成，并应符合质量要求。

2. 公路工程建设项目分类

(1) 按基本建设项目的性质划分：新建项目、扩建项目、改建项目、重建项目。

(2) 按建设规模的大小划分：依据《基本建设项目大中小型划分标准》(1978年4月23日国家计委 国家建委 财政部 计〔1978〕234号文件公布)《国家计委关于补充、修订部分基本建设项目大中型划分标准的通知》(1979年12月16日 国家计委)的规定，公路工程建设项目一般分为大中型项目和小型项目两类。

交通运输方面的大中型项目划分标准如下：

1) 铁路。新建的干线、支线、地下铁道及原有干线、枢纽重大技术改造投资在1500万元以上的，地方铁路100km以上，货运量50万t以上的，为大中型项目。

2) 公路。新建、改建长度在200km以上的国防公路和跨省区的重要干线投资在800万元以上的公路大桥、长度1000m以上的独立公路大桥。

3) 港口。年吞吐量100万t以上新建、扩建的沿海港口。

4) 民航。总投资2000万元以上的新建、改建机场。

城建部门，凡按总投资划分大中型项目的部分，1000万元以上为大中型项目。城市的排水管网、污水处理、道路、立交、桥梁、防洪、环保等工程，应当结合市容整顿、城市维护与改造，在城市总体规划的要求下，分期、分段建设，不作为大中型项目。

(3) 按投资主体划分。

1) 国家投资建设项目指全部或主要由国家财政性资金、国家直接安排的银行贷款资金和国家统借统还的外国政府和国际金融组织及其他资金投资的建设项目。

2) 地方政府投资的建设项目主要是以各级地方政府(含省、地、市、县、乡)财政

性资金及其他资金投资的建设项目。

3）企业投资的建设项目指企业（全民所有制企业、企业集团、集体所有制企业、乡镇企业等）用自有资金和自筹资金投资的建设项目。

4）“三资”企业的建设项目主要形式有中外合资企业、中外合作企业和外商独资企业投资的建设项目。

(4) 按基本建设投资构成划分。

1）建筑工程。路基、路面、桥涵、隧道、防护工程及沿线设施等。

2）安装工程。高速公路、特大桥梁所需各种机械、设备、仪器的安装测试等。

3）设备工器具购置。为公路营运、服务管理、养护等需要所购买的设备、工具、器具，以及为保证新建、改建公路初期正常生产、使用和管理所需办公和生活家具的采购或自制。

4）其他基本建设工作。其他基本建设工作是指不属上述各项的基本建设工作，它包括公路筹建阶段和建设阶段的管理工作、勘察设计、科研试验、征用土地、青苗补偿、拆迁补偿等

3. 公路工程建设项目的组成及内容

根据《公路工程质量检验评定标准》（JTGF 80/1—2004），公路建设工程项目根据分期管理的需要可分解为单项工程、单位工程（在建设项目中，根据签订的合同，具有独立施工条件的工程）、分部工程（在单位工程中，应按结构部位、路段长度及施工特点或施工任务划分为若干个分部工程）、分项工程（在分部工程中，应按不同的施工方法、材料、工序及路段长度等划分为若干个分项工程）各检验批。单位、分部、分项工程的划分见表 1.1 和表 1.2。

表 1.1　　一般建设项目的工程划分

单位工程	分部工程	分项工程
路基工程（每 10km 或每标段）	路基土石方工程（1～3km 路段）	土方路基*，石方路基*，软土地基*，土工合成材料处治层*等
	排水工程（1～3km 路段）	管节预制，管道基础及管节安装*，检查（雨水）井砌筑*，土沟，浆砌排水沟*，盲沟，跌水，急流槽*，水簸箕，捧水泵站等
	小桥及符合小桥标准的通道*，人行天桥，渡槽（每座）	基础及下部构造*，上部构造预制、安装或浇筑*，桥面*，栏杆，人行道等
	涵洞、通道（1～3km 路段）	基础及下部构造*，主要构件预制、安装或浇筑*，填土，总体等
	砌筑防护工程（1～3km 路段）	挡土墙*，墙背填土，抗滑桩*，锚喷防护*，锥、护坡，导流工程，石笼防护等
	大型挡土墙*，组合式挡土墙*（每处）	基础*，墙身*，墙背填土，构件预制*，构件安装*，筋带，锚杆、拉杆，总体*等
路面工程（每 10km 或每标段）	路面工程（1～3km 路段）*	底基层，基层*，面层*，垫层，连接层，路缘石，人行道，路肩，路面边缘捧水系统等

续表

单位工程	分部工程	分项工程
桥梁工程（特大、大中桥）	基础及下部构造*（每桥或每墩、台）	扩大基础，桩基*，地下连续墙*，承台，沉井*，桩的制作*，钢筋加工安装及安装，墩台身（砌体）浇筑*，墩台身安装，墩台帽*，组合桥台*，台背填土，支座垫石和挡块等
	上部构造预制和安装*	主要构件预制*，其他构件预制，钢筋加工及安装，预应力筋的加工和张拉*，梁板安装，悬臂拼装*，顶推施工梁*，拱圈节段预制，拱的安装，转体施工拱*，劲性骨架拱肋安装*，钢管拱肋制作*，钢管拱肋安装*，吊杆制作和安装*，钢梁制作*，钢梁安装，钢梁防护*等
	上部构造现场浇筑*	钢筋加工及安装，预应力筋的加工和张拉*，主要构件浇筑*，其他构件浇筑，悬臂浇筑*，劲性骨架混凝土*，钢管混凝土拱*等
	总体、桥面系和附属工程	桥梁总体*，桥面防水层施工，桥面铺装*，钢桥面铺装*，支座安装，搭板，伸缩缝安装，大型伸缩缝安装*，栏杆安装，混凝土护栏，人行道铺设，灯柱安装等
	防护工程	护坡，护岸*，导流工程*，石笼防护，砌石工程等
	引道工程	路基*，路面*，挡土墙*，小桥*，涵洞*，护栏等
互通立交工程	桥梁工程*（每座）	桥梁总体，基础及下部构造*，上部构造预制、安装或浇筑*，支座安装，支座垫石，桥面铺装*，护栏，人行道等
	主线路基路面工程*（1～3km路段）	见路基、路面等分项工程
	匝道工程（每条）	路基*，路面*，通道*，护坡，挡土墙*，护栏等
隧道工程	总体	隧道总体*等
	明洞	明洞浇筑，明洞防水层，明洞回填*，等
	洞口工程	洞口开挖，洞口边仰坡防护，洞门和翼墙的浇（砌）筑，截水沟、洞口捧水沟等
	洞身开挖	洞身开挖*，（分段）等
	洞身衬砌	（钢纤维）喷射混凝土支护，锚杆支护，钢筋网支护，仰拱，混凝土衬砌*，钢支撑，衬砌钢筋等
	防排水	防水层，止水带、捧水沟等
	隧道路面	基层*，面层*，等
	装饰	装饰工程
	辅助施工措施	超前锚杆，超前钢管等
环保工程	声屏障（每处）	声屏障
	绿化工程（1～3km路段或每处）	中央分隔带绿化，路侧绿化，互通立交绿化，服务区绿化，取弃土场绿化等

续表

单位工程	分部工程	分项工程
交通安全设施（每20km或每标段）	标志*（5～10km路段）	标志
	标线、突起路标（5～10km路段）	标线*，突起路标等
	护栏*、轮廓标（5～10km）	波形梁护栏*，缆索护栏*，混凝土护栏*，轮廓标等
	防眩设施（5～10km路段）	防眩板、网等
	隔离栅、防落网（5～10km路段）	隔离栅、防落网等
机电工程	监控设施	车辆检测器，气象检测器，闭路电视监视系统，可变标志，光电缆线路，监控（分）中心设备安装及软件调测，大屏幕投影系统，地图板，计算机监控软件与网络等
	通信设施	通信管道与光电缆线路，光纤数字传输系统，数字程控交换系统，紧急电话系统，无线移动通信系统，通信电源等
	收费设施	入口车道设备，出口车道设备，收费站设备及软件，收费中心设备及软件，IC卡及发卡编码系统，闭路电视监视系统，内部有线对讲及紧急报警系统，收费站内光，电缆及塑料管道，收费系统计算机网络等
	低压配电设施	中心（站）内低压配电设备，外场设备电力电缆线路等
	照明设施	照明设施
	隧道机电设施	车辆检测器，气象检测器，闭路电视监视系统，紧急电话系统，环境检测设备，报警与诱导设施，可变标志，通风设施，照明设施，消防设施，本地控制器，隧道监控中心计算机控制系统，隧道监控中心计算机网络，低压供配电等
房屋建筑工程	（按其专业工程质量检验评定标准评定）	

注 表内标注*号者为主要工程，不带*号者为一般工程。

表1.2 特大斜拉桥和悬索桥为主体建设项目的工程划分

单位工程	分部工程	分项工程
塔及辅助、过渡墩（每座）	塔基础*	钢筋加工及安装，扩大基础，桩基*，地下连续墙*，沉井*等
	塔承台*	钢筋加工及安装，双壁钢围堰*，封底，承台浇筑*，等
	索塔*	索塔*
	辅助墩 过渡墩	钢筋加工，基础，墩台身浇（砌）筑，墩台身安装，墩台帽，盖梁等
锚碇	锚碇基础*	钢筋加工及安装，扩大基础，桩基*，地下连续墙*，沉井*，大体积混凝土构件*等
	锚体*	锚固体系制作*，锚固体系安装*，锚碇块体，预应力锚索的张拉与压浆*等

续表

单位工程	分部工程	分项工程
上部结构制作与防护（钢结构）	斜拉索*	斜拉索制作与防护*
	主缆（索股）*	索股和锚头的制作与防护*
	索鞍*	主索鞍和散索鞍制作与防护*
	索夹	索夹制作与防护
	吊索	吊索和锚头制作与防护*等
	加劲梁*	加劲梁段制作*，加劲梁防护，等
上部结构浇筑与安装	悬浇*	梁段浇筑*
	安装*	加劲梁安装*，索鞍安装*，主缆架设*，索夹和吊索安装*等
	工地防护*	工地防护*
	桥面系及附属工程	桥面防水层的施工，桥面铺装，钢桥面板上防水粘结层的洒布，钢桥面板上沥青混凝土铺装*，支座安装*，抗风支座安装，伸缩缝安装，人行道铺设，栏杆安装，防撞护栏等
	桥梁总体	桥梁总体*
引桥		（参见表1.1“桥梁工程”）
引道		（参见表1.1“路基工程”和“路面工程”）
互通立交工程		（参见表1.1“互通立交工程”）
交通安全设施		（参见表1.1“交通安全设施”）

注 表内标注*号者为主要工程，不带*号者为一般工程。

4. 公路工程建设项目的特点

（1）建筑产品的特点。

1）产品造价高、投资大。公路工程建设项目投资一般是非常巨大的，其建设工程合同的价额基本上是几千万、上亿甚至几百亿，这是一般的建筑工程项目所不可比拟的。

2）产品固定性。公路工程的构造物固定于一定的地点不能移动，只能在建造的地方供长期使用。

3）产品多样性。由于公路的具体使用目的、技术等级、技术标准、自然条件以及功能不同，而使公路的组成、结构千差万别，复杂多样。

4）产品形体的庞大性。公路工程是线性构造物，其组成部分的形体庞大，占用土地及空间多。

5）产品单独性。公路线形及构造物型式受地形、地质、水文等自然条件的影响及项目产品所在地区的自然 、技术、经济条件等因素不同的影响，又因公路等级和使用要求而异。因此，公路工程类型多种多样，标准化难度大，必须个别设计。

6）产品部分结构的易损性。公路工程构造物受行车作用及自然因素影响，其暴露于大自然的部分以及直接受行车作用的部分，极易损坏。

（2）施工的特点。

1）施工点多、线长、面广。公路工程建设规模一般都比较大，从建设里程上来讲从几十千米到上百千米甚至上千千米的都有，涉及的施工区域可能不止一个省、市，尤其是国道干线的建设，一般都要跨越几个省市以上，施工范围是相当广的。因此，工程的建设是不可能只由一家施工企业单独来完成的，需要多家合作，分点、分段建设完成。

2）工程施工流动性大。公路是沿地面延伸的线性人工构筑物国，公路建设线长、点多、面广，工程数量分布不均匀，其构造物在建造过程中和建成后都无法移动。由于产品的固定性和严格的施工顺序，在组织各类工作人员和各种机械施工时，围绕这一产品，在同一工作面不同时间，或同一时间不同工作面上进行施工活动，这就需要科学地解决这种空间与时间之间的矛盾。

3）工程施工协作性高。公路工程类型多，施工环节多，工序复杂，每项工程又具有不同的功能、不同的施工条件，不仅要进行个别设计，而且要个别组织施工。每项工程都涉及到建设、设计、施工等单位的密切配合，需要材料、动力、运输等各个部门的通力协作。因此，施工过程中的综合平衡和调度、严密的计划和科学管理就显得特别重要。

4）工程施工周期性长。公路工程包括路基、路面、桥梁、涵洞、隧道、交通工程设施等工程。产品形体特别庞大，产品固定并具有不可分割性，在较长时间内大量占用和耗费人力、物力和财力，直到整个工程施工周期完结。

在施工过程中，各阶段、各环节必须有条不紊地组织起来，在时间上不间断，空间上不脱节。如果施工的连续性受到破坏或中断，必然会拖延工期，大量占用资金，造成人力、物力、财力的浪费。所以，要求我们统筹安排，遵守施工程序，合理地、科学地组织施工。

5）施工质量要求高，形成时间长。每条公路都是特有的、唯一的，一经建成，在短时间内将不会进行重复性的投资建设；同时，建设一条公路将会耗费大量的人力、物力和财力等。因此，在公路工程的建设时间，就要对建设产品提出较强的质量要求，要求建设、设计、施工、监理等单位密切配合，材料、动力、运输等各部门的通力协作，以及地方各级政府部门和施工沿线各相关单位的大力支持，科学合理地利用资源，尽可能创造高质量的公路建筑产品。

6）需要个别设计，个别组织施工。由于产品的多样性，每项工程具有不同的功能，不同的施工条件，个体性非常突出，从而使每项工程不仅需要个别地设计，而且需要采用不同的施工方法，分别组织施工，增加了公路施工生产管理的难度。

7）受外界干扰及自然因素影响大。公路工程施工大部分是露天作业，因此，受自然条件的影响很大，如气候冷暖、地势高低、洪水、雨雪等。设计变更、地质情况、物资供应条件、环境因素等对工程进度、工程质量、成本等其中的任何一项因素的变化都会影响公路工程建设的顺利进展。另外，对不同的施工项目，环境等影响因素又有所不同，不可控因素的增多也使得项目管理在施工中变得尤为重要。都有很大影响。

8）需要不断地养护和修理。由于公路的部分结构易损性，以及公路产品消费、使用的独特性，公路既不同于一般的工业产品，也不同于一般的建筑产品，需要在公路部门的管理下，不断进行维修、养护，才能维持正常的使用性能，并确保运输生产正常进行及车辆行驶的安全、迅速、舒适、经济。

1.1.3　公路基本建设的内容和程序

基本建设项目在整个建设过程中各项工作的先后顺序，称为基本建设程序。这个程序是由基本建设进程的客观规律（包括自然规律和经济规律）和政府管理体制决定的。

公路工程基本建设程序如图1.1所示。所有新建及改建的大中型项目，都应严格按照程序进行。对于小型项目，可根据具体情况适当合并或删去某些程序。

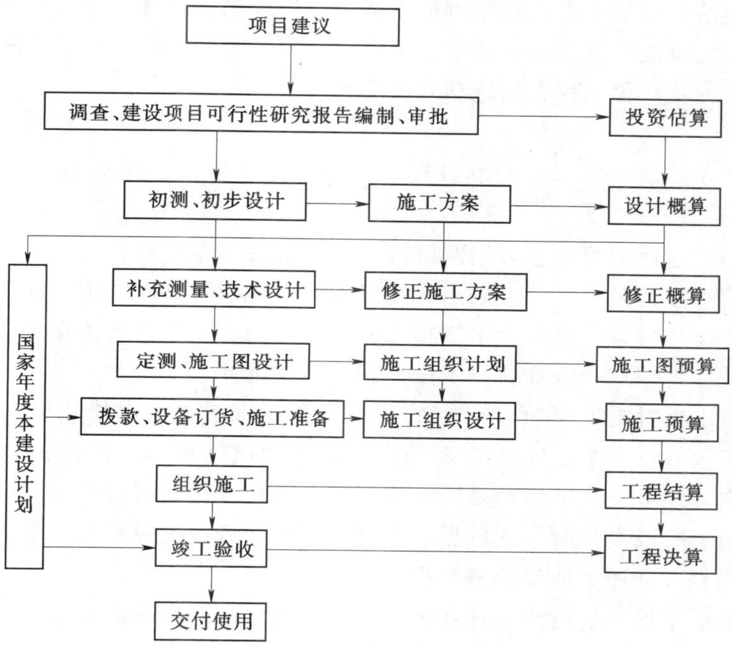

图1.1　公路工程基本建设程序

1. 项目建议书阶段

根据发展国民经济的长远规划和公路网建设规划，由地方政府和公路部门提出项目建议书。项目建议书是进行各项准备工作的依据。对建设项目提出包括目标、要求、原料、资金来源等的文字设想说明，为下一步进行可行性研究提供依据。

2. 可行性研究阶段

公路可行性研究按其工作深度分为预可行性研究和工程可行性研究。

编制预可行性研究报告，应以国民经济与社会发展规划、路网规划和公路建设五年计划为依据，重点阐明建设项目的必要性。通过踏勘和调查研究，提出建设项目的规模、技术标准，进行简要的经济效益分析，经审批后作为编制工程可行性研究报告的依据。

编制工程可行性研究报告，应以批准的预可行性研究报告和项目建议书为依据，通过必要的测量（高等级公路必须做）、地质勘探（大桥、隧道及不良地质地段等），对不同建设方案从经济上、技术上进行综合论证，提出推荐建设方案，经审批后作为测量以及编制初步设计文件的依据。工程可行性研究的投资估算与初步设计概算之差，应控制在10%以内。

公路建设项目可行性研究报告的主要内容包括：建设项目依据、历史背景；建设地区综合运输网的交通运输现状和建设项目在交通运输网中的地位及作用；原有公路的技术状况及适应程度；论述建设项目所在地区的经济特征，研究建设项目与经济发展的内在联系，预测交通量、运输量的发展水平；建设项目的地理位置，地形、地质、地震、气候、水文等自然特征；筑路材料来源及运输条件；论证不同建设方案的路线起讫点和主要控制点、建设规模、标准，提出推荐意见；评价建设项目对环境的影响；测算主要工程数量、征地拆迁数量，估算投资，提出资金筹措方式；提出勘测、设计、施工计划安排；确定运输成本及有关经济参数，进行经济评价、敏感性分析。收费公路、桥梁、隧道尚需作财务分析，评价推荐方案，提出存在问题和有关建议。

3. 设计阶段

设计文件是安排建设项目、控制投资、编制招标文件、组织施工和竣工验收的重要依据。

公路工程基本建设项目一般采用两阶段设计，即初步设计和施工图设计。对于技术简单、方案明确的小型建设项目，可采用一阶段设计，即一阶段施工图设计；技术复杂而又缺乏经验的建设项目或建设项目中个别路段、特殊大桥、互通式立体交叉、隧道等，必要时采用三阶段设计，即初步设计、技术设计和施工图设计。

初步设计应根据批准的可行性研究的要求和初测资料，拟定修建原则，选定设计方案，计算主要工程数量，提出施工方案的意见，编制设计概算，提供文字说明及图表资料。初步设计文件经审查批准后，是国家控制建设项目投资及编制施工图设计文件或技术设计文件（采用三阶段设计时）的依据，并且为订购和调拨主要材料、机具、设备、安排重大科研试验项目，征用土地等的筹划提供资料。

技术设计应根据批准的初步设计和补充初测（或定测）资料，对重大、复杂的技术问题通过科学试验、专题研究，加深勘探调查及分析比较，解决初步设计中未能解决的问题，落实技术方案，计算工程数量，提出修正的施工方案，编制修正设计概算。经批准后作为编制施工图设计的依据。

一阶段施工图设计应根据批准的可行性研究报告和定测资料，拟定修建原则，确定设计方案和工程数量，提出文字说明和图表资料以及施工组织计划，编制施工图预算，满足审批的要求，适应施工的需要。

两阶段（或三阶段）施工图设计应根据批准的初步设计（或技术设计）和定测（或补充定测）资料，进一步对所审定的修建原则、设计方案、技术设计加以具体和深化，最终确定工程数量，提出文字说明和适应施工需要的图表资料以及施工组织计划，编制施工图预算。

设计文件必须由具有相应等级的公路勘察设计证书的单位编制，其编制与审批应按交通部现行的《公路工程基本建设管理办法》办理。

4. 纳入政府基本建设计划

当建设项目的初步设计及其概算经上级批准后，才能列入国家基本建设年度计划。建设单位根据国家计委颁发的年度基本建设计划，按已批准的可行性研究报告和设计文件，编制本单位的年度基本建设计划，报经批准后，再编制物资、劳力、财务计划，并落实施工单位。

5. 施工准备

为了保证施工顺利进行，在施工准备阶段，建设主管部门应根据计划要求的建设进度，指定一个企业或事业单位组织基建管理机构，办理登记及拆迁，做好施工沿线有关单位和部门的协调工作，抓紧配套工程项目的落实，组织分工范围内的技术资料、材料、设备的供应。勘测设计单位应按照技术资料供应协议，按时提供各种图纸资料，做好施工图纸的会审及移交工作。施工单位应组织机具、人员进场，进行施工测量，修筑便道及生产、生活等临时设施，组织材料、物资采购、加工、运输、供应、储备，做好施工图纸的接收工作，熟悉图纸的要求，编制实施性施工组织设计和施工预算，提出开工报告，按投资隶属关系报请交通部或省（市）、自治区基建主管部门核准。建设银行应会同建设、设计、施工单位做好图纸的会审，严格按计划要求进行财政拨款或贷款。

6. 组织施工

施工单位要遵照施工程序合理组织施工，施工过程中应严格按照设计要求和施工规范，确保工程质量，安全施工，推广应用新工艺、新技术，努力缩短工期，降低造价，同时应注意做好施工记录，建立技术档案。

7. 竣工验收、交付使用

建设项目的竣工验收是基本建设全过程的最后一个程序。竣工验收包括对工程质量、数量、期限、生产能力、建设规模、使用条件的审查，对建设单位和施工企业编报的固定资产移交清单、隐蔽工程说明和竣工决算等进行细致检查。特别是竣工决算，它是反映整个基本建设工作所消耗的全部国家建设资金的综合性文件，也是通过货币指标对全部基本建设工作的全面总结。

当全部基本建设工程经过验收合格，完全符合设计要求后，应立即移交给生产部门正式使用，迅速办理固定资产交付使用的转账手续，加强固定资产的管理。竣工决算上报财政部门批准核销。在验收时，对遗留问题，由验收委员会（或小组）确定具体处理办法，报主管部门批准，交有关单位执行。

1.1.4　公路工程基本建设的投资来源

1. 国家投资

由国家预算安排的、并列人年度基本建设计划的建设项目投资为财政预算投资，也称为国家投资。

2. 地方投资

在国家预算之外，由各地区、部门按国家有关规定自筹资金安排的投资。

3. 银行贷款投资

银行贷款投资是以银行为主体、根据信贷自愿的原则，依据经济合同所实行的有偿有息投资，投资期限一般小于10年。

4. 国外资金

利用多种形式的外资，是我国实行改革开放政策、引进外国先进技术的一个重要步骤，同时也是我国建设项目投资不可缺少的重要资金来源。其主要形式有：外国政府贷款；国际金融组织贷款；国外商业银行贷款；在国外金融市场上发行债券；吸收外国银行、企业和私人存款；利用出口信贷；吸收国外资本直接投资包括与外商合资经营、合作经营、合作开发以及外商独资等形式；补偿贸易；对外加工装配；国际租赁；利用外资的BOT方式等。

5. 其他资金来源

如联营投资、股票投资、发行债券等。

1.1.5 认识公路工程施工程序

施工程序是指施工单位从接受施工任务到工程竣工验收阶段必须遵守的工作顺序。施工程序包括接受施工任务、签订工程承包合同、施工准备工作、组织施工和竣工验收等各个阶段。

1. 签订工程承包合同

施工企业接受施工任务通常有三种方式：一是上级主管单位统一布置任务，安排计划下达；二是经主管部门同意，自行对外接受的任务；三是参加投标，中标而获得任务。随着我国社会主义市场经济体制的建立和发展，施工任务将主要通过参加投标，通过建筑市场中的平等竞争而取得。

接受施工任务，是以签订工程承包合同加以肯定的。建筑安装企业，凡接受工程项目，都必须同建设单位签订工程承包合同，明确各自的经济技术责任。合同一经签订，即具有法律效力，双方要严格履行合同。

施工承包合同内容一般包括：承包的依据、承包方式、工程范围、工程质量、施工工期、开工竣工日期（包括中间交工日期）、工程造价、技术物资供应、拨款结算方式、奖惩条款和各自应做的准备工作及配合关系等。承包合同应满足工程施工的需要，反映工程的特点，合同内容要具体，责任要明确，条款要简明，文字解释要清楚，便于检查。

2. 施工准备工作

（1）技术准备。

1）熟悉、核对设计文件、图纸及有关资料。组织有关人员熟悉、了解设计文件、图纸和有关资料，使施工人员明确设计者的设计意图，熟悉施工图的内容和结构物的细部构造，掌握各种原始资料。对设计文件和图纸必须进行现场核对，其主要内容：

a. 各项计划的安排、设计图纸和资料是否符合国家有关方针、政策和规定，图纸是否齐全，图纸内容及相互之间有无错误和矛盾。

b. 掌握设计内容和技术条件，弄清工程规模、结构特点和形式。

c. 设计文件所依据的水文、地质、气象、岩土等资料是否准确、可靠、齐全。

d. 核对路线中线、主要控制点、转角点、三角点、基线等是否准确无误；重要构造物的位置、尺寸大小、孔径等是否恰当，能否采用先进的技术或使用新型材料。

e. 路线或构造物与农田、水利、铁路、电讯、管道、公路、航道及其他建筑物的互相干扰情况和解决办法是否恰当，干扰可否避免。

f. 对地质不良地段采取的处理措施，对水土流失、环境影响的处理措施。

g. 施工方法、料场分布、运输方式、道路条件等是否符合实际情况。

h. 临时房屋、便道、便桥、电力、电讯设备、临时供水、供电等场地布置是否恰当。

i. 各项协议书等文件是否完善、齐备。

j. 明确建设期限，包括分期、分批工程期限的要求。

现场核对发现设计不合理或错误之处，应提出修改意见报上级机关审批，然后根据批复的修改设计意见进行施工测量、补充图纸等工作。

2）补充调查资料。进行现场补充调查，是为修改设计和编制实施性施工组织设计收集资料。包括调查研究、搜集资料是施工准备工作中不可缺少的内容。

应做好下面几点：

a. 自然条件的调查分析。

b. 给水供电资料的调查。

c. 交通运输条件调查。

d. 机械设备与建筑材料的调查。

e. 劳动力与生活条件的调查。

3）编制实施性施工组织设计、施工预算。实施性施工组织设计是施工准备工作的重要组成部分，是指导施工的重要技术经济文件。施工预算是根据施工图预算、施工图纸、施工组织设计或施工方案、施工定额等文件编制的。它直接受施工图预算的控制，是施工企业内部控制各项成本支出、考核用工、“两算”对比，签发施工任务单、限额领料、基层队伍进行经济核算的依据。

（2）物资准备。材料、构（配）件、制品、机具设备是保证施工顺利进行的物资基础，这些的物资的准备工作必须在工程开工之前完成。主要包括以下内容：

1）建筑材料的准备。

2）构配件、制品的加工准备。

3）建筑安装施工机具的准备。

4）生产工艺设备的准备。

（3）劳动组织准备。

1）建立拟建工程项目的领导机构。

2）组织先遣人员进场，做好后勤准备工作。在大批施工人员进场之前，施工先遣人员的任务是根据总任务的具体安排，结合施工现场实际情况，具体落实施工人员进场后在生产、生活等方面必须解决的问题。对施工中涉及其他部门的问题，做好联系，签订协议书或合同；及时与当地政府取得联系，争取当地政府部门的支持和帮助。

3）建立精干的施工队组。施工队组的建立要考虑专业、工种的合理配合，技工、普工的比例要满足合理的劳动组织，要符合流水施工组织方式的要求，确定建立施工队组（专业队组或混合队组），要坚持合理、精干的原则；同时制定出该工程的劳动力需要量计划。

4）集结施工力量、组织劳动力进场。工地的领导机构确定之后，按照开工日期和劳动力需要量计划、组织劳动力进场。

5）向施工队组、工人进行施工组织设计、计划和技术交底。施工组织设计、计划和技术交底的目的是把拟建工程的设计内容、施工计划和施工技术等内容，详尽地向施工队组和工人讲解交待。它是落实计划和技术责任的有效方法。

6）建立健全各项管理制度。工地的各项管理制度是否建立、健全，直接其各项施工活动的顺利进行。内容有：工程质量检查与验收制度；工程技术档案管理制度；建筑材料（构件、配件、制品）的检查验收制度；技术责任制度；施工图纸学习与会审制度；技术交底制度；职工考勤、考核制度；工地及班组经济核算制度；材料出入库制度；安全操作制度；机具使用保养制度。

（4）施工现场准备。依据设计文件及已编制的实施性施工组织设计做好施工现场准备工作。

1）测出占地和征用土地范围，拆迁房屋、电讯设备等各种障碍物。

2）平整场地、做好施工放样。

3）修建便桥、便道，搭盖工棚和大型临时设施（预制场、机修厂、沥青加工厂、混凝土搅拌站等）的修建。

4）料场布置，安装供水、供电设备等。

5）各种施工物资资源的调查与准备，包括建筑材料、构件、施工机械及机具设备、工具等的货源安排，进场的堆放、入库、保管及安全工作。

6）建立工地实验室，进行各种建筑材料和土质的试验，为施工提供可靠依据。

7）施工机构设置、施工队伍集结、进场及开工上岗前的政治思想工作及安全技术教育。

上述各项具体准备工作全部就绪后，即可向建设单位或监理工程师提出开工报告。必须坚持没有做好施工准备工作不准开工的原则。

3. 组织施工

做好施工准备并报请批准后，才能进行正式施工。施工时要严格按照施工图纸进行，要按照施工组织设计确定的施工顺序、施工方法以及进度要求，科学、合理地组织施工，而且对施工过程要注意全面质量管理及成本控制。对大、中型工程建设项目，要严格执行监理制度。

对各分项工程，特别是地下工程和隐蔽工程，施工时要做好原始记录，每道工序施工完毕并经监理工程师检验合格后，才能进行下一道工序。施工要严格按照设计要求和施工验收技术规范的规定进行，保证质量，不留隐患，发现问题及时解决。

组织施工时应具有以下基本文件：

（1）设计文件。

（2）施工规范和技术操作规程。

（3）各种定额。

（4）施工图预算。

（5）施工组织设计。

（6）公路工程质量检验评定标准和施工验收规范。

4. 竣工验收

建设项目和单位工程都要按照设计文件所规定的内容全部建完，完工后以批准的设计文件为依据，根据国家有关规定，评定质量等级，进行竣工验收，并经监理工程师签认。

1.2 认识建设工程项目的管理

1.2.1 建设工程管理的内涵和任务

1. 建筑工程管理的内涵

项目管理是基于被接受的管理原则的一套技术方法，这些技术或方法用于计划、评估、控制工作活动，以按时、按预算、依据规范达到理想的最终效果。

建设工程项目的全寿命周期包括项目的决策阶段、实施阶段、使用阶段（或称运营阶段或称运行阶段）。从项目建设意图的酝酿开始，调查研究、编写和报批项目建议书、编制和报批项目的可行性研究等项目前期的组织、管理、经济和技术方面的论证都属于项目决策阶段的工作。项目立项（立项批准）是项目决策的标志。决策阶段管理工作的主要任务是确定项目的定义，一般包括以下内容：

（1）确定项目实施的组织。

（2）确定和落实建设地点。

（3）确定建设任务和建设原则。

（4）确定和落实项目建设的资金。

（5）确定建设项目的投资目标、进度目标和质量目标。

“建筑工程管理”作为一个专业术语，其内涵涉及工程项目全过程（工程项目全寿命）的管理（图1.2），它包括：①决策阶段的管理（DM：项目的前期开发管理）；②实施阶段的管理（PM：项目管理）；③使用阶段的管理（FM：设施管理）。

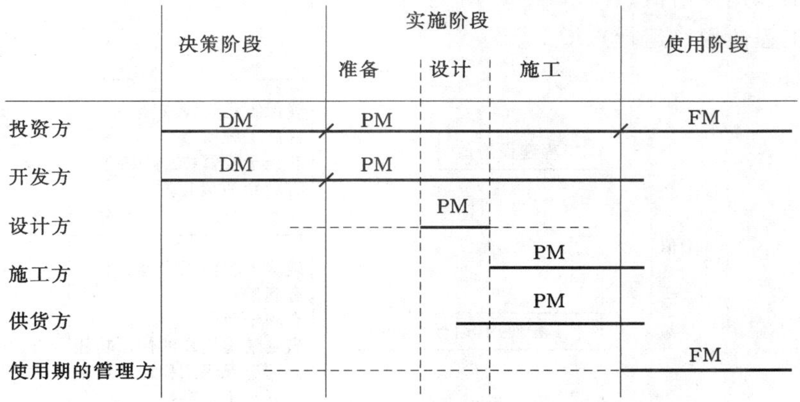

图1.2 DM、PM和FM

国际设施管理协会（IFMA）所确定的设施管理的含义，如图1.3所示，它包括物业资产管理和物业运行管理，这与我国物业管理的概念尚有差异。

“建筑工程管理”涉及参与工程项目的各个方面对工程的管理，即包括投资方、开发方、设计方、施工方、供货方和项目使用期的管理方的管理，如图1.4所示。

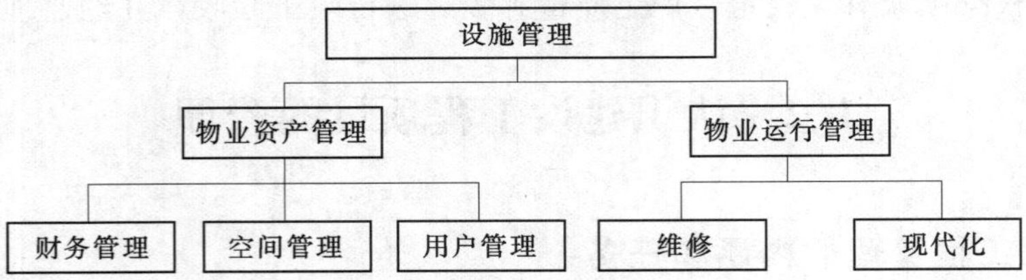

图 1.3　设施管理

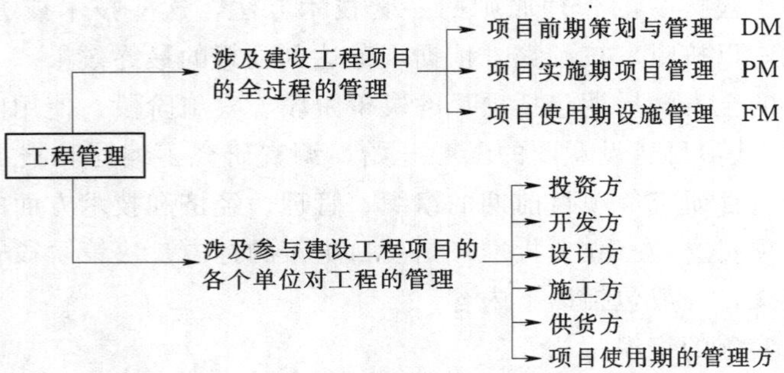

图 1.4　工程管理的内涵

2. 建设工程管理的任务

工程项目管理是建设工程管理中的一个组成部分，工程项目管理工作仅限于在项目实施期的工作，而建设工程管理则涉及项目的全寿命期。

建设工程管理的核心任务是为工程建设增值，工程管理工作是一种增值服务工作。其增值主要表现在两个方面（图 1.5）：

（1）为工程建设增值。

（2）为工程使用（运行）增值。

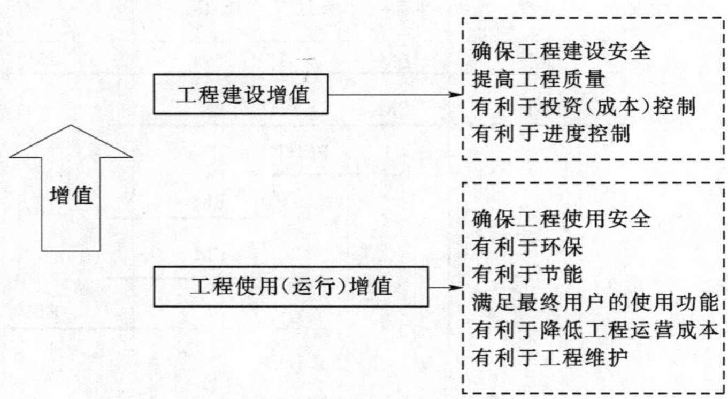

图 1.5　工程管理的增值

1.2.2　建设工程项目管理的目标和任务

项目的实施阶段包括设计前的准备阶段、设计阶段、施工阶段、动用前准备阶段和保修期，招标投标工作分散在设计前的准备阶段、设计阶段和施工阶段中进行。因此一般不单独列为招标投标阶段。项目实施阶段管理的主要任务是通过管理使项目的目标得以实现，如图 1.6 所示。

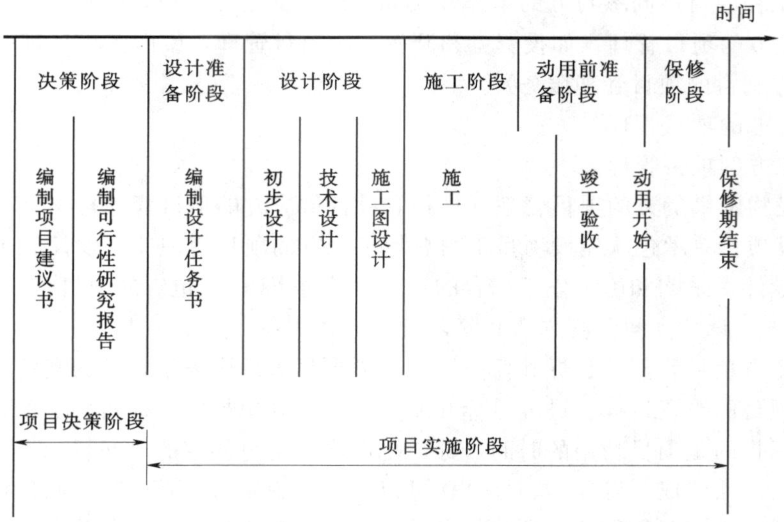

图 1.6　建设工程项目的实施阶段的组成

项目管理是指项目管理者为达到项目的目标，运用系统理论和方法对建设工程项目进行计划、组织、指挥、协调、控制等专业化活动过程的总称。[《建设工程项目管理规范》(GB/T 50326—2006)]。

项目管理的对象是项目。项目管理者是项目中各项活动主体本身。项目管理的职能同所有管理的职能均是相同的。由于项目的特殊性，要求运用系统的理论和方法进行科学管理，以保证项目目标的实现。

建设工程项目管理的时间范畴是建设工程项目的实施阶段。

建设工程项目管理的内涵是：自项目开始至项目完成，通过项目策划和项目控制，以使项目的费用目标、进度目标和质量目标得以实现（参考英国皇家特许建造师关于建设工程项目管理的定义，此定义也是大部分国家建造师学会或协会一致认可的）。该定义的有关字段的含义如下：

(1)“自项目开始至项目完成”指的是项目的实施阶段。

(2)“项目策划”指的是目标控制前的一系列筹划和准备工作。

(3)“费用目标”对业主而言是投资目标，对施工方而言是成本目标。

项目管理的核心任务是项目的目标控制。没有明确目标的建设工程就不是项目管理的对象。

一个建设工程项目往往由许多参与单位承担不同的建设任务和管理任务（如勘察、土建设计、工艺设计、工程施工、设备安装、工程监理、建设物资供应、业主方管理、政府主管部门的管理和监督等），各参与单位的工作性质、工作任务和利益不尽相同，因此就形成了代表不同利益方的项目管理。由于业主方是建设工程项目实施过程（生产过程）的总集成者——人力资源、物质资源和知识的集成，业主方也是建设工程项目生产过程的总组织者，因此对于一个建设工程项目而言，业主方的项目管理往往是该项目的项目管理的核心。

按建设工程项目不同参与方的工作性质和组织特征划分，项目管理有如下几种类型：

(1) 业主方的项目管理（如投资方和开发方的项目管理，或由工程管理咨询公司提供的代表业主方利益的项目管理服务）。

(2) 设计方的项目管理。

(3) 施工方的项目管理。

(4) 建设物资供货方的项目管理（材料和设备供应方的项目管理）。

(5) 建设项目总承包（建设项目工程总承包）方的项目管理［如设计和施工任务综合的承包，或设计、采购和施工任务综合的承包（简称 EPC 承包）的项目管理］等。

1. 业主方、设计方和供货方项目管理的目标和任务

(1) 业主方项目管理的目标和任务。业主方项目管理服务于业主的利益，其项目管理的目标包括项目的投资目标、进度目标和质量目标。其中投资目标指的是项目的总投资目标。进度目标指的是项目动用的时间目标，也即项目交付使用的时间目标，如工厂建成可以投入生产、道路建成可以通车、办公楼可以启用、旅馆可以开业的时间目标等。项目的质量目标不仅涉及施工的质量，还包括设计质量、材料质量、设备质量和影响项目运行或运营的环境质量等。质量目标包括满足相应的技术规范和技术标准的规定，以及满足业主方相应的质量要求。

业主方的项目管理工作涉及项目实施阶段的全过程，即在设计前的准备阶段、设计阶段、施工阶段、动用前准备阶段和保修期分别进行如下工作：

1) 安全管理。

2) 投资控制。

3) 进度控制。

4) 质量控制。

5) 合同管理。

6) 信息管理。

7) 组织和协调。

其中安全管理是项目管理中的最重要的任务，因为安全管理关系到人身的健康与安全，而投资控制、进度控制、质量控制和合同管理等则主要涉及物质的利益。

(2) 设计方项目管理的目标和任务。设计方作为项目建设的一个参与方，其项目管理主要服务于项目的整体利益和设计方本身的利益。由于项目的投资目标能否得以实现与设计工作密切相关，因此，设计方项目管理的目标包括设计的成本目标、设计的进度目标和设计的质量目标，以及项目的投资目标。

设计方的项目管理工作主要在设计阶段进行，但也涉及设计前的准备阶段、施工阶段、动用前准备阶段和保修期。设计方项目管理的任务包括：

1) 与设计工作有关的安全管理。

2) 设计成本控制和与设计工作有关的工程造价控制。

3）设计进度控制。

4）设计质量控制。

5）设计合同管理。

6）设计信息管理。

7）与设计工作有关的组织和协调。

（3）供方项目管理的目标和任务。供货方作为项目建设的一个参与方，其项目管理主要服务于项目的整体利益和供货方本身的利益，其项目管理的目标包括供货方的成本目标、供货的进度目标和供货的质量目标。

供货方的项目管理工作主要在施工阶段进行，但它也涉及设计准备阶段、设计阶段、动用前准备阶段和保修期。供货方项目管理的主要任务包括：

1）供货的安全管理。

2）供货方的成本控制。

3）供货的进度控制。

4）供货的质量控制。

5）供货合同管理。

6）供货信息管理。

7）与供货有关的组织与协调。

2. 建设项目工程总承包方项目管理的目标和任务

（1）建设项目工程总承包方项目管理的目标。由于建设工程项目总承包方是受业主方的委托而承担工程建设任务，建设项目工程总承包方必须树立服务观念，为项目建设服务，为业主提供建设服务。另外，合同也规定了建设项目工程总承包方的任务和义务，因此，建设项目工程总承包方作为项目建设的一个重要参与方，其项目管理主要服务于项目的整体利益和建设项目工程总承包方本身的利益，其项目管理的目标应符合合同的要求，包括：

1）工程建设的安全管理目标。

2）项目的总投资目标和建设项目工程总承包方的成本目标。

3）建设项目工程总承包方的进度目标。

4）建设项目工程总承包方的质量目标。

建设项目工程总承包方项目管理工作涉及项目实施阶段的全过程，即设计前的准备阶段、设计阶段、施工阶段、动用前准备阶段和保修期。

（2）建设项目工程总承包方项目管理的任务。建设项目工程总承包方项目管理的主要任务包括：

1）安全管理。

2）项目的总投资控制和建设项目工程总承包方的成本控制。

3）进度控制。

4）质量控制。

5）合同管理。

6）息管理。

7）与建设项目工程总承包方有关的组织和协调等。

在《建设项目工程总承包管理规范》（GB/T 50358—2005）中对工程总承包管理的内容作了如下的规定：

1）“工程总承包管理应包括项目部的项目管理活动和工程总承包企业职能部门参与的项目管理活动。”

2）“工程总承包项目管理的范围应由合同约定。根据合同变更程序提出并经批准的变更范围，也应列入项目管理范围。”

3）“工程总承包项目管理的主要内容应包括：

a. 任命项目经理，组建项目部，进行项目策划并编制项目计划。

b. 实施设计管理，采购管理，施工管理，试运行管理。

c. 进行项目范围管理，进度管理，费用管理，设备材料管理，资金管理，质量管理，安全、职业健康和环境管理，人力资源管理，风险管理，沟通与信息管理，合同管理，现场管理，项目收尾等。”

项目范围管理指的是“保证项目包含且仅包含项目所需的全部工作的过程。它主要涉及范围计划编制、范围定义、范围验证和范围变更控制的管理”（《建设项目工程总承包管理规范》）。

3. 施工方项目管理的目标和任务

（1）施工方项目管理的目标。由于施工方是受业主方的委托承担工程建设任务，施工方必须树立服务观念，为项目建设服务，为业主提供建设服务；另外，合同也规定了施工方的任务和义务，因此施工方作为项目建设的一个重要参与方，其项目管理不仅应服务于施工方本身的利益，也必须服务于项目的整体利益。项目的整体利益和施工方本身的利益是对立的统一关系，两者有其统一的一面，也有其矛盾的一面。

施工方项目管理的目标应符合合同的要求，它包括：

1）施工的安全管理目标。

2）施工的成本目标。

3）施工的进度目标。

4）施工的质量目标。

按国际工程的惯例，当采用指定分包商时，不论指定分包商与施工总承包方，或与施工总承包管理方，或与业主方签订合同，由于指定分包商合同在签约前必须得到施工总承包方或施工总承包管理方的认可，因此，施工总承包方或施工总承包管理方应对合同规定的工期目标和质量目标负责。

（2）施工方项目管理的任务。施工方项目管理的任务包括：

1）施工安全管理。

2）施工成本控制。

3）施工进度控制。

4）施工质量控制。

5）施工合同管理。

6）施工信息管理。

7）与施工有关的组织与协调等。

施工方的项目管理工作主要在施工阶段进行，但由于设计阶段和施工阶段在时间上往往是交叉的，因此，施工方的项目管理工作也会涉及设计阶段。在动用前准备阶段和保修期施工合同尚未终止，在这期间，还有可能出现涉及工程安全、费用、质量、合同和信息等方面的问题。因此，施工方的项目管理也涉及动用前准备阶段和保修期。

20世纪80年代末和90年代初开始，我国的大中型建设项目引进了为业主服务（或代表业主）的工程项目管理的咨询服务，这属于业主方项目管理的范畴。在国际上，工程项目管理咨询公司不仅为业主服务，也向施工方、设计方和建设特效供应方提供服务。因此，施工方的项目管理不能认为它只是施工企业对项目的管理。施工企业委托工程项目管理咨询公司对项目管理的某个方面提供的咨询服务也属于施工方项目管理的范畴。

1.2.3　建设工程项目采购的模式

1. 项目管理委托的模式

在国际上项目管理咨询公司（咨询事务所，或称顾问公司）可以接受业主方、设计方、施工方、供货方和建设项目工程总承包的委托，提供代表委托方利益的项目管理服务。项目管理咨询公司所提供的这类服务的工作性质属于工程咨询（工程顾问）服务。

在国际上业主方项目管理的方式主要有三种可能：

（1）业主方自行项目管理。

（2）业主方委托项目管理咨询公司承担全部业主方项目管理的任务。

（3）业主方委托项目管理咨询公司与业主方人员共同进行项目管理，业主方从事项目管理的人员在项目管理咨询公司委派的项目经理的领导下工作。

2. 设计任务委托的模式

设计任务的委托主要有两种模式，即业主方委托一个设计单位或由多个设计单位组成的设计联合体或设计合作体作为设计总负责单位，设计总负责单位视需要再委托其他设计单位配合设计。

业主方不委托设计总负责单位，而平行委托多个设计单位进行设计。

3. 项目总承包的模式

（1）建设项目工程总承包的内涵。“建筑工程的发包单位可以将建筑工程的勘察、设计、施工、设备采购一并发包给一个工程总承包单位，也可以将建筑工程勘察、设计、施工、设备采购的一项或者多项发包给一个工程总承包单位；但是，不得将应当由一个承包单位完成的建筑工程肢解成若干部分发包给几个承包单位”（引自《中华人民共和国建筑法》第24条）。

“工程总承包企业受业主委托，按照合同约定对工程建设项目的勘察、设计、采购、施工、试运行等实行全过程或若干阶段的承包”［《建设项目工程总承包管理规范》（GB/T 50358—2005)］。

“工程总承包企业按照合同约定对工程项目的质量、工期、造价等向业主负责。工程总承包企业可依法将所承包工程中的部分工作发包给具有相应资质的分包企业；分包企业按照分包合同的约定对总承包企业负责”（建设部《关于培育发展工程总承包和工程项目管理企业的指导意见》，建市〔2003〕30号）。

建设项目工程总承包主要有以下两种方式。

1）设计施工总承包，“设计施工总承包是指工程总承包企业按照合同约定，承担工程项目设计和施工，并对承包工程的质量、安全、工期、造价全面负责”（建设部《关于培育发展工程总承包和工程项目管理企业的指导意见》，建市〔2003〕30号）。

2）设计采购施工总承包，“设计采购施工总承包是指工程总承包企业按照合同约定，承担工程项目的设计、采购、施工、试运行服务等工作，并对承包工程的质量、安全、工期、造价全面负责”（建设部《关于培育发展工程总承包和工程项目管理企业的指导意见》，建市〔2003〕30号）。设计采购施工总承包已在我国石油和石化等工业建设项目中得到成功的应用。

“工程总承包和工程项目管理是国际通行的工程建设项目组织实施方式。积极推行工程总承包和工程项目管理，是深化我国工程建设项目组织实施方式改革，提高工程建设管理水平，保证工程质量和投资效益，规范建筑市场秩序的重要措施；是勘察、设计、施工、监理企业调整经营结构，增强综合实力，加快与国际工程承包和管理方式接轨，适应社会主义市场经济发展和加入世界贸易组织后新形势的必然要求；是贯彻党的十六大关于‘走出去’的发展战略，积极开拓国际承包市场，带动我国技术、机电设备及工程材料的出口，促进劳务输出，提高我国企业国际竞争力的有效途径”（建设部《关于培育发展工程总承包和工程项目管理企业的指导意见》，建市〔2003〕30号）。

建设项目工程总承包的基本出发点是借鉴工业生产组织的经验，实现建设生产过程的组织集成化，以克服由于设计与施工的分离致使投资增加，以及克服由于设计和施工的不协调而影响建设进度等弊病。

建设项目工程总承包的主要意义并不在于总价包干和“交钥匙”，其核心是通过设计与施工过程的组织集成，促进设计与施工的紧密结合，以达到为项目建设增值的目的。应该指出，即使采用总价包干的方式，稍大一些的项目也难以用固定总价包干，而多数采用变动总价合同。

（2）国际建设项目工程总承包的组织。国际建设项目工程总承包的组织有如下几种可能的模式：

1）一个组织（企业）既具有设计力量，又具有施工力量，由它独立地承担建设项目工程总承包的任务（在美国这种模式较为常用）。

2）由设计单位和施工单位为一个特定的项目组成联合体或合作体，以承担建设项目工程总承包的任务（在德国和一些其他欧洲国家这种模式较为常用，特别是民用建筑项目的工程总承包往往由设计单位和施工单位组成的项目联合体或合作体承担。待项目结束后项目联合体或合作体就解散）。

3）由施工单位承接建设项目工程总承包的任务，而设计单位受施工单位的委托承担其中的设计任务。

4）由设计单位承接建设项目工程总承包的任务，而施工单位作为其分包承担其中的施工任务。

（3）建设项目工程总承包从招标开始至确定合同价的基本工作程序。工业建设项目、民用建筑项目和基础设施项目的工程总承包各有其特点，但其从招标开始至确定合同价的基本工作程序是类似的，以下工作步骤仅供参考。

1）业主方自行编制，或委托顾问工程师编制项目建设纲要或设计纲要，它是建设项目工程总承包方编制项目设计建议书的依据。项目建设纲要或设计纲要可包括如下内容：

a. 项目定义。

b. 设计原则和设计要求。

c. 项目实施的技术大纲和技术要求。

d. 材料和设施的技术要求等。

2）建设项目工程总承包方编制项目设计建议书和报价文件。

3）设计评审。

4）合同洽谈，包括确定合同价。

在国际上，民用建筑项目工程总承包的招标多数采用项目功能描述的方式，而不采用项目构造描述的方式，因为项目构造描述的招标依据是设计文件，而工程总承包招标时业主方还不可能提供具体的设计文件。

（4）建设项目工程总承包方的工作程序。建设项目工程总承包方的工作程序如下［《建设项目工程总承包管理规范》（GB/T 50358—2005）］。

1）项目启动。在工程总承包合同条件下，任命项目经理，组建项目部。

2）项目初始阶段。进行项目策划，编制项目计划，召开开工会议；发表项目协调程序，发表设计基础数据；编制计划、采购计划、施工计划、试运行计划、财务计划和安全管理计划，确定项目控制基准等。

3）设计阶段。编制初步设计或基础工程设计文件，进行设计审查，编制施工图设计或详细工程设计文件。

4）采购阶段。采买、催交、检验、运输、与施工办理交接手续。

5）施工阶段。施工开工前的准备工作，现场施工，竣工试验，移交工程资料，办理管理权移交，进行竣工决算。

6）试运行阶段。对试运行进行指导和服务。

7）合同收尾。取得合同目标考核证书，办理决算手续，清理各种债权债务；缺陷通知期限满后取得履约证书。

8）项目管理收尾。办理项目资料归档，进行项目″崽结，对项目部人员进行考核评价，解散项目部。

（5）建设项目工程总承包的资质要求。

4. 施工任务委托的模式

施工任务的委托主要有如下几种模式：

业主方委托一个施工单位或由多个施工单位组成的施工联合体或施工合作体作为施工总包单位施工，总包单位视需要再委托其他施工单位作为分包单位配合施工。

业主方委托一个施工单位或由多个施工单位组成的施工联合体或施工合作体作为施工总包管理单位，业主方另委托其他施工单位作为分包单位进行施工。

业主方不委托施工总包单位，也不委托施工总包管理单位，而平行委托多个施工单位进行施工。

（1）施工总承包。业主方委托一个施工单位或由多个施工单位组成的施工联合体或施工合作体作为施工总包单位，经业主同意，施工总承包单位可以根据需要将施工任务的一部分分包给其他符合资质的分包人。

施工总承包模式有如下特点：

1）投资控制方面。

a. 一般以施工图设计为投标报价的基础，投标人进行投标报价较有依据。

b. 在开工前就有较明确的合同价，有利于业主的总投资控制。

c. 若在施工过程中发生设计变更，可能会引发索赔。

2）进度控制方面。由于一般要等施工图设计全部结束后，业主才进行施工总承包的招标，因此，开工日期不可能太早，建设周期会较长。这是施工总承包模式的最大缺点，限制了其在建设周期紧迫的建设工程项目上的应用。

3）质量控制方面。建设工程项目质量的好坏在很大程度上取决于施工总承包单位的管理水平和技术水平。

4）合同管理方面。

a. 业主只需要进行一次招标，与施工总承包商签约，因此招标及合同管理工作量将会减小。

b. 在很多工程实践中，采用的并不是真正意义上的施工总承包，而采用所谓的“费率招标”。

5）组织与协调方面。

（2）施工总承包管理。施工总承包管理模式的内涵是：业主方委托一个施工单位或由多个施工单位组成的施工联合体或施工合作体作为施工总包管理单位，业主方另委托其他施工单位作为分包单位进行施工。一般情况下，施工总承包管理单位不参与具体工程的施工，但如施工总承包管理单位也想承担部分工程的施工，它也可以参加该部分工程的投标，通过竞争取得施工任务。

施工总承包管理模式的特点如下：

1）投资控制方面。

a. 一部分施工图完成后，业主就可单独或与施工总承包管理单位共同进行该部分工程的招标，分包合同的投标报价和合同价以施工图为依据。

b. 在进行对施工总承包管理单位的招标时，只确定施工总承包管理费，而不确定工程总造价，这可能成为业主控制总投资的风险。

c. 多数情况下，由业主方与分包人直接签约，这样有可能增加业主方的风险。

2）进度控制方面。不需要等待于施工图设计完成后再进行施工总承包管理的招标，分包合同的招标也可以提前，这样就有利于提前开工，有利于缩短建设周期。

3）质量控制方面。

a. 对分包人的质量控制由施工总承包管理单位进行。

b. 分包工程任务符合质量控制的“他人控制”原则，对质量控制有利。

c. 各分包之间的关系可由施工总承包管理单位负责，这样就可减轻业主方管理的工作量。

4）合同管理方面。

a. 一般情况下，所有分包含同的招投标、合同谈判以及签约工作均由业主负责，业主方的招标及合同管理工作量较大。

b. 对分包人的工程款支付可由施工总包管理单位支付或由业主直接支付，前者有利于施工总包管理单位对分包人的管理。

5）组织与协调方面。由施工总承包管理单位负责对所有分包人的管理及组织协调，这样就大大减轻业主方的工作。这是采用施工总承包管理模式的基本出发点。

（3）施工总承包管理与施工总承包模式的比较。

1）工作开展程序不同。施工总承包模式的工作程序是：先进行建设项目的设计，待施工图设计结束后再进行施工总承包招投标，然后再进行施工。而如果采用施工总承包管理模式，施工总承包管理单位的招标可以不依赖完整的施工图，当完成一部分施工图就可对其进行招标。

2）合同关系。正如前述，施工总承包管理模式的合同关系有两种可能，即业主与分包单位直接签订合同或者由施工总承包管理单位与分包签订合同。

3）分包单位的选择和认可。一般情况下，当采用施工总承包管理模式时，分包合同由业主与分包单位直接签订，但每一个分包人的选择和每一个分包含同的签订都要经过施工总承包管理单位的认可，因为施工总承包管理单位要承担施工总体管理和目标控制的任务和责任。如果施工总承包管理单位认为业主选定的某个分包人确实没有能力完成分包任务，而业主执意不肯更换分包人，施工总承包管理单位也可以拒绝认可该分包合同，并且不承担该分包人所负责工程的管理责任。而当采用施工总承包模式时，分包单位由施工总承包单位选择，由业主方认可。

4）对分包单位的付款。对各个分包单位的工程款项可以通过施工总承包管理单位支付，也可由业主直接支付，需要经过施工总承包管理单位的认可。而当采用施工总承包模式时，对各个分包单位的工程款项，一般由施工总承包单位负责支付。

5）对分包单位的管理和服务。施工总承包管理单位和施工总承包单位一样，既要负责对现场施工的总体管理和协调，也要负责向分包人提供相应的配合施工的服务。对于施工总承包管理单位或施工总承包单位提供的某些设施和条件，如搭设的脚手架、临时用房等，如果分包人需要使用，则应由双方协商所支付的费用。

6）施工总承包管理的合同价格。施工总承包管理合同中一般只确定施工总承包管理费（通常是按工程建筑安装工程造价的一定百分比计取），而不需要确定建筑安装工程造价，这也是施工总承包管理模式的招标可以不依赖于施工图纸出齐的原因之一。分包合同一般采用单价合同或总价合同。施工总承包管理模式与施工总承包模式相比在合同价方面有以下优点：

a. 合同总价不是一次确定，某一部分施工图设计完成以后，再进行该部分施工招标，确定该部分合同价，因此整个建设项目的合同总额的确定较有依据。

b. 所有分包都通过招标获得有竞争力的投标报价，对业主方节约投资有利。

c. 在施工总承包管理模式下，分包合同价对业主是透明的。

5. 物资采购的模式

工程建设物资指的是建筑材料、建筑构配件和设备。在国际上业主方工程建设物资采购有多种模式，例如，

（1）业主方自行采购。

（2）与承包商约定某些物资为指定供货商。

（3）承包商采购等。

1.2.4 建设工程项目管理的背景和发展趋势

1. 建设工程项目管理的国内背景

我国从 20 世纪 80 年代初期开始引进建设工程项目管理的概念，世界银行和一些国际金融机构要求接受贷款的业主方应用项目管理的思想、组织、方法和手段组织实施建设工程项目。

我国于 1983 年国家计划委员会提出推行项目前期项目经理负责制。

我国于 1988 年开始推行建设工程监理制度。

1995 年建设部颁发了《建筑施工企业项目经理资质管理办法》，推行项目经理负责制。

为了加强建设工程项目总承包与施工管理，保证工程质量和施工安全，根据《中华人民共和国建筑法》（以下简称《建筑法》）和《建设工程质量管理条例》的有关规定，人事部、建设部决定对建设工程项目总承包及施工管理的专业技术人员实行建造师执业资格制度。2002 年人事部和建设部颁布了人发〔2002〕111 号《建造师执业资格制度暂行规定》的通知。

2003 年建设部发出《关于建筑业企业项目经理资质管理制度向建造师执业资格制度过渡有关问题的通知》（建市〔2003〕86 号）

“鼓励具有工程勘察、设计、施工、监理资质的企业，通过建立与工程项目管理业务相适应的组织机构、项目管理体系，充实项目管理专业人员，按照有关资质管理规定在其资质等级许可的工程项目范围内开展相应的工程项目管理业务”（建设部《关于培育发展工程总承包和工程项目管理企业的指导意见》，建市〔2003〕30 号）

“据对全国 22 个行业 236 家工程设计企业的不完全统计，自 1993—2001 年，完成工程项目管理 853 项，合同金额近 500 亿元”（引自王庆、逄宗展，开展工程总承包和工程项目管理系列报道）。

为了适应投资建设项目管理的需要，经人事部、国家发展和改革委员会研究决定，对投资建设项目高层专业管理人员实行职业水平认证制度。2004 年人事部与国家发展和改革委员会颁布了国人部发〔2004〕110 号关于印发《投资建设项目管理师职业水平认证制度暂行规定》和《投资建设项目管理师职业水平考试实施办法》的通知。

2006 年 6 月发布了《建设工程项目管理规范》（GB/T 50326—2006）。

2. 建设工程项目管理的国外背景

在 20 世纪 60 年代末期和 70 年代初期，工业发达国家开始将项目管理的理论和方法

应用于建设工程领域，并于 20 世纪 70 年代中期前后在大学开设了与工程管理相关的专业。

项目管理的应用首先在业主方的工程管理中，而后逐步在承包商、设计方和供货方中得到推广。

于 20 世纪 70 年代中期前后兴起了项目管理咨询服务，项目管理咨询公司的主要服务对象是业主，但它也服务于承包商、设计方和供货方。

国际咨询工程师协会（FIDIC）于 1980 年颁布了《业主方与项目管理咨询公司的项目管理合同条件》（FIDIC IGRA 80PM）。该文本明确了代表业主方利益的项目管理方的地位、作用、任务和责任。

在许多国家项目管理由专业人士——建造师担任。建造师可以在业主方、承包商、设计方和供货方从事项目管理工作，也可以在教育、科研和政府等部门从事与项目管理有关的工作。建造师的业务范围并不限于在项目实施阶段的工程项目管理工作，还包括项目决策的管理和项目使用阶段的物业管理（设施管理）工作。

3. 建设工程项目管理的发展趋势

项目管理作为一门学科，30 多年来在不断发展，传统的项目管理（project management）是该学科的第一代，其第二代是 program management（尚没有统一的中文术语，指的是多个相互有关联的项目的项目管理），第三代是 portfolio management［尚没有统一的中文术语，指的是多项目（不一定有关联）的组合管理］，第四代是 change management（尚没有统一的中文术语，指的是变更管理）。

将项目决策阶段的开发管理（development management，DM）、实施阶段的项目管理（project management，PM）和使用阶段的设施管理（facility management，FM）集成为项目全寿命管理（lifecycle management）。其含义如图 1.7 所示。

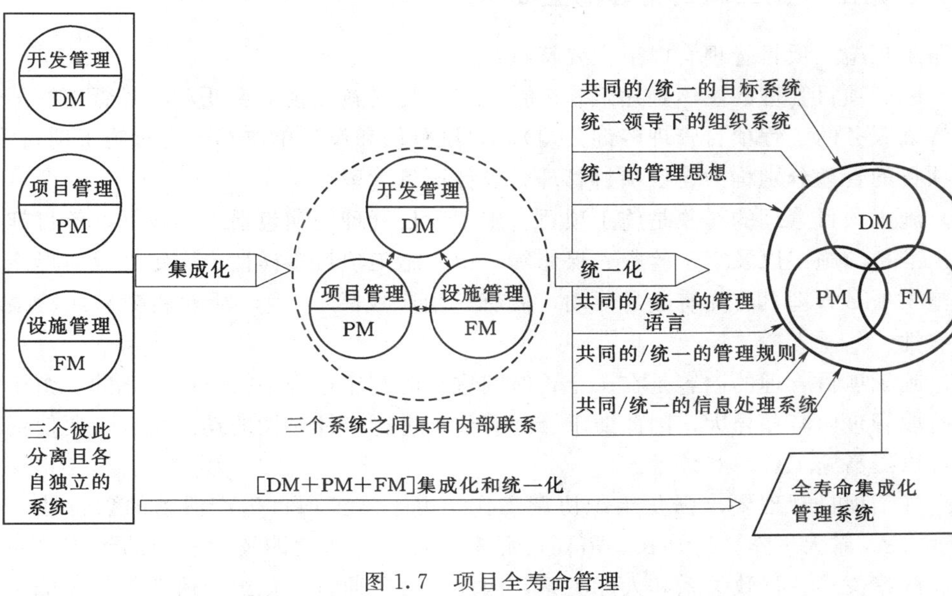

图 1.7 项目全寿命管理

在项目管理中应用信息技术。包括项目管理信息系统（project man－agement information system，PMIS）和项目信息门户（project information portal，PIP），即业主和项目各参与方在互联网平台上进行工程管理等。

1.3 认识公路工程施工项目管理

1.3.1 公路工程施工项目管理

公路工程施工项目管理是指公路建筑施工企业运用系统的观点、理论和方法对施工项目进行的决策、计划、组织、控制、协调等全过程的全面管理。这些管理工作还可以分为各种职能管理工作，如进度管理、质量管理、成本管理、合同管理、资源管理和信息管理等。

公路工程项目管理是公路工程建设管理中的重要组成部分，主要是指对公路工程建设过程中有关施工和养护方面的组织与管理。

公路工程施工项目管理是建筑业企业对某项具体建设项目的施工全过程的管理。

（1）施工项目管理范围。投标承包决策、签订施工合同、施工准备、组织施工、竣工。

（2）施工项目管理目的。实现公路工程施工项目施工合同目标，使企业取得经济效益。

（3）施工项目管理技术。合同管理方面 、质量管理方面 、进度管理方面 、成本管理方面 、安全管理方面、信息管理方面等。

1.3.2 公路工程施工项目管理的主要特点

公路工程施工项目管理有以下主要特点：

（1）施工项目管理的主体是建筑施工企业（或是受施工企业委托对项目管理的某个方面提供咨询服务的工程项目管理咨询公司）。建设单位和设计单位都不进行施工项目管理，它们对项目的管理分别称为建设项目管理、设计项目管理。

（2）施工项目管理的对象是施工项目。施工项目管理周期包括工程投标、签订施工合同、施工准备、施工以及交工验收、保修等。由于施工项目多样性、固定性及体形庞大等特点，施工项目管理具有先有交易活动，后有“生产成品”，生产活动和交易活动很难分开等特殊性。

（3）施工项目管理的内容是在一个长时间进行的有序过程中按阶段变化的。由于施工项目各阶段管理内容差异大，因此要求管理者必须进行有针对性的动态管理，要使资源优化组合，以提高施工效率和效益。

（4）施工项目管理要求强化组织协调工作。由于施工项目生产活动的独特性（单件性）、流动性、露天工作、工期长、需要资源多，且施工活动涉及到复杂的经济关系、技术关系、法律关系、行政关系和人际关系，因此，必须通过强化组织协调工作才能保证施工活动顺利进行。主要强化办法是优选项目经理，建立调度机构，配备称职的调度人员，努力使调度工作科学化、信息化，建立起动态的控制体系。

1.3.3　施工项目管理的内容

1. 建立道路施工项目管理机构施工项目管理组织机构

（1）由企业法定代表人采用适当的方式选聘称职的施工项目经理。

（2）根据施工项目管理组织原则，结合工程规模、特点，选择合适的组织形式，建立施工项目管理组织机构，明确各部门、各岗位的责任、权限和利益。

（3）在符合企业规章制度的前提下，根据施工项目管理的需要，制定施工项目经理部管理制度。

2. 编制施工项目管理规划

（1）在工程投标前，由企业管理层编制施工项目管理大纲（或以“施工组织总体设计”代替），对施工项目管理自投标到保修期满进行全面的纲领性规划。

（2）在工程开工前，由项目经理组织编制施工项目管理实施规划（或以“施工组织设计”代替），对施工项目管理从开工到交工验收进行全面的指导性规划。

3. 进行施工项目的目标控制

在施工项目实施的全过程中，应对项目的质量、进度、成本和安全目标进行控制，以实现项目的各项约束性目标。控制的基本过程是：

（1）确定各项目标控制标准。

（2）在实施过程中，通过检查、对比，衡量目标的完成情况。

（3）将衡量结果与标准进行比较，若有偏差，分析原因，采取相应的措施以保证目标的实现。

4. 对项目现场的生产要素进行优化配置和动态管理

施工项目生产要素主要包括：劳动力、材料、设备、技术和资金（即5M），生产要素管理的内容有：

（1）　分析各生产要素的特点。工程施工生产要素，即人；材料、半成品；机具设备；技术工艺；以及与此相联系的生产过程所不可或缺的资金、信息及环境要素的投入等。

1）施工劳动力。建筑业劳动用工的特点：需求大、波动性、流动性。

企业内部劳动作业层或劳务分包商通过劳务合同，建立与项目经理部的劳务发包与承包关系，实行作业管理和作业成本核算，协调和监督下展开作业技术活动。

2）施工机械设备。通常应结合具体工程的情况，根据施工经验和有关的定性、定量分析方法做出优化配置的选择方案，通过施工过程各类机械设备利用率和使用效率的分析，合理安排和调度，调整和改善机械设备利用率。

3）建筑材料、构配件。从管理角度，对材料构配件的采购、加工、供应、运输、验收、保管和使用等各个环节进行周密的考虑，有序适量地分批进场，控制堆场或仓库面积，均衡消耗。

4）施工方案。施工方案具有技术和组织方法的共性，因工程性质、施工条件的不同，施工方案总体上说是各不相同的。

5）施工环境。施工环境主要是指施工现场的自然环境、劳动作业环境及管理环境。

（2）按一定的原则、方法，对施工项目生产要素进行优化配置并评价。

（3）对施工项目各生产要素进行动态管理。

对公路工程施工现场的生 产要素进行优化配置和动态管理是如何科学安排现场的生产要素，随时根据工程施工项目施工过程中的具体情况，适时、适量、适比例、适位置地配置或投入生产要素 ，满足工程施工进度、质量的要求，并与各种施工环境保持协调关系，最终提高项目经济效益。

5. 施工项目合同管理

合同管理的水平直接涉及项目管理及工程施工的技术组织效果和目标实现。因此，要从工程投标开始，加强工程承包合同的策划、签订、履行和管理。同时，还必须注意搞好索赔，讲究方法和技巧，提供充分的证据。

6. 施工项目信息管理

进行施工项目管理和施工项目目标控制、动态管理、必须在项目实施的全过程中，充分利用计算机对项目有关的各类信息进行收集、整理、储存和使用，提高项目管理的科学性和有效性。

7. 施工现场管理

应对施工现场进行科学有效管理，以达到文明施工，保护环境，塑造良好企业形象，提高施工管理水平之目的。

8. 组织协调

在施工项目实施过程中，应进行组织协调，沟通和处理好内部及外部的各种关系，排除种种干扰和障碍。协调为有效控制服务，协调和控制都是保证计划目标的实现。

1.3.4 施工项目管理程序

施工项目管理程序见表 1.3。

表 1.3　施工项目管理程序表

序号	管理阶段	管理目标	主 要 工 作	工作负责执行者
1	投标签订合同阶段	中标签订工程承包合同	1. 按企业的经营战略，对工程项目做出是否投标及争取承包的决策； 2. 决定投标后，收集掌握企业本身、相关单位、市场、现场及诸方面信息； 3. 编制《施工项目管理规划大纲》； 4. 编制既能使企业经营盈利又有竞争力，可能中标的投标书，在投标截止日期前发出投标函； 5. 若中标，则与招标方谈判，依法签订工程承包合同	企业决策层 企业管理层
2	施工准备阶段	使工程具备开工和连续施工的基本条件	1. 企业正式委派资质合格的项目经理，项目经理组 建项目经理部，根据工程管理需要建立机构，配备管理人员； 2. 企业管理层次与项目经理协商签订《施工项目管理目标责任书》，明确项目的管理应承担的责任目标及各项管理任务； 3. 编制（施工项目管理实施规划）； 4. 做好施工各项准备工作，达到开工要求； 5. 编写开工申请报告，上报，待批开工	项目经理部 企业管理层

续表

序号	管理阶段	管理目标	主要工作	工作负责执行者
3	施工阶段	完成合同规定的全部施工任务，达到验收、交工条件	1. 进行施工； 2. 做好动态控制工作，保证质量、进度、成本、安全目标的全面实现； 3. 管理施工现场，实行文明施工； 4. 严格履行合同，协调好与建设单位、监理、设计及相关单位的关系； 5. 处理好合同变更及索赔； 6. 做好记录、检查、分析和改进	项目经理部 企业管理层
4	验收交工与结算阶段	对项目成果进行总结、评价，对外结清债权债务，结束交易关系	1. 工程收尾； 2. 进行试运转； 3. 接受正式验收； 4. 整理移交竣工的文件，进行工程款结算； 5. 总结工作，编制竣工报告； 6. 办理工程交接手续，签订工程质量保修书； 7. 项目经理部解体	项目经理部 企业管理层
5	用后服务阶段	保证用户正确使用，使建筑产品发挥应有功能，反馈信息，改进工作，提高企业信誉	1. 根据《工程质量保修书》的约定做好保修工作； 2. 为保证正常使用提供必要的技术咨询和服务； 3. 进行工程回访，听取用户意见，总结经验教训，发现问题，及时维修和保修； 4. 配合科研等需要，进行沉陷、抗展性能观察	企业管理层

1.3.5 施工项目管理与建设项目管理的区别

施工项目管理与建设项目管理的主要区别见表1.4。

表1.4 施工项目管理与建设项目管理的区别

区别特征	施工项目管理	建设项目管理
管理主体	建筑企业或其授权的项目经理部	建设单位或其委托的工程咨询（监理）单位
管理任务	生产出符合需要的建筑产品，获得预期利润	取得符合要求的能发挥应有效益的固定资产
管理内容	涉及从工程投标开始到交工与保修期满为止的全部生产组织与管理及维修	涉及投资周转和建设全过程的管理
管理范围	由工程承包合同规定的承包范围，可以是建设项目，也可以是单项（位）工程	由可行性研究报告评估审定的所有工程，是一个建设项目

1.4 认识公路工程施工项目的组织

1.4.1 公路施工组织研究的目的

随着社会经济的不断发展和施工技术的不断进步，工程施工过程已经越来越成为一项千头万绪、错综复杂的生产活动。对于任何一个工程施工现场，都要组织各类专业施工操作工人和相当数量的建筑材料、设备等有条不紊地投入到各个施工过程中，组织各类专业工人投入施工，组织各种材料、制品、构配件的采购、运输、存放、供应，组织各种施工机械设备的进出现场、安装调试、维修保养和使用，布置施工现场生产、生活所需要的各种临时房屋、仓库、堆料场以及现场的临时道路、供水、供电、供热等设施。

工程施工组织就是针对工程施工的复杂性，来研究工程施工过程的统筹安排与系统管理的客观规律，研究如何组织、计划一项拟建工程的全部施工，制定出多种可行的施工方案，再依据从中选定的最优施工方案编制而成的规划和指导拟建工程施工的全面性技术、经济和组织的综合性文件，以期使拟建工程施工取得最优的经济效益和社会效益。

1.4.2 公路施工组织的研究的对象

公路施工组织是研究公路建筑产品生产过程中诸要素之合理组织的学科。具体说就是一个具体的建筑产品（建设项目、单位工程等）在生产（施工）过程中的诸要素，即直接使用的建筑工人、施工机械、建筑材料、构件等的组织问题。

施工组织研究的就是如何根据公路建设的特点。从人力、资金、材料、机械、施工方法这五个主要因素进行科学合理的安排，在一定的时间和空间内，实现有组织、有计划、均衡地施工，使整个工程达到时间上耗费少、工期短；质量上精度高、功能好；经济上资金省、成本低的目的。

1.4.3 公路施工组织的主要任务

工程项目的施工，一般是由许许多多的施工过程或工序组成；每一个施工过程可以采用不同的施工方法和不同的施工机械设备。因此，任何一个施工项目，通常都有许多可行的施工方案供施工人员选择，但不同的施工方案其经济效果各不相同。施工人员必须根据拟建工程的具体特点和工期长短，工人的素质、数量，机械化、预制化程度，材料供应及运输状况等各项条件，从经济与技术统一的全局出发，从多种可行方案中选出最优方案。

工程施工组织设计的主要任务是：在国家各项建设方针、政策的指导下，从施工的全局出发，选择最优的施工方案；科学地协调人力、资金、材料、机械和时间等五大施工要素之间的关系；协调各施工单位、各工种之间的关系；在规定工期内编制出最优的施工进度计划、资源供应计划和施工准备工作计划；合理地设计施工现场平面布置图，达到科学、合理地组织施工生产，使工程施工做到人尽其力，物尽其用，优质、安全、低成本、高速度地按期完成施工任务。

公路施工的具体任务是：

（1）确定开工前必须完成的各项准备工作。

（2）计算工程数量、合理部署施工力量，确定劳动力、机械台班、各种材料、构件等的需要量和供应方案。

（3）确定施工方案，选择施工机具。

（4）安排施工顺序，编制施工进度计划。

（5）确定工地上的设备停放场、料场、仓库、办公室、预制场地等的平面布置。

（6）制定确保工程质量及安全生产的有效技术措施。

1.4.4 施工组织与管理的关系

每一个建设项目都必须经过投资决策、计划立项、勘察设计，施工安装和竣工验收等阶段的工作，才能最终形成满足特定使用功能和价值要求的建筑或土木工程产品，投入生产或使用。

要点提示

管理的基本职能包括计划、组织、领导、控制、创新，组织是管理的职能之一。

(1) 项目施工组织与管理是贯穿于工程施工管理的全过程。包括计划、指挥、协调、监督和控制的各项职能。

施工组织就是在充分理解建设意图和要求的基础上，通过施工条件，包括合同条件、法规条件和现场条件的深入调查研究，编制施工组织设计文件，用于指导现场施工和项目管理。

(2) 施工组织设计作为施工项目管理实施规划的核心内容，指导施工项目管理全过程的目标控制。

(3) 工程项目的施工组织与管理工作要求：

1) 要熟悉工程建设的特点、规律和工作程序。

2) 要掌握施工生产要素及其优化配置与动态控制的原理和方法。

3) 要能正确而灵活地应用组织理论选择组织管理模式，应用组织机制有效实施目标控制。

1.5 认识公路工程项目施工组织设计的结构

【任务】 认知公路工程项目施工组织设计的结构、内容要求及依据

1.5.1 公路施工组织设计的目的、任务及作用

1. 施工组织设计的概念

施工组织设计是以施工项目为对象编制的，是用来指导施工项目全过程各项活动的技术、经济和组织的综合性文件，是施工技术与施工项目管理有机结合的产物，它能保证工程开工后施工活动有序、高效、科学合理地进行。

施工组织设计是指导工程投标、签订承包合同、施工准备和施工全过程的全局性的技术经济文件。施工组织设计是对施工活动实行科学管理的重要手段，它具有战略部署和战术安排的双重作用。它体现了实现基本建设计划和设计的要求，提供了各阶段的施工准备工作内容，协调施工过程中各施工单位、各施工工程、各项资源之间的相互关系。

施工组织设计是从工程的全局出发，按照客观的施工规律和当时、当地的具体条件(自然、环境、地质等)，统筹考虑施工活动巾的人力、资金、材料、机械和施工方法等五个主要因素后，对整个工程的现场布置、施工进度和资源消耗等作出的科学合理的安排。

施工组织设计的目的是使工程建设在一定的时间和空间内实现有组织、有计划、有

秩序的施工，以达到工期短 、质量好、资金省、施工安全的效果。合理的施工组织设计会取得良好的经济效益和社会效益，为施工企业创造尽可能大的利润。

施工组织设计是我国在工程建设领域长期沿用下来的名称，西方国家一般称为施工计划工程项目管理计划。

关键：依客观条件选择施工方案、施工组织方法。

2. 公路施工组织设计的任务

公路施工组织设计的基本任务是根据业主对建设项目的各项要求，选择经济、合理、有效地施工方案；确定合理、可行的施工进度；拟定有效的技术组织措施；采用最佳的劳动组织，合理确定施工中劳动力、材料、机具设备等的需要量；合理布置施工现场的空间及拟定各种临时设施，以确保全面高效地完成工程建设项目。

3. 公路施工组织设计的作用

(1) 施工组织设计是沟通工程设计和施工之间的桥梁，它既要体现基本建设计划和设计的要求（可进一步验证设计方案的合理性与可行性），又要符合施工活动的客观规律，对建设项目的施工全过程起到战略部署和战术安排的双重作用。

(2) 施工组织是投标书和合同文件的重要组成部分，起到指导工程投标与签订工程承包合同的作用。

(3) 施工组织设计也是指导拟建工程从施工准备到施工完成的组织、技术、经济的一个综合性的设计文件，对施工全过程起指导作用，是工程建设人员进行施工生产活动的行动纲领。

(4) 为确保施工的顺利进行，如期按质按量完成施工任务，取得好的施工经济效益，施工组织设计统一规划和协调复杂的施工活动，对现场组织管理起到十分重要的作用。

1) 施工组织设计是拟建工程项目施工准备工作的一项重要内容，同时又是指导各项施工准备工作的依据。

2) 施工组织设计为拟建工程项目所确定的施工方案、施工进度和施工顺序等，是指导开展紧凑、有序施工活动的技术依据。

3) 施工组织设计对施工计划起决定和控制作用。施工计划是根据施工企业对建筑市场所进行科学预测和中标为结果，结合本专业的具体情况，制定出的不同时期应完成工程建设项目的生产计划和各项技术经济指标。而施工组织设计是按具体的拟建工程项目开竣工时间编制的指导施工的文件。因此，施工组织设计与施工计划二者之间有着极为密切、不可分割的关系。施工组织设计是编制施工计划的基础，反过来，制定施工组织设计又应服从施工计划，两者相辅相成、互为依据。

4) 施工组织设计所提出的拟建工程项目的各项资源需要量计划，直接为物资组织供应工作提供数据。

5) 施工组织设计对现场所作的规划和布置，为现场的文明施工创造了条件，并为现场平面管理提供了依据。

6) 通过施工组织设计，可以合理地确定各种临时设施的数量、规模和用途。

7) 通过施工组织设计，可充分考虑施工中可能遇到的困难与障碍，主动调整施工中的薄弱环节，事先予以解决或排除，从而提高了施工的预见性，减少了盲目性，使管理者和生产者做到心中有数，为实现建设目标提供技术保证。

因此，编好施工组织设计，就可以按科学的程序组织施工，建立正常的施工秩序，有计划地开展各项施工活动，及时做好各项施工准备工作，保证劳动力和各种技术物资的供应，协调各施工单位之间、各工种之间、各种资源之间以及平面、空间上的布置和时间上的安排之间的合理关系。使施工人员心中有数，工作处于主动地位。

(5) 施工组织设计是施工单位领导、职能部门全面布置施工活动、指挥生产开展工作、进行劳动力和机械调配、进行项目管理、控制施工进度、控制质量、控制成本等目标的依据。

(6) 施工组织设计是对施工活动实行科学管理的重要手段，是编制工程概、预算的依据，是施工企业整个生产管理工作的重要组成部分，是编制施工生产计划和施工作业计划的主要依据。

(7) 施工组织设计为工程施工中进度控制、质量控制、成本控制、安全控制 、现场管理明确了管理的目标及技术组织措施，对于能否优质、高效、按时、低耗地完成公路工程施工任务起着保障性的作用。

1.5.2 公路施工组织设计的类型

1. 按编制时间分类

按编制时间可分为标前施工组织设计（投标施工组织设计）和标后施工组织设计。

标前施工组织设计是投标阶段以招标文件为依据编制的施工组织设计。为了满足标制投标书和签订工程承包合同的需要而编制的，建筑施工单位为了使投标书具有竞争力以实现中标，必须编制标前施工组织设计，对投标书的内容进行规划和决策，作为投标的文件的内容之一。标前施工组织设计的水平即是能否中标的关键因素，又是总包单位招标和分包单位招标书的重要依据。它还是承包单位进行合同谈判提出要约和进行成若的根据和理由，是以订合同文件中相关条款的基础资料。

标后施工组织设计是为了满足施工准备和施工的需要而编制的，强调的是可操作性，同时鼓励企业技术创新。

(1) 投标和标后施工组织设计的相同点。

1) 针对的项目相同。若中标，则存在的两份施工组织设计是针对同一项目的。若没中标，则不存在标后施工组织设计了。

2) 最终目的统一，都是为了既好又快地建成该工程项目。

3) 编制基本原则、方法、内容相同。

(2) 投标和标后施工组织设计的不同点。

1) 编制依据不同。投标施工组织设计编制的依据是业主的招标文件（含设计图纸）、国家和相关部委颁布的法律规范、现场踏勘调查得到的相关资料以及标前的业主补遗等资料。

工程中标后，承包商必须在工程开工前，根据工程施工合同要求，投标施工组织设计、工程施工的实际要求和项目管理的需要，编制标后实施性的施工组织设计。

投标施工组织设计在一定时间范围内，具有法律的约束作用；标后施工组织设计必须深化和完善投标施工组织设计，能够作为承发包双方对工程施工监督和管理的依据。

2）应用目的不同。投标施工组织设计是投标书的组成部分，是编制投标报价的依据，目的是使招标单位了解投标单位的整体实力以及在本工程中的与众不同之处，进而得以中标。而标后施工组织设计是围绕一个工程项目或一个单项工程，规划整个施工进程、各施工环节相互关系的战略性或战术性布置。

3）编制条件和时间不同。投标施工组织设计，在投标书编制前着手编写，由于受报送投标书的时间限制，编制投标施工组织设计的时间很短。而中标后的施工组织设计，在签约后开工前着手编写，编制时间相对较长。因此针对这种特点，平时要注重两类施工组织设计的相同素材的搜集与积累。例如，主要项目的施工方法；施工企业质量管理体系防止质量通病的技术措施；工程质量检测的设备；国家或建设行政主管部门推广的新工艺、新技术、新材料；文明施工现场措施；施工安全的技术措施及保证体系等。

4）编制者、阅读对象不同。投标施工组织设计，一般主要由企业经营部门的管理人员编写，文字叙述上规划性、客观性强。标后施工组织设计，一般主要由工程项目部的技术管现人员编写，文字叙述上具体直观、作业指导性强。

投标施工组织设计是供招标单位及相关人员评标、定标的投标文件，阅读者基本上是高水平的专业人员或领导，要求施工组织设计要有较高的水准。

标后施工组织设计主要面向项目执行群体，考虑的重点是方案的技术可行性与施工安全可靠性，同样还要考虑项目实施过程中、完毕后的经济效益。施工组织设计的编制就是指导实施项目的施工队伍怎么组织施工、制定具体的项目实施方案以及如何实施等方面。关键突出在工序和方法工艺上对施工人员进行指导限定，是一种指导性的、但也是纲领性的技术文件。施工组织设计针对的是具体实施项目的施工人员，施工组织设计的文字力求简单易懂，对方案方法的描述上语气必须明确、肯定。

5）内容结构、侧重点不同。投标文件中的施工组织设计编制好坏的最终衡量标准就是看在评标时能否取得最高评分，因此其内容结构与顺序的编排也应吻合招标中文件的要求，招标文件中对施工组织设计明确要求的内容，每一条都不得遗漏，因给出的施工组织设计总分就是所要求的各条之分配分数之和，丢一条，本条得分就等于零。招标文件中没有明确要求但应该包括的内容，编制施工组织设计时要增补进去。这样做既能使施工组织设计更具完整性，又可以避免因招标文件不严谨完善造成投标人丢分的现象发生。同时，施工组织设计的内容顺序、编制序号也最好与招标文件表示的序号一致，这样做的目的主要是为了使评标者在评分时能对照招标文件要求对号入座，不致发生疏忽错误，也能避免投标人在紧张做标时间可能出现的丢缺项错误而失分；对于标后施工组织设计，则无上述限制，也不会引起上述后果。

投标施工组织设计是投标书的组成部分，因此须根据评标办法和招标文件的要求来确定内容的幅度和深度。对投标文件中施工组织设计的插图、表格、版面设计、装订等更应该优于中标后的施工组织设计水平。出于保密的目的，投标施工组织设计涉及的一些施工新技术、新工艺只需点到为止，达到“知其然不知其所以然”的程度即可。而标后施工组织设计则相反，因属于对内使用，是直接用于指导施工，又属新知识，需让操作者明了，这就必须对之详述。

2. 按工程项目实施阶段划分

（1）规划性施工组织设计。这是设计单位在设计阶段编制的施工组织设计，也称初步施工组织设计。规划性施工组织设计必须结合结构设计计算和编制概、预算的需要，不同的施工方法其结构内力不同，施工方法不同，选择的施工机械不同，施工荷载也就不同。施工方法、施工机械构成了结构设计各内力计算的基本条件，也是编制概、预算的重要依据。

初步的施工组织设计只能制定工程施工的轮廓计划、初步拟定施工方法、施工程序及施工的时间安排 。

（2）指导性的施工组织设计。《铁路工程施工组织设计指南》（铁建设〔2009〕226号）明确指出："指导性施工组织设计必须涵盖整个项目项目，指导性施工组织设计由项目建设单位负责编制，指导性施工组织设计调查应在初步设计阶段开始，建设单位应就保证质量、安全、工期、投资和环境保护等措施和方案进行研究和论证，提高指导性施工组织设计编制质量。"工程实施中建设单位应对指导性施工组织设计执行情况进行检查，特别是对控制性工程要加强动态管理，对执行中存在的问题进行协调解决，根据建设项目现场实际情况进行调整，以满足建设项目管理目标。

工程招标时，建设单位应将批准后的指导性施工组织设计纳入招标文件，将指导性施工组织设计纳入工程合同。

施工单位应依据施工合同和指导性施工组织设计，结合现场施工条件，对工地布置、施工方案、施工方法、施工工艺、施工顺序、机具材料配备、劳动组织、质量、安全、工期等进行的详细安排，编制实施性施工组织设计，作为内部编制施工现场计划的基础。

（3）实施性施工组织设计。实施性施工组织设计是工程施工全过程中技术、经济和组织等活动的综合性文件，同时是使施工能按连续性、均衡性、节奏性、协调性和经济性进行的指导性文件，也是对施工实行科学管理的重要手段。

《公路工程标准施工招标文件》交公路发〔2009〕221号规定，承包人在中标后开工前，应根据图纸资料和有关合同条款，编制施工方案和实施性施工组织设计，提交监理工程师审批。

实施性施工组织设计应根据《公路工程标准施工招标文件》交公路发〔2009〕221号规定、《建设工程项目管理规范》（GB/T 50326—2006）的要求、业主对工程的各项要求、设计图纸和编制施工组织设计的基本原则，在充分研究工程合同文件、现场环境的客观情况和施工特点的基础上，从协调施工全过程中的人力、物力和空间等三个要素着手而制定的。实施性施工组织设计规划和部署了工程全部的施工生产活动，是对施工全过程实行科学管理的重要手段。承包人根据监理工程师批准的施工方案和实施性施工组织设计，合理安排工序进度，循环作业，并做好机具选型配套工作和材料的供应保障工作，使施工按预定的计划进行；就可以按事先设计好的程序组织生产活动，建立正常、有效的施工秩序；可使项目领导和作业班组对施工活动做到心中有数，预测到施工过程中可能发生的各种情况，事先做好准备；主动调整施工中的薄弱环节，及时处理出现的问题，保证施工的顺利进行；可为工程施工的节奏性、均衡性和连续性提供最优方案，从而使施工以最低的成本取得最大的技术经济效果。

编制实施性施工组织设计的目的在于能对工程进行全面、合理、有计划地组织施工，使设计意图变为现实，按质、按量、如期完成施工任务。

3. 按编制对象分类

施工组织设计按编制对象范围的不同可分为施工组织总设计、单位工程施工组织设计、分部分项工程施工组织设计三种。

（1）施工组织总设计。施工组织总设计是以一个建筑群或一个建设项目为编制对象，用以指导整个建筑群或建设项目施工全过程的各项施工活动的技术、经济和组织的综合性文件。

《建筑施工组织设计规范》（GB/T 50502—2009）明确：施工组织总设计是以若干单位工程组成的群体工程或特大型项目为主要对象编制的施工组织设计，对整个项目的施工过程起统筹规划、重点控制的作用。

施工组织总设计一般在初步设计或扩大初步设计被批准之后，由总承包企业的总工程师领导下进行编制。

（2）单位工程施工组织设计。单位工程施工组织设计是以一个单位工程（一个建筑物或构筑物，一个交工系统）为编制对象，用以指导单位工程施工全过程各项施工活动的技术、经济和组织的综合性文件，对单位工程的施工过程起指导和制约作用。

对于已经编制了施工组织总设计的项目，单位工程施工组织设计应是施工组织总设计的进一步具体化，直接指导单位工程的施工管理和技术经济活动。

（3）分部（分项）工程施工组织设计。分部（分项）工程施工组织设计是以分部工程为编制对象，用以具体实施其施工全过程的各项施工活动的技术、经济和组织的综合性文件。分部工程施工组织设计一般是同单位工程施工组织设计的编制同时进行，并由单位工程的技术人员负责编制。

（4）施工方案。以分部（分项）工程或专项工程为主要对象编制的施工技术与组织方案，用以具体指导其施工过程。

施工方案在某些时候也被称为分部（分项）工程或专项工程施工组织设计，但考虑到通常情况下施工方案是施工组织设计的进一步细化，是施工组织设计的补充，施工组织设计的某些内容在施工方案中不需赘述。

施工组织总设计、单位工程施工组织设计和分部分项工程施工组织设计之间有以下关系，施工组织总设计是对整个建设项目的全局性战略部署，其内容和范围比较概括；单位工程施工组织设计是在施工组织总设计的控制下，以施工组织总设计和企业施工计划为依据编制的，针对具体的单位工程，把施工组织总设计的内容具体化；分部分项工程施工组织设计是以施工组织总设计、单位工程施工组织设计和企业施工计划为依据编制的，针对具体的分部分项工程，把单位工程施工组织设计进一步具体化，它是专业工程具体的组织施工的设计。

1.5.3 认识公路施工组织设计文件的组成内容

施工组织设计应包括编制依据、工程概况、施工部署、施工进度计划、施工准备与资源配置计划、主要施工方法、施工现场平面布置及主要施工管理计划等基本内容。

常用施工组织设计文件内容的对比如下：

1. 施工组织总设计的内容

施工组织总设计是以整个建设工程项目为对象［如一个工厂、一个机场、一个道路工程（包括桥梁）、一个居住小区等］而编制的。它是对整个建设工程项目施工的战略部署，是指导全局性施工的技术和经济纲要。

（1）编制说明．对所编制的施工组织总设计的简略、概要的说明，其作用是使审批者和使用者能在很短的时间内迅速了解该施工组织总设计的概貌。

（2）编制依据。施工组织设计应以下列内容作为编制依据：

1）与工程建设有关的法律、法规和文件。

2）国家现行有关标准和技术经济指标。

3）工程所在地区行政主管部门的批准文件，建设单位对施工的要求。

4）工程施工合同或招标投标文件。

5）工程设计文件。

6）工程施工范围内的现场条件、工程地质及水文地质、气象等自然条件。

7）与工程有关的资源供应情况。

8）施工企业的生产能力、机具设备状况、技术水平等。

（3）工程概况。工程概况应包括项目主要情况和项目主要施工条件等。

1）项目主要情况应包括下列内容：

a. 项目名称、性质、地理位置和建设规模。

b. 项目的建设、勘察、设计和监理等相关单位的情况。

c. 项目设计概况。

d. 项目承包范围及主要分包工程范围。

e. 施工合同或招标文件对项目施工的重点要求。

f. 其他应说明的情况。

2）项目主要施工条件应包括下列内容：

a. 项目建设地点气象状况。简要介绍项目建设地点的气温、雨、雪、风和雷电等气象变化情况以及冬、雨期的期限和冬季土的冻结深度等情况。

b. 项目施工区域地形和工程水文地质状况。简要介绍项目施工区域地形变化和绝对标高，地质构造、土的性质和类别、地基土的承载力，河流流量和水质、最高洪水和枯水期 期水位，地下水位的高低变化，含水层的厚度、流向、流量和水质等情况。

c. 项目施工区域地上、地下管线及相邻的地上、地下建（构）筑 物情况。

d. 与项目施工有关的道路、河流等状况。

e. 当地建筑材料、设备供应和交通运输等服务能力状况。简要介绍建设项目的主要材料、特殊材料和生产工艺设备供应条件及交通运输条件。

f. 当地供电、供水、供热和通信能力状况。根据当地供电供水、供热和通信情况，按照施工需求描述相关资源提供能力及解决方案。

g. 其他与施工有关的主要因素。

（4）总体施工部署。

1）施工组织总设计应对项目总体施工做出下列宏观部署：

a. 确定项目施工总目标，包括进度、质量、安全、环境和成本目标。

b. 根据项目施工总目标的要求，确定项目分阶段（期）交付的计划。

c. 确定项目分阶段（期）施工的合理顺序及空间组织。

根据上款确定的项目分阶段（期）交付计划，合理地确定每个单位工程的开竣工时间，划分各参与施工单位的工作任务，明确各单位之间分工与协作的关系，确定综合的和专业化的施工组织，保证先后投产或交付使用的系统都能够正常运行。

2）对于项目施工的重点和难点应进行简要分析。

3）总承包单位应明确项目管理组织机构形式，并宜采用框图的形式表示。项目管理组织机构形式应根据施工项目的规模、复杂程度、专业特点、人员素质和地域范围确定。

4）对于项目施工中开发和使用的新技术、新工艺应做出部署。根据现有的施工技术水平和管理水平，对项目施工中开发和使用的新技术、新工艺应做出规划并采取可行的技术、管理措施来满足工期和质量等要求。

5）对主要分包项目施工单位的资质和能力应提出明确要求。

（5）施工总进度计划。

1）施工总进度计划应按照项目总体施工部署的安排进行编制。

施工总进度计划应依据施工合同、施工进度目标、有关技术经济资料，并按照总体施工部署确定的施工顺序和空间组织等进行编制。

2）施工总进度计划可采用网络图或横道图表示，并附必要说明。

施工总进度计划的内容应包括：编制说明，施工总进度计划表（图），分期（分批）实施工程的开、竣工日期、工期一览表等。施工总进度计划宜优先采用网络计划，网络计划应按国家现行标准《网络计划技术》GB/T 13400.1～3 及行业标准《工程网络计划技术规程》JGJ/T 121 的要求编制。

（6）总体施工准备与主要资源配置计划。

1）总体施工准备应包括技术准备、现场准备和资金准备等。应根据施工开展顺序和主要工程项目施工方法，编制总体施工准备工作计划。

2）技术准备、现场准备和资金准备应满足项目分阶段（期）施工的需要。技术准备包括施工过程所需技术资料的准备、施工方案编制计划、试验检验及设备调试工作计划等；现场准备包括现场生产、生活等临时设施，如临时生产、生活用房，临时道路、材料堆放场，临时用水、用电和供热、供气等的计划；资金准备应根据施工总进度计划编制资金使用计划。

3）主要资源配置计划应包括劳动力配置计划和物资配置计划等。

a. 劳动力配置计划应包括：确定各施工阶段（期）的总用工量、根据施工总进度计划确定各施工阶段（期）的劳动力配置计划。

劳动力配置计划应按照各工程项目工程量，并根据总进度计划，参照概（预）算定额或者有关资料确定。目前施工企业在管理体制上已普遍实行管理层和劳务作业层的两层分离，合理的劳动力配置计划可减少劳务作业人员不必要的进、退场或避免窝工状态，进而节约施工成本。

b. 物资配置计划应包括下列内容：

（a）根据施工总进度计划确定主要工程材料和设备的配置计划。

（b）根据总体施工部署和施工总进度计划确定主要施工周转材料和施工机具的配置计划。

物资配置计划应根据总体施工部署和施工总进度计划确定主要物资的计划总量及进、退场时间。物资配置计划是组织建筑工程施工所需各种物资进、退场的依据，科学合理的物资配置计划既可保证工程建设的顺利进行，又可降低工程成本。

（7）主要施工方法。施工组织总设计要制定一些单位工程和主要分部（分项）工程所采用的施工方法，这些工程通常是建筑工程中工程量大、施工难度大、工期长，对整个项目的完成起关键作用的建（构）筑物以及影响全局的主要分部（分项）工程。

制定主要工程项目施工方法的目的是为了进行技术和资源的准备工作，同时也为了施工进程的顺利开展和现场的合理布置，对施工方法的确定要兼顾技术工艺的先进性和可操作性以及经济上的合理性。

1）施工组织总设计应对项目涉及的单位（子单位）工程和主要分部（分项）工程所采用的施工方法进行简要说明。

2）对专项工程所采用的施工方法应进行简要说明。

（8）施工总平面布置。

1）施工总平面布置应符合下列原则：

a. 平面布置科学合理，施工场地占用面积少。

b. 合理组织运输，减少二次搬运。

c. 施工区域的划分和场地的临时占用应符合总体施工部署和施工流程的要求，减少相互干扰。

d. 充分利用既有建（构）筑物和既有设施为项目施工服务，降低临时设施的建造费用。

e. 临时设施应方便生产和生活，办公区、生活区和生产区宜分离设置。

f. 符合节能、环保、安全和消防等要求。

g. 遵守当地主管部门和建设单位关于施工现场安会文明施工的相关规定。

2）施工总平面布置图应符合下列要求：

a. 根据项目总体施工部署，绘制现场不同施工阶段（期）的总平面布置图。

b. 施工总平面布置图的绘制应符合国家相关标准要求并附必要说明。

施工总平面布置应按照项目分期（分批）施工计划进行布置，并绘制总平面布置图。一些特殊的内容，如现场临时用电、临时用水布置等，当总平面布置图不能清晰表示时，也可单独绘制平面布置图。

平面布置图绘制应有比例关系，各种临时设施应标注外围尺寸，应有文字说明。

3）施工总平面布置图应包括下列内容：

a. 项目施工用地范围内的地形状况。

b. 全部拟建的建（构）筑物和其他基础设施的位置。

c. 项目施工用地范围内的加工设施、运输设施、存储设施、供电设施、供水供热设施、排水排污设施、临时施工道路和办公、生活用房等。

d. 施工现场必备的安全、消防、保卫和环境保护等设施。

e. 相邻的地上、地下既有建（构）筑物及相关环境。

现场所有设施、用房等应用总平面布置图表述，避免采用文字叙述的方式。

2. 单位工程施工组织设计的主要内容

单位工程施工组织设计是以单位工程（如一栋楼房、一个烟囱、一段道路、一座桥、一座隧道等）为对象编制的，在施工组织总设计的指导下，由直接组织施工的单位根据施工图设计进行编制，用以直接指导单位工程的施工活动，是施工单位编制分部（分项）工程施工组织设计和季、月、旬施工计划的依据。单位工程施工组织设计根据工程规模和技术复杂程度不同，其编制内容的深度和广度也有所不同。对于简单的工程，一般只编制施工方案，并附以施工进度计划和施工平面图。

（1）编制说明。对所编制的单位工程施工组织设计的简略、概要的说明，其作用是使审批者和使用者能在很短的时间内迅速了解该单位工程施工组织的概貌。

（2）工程概况。工程概况的内容应尽量采用图表进行说明。

1）工程概况应包括工程主要情况、各专业设计简介和工程施工条件等。

2）工程主要情况应包括下列内容：

a. 工程名称、性质和地理位置。

b. 工程的建设、勘察、设计、监理和总承包等相关单位的情况。

c. 工程承包范围和分包工程范围。

d. 施工合同、招标文件或总承包单位对工程施工的重点要求。

e. 其他应说明的情况。

3）根据建筑设计文件进行路基工程、路面工程、桥梁工程、隧道工程、防护工程、机电工程等工程的进行简介描述。

4）项目主要施工条件应包括下列内容：

a. 项目建设地点气象状况。

b. 项目施工区域地形和工程水文地质状况。

c. 项目施工区域地上、地下管线及相邻的地上、地下建（构）筑物情况。

d. 与项目施工有关的道路、河流等状况。

e. 当地建筑材料、设备供应和交通运输等服务能力状况。

f. 当地供电、供水、供热和通信能力状况。

g. 其他与施工有关的主要因素。

（3）施工部署。

1）工程施工目标应根据施工合同、招标文件以及本单位对工程管理目标的要求确定，包括进度、质量、安全、环境和成本等目标。各项目标应满足施工组织总设计中确定的总体目标。

当单位工程施工组织设计作为施工组织总设计的补充时，其各项目标的确立应同时满足施工组织总设计中确立的施工目标。

2）施工部署中的进度安排和空间组织应符合下列规定：

a. 工程主要施工内容及其进度安排应明确说明，施工顺序应符合工序逻辑关系。

b. 施工流水段应结合工程具体情况分阶段进行划分；单位工程施工阶段的划分根据《公路工程质量检验评定标准》（JTGF 80/1—2004）的划分进行。

c. 施工部署应对本单位工程的主要分部（分项）工程和专项工程的施工做出统筹安排，对施工过程的里程碑节点进行说明。

d. 施工流水段划分应根据工程特点及工程量进行合理划分，并应说明划分依据及流水方向，确保均衡流水施工。

3）对于工程施工的重点和难点应进行分析，包括组织管理和施工技术两个方面。

工程的重点和难点对于不同工程和不同企业具有一定的相对性，某些重点、难点工程的施工方法可能已通过有关专家论证成为企业工法或企业施工工艺标准，此时企业可直接引用。重点、难点工程的施工方法选择应着重考虑影响整个单位工程的分部（分项）工程，如工程量大、施工技术复杂或对工程质量起关键作用的分部（分项）工程。

4）工程管理的组织机构形式与施工组织总设计相同，并确定项目经理部的工作岗位设置及其职责划分。

5）对于工程施工中开发和使用的新技术、新工艺应做出部署，对新材料和新设备的使用应提出技术及管理要求。

6）对重要分包工程施工单位的选择要求及管理方式应进行简要说明。

（4）施工进度计划。

1）单位工程施工进度计划应按照施工部署的安排进行编制。

施工进度计划是施工部署在时间上的体现，反映了施工顺序和各个阶段工程进展情况，应均衡协调、科学安排。

2）施工进度计划可采用网络图或横道图表示，并附必要说明。

一般工程画横道图即可，对工程规模较大、工序比较复杂的工程宜采用网络图表示，通过对各类参数的计算，找出关键线路，选择最优方案。

（5）施工准备与资源配置计划。

1）施工准备应包括技术准备、现场准备和资金准备等。

a. 技术准备应包括施工所需技术资料的准备、施工方案编制计划、试验检验及设备调试工作计划、样板制作计划等。

主要分部（分项）工程和专项工程在施工前应单独编制施工方案，施工方案可根据工程进展情况，分阶段编制完成；对需要编制的主要施工方案应制定编制计划。

试验检验及设备调试工作计划应根据现行规范、标准中的有关要求及工程规模、进度等实际情况制定。

样板制作计划应根据施工合同或招标文件的要求并结合工程特点制定。

b. 现场准备应根据现场施工条件和工程实际需要，准备现场生产、生活等临时设施。

c. 资金准备应根据施工进度计划编制资金使用计划。

2）资源配备计划应包括劳动力配置计划和物资配置计划等。

a. 劳动力配置计划应包括下列内容：

（a）确定各施工阶段用工量。

（b）根据施工进度计划确定各施工阶段劳动力配置计划。

b. 物资配置计划应包括下列内容：

（a）主要工程材料和设备的配置计划应根据施工进度计划确定，包括各施工阶段所需主要工程材料、设备的种类和数量。

（b）工程施工主要周转材料和施工机具的配置应根据施工部署和施工进度计划确定，包括各施工阶段所需主要周转材料、施工机具的种类和数量。

与施工组织总设计相比较，单位工程施工组织设计的资源配置计划相对更具体，其劳动力配置计划宜细化到专业工种。

（6）主要施工方案。

1）单位工程应按照《公路工程质量检验评定标准》（JTGF 80/1—2004）的划分 原则，对主要分部、分项工程制定施工方案。

2）对模板工程、脚手架工程、起重吊装工程、临时用水用电工程、季节性施工等专项工程所采用的施工方案应进行必要的验算和说明。

结合工程的具体情况和施工工艺、工法等按照施工顺序进行描述，施工方案的确定要遵循先进性、可行性和经济性兼顾的原则。

（7）施工现场平面布置。施工现场平面布置图应参照施工组织设计的规定并结合施工组织总设计，按不同施工阶段分别绘制。

3. 分部（分项）工程施工组织设计的内容

分部（分项）工程施工组织设计［也称为分部（分项）工程作业设计，或称分部（分项）工程施工设计］是针对某些特别重要的、技术复杂的，或采用新工艺、新技术施工的分部（分项）工程，如深基础、无黏结预应力混凝土、特大构件的吊装、大量土石方工程、定向爆破工程等为对象编制的，其内容具体、详细，可操作性强，是直接指导分部（分项）工程施工的依据。分部（分项）工程施工组织设计的主要内容如下：

（1）工程概况及施工特点分析。

（2）施工方法和施工机械的选择。

（3）分部（分项）工程的施工准备工作计划。

（4）分部（分项）工程的施工进度计划。

（5）各项资源需求量计划。

（6）技术组织措施、质量保证措施和安全施工措施。

（7）作业区施工平面布置图设计。

4. 施工方案编制的内容

施工方案适用于单位工程总工程量不大而施工工艺比较复杂、技术及质量要求较高，或采用新技术、新工艺的某 一分部（分项）工程或专业工程。

（1）施工方案包括下列两种情况：

1）专业承包公司独立承包项目中的分部（分项）工程或专项工程所编制的施工方案。

2）作为单位工程施工组织设计的补充，由总承包单位编制的分部（分项）工称或专项工程施工方案。

由总承包单位编制的分部（分项）工程或专项工程施工方案，其工程概况可参照本节执行，单位工程施工组织设计中已包含的内容可省略。

（2）施工方案编制的内容。

1）工程概况。

a. 工程概况应包括工程主要情况、设计简介和工程施工条件等。

b. 工程主要情况应包括：分部（分项）工程或专项工程名称，工程参建单位的相关情况，工程的施工范围，施工合同、招标文件或总承包单位对工程施工的重点要求等。

c. 设计简介应主要介绍施工范围内的工程设计内容和相关要求。

d. 工程施工条件应重点说明与分部（分项）工程或专项工程相关的内容。

2）施工安排。

a. 工程施工目标包括进度、质量、安全、环境和成本等目标，各项目标应满足施工合同、招标文件和总承包单位对工程施工的要求。

b. 工程施工顺序及施工流水段应在施工安排中确定。

c. 针对工程的重点和难点，进行施工安排并简述主要管理和技术措施。

d. 工程管理的组织机构及岗位职责应在施工安排中确定，并应符合总承包单位的要求。

根据分部（分项）工程或专项工程的规模、特点、复杂程度、目标控制和总承包单位的要求设置项目管理机构，该机构各种专业人员配备齐全，完善项目管理网络，建立健全岗位责任制。

3）施工进度计划。

a. 分部（分项）工程或专项工程施工进度计划应按照施工安排，并结合总承包单位的施工进度计划进行编制。

施工进度计划的编制内容应全面、安排合理、科学实用，在进度计划中应反映出各施工区段或各工序之间的搭接关系、施工期限和开始、结束时间。同时，施工进度计划应能体现和落实总体进度计划的目标控制要求；通过编制分部（分项）工程或专项工程进度计划进而体现总进度计划的合理性。

b. 施工进度计划可采用网络图或横道图表示，并附必要说明。

4）施工准备与资源配置计划。

a. 施工准备应包括下列内容：

（a）技术准备。包括施工所需技术资料的准备、图纸深化和技术交底的要求、试验检验和测试工作计划、样板制作计划以及与相关单位的技术交接计划等。

（b）现场准备。包括生产、生活等临时设施的准备以及与相关单位进行现场交接的计划等。

（c）资金准备。编制资金使用计划等。

施工方案针对的是分部（分项）工程或专项工程，在施工准备阶段，除了要完成本项工程的施工准备外，还需注重与前后工序的相互衔接。

b. 资源配置计划应包括下列内容：

（a）劳动力配置训划。确定工程用工量并编制专业工种劳动力计划表。

（b）物资配置计划。包括工程材料和设备配置计划、周转材料和施工机具配置计划以及计量、测量和检验仪器配置计划等。

5）施工方法及工艺要求。

a. 明确分部（分项）工程或专项工程施工方法并进行必要的技术核算，对主要分项工程（工序）明确施工工艺要求。

施工方法是工程施工期间所采用的技术方案、工艺流程、组织措施、检验手段等。它直接影响施工进度、质量、安全以及工程成本。本条所规定的内容应比施工组织总设计和单位工程施工组织设计的相关内容更细化。

b. 对易发生质量通病、易出现安全问题、施工难度大、技术含量高的分项工程（工序）等应做出重点说明。

c. 对开发和使用的新技术、新工艺以及采用的新材料、新设备应通过必要的试验或论证并制定计划。

对于工程中推广应用的新技术、新工艺、新材料和新设备，可以采用目前国家和地方推广的，也可以根据工程具体情况由企业创新；对于企业创新的技术和工艺，要制定理论和试验研究实施方案，并组织鉴定评价。

d. 对季节性施工应提出具体要求。

根据施工地点的实际气候特点，提出具有针对性的施工措施。在施工过程中，还应根据气象部门的预报资料，对具体措施进行细化。

5. 主要施工管理计划

施工管理计划应包括进度管理计划、质量管理计划、安全管理计划、环境管理计划、成本管理计划以及其他管理计划等内容。

要点提示

施工管理计划在目前多作为管理和技术措施编制在施工组织设计中，这是施工组织设计必不可少的内容。施工管理计划涵盖很多方面的内容，可根据工程的具体情况加以取舍。

在编制施工组织设计时，各项管理计划可单独成章，也可穿插在施工组织设计的相应章节中。在公路工程施工组织设计文本中，主要是指进度控制措施、质量管理措施、安全管理措施、环境管理措施等内容。

各项管理计划的制定，应根据项目的特点有所侧重。

（1）进度管理计划。

1）项目施工进度管理应按照项目施工的技术规律和合理的施工顺序，保证各工序在时间上和空间上顺利衔接。

不同的工程项目其施工技术规律和施工顺序不同。即使是同一类工程项目，其施工顺序也难以做到完全相同。因此必须根据工程特点，按照施工的技术规律和合理的组织关系，解决各工序在时间和空间上的先后顺序和搭接问题，以达到保证质量、安全施工、充分利用空间、争取时间、实现经济合理安排进度的目的。

2）进度管理计划应包括下列内容：

a. 对项目施工进度计划进行逐级分解，通过阶段性目标的实现保证最终工期目标的完成。

b. 建立施工进度管理的组织机构并明确职责，制定相应管理制度。

c. 针对不同施工阶段的特点，制定进度管理的相应措施，包括施工组织措施、技术措施和合同措施等。

d. 建立施工进度动态管理机制，及时纠正施工过程中的进度偏差，并制定特殊情况下的赶工措施。

e. 根据项目周边环境特点，制定相应的协调措施，减少外部因素对施工进度的影响。

（2）质量管理计划。

1）质量管理计划可参照《质量管理体系要求》（GB/T 19001），在施工单位质量管理体系的框架内编制。

施工单位应按照《质量管理体系要求》（GB/T 19001）建立本单位的质量管理体系文件。可以独立编制质量计划，也可以在施工组织设计中合并编制质量计划的内容。质量管理应按照PDCA循环模式，加强过程控制，通过持续改进提高工程质量。

2）质量管理计划应包括下列内容：

a. 按照项目具体要求确定质量目标并进行目标分解，质量指标应具有可测量性。

b. 建立项目质量管理的组织机构并明确职责。

c. 制定符合项目特点的技术保障和资源保障措施，通过可靠的预防控制措施，保证质量目标的实现。

d. 建立质量过程检查制度，并对质量事故的处理做出相应规定。

e. 质量管理计划的一般内容为：

（a）制定具体的项目质量目标，质量目标应不低于工程合同明示的要求；质量目标应尽可能地量化和层层分解到最基层，建立阶段性目标。

（b）应明确质量管理组织机构中各重要岗位的职责，与质量有关的各岗位人员应具备与职责要求匹配的相应知识、能力和经验。

（c）应采取各种有效措施，确保项目质量目标的实现；这些措施包含但不局限于：原材料、构配件、机具的要求和检验，主要的施工工艺、主要的质量标准和检验方法，夏期、冬期和雨季施工的技术措施，关键过程、特殊过程、重点工序的质量保证措施，成品、半成品的保护措施，工作场所环境以及劳动力和资金保障措施等。

（d）按质量管理八项原则中的过程方法要求，将各项活动和相关资源作为过程进行管理，建立质量过程检查、验收以及质量责任制等相关制度，对质量检查和验收标准做出规定，采取有效的纠正和预防措施，保障各工序和过程的质量。

（3）安全管理计划。

1）安全管理计划可参照《职业健康安全管理体系规范》（GB/T 28001），在施工单位安全管理体系的框架内编制。

目前大多数施工单位基于《职业健康安全管理体系规范》（GB/T 28001）通过了职业健康安全管理体系的认证，建立了企业内部的安全管理体系。安全管理计划应在企业安全管理体系的框架内，针对项目的实际情况编制。

2）安全管理计划应包括下列内容：

a. 确定项目重要危险源，制定项目职业健康安全管理目标。

b. 建立有管理层次的项目安全管理组织组织机构明确职责。

c. 根据项目特点，进行职业健康安全方面的资源配置。

d. 建立具有针对性的安全生产管理制和职工安全教育培训制度。

e. 针对项目重要危险源，制定相应的安全技术措施；对达到一定规模的危险性较大的分部（分项）工程和特殊工种的作业应制定专项安全技术措施的编制计划。

f. 根据季节、气候的变化，制定相应的季节性安全施工措施。

g. 建立现场安全检查制度，并对安全事故的处理做出相应规定。

建筑施工安全事故（危害）通常分为七大类：高处坠落、机械伤害、物体打击、坍塌倒塌、火灾爆炸、触电、窒息中毒。安全管理计划应针对项目具体情况，建立安全管理组织，制定相应的管理目标、管理制度、管理控制措施和应急预案等。

3）现场安全管理应符合国家和地方政府部门的要求。

（4）环境管理计划。

1）环境管理计划可参照《环境管理体系 要求及使用指南》（GB/T 24001），在施工单位环境管理体系的框架内编制。

施工现场环境管理越来越受到建设单位和社会各界的重视，同时各地方政府也不断出台新的环境监管措施，环境管理计划已成为施工组织设计的重要组成部分。对于通过了环境管理体系认证的施工单位，环境管理计划应在企业环境管理体系的框架内，针对项目的实际情况编制。

2）环境管理计划应包括下列内容：

a. 确定项目重要环境因素，制定项目环境管理目标；建立项目环境管理的组织机构并明确职责。

b. 根据项目特点，进行环境保护方面的资源配置。

c. 制定现场环境保护的控制措施。

d. 建立现场环境检查制度，并对环境事故的处理做出相应规定。

一般来讲，建筑工程常见的环境因素包括：大气污染、垃圾污染、建筑施工中建筑机械发出的噪声和强烈的振动光污染、放射性污染、生产污水排放、生活污水排放等。

应根据建筑工程各阶段的特点，依据分部（分项）工程进行环境因素的识别和评价，并制定相应的管理目标、控制措施和应急预案等。

3）现场环境管理应符合国家和地方政府部门的要求。

（5）成本管理计划。

1）成本管理计划应以项目施工预算和施工进度计划为依据编制。

2）成本管理计划应包括下列内容：

a. 根据项目施工预算，制定项目施工成本目标。

b. 根据施工进度计划，对项目施工成本目标进行阶段分解。

c. 建立施工成本管理的组织机构并明确职责，制定相应管理制度。

d. 采取合理的技术、组织和合同等措施，控制施工成本。

e. 确定科学的成本分析方法，制定必要的纠偏措施和风险控制措施。

成本管理和其他施工目标管理类似，开始于确定目标，继而进行目标分解，组织人员配备，落实相关管理制度和措施，并在实施过程中进行纠偏，以实现预定的目标。

3）必须正确处理成本与进度、质量、安全和环境等之间的关系。

成本管理是与进度管理、质量管理、安全管理和环境管理等同时进行的，是针对整体施工目标系统所实施的管理活动的一个组成部分。在成本管理中，要协调好与进度、质量、安全和环境等的关系，不能片断强调成本节约。

（6）其他管理计划。特殊项目的管理可在本规范的基础上增加相应的其他管理计划，以保证建筑工程的实施处于全面的受控状态。

1）其他管理计划宜包括绿色施工管理计划、防火保安管理计划、合同管理计划、组织协调管理计划、创优质工程管理计划、质量保修管理计划以及对施工现场人力资源、施工机具、材料设备等生产要素的管理计划等。

2）其他管理计划可根据项目的特点和复杂程度加以取舍。

3）各项管理计划的内容应有目标，有组织机构，有资源配置，有管理制度和技术、组织措施等。

6．投标施工组织设计的内容

根据《公路工程标准施工招标文件》交公路发〔2009〕221号，施工组织设计应满足招标文件合同条款、技术规范、计划工期的要求，并作为对投标文件进行详细评审的重要依据。

投标施工组织设计的内容应按以下要点编制：

（1）施工组织设计文字宜精练、内容具有针对性，总体控制在3万字以内。

1）总体施工组织布置及规划。

2）主要工程项目的施工方案、方法与技术措施（尤其对重点、关键和难点工程的施工方案、方法及其措施）。

3）工期保证体系及保证措施。

4）工程质量管理体系及保证措施。

5）安全生产管理体系及保证措施。

6）环境保护、水土保持体系及保证措施。

7）文明施工、文物保护保证体系及保证措施。

8）项目风险预测与防范，事故应急预案。

9）其他应说明的事项。

（2）施工组织设计除采用文字表述外可附下列图表，图表及格式要求附后。

附表一　施工总体计划

附表二　分项工程进度率计划（斜率图）

附表三　工程管理曲线

附表四　分项工程生产率和施工周期表

附表五　施工总平面图

附表六　劳动力计划表

附表七　临时占地计划表

附表八　外供电力需求计划表

附表九　合同用款估算表

7. 实施性施工组织设计的内容

根据《公路工程标准施工招标文件》交公路发〔2009〕221号，承包人在开工前，应根据图纸资料和有关合同条款，编制施工方案和实施性施工组织设计，提交监理工程师审批。

(1) 编制说明。

(2) 编制依据。

(3) 工程概况。

(4) 施工准备工作计划。

(5) 工程施工的总体部署。

(6) 大型临时工程。

(7) 主要工程项目的施工方案、方法与技术措施。

(8) 施工进度计划。

(9) 施工总平面图设计。

(10) 各项资源需要量及进场计划。

(11) 资金需要量计划。

(12) 季节性施工的技术组织保证措施。

(13) 工期保证体系及保证措施。

(14) 降低成本措施。

(15) 工程质量管理体系及保证措施。

(16) 安全生产管理体系及保证措施。

(17) 环境保护、水土保持体系及保证措施。

(18) 文明施工、文物保护保证体系及保证措施。

(19) 项目风险预测与防范，事故应急预案。

(20) 其他应说明的事项。

(21) 除采用文字表述外可附下列图表。

附表一　施工总体计划

附表二　分项工程进度率计划（斜率图）

附表三　工程管理曲线

附表四　分项工程生产率和施工周期表

附表五　施工总平面图

附表六　劳动力计划表

附表七　临时占地计划表

附表八　外供电力需求计划表

附表九　合同用款估算表

1.5.4　熟悉施工组织设计的编制方法

1. 编制实施性施工组织设计的基本原则

(1) 必须严格执行基本建设的程序。

(2) 坚持科学的施工程序和合理的施工顺序，重点突出控制工期的工程项目，保证重点，统筹安排。

(3) 尽可能采用流水施工方法和网络计划技术，科学配置资源，合理布置现场，制定最合理的施工组织方案，实现均衡、连续的施工，达到合理的经济技术指标。

(4) 落实季节性施工的措施，科学安排冬雨季施工项目。

(5) 符合施工合同或招标文件中有关工程进度、质量、安全、环境保护、造价等方面的要求。

(6) 积极开发、使用新技术和新工艺，推广应用新材料和新设备。

(7) 满足施工需要的前提下，尽量减少临时设施，合理储备物资，减少物资的重复运输；合理布置施工平面图，减少用地，节约基建费用，降低工程成本。

(8) 采取技术和管理措施，推广建筑节能和绿色施工。

(9) 与质量、环境和职业健康安全三个管理体系有效结合。

2. 编制实施性施工组织设计的依据

(1) 与工程建设有关的法律、法规和文件。

(2) 国家现行有关技术标准、施工规范和技术经济指标，其中技术经济指标主要指各地方的建筑工程概预算定额和相关规定。

(3) 工程所在地区行政主管部门的批准文件，建设单位对施工的要求。

(4) 工程施工合同和招标投标文件。

(5) 工程设计文件。

(6) 工程施工范围内的现场条件、工程地质及水文地质、气象等自然条件。

(7) 与工程有关的资源供应情况。

(8) 施工企业的生产能力、机具设备状况、技术水平等。

3. 实施性施工组织设计的编制要求

(1) 项目经理部负责人应组织有关施工技术人员、物资装备管理人员、工程质检人员学习、熟悉合同文件和设计文件，将编制任务分工落实，限时完成并应有考核措施。

(2) 施工组织设计应有目录，并应注明各部分的编制者。

(3) 尽量采用图表和示意图，图文并茂，文字简练，表达清晰，易于理解。

(4) 应附缩小比例的工程主要结构物平面和立面图。

(5) 若工程地质情况复杂，可附上必要的地质资料（图、岩土力学性能试验报告）。

(6) 多人合作编制的施工组织设计，必须由工程技术主管统一审核，以免重复叙述或遗漏等。

(7) 如果选择的施工方案与投标时的施工方案有较大差异，应将选择的施工方案征得监理工程师和业主的认可。

(8) 一般工程的施工组织设计应在收齐图纸后一个月内完成，重大工程项目在两个月内完成或按监理工程师要求的时间完成。

(9) 编制完成的施工组织设计应规范、整洁，并装订成册，签认明确。

4. 编制实施性施工组织设计的步骤和程序

(1) 编制步骤。

1）研究分析合同文件和设计文件，进行必要的调查研究，做好编制前的各项准备工作。

2）确定施工组织管理机构。

3）对设计文件进行核对，复核计算工程数量。

4）结合工程实际选择施工方法，确定施工方案，确定施工顺序。

5）编制施工进度计划。

6）确定临时工程、供水、供电和供热计划。

7）计算人工、材料、机具及试验检测设备等各项资源的需要量，计算资金需要量，制定相应供应计划。

8）编制主要工程或重点工程施工进度计划。

9）制定工地运输组织方案。

10）编制主要工程及重点工程施工计划。

11）施工总平面图设计。

12）编制技术、进度、质量、费用、安全、环保和文明施工措施计划。

13）编写说明书。

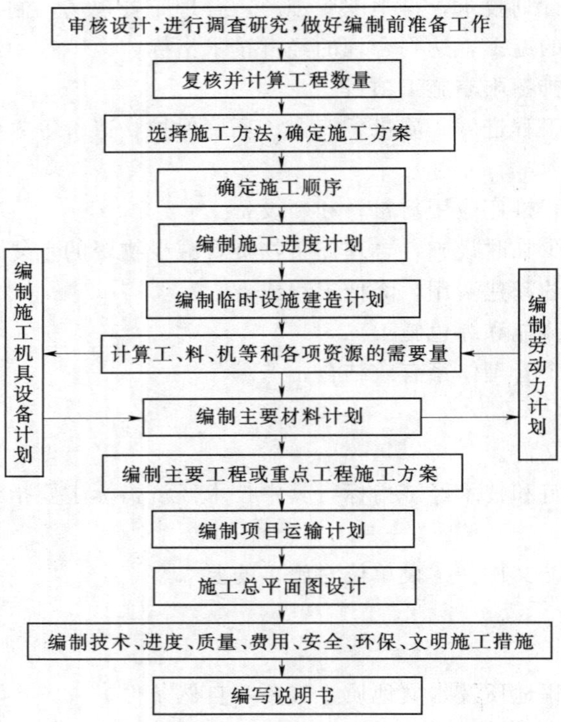

图 1.8　编制实施性施工组织设计的一般程序

（2）编制程序。编制实施性施工组织设计的一般程序如图 1.8 所示。

要点提示

1. 施工组织设计编制程序有些顺序不可逆转

（1）拟订施工方案后才可编制施工总进度计划（进度的安排取决于施工的方案）。

（2）编制施工总进度计划后才可编制资源需求量计划（资源需求量计划要反映各种资源在时间上的需求）。

2. 施工组织设计编制程序有些顺序应该根据具体项目而定

如确定施工的总体部署和拟定施工方案，两者有紧密的联系，往往可以交叉进行。

5. 施工组织设计的编制和审批应遵循的规定

（1）施工组织设计应由项目负责人主持编制，可根据需要分阶段编制和审批。

（2）施工组织总设计应由总承包单位技术负责人审批；单位工程施工组织设计应由施工单位技术负责人或技术负责人授权的技术人员审批，施工方案应由项目技术负责人审批；重点、难点分部（分项）工程和专项工程施工方案应由施工单位技术部门组织相关专家评审，施工单位技术负责人批准。

（3）由专业承包单位施工的分部（分项）工程或专项工程的施工方案，应由专业承包单位技术负责人或技术负责人授权的技术人员审批；有总承包单位时，应由总承包单位项目技术负责人核准备案。

（4）规模较大的分部（分项）工程和专项工程的施工方案应按单位工程施工组织设计进行编制和审批。

审批流程如图1.9所示。

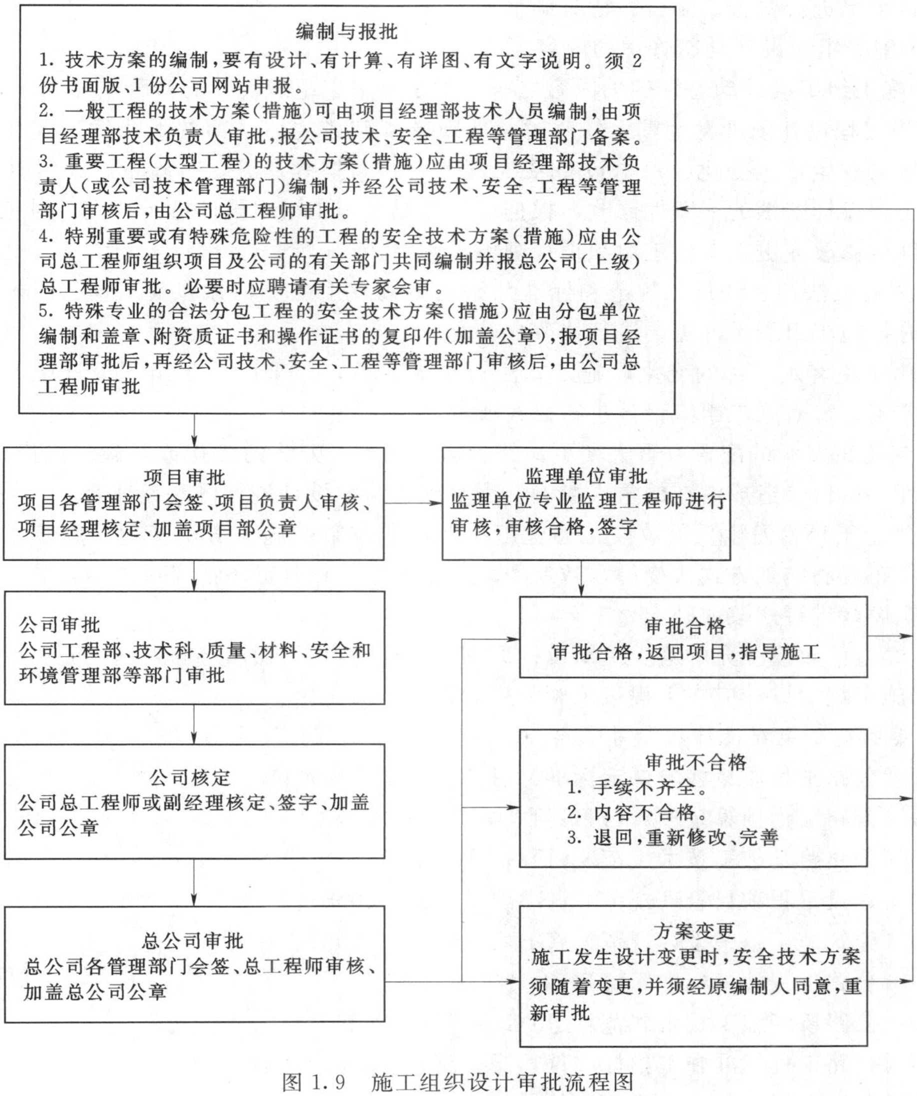

图1.9　施工组织设计审批流程图

6. 施工组织设计应实行动态管理

应符合下列规定：

（1）项目施工过程中，发生以下情况之一时，施工组织设计应及时进行修改或补充：

1）工程设计有重大修改。

2）有关法律、法规、规范和标准实施、修订和废止。

3）主要施工方法有重大调整。

4）主要施工资源配置有重大调整。

5）施工环境有重大改变。

（2）经修改或补充的施工组织设计应最新审批后实施。

（3）项目施工前，应进行施工组织设计逐级交底；项目施工过程中，应对施工组织设计的执行情况进行检查、分析并适时调整。

（4）施工组织设计动态管理的内容。

1）施工组织设计动态管理的内容之一，就是对施工组织设计的修改或补充。

a. 当工程设计图纸发生重大修改时，如地基基础或主体结构的形式发生变化、装修材料或做法发生重大变化、机电设备系统发生大的调整等，需要对施工组织设计进行修改；对工程设计图纸的一般性修改，根据变化情况对施工组织设计进行补充；对工程设计图纸的细微修改或更正，施工组织设计则不需调整。

b. 当有关法律、法规、规范和标准开始实施或发生变更，并涉及工程的实施、检查或验收时，施工组织设计需要进行修改或补充。

c. 由于主客观条件的变化，施工方法有重大变更，原来的施工组织设计已不能正确地指导施工，需对施工组织设计进行修改或补充。

d. 当施工资源的配置有重大变更，并且影响到施工方法的变化或对施工进度、质量、安全环境、造价等造成潜在的重大影响，需对施工组织设计进行修改或补充。

e. 当施工环境发生重大改变，如施工延期造成季节性施上方法变化，施工场地变化造成现场布置和施工方式改变等，致使原来的施工组织设计已不能正确地指导施工，需对施工组织设计进行修改或补充。

2）经过修改或补充的施工组织设计原则上需经原审批级别重新审批。

3）施工组织设计应在工程竣工验收后归档。

7. 编制施工组织设计的参考资料

（1）《公路工程质量检验评定标准》（JTGF 80/1—2004）。

（2）《公路工程预算定额》（JTG/T B06-02—2007）。

（3）《公路路基施工技术规范》（JTG F10—2006）。

（4）《建设工程项目管理规范》（GB/T 50326—2006）。

（5）《建筑施工组织设计规范》（GB/T 50502—2009）。

（6）《公路工程技术标准》（JTG B01—2014）。

（7）《公路桥涵施工技术规范》（JTG/T F50—2011）。

（8）《公路工程标准施工招标文件》交公路发〔2009〕221号。

（9）《公路水泥混凝土路面施工技术规范》（JTG F3—2003）。

（10）《公路沥青路面施工技术规范》（JTG F40—2004）。

（11）《公路路面基层施工技术规范》（JTJ 034—2000）。

项目2 编制实施性施工组织设计

【任务】 编制南友公路至明阳工业区连接线两阶段施工图K0+000～K2+700段的实施性工施工组织设计

【知识目标】

1. 熟练掌握单位工程、分部工程施工组织设计主要内容
2. 掌握工程概况的编写方法
3. 掌握施工方案的编制方法
4. 掌握流水施工的组织方法
5. 掌握网络计划图的绘制
6. 掌握项目经理部设置的原则
7. 掌握绘制施工现场平面布置图的方法

【专业能力目标】

1. 能读懂工程实例的施工图纸
2. 能编写项目经理部组织资料
3. 能编制道路桥梁工程单位、分部、分项工程的施工方案
4. 能决策施工组织形式及进度安排
5. 能完成现场施工工、料、机的组织安排
6. 编制施工进度计划
7. 能完成施工平面图的绘制

情景2　工程项目施工准备

【知识目标】

1. 认知施工组织技术准备、物资准备、组织准备工作的流程与内容
2. 掌握项目调研与资源分析的方法

【专业能力目标】

1. 根据施工组织编制的需要完成收集施工组织调研资料
2. 能正确完成公路施工组织准备工作
3. 能编制施工准备工作计划

2.1　认识工程项目施工准备工作

【任务】 编制案例工程的施工准备计划

工程项目施工准备工作是生产经营管理的重要组成部分，是对拟建工程目标、资源供应和施工方案的选择，及其空间布置和时间排列等诸方面进行的施工决策。

工程项目施工准备工作是为了保证工程顺利开工和施工活动正常进行而必须事先做好的一切工作。它是施工程序中的重要环节，不仅存在于开工之前，而且贯穿在整个施工过程之中。

2.1.1　施工准备工作的重要性

(1) 施工准备工作是生产经营管理的重要组成部分。现代企业管理的理论认为，企业管理的重点是生产经营，而生产经营的核心是决策。工程项目施工准备工作是生产经营管理的重要组成部分，是对拟建工程目标、资源供应和施工方案的选择，及其空间布置和时间排列等诸方面进行的施工决策。它是施工企业搞好目标管理，推行技术经济承包的重要依据。

(2) 施工准备工作是工程项目施工得以顺利进行的根本保证。施工准备工作的基本任务是为拟建工程的施工建立必要的技术和物质条件，统筹安排施工力量和施工现场。现代工程施工是十分复杂的生产活动，其技术规律和社会主义市场经济规律要求工程施工必须严格按建筑施工程序进行。只有认真做好施工准备工作，积极为拟建工程创造工程开工和顺利施工条件，才能取得良好的建设效果。

(3) 做好施工准备工作，可以起到降低施工风险的作用。就工程项目施工的特点而言，其生产受外界干扰及自然因素的影响较大，因而施工中可能遇到的风险就多。只有充分做好施工准备工作、采取预防措施，加强应变能力，才能有效地降低风险损失。

(4) 做好施工准备工作，有利于提高企业经济效益。认真做好工程项目施工准备工

作，能调动各方面的积极因素，对于发挥企业优势、合理供应资源、加快施工速度、提高工程质量、降低工程成本、增加企业经济效益、赢得企业社会信誉、实现企业管理现代化等具有重要的意义。

实践证明，凡是重视施工准备工作，积极为拟建工程创造一切施工条件，其工程的施工就会顺利地进行；凡是不重视施工准备工作，就会给工程的施工带来麻烦和损失，甚至给工程施工带来灾难，其后果不堪设想。

2.1.2 施工准备工作的分类

1. 按工程项目施工准备工作的范围不同分类

（1）全场性施工准备。它是以一个建筑工地为对象而进行的各项施工准备。其特点是它的施工准备工作的目的、内容都是为全场性施工服务的，它不仅要为全场性的施工活动创造有利条件，而且要兼顾单位工程施工条件的准备。

（2）单位工程施工条件准备。它是以一个建筑物或构筑物为对象而进行的施工条件准备工作。其特点是它的准备工作的目的、内容都是为单位工程施工服务的，它不仅为该单位工程在开工前做好一切准备，而且要为分部分项工程做好施工准备工作。

（3）分部分项工程作业条件的准备。它是以一个分部分项工程或冬雨季施工为对象而进行的作业条件准备。

2. 按拟建工程所处的施工阶段的不同分类

（1）开工前的施工准备。它是在拟建工程正式开工之前所进行的一切施工准备工作。其目的是为拟建工程正式开工创造必要的施工条件。它既可能是全场性的施工准备，又可能是单位工程施工条件的准备。

（2）各施工阶段前的施工准备。它是在拟建工程开工之后，每个施工阶段正式开工之前所进行的一切施工准备工作。其目的是为施工阶段正式开工创造必要的施工条件。

如道路工程的施工，一般可分为路基工程、路面工程、排水工程、防护工程等施工阶段，每个施工阶段的施工内容不同，所需要的技术条件、物资条件、组织要求和现场布置等方面也不同，因此在每个施工阶段开工之前，都必须做好相应的施工准备工作。

施工准备工作既要有阶段性，又要有连贯性，因此施工准备工作必须有计划、有步骤、分期地和分阶段地进行，要贯穿拟建工程整个生产过程的始终。

2.1.3 施工准备工作的内容

工程项目施工准备工作按其性质及内容通常包括技术准备、物资准备、劳动组织准备、施工现场准备和施工场外准备。

2.1.3.1 技术准备

技术准备是施工准备的核心。由于任何技术的差错或隐患都可能引起人身安全和质量事故，造成生命、财产和经济的巨大损失。因此必须认真地做好技术准备工作。具体有如下内容。

1. 熟悉、审查施工图纸和有关的设计资料

（1）熟悉、审查施工图纸的依据。

1）建设单位和设计单位提供的初步设计或扩大初步设计（技术设计）、施工图设计、建筑总平面、土方竖向设计和城市规划等资料文件。

2）调查、搜集的原始资料。

3）设计、施工验收规范和有关技术规定。

（2）熟悉、审查设计图纸的目的。

1）能够按照设计图纸的要求顺利地进行施工，生产出符合设计要求的最终建筑产品（建筑物或构筑物）。

2）能够在拟建工程开工之前，便从事建筑施工技术和经营管理的工程技术人员充分地了解和掌握设计图纸的设计意图、结构与构造特点和技术要求。

3）通过审查发现设计图纸中存在的问题和错误，使其改正在施工开始之前，为拟建工程的施工提供一份准确、齐全的设计图纸。

（3）熟悉、审查设计图纸的内容。

1）审查拟建工程的地点、建筑总平面图同国家、城市或地区规划是否一致，以及建筑物或构筑物的设计功能和使用要求是否符合卫生、防火及美化城市方面的要求。

2）审查设计图纸是否完整、齐全，以及设计图纸和资料是否符合国家有关工程建设的设计、施工方面的方针和政策。

3）审查设计图纸与说明书在内容上是否一致，以及设计图纸与其各组成部分之间有无矛盾和错误。

4）审查建筑总平面图与其他结构图在几何尺寸、坐标、标高、说明等方面是否一致，技术要求是否正确。

5）审查工业项目的生产工艺流程和技术要求，掌握配套投产的先后次序和相互关系，以及设备安装图纸与其相配合的土建施工图纸在坐标、标高上是否一致，掌握土建施工质量是否满足设备安装的要求。

6）审查地基处理与基础设计同拟建工程地点的工程水文、地质等条件是否一致，以及建筑物或构筑物与地下建筑物或构筑物、管线之间的关系。

7）明确拟建工程的结构形式和特点，复核主要承重结构的强度、刚度和稳定性是否满足要求，审查设计图纸中的工程复杂、施工难度大和技术要求高的分部分项工程或新结构、新材料、新工艺，检查现有施工技术水平和管理水平能否满足工期和质量要求并采取可行的技术措施加以保证。

8）明确建设期限、分期分批投产或交付使用的顺序和时间，以及工程所用的主要材料、设备的数量、规格、来源和供货日期；明确建设、设计和施工等单位之间的协作、配合关系，以及建设单位可以提供的施工条件。

（4）熟悉、审查设计图纸的程序。熟悉、审查设计图纸的程序通常分为自审阶段、会审阶段和现场签证等三个阶段。

1）设计图纸的自审阶段。施工单位收到拟建工程的设计图纸和有关技术文件后。应尽快地组织有关的工程技术人员熟悉和自审图纸，写出自审图纸的记录。自审图纸的记录应包括对设计图纸的疑问和对设计图纸的有关建议。

2）设计图纸的会审阶段。一般由建设单位主持，由设计单位和施工单位参加，三方进行设计图纸的会审。图纸会审时，首先由设计单位的工程主设人向与会者说明拟建工程的设计依据、意图和功能要求，并对特殊结构、新材料、新工艺和新技术提出设计要求；然后施工单位根据自审记录以及对设计意图的了解，提出对设计图纸的疑问和建议；最后在统一认识的基础上，对所探讨的问题逐一地做好记录，形成“图纸会审纪要”，由建设单位正式行文，参加单位共同会签、盖章，作为与设计文件同时使用的技术文件和指导施工的依据，以及建设单位与施工单位进行工程结算的依据。

施工图设计技术交底与图纸会审流程如图 2.1 所示。

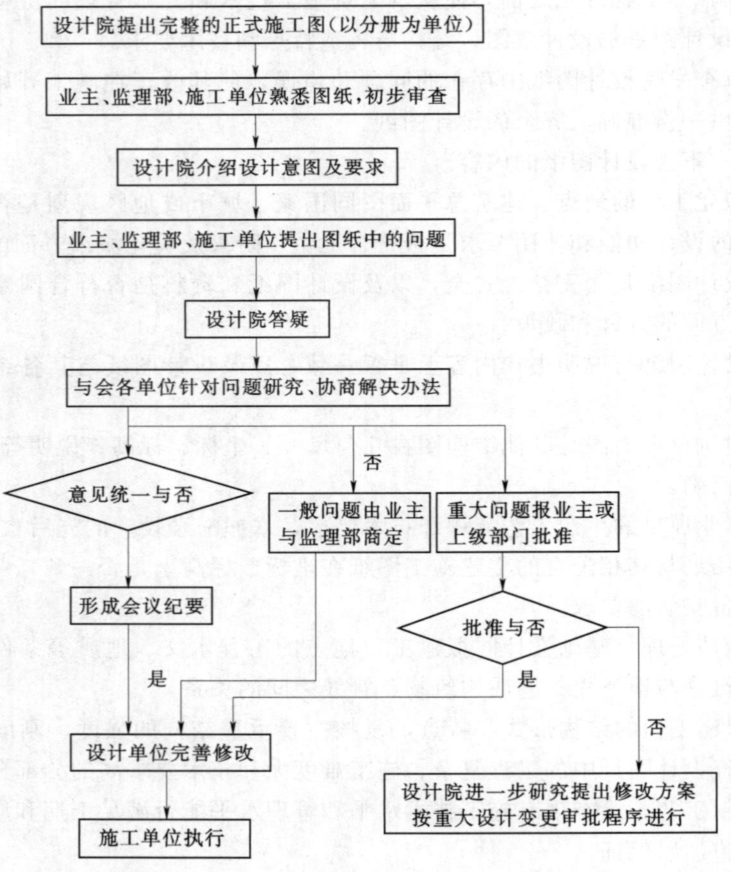

图 2.1　施工图设计技术交底与图纸会审流程图

3）设计图纸的现场签证阶段。在拟建工程施工的过程中，如果发现施工的条件与设计图纸的条件不符，或者发现图纸中仍然有错误，或者因为材料的规格、质量不能满足设计要求，或者因为施工单位提出了合理化建议，需要对设计图纸进行及时修订时，应遵循技术核定和设计变更的签证制度，进行图纸的施工现场签证。如果设计变更的内容对拟建工程的规模、投资影响较大时，要报请项目的原批准单位批准。在施工现场的图纸修改、技术核定和设计变更资料，都要有正式的文字记录，归入拟建工程施工档案，作为指导施工、竣工验收和工程结算的依据。

2. 原始资料的调查分析

为了做好施工准备工作，除了要掌握有关拟建工程的书面资料外，还应该进行拟建工程的实地勘测和调查，获得有关数据的第一手资料，这对于拟定一个先进合理、切合实际的施工组织设计是非常必要的，因此应该做好以下几个方面的调查分析。

(1) 自然条件的调查分析。建设地区自然条件的调查分析的主要内容有：地区水准点和绝对标高等情况；地质构造、土的性质和类别、地基土的承载力、地震级别和裂度等情况河流流量和水质、最高洪水和枯水期的水位等情况；地下水位的高低变化情况，含水层的厚度、流向、流量和水质等情况；气温、雨、雪、风和雷电等情况；土的冻结深度和冬雨季的期限等情况。建设地区自然条件的调查分析的主要内容和目见表 2.1。

表 2.1　　气象、地质调查表

序号	项目	调查内容	调查目的
1	气温	1. 年平均、最高、最低、最冷、最热月份的逐日平均温度； 2. 冬、夏季室外计算温度； 3. ≤−3℃、0℃、5℃的天数、起止时间	1. 确定防暑降温的措施； 2. 确定冬期施工措施； 3. 估计混凝土、砂浆强度
2	雨、雪	1. 雨季起止时间； 2. 月平均降水量、最大降水量、一昼夜最大降水量； 3. 全年雷暴天气	1. 确定雨期施工措施； 2. 确定工地排水、防洪方案； 3. 确定防雷设施
3	风	1. 主导风向及频率（风玫瑰图）； 2. ≥8 级风的全年天数、时间	1. 确定临时设施的布置方案； 2. 确定高空作业及吊装的技术安全措施
4	地形	1. 区域地形图：1/10000～1/25000； 2. 工程位置地形图：1/1000～1/2000； 3. 该地区城市规划图； 4. 经纬坐标桩、水准基桩位置	1. 选择施工用地； 2. 布置施工总平面图； 3. 场地平整及土方量计算； 4. 了解障碍物及其数量
5	地质	1. 钻孔布置图； 2. 地质剖面图：土层类别、厚度； 3. 物理力学指标：天然含水量、孔隙比、塑性指数、渗透系数、压缩试验及地基土强度； 4. 地层的稳定性：断层滑块、流沙； 5. 最大冻结深度； 6. 地基土破坏情况：枯井、古墓、防空洞及地下构筑物	1. 土方施工方法的选择； 2. 地基土的处理方法； 3. 基础施工方法； 4. 复核地基基础设计； 5. 拟定障碍物拆除方案
6	地下水	1. 最高、最低水位及时间； 2. 水的流速、流向、流量； 3. 水质分析：水的化学成分； 4. 抽水试验	1. 基础施工方案选择； 2. 降低地下水的方法； 3. 拟定防止侵蚀性介质的措施
7	地面水	1. 临近江河湖泊距工地的距离； 2. 洪水、平水、枯水期的水位、流量及航道深度； 3. 水质分析； 4. 最大最小冻结深度及结冻时间	1. 确定临时给水方案； 2. 确定运输方式； 3. 确定水上工程施工方案； 4. 确定防洪方案
8	地震	地震等级、烈度	确定对施工的影响、制定应急措施

注　资料来源：由当地气象台、主体设计单位、勘察单位提供。

（2）施工条件的调查分析。建设地区技术施工条件的调查分析的主要内容有：地方建筑施工企业的状况；施工现场的动迁状况；地方能源和交通运输状况；地方劳动力和技术水平状况；当地生活供应、教育和医疗卫生状况；当地消防、治安状况和参加施工单位的力量状况。具体见表2.2～表2.5。

表2.2　交通运输条件调查表

序号	项目	调查内容	调查目的
1	铁路	1. 临近铁路专用线、车站至工地的距离及沿途运输条件； 2. 站场卸货线长度，起重能力和储存能力； 3. 装载单个货物的最大尺寸、重量的限制； 4. 运费、装卸费和装卸力量	1. 选择运输方式； 2. 拟定运输计划
2	公路	1. 主要材料产地至工地的公路等级，路面构造宽度及完好情况，允许最大载重量，途经桥涵等级，允许最大载重量； 2. 当地专业运输机构及附近村镇能提供的装卸，运输能力，汽车、畜力、人力车的数量及运输效率，运费、装卸费； 3. 当地有无汽车修配厂，修配能力和至工地距离	
3	航运	1. 货源、工地至临近河流、码头渡口的距离，道路情况； 2. 洪水、平水、枯水期时，通航的最大船只及吨位，取得船只的可能性； 3. 码头装卸能力，最大起重量，增设码头的可能性； 4. 渡口的渡船能力；同时可载汽车、马车数，每日次数，能为施工提供能力； 5. 运费、渡口费、装卸费	

注　资料来源：当地铁路、公路运输、航运管理局的业务部门。

表2.3　水、电、蒸汽等条件调查表

序号	项目	调查内容	调查目的
1	给排水	1. 工地用水与当地现有水源连接的可能性、可供水量、接管地点、管径、材料、埋深、水压、水质及水费；至工地距离、沿途地形、地物状况； 2. 自选临时江河水源的水质、水量、取水方式，至工地距离，沿途地形、地物状况；自选临时水井的位置、深度、管径、出水量和水质； 3. 利用永久性排水设施的可能性，施工排水的去向、距离和坡度；有无洪水影响，防洪设施状况	1. 确定生活、生产供水方案； 2. 确定工地排水方案和防洪设施； 3. 拟定供排水设施的施工进度计划
2	供电与电讯	1. 当地电源位置，引入的可能性，可供电的容量、电源、导线截面和电费；引入方向，接线地点及其至工地距离，沿途地形、地物的状况； 2. 建设单位和施工单位自有的发、变电设备的型号、台数和容量； 3. 利用临近电讯设施的可能性，电话局等至工地的距离，可能增设电讯设备、线路的情况	1. 确定供电方案； 2. 确定通讯方案； 3. 拟定供电、通讯设施施工进度计划

注　资料来源：当地自来水、电业、电讯、建设等单位。

表 2.4　　参加施工各单位情况调查表

序号	项目	调 查 内 容	调 查 目 的
1	工人	1. 工人的总数、各专业工种的人数，能投入本工程的人数； 2. 专业分工及一专多能情况； 3. 定额完成情况	1. 了解分包单位的技术、管理水平； 2. 选择分包单位； 3. 为编制施工组织设计提供依据
2	管理人员	1. 管理人员总数，各种人员比例及其人数； 2. 工程技术人员的人数，专业构成情况	
3	施工机械	1. 名称、型号、规格、台数及其新旧程度（列表）； 2. 总装配程度，技术装备率和动力装备率； 3. 拟增购的施工机械明细表	
4	施工经验	1. 历史上曾经施工过的主要工程项目； 2. 习惯采用的施工方法，曾采用过的先进施工方法； 3. 科研成果和技术更新情况	
5	主要指标	1. 劳动生产率指标：产值，产量，全员，建安劳动生产率； 2. 质量指标：产品优良率及合格率； 3. 安全指标：安全事故频率； 4. 利润成本指标：产值、资金利润率、成本计划实际降低率； 5. 机械化工厂化施工程度； 6. 机械设备完好率，利用率和效率	

注　资料来源：施工企业及其主管单位。

表 2.5　　社会劳动力和生活设施调查表

序号	项目	调 查 内 容	调 查 目 的
1	社会劳动力	1. 少数民族地区的风俗习惯； 2. 当地能提供的劳动力人数，技术水平和来源； 3. 上述人员的生活安排	1. 拟定劳动力计划； 2. 安排临时设施
2	房屋设施	1. 必须在工地居住的单身人数和户数； 2. 能作为施工用的现有的房屋栋数，每栋面积，结构特征，总面积、位置、水、暖、电、卫设备状况； 3. 上述建筑物的适宜用途；用作宿舍、食堂、办公室的可能性	1. 确定原有房屋为施工服务的可能性； 2. 安排临时设施
3	周围环境	1. 主副食品供应，日用品供应；消防治安等机构能为施工提供的支援能力； 2. 临近医疗单位至工地的距离，可能就医情况； 3. 当地公共汽车、邮电服务情况； 4. 周围是否存在有害气体，污染情况，有无地方病	安排职工生活基地，解除后顾之忧

注　资料来源：当地劳动、商业、卫生、邮电、交通主管部门。

（3）材料、设备调查。材料费占工程项目建安费的50%左右，设备费尤其是高等级公路的设备费含量也不小，因此工程造价计算的准确程度与材料单价关系很大，必须认真、准确的调查。

对工程的所在地的材料供应、管理部门和大型建材市场等进行多方面的调查，并多方搜集市场动态，掌握价格的发展趋势，并与公路（交通）工程定额（造价管理）站发布的材料价格信息进行比较，有无较大的差异，以便与工程建设主管部门或建设单位商定较为合理的价格。对于地方性的砂、石材料，重点是根据设计人员确定的料场，进行料场价格调查。

进行调查时要根据预算定额所规定的材料规格，结合工程项目实际情况，确定调查的内容，如供应地点、出厂价或市场价、运距、运输方式、运价、装卸费、路况及其他费用等。

通过调查，掌握地方可利用的地方材料、国拨材料、自采材料供应状况及设备情况。地方建筑材料及构件生产企业情况调查内容见表2.6，地方资源情况调查内容见表2.7，三大材料、特殊材料及主要设备调查内容见表2.8，施工障碍物调查见表2.9。

表2.6　　地方建筑材料及构件生产企业情况调查表

序号	企业名称	产品名称	规格质量	主要位置	生产能力	供应能力	生产方式	出厂价格	运距	运输方式	单位运价
1											
2											

注　企业名称按构件厂、木工厂、结构厂、商品混凝土厂、砂石厂、建筑设备厂及砖、瓦、石灰厂等填列。

表2.7　　地方资源情况调查表

序号	材料名称	产地	质量	开采量	开采费	运输方式	出厂价	运距	单位运价	综合价格	备注
1											
2											

注　材料名称按块石、碎石、砾石、砂、工业废渣等列填。

表2.8　　三大材料、特殊材料及主要设备调查表

序号	项目	调查内容	调查目的
1	三大材料	1. 钢材订货的规格、牌号、强度等级、数量和到货时间； 2 木材料订货的规格、等级、数量和到货时间； 3. 水泥订货的型和、强度等级、数量和到货时间	1. 确定临时设施和堆放场地； 2. 确定木材加工计划； 3. 确定水泥储存方式
2	特殊材料	1. 需要的品种、规格、数量； 2. 试制、加工和供应情况； 3. 进口材料和新材料供应情况	1. 制定供应计划； 2. 确定储存方式
3	主要设备	1. 主要工艺设备的名称、规格、数量和供货单位； 2. 分批或全部供货时间	1. 确定临时设施和堆放场地； 2. 制定防雨措施

表2.9　　障碍物调查表

序号	项目	调查内容	调查目的
1	障碍物	建筑物、构筑物、沟渠、水井、树木、高压输电线路、地下沟道、人防工程、上下水管道、埋地电缆、煤气及天然气管道等	为施工排除障碍，采取有效措施作准备

(4) 其他资料的调查。

1) 有关文件的收集。现行《公路工程基本建设项目投资估算编制办法》(JTGM

20—2011)、《公路工程估算指标》(JTG/T 21—2011) 和《公路工程基本建设项目概算预算编制办法》(JTGB 06—2007) 是编制公路工程造价文件的指标法规。由于公路工程的特殊性，各地区交通厅（局）又根据本地区的实际情况，编制了本地区的“补充规定”及有关的政策文件。故在调查资料收集中，首先在当地定额站收集这方面的文件。调查者应对这些“补充规定”及有关的政策文件熟练掌握，以便在以后的调查中有针对性的对其进行补充，同时防止采用过时作废的文件。

2）人工工资、施工机械养路费、车船使用税。人工费单价，是由交通部，各省、自治区、直辖市交通主管部门发布这种价格信息，一般是按施工企业不同的隶属关系规定的，并由公路（交通）工程定额（造价管理）站具体负责贯彻执行。因此，如何取定应与建设工程的主管部门或建设单位共同商定。同时，要调查了解有无地区生活补贴等应予增加的人工费用内容。

机械养路费和车船使用税的外业调查要搜集国家、各省、自治区、直辖市对于机械养路费和车船使用税的有关文件和规定，弄清楚费用的征收标准。哪些机械应征收，哪些机械免征，以及计征办法，有关机械的年工作台班，计算吨位等等，为计算机械台班养路费和车船使用税提供依据。一般应向当地交通局或有关征收单位了解。

3）土地、青苗等补偿费和安置补助费。主要调查被征用的土地最近连续三年内各类农作物的产量、播种面积、农、副产品的单价，人均土地亩数。在调查单价时，不但要调查主要产品的价格，还要调查副产品的价格，如小麦，不但要调查麦子的价格，还要调查麦秆的价格等。一般应向当地统计局或土地局了解。

4）拆迁调查。拆迁建筑物及树木赔偿在路线范围内，所有建筑物，树木等要进行调查。建筑物不但包括地面以上的，尤其是埋在地面以下的建筑物，如水管、电缆等更要调查清楚，以便采取必要的工程措施。

5）主、副食供应及运输调查。由于公路施工是线性工程，多为偏僻无路的地方，给施工队伍购买主副食带来不便，为减轻施工人员的生活负担，故将此部分运费计入工程费用内。因此要调查主、副食，煤，生活用水等供应地点，运距，如有几个供应点，应调查各点供应数量的比重。以便计算综合里程。

6）临时工程调查。临时工程包括设施和临时工程。

临时设施系指各种生活、生产用房、工作便道、人行便桥、临时用水、用电的水管支线、电力支线和其他小型临时设施等。其所需费用，根据不同的工程项目、不同的地区类别，是以费率形式进行计算的。

临时工程包括电力、电讯、汽车便道、便桥等，要根据工程项目所确定的施工方案和路线所经现场的实际情况，确定预制厂、沥青混合料、水泥混凝土集中拌和的拌和场，现场管理机构、施工工点等的位置和范围，以此确定临时占地数量和各种临时工程数量。

7）路线交叉调查。当公路与铁路、水利设施发生交通干扰时，就会同有关单位协调解决的方案，所发生的工程费用可由被干扰一方提出预算，或由建设单位根据协商方案计算费用，列入公路概、预算文件，并就签订协议书，关于公路与公路、公路与大车道等交叉，则只填写调查表，不必签订协议书。

8）施工阶段调查时，还应了解当地民风民俗、村规民约等情况，以利组织施工管理和职工教育，从而确保与地方关系的和睦协调和文明施工。

3. 编制施工图预算和施工预算

(1) 编制施工图预算。施工图预算是技术准备工作的主要组成部分之一，这是按照施工图确定的工程量、施工组织设计所拟定的施工方法、建筑工程预算定额及其取费标准，由施工单位编制的确定建筑安装工程造价的经济文件，它是施工企业签订工程承包合同、工程结算、建设银行拨付工程价款、进行成本核算、加强经营管理等方面工作的重要依据。

(2) 编制施工预算。施工预算是根据施工图预算、施工图纸、施工组织设计或施工方案、施工定额等文件进行编制的，它直接受施工图预算的控制。它是施工企业内部控制各项成本支出、考核用工、"两算"对比、签发施工任务单、限额领料、基层进行经济核算的依据。

4. 编制施工组织设计

施工组织设计是施工准备工作的重要组成部分，也是指导施工现场全部生产活动的技术经济文件。建筑施工生产活动的全过程是非常复杂的物质财富再创造的过程，为了正确处理人与物、主体与辅助、工艺与设备、专业与协作、供应与消耗、生产与储存、使用与维修以及它们在空间布置、时间排列之间的关系，必须根据拟建工程的规模、结构特点和建设单位的要求，在原始资料调查分析的基础上，编制出一份能切实指导该工程全部施工活动的科学方案（施工组织设计）。

2.1.3.2 物资准备

材料、构（配）件、制品、机具和设备是保证施工顺利进行的物资基础，这些物资的准备工作必须在工程开工之前完成。根据各种物资的需要量计划，分别落实货源，安排运输和储备，使其满足连续施工的要求。

1. 物资准备工作的内容

物资准备工作主要包括建筑材料的准备；构（配）件和制品的加工准备；建筑安装机具的准备和生产工艺设备的准备。

(1) 建筑材料的准备。建筑材料的准备主要是根据施工预算进行分析，按照施工进度计划要求，按材料名称、规格、使用时矿材料储备定额和消耗定额进行汇总，编制出材料需要量计划，为组织备料、确定仓库、场地堆放所需的面积和组织运输等提供依据。

(2) 构（配）件、制品的加工准备。根据施工预算提供的构（配）件、制品的名称、规格、质量和消耗量，确定加工方案和供应渠道以及进场后的储存地点和方式，编制出其需要量计划，为组织运输、确定堆场面积等提供依据。

(3) 建筑安装机具的准备。根据采用的施工方案，安排施工进度，确定施工机械的类型、数量和进场时间，确定施工机具的供应办法和进场后的存放地点和方式，编制建筑安装机具的需要量计划，为组织运输，确定堆场面积等提供依据。

(4) 生产工艺设备的准备。按照拟建工程生产工艺流程及工艺设备的布置图提出工艺设备的名称、型号、生产能力和需要量，确定分期分批进场时间和保管方式，编制工艺设备需要量计划，为组织运输，确定堆场面积提供依据。

2. 物资准备工作的程序

物资准备工作的程序是搞好物资准备的重要手段。通常按如下程序进行：

(1) 根据施工预算、分部（项）工程施工方法和施工进度的安排，拟定国拨材料、统配材料、地方材料、构（配）件及制品、施工机具和工艺设备等物资的需要量计划。

(2) 根据各种物资需要量计划，组织货源，确定加工、供应地点和供应方式，签订物资供应合同。

(3) 根据各种物资的需要量计划和合同，拟运输计划和运输方案。

(4) 按照施工总平面图的要求，组织物资按计划时间进场，在指定地点，按规定方式进行储存或堆放。

2.1.3.3 劳动组织准备

劳动组织准备的范围既有整个建筑施工企业的劳动组织准备，又有大型综合的拟建建设项目的劳动组织准备，也有小型简单的拟建单位工程的劳动组织准备。这里仅以一个拟建工程项目为例，说明其劳动组织准备工作的内容如下。

1. 建立拟建工程项目的领导机构

施工组织机构的建立应遵循以下的原则：根据拟建工程项目的规模、结构特点和复杂程度，确定拟建工程项目施工的领导机构人选和名额；坚持合理分工与密切协作相结合；把有施工经验、有创新精神、有工作效率的人选入领导机构；认真执行因事设职、因职选人的原则。

2. 建立精干的施工队组

施工队组的建立要认真考虑专业、工种的合理配合，技工、普工的比例要满足合理的劳动组织，要符合流水施工组织方式的要求，确定建立施工队组（是专业施工队组，或是混合施工队组），要坚持合理、精干的原则；同时制定出该工程的劳动力需要量计划。

3. 集结施工力量、组织劳动力进场

工地的领导机构确定之后，按照开工日期和劳动力需要量计划，组织劳动力进场。同时要进行安全、防火和文明施工等方面的教育，并安排好职工的生活。

4. 向施工队组、工人进行施工组织设计、计划和技术交底

施工组织设计、计划和技术交底的目的是把拟建工程的设计内容、施工计划和施工技术等要求，详尽地向施工队组和工人讲解交待。这是落实计划和技术责任制的好办法。

施工组织设计、计划和技术交底的时间在单位工程或分部分项工程开工前及时进行，以保证工程严格地按照设计图纸，施工组织设计、安全操作规程和施工验收规范等要求进行施工。

施工组织设计、计划和技术交底的内容有工程的施工进度计划、月（旬）作业计划；施工组织设计，尤其是施工工艺；质量标准、安全技术措施、降低成本措施和施工验收规范的要求；新结构、新材料、新技术和新工艺的实施方案和保证措施；图纸会审中所确定的有关部位的设计变更和技术核定等事项。交底工作应该按照管理系统逐级进行，由上而下直到工人队组。交底的方式有书面形式、口头形式和现场示范形式等。队组、工人接受施工组织设计、计划和技术交底后，要组织其成员进行认真的分析研究，弄清关键部位、

质量标准、安全措施和操作要领。必要时应该进行示范，并明确任务及做好分工协作，同时建立健全岗位责任制和保证措施。

5. 建立健全各项管理制度

工地的各项管理制度是否建立、健全，直接影响其各项施工活动的顺利进行。有章不循其后果是严重的，而无章可循更是危险的。为此必须建立、健全工地的各项管理制度。通常内容如下：

工程质量检查与验收制度；工程技术档案管理制度；建筑材料（构件、配件、制品）的检查验收制度；技术责任制度；施工图纸学习与会审制度；技术交底制度；职工考勤、考核制度；工地及班组经济核算制度；材料出入库制度；安全操作制度；机具使用保养制度。

2.1.3.4 施工现场准备

施工现场是施工的全体参加者为夺取优质、高速、低消耗的目标，而有节奏、均衡连续地进行战术决战的活动空间。施工现场的准备工作，主要是为了给拟建工程的施工创造有利的施工条件和物资保证。其具体内容如下：

1. 做好施工场地的控制网测量

按照设计单位提供的建筑总平面图及给定的永久性经纬坐标控制网和水准控制基桩，进行厂区施工测量，设置厂区的永久性经纬坐标桩，水准基桩和建立厂区工程测量控制网。

2. 搞好“三通一平”工作

“三通一平”是指路通、水通、电通和平整场地。

路通：施工现场的道路是组织物资运输的动脉。拟建工程开工前，必须按照施工总平面图的要求，修好施工现场的永久性道路（包括厂区铁路、厂区公路）以及必要的临时性道路，形成完整畅通的运输网络，为建筑材料进场、堆放创造有利条件。

水通：水是施工现场的生产和生活不可缺少的。拟建工程开工之前，必须按照施工总平面图的要求，接通施工用水和生活用水的管线，使其尽可能与永久性的给水系统结合起来，做好地面排水系统，为施工创造良好的环境。

电通：电是施工现场的主要动力来源。拟建工程开工前，要按照施工组织设计的要求，接通电力和电讯设施，做好其他能源（如蒸汽、压缩空气）的供应，确保施工现场动力设备和通讯设备的正常运行。

平整场地：按照建筑施工总平面图的要求，首先拆除场地上妨碍施工的建筑物或构筑物，然后根据建筑总平面图规定的标高和土方竖向设计图纸，进行挖（填）土方的工程量计算，确定平整场地的施工方案，进行平整场地的工作。

3. 做好施工现场的补充勘探

对施工现场做补充勘探是为了进一步寻找枯井、防空洞、古墓、地下管道、暗沟和枯树根等隐蔽物，以便及时拟定处理隐蔽物的方案，并实施。为基础工程施工创造有利条件。

4. 建造临时设施

按照施工总平面图的布置，建造临时设施，为正式开工准备好生产、办公、生活、居住和储存等临时用房。

5. 安装、调试施工机具

按照施工机具需要量计划，组织施工机具进场，根据施工总平面图将施工机具安置在规定的地点或仓库。对于固定的机具要进行就位、搭棚、接电源、保养和调试等工作。对所有施工机具都必须在开工之前进行检查和试运转。

6. 做好建筑构（配）件、制品和材料的储存和堆放

按照建筑材料、构（配）件和制品的需要量计划组织进场，根据施工总平面图规定的地点和指定的方式进行储存和堆放。

7. 及时提供建筑材料的试验申请计划

按照建筑材料的需要量计划，及时提供建筑材料的试验申请计划。如钢材的机械性能和化学成分等试验；混凝土或砂浆的配合比和强度等试验。

8. 做好冬雨季施工安排

按照施工组织设计的要求，落实冬雨季施工的临时设施和技术措施。

9. 进行新技术项目的试制和试验

按照设计图纸和施工组织设计的要求，认真进行新技术项目的试制和试验。

10. 设置消防、保安设施

按照施工组织设计的要求，根据施工总平面图的布置，建立消防。保安等组织机构和有关的规章制度，布置安排好消防、保安等措施。

2.1.3.5　施工的场外准备

施工准备除了施工现场内部的准备工作外，还有施工现场外部的准备工作。其具体内容如下：

1. 材料的加工和订货

建筑材料、构（配）件和建筑制品大部分均必须外购，工艺设备更是如此。这样如何与加工部、生产单位联系，签订供货合同，搞好及时供应，对于施工企业的正常生产是非常重要；对于协作项目也是这样，除了要签订议定书之外，还必须做大量的有关方面的工作。

2. 做好分包工作和签订分包合同

由于施工单位本身的力量所限，有些专业工程的施工、安装和运输等均需要向外单位委托。根据工程量、完成日期。工程质量和工程造价等内容，与其他单位签订分包合同、保证按时实施。

3. 向上级提交开工申请报告

当材料的加工和订货及做好分包工作和签订分包合同等施工场外的准备工作后，应该及时地填写开工申请报告，并上报上级批准。

2.1.4　编写施工准备工作计划

为了落实各项施工准备工作，加强对其检查和监督，必须根据各项施工准备工作的内容、时间和人员，编制出施工准备工作计划（表 2.10），并将责任落实到人，分工负责，做好施工前的各项准备工作，为工程顺利开工打下良好的基础。

表 2.10　　施工准备工作计划表

序号	施工准备项目	简要内容	负责单位	负责人	起讫时间	备注

综上所述，各项施工准备工作不是分离的、孤立的，而是互为补充，相互配合的。为了提高施工准备工作的质量、加快施工准备工作的速度，必须加强建设单位、设计单位和施工单位之间的协调工作，建立健全施工准备工作的责任制度和检查制度，使施工准备工作有领导、有组织、有计划和分期分批地进行，贯穿施工全过程的始终。

2.2　编写工程概况与计算工程量

【任务】　编制案例工程的工程概况与计算工程量

2.2.1　编写工程概况

实施性施工组织设计中的工程概况介绍，是对整个工程项目情况的总说明。主要对建设项目的工程规模、结构形式、施工条件和特点做一个简明的、重点突出的文字介绍，一般还要附上布置图和主要工程的构造图等，同时列出主要工程数量表。通常包括以下内容：

(1) 工程项目的概况。工程性质、工程位置、工程规模、结构形式。

(2) 工程项目的技术标准、总工期、主要工程数量、工程结构简图等。

(3) 施工条件：地形地貌、气象、水文和地质等自然条件；资源供应情况、交通运输及水电等施工现场条件和技术经济条件。

(4) 工程施工的特点分析。不同结构类型、不同环境和条件下的工程施工，有着不同的施工特点。因此需要针对不同的特点进行必要的分析，并指出工程施工的重点和难点，以便在选择施工方案、组织物资供应和技术力量配备等方面采取相应措施。

【例 2.1】　某道路工程施工组织工程概况的内容如下：

（一）工程简介

某市二级公路是云南省昭通市十一五交通规划“两纵三横”中的第一横——绥江至叙永公路中的一段，起于××省××市××县柿子乡柿子大桥附近，接麻水县级公路 K41＋600 处，止于××省××市××县二级公路，全长 61.456744km，为二级改建公路。共分两个合同段设计，第×合同段路线全长 30.179786km（K31＋979.15～K62＋186，设断链 3 处，短 27.064m）。全线采用双向两车道二级公路标准建设，对现有的柿凤四级公路按二级公路标准进行改建。路基宽度均采用 10m。双车道，设计车速：一般线路为 60km/h，困难路段为 40km/h。工程的主要技术指标和主要工程数量分别见表 2.11 和表 2.12。

（二）主要技术指标

表 2.11 主要技术指标

<table>
<tr><th>序号</th><th colspan="2">指标名称</th><th>规范值（v=60km/h）</th><th>规范值（v=40km/h）</th></tr>
<tr><td>1</td><td colspan="2">公路等级</td><td>二级公路</td><td>二级公路</td></tr>
<tr><td>2</td><td colspan="2">起讫桩号</td><td>K31+979.15～K61+612.06</td><td>K61+612.06～K62+186</td></tr>
<tr><td>3</td><td colspan="2">计算行车速度/(km/h)</td><td>60</td><td>40</td></tr>
<tr><td>4</td><td colspan="2">路基宽度/m</td><td>10</td><td>8.5</td></tr>
<tr><td rowspan="2">5</td><td>平曲线</td><td>一般值/m</td><td>200</td><td>100</td></tr>
<tr><td>最小半径</td><td>极限值/m</td><td>125</td><td>60</td></tr>
<tr><td>6</td><td colspan="2">不设超高最小平曲线半径/m</td><td>600</td><td>600</td></tr>
<tr><td>7</td><td colspan="2">最大纵坡/%</td><td>5.5</td><td>7</td></tr>
<tr><td>8</td><td colspan="2">最短坡长/m</td><td>305</td><td>120</td></tr>
<tr><td rowspan="2">9</td><td>凸形竖曲线</td><td>一般值/m</td><td>2000</td><td>700</td></tr>
<tr><td>最小半径</td><td>极限值/m</td><td>1400</td><td>450</td></tr>
<tr><td rowspan="2">10</td><td>凹形竖曲线</td><td>一般值/m</td><td>1500</td><td>700</td></tr>
<tr><td>最小半径</td><td>极限值/m</td><td>1000</td><td>450</td></tr>
<tr><td>11</td><td colspan="2">竖曲线最小长度</td><td>50</td><td>35</td></tr>
<tr><td>12</td><td colspan="2">桥梁设计荷载</td><td>公路—Ⅱ级</td><td>公路—Ⅱ级</td></tr>
<tr><td rowspan="3">13</td><td rowspan="3">设计洪水频率</td><td>特大桥、大桥、中桥</td><td>1/100</td><td>1/100</td></tr>
<tr><td>小桥涵</td><td>1/50</td><td>1/50</td></tr>
<tr><td>路基</td><td>1/50</td><td>1/50</td></tr>
<tr><td>14</td><td colspan="2">大、中、小桥桥面宽度/m</td><td>净 9.0+2×0.5=10</td><td>净 9.0+2×0.5=10</td></tr>
</table>

（三）主要工程数量表

表 2.12 主要工程数量

<table>
<tr><th>序号</th><th colspan="2">指 标 名 称</th><th>单位</th><th>施工图数量</th><th>备注</th></tr>
<tr><td>1</td><td colspan="2">路线长度</td><td>km</td><td>30.179186</td><td></td></tr>
<tr><td>2</td><td rowspan="2">路基土石方工程</td><td>挖方</td><td>万 m^3</td><td>186.4639</td><td></td></tr>
<tr><td>3</td><td>填方</td><td>万 m^3</td><td>51.3603</td><td></td></tr>
<tr><td>4</td><td rowspan="5">路面工程</td><td>20cm 厚级配碎石底基层</td><td>1000m^2</td><td>266.46</td><td></td></tr>
<tr><td>5</td><td>35cm 厚水泥稳定级配碎石基层</td><td>1000m^2</td><td>255.55</td><td></td></tr>
<tr><td>6</td><td>6mm 厚改性乳化沥青稀浆封层</td><td>1000m^2</td><td>247.31</td><td></td></tr>
<tr><td>7</td><td>6cm AC-20 沥青混凝土面层</td><td>1000m^2</td><td>244.650</td><td></td></tr>
<tr><td>8</td><td>4cm SBS 改性 AC-16C 沥青混凝土面层</td><td>1000m^2</td><td>244.650</td><td></td></tr>
<tr><td>9</td><td rowspan="4">排水工程</td><td>M7.5 浆砌片石排水沟</td><td>m^3</td><td>5868.1</td><td></td></tr>
<tr><td>10</td><td>M7.5 浆砌片石急流槽</td><td>m^3</td><td>354.7</td><td></td></tr>
<tr><td>11</td><td>M7.5 浆砌片石截水沟</td><td>m^3</td><td>2041.94</td><td></td></tr>
<tr><td>12</td><td>M7.5 浆砌片石暗沟</td><td>m^3</td><td>17939.9</td><td></td></tr>
</table>

续表

序号	指标名称		单位	施工图数量	备注
13	防护工程	C15 混凝土浸水路肩挡土墙	m^3	132236.5	
14		M7.5 浆砌片石路肩挡土墙	m^3	160856.4	
15	大桥		m/座	1093/6	
16	中桥		m/座	380/5	
17	小桥		m/座	28/1	
18	涵洞		道	73	
19	隧道		m/座	2076.019/5	
20	路面		万 m^2	24.4465	
21	平面交叉		处	4	

（四）自然条件

1. 地质地貌

工程区地处云贵高原东南部的横断山脉处，境内山峦起伏，河流纵横，地势由北向南倾斜。海拔约2200m。改线公路沿线为剥蚀—侵蚀中山河谷地貌，山体基本呈北东向展布，主要有侏罗系、三叠系碎屑岩、碳酸盐岩及少量二叠系岩浆岩组成，山顶海拔一般2500～3000m。本路线区属××河流域，河谷深切，河谷形态及展布方向受地层岩性和地质构造控制，一般谷宽为200～500m，河面宽一般20～50m，呈“U”或“V”字形，河谷地带分布有河漫滩及Ⅰ～Ⅴ级阶地，其中Ⅰ、Ⅱ级均为堆积阶地，Ⅲ级及以上为内叠式基座阶地。

2. 工程地质

区内出露地层为寒武系水口群上亚群下组，岩性主要为砂岩，局部为砂岩夹页岩，零星产出有厚2～60cm不等的脉状石英，表层大面积分布第四系坡残积层，厚度0.40～19.70m之间。

3. 气象与水文

沿线属亚热带湿润季风气候区，冬季温暖，夏季炎热，无霜期长，年平均温度为21.1℃，温度最冷月（1月）平11.9℃，温度最热月（7月）平均为28.9℃，一年四季均适宜开展野外工作。

工程区地表天然水系较发育，主要大的水系为××河，贯穿全县十余个乡镇，全长约120多千米，流域面积达2000多平方千米，落差达1000余米。

据××水文站资料统计，其多年平均流量为33.7m^3/s，折合年径流量10.6亿m^3，年径流深661mm，年径流模数为21.0L/(s·km^2)。实测年最大流量系列的最大值为1410m^3/s，最小值为326m^3/s。

（五）施工条件

1. 交通运输条件

××高速公路沿线已具有以公路为主的，由公路、水运组成的交通运输网，并兼营客、货运业务。公路为县级公路，大部分为泥结碎石路面，路况极差。从县级公路进入施工现场的道路为农村机耕道路，道路宽度极窄，需进行改移加宽，亦可通行。

2. 材料供应条件

工程用的钢材由柳州钢厂供应在昭通市购买。

工程用的木材在在昭通市购买。

水泥、防水卷材等供应由在昭通市购买。

沿线砂石料比较丰富，××镇有砂料场，石料场有狮寨古东罗会冲石场、公孟石场、吃水冲石场、长发镇平田村石牛冲石场等，经业主取样试验，各项指标均能满足要求，可作为本合同段的取料场。

油料：由中国石化××市分公司供应。

3. 水电供应条件

施工用水：本段高速公路路线主要沿河布设，沿线水源丰富，水质良好，可供工程使用。隧道进出口附近均有河流，施工可就近取用地表水。

施工用电：通过改造沿线农用电网，加装变压器，才能解决。为了保证施工用电不间断，施工时配备发电机。

4. 通信条件

本段高速公路地处深山，通信条件较差，施工时需要与当地电信、移动通信公司联系架设通信线路，建设无线通信基站以便进行联系。

（六）工程特征分析

1. 工程特点

（1）山区公路，现场施工条件困难。本工程通行条件比较困难，需沿老线进行改造。线路所处位置特殊，边坡高，施工场地紧张。

（2）工程复杂，施工组织困难。全线设计有路基、大中小桥、中短隧道等几种形式，而且有桥隧相连，结构变换较多，隧道地质条件差，施工中对安全要求特别高。施工场地紧张，各项目要做到先后有序，互不干扰，对现场管理及组织要求非常高。

（3）工程量大、工期紧张。由于现场施工条件的限制，在河边及两山之间施工，施工场地建设工程量较大、准备时间长；部分施工材料须利用老线运输，加大了施工、协调难度，工期相对紧张。

2. 工程重点（关键点）

本合同段的工程重点为桥梁、隧道的施工。

3. 工程难点

（1）本工程为高山地区，地形起伏较大，高填深切、半填半切地段多。

（2）沿线无大的不良地质地段分布，主要有河床沉积物、饱和黏性土等。

（3）本工程因受构造影响强烈，岩石岩性不均，爆破施工难度大。

（4）本工程构造物数量多，大宗材料的运输较远，材料运输不便，材料采购组织的好坏将直接制约工程的进度和质量。

（5）本工程沿老线改造，在道路的施工过程中因要保证当地车辆的通行，行车干扰严重。

（6）全线风景秀丽，环保要求高，在施工时确保精心组织施工，尽量减少对周边环境的破坏。特别是对于取土场和弃土场在使用后要及时做好水土保持工作，及时恢复原地貌，尽量减少对当地环境的影响。

2.2.2 计算工程数量

工程量计算准确，才能保证劳动力和资源需要量计算得正确和分层分段流水作业的合理组织，故工程必须根据图纸和较为准确的定额资料进行计算。

实施性施工组织设计中的工程清单项目工程量均按设计图示以工程实体的净值计算；材料及半成品采备和损耗、场内二次转运、常规的检测等均应包括在相应工程项目中，不另行计量。

计算工程量时，尽量考虑编制其他计划（如预算文件）时使用工程量数据的方便，做到一次计算，多次使用。

情景3　施 工 总 体 部 署

【任务】 编制南友公路至明阳工业区连接线两阶段施工图 K0＋000～K2＋700 段的施工总体部署方案

【知识目标】

1. 认知施工项目经理部组织机构的建设内涵
2. 认知公路施工的常用施工机械及其适应范围
3. 熟识施工机械的选择方法
4. 认知施工作业方式及施工生产类型
5. 分析施工作业方式与施工顺序的关系
6. 掌握确定施工顺序的基本方法

【专业能力目标】

1. 能正确拟定施工顺序
2. 能应用施工机械的选择原则，合理选择施工机械
3. 合理运用施工方式的选择原则，正确选择施工方式
4. 确定施工方案

施工总体部署是对整体工程项目施工的全局所做的统筹规划和全面安排，目的是解决影响全部施工活动的重大战略问题。施工总体部署的主要内容有：建立施工管理机构、划分施工任务及组织安排；确定施工顺序。

3.1　建立施工管理组织机构

【任务】 案例工程施工组织机构的设置

3.1.1　施工项目管理组织机构的职能和作用

公路工程施工项目管理组织，是指为进行施工项目管理、实现组织职能而进行组织系统的设计并建立的管理组织系统，以及该组织系统的运行、调整和改进等工作。组织系统的设计与建立，是指经过筹划、设计，建成一个可以完成施工项目管理任务的组织机构，建立必要的规章制度，划分并明确岗位、层次、部门的责任和权力，建立和形成管理信息系统及责任分担系统，并通过一定岗位和部门内人员的规范化的活动和信息流通实现组织目标。

施工项目管理组织是指为实施施工项目管理建立的组织机构，以及该机构为实现施工项目目标所进行的各项组织工作的简称。是根据项目管理目标通过科学设计而建立的组织实体。该机构是由有一定的领导体制、部门设置、层次划分、职责分工、规章制度、信息

管理系统等构成的有机整体。一个以合理有效的组织机构为框架所形成的权力系统、责任系统、利益系统、信息系统是实施施工项目管理及实现最终目标的组织保证。作为组织工作，它则是通过该机构所赋予的权力，所具有的组织力、影响力，在施工项目管理中，合理配置生产要素，协调内外部及人员间关系，发挥各项业务职能的能动作用，确保信息畅通，推进施工项目目标的优化实现等全部管理活动。施工项目管理组织机构及其所进行的管理活动的有机结合才能充分发挥施工项目管理的职能。

施工项目管理组织的内容包括组织设计、组织运行、组织调整 3 个环节。具体内容见表 3.1。

表 3.1　　施工项目管理组织的内容

管理组织基本环节	依　据	内　容
组织设计	管理目标及任务； 管理幅度、层次； 责权对等原则； 分工协作原则； 信息管理原理	设计、选定合理的组织系统（含生产指挥系统、职能部门等）； 科学确定管理跨度、管理层次、合理设置部门、岗位； 明确各层次、各单位、各部门、各岗位的职责和权限； 规定组织机构中各部门之间的相互联系、协调原则和方法； 建立必要的规章制度； 建立各种信息流通、反馈的渠道，形成信息网络
组织运行	激励原理、业务性质、分工协作	做好人员配置、业务衔接，职责、权力、利益明确； 各部门、各层次、各岗位人员各司其职、各负其责、协同工作； 保证信息沟通的准确性、及时性，达到信息共享； 经常对在岗人员进行培训、考核和激励，以提高其素质和士气
组织调整	动态管理原理、工作需要、环境条件变化	分析组织体系的适应性，运行效率，及时发现不足与缺陷； 对原组织设计进行改革、调整或重新组合； 对原组织运行进行调整或重新安排

3.1.2　施工项目管理组织机构设置的原则

施工项目管理的首要问题是建立一个完善的施工项目管理组织机构。在设置施工项目管理组织机构时，应遵循表 3.2 所列的原则。

表 3.2　　施工项目管理组织机构设置的原则

设置原则	说　明
目的性原则	明确施工项目管理总目标，并以此为基本出发点和依据，将其分解为各项分目标、各级子目标，建立一套完整的目标体系； 各部门、层次、岗位的设置，上下左右关系的安排，各项责任制和规章制度的建立，信息交流系统的设计，都必须服从各自的目标和总目标，做到与目标相一致，与任务相统一
精干高效原则	尽量减少机构层次、简化机构，各部门、层次、岗位的职责分明，分工协作； 要避免业务量不足，人浮于事或相互推诿，效率低下； 通过考核选聘素质高、能力强、称职敬业的人员； 领导班子要有团队精神，减少内耗；力求工作人员精干，一专多能，一人多职，工作效率高

续表

设置原则	说　　明
管理跨度与管理层次的统一原则	根据施工项目的规模确定合理的管理跨度和管理层次，设计切实可行的组织机构系统； 使整个组织机构的管理层次适中，减少设施、节约经费、加快信息传递速度和效率； 使各级管理者都拥有适当的管理幅度，能在职责范围内集中精力、有效领导，同时还能调动下级人员的积极性、主动性
业务系统化管理原则	依据项目施工活动中，各不同单位工程，不同组织、工种、作业活动，不同职能部门、作业班组，以及和外部单位、环境之间的纵横交错、相互衔接、相互制约的业务关系，设计施工项目管理组织机构； 应使管理组织机构的层次、部门划分、岗位设置、职责权限、人员配备、信息沟通等方面，适应项目施工活动的特点，有利于各项业务的进行，充分体现责、权、利的统一； 使管理组织机构与工程项目施工活动，与生产业务、经营管理相匹配，形成一个上下一致、分工协作的严密完整的组织系统
弹性和流动性原则	施工项目管理组织机构应能适应施工项目生产活动单件性、阶段性、流动性的特点，具有弹性和流动性； 在施工的不同阶段，当生产对象数量、要求、地点等条件发生改变时，在资源配置的品种、数量发生变化时，施工项目管理组织机构都能及时做出相应调整和变动； 施工项目管理组织机构要适应工程任务的变化对部门设置增减、人员安排合理流动，始终保持在精干、高效、合理的水平上
与企业组织一体化的原则	施工项目组织机构是企业组织的有机组成部分，企业是施工项目组织机构的上级领导； 企业组织是项目组织机构的母体，项目组织形式、结构应与企业母体的相协调、相适应，体现一体化的原则，以便于企业对其进行领导和管理； 在组建施工项目组织机构，以及调整、解散项目组织时，项目经理由企业任免，人员一般都是来自企业内部的职能部门等，并根据需要在企业组织与项目组织之间流动； 在管理业务上，施工项目组织机构接受企业有关部门的指导

3.1.3 施工项目管理组织机构设置的程序

施工项目管理组织机构设置的程序如图3.1所示。

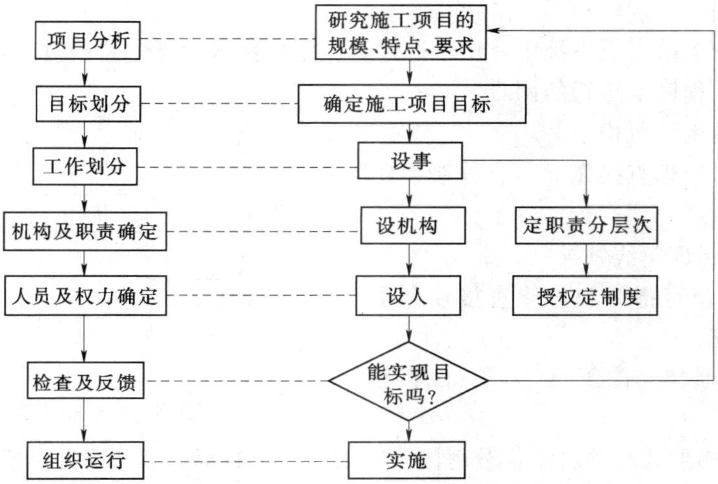

图3.1　施工项目组织机构设置程序图

3.1.4 施工项目管理组织机构的主要形式

1. 职能式组织结构

职能式的组织形式是最基本的，职能式项目管理组织形式是将一个大的项目按照公司行政 、人力资源、财务、各工程技术 、材料设备、安全保卫等职能部门的特点与职责，分成若干个子项目，由相应各职能单元完成各方面的工作。职能式组织结构如图 3.2 所示。

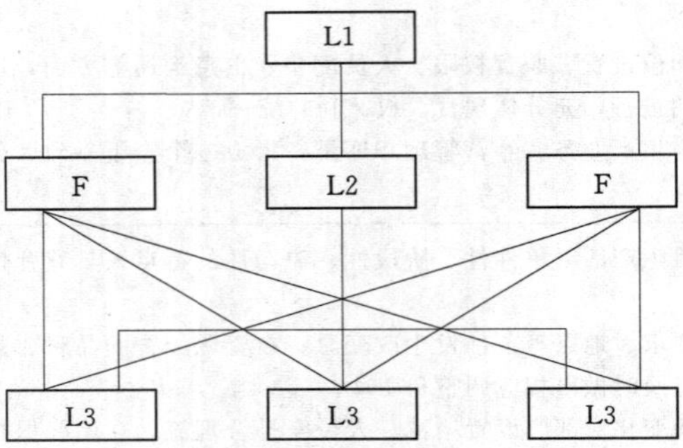

图 3.2 职能制组织结构

职能式组织结构的特点 ：

优点： （1） 项目团队中各成员无后顾之忧。

（2） 由于他们来自企业各职能部门，所属关系没有发生变化。

（3） 各职能部门可以在本部门工作与项目工作任务的平衡中去安排力量 。

（4） 有利于发挥企业集体的力量 。

缺点：（1） 项目管理没有正式权威性。

（2） 项目团队不易产生事业感和成就感。

（3） 参与项目有多个职能部门，协调比较困难。

（4） 不利于不同职 能部门的团队成员之间的交流。

（5） 项目发展空间容易受限制。

因此，在项目管理中的应用较少。

2. 线性组织结构

在国际上，线性组织结构模式是建设项目管理组织系统的一种常用模式，因为一个建设项目的参与单位很多，少则数十，多则数百，大型项目的参与单位将数以千计，在项目实施过程中矛盾的指令会给工程项目目标的实现造成很大的影响，而线性组织结构模式可确保工作指令的唯一性。

但在一个较大的组织系统中，由于线性组织结构模式的指令路径过长，有可能会造成组织系统在一定程度上运行的困难。

（1） 直线制组织机构。

特征：项目经理直接领导。直线制组织机构如图 3.3 所示。

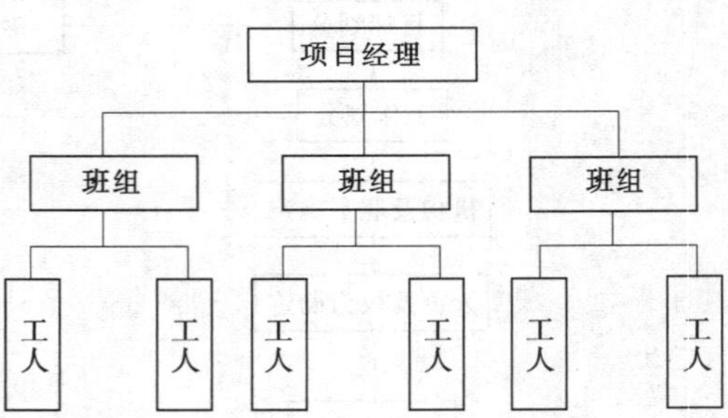

图 3.3 直线制组织结构

优点：1） 保证单线领导。

2） 项目经理有指令权，能直接控制资源，对业主负责。

3） 信息流通快，决策迅速，项目容易控制。

4） 组织结构形式与项目结构分解图式基本一致，目标分解和责任落实比较容易。

缺点：1） 当项目较多、比较大时，每个项目对应一个组织，使企业资源不能达到合理使用。

2）项目经理责任较大。

3）不能保证企业部门之向信息流通的速度和质量。

4）企业的各项目间缺乏信息交流，项目之间的协调、企业的计划和控制比较困难。

5）如果工程较大，专业化分工太细，会造成多级分包，进而造成组织层次的增加。

6）要求领导者通晓各种业务，成为“全能式”人才。无法实现管理工作专业化，不利于项目管理水平的提高。

适用：中小型项目

（2）直线职能制组织机构（图3.4）。

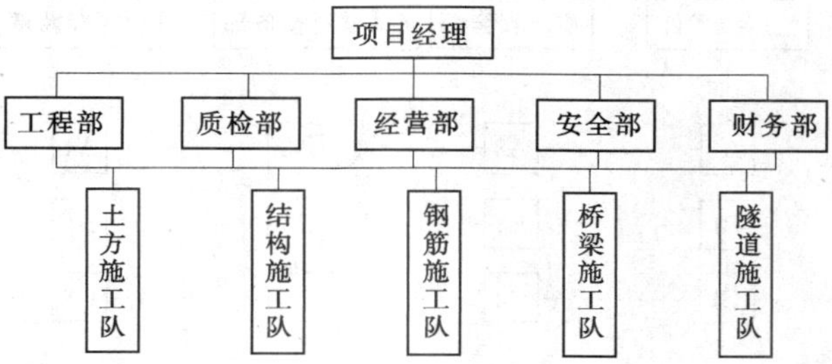

图3.4　直线职能制组织结构

特点：既保持了直线制统一指挥的特点，又满足了职能制对管理工作专业化分工的要求。

优点：1）适用于生产技术比较复杂和管理分工较细的工程施工项目管理，能够发挥职能部门的专业管理作用。

2）直线指挥，指令源单一，职责清楚。

3）有利于集中各专业管理力量，实现专业化的管理。

缺点：1）各职能部门之间的横向联系差，信息传递路线长。

2）职能部门与指挥部门之间容易产生矛盾。

适用：大中型、工期紧迫、部门多的项目或大规模综合性的施工项目任务。

3. 矩阵组织结构

矩阵组织结构是一种较新型的组织结构模式，有职能划分垂直领导系统，又有按项目划分的横向领导系统的结构，兼有职能型和直线式两种形式优点，如图3.5所示。在矩阵组织结构最高指挥者（总经理）下设纵向（项目）和横向（部门）两种不同类型的工作部门。能根据工程任务的实际情况灵活地组建与之相适应的管理机构，具有较大的机动性和灵活性。它实现了集权与分权的最优结合，有利于调动各类人员的工作积极性，使工程项目管理工作顺利地进行。

优点：1）灵活性、适应性强。

2）集思广益，有利于把组织垂直联系与横向联系更好地组合起来，加强各职能部门之间的协作。

3）人力资源利用率高，有利于人才全面锻炼。

缺点：1）小组是临时性的，所以稳定性较差。

2）小组成员要接受双重领导，管理要求高，协调难度大。当两个意见不一致时，就会使他们的工作无所适从。

3）易出现项目经理责任与权力不统一现象。

适用范围：大型复杂项目；同时承担多个项目；对人工利用率要求高的项目。

按照项目经理的权限不同，矩阵制组织机构又可分为三种形式，即强矩阵制组织形式、中矩阵制组织形式和弱矩阵制组织形式。

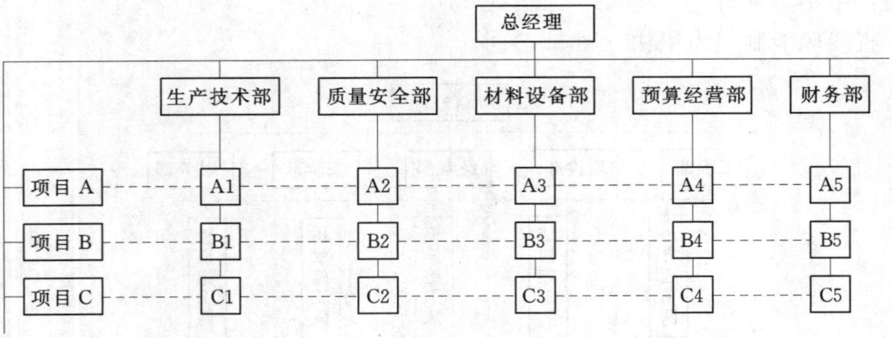

图 3.5　矩阵式组织机构图

3.1.5　项目经理制与项目经理部

1. 项目经理制的产生与发展

项目经理制自 1941 年于美国产生以来，在一些工业发达国家得到普遍推广。我国于 1984 年在建筑企业试行项目经理负责制至今已推广到建设领域的各个方面以及其他领域。这是加强项目管理所采取的一项有力的组织措施。实施的是项目经理资质核准。

项目经理是一个管理岗位，他的任务仅限于从事项目管理工作，项目经理的管理权限由其上级决定。

项目经理包括业主的项目经理、咨询监理单位的项目经理、设计单位的项目经理和施工单位的项目经理。

2003 年 2 月 27 日《国务院关于取消第二批行政审批项目和改变一批行政审批项目管理方式的决定》（国发〔2003〕5 号）规定，“取消建筑施工企业项目经理资质核准，由注册建造师代替，并设立过渡期”。

建筑业企业项目经理资质管理制度向建造师执业资格制度过渡的时间定为五年，即从国发〔2003〕5 号文印发之日起至 2008 年 2 月 27 日止。过渡期内，凡持有项目经理资质证书或者建造师注册证书的人员，经其所在企业聘用后均可担任工程项目施工的项目经理。过渡期满后，大、中型工程项目施工的项目经理必须由取得建造师注册证书的人员担任；但取得建造师注册证书的人员是否担任工程项目施工的项目经理，由企业自主决定。

在全面实施建造师执业资格制度后仍然要坚持落实项目经理岗位责任制。项目经理岗位是保证工程项目建设质量、安全、工期的重要岗位。

建筑施工企业项目经理（以下简称项目经理），是指受企业法定代表人委托对工程项目施工过程全面负责的项目管理者，是建筑施工企业法定代表人在工程项目上的代表人。

建造师是一种专业人士的名称，而项目经理是一个工作岗位的名称。取得建造师执业资格的人员表示其知识和能力符合建造师执业的要求，但其在企业中的工作岗位则由企业视工作需要和安排而定，建造师的执业范围相当宽，可以在施工企业、政府管理部门、建设单位、工程咨询单位、设计单位、教学和科研单位等执业。

2. 项目经理部

(1) 施工项目经理部的作用。项目组织既是企业的一个独立机构，又依附于企业运行。

项目经理部是施工项目管理工作班子，置于项目经理的领导之下。为了充分发挥项目经理部在项目管理中的主体作用，必须对项目经理部的机构设置加以特别重视，设计好，组建好，运转好，从而发挥其应有功能。

项目经理部在项目经理领导下，作为项目管理的组织机构，负责施工项目从开工到竣工的全过程施工生产经营的管理，是企业在某一工程项目上的管理层，同时对作业层负有管理与服务双重职能。作业层工作的质量取决于项目经理部的工作质量。

项目经理部是项目经理的办事机构，为项目经理决策提供信息依据，当好参谋，同时又要执行项目经理的决策意图，向项目经理全面负责。

项目经理部是一个组织体，其作用包括：完成企业所赋予的基本任务项目管理和专业管理任务等；凝聚管理人员的力量，调动其积极性，促进管理人员的合作，建立为事业的献身精神；协调部门之间，管理人员之间的关系，发挥每个人的岗位作用，为共同目标进行工作；影响和改变管理人员的观念和行为，使个人的思想、行为变为组织文化的积极因素；贯彻组织责任制，搞好管理；沟通部门之间、项目经理部与作业队之间、与公司之间、与环境之间的信息。

项目经理部是代表企业履行工程承包合同的主体，也是对最终建筑产品和业主全面、全过程负责的管理主体；通过履行主体与管理主体地位的体现，使每个工程项目经理部成为企业进行市场竞争的主体成员。

项目经理部需在企业经理授权下才直接对外联系且由项目经理负总责。项目经理部的对外关系有：政府部门、设计单位、业主单位、监理单位、供应单位、市政与公用单位，以及与施工现场有关的其他单位等。

(2) 施工项目经理部的设置原则。要根据所设计的项目组织形式设置项目经理部，因为项目组织形式与企业对施工项目的管理方式有关，与企业对项目经理部的授权有关。不同的组织形式对项目经理部的管理力量和管理职责提出了不同要求，提供了不同的管理环境。

要根据工程项目的规模、复杂程度和专业特点设置项目经理部。例如，大型项目经理部可以设职能部、处；中型项目经理部可以设处、科；小型项目经理部一般只需设职能人员即可。如果项目的专业性强，便可设置专业性强的职能部门，如水电处、安装处、打桩处等。

项目经理部是一个具有弹性的一次性施工生产组织，随工程任务的变化而进行调整。

不应搞成一级固定性组织。在工程项目施工开始前建立，在工程竣工交付使用后，项目管理任务完成，项目经理部应解体。项目经理部不应有固定的作业队伍，而是根据施工的需要，在企业内部市场或社会市场吸收人员，进行优化组合和动态管理。

项目经理部的人员配置应面向施工项目现场，满足现场的计划与调度、技术与质量、成本与核算、劳务与物资、安全与文明施工的需要。不应设置专管经营与咨询、研究与开展、政工与人事等与项目施工关系较少的非生产性部门。

(3) 项目团队建设。项目团队是为实现共同目标而自觉合作、积极努力的一个凝聚力很强的社会群体。

项目经理部的组建要经历“组建→磨合→稳定→成效→解散”这几个阶段，而一个项目团队从开始到终止可以分为五个阶段：组建阶段、磨合阶段、稳定阶段、成效阶段和解散阶段。项目部的建设与团队建设密不可分。

打造一个良好项目团队的要求是：配备一个合格的项目经理和一批合格的团队成员（具有7个核心要素：人员、目标、互动、信任、合作、自愿和能力），并不断提高素质；设计合理的团队组织结构形式和运行规则；进行有效的人力资源管理；建立与项目管理相适应的团队文化；创造和谐、协调的工作氛围。团队发展、团队精神与工作绩效关系如图3.6所示。

项目团队的特点：共同的目标，合理的分工与合作，高度的凝聚力，相互的信任，有效的沟通。

高素质的团队创造高品质的建筑产品，创造高额的经济效益。

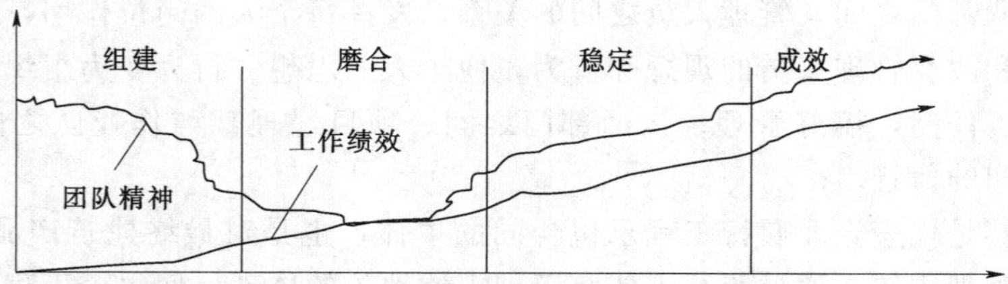

图 3.6 团队发展、团队精神与工作绩效关系图

3. 项目经理

(1) 项目经理是受企业法定代表人委托对工程项目施工过程全面负责的项目管理者，是建筑施工企业法定代表人在工程项目上的代表者。

项目经理对上级组织的责任，是保证项目目标符合上级组织的目标，利用和保管上级分配给项目的资源，及时与上级就项目进展进行沟通。

项目经理在企业总经理或工程部经理的直接领导下工作，对企业总经理（或工程部经理）负责。同时项目经理直接领导项目管理各职能部门，各承包队和作业队，故亦对项目组织全体人员负责。项目经理部各职能部门由公司（或工程部）各职能部门派遣人员组成非固定化组织，既受业务部门领导，又受项目经理领导。由于职能人员组织关系仍归公司（或工程部）各职能部门，故他们对职能部门的关系比对项目经理的关系紧密。职能人员对项目经理负责，更对职能部门负责。项目经理必须有很强的领导能力，才能团结和调动职能人员，且应善于协调职能人员的工作。

项目组织内各承包队（或作业队）是纯作业队伍，它们接受项目经理的领导和各职能部门的专业指导，完成作业任务。

主要职责是制定项目计划，组织项目实施，领导项目工作，控制项目目标。

基本权力是项目团队的组建权，项目财务的决策权，项目实施的控制权。

素质要求是政治素质、领导素质、知识素质、实践经验、身体健康。

（2）施工项目经理责任制。施工项目经理责任制是指以施工项目经理为主体的施工项目管理目标责任制度。它是以施工项目为对象，以项目经理为主体，以项目管理目标责任书为依据，以求得项目的最佳经济效益为目的，实行从施工项目开工到竣工验收交付使用的施工活动以及项目保修在内的一次性全过程的项目管理制度。

项目经理责任制的主体是项目经理，重点在于管理。

项目经理责任制具有对象终一性、主体直接性、内容全面性、责任风险性的特点。

不管项目经理属于哪一类别，项目经理都是以项目为对象，实行项目产品形成过程的一次性全面负责，具有对象终一性的特点。

项目经理是项目的责任主体、权利主体、利益主体，是项目管理的直接组织实施者，具有主体直接性的特点。

只要在企业法人授权范围内，项目经理将对项目全面负责，具有内容全面性的特点。

项目经理是项目的第一责任人，项目实施成功与否的风险将由项目经理承担，具有责任风险性的特点。

施工项目经理责任制应贯彻的原则：

1）实事求是的原则。

2）兼顾企业、项目经理和员工三者利益的原则：特别是在确定个人收入基数时，切实贯彻按劳分配、多劳多得的原则。

3）责、权、利相统一的原则。责、权、利的结合应最终围绕组织的整体利益来进行。

（3）项目经理的责、权、利。

1）项目经理在承担工程项目施工管理过程中，履行下列职责：

a. 贯彻执行国家和工程所在地政府的有关法律、法规和政策，执行企业的各项管理制度。

b. 严格财务制度，加强财经管理，正确处理国家、企业与个人的利益关系。

c. 执行项目承包合同中由项目经理负责履行的各项条款。

d. 对工程项目施工进行有效控制，执行有关技术规范和标准，积极推广应用新技术，确保工程质量和工期，实现安全、文明生产，努力提高经济效益。

2）项目经理在承担工程项目施工的管理过程中，应当按照建筑施工企业与建设单位签订的工程承包合同，与本企业法定代表人签订项目承包合同，并在企业法定代表人授权范围内，行使以下管理权力：

a. 组织项目管理班子。

b. 以企业法定代表人的代表身份处理与所承担的工程项目有关的外部关系，受托签署有关合同。

c. 指挥工程项目建设的生产经营活动，调配并管理进入工程项目的人力、资金、物资、机械设备等生产要素。

d. 选择施工作业队伍。

e. 进行合理的经济分配。

f. 企业法定代表人授予的其他管理权力。

3）项目经理的任务包括项目的行政管理和项目管理两个方面，其在项目管理方面的主要任务如下：

a. 施工安全管理。

b. 施工成本控制。

c. 施工进度控制。

d. 施工质量控制。

e. 工程合同管理。

f. 工程信息管理。

g. 工程组织与协调等。

4. 施工项目经理部的部门设置和人员配备

施工项目经理部的部门设置和人员配备的指导思想是把项目建成企业管理的重心。

经营核算部门，主要负责预算、合同、索赔、资金收支、成本核算、劳动配置及劳动分配等工作。

工程技术部门，主要负责生产调度、文明施工、技术管理；施工组织设计、计划统计等工作。

物资设备部门，主要负责材料的询价、采购、计划供应、管理、运输、工具管理、机械设备的租赁配套使用等工作。

监控管理部门，主要负责工作质量、安全管理、消防保卫、环境保护等工作。

测试计量部门，主要负责计量、测量、试验等工作。

党工团组织，负责使党、团、工会建设适应项目管理，并围绕项目做好服务。

人员可按岗位进行配备：

施工项目经理部常设岗位有：项目经理、项目总工程师、党支部书记、经济师、会计师、政工师和技术、预算、劳资、施工、质量、测量、计量、试验、机务、安全、材料、仓管以及辅助生产人员等岗位。实行一职多岗，全部岗位职责覆盖项目施工全过程的全面管理，不留死角，也避免职责重叠交叉。

5. 施工项目的劳动组织

施工项目的劳动力来源于企业的劳务市场。企业劳务市场由企业劳务管理部门（或劳务公司）管理，对内以生活基地为依托组建施工劳务队，对外招用由行业主管部门协调或指定相对稳定的区县（或外地进京队伍组成的）劳务基地的通过培训的施工队伍。

（1）劳务输入。坚持“计划管理，定向输入，市场调节，双向选择，统一调配，合理流动”的方针。具体做法是：项目经理部根据所承担的工程项目任务，编制劳动力需要量计划，交公司劳动管理部门，公司以内部施工队伍为主、外部施工队伍为辅进行平衡，然后由项目经理部根据公司平衡的结果，进行供需见面，双向选择，与施工劳务队签订劳务合同，明确需要的工种、人员数量、进出场时间和有关奖罚条款等，正式将劳动力组织引入施工项目，形成施工项目作业组。

（2）劳动力组织。以施工劳务队的建制进入施工项目后，以项目经理部为主、施工劳务公司或队配合，双方协商共同组建栋号施工、作业承包队，栋号作业承包队的组建要注意打破工种界面，实行混合编班，提倡一专多能、一岗多职。形成既有固定专业工种，又有协作配套人员，能独立施工的栋号作业承包队。项目经理亦可对现场组建的栋号作业承包队分别实行项目经理栋号助理责任制。栋号助理是项目经理在栋号（单位工程）上的委托代理人，直接对项目经理负责，实行以栋号（单位工程）开工到竣工交付使用的全过程管理。

主要负责解决所管辖栋号现场施工出现的问题，签证各类经济洽商，保证料具供应以及沟通协调作业承包与项目经理部各业务部（室）之间的关系。

（3）外埠队伍管理。对于外埠施工劳务队伍组建的现场施工作业承包队，除配备栋号助理以外，还要实行“三员”管理岗位责任制：即由项目经理派出专职质量、安全、材料员，实行一线职工操作全过程的监控、检查、考核和严格管理。

3.1.6　编制施工管理机构

施工管理机构是为组织、计划、协调和控制全部施工活动而设立的现场指挥决策机关，具体形式为项目经理部。在进行施工的总体部署时，建立一个精干、高效的施工管理机构对于全面实现施工的预期目标是非常重要的。施工管理机构的主要内容包括：施工管理机构说明、施工管理组织机构图。

建立施工管理机构应遵循组织设计的原则，既要有明确的目的性、能保证决策指挥的统一，又要创造人尽其才的环境以及有利于全过程和全局的控制。

施工管理机构要根据施工现场的客观需要来设置。为了进行项目的各项管理和技术工作，在项目经理部之下应设置一定的职能部门（管理层），分别处理有关的职能事务，向项目经理部提供信息和有关决策的参考意见。至于管理层应设置哪些部门，要根据工程项目的规模大小及其复杂程度来决定，一般情况下，应包括工程、技术、质检、经营、材料、机械、安全、人事、财务及综合办公等基本职能。操作层中施工劳务及其作业队组的设置，要坚持精兵强将上一线的原则，确定综合性和专业化队伍的施工组织。

施工管理机构通常用框图表示，并辅以必要的文字说明。框图的形式如图3.7所示。

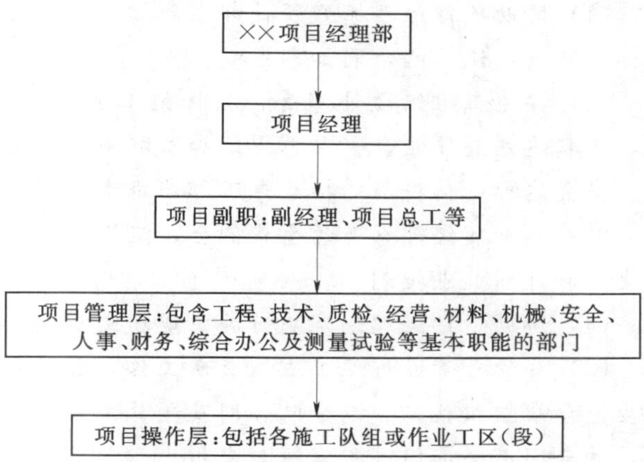

图3.7　施工管理机构通常用框图

要点提示

编制“施工组织设计的工程概况”时，人员配置要与上报监理工程师的《主要进场人员报审表》一致，同时符合投标承诺及有关人员的变更手续。

【例3.1】 某大型建筑施工企业主要的岗位职责

项目经理岗位职责

（1）作为企业法人的委托人，全权管理本项目，认真组织好项目部全体人员准确履行工程施工合同，运用好企业内部承包合同所授予的权限，确保承包合同内规定的各项目标全部实现。

（2）贯彻党和国家的方针和政策，执行企业各项规章制度及有关规定，对各职能岗位的具体工作方案进行决策，并对实施过程进行监控。

（3）落实项目部第一责任人的责任，准确处理好效益、质量、工期、安全、文明施工之间关系，全权处理项目管理过程中的问题。

（4）强化资金管理，控制工程成本，抓好项目部的各项基础工作，定期组织项目经济活动分析，总结评价项目效益管理的经验教训，对照工程项目各阶段效益目标，实施情况及时修正，完善项目效益目标实施对策措施。

（5）抓好以安全生产为核心，以场容场貌为基础的施工现场标准化管理工作，及以“三同步”为核心的基础管理核查工作。

（6）合理安排项目部人员的岗位分工，抓岗位责任制的落实，将工作质量和年终分配挂钩，搞好项目部人员的收入分配。

（7）组织及主持项目施工组织设计和项目质量计划的编制，健全质量管理体系，领导和组织项目管理总结及建筑安装工程技术资料工作。

（8）坚持两个文明建设，不断提高项目部人员的思想政治素质和精神面貌。

项目副经理岗位职责

（1）协助项目经理抓好项目部生产管理工作，确保工程质量、形象进度、安全生产等指标的完成，使承包合同如期完成。

（2）按施工组织设计部署，指挥施工生产，分管负责劳动力、材料、机械等计划平衡，争取达到最佳组合。熟悉图纸和了解施工场地周围情况，参加讨论施工方案、设计交底、安全达标、材料节约措施等工作，负责办理额外签证手续。

（3）参加项经部召开的生产例会，汇报工程进度及下一步生产工作安排，切实抓好施工生产和计划节点控制。

（4）协助项目经理切实搞好施工现场文明施工和标准化管理工作。

（5）分管负责做好施工班组交底工作，督促施工班组严格按质量标准、施工工艺、安全生产要求组织施工。以分包合同及预算工程量为根据，在任务单施工内容完成后签署意见，并会同有关部门进行审核与考核。

（6）严格执行沉桩、挖土和混凝土浇灌令，负责做好“三令”验收前准备工作，并做到无令不准施工。定期组织项目部有关人员分析安全生产形势，对施工现场的安全设施、消防器具进行检查，并做好防汛抗台防暑降温工作，确保施工生产顺利进行。

项目总工程师岗位职责

（1）在项目经理领导下，对施工工程的施工技术管理工作负具体责任，是项目部技术工作的第一责任人。

（2）负责组织项目施工管理人员学习和贯彻执行国家、地区及企业颁发的施工技术规范、规程、规定和标准等技术文件。

（3）组织项目管理人员学习和熟悉施工图并按图施工，参加图纸会审，负责分项分部工程技术、质量和安全生产交底。

（4）编制施工组织设计和质量计划并上报公司总工室，认真实施已审批的施工组织设计和质量计划，若施工中需要改变或补充施工组织设计内容，应提出书面申请经修改后，报原审批单位同意后方可实施。

（5）参与项目工程生产计划的安排，解决施工中的技术问题，及时办理设计变更和技术核定，并建立台账。

（6）负责项目工程的翻样和外加工计划的复核工作，并指导和协调项目部翻样、关砌的施工员的技术业务工作。

（7）具体负责混凝土浇灌令的送审和签发工作。负责分项分部工程技术复核工作，并督促有关人员及时做好技术复核自检和申请工作。

（8）具体负责砂浆和混凝土级配管理工作，做好级配申请单的复核和签发，并督促试验人员做好原材料复验以及试块计划的执行。

施工员岗位职责

（1）在项目经理和项目工程师领导和指导下，具体负责执行项目工程施工技术管理和安全质量管理工作。熟悉施工图纸并按图组织施工，参加图纸会审、施工技术方案讨论等各项技术环节工作。

（2）认真实施经审批的施工组织设计，并按施工方案要求合理组织施工工序搭接，在保证工程质量的前提下，确保施工进度。

（3）负责实施施工总平面布置图，按平面图负责申请和组织力量进行临设搭建，包括施工便通、水电管线、排水管沟、现场“五有”设施的搭建工作。

（4）以分包合同及预算工程量为依据，按要求认真签发施工作业任务单及限额领料单，并根据预算用工总量进行严格控制。

（5）在总进度计划控制下，积极参与编制工程季、月、旬计划，根据工程进度及时提出机械进出场时间要求，认真编制工程材料、周转设备使用需求计划以及劳动力需求计划。

（6）负责级配申请单，未经项目工程师复核签字不准施工，并监督施工班组按级配单配料，负责督促试验员按计划做好试块。

（7）负责做好技术复核、隐蔽工程的自检报检工作，会同项目工程师、质量员、翻样和关砌进行复核和验收，并负责监督施工班组进行整改。

（8）做好分项分部工程施工前班组的技术、质量、安全交底，检查和监督班组按操作规程、质量验收标准进行施工。

（9）具体负责施工现场标准化管理的实施工作，认真执行施工组织设计的安全技术措施和安全生产的有关规定，并建立台账。

（10）按要求逐日记好施工日记及有关台账。

测量员岗位职责

（1）在项目总工程师的领导下，完成项目交接桩，项目测量桩点的保护。

（2）负责编制测量方案设计。

（3）负责工程定位和工程测量工作的具体实施；做好测量交底及项目测量的复核工作；完成测量内业资料的编制，保存测量记录。

（4）听从测量组长的指挥，认真履行工作安排和计划，服从具体的岗位安排，熟悉测量组和工程部制定的各种规章制度并认真执行。

（5）熟悉设计图纸及数据等工程常用资料，能绘制简单的有关样图及施工辅助图，认真填写项目测量原始资料，记录好测量内容、时间、服务工序和交底人员以备后查。

（6）严格按照编制的测量、监测工作的总方案和各个分部施工的专项方案来实施测量工作内容，方案中有变更的部分必须向测量组长汇报，不得自行更改工作内容和方式。

（7）在施工控制测量工作中，提前探明测量线路和各个导线点的情况，并熟悉控制标志的位置，保护好测量标志。执行外业期间要求准确、快速、正确的使用各种测量仪器，并详细的记录原始测量数据。

（8）内业要求能熟悉分类整理的各种施工放样资料和存档，准确存放各种新文档、资料。能运用电脑EXCEL、WORD、CAD等常用软件进行资料编辑和施工用图绘制。

（9）认真执行《测量仪器使用制度》，填写测量仪器台账，定期仪器保养，防止仪器损坏，定期对所使用的仪器进行自检，自检记录妥善保管。

（10）负责测量仪器的保管工作，未经周检的仪器不得在项目中使用。

（11）及时完成领导临时交办的测量任务。

质量员岗位职责

（1）在项目经理和项目工程师领导下，负责整个施工过程中的质量管理工作。

（2）熟悉施工图纸，掌握施工重点，参加施工组织设计有关质量内容的编制和审核，提出有关质量保证措施。

（3）严格按现行建筑安装工程质量检验评定标准，进行产品评定，坚持原则，行使质量否决权，并按规定填写质量验评记录表。

（4）严格执行工艺标准，加强施工过程中的质量管理工作，对影响工程质量项目及时开出整改单，并督促检查施工人员的整改。

（5）督促作好自检、互检、专检工作，技术复核和隐蔽工作验收按规定会同有关部门/单位做好验收认证工作。

（6）参加基础验收、结构验收，工程竣工验收和日常质量检查活动。

(7) 做好主管工程资料积累。各类验收单，评定单及有关台账记录，及时填写正确。

(8) 宣传质量新要求，新标准，参与对职工进行质量教育工作。及对施工班组任务单的质量签证。

(9) 参与质量事故原因的分析，按“三不放过”原则处理，并及时汇报上级部门。

(10) 负责对质量通病的预防和防治工作，积极对质量问题落实整改。

预算员岗位职责

(1) 熟悉施工图纸，理解和掌握施工组织设计（施工方案）中涉及到“预结算”的有关内容。

(2) 参与相关合同或协议的洽谈，熟悉和理解合同（或协议）中“涉及经济（预结算)”的有关条款。

(3) 正确、及时编制施工图预算，按施工进度要求，及时提供工程量和工料分析，以利项目经理安排生产计划和材料计划的需要。

(4) 在施工过程中及时收集整理设计变更和向甲方办理各种现场签证，及时并正确编制竣工结算。

(5) 正确编制各承包班组（含专业分包）的工程结算。

(6) 正确编制项目部当月完成的产值预算及下月计划完成的产值。

(7) 做好当月完成的产值和实际成本的对比情况分析，为项目经理和公司在成本控制和管理方面当好参谋。

(8) 做好点杂工的审核申报工作，每月月底做好各班组的人工工日审核和汇总上报工作。

(9) 及时完成公司预算科和项目经理交办的其他任务。

资料员岗位职责

(1) 在项目经理及项目工程师的领导下，负责本项目部的文件及有关资料，各来往文件，分包单位的业务联系及各种业务信件的收发工作。

(2) 负责各类合同、业务信件、公函、图纸、文件的台账登记管理工作。

(3) 负责项目所涉及的所有来往文件、信函、会议纪要、合同及工程资料的收集、运转、催办、归档及保管工作。

(4) 负责本项目部的公章保管、使用、公章签发有凭证，符合要求。

(5) 配合项目经理热情接待外来人员，并按来访事项负责联系、落实，并做好记录。

(6) 未经许可，任何人不的随意翻阅、更改质量、安全资料，不得随意复印相关文件。

(7) 负责本项目的送样取样和相关试验工作。

(8) 及时做好项目经理及主管领导交办的任务。

安全员岗位职责

(1) 认真贯彻执行国家、地区政府部门指定的劳动保护和安全生产政策，法令和企业安全生产规章制度。

(2) 在项目经理和分管负责人的领导下，做好安全消防管理和监督检查工作，协助和参与项目安全生产检查工作，具体落实安全生产考核制度。

(3) 参加施工组织设计有关安全技术措施计划的编制并对贯彻执行情况进行检查。

(4) 督促有关部门在签订施工合同的同时，签订安全生产协议，发生事故及时上报上级部门。

(5) 全力控制安全事故的发生。发生安全事故后，积极、及时开展现场处理工作，参与事故调查，进行事故原因初步分析。

(6) 协助项目经理，定期组织召开安全工作例会，分析安全、消防工作现状，研究工作中存在的问题，及时提出意见，向领导和上级部门汇报安全工作情况。

(7) 经常性地做好安全、消防教育，宣传巡检工作，教育操作人员遵章守纪，对违反安全、消防规定的行为坚决制止，及时汇报，并提出处理意见。

(8) 参加对施工现场搭设的脚手架、井架、塔吊和安全设施及机械设备的验收工作。

(9) 负责消防器材的管理和日常检查维护工作，保持消防器材性能良好。

(10) 对安全防火重点部位，特殊工种明火作业班组，做好安全上岗交底的检查工作。

(11) 做好安全消防资料的积累和整理工作，认真抓好施工现场标准化管理工作，经常检查并做好内部资料台账。

(12) 发生重大伤亡事故应立即抢救伤员，迅速上报，保护现场，参加事故调查。

3.1.7 建立施工项目管理制度

1. 施工项目管理制度的作用

管理制度是组织为保证其任务的完成和目标的实现，对例行性活动应遵循的方法、程序要求及标准所做的规定，是根据国家和地方法规和上级部门单位的规定，制定的局部法规。施工项目管理制度是由施工企业或施工项目经理部制定的，对项目经理部及其作业组织全体职工有约束力。施工项目管理制度的作用主要有两点：一是贯彻国家和企业圬施工项目有关的法律、法规、方针、政策、标准、规程等，指导本施工项目的管理；二是规范施工项目组织及职工的行为，使之按规定的方法、程序要求及标准进行施工和管理活动，从而保证施工项目组织按正常秩序运转，避免发生混乱，保证各项工作的质量和效率，防止出现事故和纰漏。

2. 建立施工项目管理制度的原则

项目经理部组建以后，作为组织建设内容之一的管理制度应立即着手建立。建立管理制度必须遵循以下原则：

制定施工项目规章制度必须贯彻国家法律政策，以及部门、企业的法规制度等文件精神，不得有抵触和矛盾，不得危害公众利益。

制定施工项目管理制度必须实事求是，即符合本施工项目的需要。施工项目最需要的管理制度是有关工程技术计划、统计、经营核算、承包分配等各项业务管理所需要的，它们应是制定管理制度的主目标。施工项目管理制度与企业的管理制度不重复、不矛盾。

管理制度要配套，不留有漏洞，形成完整的管理制度和业务交圈体系。各种管理制度之间不能产生矛盾，以免职工无所适从。管理制度的制定要有针对性，任何一项条款都必须具体明确，可以检查，文字表达要简洁、明确。管理制度颁布、修改、废除要有严格程序。项目经理是总决策者。凡不涉及到企业的管理制度，由项目经理签字决定，报公司备案；凡涉及公司的管理制度，应由公司经理批准才有效。

3. 施工项目管理制度的种类

(1) 按颁发者分类。

1) 由企业颁发的涉及进行施工项目管理的配套改革管理办法，例如，施工项目经理责任制，经济合同管理实施办法，业务系统化管理办法，劳动工资管理实施办法等。

2) 由施工项目经理部颁发的管理办法，例如，施工现场管理实施办法，工程质量管理实施办法，现场安全管理办法，材料节约实施办法，技术管理规定，施工计划编制与实施办法等。

(2) 按管理制度约束力的不同分类。

1) 责任制度。责任制度是以部门、单位、岗位为主体制定的，规定了每个人应该承担的责任，强调创造性地完成各项任务。不同的职位、岗位，因其重要程度不同而责任各不相同。

2) 规章制度。规章制度以各种活动、行为为主体，明确规定人们行为和活动不得逾越的规范和准则，任何人只要涉及或参与其事，都毫无例外地必须遵守。所以规章制度是组织的法规，它更强调约束精神，对谁都同样适用，决不因人的地位高低而异。执行的结果只有是与非，即遵守与违反两个简单明了的衡量标准。

(3) 按管理制度的专业特点分类。

1) 施工专业类管理制度。这类制度是围绕施工项目的生产要素制定的，包括：施工管理制度、技术管理制度、质量管理制度、安全管理制度、材料管理制度、劳动管理制度、机械设备管理制度、财务管理制度等等。这是施工项目管理最主要的管理制度。

2) 非施工专业类管理制度。非施工专业类制度也很多，如有关责任类制度，合同类制度，分配类制度，核算类制度等等。

4. 施工项目经理部工作制度的建立

施工项目经理部的工作制度包括以下几点：

(1) 项目管理岗位责任制度。规定项目经理部各管理层次管理人员的职责、权限以及工作内容和工作要求的文件 。

(2) 项目技术管理制度。具体包括图纸会审制度、施工项目管理规划文件的编制和审查制度、技术组织措施的制定及应用制度以及新材料 、新工艺和新技术的推广制度等。

(3) 项目质量管理制度。其具体内容包括质量管理规定 、质量检查制度、质量事故处理制度以及质量管理体系等。

(4) 项目安全管理制度。其主要内容包括有安全教育制度 、安全保证措施、安全生产制度以及安全事故处理制度等。

(5) 计划 、统计与进度报告制度。它规定项目资源计划、统计与进度控制工作的管理文件。其内容包括生产计划和劳务、材料 、机具、资金等的使用计划和统计工作制度、进度计划和进度控制制度等 。

(6) 项目成本核算制度。它是规定项目成本核算的原则、范围、程序 、方法 、内容、责任及要求的管理文件 。

(7) 图纸技术档案管理制度。它是规定施工图纸 、现场施工标志和施工记录及资料存档等相关施工技术档案资料收集整理等工作的管理制度 。

(8) 项目材料、机械设备管理制度。它是管理项目材料和机械设备采购、运输、仓储保管、保修保养以及使用和回收等工作管理文件。

(9) 文明施工和场容管理制度。它是规定项目施工现场平面布局，材料 、设备 、设施的放置 ，运输线路规划，文明施工要求和场容管理文件。

(10) 工程例会与组织协调制度。它是规定项目管理日常工作例会和项目内部组织关系 、近外层关系和远外层关系等的沟通原则 、方法和处理标准等管理文件 。

(11) 分包及劳务管理制度。是规定了项目分包类型、模式 、范回以及合同签订和履行等工作的管理文件。

(12) 项目信息管理制度。它是规定项目信息的采集、分析、归纳、总结和应用等工作的程序、方法、原则和标准的管理文件。

3.2 施工过程的组织

【任务】 认知施工过程的组织内容

3.2.1 公路施工过程的概念

1. 公路施工过程的概念

施工过程就是生产建筑产品的过程，是由一系列相联系的施工生产活动所组成，是劳动者利用劳动工具作用于劳动对象的过程。为了更有效地组织施工生产，必须首先研究施工生产过程的内容，施工生产过程的内容是相互联系的劳动过程和自然过程的结合。

公路施工过程含有两方面的含义：

(1) 劳动过程，离不开人、材料、机械等。

(2) 自然过程，如水泥混凝土硬化过程养生，乳化沥青分裂过程等。

2. 施工过程按其所需劳动性质及在基本建设中起的作用不同，可将施工过程划分如下：

(1) 施工准备过程。施工准备过程指建筑产品在投入生产前所进行的全部生产技术准备工作，例如，可行性研究、勘察设计、施工准备等。

(2) 基本施工过程。基本施工过程指为完成产品而进行的生产活动即施工现场所发生的活动，例如，路基、路面、桥涵等的施工。

(3) 辅助施工过程。辅助施工过程指为保证基本施工过程的正常进行所需的各种辅助生产活动，例如，机械设备维修、动力的生产、材料加工等。

(4) 服务施工过程。服务施工过程指为基本施工过程和辅助施工过程服务的各种服务过程，例如，原材料、半成品、机具、燃料等的供应与运输等。

3.2.2 公路施工过程的要素

组织公路工程施工，必须研究施工过程的最小要素，以适应施工组织、计划、管理等工作。

根据《公路工程质量检验评定标准（第一册）：土建工程》（JTGF 80/1—2004）的规定，一般建设项目的工程分为：路基、路面、桥梁、互通立交、隧道、环保、交通安全设施、机电、房屋设施等9个单位工程。每个单位工程又细分为若干个分部、分项工程。例如，桥梁工程（特大、大中桥），划分为：基础及下部构造、上部构造预制和安装、上部构造现场浇筑、总体和桥面系及附属工程、防护工程、引道工程六个分部工程。

公路施工过程是按照上述分部、分项工程按结构顺序施工。

为了更好地管理施工过程，使施工组织设计做得更科学、合理、详细，将施工过程依次划分为：

1. 动作与操作

动作是指工人在劳动时一次完成的最基本的活动，例如，人工挖土中的挖松、装土、运送、卸除、空回。

操作由若干个相互关联的动作组成，例如，人工挖土这个操作是由挖松、装土、运送、卸除、空回等若干个相互关联的动作所组成；消化生石灰这个操作是由拿工具—走向化灰池—向池中放水—将生石灰投入池中—搅拌等若干个相互关联的动作所组成。

完成一个动作所耗用的时间长短与占用空间大小等，是制定劳动定额最重要的基础资料。

2. 工序

工序由若干个操作组成。工序是指施工技术相同，在劳动组织上不可分割的施工过程，是一个工人或一组工人，在一个工作地上，对同一种劳动对象连续进行的施工生产活动。工作地是工人们进行生产活动的场所，也叫施工现场。例如，当劳动对象（石砌挡墙）不动，而由若干个工人顺序地对它进行施工生产活动，即：挖基坑—砌基础—砌墙身，每一种生产活动就叫一道工序。再如，“现浇水泥混凝土基础”这一工程项目可分解成以下几道工序：挖基坑—安装钢筋—支模板—制备混合料—浇筑混凝土—自然养护—拆除模板。从上述施工工艺流程看出，各工序由不同的工种或使用不同的机具依次地或平行地完成，工序在工人数量、施工地点、施工工具及材料等方面均不发生变化。如果上述因素中某个因素发生改变，就意味着从一道工序转入另一道工序。工序作为《公路工程预算定额》的最小子目。

3. 操作过程

操作过程是由几个在技术上相互关联的工序所组成的，可以相对独立完成某一分部、分项工程。

例如，路面工程、路基工程、桥梁基础工程等。

4. 综合过程

是若干个在产品结构上密切联系，能获得一种产品的施工过程的总和。例如，一座独立桥梁、一条隧道、一条线路工程。

在施工组织设计时，我们一般把工序作为最小的施工过程要素。

要点提示

每个操作过程又都可以分解出若干工序，而每一道又可以分解出若干操作、动作。

如图 3.8 所示。

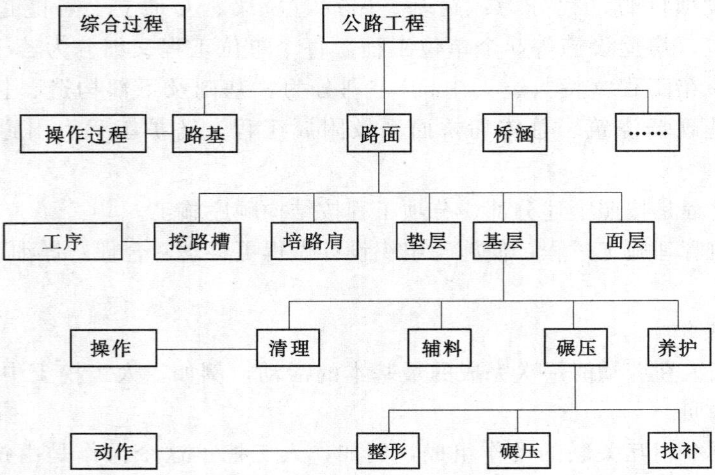

图 3.8 工序分解示意图

3.2.3 公路施工过程的组织原则

影响施工过程组织的因素有很多，例如，施工地点、施工性质、建筑产品结构、材料、机械设备条件、自然条件等等。使施工过程的组织灵活多样，没有完全相同的模式。但是不管施工过程的组织怎样变化，为了降低工程成本，缩短施工工期，保证工程质量，科学合理地组织施工过程显得尤为重要。在符合国家现行法规、政策以及满足工程项目质量和安全的前提下，都应遵守以下基本原则。

1. 施工过程的连续性

施工过程的连续性是指建筑产品的施工过程各阶段、各工序的进行，在时间上是紧密衔接的，不发生各种不合理的中断现象，在施工过程中，表现为劳动对象始终处于被加工状态，或者在进行检验，或者处于自然过程中（如水泥混凝土的硬化）。

保持和提高施工过程连续性，可以缩短建设工期，减少在制品数量，节省流动资金，可以避免产品在停放等待时可能引起的损失，对提高劳动生产率及降低成本节省工程造价具有很大意义。

施工过程的连续性要求凡是能平行进行的不同工序活动（在不同的施工段上），必须组织平行作业，平行性是连续性的必然要求（流水作业法即可体现这一特性）。施工过程的连续性，与施工技术水平有关，同时也与施工组织工作的水平有关。

2. 施工过程的协调性

施工过程的协调性（也叫比例性）是指建筑产品的施工过程各阶段、各工序之间，在生产能力上要保持一定的比例关系，各施工环节的工人数、生产效率、设备数量等都必须互相协调，不发生脱节和比例失调现象。（如某专业队人数多，生产能力强，造成产品过剩；而另一专业队人数少，生产能力较差，产品供应跟不上，这就属于比例失调，施工过程中应当避免）。协调性在很大程度上取决于施工组织设计的正确性。在施工过程中，由于材料原因（如品种变化，货源改变等）、采用新工艺、自然因素的变化等的影响，都会使实际生产能力发生变化，造成产品比例失调。因此，施工组织工作必须根据变化了的情况，采取措施，及时调整各种比例关系，保证施工过程的协调性。协调性是保证施工生产顺利进行的前提，使施工生产过程中人力和设备得到充分利用，避免产品在各个施工阶段和工序之间的停顿、等待，从而缩短施工工期，施工生产过程的协调性在很大程度上取决于施工组织设计的正确性。

3. 施工过程的均衡性

施工过程的均衡性（也叫节奏性）是指施工过程的各个环节，都要按照施工生产计划的要求，在一定时间内，生产出相等或递增数量的产品，使各生产班组或设备的任务量保持相对稳定（即各施工段劳动量大致相等），不发生时松时紧现象（即使用同一种材料、机械或半成品的项目不要安排在同一时间施工）。均衡性能充分利用设备工时，以免突击赶工造成的各种损失，有利于保证施工质量、降低成本，有利于劳动力和机械设备的调配。

实现生产的均衡性，必须保持生产的比例性，加强计划管理，强化生产指挥系统，搞好施工技术和物资准备。

4. 施工过程的适应性

施工过程的适应性是指在工程施工过程中，对由于各项内部或外部因素引起的变动情况具有较强的应变能力。这种适应性要求建立信息迅速反馈机制，注意施工全过程的控制与监督，及时调整施工过程进度。

5. 施工过程的经济性

施工过程的经济性是指施工过程除了满足技术要求外，必须讲求经济效益，要用最小的劳动消耗尽量取得较大的生产成果。

上述施工过程的连续性、协调性、均衡性和适应性，最终都要通过经济效果集中反映出来。合理组织施工过程的五个原则是相互制约、互为条件的，施工组织过程中，连续性、协调性、均衡性、适应性使用的好，施工过程的经济性自然就能保证。

3.2.4　施工过程的组织方法

道路施工是在一定的空间与时间范围内进行的。空间范围指承担施工任务的施工单位在空间上所占据的工作地点；时间范围是指施工单位为完成施工任务在时间上所做的安排。

施工过程组织不仅要求在空间上合理设置生产作业单位，进行合理布局，而且要在时间上进行合理的、科学的组织安排。道路工程项目的施工过程组织包括时间组织、空间组织和资源组织等方面的问题，由于时间组织是施工组织设计必须解决的基本问题，时间变化影响施工工期，因此研究时间变化规律对工程施工的影响成为首要问题。

3.2.4.1 施工过程的空间组织

施工过程的空间组织，主要解决施工生产单位的组织机构设置、人员的配备以及具体工程项目的各种生产、生活、运输、行政等临时设施的空间分布问题。

空间组织具体成果为施工平面图设计，即根据施工过程空间组织的原则，对施工过程所需的工艺路线、施工设备、原材料堆放、动力供应、场内运输、半成品生产、仓库、料场、生活设施等进行空间（平面）的科学规划与设计，并以平面图的形式加以表达。道路工程施工平面图设计将在情景5中详细介绍，在此主要介绍生产作业单位设置问题。

一个建设项目的施工作业单位如施工队（项目经理部）、工段（工区）、班组等的设置通常按下列原则确定。

（1）工艺原则（工艺专业化形式）。它是按生产工艺性质的不同来设置施工作业单位的。在工艺专业化的生产单位里，集中同工种的工人和同工种所需的工具、机械和设备，对工程项目的各组成部分或其他有关工程项目进行同类工艺的施工。

这种设置形式的特点是：充分发挥技术、机具、设备的潜力，设备投资较少，便于专业化的管理，在一定程度上满足多品种多规格生产的要求。但是，由于在工艺专业化的生产作业单位不能独立地生产产品，所以增加了生产单位之间协作配合关系的难度，施工组织也比较复杂。

（2）对象原则（产品专业化形式）。它是按照产品（如分项工程、构件、分部工程等）的不同而分别设置生产作业单位。在产品专业化单位里，集中为生产某种产品所需的各种工具、设备，对同产品进行不同工艺的施工生产，其工艺过程基本上是封闭的，能够独立地生产出产品或半成品。

这种设置形式简化作业单位之间的协作配合关系，也便于施工现场管理。但是它需要较多的设备投资、技术工人和机械设备，由于分散使用一般不能充分发挥工人和设备的生产潜力，对产品品种变化适应能力较差。

（3）混合原则。通常在一个建设项目中，根据工程特点或按照产品、工艺建立不同的生产作业单位。

要点提示

施工生产过程的空间组织中，究竟按哪一种原则来组建生产作业单位，要从实际需要出发，通过全面分析比较，择优而定。

3.2.4.2 施工过程的时间组织

1. 时间组织的任务

施工过程的时间组织施工过程时间组织的任务是在施工时间上使各生产作业单位之间、各工序之间按设计和施工工艺顺序紧密衔接，在充分利用人力、工时和设备的条件下，达到缩短工期的目的。

对于建筑施工性生产类型，主要是解决具体工程项目施工的时间组织方式问题。其中包括各工程项目之间的施工次序的排序问题。

对于加工装配性生产类型，一方面要解决劳动对象在工序之间的移动方式问题，另一方面要解决加工任务在关键设备上的排序问题。

具体表现为：

(1) 施工顺序的安排与施工方法、施工机具协调一致，符合施工质量的要求。

(2) 在施工时间安排上使各生产作业单位之间按设计的工作程序紧密衔接。

(3) 在符合工艺要求下，充分利用工时和机械设备等条件，使工序紧密衔接，尽量缩短工期。

(4) 合理安排影响施工全局的关键工程的施工顺序。

2. 时间组织表示方法

由于道路工程施工生产自身特点及其复杂性，在施工生产过程的时间组织表示方法上，为便于指导实际工程项目施工，满足简洁实用、直观方便的要求，最终用一种含有相关数据、各种信息的图表方式表示出来，这称之为工程施工计划进度图。

目前，道路工程施工生产过程时间组织所采用的"工程施工计划进度图"主要有如下几种：

(1) 横道式工程施工进度图，也叫横道图或甘特图（包括带有进度曲线图的横道图)。

(2) 垂直坐标式工程施工进度图，也叫斜线图或坐标图。

(3) 网络图形式的工程施工进度图。

3. 时间组织类型

在施工过程中，把施工对象（工程项目）人为地划分成若干段（有些是自然形成的)，这些段称为施工段。

施工过程时间组织类型主要有以下三种：

(1) 单施工段多工序型。单施工段多工序型是指施工任务不能划分或不需要划分为若干施工段，而只有一个施工段，在这单一的施工段中含有多道工序的施工过程。

(2) 多施工段多工序型。多施工段多工序型是指施工任务可以划分为多个施工段，每个施工段又含有多道工序的施工过程。

(3) 混合型。混合型是指在一个施工任务中，即含有单施工段多工序型，又含有多施工段多工序型。

4. 时间组织基本作业方法

在施工过程中，根据作业单位对各施工段施工顺序的不同，时间组织有三种基本作业方法：顺序作业法、平行作业法、流水作业法。在进行公路施工组织设计时，这三种作业方法既可以单独运用，也可以综合运用。顺序作业法、平行作业法、流水作业法既可以用横道图表示，也可以用网络图表示。

(1) 顺序作业法。当施工任务有若干个施工段时（人为划分或自然形成)，完成一个施工段后，再去接着完成另一个施工段，依次按顺序进行，直至完成全部施工任务的作业方法。如多层结构型的路面工程，先后操作程序是：路槽、底基层、基层、连结层、面层和路肩。石方爆破工程的施工顺序是：打眼、装药、堵塞、引爆和清方等。其施工顺序选择除了取决于工艺要求外，还与施工组织安排相关。

(2) 平行作业法。当施工任务有若干个施工段时，各个施工段同时开工、平行生产、同时完工的作业方法。在平行作业法中，施工任务含有多少个施工段，就相应的组织多少个施工队。线形工程作业面很大，根据工程或技术的需要，可采用平行作业法组织施工。

(3) 流水作业法。当施工任务有若干个施工段时，将不同施工段的同一工序交给专业施工队执行，各专业队依次在各个施工段上完成相同的工作内容，前一施工段上施工结束后转移至另一施工段，后一工序则由其他专业队继续执行，从而保证建设项目的施工全过程在时间和空间上实现有节奏、连续、均衡施工。

5. 基本作业组织的特点

【例 3.1】 4 座小涵洞的施工任务（假定 4 座小涵洞的劳动量相等，施工条件、技术配备、工程数量等完全相同）。

分析：4 座小涵洞自然形成了 4 个施工段，可把每一个施工段划分成三道工序，即基础、洞身、洞口。可以采用下面三种基本作业方法完成该施工任务。

(1) 顺序作业法。当施工任务含有若干个施工段时（人为划分或自然形成），由同一班组工人，完成一个施工段后，再去接着完成另一个施工段，依次按顺序进行，直至完成全部施工段的作业方法，如图 3.9 所示。

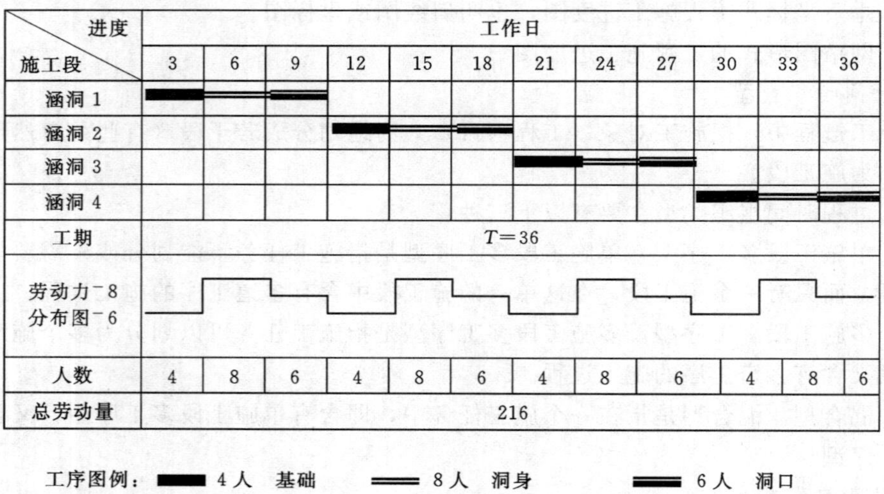

图 3.9 顺序作业法

由图 3.9 可以看出，顺序作业法完成 m 个施工任务所需的总施工时间 T 为：完成一个任务所需时间 t 的 m 倍，即 $T=m\times t$（例 3.1 中 $T=4\times 9\text{d}=36\text{d}$）。

顺序作业法的特点。

1) 单位时间内需要投入施工现场的资源数量较少，有利于资源供应的组织工作。

2) 只有一个施工队在施工，所以施工现场的组织管理工作简单。

3) 同一施工队的劳动资源（劳动力）波动大，不利于管理。

4) 施工队伍不能实行专业化施工，不利于提高工程质量和劳动生产率，机械设备不能充分利用。

5) 不能充分利用工作面去争取时间，导致工期较长。

由此可见顺序作业法只适用于规模小、施工技术单一的工程，或对工期要求不严的小型项目。在大型项目中，顺序作业法只能作为一种辅助的施工组织方法。

（2）平行作业法。当施工任务含有若干个施工段时，各个施工段同时开工，平行生产，同时完工的一种作业方法。即施工任务含有多少个施工段，就相应地组织多少个施工队，如图 3.10 所示。

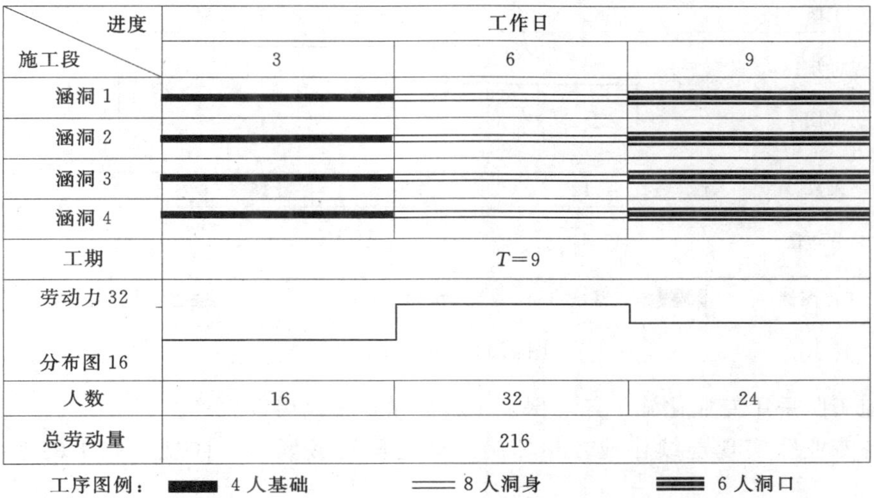

图 3.10 平行作业法

由图 3.10 可以看出，用平行作业法组织生产，完成 m 个施工任务所需的总施工时间 T 等于完成一个任务所需的时间 t。即：$T=t$（例 3.1 中 $T=9$d）

平行作业法有以下特点：

1）分利用了工作面，完成任务的施工工期短。

2）施工队不能实行专业化施工，不利于提高工程质量和劳动生产率。

3）施工队与工人不能连续作业，劳动需要量出现高峰。

4）单位时间内需要投入施工现场的资源成倍增长，给材料供应、机械设备调度等带来困难。

5）施工队多，人员集中，导致施工现场组织管理工作复杂。

由此可见，只有当施工任务十分紧迫、工期紧张、工作面允许及资源充分、能保证供应的条件下，才能使用这种作业方法。

（3）流水作业法

当施工任务含有若干个施工段时，其各个施工段相隔一定时间依次投入施工生产，相同的工序依次进行，不同的工序则平行进行的一种作业方法如图 3.11 所示。

由图 3.11 可以看出，流水作业法完成 m 个施工任务所需的总施工时间 T，比顺序作业法短，比平行作业法长。（例 3.1 中 $T=18$d）

流水作业法的特点：

1）于流水作业法科学地利用工作面，工期介于顺序作业与平行作业之间，较为合理。

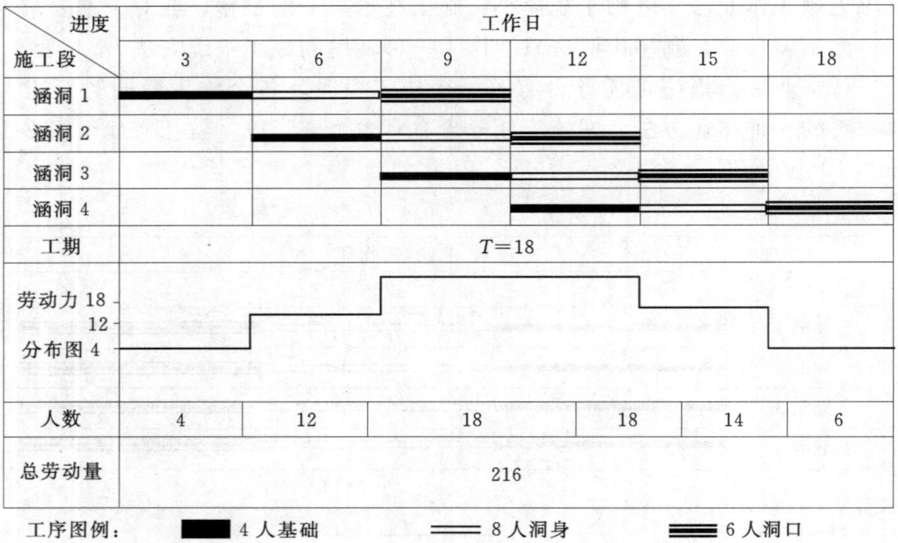

图 3.11　流水作业法

2）施工队采用专业化施工，可保证工程质量，提高劳动生产率。

3）各专业队实现连续作业，相邻施工队之间搭接紧凑，体现了施工的连续性、协调性。

4）单位时间内需要投入施工现场的资源数量较为均衡，有利于资源供应的组织工作。

5）施工有节奏性，为文明施工和进行施工现场的科学管理创造了有利条件。

由此可见，流水作业是顺序作业与平行作业相结合的一种搭接施工方法，它保留了顺序与平行施工的优点，消除了它们的缺点，其优越性是显而易见的。

采用流水作业法组织施工，应该是工程量大、技术复杂的大型工程。因为，施工段的数量和工作面的大小必须满足一定的要求，流水作业法才能更好地发挥它的优越性，这一点只有大型工程项目才有条件做到。

以上是假定在施工条件、技术水平、工程数量等完全相同的条件下，仅就三种施工组织方法的施工工期和劳动力需要量进行比较，而实际工程中的情况要复杂得多。在此，主要是为了说明这三种施工组织方法的基本概念

3.3　工程项目的划分

【任务】 拟定案例工程施工项目的划分

1. 项目划分说明及原则

(1) 划分原则。

1）划分施工项目应与施工方法相一致，使进度计划能够完全符合施工实际进展情况，真正起到指导施工的作用。

2）划分施工项目的粗细程度一般要按施工定额的细目和子目来填列，这样既简明清

晰，又便于查定额计算。

3）施工项目划分满足施工顺序的要求，并安排好主导工程。

4）施工项目划分要结合工程特点仔细分项填列，不可漏填，以免影响计划的准确性。

（2）施工方法确定后，就可以划分施工项目。

每项工程都是由若干个相互关联的施工项目所组成，如：桥梁工程由施工准备、基础工程、下部工程、上部工程、桥面系、引道工程等施工项目组成。

施工项目划分的粗细程度，与工程进度图的阶段即用途有关（施工项目可以是单位工程、分部工程、分项工程、工序等）。

一般按所采用的定额的细目或子目来划分，这样，便于查阅定额。

划分施工项目时，必须明确哪一项是主导施工项目，首先应安排好主导施工项目的施工进度，其他施工项目的进度要密切配合。

主导施工项目就是施工难度大，耗用资源多或施工技术复杂、需要使用专门的机械设备的工序或单位工程。主导施工项目常常控制施工进度。

在公路工程中，高级路面、集中土石方、特殊路基、大、中桥等一般都是主导施工项目。

2. 划分列表时注意以下事项

（1）划分的施工项目应符合工程的实际情况，并与所确定的施工方法相一致。临时设施和附属项目可合并列出。

（2）结合工程的特点分项填列，不可缺漏项，以保证计划的准确性。

3. 项目划分实例

【例 3.2】 某防汛公路工程，总长 20km（桩号为 0＋000～20＋000），其中在 9＋000 处有一座 500m 长的大桥，主桥长 200m，两岸引道各 150m，工程分为 3 个标进行招标。由路基已经完成，路面底基层为 80～150mm 级配碎石，基层为 5～40 的级配碎石。根据以上情况，本工程项目划分见表 3.3。

表 3.3　　某防汛公路工程项目划分

<table>
<tr><th rowspan="2">单位工程</th><th colspan="2">分部工程</th><th rowspan="2">单元工程</th><th rowspan="2">备注</th></tr>
<tr><th>桩　号</th><th>名　称</th></tr>
<tr><td rowspan="5">1 标段路面工程</td><td>0＋000～2＋000</td><td>1－1 号路面工程</td><td rowspan="10">底基层、基层、面层、路缘石、路肩</td><td rowspan="10">以 200m 划分为一个单元工程</td></tr>
<tr><td>2＋000～4＋000</td><td>1－2 号路面工程</td></tr>
<tr><td>4＋000～6＋000</td><td>1－3 号路面工程</td></tr>
<tr><td>6＋000～8＋000</td><td>1－4 号路面工程</td></tr>
<tr><td>8＋000～9＋000</td><td>1－5 号路面工程</td></tr>
<tr><td rowspan="5">2 标段路面工程</td><td>9＋500～12＋000</td><td>2－1 号路面工程</td></tr>
<tr><td>12＋000～14＋000</td><td>2－2 号路面工程</td></tr>
<tr><td>14＋000～16＋000</td><td>2－3 号路面工程</td></tr>
<tr><td>16＋000～18＋000</td><td>2－4 号路面工程</td></tr>
<tr><td>18＋000～20＋000</td><td>2－5 号路面工程</td></tr>
</table>

续表

<table>
<tr><th rowspan="2">单位工程</th><th colspan="2">分部工程</th><th rowspan="2">单元工程</th><th rowspan="2">备注</th></tr>
<tr><th>桩号</th><th>名称</th></tr>
<tr><td rowspan="7">3标段大桥工程</td><td colspan="2">桩基工程</td><td rowspan="4">以每一轴桥墩为一个单元</td><td></td></tr>
<tr><td colspan="2">承台系梁工程</td><td></td></tr>
<tr><td colspan="2">墩柱工程</td><td></td></tr>
<tr><td colspan="2">帽梁工程</td><td></td></tr>
<tr><td colspan="2">大梁工程</td><td>每一根大梁为一个单元</td><td></td></tr>
<tr><td colspan="2">桥面工程</td><td>桥面、人行道、栏杆以伸缩缝为界划分单元</td><td></td></tr>
<tr><td colspan="2">引道工程</td><td>路基、路面、挡土墙、涵洞、护栏、标志</td><td></td></tr>
</table>

3.4 选择施工方案

【任务】 编制案例工程施工方案

3.4.1 施工方案的概述

1. 施工方案的概念

施工方案是针对单位工程或分部（分项）工程，根据施工图纸、施工现场勘察调查收集的资料和信息、施工验收规范、质量检查验收标准、安全操作规程、施工机械性能手册等资料，通过对施工实施过程所耗用的劳动力、材料、机械、费用以及工期等在合理组织的条件下，进行技术经济的分析，从中选择安全可靠、切实可靠、经济合理的最优施工工艺和方法。

对于工程项目中一些施工难点和关键分部、分项工程，我们经常会编制专门的施工方案。因此施工方案有包含在施工组织设计里和独立编制两种形式。

2. 施工方案的作用

（1）在一阶段或两阶段初步设计中提出来，为编制设计概算服务。

（2）在三阶段设计中技术设计阶段提出修正施工方案，在实施性施工组织设计中确定，为编制预算指导施工、编制施工进度计划服务。

3. 施工方案的重要性

施工方案的制订是施工组织设计的核心工作，是施工进度计划、施工平面图等设计的基础。

4. 施工方案与施工组织的关系

施工方案和施工组织设计是密不可分的。不管是什么形式的施工方案，都是该工程项目施工组织设计必不可少的一部分。缺少了施工方案的施工组织设计只剩下空洞的外壳，不具备项目管理规划和实施的作用，也就没有存在的意义。而完全脱离了施工组织设计的施工方案，也是不切实际的技术文件，无法指导施工。

施工组织设计确定了该工程项目的总体施工思想和全局部署，施工方案只是针对局部工程或分部分项工程而编制的。施工方案不管如何编制，也不论何种形式，都必须在施工组织设计的总体规划和全局部署下进行。

施工组织是一个工程的战略部署，是对工程全局全面的纲领性文件。施工方案是依据施工组织设计关于某一分项工程的施工方法而编制的具体的施工工艺，它将对此分项工程的材料、机具、人员、工艺进行详细的部署，保证质量要求和安全文明施工要求，它应该具有可行性、针对性，符合施工及验收规范。

施工组织设计编制的对象是工程整体，可以是一个建设项目或建筑群，也可以是一个单位工程。施工方案编制的对象通常指的是分部、分项工程。它是指导具体的一个分部、分项工程施工的实施过程。其编制内容通常包括该工程概况、施工中的难点及重点分析、施工方法的选用比较、具体的施工方法和质量、安全控制以及成品保护等方面的内容。

施工组织设计侧重决策。施工方案侧重实施。实施讲究可操作性，强调通俗易懂，便于局部具体的施工指导。

5. 施工方案的内容

(1) 施工方法 的确定（施工技术问题）。

(2) 施工机具的选择（施工技术问题）。

(3) 施工顺序的安排（施工组织问题）。

(4) 流水施工的组织（施工组织问题）。

3.4.2 编制施工方案的基本原则原则

施工方案的选择，是施工组织设计的核心所在，要根据工期要求，材料、机械和劳动力供应情况，以及协作单位的配合条件和其他现场条件进行周密的考虑。

施工方案的选择是施工组织设计最重要的环节之一，是决定整个工程全局的关键。对于一个具体的工程，可以拟定若干不同的施工方案，应从技术、经济两个方面对这些方案进行综合分析、决定。施工方案一经决定，则整个工程施工的进程、人力和机械的需要、部署、工程质量及施工安全、工程成本、现场的状况等这随之被确定下来。施工组织的各个方面都无一不与施工方案发生联系而受到重大影响。施工方案的优劣，在很大程度上决定了施工组织设计的质量和施工任务完成的好坏。

(1) 制订方案首先必须从实际出发，切实可行，符合现场的实际情况，有实现的可能性。制订方案在资源、技术上提出的要求应该与当时已有的条件或在一定时间能争取到的条件相吻合，否则是不能实现的，因此只有在切实可行的范围内尽量求其先进和快速。

(2) 满足合同要求的工期，就是按工期要求投入生产，交付使用，发挥投资效益，这对国民经济的发展具有重大的意义。所以在制定施工方案时，必须保证在竣工时间上符合合同的要求，并能争取提前完成。为此，在施工组织上要统筹安排，均衡施工，在技术上尽可能地采用先进的施工技术、施工工艺、新材料，在管理上采用现代化的管理方法进行动态管理和控制。

(3) 确保工程质量和施工安全。工程建设是百年大计，要求质量第一，保证施工安全是社会的要求。因此，在制订方案时应充分考虑工程质量和施工安全，并提出保证工程质量和施工安全的技术组织措施，使方案完全符合技术规范、操作规范和安全规程的要求。

(4) 在合同价控制下，尽量降低施工成本，使方案更加经济合理，增加施工生产的盈利。从施工成本的直接费（人工、材料、机具、设备、周转性材料等）和间接费中找出节约的途径，采取措施控制直接消耗，减少非生产人员。

编制施工方案的基本要求是：科学合理、组织严密、实用性强、施工期限满足业主要求、确保工程质量和施工安全、工料机消耗和施工费用最低。

3.4.3 公路工程施工方案的内容

1. 施工方法的选择

施工方法的选择，是指施工工艺方法的选择。

施工方法是施工方案的核心内容。正确地选择施工方法是确定施工方案的关键具有决定性作用。施工方法一经确定，机具设备的选择就只能以满足它的要求为基本依据，施工组织也是在这个基础上进行。

选择施工方法的依据主要是：

(1) 工程特点。主要指工程项目的规模、构造、工艺要求、技术要求等方面的特点。

(2) 工期要求。要明确本工程的总工期或分部工程的工期是属于紧迫、正常、充裕三种情况中的哪一种。

(3) 施工组织条件。主要是气候等自然条件，施工单位的技术水平和管理水平，所需设备、材料、资金等供应的可能性。

每个施工过程，均可采用不同施工方法进行施工，而每一种方法都有其各自的特点。我们的任务在于从若干可行的施工方法中，选择一个最先进、最可行、最经济的施工方法。

例如，有些桥梁基础不在水中，开挖基础可以人力开挖，也可机械开挖，这就需要确定。如果人力多，基础不深，人力开挖可能有利；如施工单位拥有反铲挖土机，用机械施工可节省人力和施工时间。两者都可使用就需要进行经济比较。又如一座大桥的高墩台灌注混凝土施工，可以选择多台钢塔架吊装混凝土浇灌的施工方法；也可选择架设缆索吊车（如果两岸有高坡可利用）的施工方法；还可选择吊臂可伸长达到高度的吊车的施工方法。就以上三种机械或机具为主选定施工方法来看，如果已有缆索吊车，此方案使用方便，架设也不困难，可能经济性好，但如果要重新设计，此方案就不可取了；长臂吊车行动方便，机动性好，但此种机型台班费用高，且冬期施工内燃发动机启动困难，要增设防寒设备，此方案就不一定好；钢塔架设备，安装很简单，经济性比前两者都好，但转移到每个墩台施工都要拆装，很不方便，如果有多台，每台负责 1～2 个墩台施工，这个矛盾也就得到解决了。

最终选择哪一种方法，一要从实际出发，二要经济合理。

在拟定施工方案时，施工方法的确定主要是针对本工程的主要施工过程。主要突出重点，凡是采用新技术、新工艺、新材料、新设备和对本工程的施工质量起关键作用的项目，或技术复杂，工人操作不熟练的工序，在施工方案中要详细说明施工方法和技术措施，必要时单独编制施工作业设计指导书；对于常见的一般结构形式，工人已熟练掌握的常规做法，则可不必详述。

在拟定工程施工方法的同时，要明确指出该施工项目的质量标准及确保质量和安全的措施。

【例 3.3】 经投标，南宁某区直一级道路施工企业在广西武鸣中了一个路基工程施工项目，石方开挖量大，约占总挖方的 70%以上，其中又以弱风化花岗岩为多。根据工程特点和参照单位所拥有的机械设备、技术力量的情况等，拟定该工程路基土石方工程的施工方法。

分析：企业为一级施工企业实力雄厚，拥有大型的土方施工设备；武鸣为南宁的市郊，设备调配容易；本合同段石方开挖量大。

拟定施工方法：

(1) 石方开挖施工方法。采用进口大型凿岩机打岩，采取松动爆破方法，严格控制装药量，精心计算，确保施工安全。

(2) 土方开挖施工方法。采用挖掘机配合自卸汽车；或推土机、装载机配合自卸汽车运土。对地势平坦，土量集中的路段，使用大型产运机。

(3) 填方路基：按技术规范要求清理场地后，当地面横坡不大于 1∶10 时，直接填筑路堤；采用推土机配合平地机摊土、石，严格掌握虚铺厚度，按工艺要求充分碾压，土、石材料分层填筑、分段使用。对填石路堤采用大吨位震动式压路机；土方适用于光轮压路机，配合震动压路机碾压。对于地面横坡大于 1∶10 的路段，分别采取翻松或挖土质台阶的方法。

2. 施工机械的选择

正确拟定施工方法和施工机械是合理地组织施工的关键，两者又是互相紧密联系的。

施工方法一经确定，机械设备选择就只能以满足施工方法的要求为基本依据。而正确地选择好施工机械能使施工方法更为先进、合理。在现代化的施工条件下，施工方法的确定，有时甚至成为最主要的问题，故施工机械的选择好坏，很大程度上决定了施工方案的优劣。

施工机械的选择只能在现有的或可能获得的机械中进行选择。尽管某种机械在各方面都是适合的，或对工期的缩短、人力的节省很有利，但如不能得到，则就不能作为一个供选择的方案。

(1) 在一定的机械设备条件下，施工机械的选择应从以下几个方面考虑：

1) 新选机械类型是否与施工条件相符合。施工条件指施工现场的地质、地形、工程量大小和施工进度要求等，特别是工程量和施工进度是合理选择机械的重要依据。一般说，为了保证施工进度和提高经济效益，工程量大应采用大型机械；工程量小则应采用中小型机械。但也不是绝对的。如一项大型土方工程，由于施工地区偏僻，道路、桥梁狭窄或载重量限制了大型机械的通过，如果只是专门为了它的运输问题而修路、架桥，显然是不经济的，因此应选用中型机械施工。

2）固定资产损耗费与运行费是否经济。固定资产损耗费与施工机械的投资成正比。它包括折旧费、大修费、投资的利息等费用；而机械的运行费可视为与完成的施工量成正比的费用，它又分直接费与间接费。直接费包括劳动工资与直接材料费；间接费包括燃料费、保养小修费、劳保设施和其他管理费等。这些费用是在机械运用中重点考虑的因素，是选择施工机械必须考虑的一项原则。如采用大型机械施工，虽然投资大，但它可以分摊到较大的工程量中去，所以对工程成本影响很小。因此，大型工程选用大型机械是经济的。施工机械的经济选择基础是施工单价，故必须权衡机械费（折旧费、大修费、管理费、燃料费以及司机工资）与工程量的关系。通常施工机械的容量越大，其施工单价越便宜。如果只使用大型施工机械的部分容量倒不如最大限度地发挥中小型机械的容量，这在许多情况下是经济的。

3）施工机械的组合是否合理。选择施工机械时，要考虑到各种机械的合理组合，这是使选择的施工机械能否发挥效率的重要问题。合理组合一是指主机与辅助机械在台数和生产能力上的相互适应，二是指作业线上的各种机械互相配合的组合。

a. 主机与辅机的组合。一定要在保证主机充分发挥作用的前提下，考虑辅机的台数和生产能力。如挖土机或装载机进行土方作业，需要自卸汽车运土，则主机就是挖土机或装载机，而辅机则是自卸汽车。一台主机配几台辅机，应视主机的容量（生产能力）而定，如容量大，配的自卸车容量小，则自卸车的数量就要多，少了保证不了主机连续不断地作业。

b. 作业线上各种机械的配套组合。一条机械化施工作业线是由几种机械联合作业组合成一条龙施工的，这样才能形成生产能力。如果其中的某种机械的生产能力不适应作业线上的其他机械，或机械可靠性不好，都会使整条作业线的机械发挥不了作用。

4）从全局出发统筹考虑选择施工机械。全局出发就是不仅考虑本项工程，而且要考虑所承担的同一现场上的其他工程的施工机械使用。这就是说从局部考虑选择的机械可能不合理，但从全局考虑则是合理的。

例如，挖土机的选择，如果要在几个工程项目上连续使用，则宜按最大土方量的需要选定某种容量与之相适应的挖土机，虽然在成本上是大了些，但从总的看来则是经济合理的。同样，如果几个工程需要的混凝土量大，而又相距不太远，采用混凝土搅拌站比采用多台分散于各工程的搅拌机要经济得多。

应当指出，在某一条件下的最佳方案在另外特殊条件下可能是不适用的，因为选择确定的过程，总是紧密联系实际的，是以某些指标为主要依据来衡量优劣的，而另外的一些指标仅作参考。所以，施工方案一定要因地制宜，合理优选。当施工方案确定之后，即可考虑采用何种作业方法，进行时间组织，并最后编出施工进度图。

（2）机械的选型与配套的原则。机械的选型配套是一种复杂细致的工作，需要进行科学分析、合理决策、认真研究，把功能上先进和工程使用中合理的工程机械结合起来，把技术标准与经济方案统一起来，认真做好施工机械选型配套工作。

1）一般原则。

a. 安全性能好。

b. 要满足工程施工质量标准。

c. 实现自动化或节省劳动力。

d. 能够按照工程要求高效完成既定工程数量。

e. 要与施工现场的土质、地形相适应。

f. 不会损坏施工现场周围的环境和设施。

g. 施工中能降低工程成本和机械使用费。

h. 容易操作和维修、可靠性强、安装调试简便、转场运输容易。

2）满足的条件。

a. 工程施工中使用的各种机械技术规格要满足已定工程技术标准。

b. 在施工工艺允许的情况下，尽可能选择重型机械且为其安排足够的工作量。

c. 机械必须具有良好的性能和可靠性。

3）机械配套的基本原则。

a. 采用合理的施工组织方案。

b. 配套机械以满足工程使用为原则，尽量减少其数量。

c. 配套机械必须围绕主导机械选择。

d. 配套机械和主导机械的工作能力要匹配。

e. 尽量选择和使用同一型号的机械，有利于维修、养护、管理。

4）注意事项。

a. 正确选择主导机械。

b. 合理搭配施工机械的数量。

c. 配套机械施工的施工段之间要保持相对平衡。

d. 配套机械作业时，要合理安排闲置台班备用。

e. 机械选型配套时遇到困难，要有其他的选型配套方案。

f. 大型专用机械设备的购置与租赁，在配套选型中要合理，不能造成不必要的浪费。

(3) 机械的选择。

a. 尽量选用施工单位现有机械。

b. 机械类型应符合施工现场的条件。

c. 机械的种类和型号应尽可能少。

d. 考虑所选机械的运行费用是否经济。

e. 施工机械的合理组合。

f. 选择机械时应从全局出发统筹考虑。根据工程性质进行机械的选配。

根据作业的内容选择配套机械。可参见机械选型配套方法表 3.4。

表 3.4　　机械选型配套方法

作业内容		使用机械	摘要
清除草木	除掉灌木丛、杂草	机动平地机、小型推土机	铲除杂草及表土
	除掉灌木丛、树木漂石	推土机、凿岩机、空气压缩机	根据树木的种类和直径，除了推土板之外，还可使用带耙齿的推土机、伐木机、剪切刀以提高效率

续表

作业内容		使用机械	摘要
挖方	软土开挖	机械平地机、推土机、拖式铲运机、自行式铲运机	修补道路、整地，短距离挖土运输，中长距离挖土运输
	硬土开挖	中大型推土机、凿岩机、空气压缩机	适应于风化岩、软石、漂石、混合土质；松土器不能使用时采用爆破。
挖土装载	一般性挖土装载	推土机	适用于100m以内的运距，作为挖掘机的辅助机械，以中大型为宜
		装载机、挖掘机、轮式装载机	对于挖掘能力要求不大的较松土质。宜使用轮式装载机；挖掘能力要求较大或土场荒芜时，使用装载机或挖掘机
		拖式铲运机、自行式铲运机	根据运距、地形、土质来选型，松软土质和坡度较大时，一般使用拖式铲运机；运距较长，而现场较好则使用自行式铲运机
		斗轮式挖掘机、挖掘机	土方量较大且集中的工程，挖掘机工作半径大，并可旋转360°
		抓斗式挖掘机、拉铲式挖掘机	抓斗式挖掘机适用于垂直深孔的挖掘，拉铲式挖掘机适用于在河川等底面广的地方开挖
	构筑物基础的开挖	推土机、装载机	大的基础挖掘时，到内部挖掘、装载
		挖掘机、抓斗式挖掘机、拉铲挖掘机	较小的基础挖掘时，在地面位置进行挖掘、装载
铺筑	大面积或高精度的铺平工作	推土机、铲运机、湿地用推土机、自行式平地机	在一般的铺平工作中搬运机械为推土机或铲运机；用翻斗车运土时，则用推土机、湿地用推土机或自行式平地机来铺土
		自行式平地机、湿地用推土机	农田建设、水路填筑的平地、道路填土的平地等
	铺砌材料的铺平	碎石洒布机、沥青路面修整机	铺砌材料的铺平、铺土厚度受到严格限制时，使用碎石洒布机或沥青路面修整机
路面面层铺筑	路拌法施工	石灰洒布机、稳定土拌和机、洒水车、振动压路机	用于二级以下的路面基层施工，对配合比要求严格控制的二级路不适宜
	厂拌法施工	厂拌稳定土拌和设备、自卸车、稳定土摊铺机、洒水车、振动压路机	用于一级、二级汽车专用路 高速公路施工，对配合比要求严格的路也适用
	沥青混凝土路面铺筑	沥青混凝土搅拌设备、自卸车、沥青混凝土摊铺机、振动压路机、轮胎压路机、撒砂车	用于层铺法施工的高等级公路和次高等级公路的沥青混凝土路面施工
	水泥混凝土路面铺筑	水泥混凝土搅拌设备、水泥混凝土搅拌运输车、轨道式水泥混凝土摊铺机、滑模式水泥混凝土摊铺机、RCC摊铺机、振动压路机、纹理加工机、锯缝机、养生剂喷洒车	对于高等级塑性水泥混凝土路面可用滑模式摊铺机和轨道式摊铺机，RCC路面的摊铺可用带有双强振夯板的沥青混凝土摊铺机或RCC专用摊铺机

(4) 机械化施工组织设计。机械化施工组织设计，关键是在公路工程施工组织设计的原则范围内，或配合其他各方面组织的完成，以机械化施工本身的特点降低外界影响，使机械化施工的作业效率更加提高，保证机械的最大使用效率，缩短工期，提高质量，并在增效减亏方面发挥更大的作用。

1) 机械化施工组织设计的基本原则。一般应该遵循以下原则：

a. 工程主要机械的选择、使用、控制应合理，配套机械的选择应与周围环境协调一致。

b. 机械安装调试简便，转场运输方便，工作过程中不形成交叉作业。

c. 降低机械使用费，提高机械使用效率，配套机械协调作业达到经济目标。

d. 工程施工要求连续、高效进行，满足工程质量标准和技术标准。

e. 提高机械的有效利用率，降低工作人员的劳动强度。

2) 机械化施工组织设计的内容

a. 确定施工计划总工期。

b. 重点工程的机械施工方案和方法。

c. 机械化施工的步骤和操作规程、相关的机械管理人员。

d. 机械最佳配置、各季度计划台班数量。

e. 机械施工平面设置与机械占地布设。

f. 确定机械施工的总体进度计划。

3. 施工顺序的安排

道路工程施工，点多线长，情况各异，自然条件复杂，所以合理确定施工项目中各单位工程或关键项目的施工顺序，是确定施工方案的首要问题，对工程的经济效益具有决定性的影响。

安排好一个施工项目的施工顺序，要考虑到多方面的因素，每个具体工程项目又各不相同，不可能有统一的模式，因此要进行具体的分析，根据其施工规律来确定施工顺序，但都应遵循和考虑以下的原则：

(1) 要符合工程施工工艺的要求。即工程项目各施工过程之间存在着一定的工艺顺序关系。

例如：在桩基础施工中，钻孔后要尽快地灌注混凝土，以防止塌孔，所以两道工序必须紧密衔接。

(2) 要遵从合理组织施工过程的基本原则。即符合施工过程的连续性、协调性、均衡性、经济性原则。

如某种关键机械能否按时供应；某拆迁工程能否按时拆迁；高寒山区的生活条件或生活供应能否按时解决等。

(3) 要考虑关键工程、重点工程、控制工程的合理施工顺序。

例如，公路工程中的大桥、隧道、深堑等，如不在前期完工，可能导致其他工程不能施工（如无法运输材料、机具、工期太长、路面摊铺等），所以要集中力量，重点控制，重点安排。

(4) 要考虑施工质量的要求，在安排施工顺序时，要以确保施工质量作为前提条件，如果有影响工程质量问题，要重新安排或者采取必要的技术措施保证工程质量。

例如，桥梁工程的钻孔灌注桩基础，采用钻孔机钻孔，通常每个墩台基础都有两个或两个以上的桩基，一个基础中的不同桩基不能以相邻顺序施工，否则会发生坍孔，一般要间隔施工。

(5) 要使施工顺序、施工方法、施工机具相协调。

例如，在钢筋混凝土梁体施工时，简支梁桥和连续梁桥的施工顺序就显然不相同，由于施工方法不同，所采用的机具设备不同，施工顺序也必然不同。

(6) 要考虑水文、地质、气候的影响。在安排施工顺序时，要充分考虑洪水、雨季、冬季、季风、不良地质地段等因素的影响。

例如：路基程施工一般应安排在雨季到来之前或雨季结束之后。

(7) 要考虑施工期、安全生产、环境保护等要求，力尽使工期最短。在安排施工顺序时，必须力求各施工过程的衔接不至于产生不安全因素，以防安全事故的发生。

要点提示

拟定施工方案时，对施工方法的确定应兼顾技术工艺的先进性和经济上的合理性；方案应切实可行，施工期限满足合同要求，能确保工程质量和施工安全，且工料机消耗和施工费用最低。

对施工机械的选择，应使主导机械的性能既能满足工程施工的需要，又能发挥主导施工机械的工作效率。

3.4.4 公路工程施工方案的示例

3.4.4.1 路基、路面施工方案的示例

A. 进行路基、路面施工方案设计

一、路基工程施工方案

(一) 路基工程的施工方案简介

公路路基土石方施工可采用人力配合小型机械或机械施工。在挖、装、运、卸、夯等各工序间做到配套使用，连续作业，使路基土石方工程施工实现机械化。

1. 土方施工

(1) 人力施工主要是人工挖土和装土，借助小型机械运土、卸土和夯实。

(2) 机械施工。常用的主要机械有推土机、铲运机、挖掘机和装载机，辅助机械有松土机、自动平地机、羊脚碾压路机、有专门装置的刷坡机、路拱整修机和边（侧）沟开挖机等。

2. 石方施工

石方机械施工的基本作业程序是：钻眼、爆破、挖装、运填和压实。常用的爆破方法有：炮眼法、药壶法、深孔法和小型药室法等。

一般多采用深孔法，对于石方集中的工点，也可采用大爆破。在石方工程深孔爆破施工中，常用的施工机械有潜孔钻机、凿岩机、铲运机、推土机、挖掘机和自卸汽车等。

(二) 选择施工方法的原则

施工方法的选择与土石方调配有着极其密切的联系，调配方案不同，施工方法的选择也不同；施工方法不同，调配结果也不一样。所以须采用不同的施工方法和调配方式进行技术经济的综合比较后，得出经济合理的方案。

在机械施工中，根据工地的具体条件，合理选择施工方法与机械类型，把机械安排到最适宜的工地上去，使机械发挥出更大的作用，以便取得良好的经济效益。选择施工方法与机械类型，一般可按下列原则进行：

(1) 在选择机械类型时，应充分考虑技术性能和设备供应情况，并对不同的施工方法进行比较。同时应充分利用施工单位现有施工机械和设备，再根据具体情况考虑适当添置或租赁施工机械和设备。

(2) 先解决主要路基工程的控制地段，然后是附属工程项目，但不要截然分开。

(3) 先确定大爆破和机械化施工地段，后定其他施工地段。

(4) 首先考虑困难复杂及控制工期的施工地段。

二、路面工程施工方案简介

公路路面施工可分为垫层、基层及面层施工作业，施工时采用机械施工。在施工各工序间各机械做到配套使用，连续作业，使路面工程施工实现机械化。

B. 编制路基工程施工组织方案

土方开挖采用机械开挖为主，分段自上而下进行，对于短而深的路堑，土方开挖采用横向全宽挖掘法，路堑较深时可采取多层开挖，对于较长的路堑，土方开挖采用纵挖法。石方开挖采用预裂、光面爆破法。爆破作业以小型爆破及松动爆破为主，减少对岩体的扰动。采用推土机、挖掘机、装载机配合自卸车运土石方。

土方填方采用推土机、挖掘机、装载机配合自卸汽车运土石方至填方段填筑路基的方式。填筑采用重型振动式压路机、光轮压路机、轮胎压路机及斜坡碾进行碾压，填筑时严格按“三阶段、四分区、八流程”水平分层填筑法组织实施。填石路堤则严格按照规范要求，选用重型碾压设备，控制每层松铺厚度和机械碾压遍数，切实将路堤碾压密实，保证路基稳定。

防护及排水工程挡土墙、护坡、护岸墙、边沟、排水沟等结合路基工程的施工进度及时施工，严格按照设计图纸要求施做，确保路基排水畅通、路基及边坡稳定。

(一) 施工准备

(1) 交接线路中桩，复核GPS点，进行路线贯通测量，内容包括导线、中线及高程的复测，水准点的复查与增设，横断面的测量与绘制等，然后送交测量监理工程师核查，核对无误后进行现场放样测量，放出路基中桩、边桩，并标注路基挖填高度，以及取土坑、借土场、弃土场等的具体位置，并提交监理工程师检查批准。

(2) 填料试验。在取土场的填料中取有代表性的土样进行试验，试验方法按《公路土工试验规程》(JTJ 051—93) 执行。试验项目如下：

1) 液限。

2) 塑限。

3）颗粒大小分析试验。

4）含水量试验。

5）土的承载比试验（CBR）值。

6）有机质含量试验。

7）易溶盐含量试验。

把调查和试验结果以书面形式报告监理工程师备案。如所调查、试验的结果与图纸资料不符时，提出解决方案报监理工程师审批。

（3）调查路基施工范围内的地质、水文、障碍物、文物古迹的详细情况。

（4）调查沿线电缆、光缆及管线位置、埋深，按设计要求进行改移或埋设明显标志。

（5）修建临时排水设施，做到永临结合，以保证施工场地处于良好的排水状态。

（6）场地清理。施工前将路基用地范围内的树木，灌木、垃圾、有机物残渣及原地面以下30cm内的草皮和表土清除。对妨碍视线、影响行车的树木、灌木丛等进行砍伐或移植及清理。将树根全部挖除，清除的垃圾由装载机配备汽车运至指定堆放区，场地清除完后全面进行填前碾压，使密实度达到设计要求。

（7）拆除工程。根据现场的实际情况、施工、交通需要，制定确实可行的拆除方案，经监理工程师批准后，按设计和规范要求进行拆除工作。

（8）规划作业程序、机械作业路线，做好土石方调配方案。

（二）主要劳动力、材料、施工机械的安排

1. 主要劳动力安排

根据本合同段工程的特点，为确保施工人员素质，我单位安排具有丰富经验的管理人员和业务能力强的专业技术人员上场，并雇佣当地劳动力参与施工建设，在上场前根据工种分类做相应的技术培训，考核合格后上岗操作。上场主要人员及主要劳动力见表3.5，劳动力需用计划见表3.6。

表3.5　　上场主要人员及主要劳动力表

序号	单位工种	人数	说　明
一、	项目经理部	23	
1	项目经理	1	
2	总工	1	
3	副经理	1	
4	施工技术科	2	科长1人，科员1人
5	安全质量科	3	科长1人，安全工程师1人，质检工程师1人
7	计划财务科	4	科长1人，计划2人，出纳1人
8	物资设备科	3	科长1人，物资1人，设备1人
9	综合办公室	2	主任1人，秘书1人，
10	试验检测室	6	主任1人，试验员5人
二、	路基队	48	
1	队长	1	

续表

序号	单位工种	人数	说　明
2	副队长	1	
3	技术主管	1	
4	工程师	2	安全、质检工程师各1人
5	技术工人	40	不包括普通工种
6	后勤人员	3	
三、	总计	65	不包括普通工种

表3.6　　劳动力需要量计划

序号	工种各数	最高需用人数	备　注
1	钢筋工	8	
2	混凝土工	8	
3	模板工	6	
4	水电工	1	
5	测量工	2	
6	试验工	2	
7	机械工	6	
8	汽车司机	9	
9	焊工	3	
10	爆破工	8	
11	修理工	2	
14	普通工	10	
合计		65	

2. 材料供应

(1) 路基填料。本项目沿线为山区和丘陵区，路基填筑主要采用以挖作填的方式，由沿线路基挖方和隧道出渣所得，个别欠方路段就近借用，清除表土（腐殖土）主要用于中央分离带填土基防护工程之草绿化用土。沿线黏土料主要分布于低丘覆盖区表部，黏土资源较少，通过载重汽车和拖拉机运输。

(2) 砂、石料、水泥供应。本项目沿线所经渭河较宽坦的河滩均有砂砾分布，大量出产中、粗砂和碎砾石，岩性以石英、长石为主，针片状颗粒及泥含量极少。可用于各种构造物和路基工程。施工单位可直接购买，砂砾的平均运距4～5km。石料的原料储量均较丰富，可以为本项目提供片、块石与碎石等筑路材料。料场石料均为花岗岩，其抗压强度、压碎值、磨耗率等原材料试验和碎石混合料的配合比、黏附性等试验各项指标均满足需要。宝鸡市产水泥，且各项指标均满足要求，价格适中、运输条件优越可满足工程建设用水泥的需要。

(3) 六大材。木材、汽油、柴油可在当地直接购买；宝鸡市盛产水泥，且运输便利；项目用钢材在宝鸡采购，经公路运至工地。

3. 施工机具

为保证按期完成本工程，我们将通过提高机械化作业程度，根据本合同段主要工程内容及项目类别，我单位将组织足够数量的状况良好的机械进场，保证工程顺利开工。主要施工机械明细见表3.7。

表3.7　　主要施工机械明细表

类型（种类、型号）	吨位、功率、容积	型号	产地	新旧
挖掘机	112kW	WY27	贵阳	新
挖掘机	155kW	WD790A	杭州	旧
装载机	154kW	ZL60	洛阳	新
装载机	119kW	ZL40	天津	新
推土机	162kW	TY162	郑州	旧
铲运机	118kW	CL7	郑州	旧
平地机	190kW	PY190	湖南	旧
压路机	25t		洛阳	新
压路机	25t		洛阳	新
压路机	18t		洛阳	旧
工程洒水车		GS8000	武汉	旧
自卸汽车	158kW	T815S	武汉	新
自卸汽车			武汉	新
自卸汽车		JGC527	徐州	新
自卸汽车		JGC527	徐州	新
混凝土搅拌机	1.5kW	ZD41－4	郑州	新
空压机	9m³		郑州	新
电焊机			洛阳	新
发电机	50kV·A		郑州	新

（三）土方施工

1. 施工准备

路堤填筑前，按照设计图纸和监理工程师的指示，首先选用监理工程师认为适宜的填料铺筑试验路段，并将试验时压实设备类型、最佳组合方式、碾压遍数及碾压速度、每层填料的松铺厚度、最佳含水量、压实系数结果报监理工程师审批签证后，按照审批结果填筑施工。

2. 基底处理

路堤基底处理应先将路基范围内的树根全部挖除，并将坑穴填平夯实。填土范围内原地面表层种植土、生活垃圾、草皮等杂物进行清除，清除深度30cm，清除完成后掺和4%的石灰进行压实，对具有湿陷性的基底要采用冲击碾压，消除湿陷性，提高地基承载能力。

路堤填筑高度和路床总厚度小于154cm的地段，将该深度范围内的地基表土进行超挖并分层回填透水材料压实。

根据“技术规范”要求，地面横坡不陡于1∶10时即可直接填筑路堤，在稳定的横坡上，将表土翻松，再进行填筑；横坡陡于1∶5时，应将原地面挖成不小于2m的台阶，台阶面作成2%～4%的内倾斜坡，再进行路堤填筑。

冲击碾压采用25kJ，碾压20遍，加固深度2m，处理面积42365m²。场地清理过程中出现的基坑、坑穴等使用监理工程师批准的材料回填，并达到要求的密实度；对路基填方路段存在的软土、淤泥区，采取挖排水沟疏干积水、换填或其他设计的方案方法处理；场地清理完毕后，及时进行填前碾压，使其密实度达到规定的要求。

本标段有部分既有路基加宽，把原有路基边坡进行清除30cm后，加宽填筑前按设计要求人工将原路基面挖出水平2m宽的台阶后再填土。

3. 路基填筑施工

路堤填方施工工艺流程图如图3.12、图3.13所示。

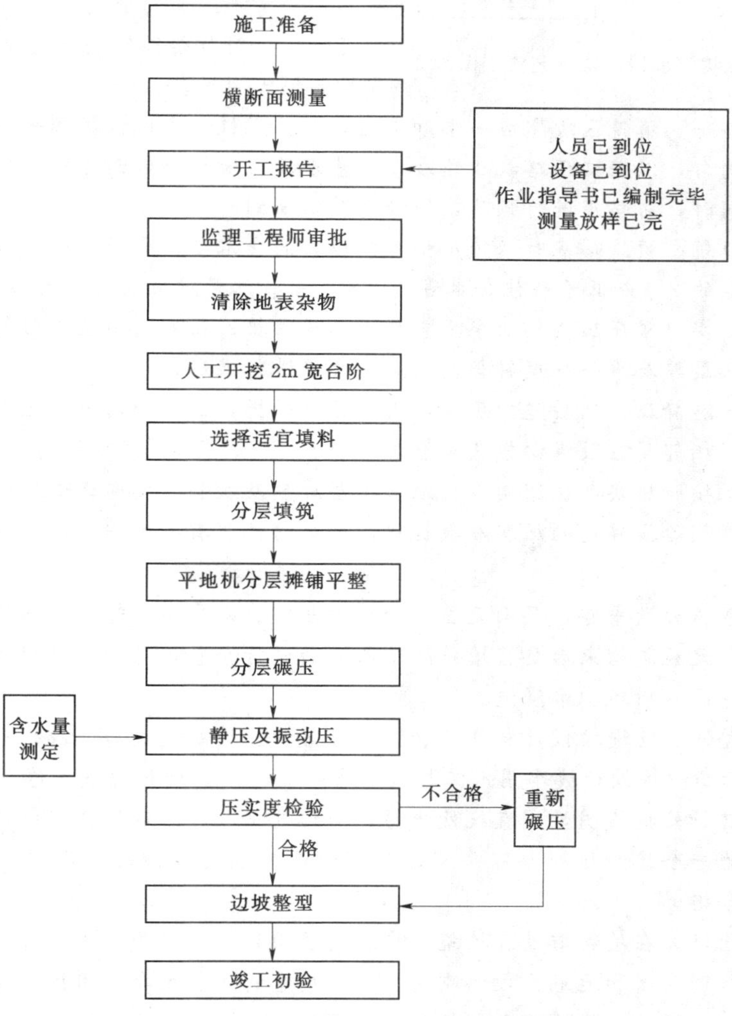

图3.12 路堤填方施工工艺流程图

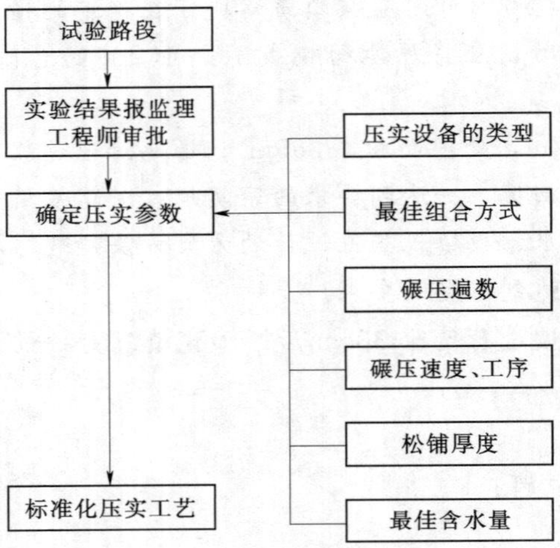

图 3.13　路堤试验段压实工艺流程图

四区段：填筑区→平整区→碾压区→检验区。

八流程：施工准备→基底处理→分层填筑→摊铺平整→机械碾压→检验签证→路面整形→边坡整修。

(1) 分层填筑。路基填筑采取横断面全宽、纵向分层填筑方式。当原地面高低不平时，先从最低处分层填筑。为保证全断面的压实一致，边坡一侧超填 30cm，竣工时刷坡整平。

用不同填料填筑路基时，各种填料不得混杂，每一水平层面的全宽范围内用同一种填料进行填筑。为节约摊铺整平时间，堆卸填料时要控制倒土密度。

(2) 摊铺整平。填筑区段完成一层卸土后，用推土机和平地机摊铺平整，做到摊铺面在纵横向平顺均匀，以保证压路机压轮表面能基本均匀地接触地面进行碾压，达到碾压效果。在摊铺的同时，对路肩进行预压，保证压路机压到路肩时不发生滑坡。

(3) 洒水填筑。填筑路基时必须严格控制填料的含水量，要求不得超过土工试验中求得的最佳含水量的 2%或低于最佳含水量的 3%。当含水量过低时要及时洒水压实。

(4) 碾压压实。碾压压实作业采用重型振动压路机。压实前由值班班长和压路机司机进行检查，确认层厚及平整程度符合要求后，才能进行碾压。

碾压时第一遍静压，然后先慢后快，由弱振到强振，由外向内纵向进退式进行。横向接头重叠和前后相邻两区段纵向接头重叠不得小于 0.5m。做到压实均匀，没有漏压。

压路机司机按照压实部位密实度标准、填层厚度及控制压实遍数进行碾压。压实遍数由试验人员根据试验段确定的压实参数提供，并严格按照有关规程及试验中提出的办法进行检测。

压实层面碾压大致平整，层面无显著的局部凸凹。雨季施工时，在路基填筑区内要保持排水畅通，每天施工结束后要将填筑的路基表面进行平整，并向路基外做 4%的横向排水坡，保证路基面不出现积水浸泡。

(5) 路基整修。路堤按设计标高（含预留沉落量）填筑完成后，进行平整和测量，恢复中线，测量标高。按设计坡率用人工挂线刷去超填部分，进行边坡整修压实工作。整修后的边坡达到转折处棱线明显，直线处平整，变化处平顺，边坡刷去超填部分，不得堆积在边坡上，作为一个流程进行整修夯实，做到坡面平顺没有凹凸，几何尺寸满足设计要求，压实密度合格。

(6) 检验验证。在填料质量、填筑厚度、填层面纵横方向平整均匀符合设计规定标准的基础上，进行密实度和地基系数的测定。填筑质量的控制主要采用核子密度仪检测，灌砂法、环刀法配合校核。经检验合格签证后，方可转入下道工序。不合格时进行重压直至检验合格为止。

4. 路基开挖

路基开挖施工工艺流程如图 3.14 所示。

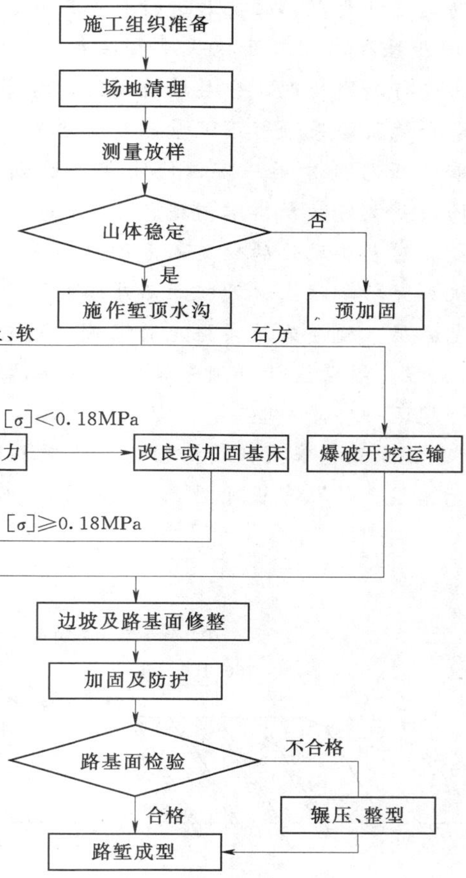

图 3.14 路基开挖施工工艺框图

(1) 土方开挖。本标段路堑主要为单边坡路堑，采用多层横向全宽挖掘法施工，严格按照从上自下的开挖施工顺序逐级开挖。

路基开挖以机械为主，采用 CAT320B 型挖掘机，靠近基床顶及边坡部分辅以人工开挖。土石方调运采用 T220A 型推土机、ZL50C 型装载机配合自卸汽车运输。挖运土距离在 100m 以内，采用推土机施工。挖运土距离在 100m 以上时，采用挖掘机配合自卸汽车运输。

1) 施工工艺流程。施工放样→挖截水沟→土方开挖→修整边坡→重复挖运至设计标高→路槽处理。

2) 主要施工方法。

路堑边坡：根据测设的边桩位置，当机械开挖至靠近边坡 0.1～0.2m 时，改为人工修坡。不设圬工防护的边坡，每 10m 边坡范插杆挂线人工刷坡，有防护地段及时做好防护。边坡上由于孤石等造成的坑穴、凹槽，采用挖台阶浆砌片石砌补。路基开挖前首先按设计要求做好截水沟，保证边坡不受地表水冲刷。

基床：土方路堑施工将挖至设计标高时，鉴别核对土石状况，核查基床范围内土质、地基承载力是否满足设计要求，必要时进行补充勘探。如满足要求，测设基床表层断面和标高，按每10m间距挂线，人工开挖基床表层表面，并按规范要求进行修整；如不满足设计要求，对基床进行加固处理，分层填筑到设计标高。

根据规范要求和试验结果预留下沉量，并将路基顶面以下30cm深度范围内用推土机松土器翻松，用重型压路机分层压实，使密实度达到95%以上。弃土不能用作填料时，运至指定的弃土场，并做好防护排水措施。

(2) 石方开挖。对表层风化的软质石方尽可能采用大功率推土机或挖掘机直接挖掘，对无法采用挖掘机和大功率推土机开挖的石质路堑，采用梯段松动控制爆破施工，靠近边坡和路基面预留光爆层。硬质岩层实施光面爆破；软岩和中硬岩边坡实施预裂爆破。

1) 施工工艺流程。爆破设计→测量放样布眼→钻眼→装药→设置防护→爆破→清除危石→边坡防护→挖运→整修成型。

2) 爆破设计。石方开挖采用梯段松动控制爆破施工，小型潜孔钻机配合风动凿岩机钻孔，坡面预留光爆层。钻孔布置见图3.15及图3.16。图中Ⅰ、Ⅱ、Ⅲ、Ⅳ、Ⅴ为开挖顺序。

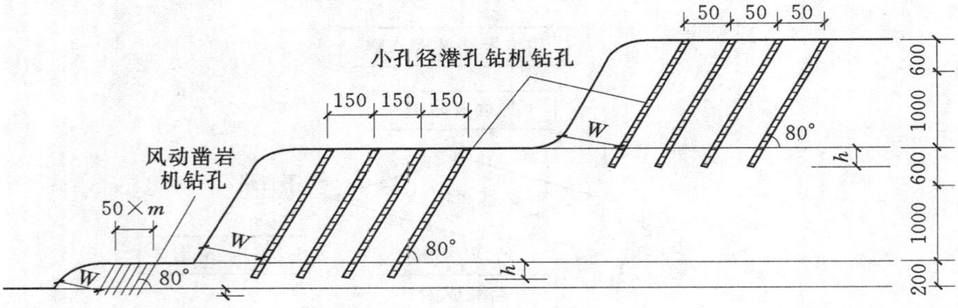

图3.15 纵断面钻孔布置

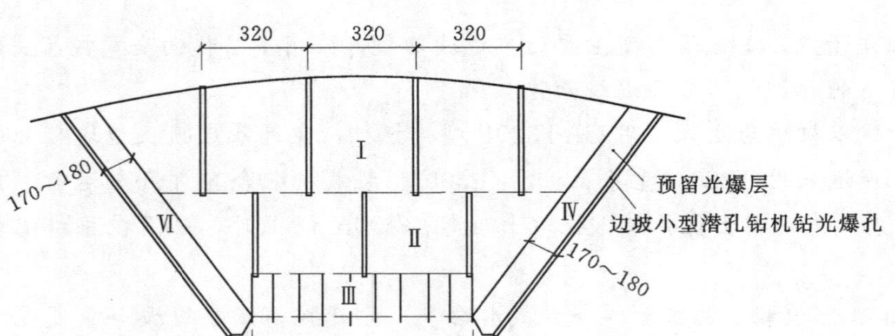

图3.16 横断面钻孔布置

a. 深挖地段，石方面积较大、挖方较深且数量集中，主要采用小型潜孔钻机钻孔，实施梯段式深孔微差松动控制爆破。

b. 其余地段挖深较浅和方量不大的边坡、路基面修整采用风动凿岩机钻眼，浅孔微差松动控制爆破。

c. 为提高破碎效果，降低大块率，并降低震动效应，均采用大孔距，小排距，梅花形布孔（邻近系数 $m=a/b=2.0\sim2.5$），并采用导爆管毫秒雷管实施逐排微差挤压爆破。

d. 为提高边坡稳定性和美观程度，在本合同段深挖地段采用预留光爆层法进行光面爆破，边坡设计有台阶时分台阶进行光爆，设计无台阶时，从路堑顶沿坡面钻孔一次爆破到位。

边坡光面爆破设计：

面孔孔距 $$a=n\times D \tag{3.1}$$

式中 D——炮孔直径，$D=100\text{mm}$；

n——系数，$n=6\sim10$（岩石坚硬完整时取大值，反之取小值）。

光面层厚度（光爆孔抵抗线） $W=a/m$

式中 m——系数，$m=0.5\sim1.0$（软岩 $m=0.5\sim0.8$、硬岩 $0.8\sim1.0$）。

炮孔长度 L 及超深 h：

$$L=H/\sin\alpha+h \tag{3.2}$$

$$h=(0.05\sim0.1)H$$

式中 α——边坡坡度（钻孔倾角）；

h——超钻深度；

H——台阶高度。

光爆孔与辅助孔的孔底距离 $b_0=(10\sim30)D$（完整、坚硬岩石取大值，反之取小值）。

光爆孔装药结构及药量调整：采用间隔一定距离的药串结构即径向空气间隔装药，为克服孔底夹制作用，孔底加强装药 0.5 倍，加强装药段长度 0.8～1.5m。在孔口 1.5m 不装药，进行加强堵塞，堵塞段以下 1～2m 处线装药密度为设计的 1/2。边坡光面爆破装药结构及起爆方法见图 3.17。

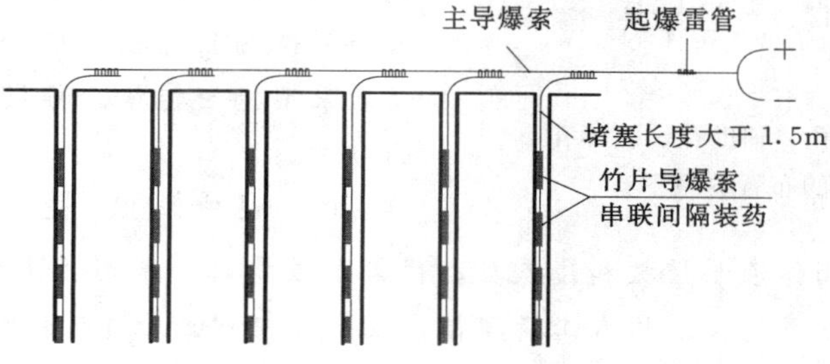

图 3.17 边坡光面爆破装药结构及起爆方法

线装药密度 $q_{线}$ 和装药量 $Q_{孔}$：根据经验参数，线装药密度初选如下数值，在施工中试炮后根据现场实际情况调整确定。

$$Q_{孔}=q_{线}L \tag{3.3}$$

式中 $q_{线}=0.6\sim1.0\text{kg/m}$（硬质完整岩石取大值，反之取小值）；

$Q_{孔}$——单孔装药量。

选用狄纳米特低爆速、低猛度炸药。

起爆时差 Δt：光爆孔迟后主爆孔起爆，时差为 75～150ms。

起爆网络：设计起爆网络同一列（沿线路走向）炮孔均安装同一段别的毫秒雷管，列与列之间跳段起爆，然后用连通管把炮孔中的导爆管连接起来。

e. 软岩和中硬岩边坡实施预裂爆破，为确保预裂爆破质量，保证边坡稳定，在预裂孔与主爆孔之间设一排辅助孔、一排缓冲孔。辅助孔的深度与坡率均与预裂孔一致，辅助孔与预裂孔的排间距小型潜孔钻机为 1.2～1.5m、风动凿岩机爆破为 0.5～0.6m；缓冲孔与主爆孔布置形式一致。辅助孔、缓冲孔与主爆孔一同顺序微差起爆。ϕ=90mm 时，辅助孔孔间距为 3m，孔底距主爆孔 1.2～1.5m。ϕ=40mm 时，辅助孔孔间距为 1.5m，孔底距主爆孔 0.4～0.5m。缓冲孔的布置参考主爆孔的布置。预裂爆破设计参数见表 3.8。

表 3.8　　预裂爆破设计参数表

钻孔直径	孔间距	超钻	堵塞长度	孔底加强装药段长	线装药密度
ϕ/mm	S/m	J/m	L_1/m	L_2/m	q_1/(kg·m^{-1})
90	1.0	1.0	1.0～1.5	1.0～1.5	0.3～0.4
40	0.5	0.5	0.6～0.8	0.5～0.8	0.15～0.25

注　孔底加强装药段范围内的线装药密度增加 2～3 倍。

预裂孔、辅助孔、缓冲孔、主爆孔的布置关系见图 3.18 所示。

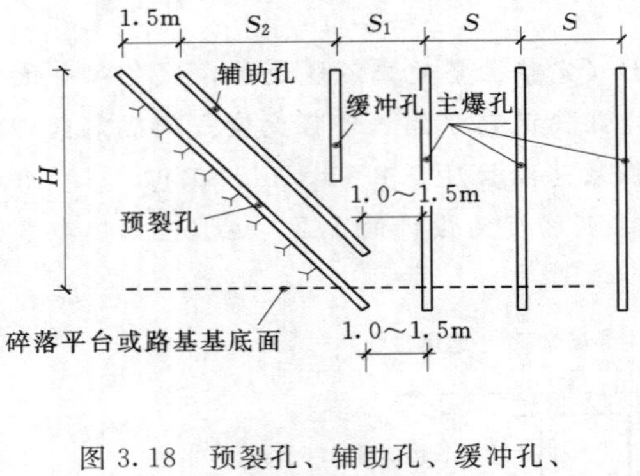

图 3.18　预裂孔、辅助孔、缓冲孔、主爆孔的布置关系图

f. 为确保路基坡面平整坚实，不论采用风动凿岩机还是潜孔钻机钻孔爆破，最底层 2m 均采用风动凿岩机钻孔爆破，严格控制孔底标高和超钻值，并适当缩小排距和孔距，实施逐排微差起爆。

g. 石质路基渗沟开挖采用两侧沟壁先行预裂爆破，然后沿中心布设一排纵向倾斜孔，人为创造倾斜开面，从外向内依次响炮，松动后采用挖铲挖槽。预裂爆破起爆方法同光面爆破。

(3) 爆破作业。施工工艺详见图 3.19。

爆破之前清理山体表层植被和覆盖层。覆盖层较厚时，利用推土机清除后进行钻眼；覆盖层较薄及岩溶发育地段，用人工清理植被及岩溶中积土后进行钻眼。

布孔前对爆区进行详细调查（如层理、裂隙、临空面、爆体、台阶平整度、岩石类别及物理力学特征等是否有变化），并对清理后的地表标高进行测量，根据设计孔网参数和挖深进行布孔和确定各钻孔深度，如有需要，对参数进行调整。

钻孔时选择技术熟练的凿岩工人施工，先由爆破技术人员按参数准确定位布孔，用红油漆标注，便于凿岩人员施工，并把孔深、倾角向凿岩人员进行技术交底，特别是边坡孔的钻孔质量要严加控制，在钻进到一半孔深时，提起钻头，用专用的炮孔测深仪和角度。

测试仪进行检查，根据钻孔实际情况决定是否调整钻杆倾角和钻机位置，以便进行纠偏，确保边坡孔角度误差不超过±1°，深度误差不超过±5%；孔口位置偏差超过两倍孔径时，重新钻孔。

钻孔完毕后，技术人员对各孔实际孔深、孔距、排距、最小抵抗线和孔倾角进行测量记录，并根据实际孔网参数进行药量计算和装药。爆破施爆之前进行一次试炮，根据试炮对爆破设计进行优化，最终选择适合现场实际的爆破参数和炸药单耗进行爆破施工。

采用人工按设计装药结构进行装药，上部用炮泥进行堵塞，堵塞长度 $L_0=(0.75\sim1.0)W$，如炮孔有水而无法吹干时，采用防水炸药或其他防水措施。

起爆采用非电毫秒微差雷管延期起爆，对起爆系统各连接点认真检查，确认各连接点连接牢固，无遗漏孔后进行警戒起爆，爆破时进行震动安全监测。

爆破施工时严格控制过量爆破，边坡轮廓爆破半孔率要求达到90%以上，若有个别地方发生超爆或欠挖，超爆凹槽部位采用浆砌片石嵌补，欠挖部位采用人工浅孔爆破或风镐凿平，确保边坡平顺（用3m尺检验不大于10cm）、稳定。石方路堑的路床顶面标高，必须控制在规定允许范围内并满足图纸要求，过高则人工进行凿平，过低则以开挖的石屑或碎石填平并碾压密实稳固。

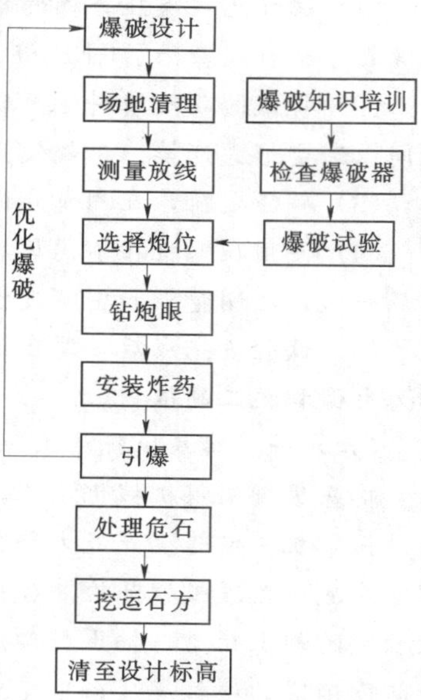

图3.19 石方爆破施工工艺框图

(4) 爆破防护。防止爆破飞石造成危害的重要措施是加强对炮孔的覆盖，炮孔用“炮被”覆盖，并用编织袋装土压在炮被上，炮被为汽车旧外胎加工编制而成。

（四）桥头石灰土填筑

本合同段桥台背及高填方桥头25m范围内采用10%灰土进行填筑，填筑前，先根据设计文件及规范要求进行基底处理，碾压密实，使基底压实度达到90%以上，桥台背与锥坡同时填筑。填筑时根据重量90∶10比例掺入消解后的石灰或磨细生石灰粉，采用机械拌和均匀，在结构物上用红油漆标好每层压实厚度，用自卸车将拌和后符合要求的填料运至现场，根据每层松铺厚度将填料用推土机进行摊铺整平，保证每层压实厚度不大于15cm。摊铺时路基形成路拱，并做到大面平整，以保证碾压效果的均匀性。先用压路机（大于16t）静压两遍，然后再由弱振到强振，接近台背时用弱振，直至压实到规定的密实度为止。靠近台背50cm压路机无法达到的地方，采用内燃打夯机进行夯实。

石灰土填筑段采用素土包边，包边厚度1m加两侧各加宽0.3m与石灰土填筑段每层同时进行填筑压实。

填筑时与成型路基接茬部位刷去虚土，分层挖好不小于1m的内倾斜台阶，以保证接茬部位压实的效果。

（五）路基试验段施工

根据施工路段填料的不同材质，选择200m主线路基作为试验路段。以确定压实设备的配套类型、最佳组合方式，碾压遍数、碾压速度与压实度相应关系、松铺厚度及压实厚度等，具体施工方法步骤如下：

(1) 选择已经碾压合格的路基基底，布置测量点并进行标高抄平，土质填料亦取样进行颗粒分析、液塑限、CBR值、标准重型击实等试验。

(2) 将试验路段填料运至现场试验段，分别摊铺成不同厚度的松铺段，两种不同厚度之间以渐变形式连接。摊铺使用推土机摊平，平地机整平。

(3) 碾压之前，在测量点进行抄平，并做好记录。

(4) 使用压路机在不同厚度的松铺段上，用不同的车速进行碾压。碾压三遍后，每再碾压一遍，在测量点和密实度检测点上，进行抄平和密实度试验，并做好记录。

(5) 试验段完成后，写出试验段总结，呈报监理工程师，根据监理工程批准后标准，作为大面积施工的依据。

（六）一般路基填筑施工

路基填筑采用机械化施工，使用推土机和挖掘机，并配以自卸汽车、自行式平地机、振动压路机，使其生产能力符合工期要求。

基底经监理工程师检查合格后，即进行填筑。对自卸汽车运到工作面的填料，按试验段确定的卸土距离，把土料卸成鱼鳞状，然后先用推土机摊铺用平地机刮平，使其达到试验路段确定的松铺厚度，根据土料的含水量与其最佳含水量比较及时进行洒水及晾晒或戗灰。当地形起伏，高低不平时，由低处按路基纵坡分层填筑，并由两边向中心填筑。为保证路基全断面的压实一致，边坡两侧各加宽0.3m，填筑完成后刷坡整修。

路基压实采用重型振动压路机沿线路纵向进行。压实顺序按先两侧后中间、先慢后快、先静压后振动、由弱振到强振，最后再静压一遍的操作程序进行。碾压前向压路机司机进行技术交底，内容包括：碾压范围、压实遍数、压路机行驶速度等。

碾压时，沿线路纵向行与行之间压实重叠不小于碾轮的1/3且不小于0.4m，各区段纵向搭接长度不小于2.0m。

每层填土压实后，及时进行中线、标高、宽度、平整度、压实度的检测，压实度检测采用环刀法进行。路堤填筑完成后，严格按照设计图纸进行纵断高程、路基宽度、横坡、平整度、全幅中心线、压实度、边坡坡度进行检测，确保路基施工符合施工规范要求。有预压要求段落先进行预压，卸载后对路基整修。路基填筑施工详见“路基土方填筑施工工艺框图”

（七）特殊路基处理施工方案、施工方法

本合同段立交各线位桥头、高填土路段分别别采用水泥搅拌桩和高压旋喷桩处理，梅花形布置，部分路段桩顶回填碎石，部分路段桩顶回填碎石铺土工格栅。立交各线位穿越池塘、取土坑、较大沟渠处抽水、清淤、整平，填筑碎石垫层，碎石垫层上、下各铺设一层聚丙烯双向土工格栅。填筑土方时，深度超过2m的沟渠及池塘边坡应进行开蹬处理，蹬宽1m，高0.5m，铺设2m宽聚丙烯双向土工格栅。工程范围内既有小型沟渠应进行清淤处理后回填。有水沟渠清淤后，首先回填0.5m厚碎石垫层，然后回填素土，分层夯实至原地面；无水沟渠清淤后，直接回填素土，分层夯实至原地面。

（八）水泥搅拌桩施工方案、施工工艺

采用GZB－600型深层搅拌机施工，首先对场地进行清理、机械整平，采用全站仪布设主要控制点，按设计布置各梅花形桩位点，根据被加固土的性质及单桩承载力要求，确定水泥掺入比，(水泥掺入比不得小于15%)，先进行不少于3根工艺试验桩施工，根据试验桩确定和调整好的技术参数质量控制措施及施工工艺组织施工。

(1) 桩机就位。移动搅拌机到指定桩位对中。

(2) 预搅拌下沉。开动搅拌机电机，待一切正常后，放松桩机钻头上钢丝绳向下旋转钻进，直到设计高程。如果土质太硬，钻进困难，可利用灰浆泵喷清水润滑。

(3) 制备水泥浆。搅拌下沉到离设计高程1m左右时，开始按配合比拌制水泥浆，压浆前将水泥浆倒入集料斗内。

(4) 提升喷浆搅拌。到达设计高程后，开启灰浆泵将水泥浆压入地基内，先原地空转几圈后，再边喷浆边提升搅拌，提升速度严格按试桩确定的速度提升，保证提升至设计桩头位置时，料斗内按设计用量拌制的水泥浆刚好用完。

(5) 重复下沉、提升搅拌。为保证水泥浆和土搅拌均匀，将钻机重复搅拌下沉，至设计高程后再提升搅拌。由于桩头部分直接接触上部构筑物，受力较大，为保证桩头受力后不损坏，在重复搅拌的过程中，可在桩头1m的范围内二次喷浆加固。

(6) 清洗。成桩完毕后，在集料斗内加入清水，开动灰浆泵对管路进行清洗，以免水泥凝固堵塞管路。

(7) 移位。移动钻机至下一桩位继续施工。

水泥搅拌桩施工完成并养生28d后，并经监理工程师许可后进行上部施工。

(九) 旋喷桩施工施工方案、施工工艺

采用高压旋喷桩机单管旋喷方法施工，对场地进行清理、机械整平，采用全站仪布设主要控制点，按设计布置各梅花形桩位点，先进行不少于3根工艺试验桩施工，根据试验桩确定施工工艺、旋喷参数、浆液配比、钻进和提升速度等组织施工。

钻机就位：钻机安设在设计的孔位上，钻杆保持垂直，其斜度不大于1.5%。

1. 钻机就位

钻机移至设计孔位，使钻头准确对准定位点，调平机械，使立轴、转盘与孔位对正。

2. 射水试验

采用低压(0.5MPa)进行射水试验，检查管路、喷嘴是否畅通，密封是否良好，压力是否正常。

3. 钻孔、制浆

射水试验完毕后即可开钻，同时根据配比的要求配制水泥浆液，并经过两道过滤筛过滤后，储入泥浆桶备用。

4. 旋喷

当钻孔至设计高程后，停止射水，拧下上面第一根钻杆，放入钢球，堵住射水孔，再重新将钻杆装上，将泥浆桶内的浆液经高压泵加压后，通过输送管送往孔底冒出地面后，钻杆开始旋转、提升，自下而上进行旋喷。

5. 补喷

喷射注浆作业后，由于浆液的析水作用，一般均有不同程度的收缩，使固结体顶部出现凹穴，应及时用水灰比为0.6的水泥浆补喷。

6. 机械清洗

补喷结束，提出钻杆及钻头，进行低压射水，冲洗钻杆、喷嘴。

7. 钻机移位至新孔作业

（十）碎石垫层加铺土工格栅

（1）基底排水凉干回填平整后，再用压路机碾压密实，然后分段铺设土工格栅。碎石垫层粒径最大不超过53mm。

（2）土工格栅铺设。土工格栅铺设前，首先检查所选用的材料规格及性能是否符合设计规定，对地基土有其他配套处治措施的在要完成这些措施后再进行土工格栅施工。铺设格栅时，格栅的纵横向接缝采用尼龙线或涤纶线连接或U形钉连接等方法使格栅间连成整体，格栅间相互搭接宽度不小于15cm。双层格栅上下层接缝至少错开50cm。格栅扭曲、皱折、重叠等，不利于其发挥作用，在铺设时用手拉直，使格栅平顺均匀，铺设的土工格栅每隔1.5～2.0m用U形钉固定于地面。在铺完格栅后，及时填筑碎石。首先将碎石在卸在铺好的土工格栅边缘，采用轻型推土机推送，边卸边摊铺，首先在中心形成一条施工通道，然后由中心通道向两侧对称填筑，全部填完后用平地机将中心超厚部分刮薄，达到设计要求后使用轻型压路机碾压密实。如果是双层土工格栅按照上述方法继续铺设第二层，然后按上述方法回填土。

当格栅上填土超过60cm后，按正常施工方法进行填筑碾压。一切车辆、施工机械不直接在铺好的土工格栅上行走。

（十一）沉降与稳定观测

软土地基路堤在施工中应注意填筑过程或之后的地基变形情况，因此必须进行沉降和稳定观测，其观测项目主要为地表沉降量和地表水平位移及隆起量等。观测点的位置和观测方法以及观测仪器的要求应按照设计图纸和《公路软土地基路堤设计与施工技术规范》(JTJ 017—96）相关要求执行。预压期的观测在于正确预测施工后沉降，使施工后沉降在允许范围内，为以后的路面施工提供依据。

1. 沉降板的设置

依设计图纸要求布设沉降观测点，沉降板由钢板、金属测杆和保护杆组成，埋设在碎石垫层或砂石垫层上，注意沉降板与地面接触均匀稳定，并保持立管竖直，用水平仪测量沉降杆的高程作为初始地面高程记入规定表格中，随后开始填土压实。待压实度达到要求后，在测沉降板杆顶标高，两次高差即为该段时间的沉降量，上土时每次接杆50cm测标高，填土压实，测沉降量，依次填土，接杆，观测，填土完成后沉降杆高出填土顶面至少50cm；至填土完成后继续观测路堤下沉量。沉降板设在路堤中心及两侧路肩。

2. 侧向位移桩的设置

位移桩布设在路堤（或反压护道）两侧的坡脚处，边桩（水泥混凝土桩）布设在坡脚外路堤沉降影响范围以外距下坡脚8m的位置处。边桩为C25Φ10cm混凝土桩，埋设深度1.2m，桩顶露出地面10cm，桩周上部50cm采用混凝土浇筑固定；位移观测断面按图纸要求布设。

3. 观测及填土控制

在填土施工中进行沉降及位移观测，施工期内每填一层观测一次，如果两次填筑时间间隔过长，每3天至少观测一次。根据观测资料对施工填土速率进行控制，同时观测加载后路基位移与沉降量，若路基稳定出现异常情况立即停止路基的填筑，待路基恢复稳定后，继续加载。预压期（8个月）内前两个月必须每周观测一次，以后每两周观测一次。施工期间采取严格的保护措施，一旦发现标杆受拉或位移，马上进行恢复，以保证观测数据的连续性和准确性。

3.4.4.2 桥涵工程施工方案的示例

A. 桥涵工程施工方案设计

一、施工方案的选择

桥涵工程施工可分为基础、墩台（包括墩台身、托盘、顶帽、耳墙、盖梁）或涵身及出入口、桥跨结构等分部分项工程。

（一）桥梁基础工程

依据不同地质和施工条件，按照设计的基础类型（扩大基础、沉井基础、钻孔、挖孔桩基础、打入桩基础、管柱基础等）选择基础施工方法。

（二）墩台工程

按照设计要求，选择模板类型，混凝土运输方式与施工方法。

（三）桥跨结构工程

按照设计要求，钢筋混凝土梁可选择工厂预制和就地制梁来进行架梁或悬臂灌注施工方法。

二、选择施工方法应考虑的问题

1. 工程施工期限

工期是确定施工方案或方法的决定因素。单位桥涵工程应根据业主对建设项目的总工期或全线或单位工程指导性施工组织设计的工期要求，合理地决定施工工期。

一般情况下，桥涵的工期应在同段路基土石方工程完工前完成，以便结合路基土石方工程进行桥头及锥体护坡的填土。小桥涵应尽量在路基开工前修建，避免留有缺口影响路基填筑质量。

2. 工程施工条件

桥涵工程施工条件是选择施工方案或方法的重要因素。要根据工程所在地区的地形、地质、气象、水文、施工季节等施工条件，选择适合工程结构特点的施工方案或方法。如软土地基加固；雨季防淹、防冲措施；冬季防寒保温措施。

3. 桥涵基础施工方法

在桥涵施工中，一般技术比较复杂的是基础工程施工。不同类型的基础，施工方法均不相同，即使是同类型基础，也可能有几种施工方法。

4. 专业化施工

桥涵工程专业性强、工种多、技术难度大。选择施工方法应考虑专业化施工，可保证工程质量和加快施工进度。同时为了连续均衡生产，并结合工期要求，应选择流水作业或平行流水作业组织施工。

5. 施工单位的生产能力

施工单位生产工人文化程度、技术水平、工种等级、实际工作能力、现有机具设备状况以及生产管理人员的素质和管理水平综合考虑。

6. 新技术、新工艺、新方法的采用的情况

7. 尽量采用预制成品、构件，拼装施工

8. 尽量采用机械施工

9. 施工方案或方法的经济性

桥涵工程施工方案或方法，首先要保证工期、质量和安全，还应采取措施降低工程成本提高经济效益。

三、桥涵工程施工顺序

（一）单座桥梁工程施工顺序

桥梁工程施工顺序是指各分部分项工程或作业项目之间的先后施工的次序。

单座桥梁工程施工顺序因桥梁本身的形式、基础类型、施工方法不同而不同。通常将全桥分为下部建筑、上部建筑（包括检查设备）、附属工程三部分。应先将它们各部分的施工顺序安排好，再将三部分联系在一起构成全桥施工顺序。

（二）成组桥涵工程的施工顺序

成组桥涵工程的施工顺序，是指施工单位所管辖的一段线路中所有中、小桥涵的施工顺序。确定施工顺序时，应先按中、小桥涵的结构类型（基础类型、桥式、涵洞构造等）及它们所处的位置，进行分类编组，按流水作业或平行流水作业组织施工。

对编组中的桥涵，其施工顺序应考虑以下几个方面：

(1) 应方便施工机具及人员的转移，由近到远或由远到近，以一个方向按顺序施工，尽量不走回头路。避免人员、材料、机具设备往返搬迁，增大运输费用，造成不必要的损耗。

(2) 对经验不足、把握不大的工程，应先做试验，在总结经验的基础上再行推广。

(3) 要充分发挥专业班组的作用，实现专业化生产，而且要不间断施工，有利于组织流水作业。

(4) 充分发挥机械效率，使机具设备能连续工作。对租赁机械更应充分利用，尽量减少停机时间，缩短租赁天数。

(5) 对影响其他工程施工进度的桥涵，要提前安排施工，并在其他工程开工前完成。

总之，成组桥涵施工顺序的安排，要使各工期能连续均衡施工，时间要紧凑，劳力不窝工，机具能充分利用，保质、保量、经济、合理、按期完工。

（三）桥涵工程施工顺序安排应注意的事项

(1) 首先要研究确定桥涵工程总体施工方案，才能具体安排各分部分项工程施工顺序。

(2) 应结合季节、气候、水文条件安排施工顺序。

(3) 要遵循施工程序和操作工艺的客观规律，这种客观规律是结构本身所必须的，是不能随意改变的。

(4) 要根据施工方法和采用的机械设备确定施工顺序。

(5) 施工顺序的安排要确保施工安全和工程质量。

(6) 合理选择工作面（即合理确定流水作业组个数）。工作面的安排应全面考虑施工

期限、劳动力、机械设备、材料供应等条件。

(7) 桥涵工程施工时间和施工顺序安排应考虑与桥涵附近其他建筑物施工的协调配合。

总之，桥涵工程施工顺序应综合上述各种情况，统筹安排，以达到保证工期，确保质量和安全，降低工程成本的目的。

情景4　编制施工进度计划

【知识目标】

1. 掌握流水施工的组织方法
2. 掌握编制施工项目横道图施工计划的方法
3. 掌握编制施工项目网络计划的方法
4. 掌握编制劳动力计划和主要施工机具、材料计划的方法
5. 掌握绘制施工现场平面布置图的方法
6. 掌握工程概况的编写方法；掌握项目经理部设置的原则

【专业能力目标】

1. 能读懂工程实例的施工图纸
2. 能决定施工组织形式及进度安排
3. 能确定人、材、机的安排
4. 能完成施工平面图的绘制
5. 能进行工程施工机械配置
6. 能编制施工进度横道图计划、网络图计划
7. 能进行资源调配

4.1　认识施工进度计划

【任务】 认识施工进度计划的类型与表达方式，了解编制施工进度计划的基本要求与编制依据和作用。

4.1.1　概述

进度计划是表达工程项目中各项工作、工序的开展顺序、开始及完成时间及相互衔接关系的一类计划，它是控制和管理工程项目的依据。通过进度计划的编制，可以使项目实施过程中的各种要素形成一个有机整体。

根据建设项目的综合计划要求和施工条件，以拟建工程的投产和交付使用时间为目标，按照合理的施工顺序和日程安排的工程施工计划，称为施工进度计划。

施工进度计划是施工组织设计的中心内容，是施工现场各项活动在时间上的体现，它要保证建设工程按合同规定的期限交付使用，工程中的其他工作必须围绕着并适应施工进度计划的要求安排。

施工进度计划是实施性施工组织设计的重要组成部分，其主要作用是：统筹全局，指导工程项目的全部施工生产活动，控制工程的施工进度；为编制季度、月度生产作业计

划，确定工料机等各种资源需要量计划提供依据。

施工进度记录形式：每日施工报告，由驻地项目代表，或由承包商的质量控制代表逐日填写。与工程监理人员的日志相结合，保证了两种类型的独立文档记录。在日志中加以记录的专有信息越多，在每日施工进度报告中的施工进度就越真实，反映的信息更广泛更完整。

工程建设是一个系统工程，要完成一项建设工程必须协调布置好人、财、物、时、空，才能保证工程按预定的目标完成。当人、财、物一定的条件下，合理制定施工方案，科学制定施工进度计划，并统揽其他各要素的安排，是工程建设的核心。同时对于提高施工单位的管理水平，都具有十分重要的现实意义。

4.1.2 施工进度计划的类型与表达的方式

1. 施工进度计划的类型

施工进度计划的类型和施工组织设计相适应，不同的进度计划构成了项目的进度计划系统。

（1）施工总进度计划包括建设项目的施工进度计划和施工准备阶段的进度计划。它按生产工艺和建设要求，确定投产建筑群的主要和辅助的建筑物与构筑物的施工顺序、相互衔接和开竣工时间，以及施工准备工程的顺序和工期。

（2）单位（项）工程施工进度计划是总进度计划有关项目施工进度的具体化，一般土建工程的施工组织设计还考虑了专业和安装工程的施工时间。

（3）分部、分项工程进度计划。

（4）季度（月、旬、周）进度计划。

2. 施工进度的表达方式与内容

一般地，项目进度计划主要包括项目进度、细节说明、进度管理计划、资源需求更新等内容。至少包括每项工作的计划开始时间和期望完成时间，它可以以提要的形式（主进度）或详细描述的形式提供，其表达方式有表格形式（表4.1）和图形方式两种。其中，图形表达方式因为具有直观易懂的优点而被广泛采用。

表4.1　　项目总进度计划表

<table>
<tr><th rowspan="3">序号</th><th rowspan="3">单项工程名称</th><th colspan="2">建安指标</th><th rowspan="3">设备安装指标/t</th><th colspan="3">造价/千元</th><th colspan="6">施工进度</th></tr>
<tr><th rowspan="2">单位</th><th rowspan="2">数量</th><th rowspan="2">合计</th><th rowspan="2">建筑工程</th><th rowspan="2">设备安装</th><th colspan="4">第一年</th><th rowspan="2">第二年</th><th rowspan="2">第三年</th></tr>
<tr><th>Ⅰ</th><th>Ⅱ</th><th>Ⅲ</th><th>Ⅳ</th></tr>
<tr><td></td><td></td><td></td><td></td><td></td><td></td><td></td><td></td><td></td><td></td><td></td><td></td><td></td><td></td></tr>
<tr><td></td><td></td><td></td><td></td><td></td><td></td><td></td><td></td><td></td><td></td><td></td><td></td><td></td><td></td></tr>
<tr><td></td><td></td><td></td><td></td><td></td><td></td><td></td><td></td><td></td><td></td><td></td><td></td><td></td><td></td></tr>
</table>

常见的编制方法如下：

（1）横道图。既称甘特图，又称条线图或横道图。

横道图是工程施工中的常用叫法。因此下述以介绍横道图为主。

这种方式早在20世纪初就开始应用和流行，主要用于项目计划和项目进度的安排。

横道图是一个二维平面图，主要由两大部分组成，横维表示进度或活动时间，纵维表示工作内容，横道线显示了每项工作的开始时间和结束时间，横道线的长度表示了该项工作的持续时间。它的时间维决定着项目计划的粗略程度，根据各项计划的需要，可以以小时、天、周、月等作为度量项目进度的时间单位。如果一个项目需要一年以上的时间才能完成，则选择日甘特图更有助于实际的项目管理。

在建筑工程管理中，横道图的常用格式如图4.1所示。它的左面部分是以分部分项工程为主要内容的表格，包括了相应的工程量、定额和劳动量等计算依据；右面部分是指示图表，它是由左面表格中的有关数据经计算得到的。指示图表用横向线条形象地表示出分部分项工程的施工进度，线的长短表示施工期限；线的位置表示施工过程；线上的数字表示劳动力数量；线的不同符号表示不同的作业队或施工段别。

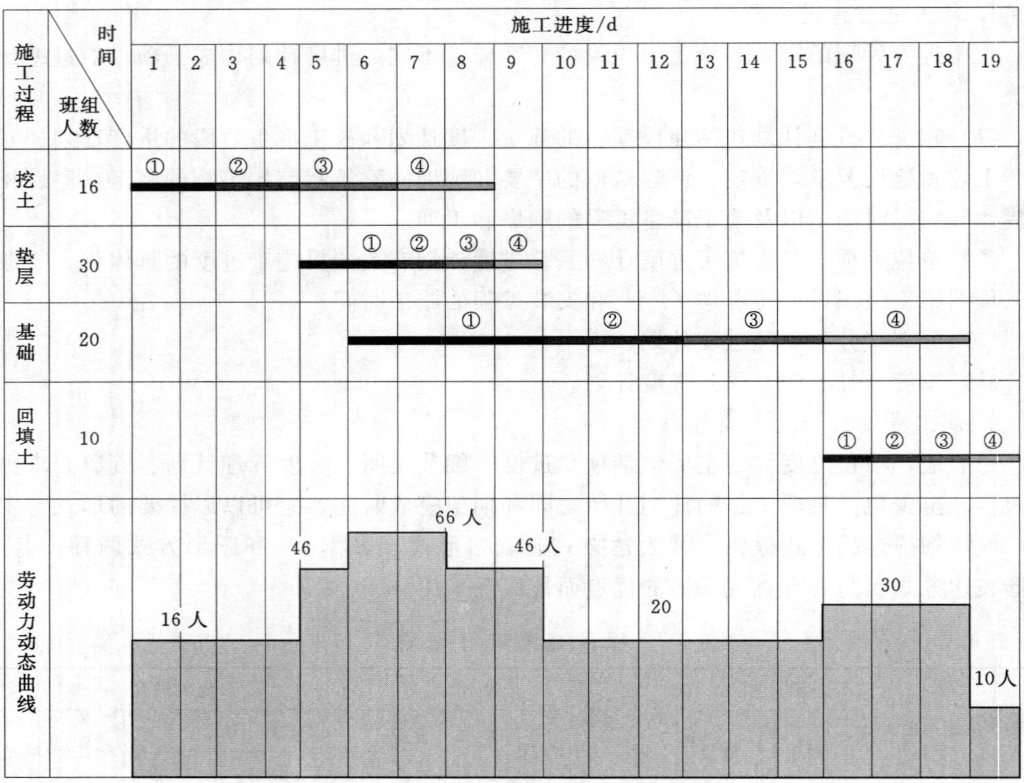

图4.1　施工进度横道图

采用横道图表示施工进度计划，可明确地表示出各项工作的划分、工作的开始时间和完成时间、工作的持续时间、工作之间的相互搭接关系，以及整个工程项目的开工时间、完工时间和总工期，并综合反映了各分部分项工程相互间的关系。

1）横道图的特点及适用范围。

这种表示方法优点是：直观、简单、容易制作、便于理解。

适用于绘制集中性工程进度图、材料供应计划图或作为辅助性的图示附在说明书内用来向施工单位下达任务。传统的横道图一般只适用于比较简单的小型项目。现在横道图可用于 WBS 的任何层次，除了用于进度计划的编制外，还可以用于进度控制，是建筑工程管理常用的形式。

但横道图也存在以下缺点。

a. 分项工程（或工序）的相互关系不明确。

不能明确地反映出各项工作之间错综复杂的相互关系，因而在计划执行过程中，当某些工作的进度由于某种原因提前或拖延时，不便于分析其对其他工作及总工期的影响程度，不利于建设工程进度的动态控制。

b. 不能明确地反映出影响工期的关键工作和关键线路。

无法反映出整个工程项目的关键所在，因而不便于进度控制人员抓住主要矛盾。

c. 施工日期和施工地点无法表示、不能反映出工作所具有的机动时间。

看不到计划的潜力所在，无法进行最合理的组织和指挥。

d. 不能反映工程费用与工期之间的关系，因而不便于缩短工期和降低工程成本。

e. 工程数量实际分布情况不具体，仅反映平均流水速度。

2）横道图类型。在项目管理的实践中，将网络图与横道图相结合，使得横道图得到了不断的改进和完善。除了传统横道图以外，还有带有时差横道图或具有逻辑关系的横道图。

a. 带有时差横道图。网络计划中，在不影响工期的前提下，某些工作的开始和完成时间并不是唯一的，往往有一定的机动使用时间，即时间差。这种时差在传统的横道图中并未表达，而在改进后的横道图中可以表达出来，如图 4.2 所示。

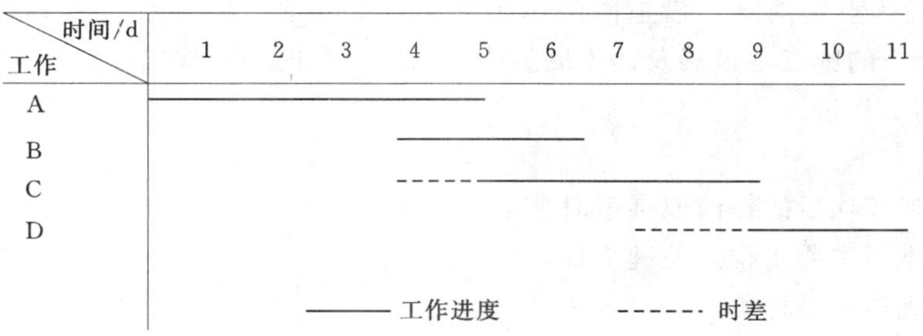

图 4.2　带有时差的横道图

b. 具有逻辑关系的横道图。横道图把项目计划和项目进度安排两种职能组合在一起。所以，在绘制横道图时，必须能表示各项工作之间的关系。但是传统的横道图并不能做到这一点。例如，如果有一项工作不能如期完成，将有哪些工作会受到影响，在传统的横道图中不能显示。而在改进后具有逻辑关系的横道图中，可以将工作之间的这些关系表示出来，如图 4.3 所示。

上述两种类型的甘特图，实际上是将网络计划与原理与横道图两种表达形式进行有机结合的产物，其同时具备了横道图的直观性，有兼备了网络图各工作的关联性。

3）横道图的作用。

a. 通过代表工作包的条形图在时间坐标轴上的点位和跨度来直观地反映工作包各有

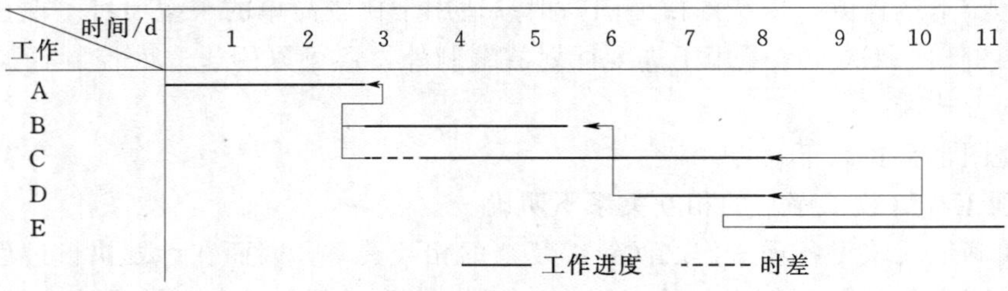

图 4.3　具有逻辑关系的横道图

关的时间参数。

b. 通过条形图的不同图形特征（如实践、波浪线等）来反映工作包的不同状态（如反映时差、计划或实施中的进度）。

c. 通过使用箭线来反映工作之间的逻辑关系。

d. 进行进度控制。其原理是将实际进度状况一条形图的形式在同一个项目的进度计划甘特图中表示出来，以此来直观地对比实际进度与计划进度之间的偏差，作为调整进度计划的依据。

e. 用于资源优化、编制资源及费用计划。

（2）垂直图。以纵坐标表示施工日期，以横坐标表示里程或工程位置，而各分部分项工程的施工进度则相应地以不同的斜线表示。工程量在图表上方相应地表示，施工组织平面示意图可在图表的下方相应地表示，资源平衡可在图表右侧以曲线表示，如图 4.4 所示。适用于线形工程。

垂直图的优点是消除了横道图的不足之处，工程项目的关系、施工速度一目了然；例如，机械土方的施工、板涵及挡土墙的施工顺序。在图中可找出任何一天，各施工队的地点及完成的工程量。

它的缺点如下：

1）不反映某项目的提前或推迟对整个工程工期的影响。

2）反映不出主要工程，关键工程。

3）计划优劣不易评价。

4）不能使用计算机因而绘制和修改进度图的工作量很大。

（3）网络计划技术。图络图也叫流程图，是表示整个计划各道工序的先后次序，相互逻辑关系和所需时间的网状矢线图。

与横道图、垂直图比较，网络计划方法具有以下主要优点：

1）能够明确表达各项工作之间的逻辑关系，即各项工作之间的先后顺序关系。

能充分反映出各项工作之间的相互制约，相互依赖关系，这对于分析各项工作之间的相互影响及处理它们之间的协作关系具有非常重要的意义。

2）可以区分关键工作和非关键工作，并能反映出各项工作的机动时间，因而，可以更好地运用和调配人、材料、机械等各种物资，明确工程进度控制中的工作重点。

3）通过网络计划时间参数的计算，可以找出关键线路和关键工作、明确各项工作的机动时间。

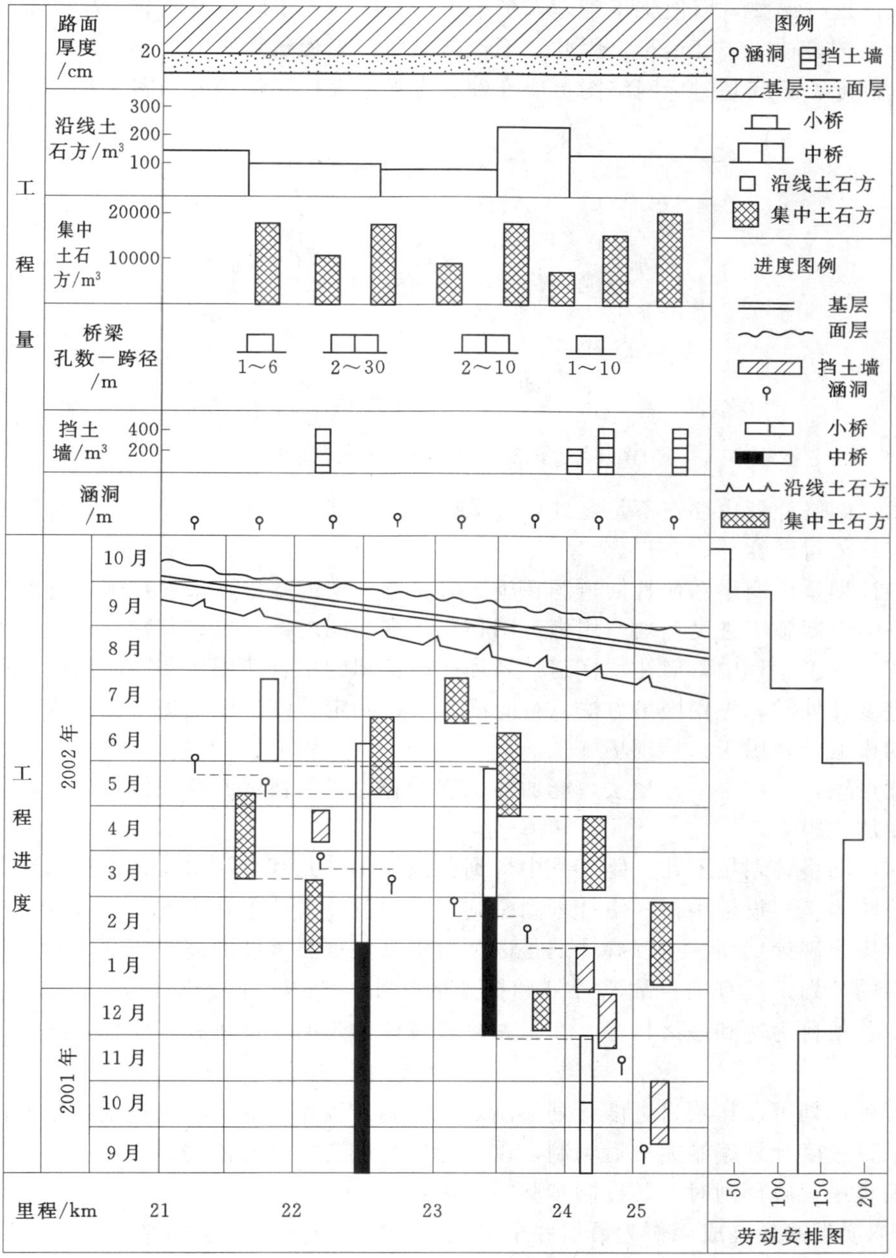

图 4.4　公路工程施工进度垂直图

利用工作的机动时间，既可以用来支援关键工作，也可以用来优化网络计划，降低单位时间资源需求量。

4）能够进行计划的优化比较，选出最优方案。

网络图不仅能反映施工进度，而且能清楚地表达各施工项目、各施工专业队之间错综复杂的联系、制约、协作等关系。它的最大优点是在计划的执行过程中可以很方便地根据当时的条件进行调整，以便施工管理人员集中精力抓施工中的主要矛盾，减少盲目性，指导工程施工按最佳的进度运行。因此，不论是集中型工程还是线型工程，都可以用网络图表示工程进度，尤其是时标网络图更能准确、直观地表达工程进度（图 4.5）。

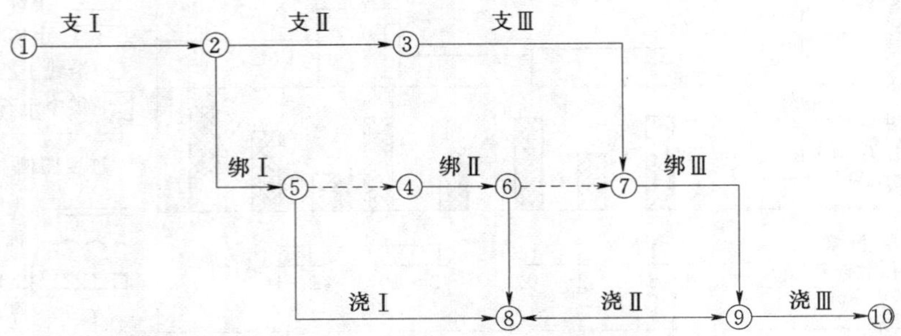

图 4.5　混凝土浇筑施工进度网络图

当然，网络计划也存在不足之处，不像横道计划那么直观明了等，但这可以通过绘制时标网络计划得到弥补。

网络计划是用网络图代替横道图在施工方案已确定的基础上来安排施工进度计划的方法。网络图编制施工进度计划与用横道图相比，有相同之处，也有其特殊性。

在实际施工过程中，应注意横道计划和网络计划的结合使用。即在应用电子计算机编制施工进度计划时，先用网络方法进行时间分析，确定关键工序，进行调整优化，然后输出相应的横道计划用于指导现场施工。

由此可见，采用网络计划法，能加强工程的管理，但在资源有限的条件下，并不能使施工速度加快很多。

目前，网络计划技术在公路工程中得到普遍采用，尤其是大型工程项目，重点工程项目。在公路施工招投标中，网络计划图是施工组织设计中不可缺少的一部分。

（4）里程碑计划图。里程碑计划是以项目中某些重要事件的完成或开始时间点作为基准所形成的计划，具有项目战略计划和框架的作用。它以中间产品或可实现的结果为依据，显示了项目为达到最终目标，在每一阶段应该达到的条件或状态序列，而并不关心如何达到。

里程碑计划可以在项目进度计划编制之前编制，以作为编制项目进度计划的依据。也可以在项目进度计划编制完成后编制，以作为项目进度控制的依据。

在编程里程碑计划时，其编制步骤一般为：

1）把项目的最终成果作为最后一个里程碑，然后反向设置里程碑。

2）确定并设置项目进行中的其他里程碑。在项目进行的各个阶段中有各种事件，通过一定的分析比较选定可作为里程碑的事件。

3）里程碑复查。通过复查，检查里程碑的设置是否合理，有没有遗漏等，并进行相应的完善和补充。

4）用里程碑图的形式，编制里程碑计划，其基本形式如图 4.6 所示。

（5）斜线图。斜线图是将横道图中的工作进度线改为斜线表达的一种形式。一般是在左边列出工程对象名称，右边在时间坐标下画出工作进度线。斜线图一般只用于表达各项

里程碑事件	月份										
	一	二	三	四	五	六	七	八	九	十	十一
A		▲									
B					▲						
C						▲					
D								▲			
E											▲

图 4.6　里程碑计划示意图

工作连续作业，即流水施工进度计划，它可以直观地反映出相邻施工过程之间的流水步距。如4.7图所示。

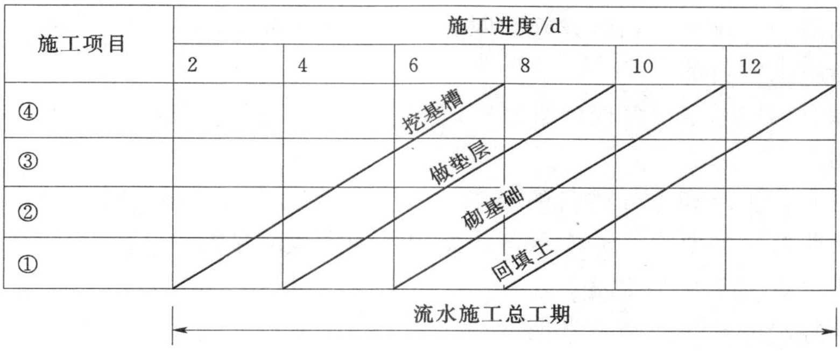

图 4.7　施工进度斜线图

4.1.3　编制施工进度计划的要求与依据

编制施工进度计划，是在已确定施工方案的基础上，根据合同工期和各种资源供应条件，并按照工程施工的合理施工顺序及组织施工的原则，对工程项目从施工准备工作开始直到工程竣工为止的全部施工过程，利用横道图、垂直图或网络图等图表形式来确定其在时间和空间上的安排、相互间配合关系以及各工序之间的衔接关系，以达到具体指导施工的目的。

1. 编制施工进度计划的基本要求

发挥企业所有的技术及装备优势，并根据施工需要结合企业的施工装备和技术力量，以保证合同工期、在保证安全、质量、效益的前提下，提高施工生产效率，加快工程施工进度。

（1）严格遵守合同工期，把配套建设作为安排总进度的指导思想，保证拟建工程在规定的施工期限内完成。

以配套投产为目标，区分各项工程的轻重缓急，把工艺调试在前的、占用工期较长的、工程难度较大的项目排在前面；把工艺调试靠后的、占用工期较短、工程难度一般的项目排列在后。所有单位工程，都要考虑土建、安装的交叉作业，组织流水施工，力争加快进度，合理压缩工期。

（2）施工的顺序必须与所选择的施工方法和施工机具相协调。在施工顺序安排上，除应本着先地下后地上，先深后浅，先干线后支线，先地下管线后道路的原则外，还应使为进行主要工程所必需的准备工程及时完成；主要工程应从全工地性工程开始；各单位工程应在全工地性工程基本完成后立即开工；充分利用永久性建筑和设施为施工服务，以减少暂设工程费用开支。

（3）工序之间的衔接紧密、合理。工序之间的衔接紧密、合理；充分估计材料、设备、配件的到货情况，务使每个施工项目的施工准备、主体构造建设及设备安装等的时间能合理衔接。充分考虑当地气候条件，尽可能减少雨冬季施工的附加费用。

（4）优先考虑重点工程和关键工序，并综合考虑施工过程的连续性、协调性、均衡性和经济性，节省施工费用。将工程中的主要分部分项工程（路基土石方、桥涵基础、构件预制、结构吊装、砌筑等）和设备安装工程分别组织流水作业、连续均衡施工。确定一些调剂项目，如防护、排水、临时设施、附属工作内容等穿插其中，以达到既能保证重点，又能实现均衡施工的目的。

（5）并综合考虑季节、气候因素影响。充分考虑当地气候条件，尽可能减少雨冬季施工的附加费用。

（6）满足安全生产和工程质量的要求。总进度计划的安排还应遵守技术法规、标准，符合安全、文明施工的要求，并应尽可能做到各种资源的平衡。

2. 编制施工进度计划的依据

（1）合同规定的开工、竣工日期。

（2）工程的设计文件和施工图纸。

（3）已确定的主要工程及分部分项工程的施工方案。

（4）工程所处区域的地质、水文、气象及其他技术经济资料。

（5）预算定额、施工定额和机械台班使用定额。

（6）劳动力、材料和机具供应情况。

4.2 认识流水施工

【任务】 认识流水作业法的原理与流水施工的作业方式；分析流水作业的组织形式及流水施工的主要参数；根据流水施工的主要参数规范确定流水施工的类型及总工期。

4.2.1 流水作业法原理

4.2.1.1 流水作业法的组织

通过对顺序作业法、平行作业法、流水作业法的比较，流水作业法是一种比较科学的施工组织方法，它建立在合理分工、紧密协作和大批量生产的基础上。

在公路工程施工过程中，将建筑产品施工的各道工序分配给不同的专业队依次去完成，每个专业队沿着一定的方向移动，在不同的时间相继对各个施工任务（施工段）进行相同的施工，由此形成专业队、施工机械和材料供应的移动路线，称为流水线。

施工流水线是建筑产品因劳动生产流动性在流水作业组织上的反映。

流水施工是指将拟建工程项目中的每一个施工对象分解为若干个施工过程，并按照施工过程成立相应的专业工作队，各专业工作队按照施工顺序依次完成各个施工对象的施工过程，同时保证施工在时间和空间上连续、均衡和有节奏地进行，使相邻两专业对能最大限度地搭接作业。

流水施工为工程项目组织实施的一种管理形式，就是由固定组织的工人在若干个工作性质相同的施工环境中依次连续地工作的一种施工组织方法 。

公路工程施工现场规模较大，可容纳各种不同专业的工人、施工机具，在不同的位置进行施工生产，即将施工对象划分为若干个施工段，以流水形式组织施工作业，使整个施工过程始终连续、均衡、有节奏的施工。公路工程施工任务不论是分部、分项工程，还是基本建设项目，都可以组织流水作业，即小到一道工序大到一个基本建设项目，都可以按流水作业法组织施工。

4.2.1.2　流水作业组织的基本方法

（1）划分施工段。划分施工段就是把劳动对象（工程项目）按自然形成或人为地划分成劳动量大致相等的若干段。如一个标段上有若干道小涵洞，可以把每一个小涵洞看作是一个施工段，这就自然形成了若干施工段。如果把一个标段的路线工程部分，划分成 1km 一段，就属于人为地把劳动对象划分成了若干施工段。

（2）确定流水线，划分施工过程或工序，组织专业施工队组。划分工序就是把劳动对象（工程项目）的施工过程，划分成若干道工序或操作过程，每道工序或操作过程分别按工艺原则建立专业班组，即有几道工序，原则上就应该有几个专业施工队（组）。

各个作业班组按照一定的施工顺序，携带必要的机具，依次地、连续地由一个施工段转移到另一个施工段，反复完成同类施工。

要点提示

不同的工序可以组建相应工程的施工队（组）完成，而同一施工组可以完成不同的工序任务。

如某基础工程包含开挖、回填、支模、砌筑几个工序，可以组织相应工种的施工队（组）共同完成，可以由一个施工组完成所有的工序。

（3）确定施工顺序。

确定施工顺序就是各个专业班组按照一定的施工顺序，依次地、连续地由一个施工段转移到下一个施工段，不断地完成同类施工。

例如，路线的施工顺序是：施工准备、施工放样、路基、路面等，各专业班组按照这样一个施工顺序，由一个施工段转移到下一个施工段，直至完成全部工程。

（4）估算流水时间。施工单位根据能达到的生产力水平和流水强度。

1）确定个施工队组在各个施工段上的流水节拍。

2）确定相邻两个专业施工队之间的流水步距。

（5）施工过程的时间组织。为了缩短工期，提高经济效益，减少施工工人和施工机械的不必要的闲置时间，本施工段上各相邻工序之间或本工序在相邻施工段之间进行作业的时间，应尽可能地相互衔接起来，即施工段之间、工序之间尽可能连续。

各条流水线间的搭接：只要前一条流水提供了适当的工作面之后，后一条流水线就在适当的工作面之后插入平行施工，以缩短工期。

【例 4.1】 有 5 道涵洞，对其基础施工采用流水作业法。

分析：(1) 5 道涵洞，自然形成 5 个施工段。

(2) 将基础分成三道工序：施工放样、挖基坑、砌基础。

(3) 分别组成三个专业施工队，即施工放样 3 人、挖基坑 4 人、砌基础 8 人。

(4) 施工顺序是：施工放样→挖基坑→砌基础。

具体时间组织成果见图 4.8。

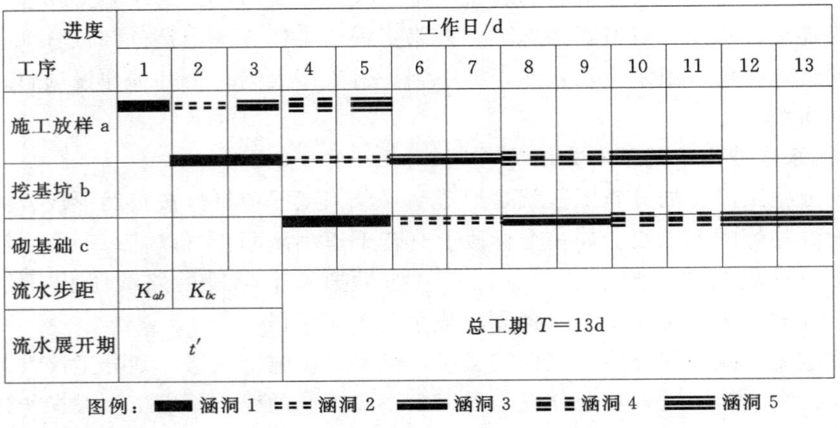

图 4.8 流水作业施工进度图

由图 4.8 可见，当涵洞 1 的施工放样工序完成后，涵洞 1 的挖基坑作业可以进行；同时，涵洞 2 的施工放样和涵洞 1 的挖基坑作业平行地进行施工；依此进行下去，形成流水作业。

4.2.2 流水施工参数的确定

流水施工参数是在组织项目流水施工时，用来表达流水施工在施工工艺、空间布置和时间排列展开状态的参数，统称为流水参数。流水施工参数是影响流水施工组织节奏和效果的重要因素。一般把流水作业法的参数分为：空间参数、工艺参数和时间参数。

4.2.2.1 空间参数

执行任何一项施工任务，都要占用一定范围的空间。空间参数是指在组织流水施工时，用以表达流水施工在空间布置上开展状态的参数。通常包括工作面、施工段、施工层。

1. 工作面 A

又称工作前线，是指施工对象的场地或空间可能安排工人或机械进行有效率地工作的活动空间。用来反映施工过程在空间布置的可能性。

工作面依施工过程、技术要求等确定，工作面的大小可以采用不同的计量单位来表示。

例如，道路工程，可以采用沿着道路的长度以 m 为单位；浇筑混凝土楼板工程则可以采用楼板的面积以 m^2 为单位等。

工作面是指施工过程中可供操作工人或施工机械进行施工的活动空间。

工作面的大小决定了最多能安置多少工人和布置多少台机械操作。它反映空间组织的合理性。每个作业的工人或每台机械所需工作面的大小，取决于单位时间内其完成的工程量和安全施工的要求。例如，钻孔平台的大小。

工作面的布置以最大发挥工人和机械的效力为目的，并遵守安全技术和施工技术规范的规定。工作面确定的合理与否直接影响到专业工作队的安全施工和生产效率，因此必须合理确定工作面。

表 4.2 列出了主要专业工种工作面参考数据表。

表 4.2　　主要专业工种的工作面参考数据

工作项目	工作面的大小	说明
钢筋混凝土柱	2.45m^3/人	现浇、机拌、机捣
钢筋混凝土梁	3.20m^3/人	现浇、机拌、机捣
钢筋混凝土墙	5m^3/人	现浇、机拌、机捣
混凝土设备基础	7m^3/人	现浇、机拌、机捣
混凝土基础	8m^3/人	现浇、机拌、机捣
毛石基础	3m/人	600mm 厚
毛石墙	3.3m/人	400mm 厚

要点提示

（1）计量单位随工种而异

（2）当工作班次和定额一定时，最小工作面决定了施工段上的最短持续时间

（3）每个施工段上最短持续时间与施工段大小或工程量无关

2. 施工段数 m

为了有效地组织流水施工，通常把拟建工程项目在平面上划分成若干个劳动量大致相等的施工段落，这些施工段落称为施工段。施工段的数目以 m 表示，它是流水施工的基本参数之一。

划分施工段是组织流水施工的基础。组织流水施工，要考虑各作业班组有合适的工作面，过小，不能充分发挥人、机械的效力；过大，影响工期。划分施工段的目的就是为了多创造工作面，为下道工序尽早开工创造条件；而不同的工序（不同工种的专业施工队）在不同的工作面上平行作业。只有划分施工段，才能展开流水作业。

（1）划分施工段，一般应遵循以下原则：

1）同一专业工作队在各个施工段上的劳动量应大致相等，其相差幅度不宜超过 10%～15%。

2）为充分发挥工人（或机械）生产效率，施工段的划分，应考虑施工规模、资源供应等，不仅要满足专业工程对工作面的要求，而且要使施工段所能容纳的劳动力人数（或机械台数）满足劳动组织优化要求。通常以主导工序的组织为依据。

3）施工段数目多少，要满足合理流水施工组织的要求。

施工段数过多，会降低施工速度，使工期延长；施工段数过少，不利于利用工作面，可能造成窝工。

4）为保证项目结构完整性，施工段分界线应尽可能与结构自然界线（如沉降缝、伸缩缝等）相一致，或设在对建筑结构影响小的部位，以保证建筑结构的整体性。

例如，大型人工构造物以伸缩缝、沉降缝为界分段，一般的工程结构应在受力最小而又不影响结构外观的位置分段。

（2）施工段数的确定。施工段数的划分要合理，既不能过多，也不能过少。要想保证专业工作队能够连续施工，施工段数必须满足

$$m \geqslant N \tag{4.1}$$

式中　m——流水施工时的最少施工段数；

　　N——流水施工的施工过程数或专业施工队数。

1）当 $m=N$ 时，工作队能连续施工，施工段上始终有工作队施工，即施工段无停歇、等待现象，比较理想。

2）当 $m>N$ 时，工作队仍能连续施工，但施工段上有停歇现象。这时工作面的停歇并不一定有害，有时还是必要的，如可以利用停歇时间做养护、备料等工作。

3）当 $m<N$ 时，工作队就不能连续施工而出现窝工。因此，对一个建筑物组织流水施工是不适宜的。

要点提示

（1）施工段可以时固定的，也可以是不固定的。

在固定施工段的情况下，所有施工过程都采用同样的施工段，施工段的分界对所有施工过程来说都是固定不变的。在不固定施工段的情况下，对不同的施工过程分别地规定出一种施工段划分方法，施工段的分界对于不同的施工过程是不同的。固定的施工段便于组织流水施工，采用较广，而不固定的施工段则在道路施工中采用较广。

（2）流水施工中施工段的划分一般有三种形式：一是在一个单位工程中自身分段；二是在建设项目中各单位工程之间进行流水段划分；三是混合分段。例如，道路等线性工程按一定长度作为一个施工段。

（3）施工段 m 不宜过大，否则，工、料、机过于集中，影响效率和效益，且容易发生事故。

3. 施工层 r

在组织流水施工时，为了满足专业工作队对操作高度和施工工艺的要求，一般根据设计、施工工艺和专业工种要求，将拟建工程项目在竖向上划分为若干个操作层，这些操作层称为施工层。在多层、高层建筑物、构筑物或需要分层施工的工程的流水施工中，施工层数也是一个主要的流水参数。施工层数用 r 表示。

对于多、高层建筑物、构筑物或需要分层施工的工程，在组织流水施工时，将施工对象既要在水平平面上划分成若干个施工段，又要在垂直方向上划分成若干个施工层。流水施工过程中，各专业工作队依次完成第一施工层中各施工段的任务后，再转入第二施工层中各施工段上作业，依次类推，直至完成全部工作。

一般根据结构层划分施工层（施工段总数＝施工段数 $m\times$ 层数 r）。

在墙体的砌筑工作中，较高的墙体需要分层砌筑，其施工层的划分应以可砌高度为依据，一个可砌高度为一个施工层。

4.2.2.2　工艺参数

任何一项施工任务的施工，都由若干不同种类和特性的工序（施工过程）组成，每一道工序都有其特定的施工工艺。在组织流水作业时，用工序（施工过程）和流水强度这两个参数来表达流水作业施工工艺开展顺序及特征，这些参数称为工艺参数。

1. 施工过程（工序）数 n

根据具体情况，把一个工程项目（分部工程）划分为若干道具有独自施工工艺特点的个别施工过程，叫作工序。

例如，桥梁钻孔灌注桩工程可分为：埋护筒、钻孔、灌混凝土等；预制混凝土构件可分为：钢筋组、木工组、支模板组、实验组、混凝土拌和站、混凝土运输、混凝土浇灌、混凝土振捣。工序数常用 n 来表示。每一道工序由一个专业班组来承担施工。

工序数要根据构造物的用途、工程复杂程度和施工方法来确定。

（1）划分工序时，应注意以下问题：

1）工序划分的粗细程度，应以流水作业进度计划的性质为依据。

对于实施性的流水作业进度计划，应划分得细一些，可划分到分项工程。对于控制性的进度计划，应划分得粗一些，可以是单位工程，甚至是单项工程。

2）结合所选择的施工方案划分工序。

例如，钢筋混凝土结构的现场浇注与预制安装，沥青混凝土路面的机械摊铺施工与人工摊铺施工，两者划分施工工序的差异是很大的。

3）划分工序应重点突出，抓住主要工序，不宜太细，使流水作业进度计划简明扼要。

例如，路面工程可以划分为底基层、基层、面层。

4）一个流水作业进度计划内的所有工序应按施工先后顺序排列，所采用的工序名称应与现行定额的项目名称一致。

（2）施工过程的分类。按性质的不同，可以分为：制备类施工过程、运输类施工过程、砌筑安装类施工过程三种形式。其中，加工厂生产各种预制构件的制备类施工过程、各种材料及构件、配件、半成品的运输类施工过程不占有工作面，不影响工期，不列入施工过程数目；直接在工程对象上操作的各个建筑类施工过程占有空间，直接影响工期，必须划入施工过程数目内；大型施工机具安置及脚手架搭设等施工过程根据具体情况，如果需要占有施工工期，则可划入流水施工过程数目内。

例如，钢筋混凝土预制构的预制与安装过程要列入施工进度计划。

要点提示

直接在工程对象上操作的各个建筑类施工过程占有空间，直接影响工期的施工过程，才列入施工进度表。

2. 流水强度 v

流水强度又称流水能力或生产能力，是指每一施工过程或工序（专业班组）在单位时间内所完成的工程量叫流水强度。

例如，浇捣混凝土施工过程的流水强度是指每工作班浇筑的混凝土立方米数量。

流水强度越大，专业队应配备的机械、需用的人工及材料等也就越多，工作面相应增大，施工期限将会缩短。流水强度按下列公式计算：

(1) 机械施工时的工序流水强度按式 (4.2) 计算：

$$v = \sum_{i=1}^{x} R_i \times S_i \tag{4.2}$$

式中 v——工序 i 的机械作业流水强度；

R_i——某种施工机械台数；

S_i——该种施工机械的台班产量定额（时间定额的倒数）；

x——投入同一工序的主导施工机械种类。

【例 4.2】 已知某铲运机铲运土方工程，所用设备为推土机 1 台，$S=1562.5\text{m}^3$/台班，铲运机 3 台，$S=223.2\text{m}^3$/台班。求流水强度。

解：$v=1\times1562.5+3\times223.2=2232.1(\text{m}^3/台班)$

(2) 人工操作时的工序流水强度按式 (4.3) 计算：

$$v=R_i \times S_i \tag{4.3}$$

式中 v——施工过程或工序（专业班组）的人工作业流水强度；

R_i——每一专业班组人数；

S_i——平均每一个工人每班产量即产量定额（时间定额的倒数）。

【例 4.3】 已知人工开挖土方工程，$S=22.2\text{m}^3$/工日，$R=5$ 人，求流水强度。

解：$v=5\times22.2=111\text{m}^3$

要点提示

已知施工过程的工程量和流水强度就可以计算施工过程的持续时间，或已知施工过程的工程量和计划完成时间，就可以算出流水强度；为参加流水施工的班组配备机械设备数及工人数提供依据。

4.2.2.3 时间参数

每一工序（施工过程）的完成，都要消耗时间。在组织流水施工时，用以表达流水施工在时间排列上所处状态的参量，均称为时间参数。它包括：主要包括：流水节拍、流水步距、工艺间歇、组织间歇、平行搭接和工期。

1. 流水节拍 t_i

在组织流水施工时，某个施工过程（或作业班组）在一个施工段上的持续时间，称为流水节拍。

流水节拍是流水施工的主要参数之一，它表明流水施工的速度和节奏性。流水节拍的大小决定着单位时间投入的劳动力、机械和材料等资源量的多少，同时，也是区别流水施工组织方式的特征参数。因此，流水节拍的确定具有很重要的意义。

流水节拍数值大小，可以反映流水速度快慢、资源供应量大小。当施工段数目确定后，流水节拍的长短，影响总工期。

如图4.8中，施工放样工序在各施工段上的流水节拍都等于1d，挖基坑工序在各施工段上的流水节拍都等于2d等。

同一施工过程的流水节拍，主要由所采用的施工方法、施工机械以及在工作面允许的前提下投入施工的专业施工队的人数、机械台数、每天的作业班次等因素确定。

流水节拍 t_i 可分别按下列方法确定：

（1）定额法。在实际工程中，根据实有工人和机械数量按式（4.4）、式（4.5）确定流水节拍 t_i：

$$t_i=\frac{Q_i\times H_i}{R\times C_i} \tag{4.4}$$

$$t_i=\frac{P_i}{R_i\times C_i}=\frac{Q_i}{S_iR_iC_i} \tag{4.5}$$

式中　t_i——某施工过程的流水节拍；

P_i——在一个施工段上完成某施工过程所需要的劳动量（或机械台班量）；

Q_i——某施工过程在某施工段的工作量（$i=1, 2, \cdots, m$）或工程量；

S_i——每工日（或台班）的计划产量（产量定额）；

H_i——某专业工作队或某工序的计划时间定额；

R_i——某施工过程的施工人数（或机械台数）；

C_i——专业工作队的作业班次数，即1班、2班、3班。

【例4.4】已知人工挖运土方工程：$Q=24500\text{m}^3$，$S=24.5\text{m}^3$/工日，求当 $R=20$ 人或 $R=50$ 人时，流水节拍的大小。

解：由 $P=24500/24.5=1000$（工日），$R=20$ 人

得 $t=1000/20=50$（d）

由 $P=24500/24.5=1000$（工日），$R=50$ 人

得 $t=1000/50=20$（d）

（2）工期反算法。如果施工任务紧迫，必须在规定日期内完成施工任务，可采用倒排进度的方法求流水节拍。

1）首先根据要求的总工期 T 倒排施工进度，确定某一主导工序（施工过程）的施工作业总持续时间 T_i；

2）再根据施工段数 m 反求流水节拍 t_i；如同一施工过程流水节拍不等，则用估算法求，如同一施工过程流水节拍相等，则用式（4.6）计算

$$t_i=\frac{T_i}{m} \tag{4.6}$$

3）然后检查反求的流水节拍 t_i 是否大于最小流水节拍 $t_{\min}$，如果不满足可通过调整施工段数和专业队人数及作业班次，再综合考虑其他因素，然后重新确定。$t_{\min}$ 的计算公式为

$$t_{\min}=\frac{A_{\min}\times Q_i\times S}{A} \tag{4.7}$$

式中　T_i——某一工序（施工过程）的施工作业总持续时间；

m——施工段数；

A_{min}——每个人或每台机械所需的最小工作面；

t_{min}——最小流水节拍；

A——个施工段实际具有的工作面数值；

Q_i——某施工段的工程数量；

S——某工序的时间定额。

确定的流水节拍取整数或半个工作日的整倍数。

（3）经验估算法。对于采用新技术、新工艺、新材料、新方法等没有定额可循的工程项目，可以根据以往的施工经验来进行估算，为了提高估算精度，通常是先估算出该流水节拍的最长、最短、正常情况（最可能）三种时间，然后求其加权平均数，作为某施工过程在某施工段上的流水节拍。通常计算式为

$$t_i=(a+4c+b)/6 \tag{4.8}$$

式中 t_i——根据三种估算时间计算的加权平均时间；

a——根据经验估算的最快完成时间；

b——根据经验估算的最慢完成时间；

c——最有可能完成该道工序的时间。

确定流水节拍需要考虑的因素有：

1）流水节拍应当取适当整数，不得已时，可取0.5或0.5d的倍数。

2）流水节拍的取值应当考虑专业工作队组织方面的限制和要求，尽量不改变原有的劳动组织形式，但又应满足专业工作队对工作面的要求，确保施工操作安全和充分发挥劳动效率。

3）应先确定主导施工过程的流水节拍，据此再确定其他施工过程的流水节拍，并应尽可能是有节奏的，以便组织有节奏的流水施工。

4）流水节拍的确定，还要综合考虑劳动力、材料、机具设备的供应情况和施工进度、施工技术、施工工艺的限制和特殊要求。

5）根据工期要求确定流水节拍时，必须检查劳动力、材料和机械供应的可能性，工作面是否足够等。如果工期紧、节拍小，可以增加工作班次（采用每天两班或三班制）。

要点提示

从理论上讲，流水节拍越短越好。但是实际上，由于工作面的限制，流水节拍 t_i 有一个界限。

实际工作中，确定流水节拍，还要考虑劳动组合的最少人数要求和工作面对人数的限制及考虑资源供应能力和现场堆放能力。

2. 流水步距 K

流水步距是指在组织流水施工时，相邻两个施工过程（或专业工作队）相继开始施工的最小时间间隔。即开始时间之差，通常用 K 表示。流水步距一般用符号 $k_{j,j+1}$ 表示，其中 j（$j=1$，2，…，$n-1$）为专业工作队或施工过程的编号。

流水步距也是流水施工的主要时间参数之一。

流水步距的大小取决于相邻两个的专业工作队在各施工段上的流水节拍及流水施工的

组织方式；流水步距的最小时间单位应为1d或0.5d。

流水步距的数目取决于参加流水的施工过程数及流水施工的组织方式。

流水步距K的大小，对总工期有很大影响。在施工段数目和流水节拍确定的条件下，流水步距越大，则总工期就越长，反之，则工期就越短。

确定流水步距时，在考虑正确的施工顺序、合理的技术间歇、适当的工作面和施工的均衡性的同时，一般还应遵循以下原则：

(1) 各施工过程按各自的流水速度施工，始终保持各施工过程的工艺先后顺序。

(2) 各施工过程的专业工作队投入施工后尽可能保持连续作业；妥善处理好间歇时间，避免发生停工、窝工现象。

(3) 相邻两个式过程（或专业工作队）在满足连续施工的条件下，最大限度地实现合理地搭接。

(4) 流水步距与流水节拍保持一定关系，它应满足一定的施工工艺、组织条件及质量要求，例如，钻孔灌注桩工程，必须保证钻孔与灌注混凝土两道工序紧密衔接（防止塌孔）。

确定流水步距的方法：累加数列错位相减取最大差法（潘特考夫斯基法）。

第一步：求各施工过程或专业队组流水节拍的累加数列。

第二步：相邻两数列（右）错位相减，求假定段步距。

第三步：求流水步距。

【例4.5】 某工程流水节拍如表4.3，求流水步距。

表4.3　　其工程流水节拍

施工过程编号	①	②	③	④
Ⅰ	3	3	2	2
Ⅱ	4	2	3	2
Ⅲ	2	2	3	3

解：第一步求累加数列

Ⅰ：3，6，8，10

Ⅱ：4，6，9，11

Ⅲ：2，4，7，10

第二步错位相减

Ⅰ和Ⅱ：

$$\begin{array}{rrrrrr} & 3, & 6, & 8, & 10 & \\ - & & 4, & 6, & 9, & 11 \\ \hline & 3, & 2, & 2, & 1, & -11 \end{array}$$

Ⅱ和Ⅲ：

$$\begin{array}{rrrrrr} & 4, & 6, & 9, & 11 & \\ - & & 2, & 4, & 7, & 10 \\ \hline & 4, & 4, & 5, & 4, & -10 \end{array}$$

第三步求流水步距：$K_{ⅠⅡ}=3$，$K_{ⅡⅢ}=5$

要点提示

如果施工过程数为 n，则流水步距总数为 $n-1$；

如果施工段不变，则流水步距越长，工期越长，反之，工期越短。

3. 工艺间歇时间

工艺间隙时间是指由于施工过程的工艺性质决定的，在正常流水步距外增加的额外等待时间。用以 Z_1 表示。

在组织流水施工时，除要考虑相邻专业工作队之间的流水步距、协调配合、施工质量、施工安全外，有时还需根据建筑材料或现浇构件等的工艺性质，考虑合理的工艺等待时间，然后下一专业队才能进入施工，这个等待时间叫工艺间歇时间。工艺间歇时间与材料的性质和施工方法有关，例如，混凝土浇筑后需要一定的养护时间才能进行后一道工序的施工、油漆的干燥等。

4. 组织间歇时间

在流水作业中，由于施工技术或施工组织的原因，造成流水步距以外增加的额外等待时间，称为组织间歇时间。用 Z_2 表示。

例如，土方回填前的地下管道的质量验收，施工机械的转移，墙身位置弹线及其他准备工作，安全检查等需用的时间都是组织间歇时间。

5. 平行搭接时间

工艺搭接时间是指为了缩短工期，在不违反操作规程及工作面允许的条件情况下，一个专业工作队完成部分施工任务后，能够提前为后一个专业工作队提供工作面，使后者提前进入施工段，两者在同一施工段上同时施工的时间称为平行搭接时间。通常用 Z_3 表示。

6. 施工工期

工期是指完成一项工程任务或一个流水组施工所需的时间，一般可用下式表示：

$$T=\sum K_{i,i+1}+T_n+\sum(Z_1+Z_2-Z_3) \tag{4.9}$$

式中 $\sum K_{i,i+1}$——流水组中各流水步距之和；

T_n——流水施工中最后一个施工过程的持续时间；

Z_1——技术间歇时间；

Z_2——组织间歇时间；

Z_3——工艺搭接时间。

流水施工的工期不是总工期，但受总工期的制约，要确保总工期目标的实现。

4.2.3 流水施工的类型及应用

由于工程构造物的复杂程度不同，受地理环境影响不同，以及工程性质各异等因素的影响，造成了流水参数的差异。

流水施工组织方式根据流水施工的节奏不同通常可分为：有节奏流水施工（等节奏流水施工、异节奏流水施工）、无节奏流水施工，如图 4.9 所示。

有节奏流水施工是指在组织流水施工时，每一项施工过程在各个施工段上的流水节拍都各自相等地，可分为等节奏流水施工和异节奏流水流水施工。

等节奏流水施工是指在有节奏流水施工中，各施工过程之间的流水节拍都各自相等，

- 流水施工
  - 无节奏流水施工
  - 有节奏流水施工
    - 异节奏流水施工
      - 成倍节拍流水
      - 异步距异节拍流水施工
    - 等节奏流水施工(固定节拍)
      - 全等节拍流水施工
      - 等节拍不等步距流水施工

图 4.9　流水施工的分类图

也叫固定节拍流水施工或全等节拍流水施工。

异节奏流水施工是指在有节奏流水施工中，各施工过程之间的流水节拍各自相等而不同施工过程之间的流水节拍不尽相等地。

无节奏流水施工是指在组织流水施工中，全部或部分施工过程在各个施工段上的流水节拍不相等的流水施工。这种流水施工的组织方式最接近于实际情况，可分为非节奏流水施工和分别流水施工。

4.2.3.1　等节奏流水施工（固定节拍流水施工）

主要有全等节拍流水施工和等节拍不等步距流水施工。

1. 全等节拍流水

（1）所谓全等节拍流水，是指各施工过程的流水节拍 t_i 与相邻施工过程之间的流水步距 K 完全相等的流水施工。它是一种最理想的流水施工组织方式，其特点如下：

1）所有施工过程在各个施工段上的流水节拍相等；

2）相邻施工过程的流水步距相等，且等于流水节拍，$K=t$；

3）专业施工队数等于施工过程数 $N=n$，即每个施工过程成立一个专业施工队，由该队完成相应施工过程所有施工段上的任务；

4）各施工班组在各施工段上能够连续作业，施工段之间没有空闲。

全等节拍流水的施工工期可按下式计算：

$$T=(m+n-1)t \tag{4.10}$$

（2）组织步骤。

1）确定项目施工起点流向，分解施工过程。

2）确定施工顺序，划分施工段。

3）确定流水节拍。根据全等节拍流水要求，应使各流水节拍相等。

4）确定流水步距，$k=t$。

5）计算流水施工的工期。

6）绘制流水施工进度图。

（3）应用举例：无技术间歇和搭接。全等节拍流水施工，一般适用于施工对象结构简单，工程规模较小，施工过程数不多的工程。

【例 4.6】 某工程有 A、B、C、D、E 五个施工过程，每个施工过程划分三个施工段，各施工过程的流水节拍为 2d，无技术间歇、组织间歇和工艺搭接，试计算工期并绘制施工进度计划。

解：由题意知 $m=3$；$n=5$；$t_i=K_{i,i+1}=2$，为全等节拍流水，施工进度计划如图 4.10 所示，其总工期为 $T=(m+n-1)t=(3+5-1)\times2=14(\text{d})$。

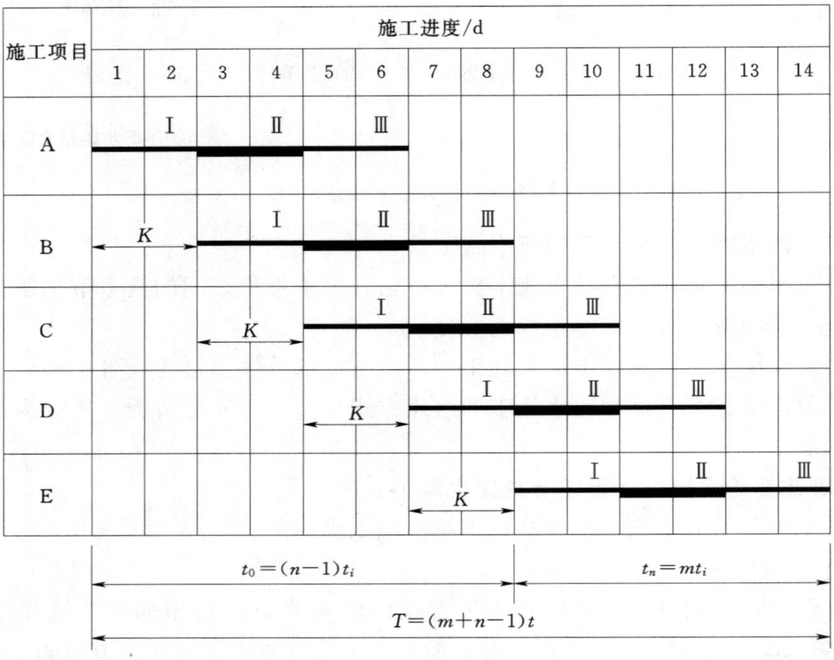

图 4.10　全等节拍流水施工进度计划图

2. 等节拍不等步距的流水施工

等节拍不等步距的流水施工指各施工过程的流水节拍全部相等，但各流水步距不相等（有的流水步距等于流水节拍，有的流水步距不等于流水节拍）。这是由于各施工过程之间，有间歇时间或搭接时间造成的。

其总工期为

$$T=(m+n-1)t+\sum Z_1+\sum Z_2-\sum Z_3 \tag{4.11}$$

（1）组织步骤。

1）确定项目施工起点流向，分解施工过程。

2）确定流水节拍。根据全等节拍流水要求，应使各流水节拍相等。

3）确定流水步距，$k=t$。

4）确定施工顺序，划分施工段。

5）计算流水施工的工期。

6）绘制流水施工进度图。

（2）应用举例：有间歇和搭接。

【例 4.7】 某工程有 A、B、C、D 四个施工过程，每个施工过程划分三个施工段，各施工过程的流水节拍为 2d，其中 A 与 B 之间有 1d 的工艺间歇时间，C 与 D 之间有 2d 的组织间歇时间，无工艺搭接。试计算工期并绘制施工进度计划。

解：由题意知 $m=3$；$n=4$；$t_i=2$；$Z_1=1$，$Z_2=2$，$Z_3=0$，其总工期为

$$T=(m+n-1)t_i+\sum Z_1+\sum Z_2-\sum Z_3=(3+4-1)\times 2+1+2-0=15(\mathrm{d})。$$

绘制施工进度计划如图 4.11 所示。

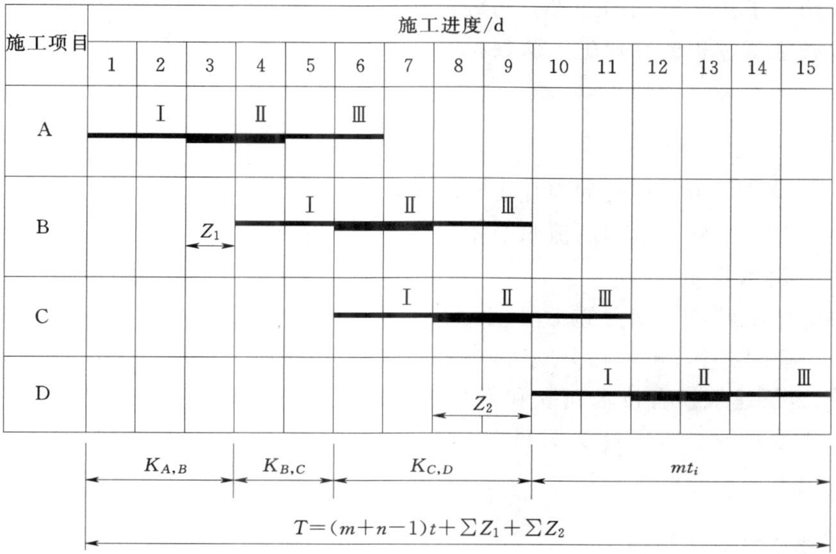

图 4.11　等节拍流水不等步距施工进度计划图

要点提示

组织多层建筑物有技术间歇和平行搭接的流水施工时，为保证工作队在层间连续施工，施工段数目 m 应满足下列条件：

$$m\geqslant n+\sum Z_1/K+\sum Z_2/K+\sum Z_3/K$$

4.2.3.2　异节奏流水施工

异节奏流水施工是指在组织流水施工时，如果同一个施工过程在各施工段上的流水节拍彼此相等，不同施工过程在同一施工段上的流水节拍彼此不等，而互成倍数的流水施工方法。也被称为成倍节拍流水施工。在组织流水施工时，又可以分为等步距异节奏流水施工（成倍节拍流水施工）和异部距异节拍流水施工。在通常情况下，组织固定节拍流水施工是比较困难的，但是，通过合理安排，也可以做到同一施工过程的各施工段的流水节拍相等。即形成成倍节拍流水施工，成倍节拍流水施工包括一般成倍节拍流水施工各加快成倍节拍流水施工。

1. 异节奏流水施工（成倍节拍流水施工）的基本特点

（1）同一施工过程上流水节拍彼此相等，不同施工过程在同一施工段上的流水节拍彼此不等，但互成倍数关系。

（2）相邻施工过程的流水步距彼此相等，且等于流水节拍的最大公约数。

（3）专业队数等于施工过程数。

（4）若各专业队在各个施工段能够保证连续施工，施工段没有空闲时间。

2. 异节奏流水施工的组织步骤

(1) 确定施工起点流向，分解施工过程。

(2) 确定流水节拍。

(3) 计算流水步距 K。

流水步距等于流水节拍的最大公约数。

(4) 求各施工过程的专业施工队数目 N_i，施工队数目 N_i 按下式计算：

$$N_i=\sum\frac{t_i}{K} \tag{4.12}$$

式中 N_i——第 i 个施工过程的专业工作队数目；

t_i——第 i 个施工过程的流水节拍；

K——流水步距。

(5) 确定施工顺序，划分施工段。

1) 不分施工层时，可按划分施工段的原则确定施工段数，不一定要求 $m\geqslant n$。

2) 组织多层建筑物有技术间歇和平行搭接的流水施工时，为保证工作队在层间连续施工，施工段数目 m 应满足下列条件：

$$m\geqslant n+\sum Z_1/K+\sum Z_2/K+\sum Z_3/K \tag{4.13}$$

(6) 计算总工期 T。

将专业施工队数目的总和 $\sum N_i$ 看成是施工过程数 n，按等节拍不等步距的流水的方法安排施工进度。由于 $n=\sum N_i$，因此可以按式 (4.14) 来计算总工期：

$$T=(m+\sum N_i-1)K+\sum Z_1+\sum Z_2-\sum Z_3 \tag{4.14}$$

(7) 绘制流水施工进度图。

【例 4.8】 有 6 座管涵施工。每座涵管有 A、B、C、D 四个施工过程，由于作业面受限制，只能容纳 4 人同时操作，因此每个专业施工队按 4 人组成时，$t_A=2\text{d}$，$t_B=4\text{d}$，$t_C=6\text{d}$。$t_D=2\text{d}$，无技术间歇和组织间歇，无工艺搭接。试计算工期并绘制施工进度计划。

解：(1) 计算流水步距 K

流水节拍的最大公约数 $K=2$。

(2) 求各施工过程的专业施工队数目 N_i

$$N_A=t_A/K=2/2=1\text{（个）}$$
$$N_B=t_B/K=4/2=2\text{（个）}$$
$$N_C=t_C/K=6/2=3\text{（个）}$$
$$N_D=t_D/K=2/2=1\text{（个）}$$

令施工过程数 $N=\sum N_i=N_A+N_B+N_C+N_D=1+2+3+1=7$

(3) 计算得到总工期

$$T=(m+\sum N_i-1)K+\sum Z_1+\sum Z_2-\sum Z_3=(6+7-1)\times 2+0+0-0=24(\text{d})$$

(4) 绘制施工进度计划如图 4.12 所示。

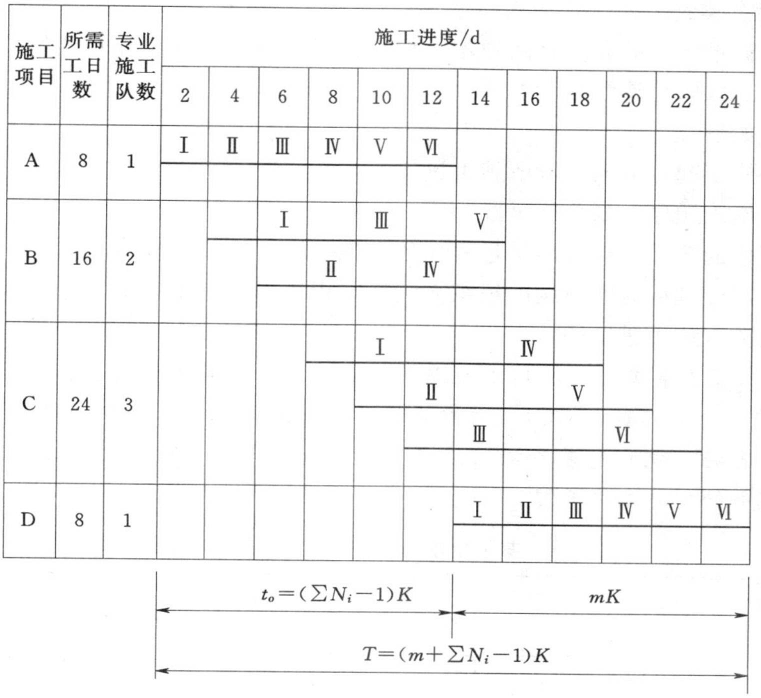

图 4.12 异节奏流水施工进度计划图

4.2.3.3 无节奏流水施工

无节奏流水施工也被称为分别流水，是指同一施工过程在各施工段上的流水节拍不完全相等的一种流水施工方式。对于公路工程来说，沿线工程量并非均匀分布，例如，大、中型桥梁或路基土、石方的高填、深挖等属于集中型工程。在实际工程中，各施工专业队在机具和劳工动力固定的条件下，流水作业速度不可能总保持一致。所以，有节拍流水作业很少出现，大多是无节拍流水作业，即 $t_i\neq$常数，$K\neq$常数。因此，无节奏流水施工是流水施工中的普遍方式。

1. 无节奏流水施工的特点

(1) 每个施工过程在各个施工段上的流水节拍不尽相等。

(2) 相邻施工过程的流水步距彼此不尽相等。

(3) 专业工作队数等于施工过程数。

(4) 各专业施工队能够在施工段上连续作业，但有的施工段之间可能有空闲时间。

2. 流水步距的确定

流水步距的计算可采用潘特考夫斯基法，即“累加数列，错位相减取大差”，具体做法为：先分别将两相邻工序的每段作业时间（流水节拍）逐项累加，得出两个数列，然后将后工序的累加数列向后错一位对齐，逐个相减，得到第三个数列，从中取大值（仅取正值）即为两工序施工队组的流水步距 $K_{i,i+1}$。

3. 流水工期的确定

$$T=\sum K_{i,i+1}+T_n+\sum(Z_1+Z_2-Z_3) \tag{4.15}$$

4. 组织无节奏流水施工的步骤

组织分别流水施工的方法有两种，一种是保证空间连续（工作面连续），另一种是保证时间连续（工人队组连续）。

组织步骤如下：

（1）确定施工起点流向，分解施工过程。

（2）确定施工顺序，划分施工段。

（3）按相应的公式计算各施工过程在各个施工段上的流水节拍。

（4）按空间连续或时间连续的组织方法确定相邻两个专业工作队之间的流水步距。

（5）绘制流水施工进度图。

【例 4.9】 某桥梁工程需修建 4 座桥梁的基础工程，施工过程包括：基础开挖（A）、基础处理（B）、浇筑混凝土（C）。因桥梁的结构与基础条件等不同使得 4 桥梁（施工段①②③④）的各施工过程有着不同的流水节拍，流水节拍如表 4.4 所示，试组织流水作业、计算工期并绘制施工进度图。

表 4.4　某桥梁基础工程流水节拍表

施工过程 \ 施工段	①	②	③	④
基础开挖 A	2	3	2	2
基础处理 B	4	4	2	3
浇筑混凝土 C	2	3	2	3

解：（1）确定施工流向：$A\to B\to C$，施工段数 $m=4$。

（2）确定施工过程数 $n=3$。

（3）流水步距的计算。利用“累加数列错位相减取大差法”分别计算确定流水步距。具体计算过程如下：

A、B 施工过程之间的流水步距 K_{AB}

$$\begin{array}{rrrrrr} & 2, & 5, & 7, & 9 & \\ (-) & & 4, & 8, & 10, & 13 \\ \hline & 2, & 1, & 1, & -1, & -13 \end{array}$$

所以 $K_{AB}=2\text{d}$。

B、C 施工过程之间的流水步距 K_{BC}

$$\begin{array}{rrrrrr} & 4, & 8, & 10, & 13 & \\ (-) & & 2, & 5, & 7, & 10 \\ \hline & 4, & 6, & 5, & 6, & -10 \end{array}$$

所以 $K_{BC}=6\text{d}$。

（4）计算流水施工工期。

$$T=\sum K_{i,i+1}+T_n+\sum(Z_1+Z_2-Z_3)=(2+6)+(2+3+2+3)+0=18(\text{周})$$

（5）绘制流水作业施工进度计划图，如图 4.13 所示。

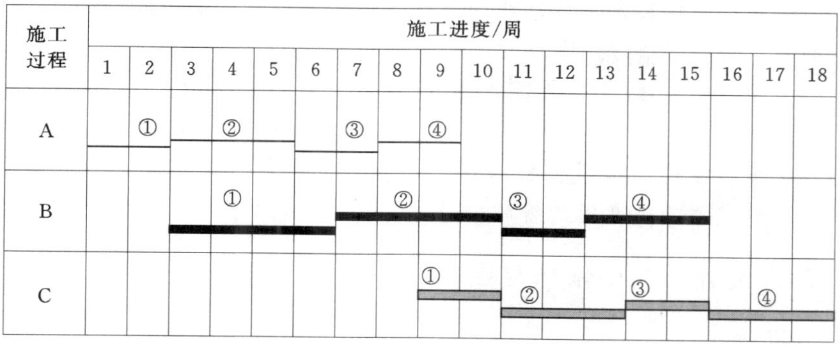

图 4.13　桥基础工程流水施工进度计划图

4.2.4　公路工程常用的流水施工组织

1. 路面工程的线性流水施工组织

一般路面各结构层施工的速度不同，从而持续时间往往不相同。组织路面流水施工时应注意的要点：

(1) 各结构层的施工速度和持续时间。要考虑影响每个施工段的因素，水泥稳定碎石的延迟时间、沥青拌和能力、温度要求、摊铺速度、养生时间、最小工作面的要求等。

(2) 相邻结构层之间的速度决定了相邻结构层之间的搭接类型，前道工序的速度快于后道工序时选用开始到开始搭接类型；否则选用完成到完成搭接。

(3) 邻结构层工序之间的搭接时距的计算。搭接时距＝最小工作面长度/两者中快的速度。

2. 通道和涵洞的流水段施工组织

对于通道和涵洞的流水组织主要是以流水段方式组织流水施工，而流水段方式的流水施工往往会存在窝工（资源的闲置）或间歇（工作面的闲置）。

根据流水施工的组织原理，异步距异节拍流水实质上是按无节拍流水组织，引入流水步距概念的目的就是为了消除流水施工中存在的窝工现象。消除窝工和消除间歇的方法都采用累加数列错位相减取大差的方法，构成累加数列的方法，当不窝工的流水组织时，其流水步距计算是同工序各节拍值累加构成数列；当不间歇的流水组织时，其施工段的段间间隔计算是同段各节拍值累加构成数列；错位相减取大差的计算方法，两种计算方法相同。

(1) 无窝工的无节拍流水工期＝流水步距和＋最后一道工序的节拍和。

(2) 无间歇的无节拍流水工期＝施工段间间隔和＋最后一个施工段的节拍和。

(3) 有窝工并且有间歇的无节拍流水工期，一般无法计算，只能绘横道图来确定；如果是异节拍流水往往是不窝工或者不间歇流水中的最小值。

3. 桥梁工程流水施工组织

多跨桥梁的桥梁基础或桥梁下部结构施工由于受到专业设备数量的限制，不宜配备多台平行施工，因此采取流水施工更适宜。桥梁的流水施工也是属于流水段方式流水施工，应注意尽可能按照有节拍流水方式组织流水施工。工期计算与通道涵洞相同。

4.3 编制施工进度横道计划

【任务】 认知施工进度横线图的常用格式及特点；熟悉施工度计划的编制流程与规律，正确完成横线式施工进度图的编制。

4.3.1 施工进度计划编制依据与要求

1. 施工进度计划

施工进度计划是实施性施工组织设计的重要组成部分，是施工现场各项活动在时间上的体现。其主要作用是：统筹全局，指导工程项目的全部施工生产活动，控制工程的施工进度；为编制季度、月度生产作业计划，确定工料机等各种资源需要量计划提供依据。

编制施工进度计划，是在已确定施工方案的基础上，根据合同工期和各种资源供应条件，并按照工程施工的合理施工顺序及组织施工的原则，对工程项目从施工准备工作开始直到工程竣工为止的全部施工过程，利用横道图、垂直图或网络图等图表形式来确定其在时间和空间上的安排、相互间配合关系以及各工序之间的衔接关系，以达到具体指导施工的目的。

单位工程施工进度计划是在确定施工发案的基础上，根据规定工期和各种资源供应条件，按照施工过程的合理施工顺序以及施工组织的原则，用图表形式（横道图和网络图），对一个工程从开始施工到工程全部竣工的各个项目，确定其在时间上的安排和相互间的搭接关系。

单位工程施工进度计划是编制月、季计划及各项资源需要量计划的基础。所以，施工进度计划是单位工程施工组织设计中的一项非常重要的内容。

2. 编制施工进度计划的基本要求

（1）保证拟建工程在规定的施工期限内完成，满足合同工期的要求。

（2）施工的顺序必须与所选择的施工方法和施工机具相协调。

（3）工序之间的衔接紧密、合理，并综合考虑季节、气候因素影响。

（4）优先考虑重点工程和关键工序。

（5）综合考虑施工过程的连续性、协调性、均衡性和经济性，节省施工费用。

（6）满足安全生产和工程质量的要求。

3. 编制施工进度计划的依据

（1）合同规定的开工、竣工日期。

（2）工程的设计文件和施工图纸。

（3）工程所处区域的地质、水文、气象及其他技术经济资料。

（4）施工组织总设计对本单位工程的有关规定。

（5）已确定的主要工程及分部分项工程的施工方案。

（6）预算定额、施工定额和机械台班使用定额。

（7）施工条件、劳动力、材料、构件及机械的供应条件、分包单位的情况。

4.3.2　编制施工进度计划的程序

编制施工进度计划，是在已确定施工方案的基础上，根据合同工期和各种资源供应条件，并按照工程施工的合理施工顺序及组织施工的原则，对工程项目从施工准备工作开始直到工程竣工为止的全部施工过程，利用横道图或网络图等图表形式来确定其在时间和空间上的安排、相互间配合关系以及各工序之间的衔接关系，以达到具体指导施工的目的。

单位工程施工进度计划的编制程序如图4.14所示。

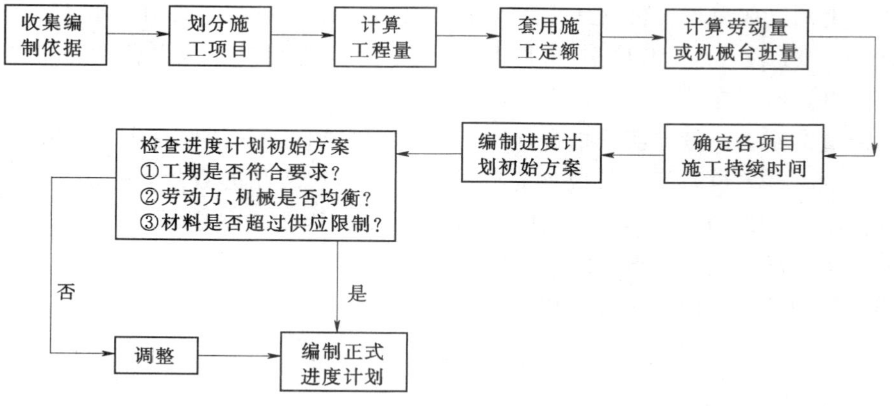

图4.14　单位工程施工进度计划的编制程序图

编制施工进度计划要进行施工项目的划分、计算工程量等基础的工作，在前面的任务中已对这些内容进行的详细的介绍，不再重述。

在流水施工组织中，我们对流水施工参数进行了系统的认识，前面案例中的施工持续时间都是已知的，在特定的已知条件下编制施工进度计划相对简单，但如何在实际工作中进行施工进度计划编制，这将是本节学习重点。

4.3.3　编制施工进度计划的步骤

4.3.3.1　划分施工项目并列出工程项目一览表

在编制施工进度计划时，首先划分出各施工项目的细目，列出工程项目一览表。施工项目划分列表在情景3的3.3节进行的详细的介绍，在此不重述。

4.3.3.2　计算工程量

在编制施工进度计划中，工程量可以采用直接按情景2的2.2节计算结果、或直接套用施工预算的工程量、或根据施工预算中的工程量，结合施工组织要求，按各施工层和施工段在施工图中所占比例加以划分即可。

计算工程量时，应注意以下几个问题：

（1）各分部分项工程的工程量计算单位，应与相应的定额或合同文件中的计量单位一致，以便计算劳动量及材料用量时可直接套用定额。

（2）除计算实物工程量外，还应包括大型临时设施的工程，如场地平整的面积、便道、便桥的长度等。

(3) 工程量计算要结合选定的施工方法和安全技术要求，使计算所得工程量与施工实际情况相符合。如挖土时是否放坡，是否加工作面，是否用支撑加固等，这些都直接影响土方工程量的计算。

4.3.3.3 套用施工定额（或预算定额）

当工程量计算完毕后，即可套用施工定额，以确定劳动量和机械台班需用量。

1. 施工定额的形式

(1) 时间定额。时间定额是指某种专业、工种技术等级的工人小组或个人在合理的技术组织条件下到完成单位合格的建筑产品所必需的工作时间。一般用表示 H_i，它的单位有：工日/m^3、工日/m^2、工日/m、工日/t、等。因为时间定额是以劳动工日数为单位，便于综合计算，所以在劳动量统计中用得比较普遍。

(2) 产量定额。产量定额是指在合理的技术组织条件下，某种专业、某种技术等级的工人小组或个人在单位时间内所应该完成的合格的建筑产品的数量，一般用表示 S_i，它的单位有：m^3/工日、m^2/工日、m/工日、t/工日等。因为产量定额是以建筑产品的数量来表示的，具有形象化的特点，故在分配施工任务时用得比较普遍。

时间定额和产量定额是互为倒数关系，既：

$$H_i=\frac{1}{S_i}\text{或}S=\frac{1}{H_i} \tag{4.16}$$

2. 套用定额应注意的问题

(1) 套用国家或地方颁发的定额，必须注意结合本单位工人的技术等级、实际施工操作水平、施工机械情况和施工现场条件等因素，确定完成定额的实际水平，使计算出来的劳动量、机械台班量符合实际需要，为准确编制施工进度计划打下基础。

(2) 有些采用新技术、新材料、新工艺或特殊施工方法的项目，施工定额尚未编入，这时可参考类似项目的定额、经验资料，或按实际情况确定。

4.3.3.4 计算劳动量和机械台班数量

劳动量：施工过程的工程量与相应的时间定额的乘积或者是劳动力数量与生产周期的乘积、机械台数与生产周期的乘积。其中，人工操作称劳动量，机械操作称作业量。

对于生产周期最长的劳动量称为主导劳动量。

劳动量和机械台班数量应根据各分部分项工程的工程量、施工方法和现行的施工定额，并结合具体情况确定。

1. 基本计算公式

$$P=\frac{Q}{S} \tag{4.17}$$

$$P=QH \tag{4.18}$$

式中 P——完成某施工过程所需的劳动量（工日）或机械台班数量（台班）；

Q——某施工过程的工程量；

S——某施工过程的产量定额；

H——某施工过程的时间定额。

对于在施工机械和运输机械上工作所需的工人人数，可从机械手册或操作作业规范中查得。

【例 4.10】　某挖掘机挖装土方工程（松土），工程量 9000m^3，（1）计算劳动量。（2）若安排人工 3 人，挖掘机 2 台，推土机 1 台。则项目的主导劳动量是什么？（3）如果安排人工 2 人，挖掘机 3 台，推土机 1 台。则项目的主导劳动量是什么？

解：（1）定额 1—1—9—1，完成 1000m^3 的工程需人工 4 工日、75kW 以内履带推土机 0.62 台班、0.6m^3 以内的单斗挖掘机 2.88 台班。

1）人工劳动量：9×4＝36（工日）

2）推土机作业量：0.62×9＝5.58（台班）

3）挖掘机作业量：2.88×9＝25.92（台班）

（2）若安排人工 3 人，挖掘机 2 台，推土机 1 台，此时

1）人工工作时间＝36÷3＝12（d）

2）推土机工作时间＝5.58÷1＝5.58（d）

3）挖掘机工作时间＝25.92÷2＝13（d），时间最长。

因此挖掘机 13 天为主导劳动量。

（3）如果安排人工 2 人，挖掘机 3 台，推土机 1 台，此时人工的工作时间变为：36÷2＝18（d），挖掘机工作时间＝25.92÷3＝8.64（d），人工就变为了主导劳动量。

要点提示

主导劳动量是随人、机的数量而变化的。

在定额使用过程中，有时不是直接查出的定额就可以使用的，而需要进行叠加计算。

【例 4.11】　如挖土质路槽 45cm 的 2—3—3—1 定额是查出 20cm 的定额再叠加上 25 个每增加或减少 1cm 的定额 2—3—3—3。即 58.1＋2.9×25＝170.8。

2. 特殊情况的处理

（1）当施工项目为合并项目时，各子项目的施工定额不同，可用其定额的加权平均值来确定其劳动量或机械台班数。加权平均产量定额的计算公式为

$$\overline{S_i}=\frac{\sum_{i=1}^{n}Q_i}{\sum_{i=1}^{n}P_i} \tag{4.19}$$

$$\sum_{i=1}^{n}Q_i=Q_1+Q_2+\cdots+Q_n(\text{总工程量})$$

$$\sum_{i=1}^{n}P_i=\frac{Q_1}{S_1}+\frac{Q_2}{S_2}+\cdots+\frac{Q_n}{S_n}(\text{总劳动量})$$

式中　$\overline{S_i}$——某施工过程的加权平均产量定额；

Q_1，Q_2，…，Q_n——由同一工种完成，但产量定额不同的子项目的工程量；

S_1，S_2，…S_n——与上述子项目相对应的产量定额。

例如，某学校的教学楼。其外墙抹灰装饰分为干黏石、贴饰面砖、剁斧石三种施工做法，其工程量分别是 684.54m^2、428.7m^2、208.3m^2；所采用的产量定额分别是 4.17m^2/工日、2.53m^2/工日、1.53m^2/工日。则加权平均产量定额为

$$\overline{S}=\frac{Q_1+Q_2+Q_3}{\frac{Q_1}{S_1}+\frac{Q_2}{S_2}+\frac{Q_3}{S_3}}=\frac{684.5+428.7+208.3}{\frac{684.5}{4.17}+\frac{428.7}{2.53}+\frac{208.3}{1.53}}=2.81(m^2/\text{工日})$$

2）对于有些采用新技术、新材料、新工艺和特殊施工方法的施工项目，其定额在施工定额手册中未列，可用参考类似项目和实测的办法确定。

3）对于“其他工程”项目所需劳动量，可根据其内容和数量，并结合施工现场的具体情况，以占总劳动量的百分比（一般为10%～20%）计算。

4）设备安装工程项目，一般不计算劳动量和机械台班需用量，只安排与一般土建单位工程配合的进度。

3. 机械施工过程劳动量的计算

对于机械完成的施工过程计算出台班量后，还应根据配合机械作业的人数计算出劳动量。

4.3.3.3 确定各项目的施工持续时间

施工项目的施工持续时间的计算方法一般有经验估计法、定额计算法和倒排计算法。

1. 定额计算法

这种方法就是根据施工项目需要的劳动量和机械台班量，以及配备的工人人数和机械台数，确定其工作的持续时间。

$$t=\frac{Q}{RSC}=\frac{P}{RC} \tag{4.20}$$

式中 t——施工过程施工持续时间，小时、天、周；

Q——施工过程的工程量；

R——该施工过程配备的施工人数或机械台数；

S——产量定额；

P——施工过程的劳动量；

C——每天工作班制。

例如，人工挖土方，劳动量为37.7工日，参加工作的工人有3人。则生产周期$t=37.7\div3=12.5$天。

此法多用于：项目刚开始时为了保证劳动力的均衡性，首先依据劳动力不均衡系数，确定各施工队的人数，再用公式计算各施工队的生产周期。

在安排每班工人数和机械台数时，应综合考虑各施工过程的工人班组中的每个技术工人和每台机械都应有足够的工作面（不能少于最小工作面），以发挥效率并保证施工安全；还应考虑各施工过程在进行正常施工时所必需的最低限度的工人班组人数及其合理组合（不能小于最小劳动组合），以达到最高的劳动生产率。

2. 经验估计法

对于采用新工艺、新技术、新材料的施工过程，没有合适的定额数据，则可根据过去的施工经验并按照实际的施工条件来估算施工过程的施工持续时间。为了提高估计的准确程度，往往采用“三时估计法”，即先估计出该项目的最长、最短和最可能的三种施工持续时间，然后据以求出期望的施工持续时间作为该施工过程的施工顺序时间。其计算公式为

$$t=\frac{A+4C+B}{6} \tag{4.21}$$

式中　t——施工过程施工持续时间；

A——最长的施工持续时间；

B——最短的施工持续时间；

C——最可能的施工持续时间。

3. 倒排计划法

当工程总工期比较紧张时，可以采用倒排计划法。

项目进行后期，为保证按期完成施工项目，首先根据规定的总工期和施工经验，确定各分部分项工程的施工持续时间，然后再确定各分部分项工程需要的劳动量和机械台班量，确定每一分部分项工程每个工作班组所需要的工人人数和机械台数，此时可将公式（4.20）变化为

$$R=\frac{P}{tZ} \tag{4.22}$$

【例4.12】　劳动量57.7工日，规定10d完成，1班制，确定施工队的人数。

解：施工队人数 $r=d/(tn)$ ＝57.7÷（10×1）＝5.77，安排6人施工队。

【例4.13】　某单位工程的土方工程采用机械化施工，需要87个台班，当工期为11d时，所需挖土机的台：

$$R=\frac{P}{tZ}=\frac{87}{11\times1}=7.909\approx8(\text{台班})$$

按上述方法计算出施工人数及施工机械台数后，还应验算是否满足最小工作面的要求，以及施工单位现有的人力、机械数量是否满足需要。

确定施工持续时间，通常先按一班制考虑，如果每天所需要的机械台数和工人人数已经超过了施工单位现有人力、物力和工作面限制，则根据具体情况和条件从技术和施工组织上采取积极有效的措施。如增加工作班次、最大限度的组织立体交叉平行流水施工、加早强剂提高浇筑混凝土早期强度。

【例4.14】　某公路工程包括路基土方、石方、涵洞、桥梁、路面等项目。

通过计算，得第一批施工的作业队劳动量为

（1）路基挖石队：劳动量6480工日。

（2）涵洞通道队：劳动量5377工日。

（3）桥梁基础队；劳动量30401工日。

第二批施工的作业队劳动量为

（4）路基挖土队，劳动量660工日。

（5）挡土墙施工队，劳动量11160工日。

请确定各施工项目的施工持续时间。

解：1. 确定开工时参加施工的队伍人数

分析：（1）该项目的施工顺序是：准备→桥梁、小型构造物施工→路面路基施工→其他工程→收尾

（2）施工桥梁、涵洞通道，路基挖石的工程量较大，所以安排在开始时施工（第一批

开始施工的工程队)。

(3) 挡土墙要随路基施工,而且劳动量又较大,因此放在路基挖土施工快完成时再开始。所以第二批开始施工的工程队是路基挖土和挡土墙。

(4) 路基挖石队、涵洞通道队、桥梁基础队,这三个施工项目的总劳动量为:

$$\sum P_{1,3}=6480+5377+30401=42258\text{(工日)}$$

(5) 各施工队的人数可用下式计算:$Rn=Pn/\sum P_i\times R_{平均}$

2. 拟定开工时各施工队的人数为

(1) 路基挖石队。劳动量 6480 工日。

$R_1=P_1/\sum P_i\times R_{平均}=6480/42258\times244=37$,计划安排 40 人

(2) 涵洞通道队。劳动量 5377 工日。

$R_2=P_2/\sum P_i\times R_{平均}=5377/42258\times244=30$,计划安排 35 人

(3) 桥梁基础队。劳动量 30401 工日。

$$R_3=P_3/\sum P_i\times R_{平均}=30401/42258\times244=173\text{(人)}$$

注意:因为桥梁属本项目的重点工程,并且只有桥梁下部完成,才能做上部,所以应多安排一些施工人员建议安排 185 人。

因此:三个施工队的总人数是 40+35+185=260(人)。高峰人数为 344 人。

3. 确定开工时各项目(施工队作业)施工持续时间

$$t_i=P_i/R_i\cdot C,\ C=1$$

(1) 路基挖石队。劳动量 6480 工日,人数 40。

施工持续时间 $t_1=P_1/R_1=6480\div40=162$(d),每月 20d,共需 8.1 个月。

(2) 涵洞通道队。劳动量 5377 工日,人数 35。

生产周期 $t_2=P_2/R_2=5377\div35=154$(d),每月 20d,共需 7.7 个月。

(3) 桥梁基础队。劳动量 30401 工日,人数 185 人。

生产周期 $t_3=P_3/R_2=30401\div185=164$(d),每月 20d,共需 8.2 个月。

4. 拟定第二批开工的施工队,确定其施工持续时间

第二批施工的施工队有路基挖土队、挡土墙队。

已知:(1) 前面三个施工队的总人数是 260 人,高峰人数 344 人。

(2) 路基挖土队和挡土墙队在前三各队没有结束时开始施工,

条件:为了使总人数不超过 333 人,

结果:(1) 路基挖土队和挡土墙队的人数应是 333−260=73(人)。

(2) 为了保证小于等于高峰值,安排路基挖土队安排 6 人,挡土墙队 67 人。共增加 73 人。

(3) 路基挖土队施工持续时间:

$$t=660\div6=110\text{ (d)}$$

按每月 20 计算,需

$$110\div20=5.5\text{(月)}$$

(4) 挡土墙队施工持续时间:

$$t=11160\div67=167\text{ (d)}$$

按每月 20 计算，需

$$167 \div 20 = 8.35 \text{（月）}$$

其余项目可以类推。

4.3.3.4 确定开竣工时间和相互搭接关系

确定开竣工时间和相互搭接关系主要考虑以下几点：

（1）同一时期施工的项目不宜过多，避免人力、物力过于分散。

（2）尽量做到均衡施工，使劳动力、施工机械和主要材料的供应在整个工期范围内达到均衡。

（3）尽量提前建设可供工程施工使用的永久性工程，以节省临时工程费用。

（4）急需和关键的工程先施工，以保证工程项目如期交工。对于某些技术复杂、施工周期较长、施工困难较多的工程，应安排提前施工，以利于整个工程项目按期交付使用。

（5）施工顺序必须与主要系统投入使用的先后次序吻合，安排好配套工程的施工时间，保证建成的工程迅速投入使用。

（6）注意季节对施工顺序的影响，使施工季节不导致工期拖延，不影响工程质量。

（7）安排一部分附属工程或零星项目做后备项目，调整主要项目的施工进度。

（8）注意主要工序和主要施工机械的连续施工。

4.3.3.5 劳动力不均衡系数 k

劳动力等资源的消耗是否均衡，用劳动力不均衡系数 k 表示，劳动力不均衡系数，应大于或者等于 1，越接近 1 越合理，一般要求不超过 1.5，其值按下式计算：

$$k = R_{max} / R_{平均} \tag{4.23}$$

$$R_{平均} = \sum P_i / T \tag{4.24}$$

式中 $\sum P_i$——项目的总劳动量，即将前面计算的所有项目的劳动量累加起来得到整个工程项目的总劳动量；

R_{max}——施工中人力高峰值；

$R_{平均}$——施工期间加权平均人数；

T——项目的总工期。

【例 4.15】某工程项目建设周期为两年，已经知道其总劳动量为 98400 工日，求项目的劳动力人数。

解：（1）分析：该项目建设周期为两年，扣除公休日后，全年有效工作日是 240d。如果雨季按三个月计，全年扣除雨季时间后的工作日是 270d，取小值 240 作为全年有效工作天数。每个月的有效工作日是 240/12＝20d。两年 24 个月中扣除开工准备 2 个月和收尾结束 2 个月后，剩余 20 个月。

则实际工作天数为 20×20＝400（d）。

（2）项目的平均人数 $R_{平均} = 98400 \div 400 = 246$（人）。

（3）若取 $k = 1.36$，则 $R_{max} = 1.36 \times 246 = 335$（人）。进行项目组织时，高峰人数应控制在 335 人以下。

（4）第 n 批各施工队的人数可用下式计算：

$$r_n = P_n / \sum P_i \times r_{平均} \tag{4.25}$$

4.3.4 编制施工进度计划的初始方案

流水施工是组织施工、编制施工进度计划的主要方式，前面已做了详细介绍。编制施工进度计划时，必须考虑各分部分项工程合理的施工顺序，尽可能组织流水施工，力求主要工种的施工班组连续施工，其具体方法为：

1. 首先组织主要施工阶段（分部工程）流水施工

先安排其中主导施工过程的施工进度，使其尽可能连续施工，其他施工过程尽可能与主导施工过程紧密配合，组织穿插、搭接或流水施工。

2. 安排其他施工阶段（分部工程）的施工进度

按照与主要施工阶段相配合的原则，安排其他施工阶段的进度计划，如尽量采用与主导施工阶段相同的流水参数，保证主要施工阶段流水施工的合理性。

3. 搭接各施工阶段的进度计划

按照工艺的合理性和施工过程间尽可能配合、穿插、搭接的原则，将各施工阶段（分部工程）的流水作业图表搭接起来，即得到了单位工程施工进度计划的初始方案。

4.3.5 绘制施工进度计划横道图

4.3.5.1 横道图的绘制步骤

（1）绘制空白图表。

（2）根据设计图纸、施工方法、定额、概预算进行列项，并按顺序填入图表工程名称栏内。

（3）逐项计算工程量。

（4）逐项选定定额，将编号填入图表。

（5）计算劳动量。

（6）按施工力量和作业班制计算施工周期。填表。

（7）依施工周期安排施工进度日期，开竣工日期填入图表绘制进度图。

（8）绘制劳动力曲线图。

（9）反复调整与平衡，最后选择最优方案。

4.3.5.2 流水施工进度横道图的绘制

1. 进度横道图的形式

按流水作业图中的图形和线条形态及其所表达的内容可分为：横线工段式（图 4.13）、横线工序式（图 4.16）。

2. 流水作业的作图

流水作业法的施工组织意图和内容，通过流水作业图的形式表达出来。有关作图的要点介绍如下：

（1）开工要素．任何一道工序开工时，必须具备工作面和生产力（工人、机械、材料等资源）两个开工要素，两者中缺少任何一个，工序都不具备开工条件，也就是说，工序无法投入生产。如图 4.13 中，b 工序在①施工段上，必须在第 3 周开工，因为在这之前，虽有生产力，但无工作面。；d工序在③施工段上，只能在第11周开工，在第10周虽有工作面，但无生产力。

（2）工序衔接原则

1）相邻工序之间及工序本身，应尽可能衔接，以取得最短施工总工期。

2）工序衔接必须满足工艺要求和自然过程（混凝土的硬化等）的需要。

3）尽量求得同工序在各施工段上能连续作业，并尽量求得相邻不同工序，在同一施工段上能连续作业。

4）图中的首工序和末工序，均可按需要与可能采取连续作业或间歇作业。

3. 工序紧凑法流水作业组织

为了使流水作业图取得最短总工期，在作图时，各相邻工序之间，尽量紧凑衔接。即尽量使所排工序向作业开始方向靠拢（一般向图的左端）。

4. 专业队在各施工段间连续作业的组织

在流水作业组织中，可使各个专业队在各施工段间连续作业，以避免“停工待面”和“干干停停”；这样，尽管不能保证工期最短，但经济效益也是肯定的。

专业队的连续作业实现了，不等于总工期最短；但总工期最短，不等于不能实现连续作业。

为了组织在总工期尽可能短的条件下，各施工专业队能在各个施工段间进行连续作业，必须确定相邻各专业队（相邻工序）间最小流水步距 K_{min}。最小流水步距 K_{min} 可以用潘特考夫斯基法和“纸条串法”确定，常用“潘特考夫斯基法”。

（1）紧凑法（图4.15）：保证空间连续时，按流水作业的概念确定流水步距。

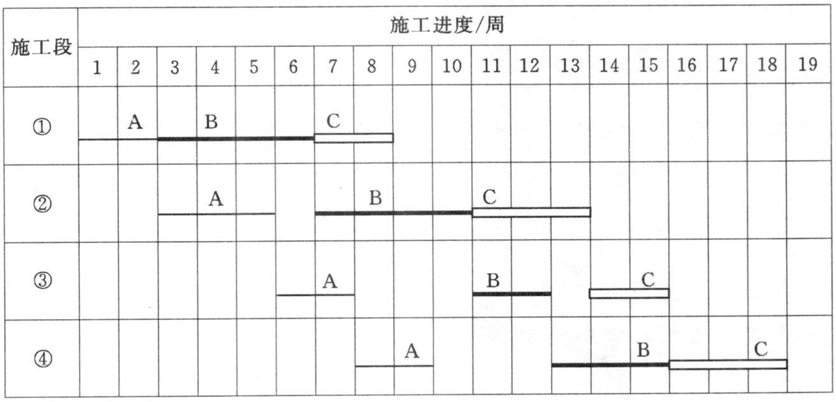

图4.15　桥基础工程流水施工进度计划图（空间连续）

（2）潘特考夫斯基法（图4.16）此法也叫“累加数列错位相减取大差法”。

保证时间连续时，按累加数列错位相减取大差法计算流水步距，方法如下：

1）根据专业工作队在各施工段上的流水节拍，求累加数列。累加数列是指同一施工过程或同一专业工作队在各个施工段上的流水节拍的累加。

2）据施工顺序，对所求相邻的两累加数列，错位相减。

3）取错位相减结果中数值最大者作为相邻专业工作队之间的流水步距。

下面以具体示例介绍其具体步骤：

【例 4.16】 某桥梁工程需修建 4 座桥梁的基础工程，施工过程包括：基础开挖（A）、基础处理（B）、浇筑混凝土（C）。因桥梁的结构与基础条件等不同使得 4 桥梁（施工段①②③④）的各施工过程有着不同的流水节拍，流水节拍如表 4.5 所示，试组织流水作业、计算工期并绘制施工进度图。

表 4.5　　某桥梁基础工程流水节拍表

施工过程 \ 施工段	①	②	③	④
基础开挖 A	2	3	2	2
基础处理 B	4	4	2	3
浇筑混凝土 C	2	3	2	3

解：(1) 紧凑法。

(2) 潘特考夫斯基法。

1）确定施工流向：A→B→C，施工段数 $m=4$。

2）确定施工过程数 $n=3$。

3）流水步距的计算。利用“累加数列错位相减取大差法”分别计算确定流水步距。

具体计算过程如下：

①、②施工段之间的流水步距 K_{12}

$$\begin{array}{rrrrr} & 2, & 6, & 8 & \\ (-) & & 3, & 7, & 10 \\ \hline & 2, & 3, & 1, & -10 \end{array}$$

所以 $K_{12}=3\text{d}$。

②、③施工过程之间的流水步距 K_{BC}

$$\begin{array}{rrrrr} & 3, & 7, & 10 & \\ (-) & & 2, & 4, & 6 \\ \hline & 3, & 5, & 6, & -6 \end{array}$$

所以 $K_{23}=6\text{d}$。

③、④施工过程之间的流水步距 K_{BC}

$$\begin{array}{rrrrr} & 2, & 4, & 6 & \\ (-) & & 2, & 5, & 8 \\ \hline & 2, & 2, & 1, & -8 \end{array}$$

所以 $K_{34}=2$ (d)。

4）计算流水施工工期。

$$T=\sum K_{i,i+1}+T_n+\sum(Z_1+Z_2-Z_3)=(3+6+2)+(2+3+3)+0=19(\text{周})$$

5）绘制流水作业施工进度计划图（横线工序式），如图 4.16 所示。

不同的组织方法，总工期相同（这是一个特例）。一般来说，哪一种组织方法工期短采用哪一种。但是，该例应采用后一种组织方法，因为工期相同的条件下，作业队连续作

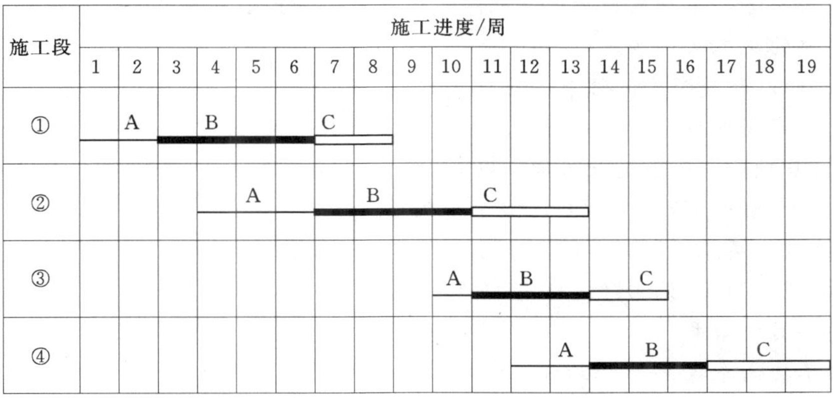

图 4.16 无节奏流水施工进度计划图（时间连续）

业更经济。

4.3.6 施工进度计划的检查与调整

检查与调整的目的在于使施工进度计划的初始方案满足规定的目标，一般从以下几方面进行检查与调整：

（1）正确性及合理性。各施工过程的施工顺序是否正确，流水施工的组织方法应用得是否正确，技术间歇是否合理？

（2）工期要求。项目总目标和所分解的子目标的内在联系是否合理？初始方案进度安排能否满足合同总工期的要求？安排工程进度时，应扣除法定节假日，并充分估计因气候或其他原因的停工时间。还要考虑必要的准备工作时间，必需的外部协调时间。

（3）各专业之间专业分工与计划的衔接是否是正确、合理、有无干扰

（4）劳动力使用状况主要工种工人是否连续施工，劳动力消耗是否均匀。

劳动力消耗的均匀性是针对整个单位工程的各个工种而言，应力求每天出勤的工人人数不发生过大的变化。

为了反映劳动力消耗的均匀性，通常采用劳动力消耗动态图来表示。对于单位工程的劳动力消耗动态图，一般绘制在施工进度计划表右边表格部分的下反方。

（5）物资方面主要机械、设备、材料的利用是否均衡，施工机械是否从分利用。

主要机械通常是指混凝土搅拌机、灰浆搅拌机、起重机和挖土机械，利用情况是通过机械的利用程度来反应的。

（6）注意施工的季节性。例如，桥梁的基础施工应避开洪水期，沥青路面和水泥混凝土路面应避免冬季施工等。

初始方案通过检查，对不符合要求的需要进行调整。调整方法一般有：增加或缩短某些生产过程的施工持续时间；在符合工艺关系的条件下，将某些生产过程的施工时间向前或向后移动；必要时，还可以改变施工方法。

【例 4.17】 进度计划调整示例。

根据上述组织计划绘制劳动力曲线图后发现，劳动力供应出现起伏，而计算的劳动力

不均衡系数为1.36＜1.5虽属于均衡范围，但可以尝试再小一些，需进行调整。

(1) 调整的施工队包括。

1) 挖土队后移至墩台队结束，安排8人。

此时，生产周期$t=660/8=83$ (d)，需4.1个月。

2) 桥梁基础队：适当延长工期，以减少施工人数。安排185－8＝177（人）施工。

周期$t=15882\div177=90$ (d)，需4.5个月。

3) 路面底基层队：计划安排2个月，安排70人施工。

劳动量＝70×40＝2800（工日），可完成2646工日的劳动量。

(2) 调整后的结果

劳动力不均衡系数$k=(333-6)/244=1.2$较调整前均衡了。

要点提示

(1) 上述编制施工进度计划的步骤不是孤立，而是相互依赖、相互联系。

(2) 建设施工是一个复杂的施工过程，受客观条件影响的因素多，在施工过程中，由于劳动力和机械、材料等物资的供应以及自然条件等因素的影响，使其经常不符合原计划的要求，因而在工程进展中应随时掌握施工动态，注意留有充分的调整余地经常检查，不断调整计划。只有这样才能真正发挥计划的指导作用。

4.4 编制施工进度网络计划

【任务】

(1) 认知双代号网络图、单代号网络图、双代号时标网络图、单代号搭接网络图的绘图规则及编制办法。

(2) 根据双代号网络图关系的表示办法，规范完成双代号、单代号网络图的绘制及时间参数的确定。

(3) 正确运用双代号网络图、双代号时标网络图、单代号网络图、单代号搭接网络图编制施工进度计划。

4.4.1 网络计划技术

网络计划技术又名统筹方法，是一种科学的组织管理技术。被广泛应用于工业、农业、政府、科研、军事等领域。建设工程进度控制是建设项目管理的重要目标，网络计划最大特点就在于它能够提供施工管理所需要的多种信息，有利于加强工程管理．它有助于管理人员合理地组织生产，做到心里有数，知道管理的重点应放在何处，怎样缩短工期，在哪里挖掘潜力，如何降低成本．国内外实践证明，网络计划技术成为控制建设工程进度最有效的工具。

4.4.1.1 网络计划技术的产生与发展

1956年，美国杜邦公司为管理公司内不同业务部门的工作，开发了一种面向计算机描述工程项目的合理安排进度计划的方法，此方法后来被称为关键线路法（CPM）。1958年，美国海军武器部在研制“北极星”导弹核潜艇时，应用了计划评审方法（PERT），计划评审技术的应用，使原定六年的研制时间提前了两年完成。20世纪60年代，网络计划技术在美国得到了迅速发展并在欧洲、日本等广泛应用。目前网络计划技术已广泛应用于世界各国的工业、农业、建筑业、国防和科学研究各个领域，成为一种比较盛行的现代计划管理方法，可以运用计算机进行网络计划绘制、网络优化、分析和控制。

我国从20世纪60年代开始研究和运用网络计划技术。1965年，著名数学家华罗庚教授结合我国实际，在吸收国外网络计划技术理论的基础上，将CPM、PERT等方法统一定名为统筹法。网络计划技术现在在我国已广泛应用于国民经济各个领域的计划管理中。我国泸州长江大桥3号墩的施工过程中，由于使用网络计划方法进行施工计划和管理而提前一个月完工，节省投资60万元。1992年国家技术监督局和建设部先后颁发了《网络计划》（GB/T 13400.1、13400.2、13400.3—92）三个国家标准，及行业标准《工程网络计划技术规程》（JGJ/T 121—99），标志着我国网络计划技术走上规范化、科学化的轨道。

4.4.1.2 网络计划技术的基本概念

网络计划技术的基本原理是：首先应用网络图形来表示一项计划中各项工作的开展顺序及相互之间的关系；通过对网络图时间参数的计算，找出计划中的关键工作和关键线路；不断改进网络计划，寻求最优方案，以求在计划执行过程中对计划进行有效的控制与监督，保证劳动力、材料设备和资金等各种资源达到有效配置，获得较好的经济效果。

网络图是网络计划技术的基本模型，是由箭线和节点组成的，用来表示工作流程的有限、有向、有序的网络图形。在网络图上加注工作的时间参数而编成的进度计划，称为网络计划。用网络计划对任务的工作进度进行安排和控制，以保证实现预定目标的科学的计划管理技术，即称为网络计划技术。

网络计划技术与传统的横道图计划管理比较，它具有以下特点：

（1）从工程整体出发，统筹安排，能明确地表达各工作间的先后顺序和相互制约、相互依赖关系。

（2）通过网络时间参数计算，能找出决定工期的关键线路和关键工作以及有机动时间的非关键工作，从而使管理者抓住主要矛盾，优化资源强度，调整工作进程，从而降低成本，缩短工期。

（3）通过优化，可在若干可行方案中找出最优方案。

（4）有利于计算机技术的应用，网络计划图的绘制、时间参数计算、优化、调整，可以利用计算机完成，从而提高管理效率。

4.4.1.3 网络计划技术的基本原理

（1）利用网络图的形式表达一项工程中各项工作的先后顺序及逻辑关系。

（2）通过对网络图时间参数的计算，找出关键工作、关键线路。

（3）利用优化原理，改善网络计划的初始方案，以选择最优方案。

（4）在网络计划的执行过程中进行有效的控制和监督，保证合理地利用资源，力求以最少的消耗获取最佳的经济效益和社会效益。

4.4.1.4 网络计划的分类

（1）按代号不同，可以将网络计划分为单代号网络计划和双代号网络计划

1）单代号网络计划。单代号网络计划是以单代号网络图表示的网络计划。网络图中，每个节点表示一项工作，箭杆仅用来表示各项工作间相互制约、相互依赖的关系。

2）双代号网络计划。双代号网络计划是以双代号表示法绘制的网络计划。网络图中，箭线和两端的节点用来表示一项工作。按照不同的分类原则，可以将网络计划分成不同的类别。

（2）按性质分类可以分为肯定型网络计划和非肯定型网络计划

1）肯定型网络计划。它是指工作、工作与工作之间的逻辑关系以及工作持续时间都肯定的网络计划。在这种网络计划中，各项工作的持续时间都是确定的单一的数值，整个网络计划有确定的计划总工期。

2）非肯定型网络计划。它是指工作、工作与工作之间的逻辑关系和工作持续时间三者中一项或多项不肯定的网络计划。在这种网络计划中，各项工作的持续时间只能按概率方法确定出三个值，整个网络计划无确定计划总工期。

（3）按网络计划最终目标的多少，目标分类的多少，可以分为单目标网络计划和多目标网络计划

1）单目标网络计划。单目标网络计划是指只有一个终点节点的网络计划，即网络图只具有一个最终目标，如完成一个基础工程或建造一个建（构）筑物的相互有工作组成的网络计划。

单目标网络图可以是有时间坐标与无时间坐标的；也可以是肯定型与非肯定型的。但在一个网络图上只能有一个起始节点和一个终点节点。

2）多目标网络计划。多目标网络计划是指由若干个独立的最终目标与其相互有关工作组成的网络计划。如工业区的建筑群以及负责许多建筑工程施工的建筑机构等。

在多目标网络计划中，每个最终目标都有自己的关键线路。因此，在每个箭线上除了注明工作的持续时间外，还要在括号里注明嵌项工作属于哪一个最终目标的。是指终点节点不止一个的网络计划。此种网络计划具有若干个独立的最终目标。

（4）按有无时间坐标可将网络计划分为有时间坐标与无时间坐标的网络计划

网络图根据有无时间坐标刻度，又分为有时间坐标与无时间坐标两种形式前面出现的网络图都是无时间坐标网络图，图中箭线的长度是任意的。

有时间坐标网络图：简称时标网络计划，在网络计划上附有时间刻度（工作天数、日历天数及公休日）的网络图，叫作有时间坐标网络图。有时间坐标网络图，其特点是每个箭线长度与完成该项工作的持续时间成比例进行绘制。工作箭线往往沿水平方向画出，每个箭线的长度就是规定的持续时间。当箭线位置倾斜时，它的工作持续时间按其水平轴上的投影长度确定。有时间坐标网络图的优点是一目了然（时间明确、直观）。并容易发现工作是提前完成还是落后于进度。有时间坐标网络图的缺点是随着时间的改变，就要重新绘制网络图。

（5）按网络计划包含的范围分可分为局部网络计划、单位工程网络计划和综合网络计划

1）局部网络计划。局部网络计划是以计划任务的某一部分为对象编制的网络计划。

2）单位工程网络计划。单位工程网络计划是指以一个单位工程为对象编制的网络

计划。

3）综合网络计划。综合网络计划是以一个单项工程或整个建设项目为对象编制的网络计划。

(6) 搭接网络计划。搭接网络计划是按照各种规定的搭接时距绘制的网络计划。由于篇幅有限，本书不做介绍。

4.4.1.5 网络计划技术在项目计划管理中应用的一般程序

网络计划技术在计划管理中起着举足轻重的作用，其应用的程序为：

1. 准备阶段

(1) 确定网络计划目标

在编制网络计划时，首先应根据需要选择确定网络计划的目标。常见的目标：

1）时间目标。

2）时间—资源目标。

3）时间—成本目标。

(2) 调查研究。为了使网络计划科学而切合实际，计划编制人员应通过调查研究，拥有足够的、准确的各种资料。其调查研究的内容主要包括：

1）项目有关的工作任务、实施条件、设计数据资料。

2）有关定额、规程、标准、制度等。

3）资源需求和供求情况。

4）有关经验、统计资料和历史资料。

5）其他有关技术经济资料。

调查研究可使用以下几种方法：实际观察、测量与询问、会议调查、查阅资料、计算机检索、信息传递、分析预测等，通过对调查的资料进行综合分析研究，就可掌握项目全貌及其间的相互关系，从而预测项目的发展及其变化规律。

(3) 工作方案设计。在计划目标已确定并做了调查研究的基础上，就可进行工作方案的设计，其主要内容包括：①确定施工顺序；②确定施工方法；③选择需用的机械设备；④确定重要的技术政策和组织原则；⑤对施工中的关键问题的技术和组织措施的制定；⑥确定采用网络图的类型。

在进行工作方案设计时，应遵循以下几项基本要求：

1）尽可能减少不必要的步骤，在工序分析基础上，寻求最佳程序。

2）工艺应达到技术要求，并保证质量和安全。

3）尽量采取先进技术和先进经验。

4）组织管理分工合理、职责明确，充分调动全员积极性。

5）有利于提高劳动生产率，缩短工期，降低成本和提高经济效益。

2. 绘制网络图

(1) 项目分解。根据网络计划的管理要求和编制需要，确定项目分解的粗细程度，将项目分解为网络计划的基本组成单元——工作。

(2) 逻辑关系分析。逻辑关系分析就是确定各项工作开始的顺序、相互依赖和相互制约关系，是绘制网络图的基础。

(3) 绘制网络图。根据新选定的网络计划类型以及项目分解和逻辑关系表，就可进行网络图的绘制。

3. 时间参数计算

按照网络计划的类型不同，根据相应的方法，可计算出所绘网络图的时间参数、确定关键线路。

4. 编制可行网络计划

(1) 检查与调整。对上述网络计划时间参数计算完后，应检查：工期是否符合要求；资源配置是否符合资源供应条件；成本控制是否符合要求。如果工期不满足要求，则应采取适当措施压缩关键的持续时间，如仍不能满足要求时，则需改变工作方案的组织关系进行调整；当资源强度超过供应可能时，则应调整非关键工作使资源降低。

(2) 编制可行网络计划。对网络计划进行检查和调整之后，必须计算时间参数。根据调整后的网络图和时间参数，重新绘制可行网络计划。

5. 网络计划优化

可行网络计划一般需进行优化，方可编制正式网络计划。

(1) 网络计划的优化目标的确定。常见的优化目标有以下几种，可根据工程实际需要进行选择：

1) 工期优化。

2) “时间固定，资源均衡”的优化。

3) “资源强度有限，时间最短”的优化。

4) 时间—成本优化。

(2) 编制正式网络计划。根据优化结果，即可绘制拟实施的正式网络计划，并编制网络计划说明书，其内容包括：

1) 编制说明。

2) 主要计划指标一览表。

3) 执行计划的关键的说明。

4) 需要解决的问题及主要措施。

5) 其他需要说明的问题。

6. 网络计划的实施

(1) 网络计划的贯彻。正式网络计划报请有关部门审批后，即可组织实施。一般应组织宣讲，进行必要的培训，建立相应的组织保证体系，将网络计划中的每一项工作落实到责任单位。作业性网络计划要落实到责任者，并制定相应的保证计划实施的具体措施。

(2) 计划执行中的检查和数据采集。为了对网络计划的执行进行控制，必须建立健全相应的检查制度和执行数据采集报告制度。检查和数据采集的主要内容有：关键工作的进度，非关键工作的进度及时差利用，工作逻辑关系的变化情况，资源状况，成本状况，存在的其他问题。对检查的结果和收集反馈的有关数据进行分析，抓住关键，及时制定对策。对网络计划在执行中发生的偏差，应及时予以调整，从而保证计划的顺利实施。计划调整的内容常见的有：工作持续时间的调整，工作项目的调整，资源强度的调整，成本控制。

7. 网络计划的总结分析

为了不断积累经验，提高计划管理水平，应在网络计划完成后，及时进行总结分析，并应形成制度。通常总结分析的内容如下：

（1）各项目的完成情况，包括时间目标、资源目标、成本目标等的完成情况。

（2）计划工作中的问题及原因分析。

（3）计划工作中的经验总结分析。

（4）提高计划工作水平的措施总结等。

4.4.2 双代号网络计划图的组成

4.4.2.1 双代号网络计划图的组成

双代号网络图是应用较为普遍的一种网络计划形式。它是以箭线及其两端节点的编号表示工作的网络图，如图 4.17 所示。

双代号网络图中，一条箭线与其两端的节点表示一项工作。工作的名称写在水平箭线的上方或竖向箭线的左侧；工作可用两侧节点中的号码（或数字）$i-j$ 来表示。箭线的箭尾节点表示该工作的开始，箭线的箭头节点表示该工作的结束。由于一项工作需用一条箭线和其箭尾和箭头处两个圆圈中的号码来表示，故称为双代号表示法。

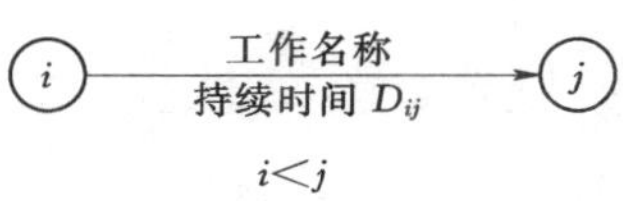

图 4.17 双代号网络图表示方法

4.4.2.2 网络图的基本要素

双代号网络图一般由工作、节点和线路三个基本要素组成。

1. 工作（箭线）

（1）工作的概念。工作也称施工工序或施工过程，是根据计划任务按实际需要的粗细程度划分的一个既消耗时间又消耗资源的子任务或子项目，根据工作划分粗细程度、大小范围也有所不同。

在双代号网络图中，一条箭线与其两端的节点表示一项工作（又称工序、作业、活动），工作是指计划任务按需要粗细程度划分而成的，该工作可以是作为成本计算对象的单位工程，如路基工程、路面工程、桥梁工程和交通工程等，也可以是进一步细分的分项工程，如面层、基层、基础工程、墩台身等，甚至还可细分到具体的工序，如主模、扎筋、混凝土浇筑等。就具体的网络计划而言，箭线所代表的工作，主要取决于网络计划的详细程度。

（2）工作的表示方法。在双代号网络图中，工作用一根箭线和两个圆圈来表示。工作的名称写在箭线的上面，完成工作所需要的持续时间（或作业时间）写在箭线的下面，箭线所指的方向表示工作行进的方向，箭尾表示工作的开始，箭头表示工作的结束。圆圈中的两个号码代表这项工作的名称。

箭线可以是水平直线、竖直直线、斜线、拆线，但不得中断，方向尽可能由左向右画出；在无时间坐标网络计划中，箭线的长短不代表工作时间的长短，但必须表示工作间的逻辑关系；在有时标网络计划中，箭线在时间坐标上的投影长度与工作的持续时间成正比。

（3）工作的类型。

1）按工作的性质，工作通常可以分为三种：

第一种为需要消耗时间和资源，用实箭线表示，如钢筋混凝土梁的制作这项工作，完成它需消耗一定的工、料、机和时间。

第二种为只消耗时间不消耗其他资源（如油漆的干燥，混凝土构件的自然养生等）；前两种均称为实工作。

第三种为既不消耗时间，也不消耗资源，称为虚工作，用虚箭线表示；虚工作只表示相邻前后工作之间的逻辑关系。

如图 4.18 所示②—③工作即为虚工作。

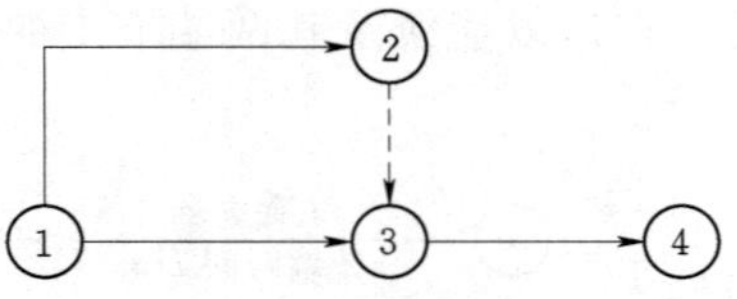

图 4.18　虚工作表示方法

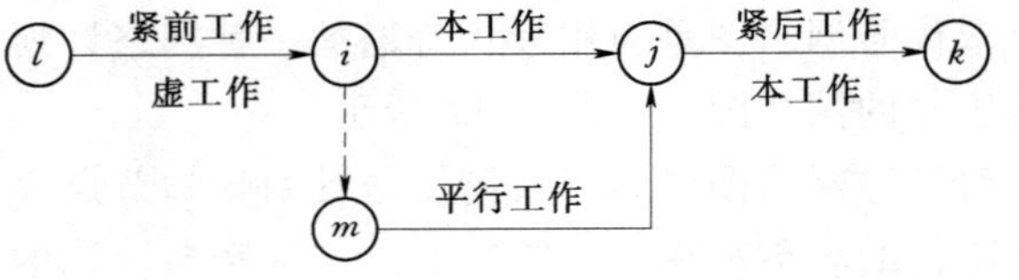

图 4.19　工作间的逻辑关系图

从虚工作的作用可以看出，虚箭线在双代号网络图中是很重要的。

2）按工作间的相互关系分。

a. 紧前工作。相对本工作 $i—j$ 而言，凡是紧排在本工作 $i-j$ 之前的工作，都叫紧前工作。如图 4-19 中，$i—j$ 工作的紧前工作是 $l—i$ 工作。

b. 紧后工作。相对本工作 $i—j$ 而言，凡是与本工作 $i-j$ 同时进行的工作，都叫平行工作。如图 4-19 中，$i—j$ 工作的紧后工作是 $j—k$ 工作。

c. 平行工作。相对本工作 $i—j$ 而言，凡是紧排在本工作 $i-j$ 之后的工作，都叫紧后工作。如图 4-19 中，$i—j$ 工作的紧后工作是 $m—j$ 工作。

d. 起止工作。没有紧前工作的工作。

e. 结束工作。没有紧后工作的工作。

f. 先行工作。相对本工作 $i—j$ 而言，凡是紧排在网络起点至本工作开始节点 i 之前之各条线路上的所有的工作，都为本工作的先行工作。

g. 后续工作。相对本工作 $i—j$ 而言，凡是紧排在本工作终点节点 j 之后至网络终点之各条线路上的所有的工作，都为本工作的后续工作。

h. 虚工作。既不消耗时间，也不消耗资源的工作称为虚工作，主要用来表示工作之间的逻辑关系。虚工作的持续时间为零，当虚箭线很短而不易表示时，可用工作持续时间为零的实箭线来示识。

2. 节点（也称结点、事件）

在网络图中，箭线的出发和交汇处通常画上圆圈，用以标志该圆圈前面一项或若干项工作的结束和允许后面一项或若干项工作的开始的时间点称为节点。

在网络图中，节点不同与工作，它只标志着工作的结束和开始的瞬间，具有承上启下的衔接作用，而不需要消耗时间或资源。节点的另一个作用如前所述，在网络图中，一项工作用其前后两个节点的编号表示。

箭线出发的节点称为开始节点，箭线进入的节点称为结束节点或后面节点。在一个网络图中，除整个网络计划的起始节点和终点节点外，其余任何一个节点都有双重的含义，既是前面工作的结束节点，又是后面工作的开始节点。

在一个网络图中，可以有许多工作通向一个节点，也可以有许多工作由同一个节点出发。我们把通向某节点的工作称为该节点的紧前工作（或前面工作）；把从某节点出发的工作称为该节点的紧后工作（或后面工作）。表示整个计划开始的节点称为网络图的“起始节点”，整个计划最终完成的节点称为网络图的终点节点，其余称中间节点。如图 4.20 所示。

在一个网络图中，每一个节点都有编号，以便计算网络图的时间参数和检查网络图是否正确。

所有的节点都应统一编号，一条箭线前后两个节点的号码就是该箭线索表示的工作的代号。在对网络图的节点进行编号时，箭尾节点的号编码应小于箭头节点的号码。

节点编号的方法可从以下两个方面来考虑：

根据节点编号的方向不同可分为两种：一种是沿着水平方向进行编号，另一种是沿着垂直方向进行编号。

根据编号的数字是否连续又分为两种：一种是连续编号法，即按自然数的顺序进行编号；另一种是非连续编号法，一般按单数（或偶数）的顺序来进行编号。采用非连续编号，主要是为了适应计划调整，考虑增添工作的需要，编号留有余地。

3. 线路

（1）线路的概念。网络图中从起始节点开始，沿箭线方向连续通过一系列箭线与节点，最后到达终点节点的通路称为线路。每一条线路都有自己确定的完成时间，它等于该线路上各项工作持续时间的总和，也是完成这条线路上所有工作的计划工期。

（2）关键线路。工期最长的线路称为关键线路（或主要矛盾线）。位于关键线路上的工作称为关键工作。关键工作完成的快慢直接影响整个计划工期的实现，关键线路用粗箭线或双箭线连接。关键线路在网络图中不止一条，可能同时存在几条关键线路，即这几条线路上的持续时间相同。位于关键线路上的工作称为关键工作，它没有机动时间（即无时差）。如图 4.20，线路①→③→④→⑥为关键线路，其上的工作 B、E、G 均为关键工作。

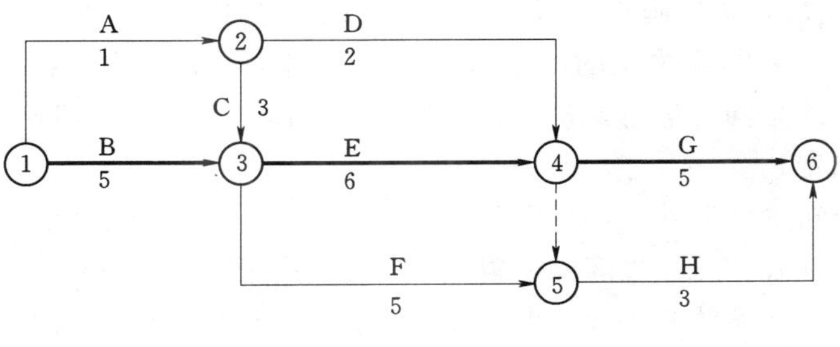

图 4.20　线路说明图

关键线路并不是一成不变的，在一定条件下，关键线路和非关键线路可以互相转化。当采用了一定的技术组织措施，缩短了关键线路上各工作的持续时间，就有可能使关键线路发生转移，使原来的关键线路变成非关键线路，而原来的非关键线路却变成关键线路。

位于非关键线路的工作除关键工作外，其余称为非关键工作，它有机动时间（即时差），非关键工作也不是一成不变的，它可以转化为关键工作；利用非关键工作的机动时间可以科学的、合理的调配资源和对网络计划进行优化。

（3）关键线路的确定。关键线路确定的方法有很多，下面介绍两种简单易行的方法：

1）关键线路上所有工作的总时差均为零，反过来，如果工作的总时差为零，则它必是关键工作。由此，只要连接网络计划中总时差为零的工作，就可以确定出关键线路。

2）节点不一定是关键线路上的节点，要成为关键线路上的节点，还需加上条件：箭尾节点时间＋工作持续时间＝箭头节点时间，满足此两条件的工作，即为关键工作。

（4）关键线路的特性。

1）关键线路上各工作的总时差均为零。

2）关键线路在网络计划中不一定只有一条，有时存在多条，但关键工作所占比重并不大。有利于工程项目的管理者集中精力抓住主要矛盾，搞好计划管理工作。

3）非关键工作如果将总时差全部用完，就会转化为关键工作。

4）当非关键线路延长的时间超过它的总时差，关键线路就转变为非关键线路。

4.4.3 双代号网络图的绘制

1．双代号网络图各种逻辑关系

要绘制出一个正确地反映工作逻辑关系的网络图，首先要搞清楚各项工作之间的逻辑关系。

所谓逻辑关系是指工作之间相互制约或依赖的关系，也就是先后顺序关系。逻辑关系包括工艺关系和组织关系。

工艺关系，生产性工作由工艺技术决定的、非生产性工作由程序决定的工作先后顺序关系称为工艺关系。如现浇钢筋混凝土柱的施工，必须在绑扎完柱子钢筋和支完模板以后，才能浇筑混凝土。

组织关系，施工安排的衔接关系，工作之间由施工组织安排或资源调配需要而规定的先后顺序关系称为组织关系。如同一施工过程，有 A，B，C 三个施工段，可以安排先施工 A 段，再施工 B 段，最后施工 C 段，也可以安排先施工 B 段，再施工 C 段，最后施工 A 段；某些不存在工艺制约关系的施工过程，如路基土石方工程与桥梁工程，二者之中先施工其中某项，还是同时进行，都要根据施工的具体条件（如工期要求、人力及材料等资源供应条件来确定）。

要绘制出一个正确地反映工作逻辑关系的网络图，首先要搞清楚各项工作之间的逻辑关系，其次要正确地表达工作之间的逻辑关系，是网络图能否反映工程实际情况的关键。也是正确计算各项工作参数和工程工期以及确定关键线路的关键。如果逻辑关系错了，网络图中各项工作参数和工程的计算工期的计算就会发生错误，关键线路也将随之发生错误。

要搞清楚各项工作之间的逻辑关系，也就是具体解决每项工作的下面三个问题：

（1）该工作必须在哪些工作之前进行？

（2）该工作必须在哪些工作之后进行？

（3）该工作可以与哪些工作平行进行？

2. 双代号网络图各种逻辑关系的正确表示方法

在网络图中，各种工作之间的逻辑关系是变化多端的。表4.6给出了网络图中常见的一些逻辑关系及其表示方法。

表4.6　　双代号网络图中常见的逻辑关系及其表示方法

序号	工作间逻辑关系	表示方法
1	A，B，C顺序进行	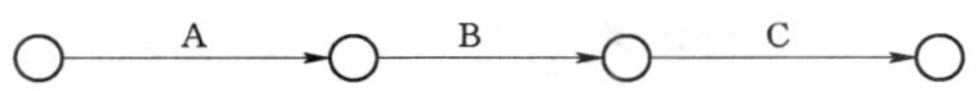
2	A，B，C无紧前工作，即工作A，B，C均为计划的第一项工作，且平行进行	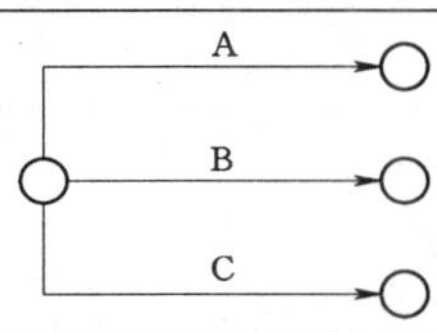
3	A完成后，B，C，D才能开始	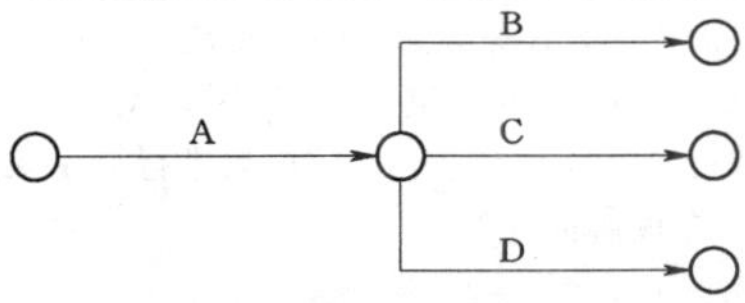
4	A，B，C均完成后，D才能开始	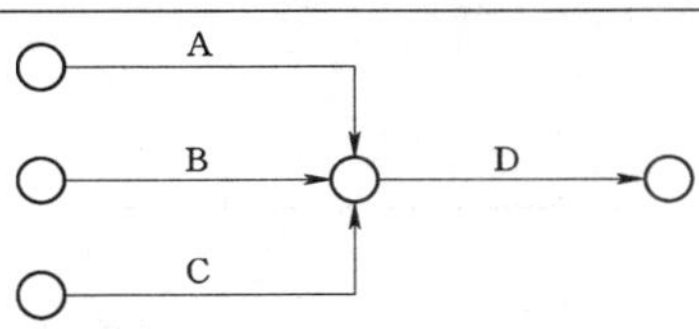
5	A，B均完成后，C，D才能开始	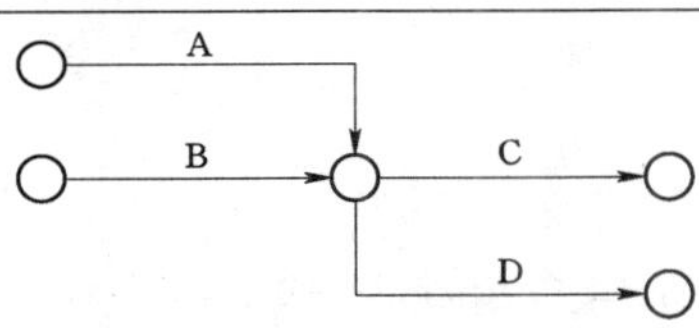
6	A完成后，D才能开始；A，B均完成后E才能开始；A，B，C均完成后，F才能开始	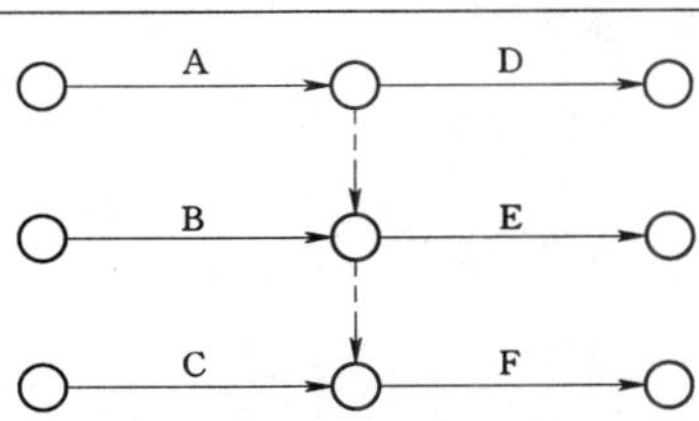
7	A，B均完成后，D才开始；A，B，C均完成后，E才开始；D，E完成后，F才开始	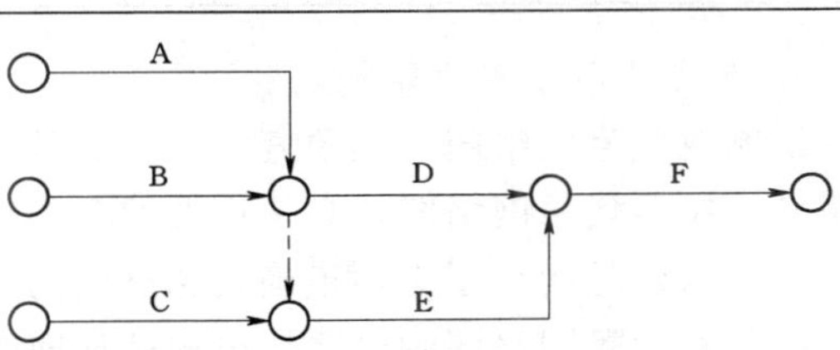

续表

序号	工作间逻辑关系	表示方法
8	A结束后，B，C，D才开始；B，C，D结束后，E才开始	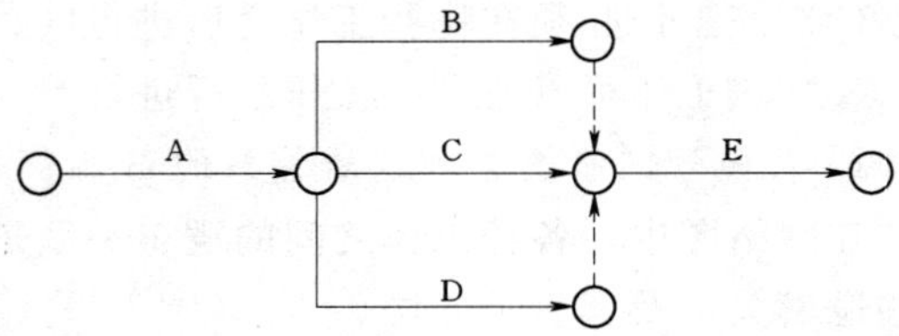
9	A，B完成后，D才能开始；B，C完成后，E才能开始	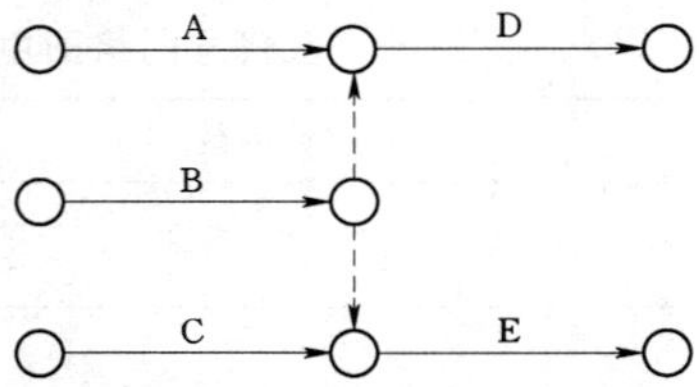
10	工作A，B分为三个施工阶段，分段流水施工，A_1完成后进行A_2、B_1；A_2完成后进行A_3、B_2；A_2、B_1完成后进行B_2；A_3、B_2完成后进行B_3	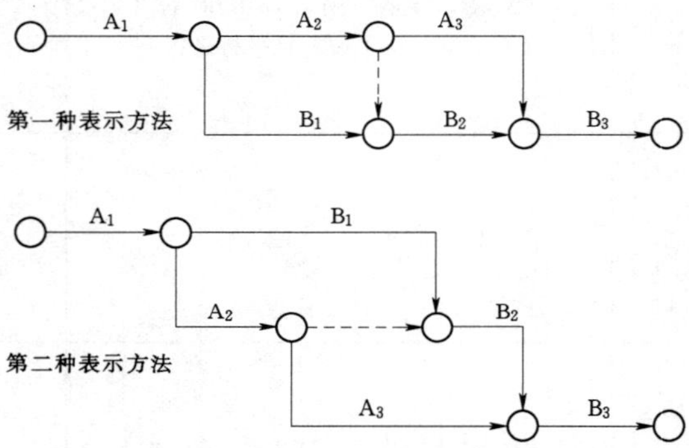
11	A，B，C为最后三项工作，即A，B，C无紧后作业	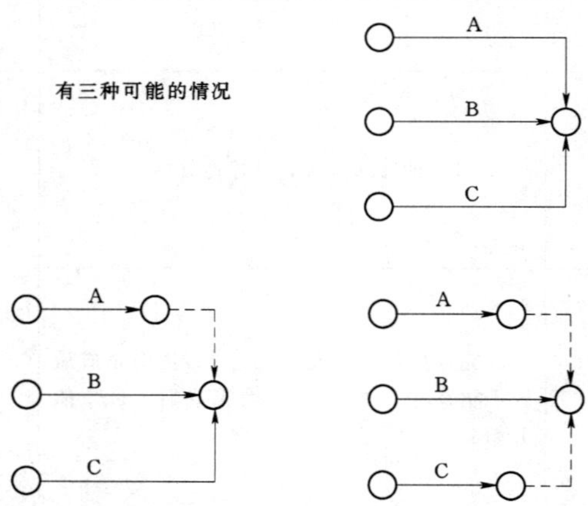

3. 双代号网络图的绘制规则

绘制双代号网络图，必须遵守一定的基本规则，否则不能准确地表达出工作间的逻辑关系。绘制双代号网络图，必须遵循的基本规则：

（1）双代号网络图必须正确表达已定的工作间的逻辑关系。

（2）双代号网络图中，严禁出现循环回路。

在网络图中，如果从一个节点出发沿着某一线路又回到原出发点，这种线路称为循环回路。图 4.21 中的工作 C、F、E 和 D、G、E 分别形成了闭合回路，其表示的逻辑关系是错误的。

（3）双代号网络图中不允许出现有相同编号的节点或相同代码的工作；节点编号顺序应从小到大，可不连续，但严禁重复。

因为一个箭线和与其相关的两节点只能代表一项工作，不允许代表多项工作。图 4.21 中 K 工作的两节点都为 5，所表达的逻辑关系是错误的。

（4）双代号网络图中严禁出现双向箭头箭线和无箭头连线。

图 4.22 中的②—④和②—③都是错误的，②—④为出现方向矛盾的双向箭头箭线，②—③为无方向的无箭头连线。

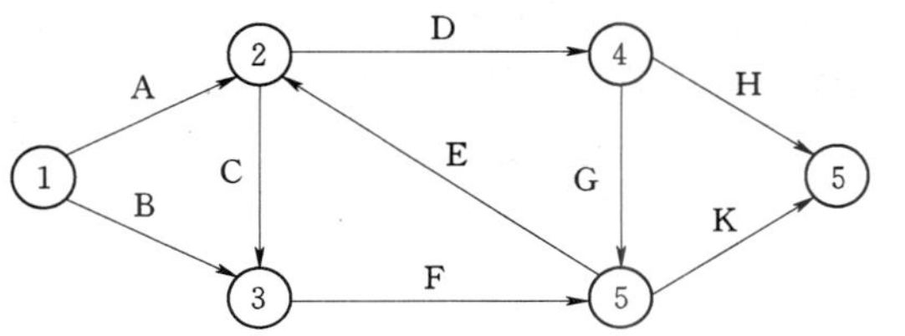

图 4.21　循环回路示意图

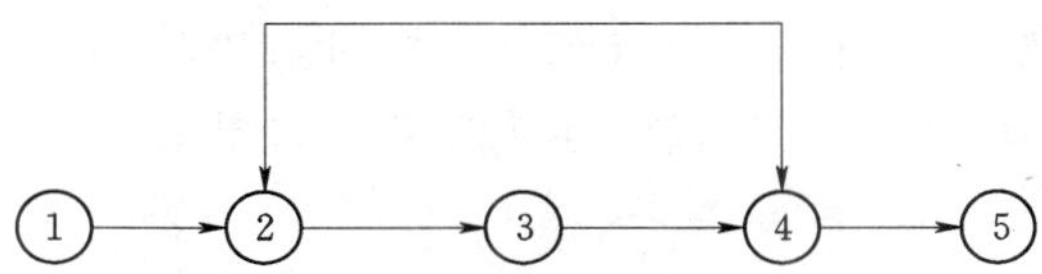

图 4.22　错误的箭线画法

（5）双代号任意两个节点之间只能有一条唯一的箭线，不得有两个或两个以上的箭线从同一节点出发且同时指向同一节点，如图 4.23 所示。

（a）错误画法　　（b）正确画法

图 4.23　箭线唯一性表达法

（6）双代号网络图中，严禁出现没有箭头节点的箭线或没有箭尾节点的箭线，如图 4.24 所示。

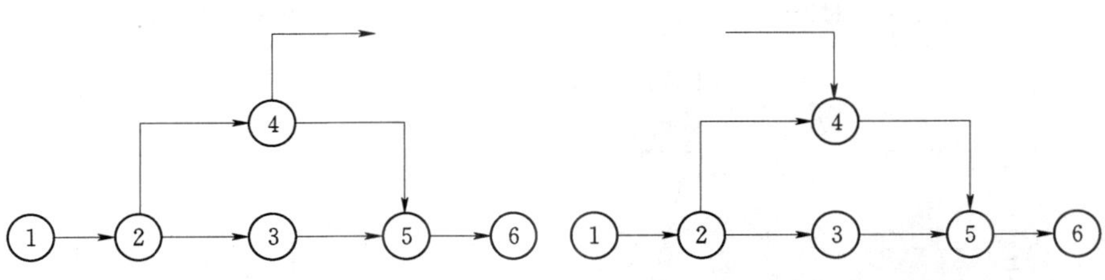

（a）没有箭头节点的箭线　　（b）没有箭尾节点的箭线

图 4.24　没有箭头节点的箭线和没有箭尾节点的箭线错误网络图

（7）当双代号网络图的某节点有多条外向箭线或有多条内向箭线时，为使图面简洁，可采用母线法绘图，允许多条箭线经一条共用母线引出或引入节点，如图 4.25 所示。

（8）绘制双代号网络图时，应尽量避免箭线交叉，当箭线交叉不可避免时，可采用过

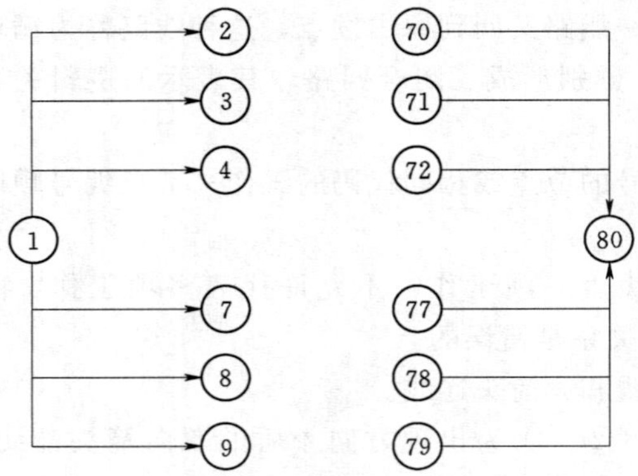

图 4.25　双代号网络图中母线的表示方法

桥法或指向法。图 4.26 中，(a) 为过桥法；(b) 为指向法；(c) 为断线法。

(9) 严禁在箭线上引入或引出箭线，如需表达搭接关系时，应引入节点，分段表示。如图 4.27 示。

(10) 双代号网络图中只能有一个起点节点；在不分期完成任务的网络图中，应只有和一个终点节点；其他所有节点均为中间节点。

图 4.28 (a) 所示的网络图中，节点①、④都没有内向箭线，都是起点节点，这是错误的。当出现这种情形时，最简单的办法就是用虚箭线把节点①和④连接起来，使网络图变成只有一个起点节点，如图 4.28 (b) 所示。在本例中，最好是删除节点④，而直接把节点①，⑤用箭线连接起来，如图 4.28 (c) 所示。

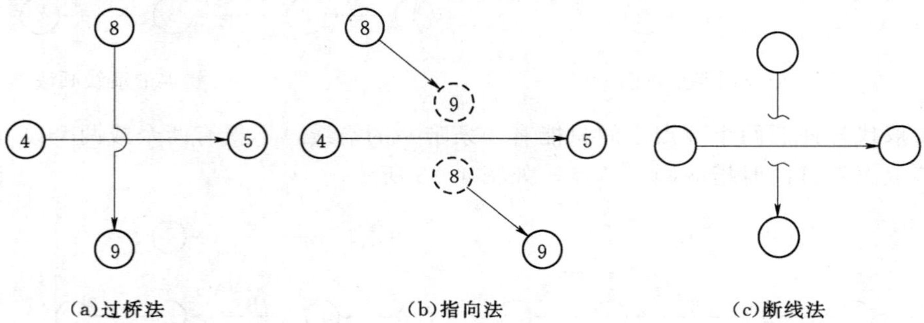

图 4.26　双代号网络图中箭线交叉时的绘图方法

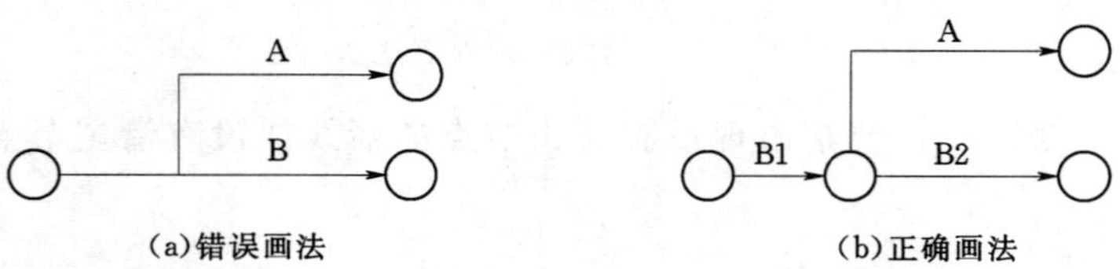

图 4.27　搭接画法示意图

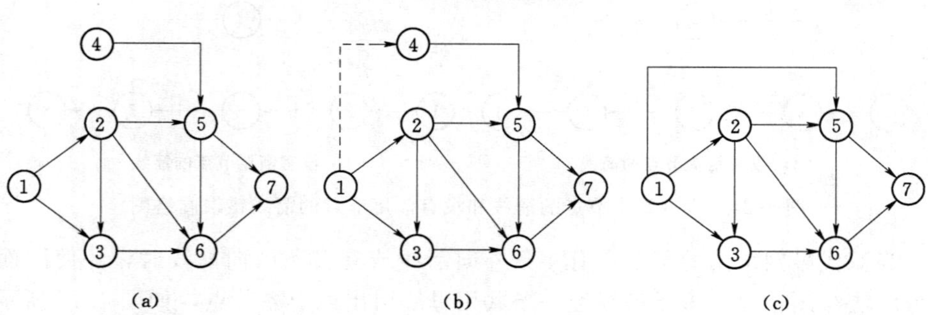

图 4.28　双代号网络图起点节点表达法

图 4.29（a）所示的网络图中，节点④、⑦都没有外向箭线，都是终点节点，这也是错误的。当出现这种情形时，最简单的办法就是用虚箭线把节点④和⑦连接起来，使网络图变成只有一个终点节点，如图 4.29（b）所示。在本例中，最好是删除节点④，而直接把节点②和⑦用箭线连接起来，如图 4.29（c）所示。

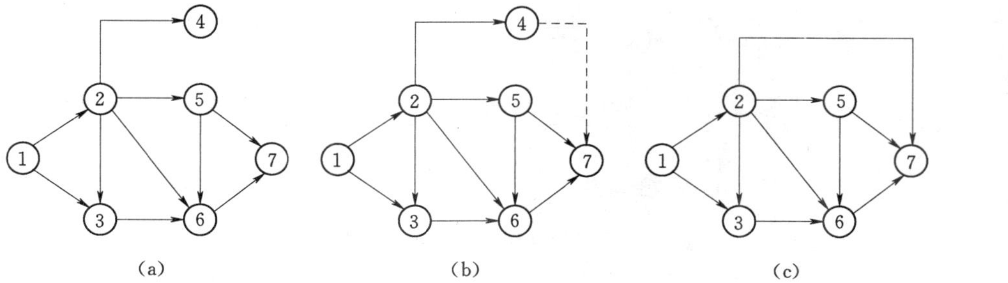

图 4.29 双代号网络图终点节点表达法

总之，遵循以上规则，才能在保证网络图逻辑关系正确的前提下，画出重点突出、层次清晰、布局合理的符合施工要求的网络图。在实际运用中，一般先画草图，检查无误后再补充完整。对于一些大的建设项目，由于工序多，施工周期长，网络图可能很大，为使绘图方便，可将网络图划分成几个部分，分别绘制，再拼接起来，最后统一检查。

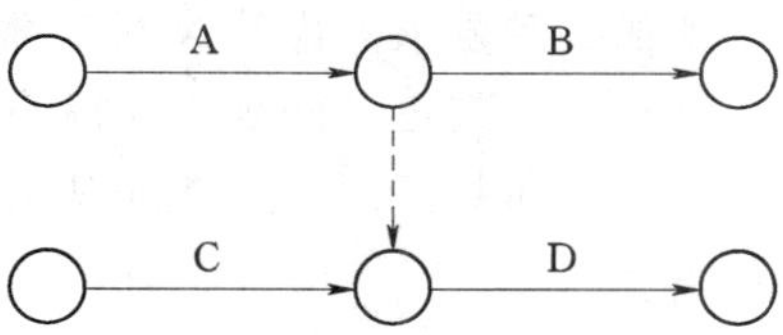

图 4.30 双代号网络图中虚工作的联系作用

4. 虚工作在双代号网络图中的作用

在绘制网络图时，应特别注意虚箭线的使用。在某些情况下，必须借助虚箭线才能正确表达工作之间的逻辑关系。

在双代号网络图中，虚工作一般起联系（图 4.30）、区分（图 4.31）和断开三个作用。

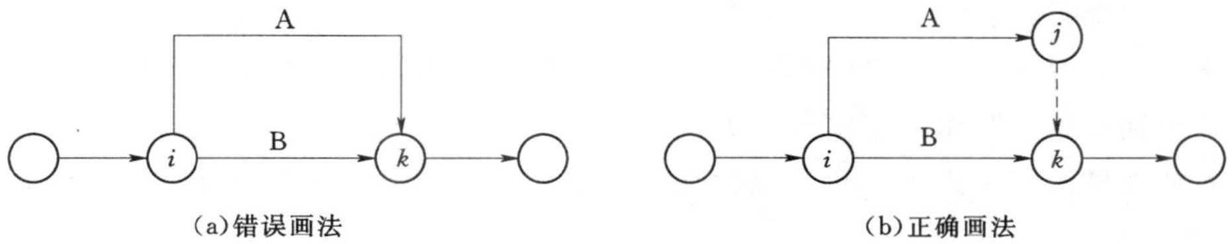

图 4.31 双代号网络图中虚工作的区分作用

（1）联系作用是指应用虚工作连接工作之间的工艺联系和组织联系。

（2）区分作用。当两项工作的开始节点和结束节点相同时，应用虚工作加以区分。

（3）断路作用（图 4.32）。当网络图的中间节点有逻辑错误，把本来没有逻辑关系的工作联系起来了，这时需要用虚工作断开无逻辑关系的工作联系。

在双代号网络图中，为了正确表达工作间的逻辑关系，在出现逻辑错误的（节点）之间增设新节点（即虚工作），切断毫无关系的工作之间的联系，这种方法称为断路法。

那么什么情况下引入虚箭线呢？通常是先主动增设虚箭线，待网络图构成后，再删去

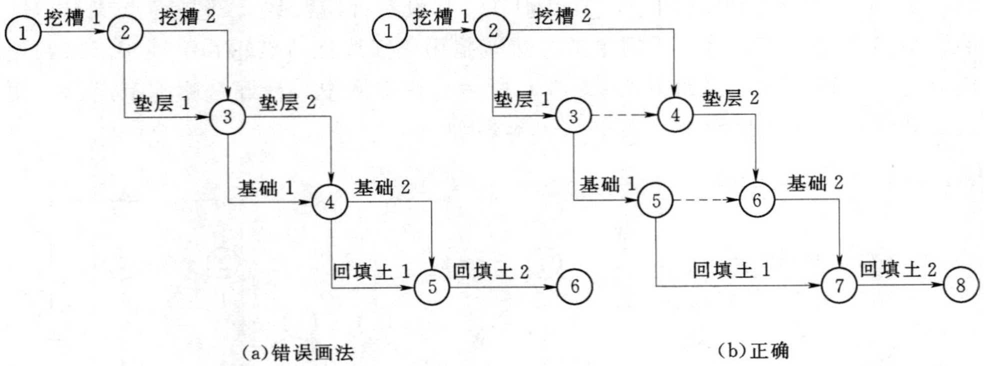

图 4.32　双代号网络图中虚工作的断路作用

不必要的虚箭线。

绘制网络图时必须符合以下三个条件：符合施工顺序的关系、合流水施工的要求、符合网络逻辑关系。

逻辑关系要求的虚箭线判定准则：

(1) 存在判定。两项工作既有相同的、又有不同的紧后工作时，需要引入虚箭线。

(2) 指向判定。虚箭线应从具有不同紧后工作的工作之完成节点指 向相同紧后工作的开始节点。

(3) 数目判定。

1) 当两项工作中只有一项工作具有不同的紧后工作时，则只有一条虚箭线。

2) 当两项工作分别具有不同的紧后工作时，则有两条虚箭线。

需要注意的是，在虚箭线数目判定时，若两项工作中只有一项工作具有不同的紧后工作时，不论不同的紧后工作有多少项，都只需引入一条虚箭线；而当两项工作分别具有不同的紧后工作时，也不论不同的紧后工作有多少项，都只需要引入两条虚箭线即可表达清楚相应的逻辑关系。

那么什么情况下引入虚箭线呢？通常是先主动增设虚箭线，待网络图构成后，再删去不必要的虚箭线。删除多余虚箭线的方法有：

(1) 如果虚箭线是进入一个节点的唯一一条虚箭线，则一般可将这个虚箭线删除，如图 4.33 所示。

但当这个虚箭线是为了区分两个节点间两个同时开始同时结束的工作时，这个虚箭线不能删除。如图 4.34 所示。

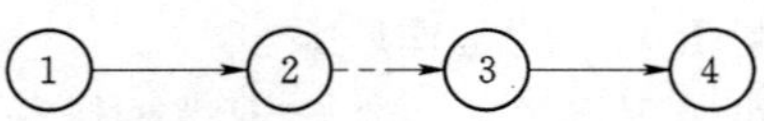

图 4.33　可删除的虚箭线

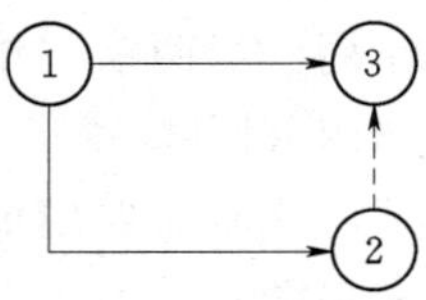

图 4.34　不可删除的虚箭线

(2) 当一个节点有两条箭线进入，且均为虚箭线时，则可以消除其中的一条虚箭线。

如图 4.35 所示。

但应注意，是否会改变工作关系，若改变则不能删除。如图 4.36 所示。

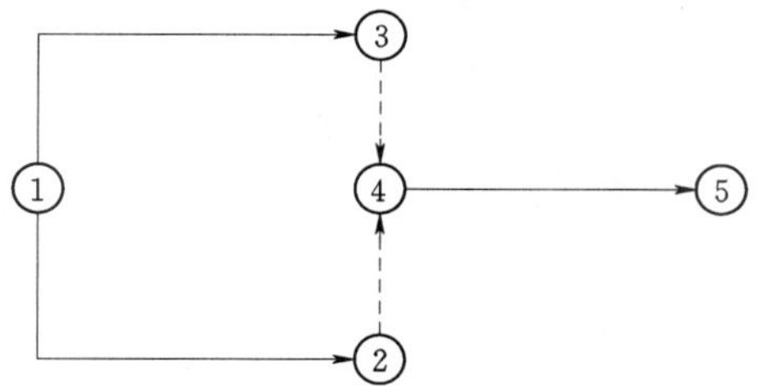

(a)虚箭线删除前

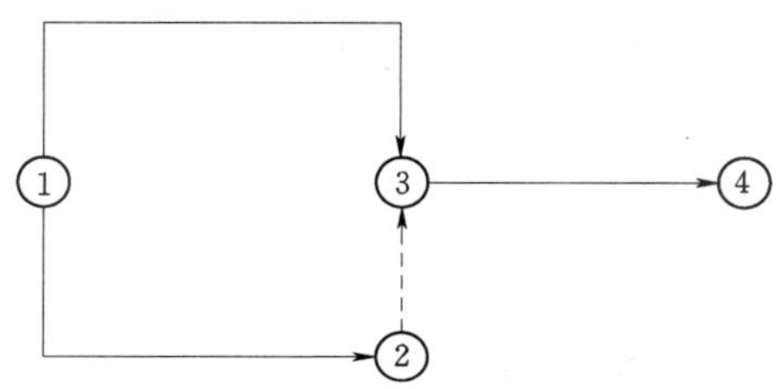

(b)虚箭线删除后

图 4.35 可删除的虚箭线

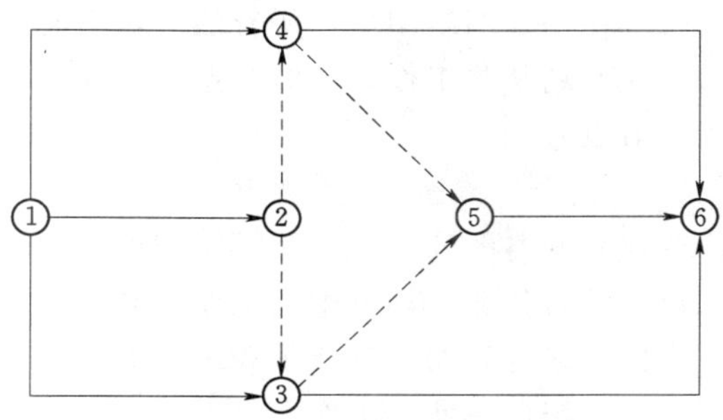

图 4.36 不可删除的虚箭线

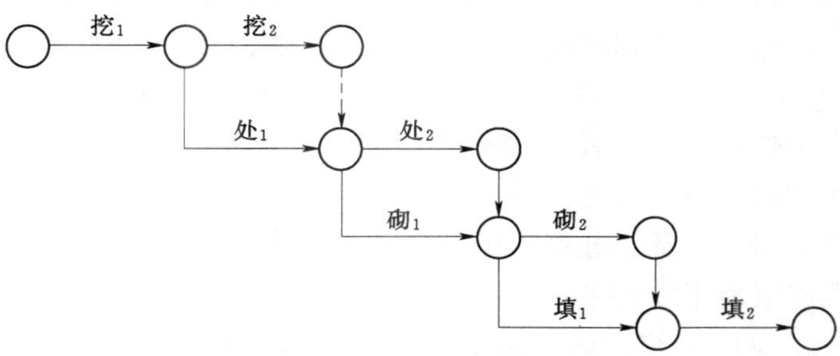

(a)错误画法

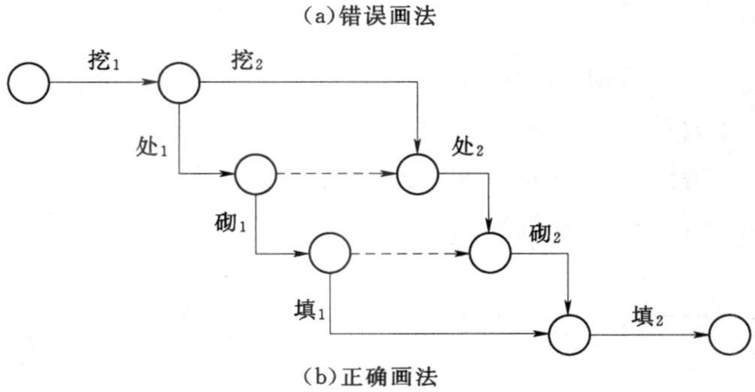

(b)正确画法

图 4.37 网络图画法

分析网络图 4.37 (a)，在施工顺序上，由挖基础——基础处理——砌筑——回填，符合施工工艺的要求。在流水关系上，同工种的工作队由第一施工段转入第二施工段再转入第三施工段，符合要求。在网络逻辑关系上有不符之处。第一施工段的砌筑（砌$_1$）与第二施工段的基础处理（处$_2$）没有逻辑上的关系；但在图中都相连起来了，这是网络图中原则性的错误，它将导致一系列计算上的错误，正确的画法如图 4.37（b）所示。

5. 双代号网络图的节点编号

网络图绘制好以后，还要对网络图的节点进行编号。节点编号的目的是赋予网络计划中每个工作一个唯一的代号，并便于对网络计划的时间参数进行计算。当用计算机来进行计算时，节点编号是绝对必要的。

双代号网络图的节点编号要遵循以下两个原则：

（1）箭尾节点的号编码应小于箭头节点的号码。

（2）在一个网络图中，所有的节点不能出现重复的编号。有时考虑到可能在网络图中会增添或改动某些工作，在对节点进行编号时，可采用不连续的编号方法，即可预先留出备用的节点号。

6. 双代号网络图的绘制步骤

双代号网络图的一般的绘图步骤如下：

（1）分解任务，划分施工工作，制定完成任务的全部工作结构分解表。

根据网络计划的管理要求和编制需要，确定项目分解的粗细程度，将项目分解为网络计划的基本组成单元一工作。

项目分解一般可按其性质、组织结构或运行规律来划分。如按准备阶段，实施出阶段；按全局与局部；按专业或工艺作业内容；按工作责任或工作地点等进行分解。分解时应根据具体情况决定分解的粗细程度，一般应遵循先粗后细，由局部到总体的原则来进行分解。

（2）确定全部工作的逻辑关系，绘制工作逻辑关系表，对于逻辑关系比较复杂的任务，可以绘制工作逻辑关系矩阵表。

明确排列出各工作（分部、分项工程或工序）在开始之前应完成哪些紧前工作，或者工作结束之后有哪些紧后工作要进行。

（3）确定每一工作的持续时间，制定最终的工程分析表，分析表的格式可如表 4.7 所示。

确定各单项工作的持续时间应根据工程量大小，施工单位的生产力水平，投入的劳动力、机械设备、资金数量，还应考虑气候影响及节假日问题。

确定各项工作的持续时间应充分考虑以往的工作经验。

（4）根据工程分析表进行分析（表 4.7）。

表 4.7　　工程分析表

序号	工作名称	工作代号	紧前工作	紧后工作	持续时间	资源强度
1	基础开挖	A	—	B	2	
2	基础处理	B	A	C	4	
3	浇筑混凝土	1C	1B	—	2	

（5）绘制双代号网络图草图。

（6）整理成图。将草图整理的主要工作有：检查工作关系，去掉多余的虚箭线，调整位置，尽量去掉交叉，检查是否符合绘图规则，最后给各节点编号。

（7）计算时间参数找出关键线路。通过计算时间参数检查计划进度是否满足上级要求，不满足应进行调整。调整方法见“2.3.4.7网络计划的优化”。

7. 双代号网络图的绘制方法

双代号网络图的绘制方法，视各人的经验而不同，但从根本上说，都要在既定施工方案的基础上，根据具体的施工客观条件，以统筹安排为原则。

绘制没有紧前工作的工作箭线，使他们具有相同的开始节点，以保证网络图只有一个起点节点。

（1）依次绘制其他工作箭线。这些工作箭线的绘制条件是其所有紧前工作箭线都已经绘制出来。在绘制这些工作箭线时，应按下列原则进行：

1）当所要绘制的工作只有一项紧前工作时，则将该工作箭线直接绘制在其紧前工作之后即可。

2）当所要绘制的工作只有多项紧前工作时，应按以下四种情况分别予以考虑：

a. 对于所要绘制的工作而言，如果在其多项紧前工作中存在一项（且只存在一项）只作为本工作紧前工作的工作（即在紧前工作栏中，该紧前工作只出现一次），则应将本工作箭线直接画在该紧前工作箭线之后，然后用虚箭线将其他紧前工作箭线的箭头节点与本工作的箭尾节点分别相连，以表达它们之间的逻辑关系。

b. 对于所要绘制的工作而言，如果在其紧前工作中存在多项只作为本工作紧前工作的工作，应将这些紧前工作的箭线的箭头节点合并，再从合并之后节点开始，画出本工作箭线，然后用虚箭线将其他紧前工作箭线的箭头节点与本工作的箭尾节点分别相连，以表达它们之间的逻辑关系。

c. 对于所要绘制的工作而言，如果不存在第一和第二种情况时，应判断本工作的所有紧前工作是否都同时是其他工作的紧前工作（即在紧前工作栏中，这几项紧前工作是否均同时出现若干次）。如果上述条件成立，应将这些紧前工作的箭线的箭头节点合并，再从合并之后节点开始，画出本工作箭线。

d. 对于所要绘制的工作而言，如果不存在第一和第二种情况，也不存在第三种情况时，则应将本工作箭线单独划在其紧前工作箭线之后的中部，然后用虚箭线将其他紧前工作箭线的箭头节点与本工作的箭尾节点分别相连，以表达它们之间的逻辑关系。

当各项工作箭线都绘制出来以后，应合并那些没有紧后工作的工作箭线的箭头节点，以保证网络图只有一个终点节点。

为了使双代号网络图的条理清楚，各工作的布局合理，可以先按照下列原则确定各工作的开始节点位置号和结束节点位置号，然后按各自的节点位置号绘制网络图。

1）无紧前工作的工作（即双代号网络图开始的第一项工作），其开始节点位置号为零。

2）有紧前工作的工作，其开始节点位置号等于其紧前工作的开始节点位置号的最大值加1。

3）有紧后工作的工作，其结束节点位置号等于其紧后工作的开始节点位置号的最小值。

4）无紧后工作的工作（即双代号网络图开始的最后一项工作），其结束节点位置号等于网络图中各工作的结束节点位置号的最大值加1。

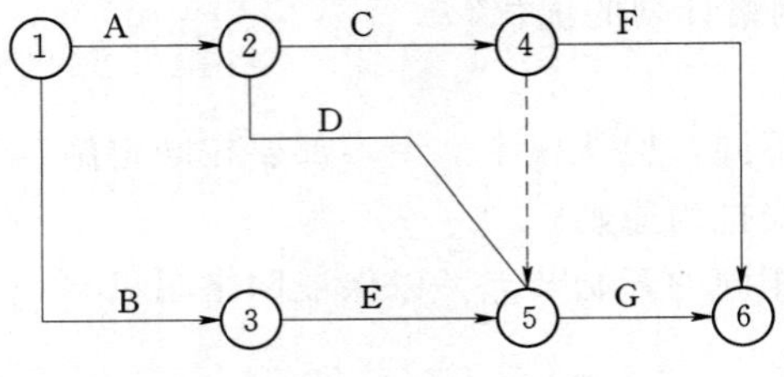

图4.38　水平式网络图

（2）绘图要求。绘制网络图要尽可能满足三方面要求：正确、简洁、美观。

“正确”指的是逻辑关系正确。要正确反映工作之间的既定逻辑关系，使有关系的工作一定把关系表达准确，且不要漏画“关系”；使没有关系的工作一定不要扯上“关系”；“简洁”指的是绘制网络图时，在保证逻辑关系正确的前提下，力求减少不必要的箭线和节点；为了达到“美观”可将网络图绘制成水平式（图4.38）、对称式（图4.39）和桁构式（图4.40）。

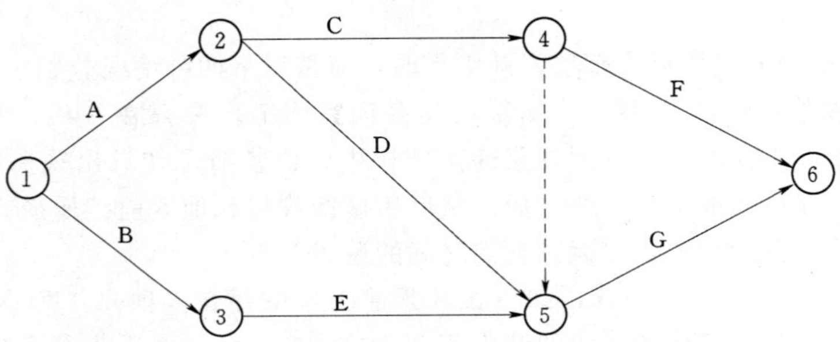

图4.39　对称式网络图

8. 施工网络计划的排列方法

为了使网络计划更条理化和形象化，在绘网络图时应根据不同的工程情况，不同的施工组织方法及使用要求等，灵活选用排列方法，以便简化层次，使各项工作之间在工艺上及组织上的逻辑关系准确清晰，便于施工组织者和施工人员掌握，也便于计算和调整。

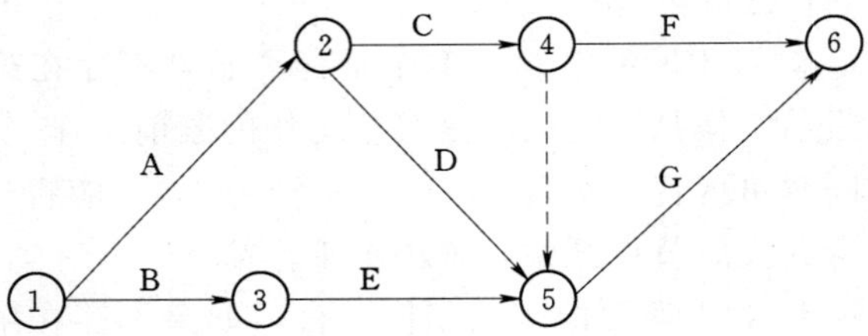

图4.40　桁构式网络图

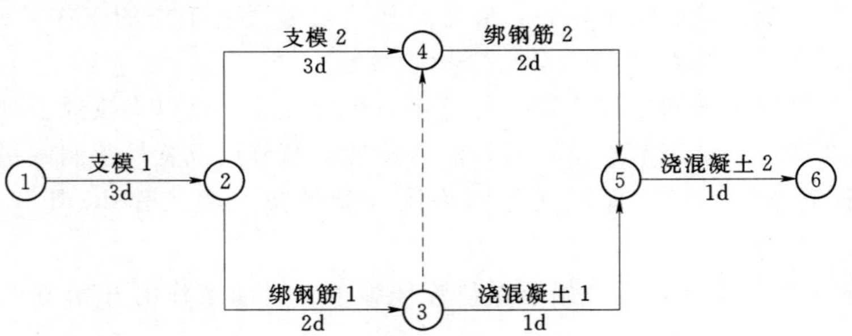

图4.41　网络计划的混合排列

(1) 混合排列。这种排列方法可以使网络图形看起来对称美观，但在同一水平方向既有不同工种的作业，也有不同施工段的作业，如图 4.41 所示，一般用于画较简单的网络图。

(2) 按流水段排列。这种排列方法是把同一施工段的作业排在同一水平线上，能够反映出建筑工程分段施工的特点，突出表示工作面的利用情况，如图 4.42 所示。这是建筑工地习惯使用的一种表达方式。

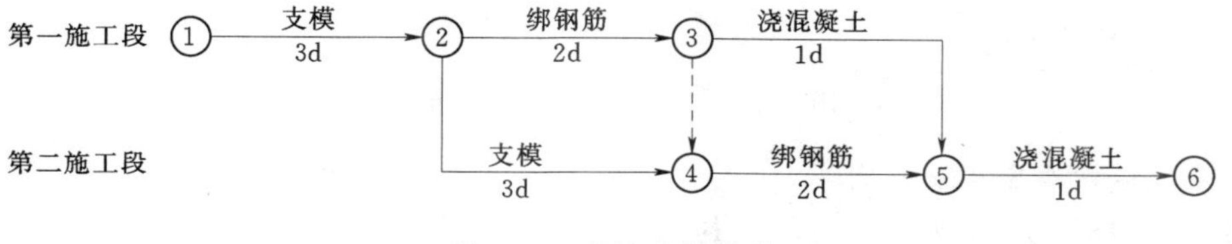

图 4.42　按流水段排列

(3) 按工种排列。这种排列方法是把相同工种的工作排在同一条水平线上，能够突出不同工种的工作情况，如图 4.43 所示，是建筑工地上常用的一种表达方式。

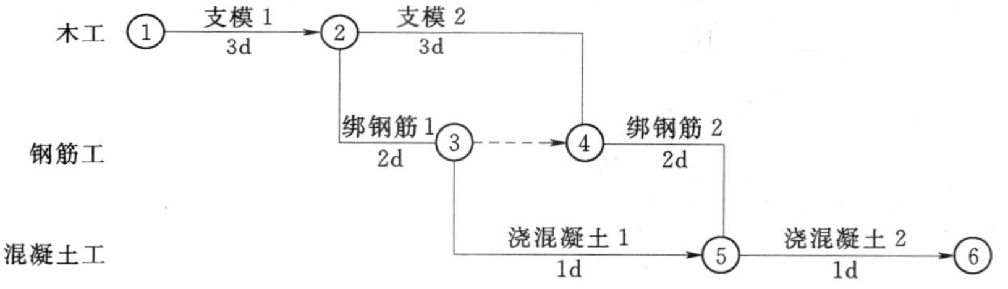

图 4.43　按工种排列

(4) 按楼层排列。图 4.44 是一个一般内装修工程的三项工作按楼层由上到下进行的施工网络计划。在分段施工中，当若干项工作沿着建筑物的楼层展开时，其网络计划一般都可以按楼层排列，如图 4.44 所示。

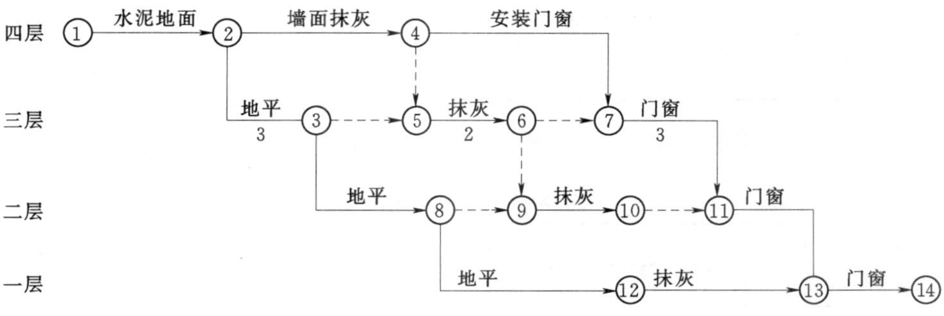

图 4.44　按楼层排列

(5) 按施工专业或单位排列。有许多施工单位参加完成一项单位工程的施工任务时，为了便于各施工单位对自己负责的部分有更直观的了解，而将网络计划按施工单位排列，如图 4.45 所示。

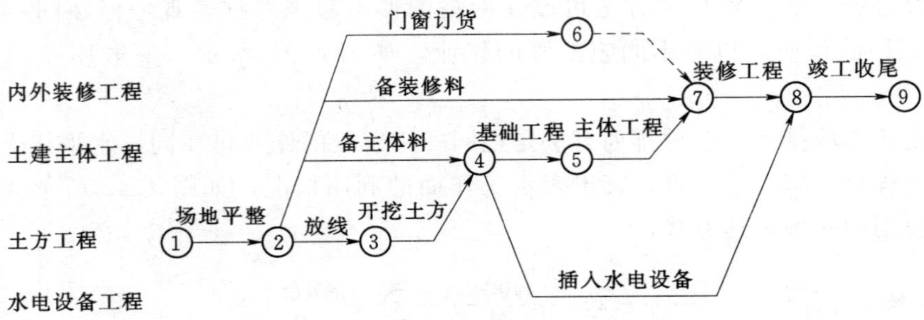

图 4.45　按施工专业或单位排列

9. 双代号网络图绘制示例

【例题 4.18】 已知某项目的工作构成及其逻辑关系如表 4.8 所示，试绘制双代号网络图。

表 4.8　　**项目的工作构成及其逻辑关系表**

工作代号	A	B	C	D	E	G	H
紧前工作	—	—	—	—	A、B	B、C、D	C、D

解：(1) 用矩阵表确定紧后工作，如表 4.9 所示：

表 4.9　　**标 注 紧 前 工 作**

工作	紧前工作						
	A	B	C	D	E	G	H
A							
B							
C							
D							
E	√	√					
G		√	√	√			
H			√	√			

(2) 确定各工作的开始节点位置号和结束节点位置号，如表 4.10 所示。

表 4.10　　**工 程 分 析 表**

工作代号	A	B	C	D	E	G	H
紧前工作	—	—	—	—	A、B	B、C、D	C、D
紧后工作	E	E、G	G、H	G、H	—	—	—
开始节点位置号	0	0	0	0	0+1 1	0+1 1	0+1 1
结束节点位置号	Max [1] 1	Max [1, 1] 1	Max [1, 1] 1	Max [1, 1] 1	1+1 2	1+1 2	1+1 2

（3）绘制双代号网络图。绘制工作箭线 A、绘制工作箭线 B、绘制工作箭线 C、绘制工作箭线 D，如图 4.46（a）所示。

按前述原则“4.4.3 的第 7 点绘制工作箭线的原则②”的第一种情况绘制工作箭线 E，如图 4.46（b）所示（工作 E 的两项紧前工作 A、B 中存在一项（且只存在一项）工作 A 作为本工作的紧前工作，则应将本工作箭线直接画在该紧前工作箭线 A 之后，然后用虚箭线将紧前工作箭线 B 的箭头节点与本工作的箭尾节点相连，以表达它们之间的逻辑关系）。

按前述原则“4.4.3 的第 7 点绘制工作箭线的原则②”的第三种情况绘制工作箭线 H，如图 4.46（c）所示（工作 H 存在两项工作 C、D 同时作为本工作的紧前工作，则应将这两项紧前工作 C、D 的箭线的箭头节点合并，再从合并之后节点开始，画出本工作箭线）。

按前述原则“4.4.3 的第 7 点绘制工作箭线的原则②”的第四种情况绘制工作箭线 G，如图 4.46（d）所示（把 G 工作箭线单独划在其紧前工作箭线 B、C 之后的中部，然后用虚箭线将其紧前工作箭线 B、C 的箭头节点与本工作的箭尾节点分别相连，以表达它们之间的逻辑关系）。

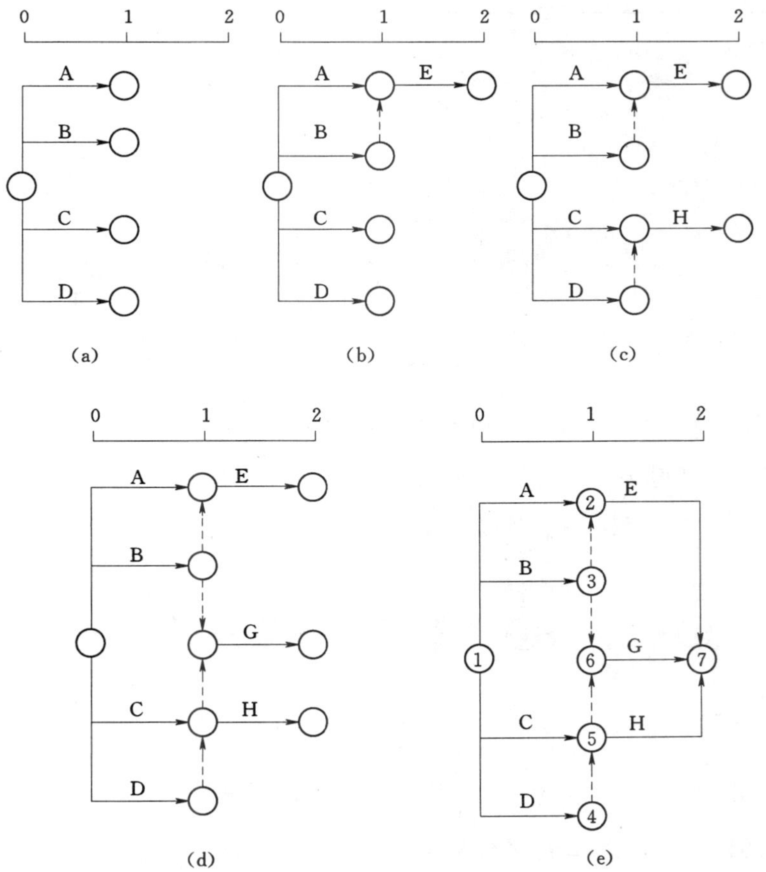

图 4.46　网络图绘图过程图

合并那些没有紧后工作的工作箭线 E、G、H 的箭头节点，以保证网络图只有一个终点节点。当确认给定的逻辑关系表达正确后，再进行节点编号，即得到给定逻辑关系的双代号网络图，如图 4.46（e）所示。

【例题 4.19】 已知某项目的工作构成及其逻辑关系如表 4.11 所示，试绘制双代号网络图。

表 4.11　　项目的工作构成及其逻辑关系

序号	工作名称	工作代号	紧前工作	持续时间
1	略	A	—	1
2	略	B	—	5
3	略	C	A	3
4	略	D	A	2
5	略	E	B、C	6
6	略	F	B、C	5
7	略	G	D、E	5
8	略	H	D、E、F	3

（1）绘草图（图 4.47）。

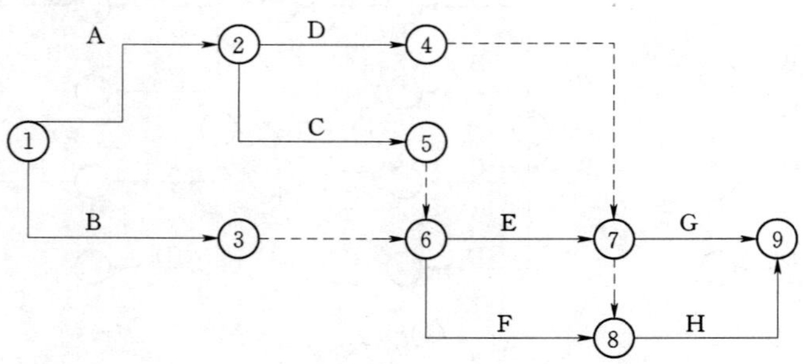

图 4.47　网络图草图

（2）整理成图（图 4.48）。

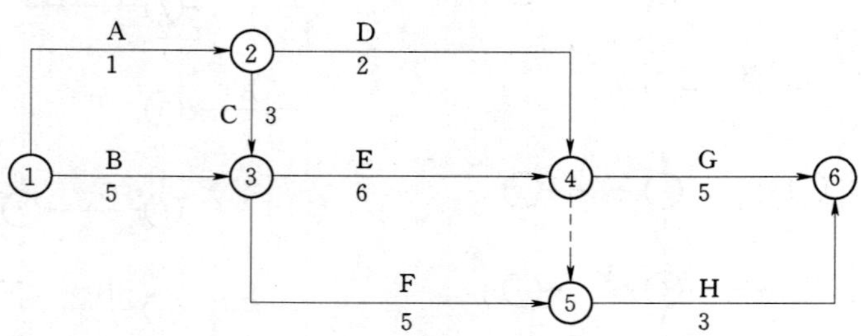

图 4.48　其项目工程网络计划图

【例题 4.20】 已知某项目的工作构成及其逻辑关系如表 4.12 所示，试绘制双代号网络图。

表 4.12　　某项目的工作构成及其逻辑关系

序号	工作名称	工作代号	紧前工作	持续时间
1	略	A	—	5
2	略	B	—	6
3	略	C	A	2
4	略	D	C	5
5	略	E	D	2
6	略	F	D	5
7	略	G	D	12
8	略	H	B、D	1
9	略	I	E、H	6
10	略	J	F	5
11	略	K	E、G、H	2
12	略	L	I、J	6
13	略	M	L	2
14	略	N	K、M	1
15	略	P	K、M	4
16	略	Q	N	1
17	略	W	N、P	1

解：(1) 用矩阵表确定紧前工作，如表 4.13 所示。

表 4.13　　工作矢子矩阵表

工作	紧前工作																
	A	B	C	D	E	F	G	H	I	J	K	L	M	N	P	Q	W
A																	
B																	
C	√																
D			√														
E				√													
F				√													
G				√													
H		√		√													
I					√			√									
J						√											
K					√		√	√									
L									√	√							
M												√					
N											√		√				
P											√		√				
Q														√			
W														√	√		

(2) 进行工程分析，确定表 4.14 各工作的开始节点位置号和结束节点位置号，见表 4.14。

表 4.14　　　　工 程 分 析 表

工作代号	A	B	C	D	E	F	G	H	I	J	K	L	M	N	P	Q	W
紧前工作	—	—	A	C	D	D	D	B D	E H	F	EG H	I J	L	K M	K M	N	N P
紧后工作	C	H	D	E、F G、H	I、K	J	K	I、K	L	L	N P	M	N P	Q W	W	—	—
开始节点位置号	0	0	0+1 1	1+1 2	2+1 3	2+1 3	2+1 3	2+1 3	3+1 4	3+1 4	3+1 4	4+1 5	5+1 6	6+1 7	6+1 7	7+1 8	7+1 8
结束节点位置号	1	3	2	3	4	4	4	4	5	5	7	6	7	8	8	8+1 9	8+1 9

(3) 绘制双代号网络图草图（图 4.49）。

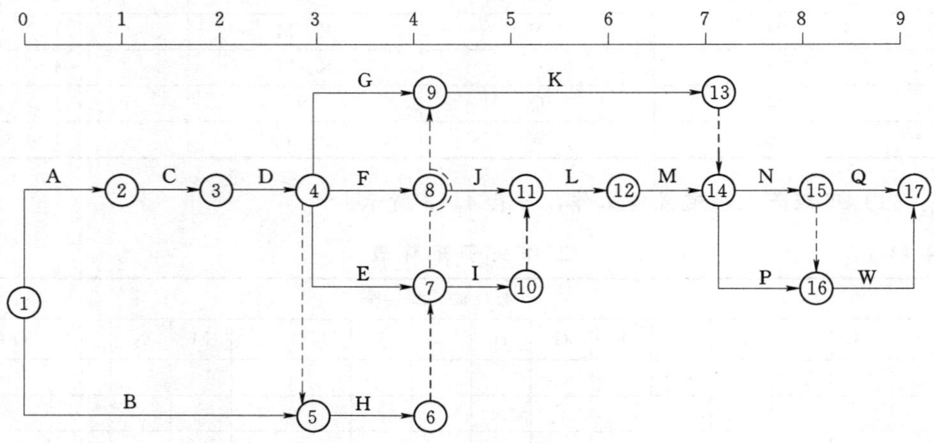

图 4.49　某项目网络草图

再检查逻辑关系，发现图中的⑥—⑦、⑩—⑪、⑬—⑭虚工作和其箭尾节点可以删除，调整成为图 4.50 所示的正确网络图。

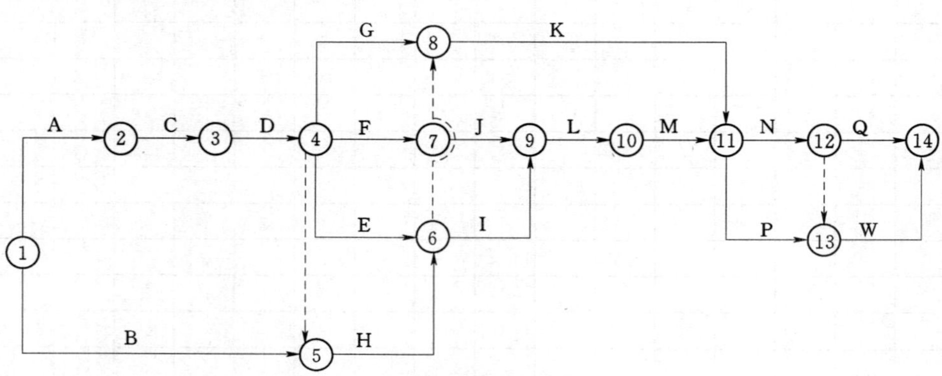

图 4.50　其项目工程网络计划图

4.4.4　双代号网络图的时间参数计算

所谓时间参数，是指网络计划、工作及节点所具有的各种时间值。网络计划的时间参数是确定关键线路和非关键线路机动时间的基础；是优化网络计划和确定工期的依据。

绘制网络计划图，我们不但要根据绘图规则，正确表达工作之间的逻辑关系，还要确定图上工作和各个节点的时间参数，确定网络计划的关键工作和关键线路；确定计算工期；确定非关键工作的机动时间（时差），为网络计划的调整、优化和执行提供明确的时间参数依据。网络计划的时间参数计算方法很多，常用的方法有图上计算法，分析计算法、表上计算法、矩阵计算法和电算法，这些计算方法的原理完全相同，只是表达形式不同。

4.4.4.1　双代号网络图时间参数的计算

1. 工作持续时间

工作持续时间是指一项工作从开始到完成的时间。在双代号网络计划中工作 $i-j$ 的持续时间用 D_{i-j} 表示。

工作持续时间的计算方法有三种：一是定额计算法，二是“三时估算法”，三是工期反算法。公式、方法、步骤同前，在这不再重述。

2. 工期

工期泛指完成一项任务所需要的时间。在网络计划中，工期一般有以下三种：

（1）计算工期。是根据网络计划参数计算而得到的工期，用 T_c 表示。

（2）要求工期。是任务委托人所提出的指令性工期，用 T_r 表示。

（3）计划工期。计划工期是指根据要求工期和计算工期所确定的作为实施目标的工期，用 T_p 表示。

网络计划的计划工期按公式（4.26）或公式（4.27）确定。

1）当已规定了要求工期时，计划工期不应超过要求工期，即

$$T_p \leqslant T_r \tag{4.26}$$

2）当未规定要求工期时，可令计划工期等于计算工期，即

$$T_p = T_c \tag{4.27}$$

3. 节点时间参数的计算

节点时间包括节点最早开始时间和节点最迟完成时间。

（1）节点最早时间。双代号网络计划中，某结点最早时间是指该节点所有的紧后工作最早可能开始的时间；其实际上是以该节点为完成节点的所有紧前工作最早全部完成的时间；用 ET_i 表示。

如果进入某节点的紧前工作没有全部结束，从这个节点出发的紧后工作就不能开始，因此，当有多个箭线同时指向同该节点时，应取进入该节点的紧前工作的结束时间的最大值，作为该节点的最早开始时间。

节点最早时间的计算应从网络计划的起始节点开始，沿箭线方向，依次计算每一个节点，直至结束节点。其计算符合如下规定：

1）对起始节点 i，如未规定最早时间时，其值等于零。即 $ET_1=0$

2）其他节点的最早时间应按式（4.28）进行计算：

$$ET_j=\max\{ET_i+D_{i-j}\} \tag{4.28}$$

式中 ET_j——工作 i—j 的结束节点 j 的最早时间；

ET_i——工作 i—j 的开始节点 i 的最早时间；

D_{i-j}——工作 i—j 的持续时间。

（2）确定网络计划的计算工期和计划工期。

1）网络计划的计算工期等于网络计划终点节点的最早时间，即

$$T_c=ET_n \tag{4.29}$$

式中 T_c——网络计划的计算工期；

ET_n——网络计划终点节点 n 的最早时间。

2）确定网络计划的计划工期

网络计划的计划工期应按式（4.4）～式（4.8）确定，本例中假设为规定要求工期，则其计划工期应等于计算工期，即 $T_p=T_c$

（3）节点最迟时间。双代号网络计划中，某结点最迟时间是指该节点所有的紧前工作最迟必须结束的时刻；其实际上是以该节点为完成节点的所有工作最迟必须结束的时刻；若迟于这个时刻，则紧后工作就会推迟开始，整个网络计划工期就会延误。用 LT_i 表示。

节点 i 的最迟时间 LT_i 应从网络计划的终点节点开始，逆着箭线方向，依次逐项计算，当部分工作分期完成时，有关节点的最迟时间必须从分期完成节点开始，逆着箭线方向依次逐项计算。节点最迟时间的计算应符合下列规定：

1）网络计划终点节点的最迟时间等于网络计划的计划工期，即

$$LT_n=T_p \tag{4.30}$$

式中 LT_n——网络计划终点节点 n 的最迟时间；

T_p——网络计划的计划工期。

2）其他节点的最迟时间应按式（4.31）进行计算：

$$LT_i=\min\{LT_j-D_{i-j}\} \tag{4.31}$$

式中 LT_i——工作 i—j 的开始节点 i 的最迟时间；

LT_j——工作 i—j 的结束节点 j 的最迟时间；

D_{i-j}——工作 i—j 的持续时间。

所谓按节点计算法，就是先计算网络计划中各个节点的最早时间和最迟时间，然后再据此计算各项工作的时间参数和网络计划的计算工期。

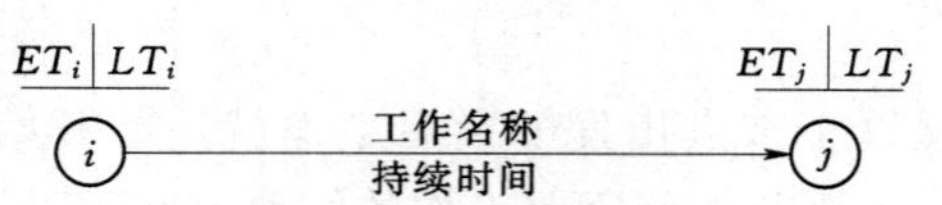

图 4.51 按节点计算法计算时间参数的标注方式

按节点计算法计算时间参数，其计算结果按图 4.51 所示标注。

4. 工作的时间参数的计算

所谓按工作计算法就是以网络计划中的工作为对象，直接计算各项工作的时间参数。这些参数包括：工作的最早开始时间和最早完成时间、工作的最迟完成时间和最迟开始时

间、工作的总时差和自由时差。此外还应计算网络计划的计算工期。

（1）工作的最早时间。

工作的最早时间包括工作的最早开始时间 ES_{i-j} 和最早完成时间 EF_{i-j}。

1）工作最早开始时间 ES_{i-j}：是指该工程所有的紧前工作已经全部完成，本工作可以开始的最早时刻，它等于表示该工作的箭尾节点的最早时间，即

$$ES_{i-j}=ET_i \tag{4.32}$$

工作的最早开始时间应从网络计划的起点节点开始，顺着箭线方向自左向右依次逐项计算，直到终点节点为止。

2）工作最早完成时间 EF_{i-j}：是指该工程所有的紧前工作已经全部完成，本工作可以完成的最早时间。即

$$EF_{i-j}=ES_{i-j}+D_i \tag{4.33}$$

（2）工作的最迟时间。工作的最迟时间包括工作的最迟开始时 LS_{i-j} 和最迟完成时间 LF_{i-j}

1）工作的最迟完成时间（LF_{i-j}）：是指在不影响工程工期的条件下，该工作必须完成的最迟时间。它表示该工作的箭头节点的最迟时间，即

$$LF_{i-j}=LT_j \tag{4.34}$$

2）工作的最迟开始时间（LS_{i-j}）：是指在不影响工程工期的条件下，该工作必须开始的最迟时间。即

$$LS_{i-j}=LF_{i-j}-D_{i-j} \tag{4.35}$$

（3）工作时差。工作时差反映工作在一定条件下的机动时间范围，通常分为总时差 TF_{i-j} 和自由时差 FF_{i-j}。

1）总时差 TF_{i-j}。指在不影响总工期的前提下，一项工作可以利用的机动时间。具体说是在不影响任何一项紧后工作的最迟必须开始时间的条件下，本工作所拥有的最大机动时间。

是在保证本工作以最迟完成时间完工的前提下，允许该工作推迟其最早开始时间或延长其持续时间的幅度。

可以用节点时间参数、过程参数来计算。

$$TF_{i-j}=LS_{i-j}-ES_{i-j}=LF_{i-j}-ET_i-D_{i-j} \tag{4.36}$$

或

$$TF_{i-j}=LF_{i-j}-EF_{i-j} \tag{4.37}$$

总时差的特性：

a. 如果总时差等于 0，其他时差也都等于 0。

b. 总时差不但属于本工作，而且可以传递，为一条线路所共有。

c. 总时差最小的工作组成的线路为关键线路。

d. 总时差等于 0，说明本工作没有机动时间，为关键工作；

总时差大于 0，说明本工作有机动时间，为非关键工作；

总时差小于 0，说明计划工期超过了上级规定工期，应进行调整，以确保计划总工期。

2）自由时差 FF_{i-j}。指在不影响紧后工作最早开始时间的前提下，本工作可以利用的机动时间。即允许该工作推迟其最早开始时间或延长其持续时间的幅度。

$$FF_{i-j}=ET_j-ET_i-D_{i-j} \tag{4.38}$$

或

$$FF_{i-j}=ES_{j-k}-ES_{i-j}-D_i=ES_{j-k}-EF_{i-j} \tag{4.39}$$

自由时差的特性：

a. 自由时差属于本工作，不能传递。

b. 自由时差小于或等于总时差。

c. 自由时差对紧后工作没有影响。

5. 线路参数

线路参数主要包括计算工期 T_c 和计划工期 T_p，前者是根据计算得到的工期，后者则是指根据要求工期 T_r 或计算工期 T_c 所确定的并作为实施目标的工期。

$$T_c=\max\{EF_{i-n}\} \tag{4.40}$$

或

$$T_c=ET_n=LT_n \tag{4.41}$$

式中　n——网络终止节点的编号。

$T_p \leqslant T_r$　　规定了要求工期时

$T_p=T_c$　　未规定要求工期时

6. 双代号网络计划关键工作和关键线路的确定

关键工作是指网络计划中总时差最小的工作。

(1) 当计划工期 T_p 等于网络计划的计算工期 T_c 时，总时差的值等于 0 的工作为关键工作。

(2) 当计划工期 T_p 大于网络计划的计算工期 T_c 时，总时差的值大于 0 且其值最小的工作为关键工作。

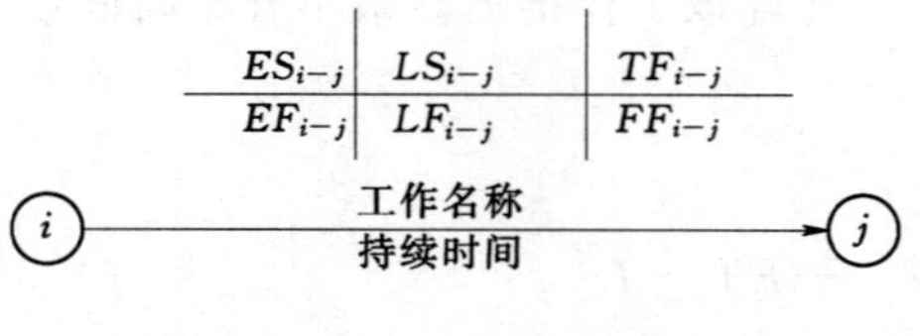

图 4.52　按工作计算法计算工作时间参数的标注方式

(3) 当计划工期 T_p 小于网络计划的计算工期 T_c 时，总时差的值小于 0 且其值最小（负总时差的绝对值最大）的工作为关键工作。

关键线路是指网络计划中总的工作持续时间最长的线路。从网络计划的起点节点开始到终点节点止，将关键工作依次首尾相连而成的线路就是关键线路。

网络计划中的关键线路一般用粗线、双线或者彩色线标注。

7. 按工作计算法计算工作时间参数，其计算结果按图 4.52 所示标注。

4.4.4.2　双代号网络图时间参数的计算示例

【例 4.21】　已知某项目的网络图如图示，请用节点法计算时间参数。

解：

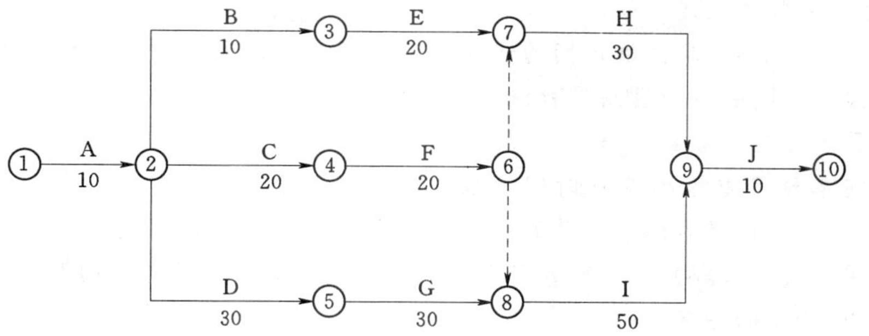

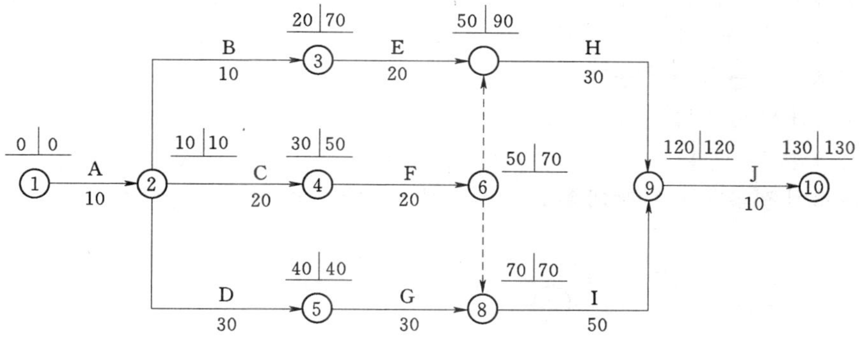

图 4.53

【例 4.22】 已知某项目的有关资料见表 4.15。

表 4.15　　某项目的有关资料

工作名称	A	B	C	D	E	F	H	I
紧前工作	—	—	A	A	B、C	B、C	D、E	D、E、F
持续时间	1	5	3	2	6	5	5	3

试绘制双代号网络图，计算该项目网络图的各时间参数，并确定关键工作和关键线路。

解：(1) 根据已知条件绘制网络图。

(2) 计算节点最早时间 ET_j，假定 $ET_1=0$，利用式 (4.28)，按节点编号递增顺序，从前向后计算，并随时将计算结果标注在图例中 ET 所在的位置。

(3) 确定网络计划的计划工期。

网络计划的计算工期等于网络计划终点节点的最早时间，根据公式 (4.29)，得计算工期即：$T_c=ET_6=16$ (d)。

本例中假设未规定要求工期，则其计划工期应等于计算工期，即：$T_p=T_c=130$ (d)

(4) 计算节点最迟时间。

1) 网络计划终点节点的最迟时间等于网络计划的计划工期。

根据公式 (4—30) 网络计划终点节点的最迟时间等于网络计划的计划工期，即

$$LT_6 = T_p = 130$$

2）计算其余节点最迟时间。

根据公式（4.31），从网络计划的终点节点开始，逆着箭线方向，依次逐项计算其余节点最迟时间，并随时将计算结果标注在图例中 LT 所在的位置。

（5）计算工作时间参数。

工作时间参数可以根据节点时间参数，分别利用公式（4.32）、（4.33）、（4.34）、（4.35）计算工作的最早时间和工作的最迟时间；利用公式（4.36）、（4.37）计算工作的总时差；利用公式（4.38）、（4.39）计算工作的自由时差；并将各时间参数分别依次标在图 4—49—3 中所示的位置。

（6）判断关键工作和关键线路，用粗实线标在图上。

关键工作：B、E、H

关键线路：①→③→④→⑥

（7）确定计划总工期，标在图上。

$$T_p = 16\text{d}$$

（8）网络计划各节点的时间参数、工作时间参数，如图 4.54 所示。

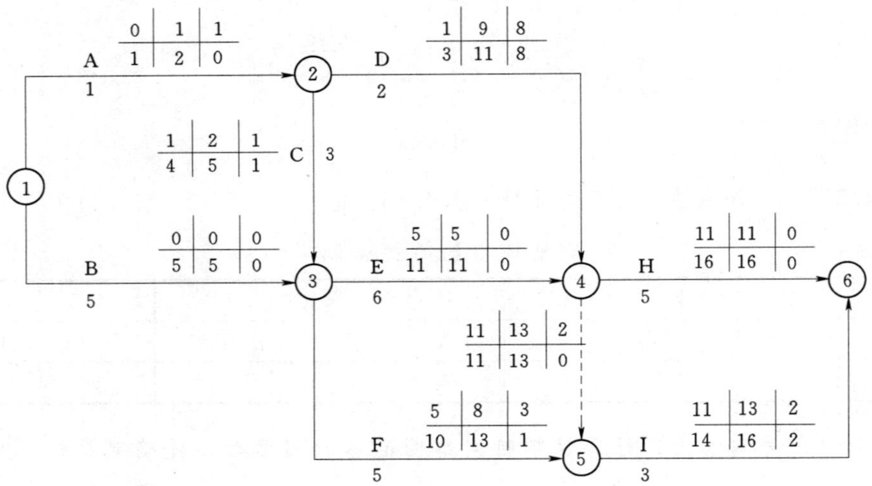

图 4.54　某项目网络时间参数图算法例

4.4.5　双代号时标网络计划

"时标网络计划"是以时间坐标为尺度表示工作时间的网络计划（即箭杆的长度与工作耗用时间相对应的网络图），如图 4.55 示。

时标网络计划可按最早时间和最迟时间两种方法绘制，使用较多的是最早时标网络计划。

1. 双代号时标网络计划的特点

双代号时标网络计划是以时间坐标为尺度编制的网络计划，以实箭线表示工作，以虚箭线表示工作的时差与普通的网络计划或横道计划相比，时标网络计划具有如下优点：

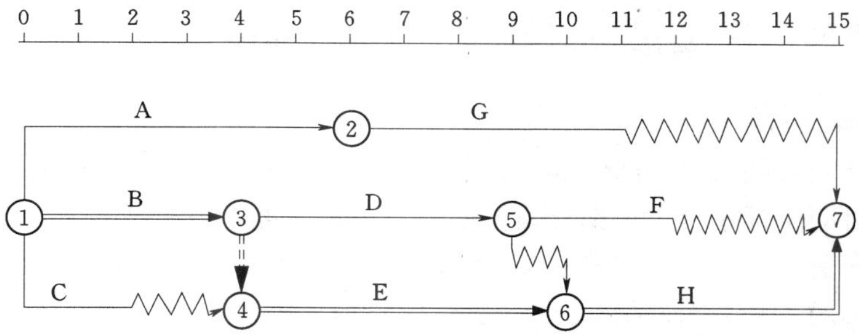

图 4.55　某工程项目双代号时标网计划图

（1）时标网络计划图能直观地反映出整个计划的时间进程。

（2）时标网络计划图能直接反映出各项工作的开始和结束时间，机动时间及关键线路；在计划执行过程中，可以随时确定哪些工作应该已经完成，哪些工作正在进行及哪些工作将要开始，如果实际执行过程中偏离了计划，应及时调整。

（3）时标网络计划图能清楚地表示出哪些工作可以平行进行，以帮助材料员确定在同一时间内各种材料、机械等资源的大致需要量。

（4）时标网络计划图的调整比较麻烦，当工期发生变化或资源供应有问题及其他原因而导致某些工作不能正常进行时，某些箭线的长度和节点的位置需要变动，这样往往导致整个网络图发生变动。

时标网络计划既具有网络计划的优点，又具有横道计划直观易懂的优点，它将网络计划的时间参数直观地表达出来，时标网络计划图主要供计划管理人员分析计划和实施资源优化用，在工程实践中应用较为广泛。对大型复杂工程，可以先用时间坐标网络形式绘制各分部工程的网络计划，然后再综合起来绘制比较简单的总网络计划。

2. 双代号时标网络计划的适用范围。

（1）对工作项目少或工艺过程较简单的施工进度计划，利用时标网络计划图能迅速方便地边绘制、边计算、边调整。

（2）对于大型复杂的工程，可以先用时标网络计划图的形式绘制各分部工程或分项工程的网络计划图，然后再综合起来绘制出比较简单的总网络计划，即把每一个分部工程或分项工程的网络计划图看作是总网络计划图的一个工作（形成子网络图）。在执行过程中，如果有偏差，或其他原因等需要调整计划，只需调整子网络计划，而不必改动总网络计划。

（3）在时间安排时，应考虑节假日和雨季期的影响，要留有调整余地。

3. 双代号时标网络计划的一般规定

（1）双代号时标网络计划必须以水平时间坐标为尺度表示工作时间。

时标的时间单位应根据需要在编制网络计划之前确定，可为时、天、周、月或季。

（2）时标网络计划以实箭线表示工作，以虚箭线表示虚工作，以波形线表示工作的自由时差。

（3）时标网络计划中所有符号在时间坐标上的水平投影位置，都必须与其时间参数相对应。节点中心必须对准相应的时标位置。

(4) 时标网络计划中虚工作必须以垂直方向的虚箭线表示，有自由时差时加波形线表示。

4. 时标网络计划的绘制方法

时标网络计划宜按最早时间绘制。在绘制前，首先应根据确定的时间单位绘制出一个时间坐标表，时间坐标单位可根据计划期的长短确定（可以是小时、天、周、旬、月或季等），如表 4.16 所示；时标一般标注在时标表的顶部或底部（也可在顶部和底部同时标注，特别是大型的、复杂的网络计划），要注明时标单位。有时在顶部或底部还加注相对应的日历坐标和计算坐标。时标表中的刻度线应为细实线，为使图面清晰，此线一般不画或少画。

（1）表示时标的形式有以下三种。

1）计算坐标。主要用作网络计划时间参数的计算，但不够明确。如网络计划表示的计划任务从第 0 天开始，就不易理解。

2）日历坐标。可明确表示整个工程的开工日期和完工日期以及各项工作的开始日期和完成日期，同时还可以考虑扣除节假日休息时间。

3）工作日坐标。可明确表示各项工作在工程开工后第几天开始和第几天完成，但不能表示工程的开工日期和完工日期以及各项工作的开始日期和完成日期。

表 4.16　　时间坐标差

计算坐标	1	2	3	4	5	6	7	8	9	10	11	12	13	14	
日历	24/4	25/4	26/4	29/4	30/4	6/5	7/5	8/5	9/5	10/5	13/5	14/5	15/5	16/5	17/5
（工作单位）	1	2	3	4	5	6	7	8	9	10	11	12	13	14	15
网络计划															
（工作单位）															

在时标网络计划中，以实线表示工作，实线后不足部分（与紧后工作开始节点之间的部分）用波形线表示，波形线的长度表示该工作与紧后工作之间的时间间隔；由于虚工作的持续时间为 0，所以，应垂直于时间坐标（画成垂直方向），用虚箭线表示，如果虚工作的开始节点与结束节点不在同一时刻上时，水平方向的长度用波形线表示，垂直部分仍应画成虚箭线。

（2）时标网络计划的绘制有间接绘制法和直接绘制法。

1）间接绘制法。在绘制前，首先应根据确定的时间单位绘制出一个时间坐标表，时间坐标单位可根据计划期的长短确定（可以是小时、天、周、旬、月或季等），在绘制时应先将所有节点按其最早时间定位在时标网络计划表中的相应位置，然后再用规定线型（实箭线和虚箭线）按比例绘出工作和虚工作。当某些工作箭线的长度不足以到达该工作的完成节点时，须用波形线补足，波形线的长度表示该工作与紧后工作之间的时间间隔；由于虚工作的持续时间为 0，所以，应垂直于时间坐标（画成垂直方向），用虚箭线表示，如果虚工作的开始节点与结束节点不在同一时刻上时，水平方向的长度用波形线表示，垂直部分仍应画成虚箭线。箭头应画在与该工作完成节点的连接处。图 4.47 所示为按各项工作的最早开始时间绘制的时标网络计划图。

2）直接绘制法。所谓直接绘制法，是指不计算时间参数而直接按无时标的网络计划草图绘制时标网络计划。

a. 将网络计划的起始节点定位在时标网络计划表的起始刻度线上。

b. 按工作的持续时间绘制以网络计划起始节点为开始节点的工作箭线。

c. 除网络计划的起始节点外，其他节点必须在所有以该节点为完成节点的工作箭线均绘出后，定位在这些工作箭线中最迟的箭线末端。当某些工作箭线的长度不足以到达该节点时，须用波形线补足，箭头画在与该节点的连接处。

d. 当某个节点的位置确定之后，即可绘制以该节点为开始节点的工作箭线。

e. 利用上述方法从左至右依次确定其他各个节点的位置，直至绘出网络计划的终点节点。

在绘制时标网络计划时，特别需要注意的问题是处理好虚箭线。首先应将虚箭线与实箭线等同看待，只是其对应工作的持续时间为零；其次，尽管它本身没有持续时间，但可能存在波形线，因此，要按规定画出波形线。在画波形线时，其垂直部分仍应画为虚线。

5. 时标网络图的绘图规则

（1）工作时间长短用工作箭杆表示。

（2）节点的中心必须对准时标的刻度线。

（3）关键工作宜画在时标的中间醒目的位置。

（4）非关键工作按“最早可能开始时间”（ES）绘制。

（5）非关键工作的自由时差用波浪线表示。

（6）绘制时标网络图前，宜先绘制无时标网络图。

6. 时标网络计划的绘制示例

（1）按节点最早时间标绘制时标网络计划。

【例 4.23】 某网络计划如图 4.48 所示，请按节点最早时间标绘制相应的时标网络图。

1. 具体步骤

（1）先计算各节点的时间参数，并找出关键线路，如图 4.56 所示。

（2）作出时间坐标，如图 4.57 所示。

（3）按节点最早时间把关键线路标画在图中适当位置，如图 4.57 所示。

（4）按节点最早时间标画非关键线路。

2. 标画时应注意如下几点

（1）工作用实箭线表示，箭线的长度表示工作持续时间的长短。

（2）虚工作仍用虚箭线表示。

（3）机动时间用虚线表示，并在实箭线与虚箭线分界处加一个截止短线。

（4）纵向没有时间含义。按以上步骤可画得如图 4.57 所示的时标图。

总结：按节点最早时间标画的时间坐标网络图，可以直接得到局部时差。如图 4.57

中，各工作的机动时间（虚线部分）即各工作的局部时差。

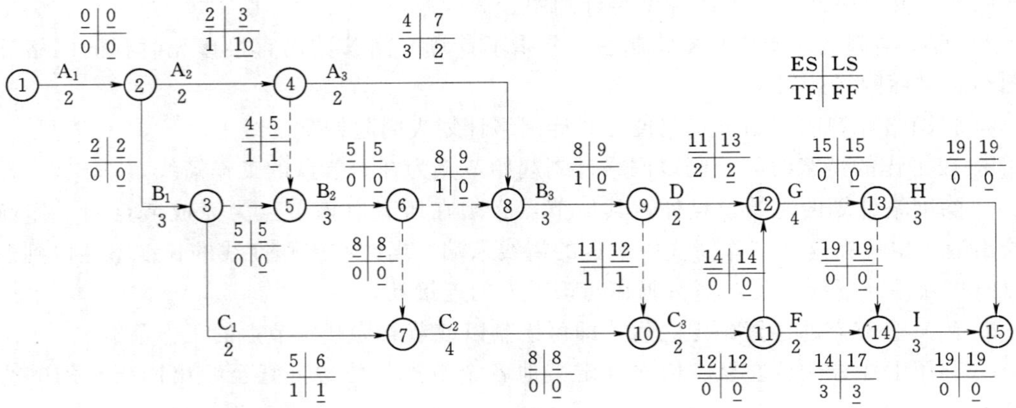

图 4.56　双代号时标网络计划

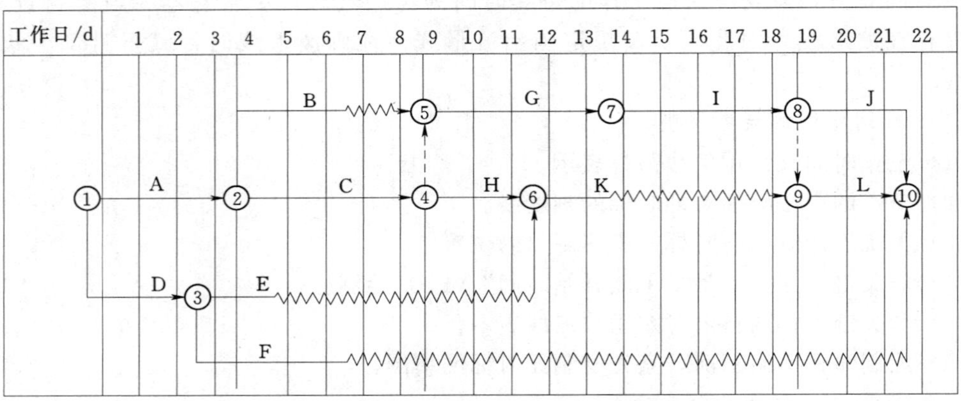

图 4.57　按节点最早时间标绘制的时标网络图

（2）按最迟开工时间标绘制时标网络计划。具体步骤如下：

1）计算网络，求出各节点的时间参数，并确定关键线路。

2）在有横向时间坐标的表格上根据每道工序的最迟开工时间确定节点位置（若节点后有几道紧后工序，以最迟开工时间中的最小值作业节点的位置）。

3）将各工序的作业持续时间从终节点开始用实线沿水平方反向给出作业持续时间相等的实线长度。

4）用水平波形线把实线部分与该工序的始节点连接起来，两线连接处加一圆点（两线连接处波形线的水平投影长度不是该工序的自由时差）。

5）虚工序在图上的垂直部分用虚线连接，水平部分用波形线表示。

6）确定关键线路并将箭线加粗：从终点到起点不出现波形线的线路。

7）确定总工期。图 5.58 中网络终点所在的位置时间就是工程竣工时间，即总工期。

7. 时标网络计划的关键线路的判定

时标网络计划的关键线路，应自终点节点逆箭线方向朝起始节点观察，判别是否是关

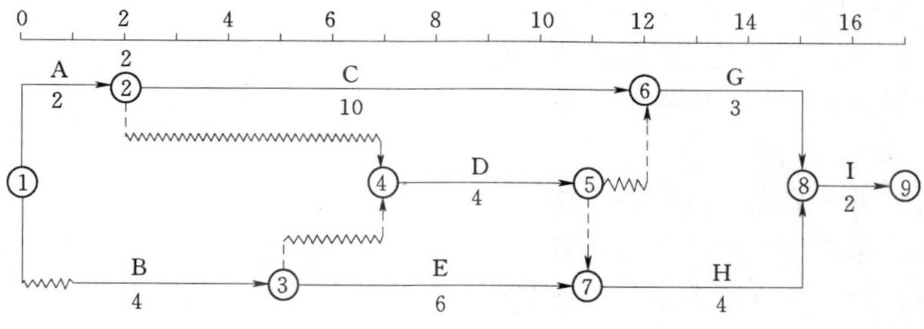

图 4.58　最迟开工时间标绘制的时标网络图

键线路仍然是根据这条线路上各项工作是否有总时差。在这里，是根据是否有自由时差来判断是否有总时差的。因为有自由时差的线路必有总时差，自由时差是位于线路的末端，既然末端不出现自由时差，那么这条线路段上各工作也就没有总时差，这条线路必然就是关键线路。

在图 4.55 中，线路①—③—④—⑥—⑦自始至终未出现波形线，是关键线路。

4.4.6　单代号网计划网络计划的编制

1. 单代号网络图的概念

单代号（AON）网络图（activity-on-node network）是以节点及其编号表示工作，以有向箭线表示工作之间的逻辑关系的网络图。在单代号网络图中，每一项工作都用一个节点来表示，每个节点都编以号码，节点的号码即代表该节点所表示的工作，“单代号”的名称就由此而来。图 4.59 所表示的就是一个单代号网络图。

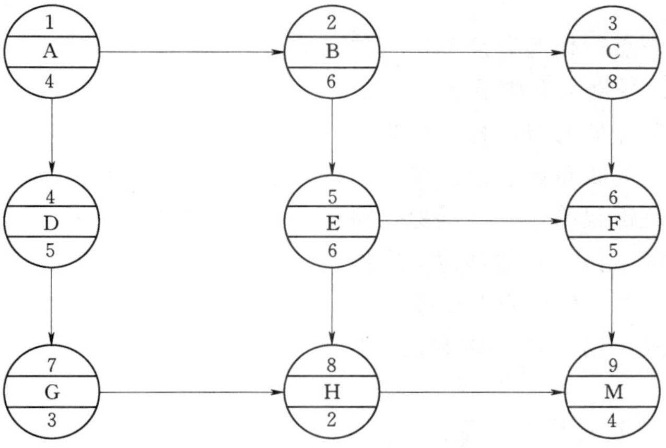

图 4.59　单代号网络图

与双代号网络图比较，单代号网络图的逻辑关系容易表达，绘图简便，便于检查修改；单代号网络图没有虚箭线，产生逻辑错误的可能较小。

单代号网络图用节点表示工作，更适合用计算机进行绘制、计算、优化和调整。最新发展起来的几种网络计划形式，如决策网络（DCPM）、图示评审技术（GERT）等，都是采用单代号表示的。

正是由于具有以上特点，近年来国内外对单代号网络图逐渐重视起来。特别是随着计算机在网络计划中的应用不断扩大，单代号网络图获得了广泛的应用。

2. 单代号网络图的构成

单代号网络图由节点、箭线和线路三部分组成。

(1) 节点。在单代号网络图中，节点及其编号表示一项工作。节点可以采用圆圈，也可以采用方框表示。节点所表示的工作名称、工作持续时间、节点编号一般都标注在圆圈或方框内，如图 4.60 所示。

单代号网络图中的节点必须编号，其号码可间断但严禁重复。在对网络图的节点进行编号时，箭线的箭尾节点编号应小于箭头节点编号。

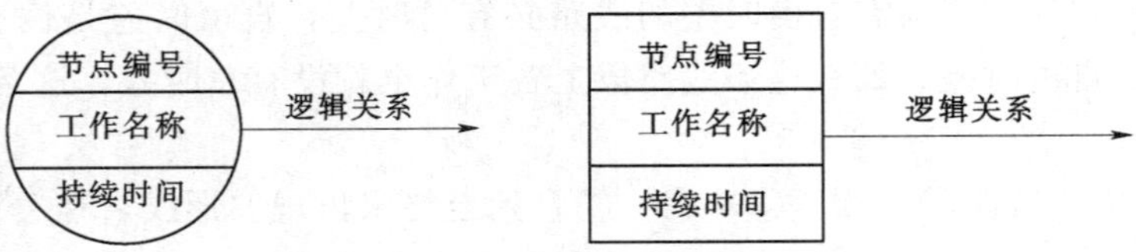

图 4.60　单代号网络图节点的表示方法

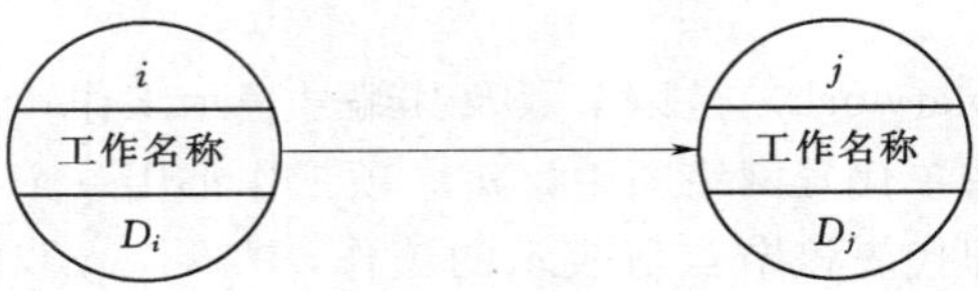

图 4.61　单代号网络图中的箭线示意图

(2) 箭线。单代号网络图中的箭线仅表示工作间的逻辑关系，它既不占用时间也不消耗资源。单代号网络图中表达逻辑关系时并不需使用虚箭线。箭线应画成水平直线、折线或斜线，且箭线水平投影的方向应自左向右。箭线的箭头表示工作的前进方向，箭尾节点工作为箭头节点工作的紧前工作（图 4.61）。

(3) 线路。单代号网络图中从起点节点出发，沿着箭头方向连续通过一系列箭线和节点，直至到达终点节点的通路，称为线路。

单代号网络图中的线路有多条。在各条线路中，所有工作的持续时间之和最长的线路称为关键线路。除关键线路之外的其他线路都称为非关键线路。位于关键线路上的工作称为关键工作，除关键工作之外的其他工作称为非关键工作。

关键工作用较粗的箭线或双箭线来表示，以示与非关键线路上的工作区别。

实际工作中最好是用单代号时标网络图，即横道图加上工序间的逻辑关系，计算出时差。

3. 代号网络图与双代号网络图相比具有以下特点

(1) 工作之间的逻辑关系容易表达，且不用虚箭线，故绘图较简单。

(2) 网络图便于检查和修改。

(3) 由于工作的持续时间表示在节点之中，没有长度，故不够形象直观。

(4) 表示工作之间逻辑关系的箭线可能产生较多的纵横交叉现象。

4. 单代号网络图的逻辑关系及其表示方法

单代号网络图的逻辑关系见表 4.17。

表 4.17　　单代号网络图常见的逻辑关系及其表示方法

序号	逻　辑　关　系	单代号表示法
1	A 完成后进行 B B 完成后进行 C	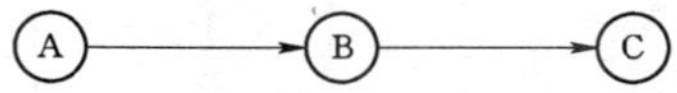
2	A 完成后进行 B 和 C	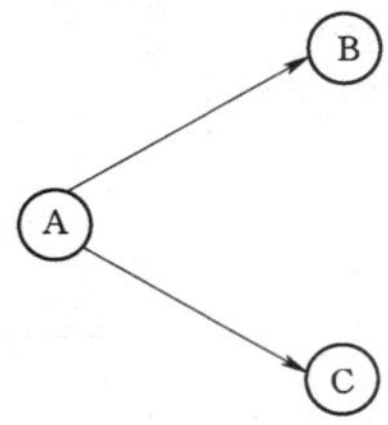
3	A 和 B 都完成后进行 C	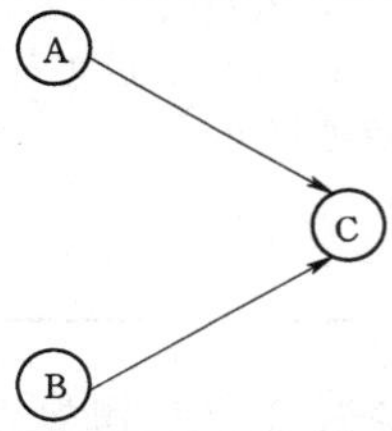
4	A 完成后进行 C A 和 B 都完成后进行 D	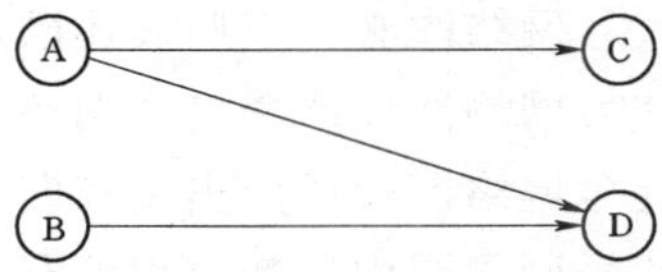
5	A 和 B 都完成后进行 C 和 D	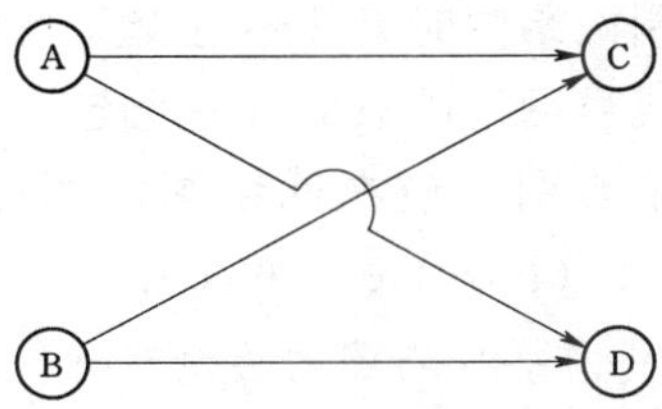
6	A 和 B 都完成后进行 D A、B、C 均完成后进行 E D、E 均完成后进行 F	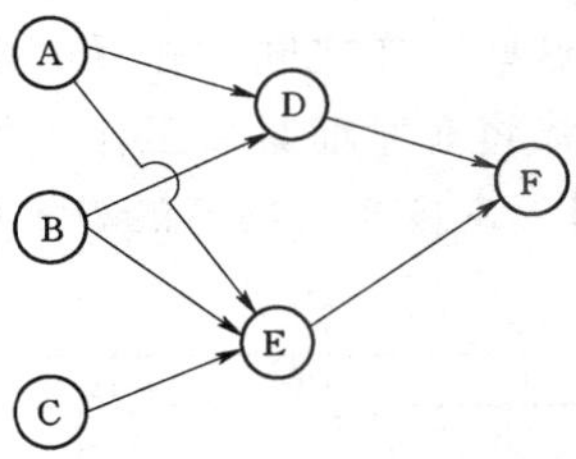
7	A、B 均完成后进行 C B、D 均完成后进行 E	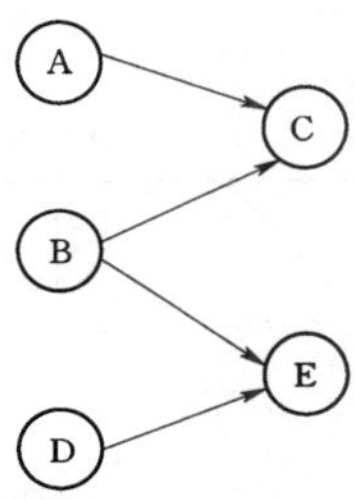

续表

序号	逻辑关系	单代号表示法
8	A 完成后进行 C A、B 都完成后进行 D B 完成后进行 E	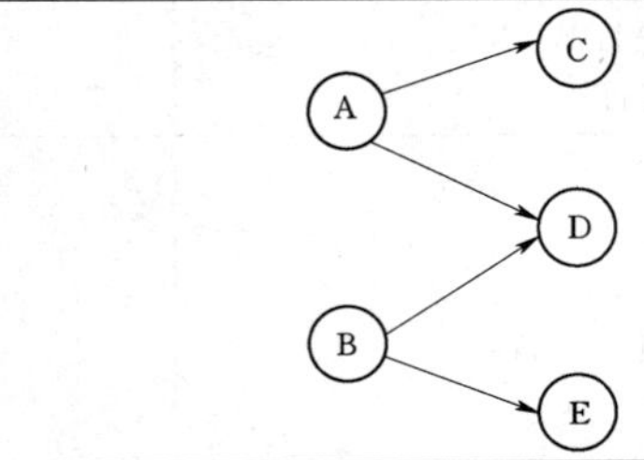
9	A、B 两项工作流水施工：A_1 完成后进行 A_2、B_1；A_2 完成后进行 A_3、B_2；B_1 完成后进行 B_2；A_3、B_2 同时完成后进行 B_3	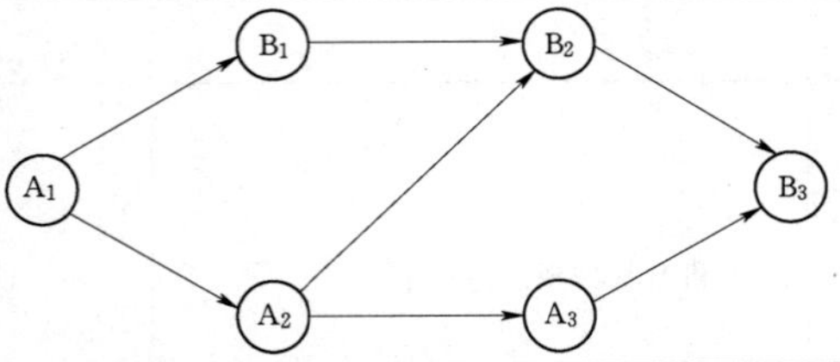

5. 单代号网络图绘图基本规则

(1) 单代号网络图必须正确表述已定的逻辑关系。

(2) 单代号网络图中严禁出现循环回路。

(3) 单代号网络图中严禁出现双向箭头或无箭头的连线。

(4) 单代号网络图中严禁出现没有箭尾节点的箭线和没有箭头节点的箭线。

(5) 绘制网络图时箭线不宜交叉当交叉不可避免时可采用过桥法和指向法绘制。

(6) 单代号网络图只应有一个起点节点和一个终点节点，当网络图中有多项起点节点或多项终点节点时，应在网络图的两端分别设置一项虚工作作为该网络图的起点节点（S_t）和终点节（F_n）（图 4.65）

6. 单代号网络计划图的绘制步骤

(1) 先将工程任务分解成若干项具体的工作。

(2) 确定这些工作之间的相互关系，以及各项工作的持续时间。

(3) 用箭线将有紧前紧后工作关系的节点连接起来。

【例 4.24】 某座 3 孔钢筋混凝土桥梁工程，施工顺序编号如图 4.62 示，要求绘制单代号网络图。

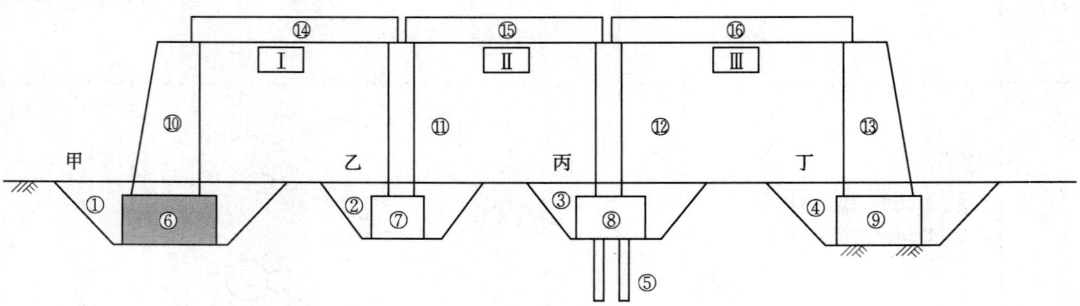

图 4.62　某桥梁施工顺序示意图

解：(1) 确定工作关系表如表4.18所示。

表4.18　　某桥梁施工顺序

工作名称	紧后工作	持续时间	工作名称	工作关系	持续时间
挖基坑甲①	②、⑥	4	砌基础丁⑨	⑬	10
挖基坑乙②	③、⑦	2	砌桥台甲⑩	⑪	16
挖基坑丙③	④、⑧	2	桥墩乙⑪	⑫、⑭	8
挖基坑丁④	⑨	5	桥墩丙⑫	⑬、⑮	8
打桩丙⑤	③	12	桥台丁⑬	⑯	20
砌基础甲⑥	⑦、⑩	8	上部结构Ⅰ⑭	⑮	12
砌基础乙⑦	⑧、⑪	4	上部结构Ⅱ⑮	⑯	12
砌承台丙⑧	⑨、⑫	4	上部结构Ⅲ⑯	—	12

(2) 绘制单代号网络图，如图4.63所示。

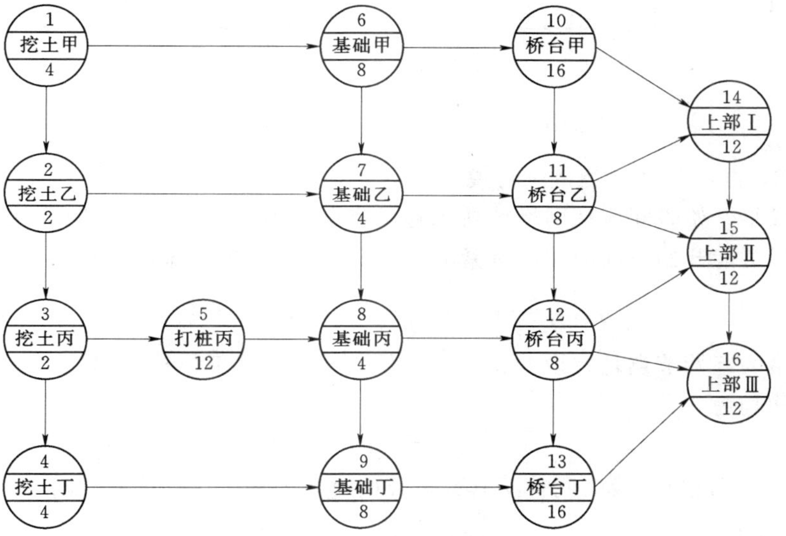

图4.63　某桥梁施工单代号网络计划图

7. 单代号网络计划图时间参数的计算

单代号网络计划时间参数的计算方法与顺序与双代号网络计划工作时间参数的计算相同。同样，单代号网络计划时间参数计算的基础也是必须先确定工作的作业持续时间。

(1) 单代号网络计划的时间参数基本内容和形式。

应按图4.64所示的方式标注。

(2) 单代号网络计划的时间参数按下列顺序和步骤计算：

1) 计算工作的最早开始时间 ES_j 和最早完成时间 EF_j。

2) 确定网络计划的计算工期 T_c。

3) 计算计算工作 i 的最早开始时间 LS_i 和最早完成时间 LF_i。

4) 计算工作 i 的自由时差 FF_i。

5) 计算工作 i 的总时差 TF_i。

(3) 计算工作最早开始时间和最早完成时间。

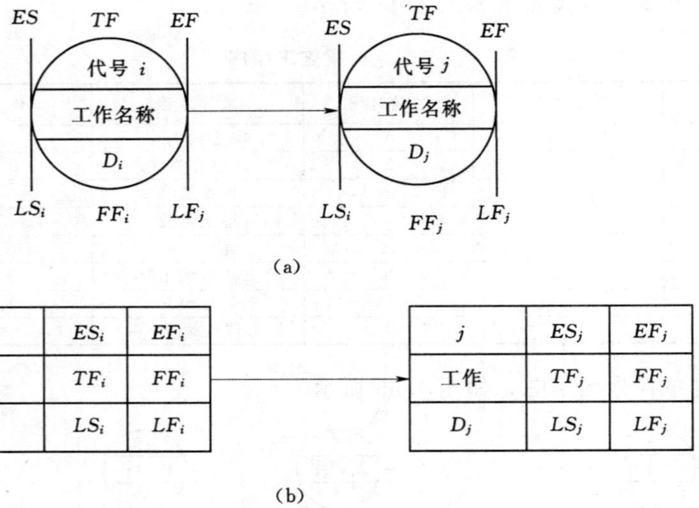

图 4.64 单代号网络图时间参数标注示意图

以图 4.64 的工作 i、j 为例进行说明。

工作的最早开始时间应从网络计划的起点节点开始，顺着箭线方向逐项计算，对于 j 工作，其最早可能开始时间为其所有紧前工作 i 的最早可能完成时间的最大值，即

$$ES_j = \max\{ES_i + D_i\} = \max\{EF_i\} \tag{4.42}$$

假设网络的起始节点是虚设的，其节点编号为 0，该工作持续时间、最早开始时间、最早完成时间均为 0。

$$ES_0 = EF_0 = 0 \tag{4.43}$$

对工作 j，其最早完成时间等于其最早开始时间加上工作持续的时间，即

$$EF_j = ES_j + D_i \tag{4.44}$$

式中 ES_i——工作 j 的紧前工作 i 的最早开始时间；

ES_j——工作 j 最早开始时间；

D_i——工作 j 的紧前工作 i 的持续时间；

EF_i——工作 j 的紧前工作 i 的最早完成时间；

ES_j——工作 j 最早完成时间。

(i=1，2，3，…，n)

(4) 网络计划工期的计算。

1) 网络计划的计算工期。

当终点节点为 n 时，工作 n 的最早完成时间即为网络计划的计算工期 T_c，其计算公式为：

$$T_c = EF_n \tag{4.45}$$

2) 网络计划的计划工期。

网络计划的计划工期 T_p 的确定应按下述规定：

当已规定了要求工期 T_r 时：

$$T_p \leqslant T_r \tag{4.46}$$

当未规定要求工期时，可令计划工期等于计算工期：

$$T_p = T_c \tag{4.47}$$

(5) 相邻两项紧前紧后工作时间间隔的计算。

工作 i 的最早完成时间 EF_i，与其紧后工作 j 的最早开始时间 ES_j 的时间间隔 LAG_{i-j}，等于工作 j 的最早开始时间 ES_j 与工作 i 的最早完成时间 EF_i 之差，其计算公式为：

$$LAG_{i,j} = ES_j - EF_i \tag{4.48}$$

当终点节点 n 为虚拟节点时，其紧前工作 m 与虚拟工作 n 的时间间隔为：

$$LAG_{m,n} = T_p - EF_m \tag{4.49}$$

(6) 计算自由时差。

工作的自由时差的概念与双代号网络图完全相同。由于该工作的紧后工作的最早可能开始时间不一定相同，所以计算公式为：

$$FF_i = \min\{ES_j\} - EF_i \tag{4.50}$$

(7) 计算总时差。

在单代号网络计划图中，工作的总时差的概念与双代号网络图完全相同。其计算公式为：

$$TF_i = LF_i - EF_i = LS_i - ES_i \tag{4.51}$$

由总时差与工作最早时间和最迟时间的关系式：

$$TF_i = LF_i - EF_i = LS_i - ES_i \tag{4.52}$$

(8) 关键线路的确定。

单代号网络计划图中确定关键线路的方法与双代号网络计划基本相同，将总时差为零的工作连接起来所形成的自始至终的线路即为关键线路。

(9) 单代号网络计划图时间参数的计算示例。

【例 4.25】 计算图 4.65 所示的单代号网络计划图的各种时间参数，并确定关键线路。

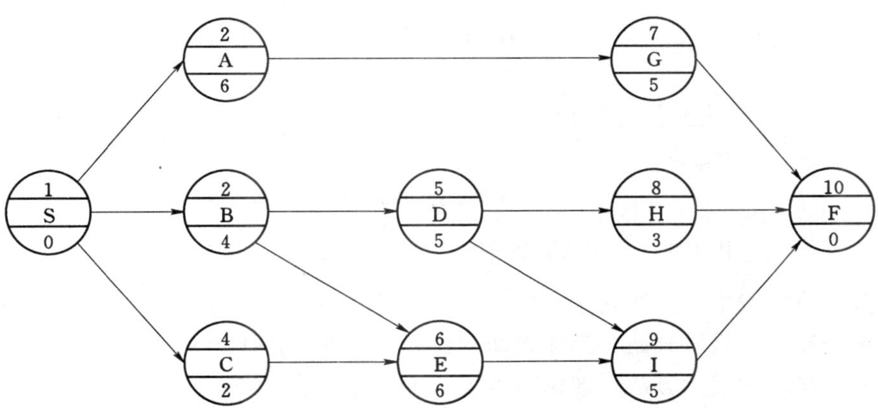

图 4.65　某单代号网络图

4.4.7 单代号搭接网络计划

在一般的网络计划（单代号或双代号）中，工作之间的关系只能表示成依次衔接的关系，即任何一项工作都必须在它的紧前工作全部结束后才能开始，也就是必须按照施工工艺顺序和施工组织的先后顺序进行施工。但是在实际施工过程中，有时为了缩短工期，许多工作需要采取平行搭接的方式进行。

对于这种情况，如果用双代号网络图来表示这种搭接关系，使用起来将非常不方便，需要增加很多工作数量和虚箭线。不仅会增加绘图和计算的工作量，而且还会使图面复杂，不易看懂和控制，因此这种搭接关系常用于单代号网络计划的应用中。例如，浇筑钢筋混凝土柱子施工作业之间的关系分别用横道图、双代号网络图和搭接网络图表示，如图 4.66 所示。

(a)横道图

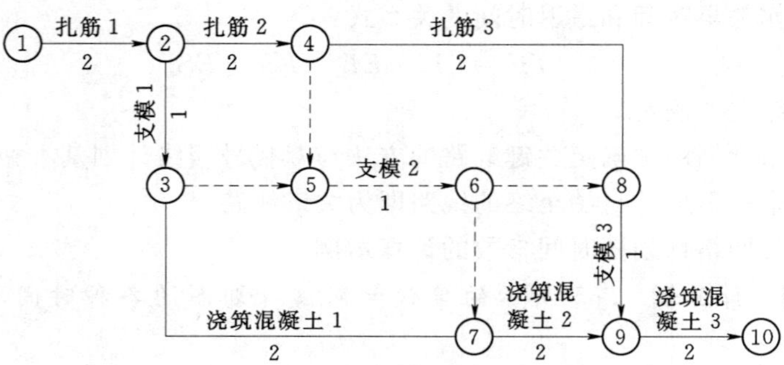

(b)双代号网络图

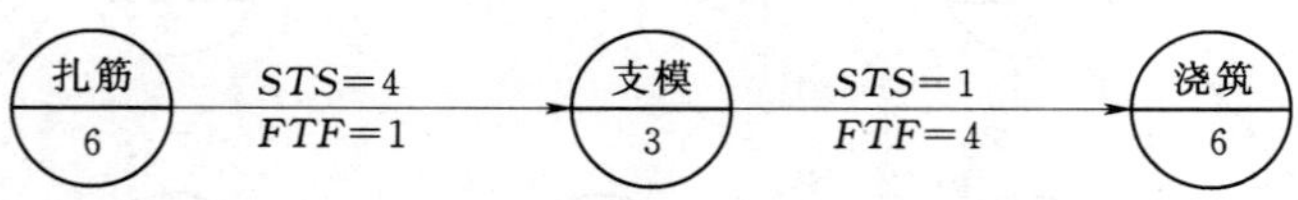

(c)单代号搭接网络图

图 4.66 某钢筋混凝土柱施工进度计划图的各表达形式

在工程建设实践中，只要其紧前工作开始一段时间后即可进行该工作，而不需要等其紧后工作全部完成之后再开始，工作之间的这种关系称为搭接关系。搭接网络计划一般都采用单代号网络图的表示方法，即以节点表示工作，以箭线表示工作之间的逻辑顺序和搭接关系。其特点是当前一项工作没有结束的时候，后一项工作即可插入进行，将前后工作搭接起来，以大大简化网络计划，便于计算［图 4.66（c）］。

4.4.7.1　搭接关系的种类及表达方式

单代号网络计划的搭接关系主要是通过两项工作之间的时距来表示的，时距的含义，表示时间的重叠和间歇，时距的产生和大小取决于工艺的要求和施工组织上的需要。

用以表示搭接关系的时距有五种，分别是 STS（开始到开始）、STF（开始到结束）、FTS（结束到开始）、FTF（结束到结束）和混合搭接关系。

1. FTS（结束到开始）关系

结束到开始关系是通过前项工作结束到后项工作开始之间的时距（FTS）来表达的，如图 4.67 所示。

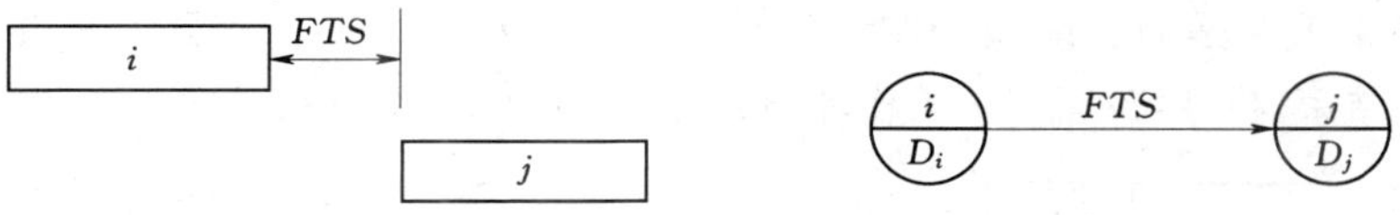

图 4.67　单代号搭接网络图时距 FTS 表示法

FTS 搭接关系的时间参数计算式为

$$\left.\begin{aligned}ES_j &= EF_i + FTS_{ij}\\ LS_j &= LF_i + FTS_{ij}\end{aligned}\right\}\tag{4.53}$$

当 FTS=0 时，则表示两项工作之间没有时距，$ES_j=EF_i$，$LF_i=LS_j$，即为普通网络图中的逻辑关系。

又如混凝土盖板，预制后，要求静置一段养护存放的时间，然后才可用于安装，如图 4.68 所示。

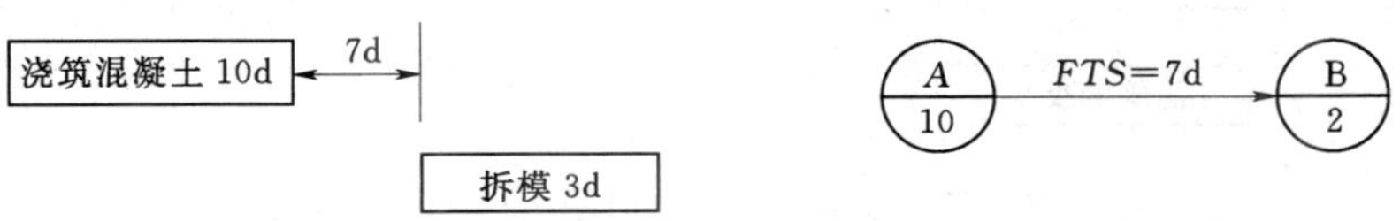

图 4.68　单代号搭接网络图时距 FTS 表示法示例

2. STS（开始到开始）关系

开始到开始关系是通过前项工作开始到后项工作开始之间的时距（STS）来表达的，表示在 i 工作开始经过一个规定的时距（STS）后，j 工作才能开始进行，如图 4.69 所示。

图 4.69　单代号搭接网络图时距 STS 表示法

STS 搭接关系的时间参数计算式为

$$\left.\begin{aligned}ES_j &= ES_i + STS_{ij}\\ LS_j &= LS_i + STS_{ij}\end{aligned}\right\}\tag{4.54}$$

例如，道路工程中的铺设路基和浇筑路面，当路基工作开始一定时间且为路面工作创造一定条件后，路面工程才可以开始进行。铺路基与浇路面之间的搭接关系就是 STS（开始到开始）关系。如图 4.70 所示。

图 4.70 单代号搭接网络图时距 STS 表示法示例

3. FTF（结束到结束）关系

结束到结束关系是通过前项工作结束到后项工作结束之间的时距（FTF）来表达的，表示在 i 工作结束（FTF）后，j 工作才可结束，如图 4.71 所示。

图 4.71 单代号搭接网络图时距 FTF 表示法

FTF 搭接关系的时间参数计算式为

$$\left.\begin{aligned}EF_j&=EF_i+FTF_{ij}\\LF_j&=LF_i+FTF_{ij}\end{aligned}\right\}\tag{4.55}$$

例如，基坑排水工作结束一定时间后，浇筑混凝土工作才能结束，如图 4.72 所示。

图 4.72 单代号搭接网络图时距 FTF 表示法示例

4. STF（开始到结束）关系

开始到结束关系是通过前项工作开始到后项工作结束之间的时距（STF）来表达的，它表示 i 工作开始一段时间（STF）后，j 工作才可结束，如图 4.73 所示。

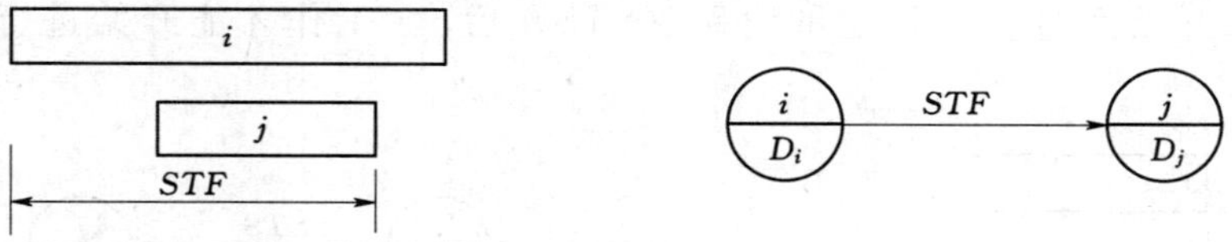

图 4.73 单代号搭接网络图时距 STF 表示法

STF 搭接关系的时间参数计算式为

$$\left.\begin{aligned}EF_j&=ES_i+STF_{ij}\\LF_j&=LS_i+STF_{ij}\end{aligned}\right\}\tag{4-56}$$

例如，当基坑开挖工作进行到一定时间后，就应开始进行降低地下水的工作，一直进行到地下水水位降到设计位置，如图 4.74 所示。

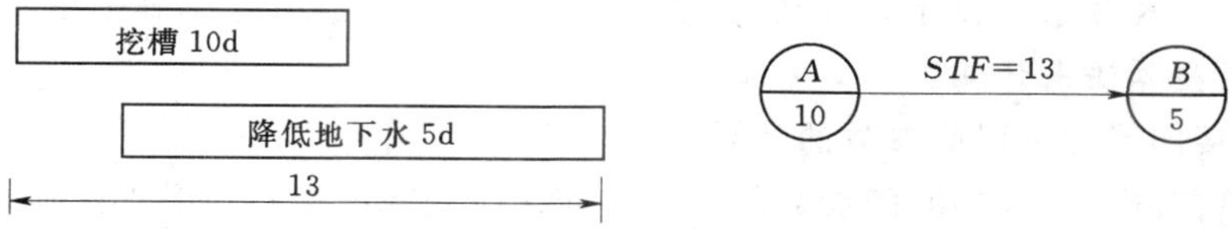

图 4.74　单代号搭接网络图时距 STF 表示法示例

5. 混合搭接关系

混合搭接关系是指两项工作之间的相互关系是通过前项工作的开始到后项工作开始（STS）和前项工作结束到后项工作结束（FTF）双重时距来控制的。即两项工作的开始时间必须保持一定的时距要求，而且两者结束时间也必须保持一定的时距要求，如图 4.75 所示。

图 4.75　单代号搭接网络图时距混合搭接表示法

混合搭接关系中的 ES_j 和 EF_j 应分别计算，然后在选取其中最大者。

混合搭接关系的时间参数计算式为

按 STS 关系：
$$\left.\begin{aligned}ES_j=ES_i+STS_{ij}\\LS_j=LS_i+STS_{ij}\end{aligned}\right\}\tag{4.57}$$

按 FTF 关系：
$$\left.\begin{aligned}EF_j=EF_i+FTF_{ij}\\LF_j=LF_i+FTF_{ij}\end{aligned}\right\}\tag{4.58}$$

【例 4.26】　某修筑道路工程，工作 i 是修筑路肩，工作 j 是修筑路面层，在组织这两项工作时，要求路肩工作至少开始一定时距 STS=4 以后，才能开始修筑路面层；而且面层工作不允许在路肩工作完成之前结束，必须延后于路肩完成一个时距 FTF=2 才能结束，如图 4.76 所示。问路面工作的 ES_j 和 EF_j。

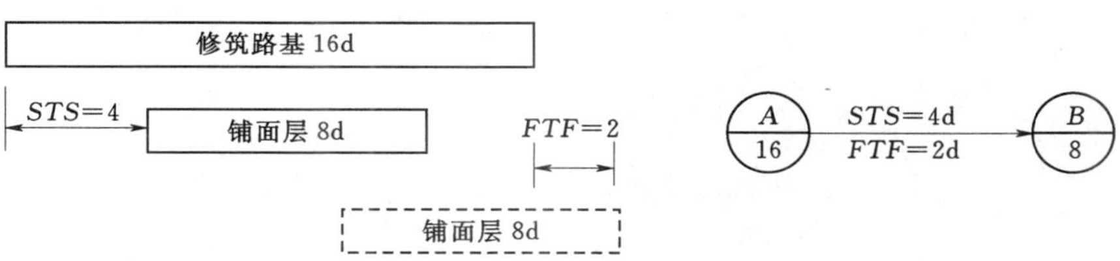

图 4.76　单代号搭接网络图时距混合搭接表示法示例

按 STS 关系：
$$ES_j=ES_i+STS_{ij}=0+4=4$$
$$EF_j=ES_j+D_j=4+8=12$$

按 FTF 关系：
$$EF_j=EF_i+FTF_{ij}=16+2=18$$
$$ES_j=EF_j-D_j=18-8=10$$

故要同时满足上述两者关系，必须选择其中的最大值，即 $ES_j=10$ 和 $EF_j=18$。

要点提示

对于混合搭接关系，由于工作之间的制约关系，可能会出现工作不能连续工作，这时，要按间断型算法来计算。

4.4.7.2 搭接网络计划时间参数的计算

单代号搭接网络计划的时间参数的计算与前述原理基本相同，现以算例说明。

【例 4.27】 已知某工程搭接网络计划如图 4.77 所示，试计算其时间参数。

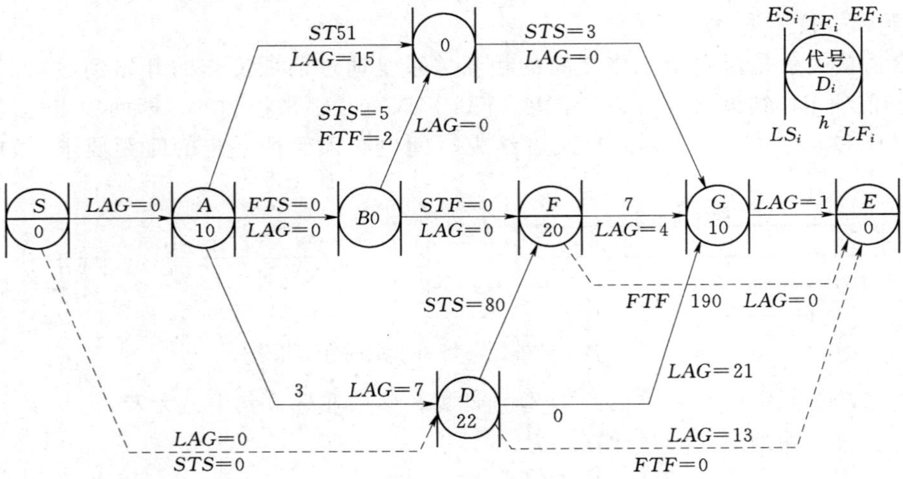

图 4.77 某工程单代号搭接网络计划

解：(1) 工作最早时间计算。工作最早时间应从虚拟的起点节点开始，沿箭线方向自左向右，参照已知的时距关系，选用相应的搭接关系计算式计算。

1) 工作 A。

$$ES_A = 0$$
$$EF_A = 0 + 10 = 10$$

2) 工作 B。

$$ES_B = EF_A + FTS_{AB} = 10 + 0 = 10$$
$$EF_B = 10 + 15 = 25$$

3) 工作 D。

$$EF_D = EF_A + FTF_{AD} = 10 + 5 = 15$$
$$ES_D = 15 - 22 = -7$$

显然，最早时间出现负值是不合理的，应将工作 D 与虚拟起点节点相连。

注：在计算工作最早时，如果出现某工作最早开始时间为负值（不合理），应将该工作与起点节点用虚箭线相连接，并确定其时距为 $STS=0$，此时

$$ES_D = 0$$
$$EF_D = 0 + 22 = 22$$

4) 工作 C。

$$ES_C = ES_A + STS_{AC} = 0 + 6 = 6$$

$$ES_C = ES_B + STS_{BC} = 10 + 5 = 15$$
$$ES_C = EF_B + FTF_{BC} - D_c = 25 + 2 - 6 = 21$$

在上式中，取最大者，则

$$ES_C = 21$$
$$EF_C = 21 + 6 = 27$$

5）工作 F。

$$ES_F = ES_D + STS_{DF} = 0 + 1 = 1$$
$$ES_F = ES_B + STF_{BF} - D_F = 10 + 25 - 20 = 15$$

在上式中，取最大者，则

$$ES_F = 15$$
$$EF_F = 15 + 20 = 35$$

注：在计算工作最早时，如果出现有工作最早完成时间为最大值的中间节点，则应将该节点的最早完成时间作为网络计划的结束时间，并将该节点与结束节点用虚箭线相连接，并确定其时距为 $FTF=0$。

6）工作 G。

$$ES_G = ES_C + STS_{CG} = 21 + 3 = 24$$
$$ES_G = ES_F + STS_{FC} = 15 + 5 = 20$$
$$ES_G = ES_D + STS_{DG} = 0 + 3 = 3$$

在上式中，取最大者，则

$$ES_G = 24$$
$$EF_G = 24 + 10 = 34$$

（2）总工期的确定。应取各项工作的最早完成时间的最大值作为总工期，从上面计算结果可以看出，与虚拟终点节点 E 相连的工作 G 的 $EF_G=34$，而不与 E 相连的工作 F 的 $EF_F=35$，显然，总工期应取 35，所以，应将 F 与 E 用虚箭线相连，形成工期控制通路。

（3）工作最迟时间的计算。以总工期为最后时间限制，自虚拟终点节点开始，逆箭线方向由右向左，参照已知的时距关系，选择相应计算关系计算。

1）工作 F 和 G。与虚拟终节点相连的工作的最迟结束时间就是总工期值。

$$LF_G = 35,\ LS_G = 35 - 10 = 25$$
$$LF_F = 35,\ LS_F = 35 - 20 = 15$$

2）工作 D。

$$LS_D = LS_F - STS_{DF} = 15 - 1 = 14$$
$$LS_D = LS_G - STS_{DG} = 25 - 3 = 22$$

在上式中，取最小者，则

$$LS_D = 14$$
$$LF_D = LS_D + D_D = 14 + 22 = 36$$

由于工作 D 的最迟结束时间大于总工期，显然是不合理的，所以，LF_D 应取总工期的值，并将 D 点与终节点 E 用虚箭线相连，即

$$LF_D=35$$

$$LS_D=LF_D-D_D=35-22=13$$

3）工作 C。

$$LS_C=LS_G-STS_{CG}=25-3=22$$

$$LF_C=LS_C+D_C=22+6=28$$

4）工作 B。

$$LS_B=LF_F-STF_{BF}=35-25=10$$

$$LS_B=LS_C-STS_{BC}=22-5=17$$

$$LS_B=LF_C-FTF_{BC}-D_B=28-2-15=11$$

在上式中，取最小者，则

$$LS_B=10$$

$$LF_B=LS_B+D_B=10+15=25$$

5）工作 A。

$$LS_A=LS_B-FTS_{AB}-D_A=10-0-10=0$$

$$LS_A=LS_C-STS_{AC}=22-6=16$$

$$LS_A=LF_D-FTF_{AD}-D_A=35-5-10=20$$

在上式中，取最小者，则

$$LS_A=0$$

$$LF_A=LS_A+D_A=0+10=10$$

（4）间隔时间 LAG 的计算。在搭接网络计划中，相邻两项工作之间的搭接关系除了要满足时距要求之外，还有一段多余的空闲时间，称之为间隔时间，通常用 LAG_{ij} 表示。

由于各个工作之间的搭接关系不同，LAG_{ij} 必须要根据相应的搭接关系和不同的时距来计算。

1）FTS（结束到开始）关系，如图 4.78 所示。

$$LAG_{ij}=ES_j-(EF_i+FTS_{ij})$$

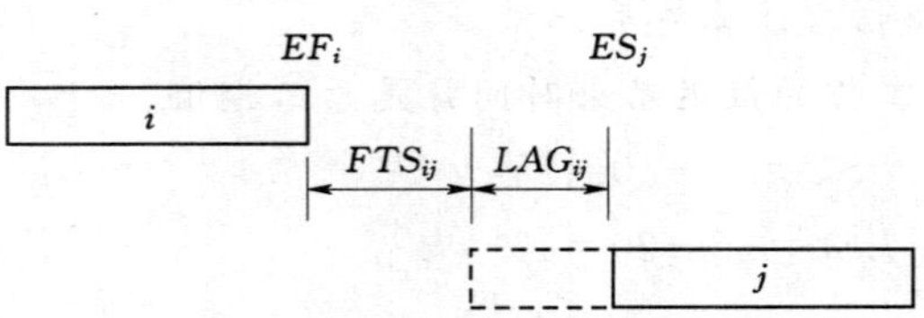

图 4.78　FTS 关系图

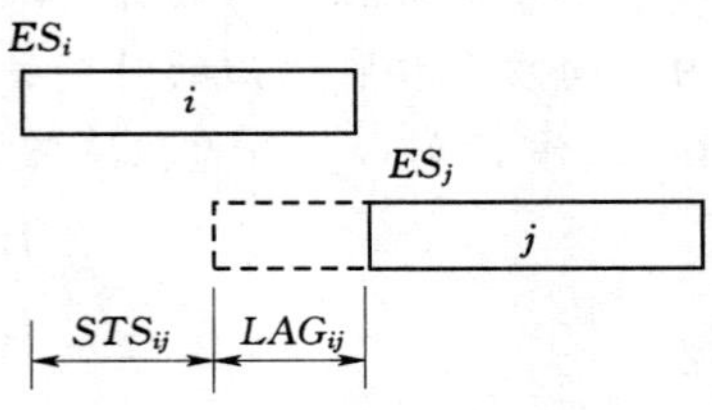

图 4.79　STS 关系图

2）STS（开始到开始）关系，如图 4.79 所示。

$$LAG_{ij}=ES_j-(ES_i+STS_{ij})$$

3）FTF（结束到结束）关系，如图 4.80 所示。

$$LAG_{ij}=EF_j-(EF_i+FTF_{ij})$$

4）STF（开始到结束）关系，如图 4.81 所示。

$$LAG_{ij}=EF_j-(ES_i+STF_{ij})$$

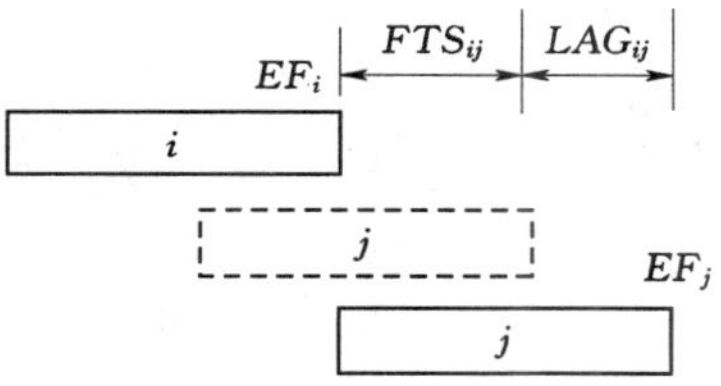

图 4.80 *FTF* 关系图

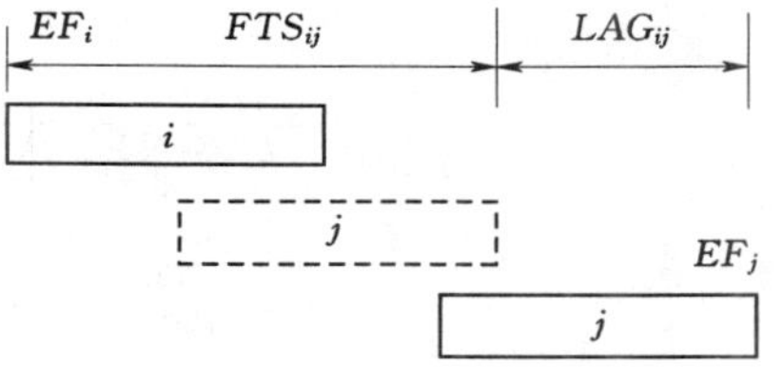

图 4.81 *STF* 关系图

5）混合搭接关系。当相邻两工序之间是由两种时距以上的关系连接时，则应分别计算出其 LAG_{ij}，然后取其中的最小值。

$$LAG_{ij}=\min\begin{Bmatrix}ES_j-EF_i-FTS_{ij}\\ES_j-ES_i-STS_{ij}\\EF_j-ES_i-STF_{ij}\\EF_j-EF_i-FTF_{ij}\end{Bmatrix}$$

在该例中，各工作之间的时间间隔 LAG_{ij} 为

$LAG_{GE}=35-34=1$，$LAG_{FE}=35-35=0$，$LAG_{DE}=35-22=13$

$LAG_{FG}=24-15-5=4$，$LAG_{DG}=24-0-3=21$，$LAG_{CG}=24-21-3=0$

$LAG_{BF}=35-10-25=0$，$LAG_{DF}=15-0-1=14$

$LAG_{AC}=21-0-6=15$，$LAG_{BC}=\min(21-10-5=6;\ 27-25-2=0)=0$

$LAG_{AD}=22-10-5=7$

（5）计算工作时差。

1）工作总时差即为最迟开始时间与最早开始时间之差，或最迟结束时间与最早结束时间之差。

2）工作自由时差。

如果一项工作只有一项紧后工作，则该工作与紧后工作之间的 LAG_{i-j} 即为该工作的自由时差；

如果一项工作有多项紧后工作，则该工作的自由时差为其与紧后工作之间的 LAG_{i-j} 的最小值。

如该例中，工作 D 之后有三个 LAG_{i-j}，则

$$FF_D=\min\begin{Bmatrix}LAG_{DG}=21\\LAG_{DF}=14\\LAG_{DE}=13\end{Bmatrix}=13$$

（6）关键线路判别。单代号搭接网络计划的关键线路为自起点节点到终点节点总时差为 0 的节点及其间的 LAG_{i-j} 为 0 的通路连接起来形成的路线。如该例图 4.82 所示，关键线路为 $S\rightarrow A\rightarrow B\rightarrow F\rightarrow E$。

4.4.8 网络计划的优化

网络计划的优化是指通过不断改善网络计划的初始方案，在满足给定网络计划的约束条件下，利用最优化原理，按照某一衡量指标（如时间、成本、资源等）来寻求一个最优的计

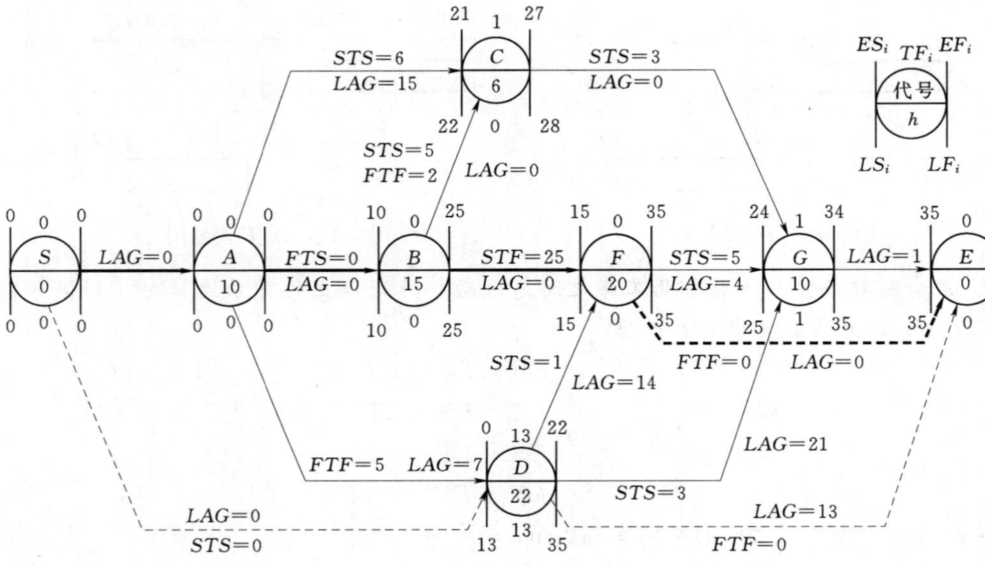

图 4.82　某工程单代号搭接网络计划时间参数结果

划方案。根据网络计划优化条件和目标不同，通常有工期优化、资源优化和成本优化等。

4.4.8.1　工期优化

在网络计划中，关键线路控制着任务的总工期，因此，工期优化一般是通过压缩关键工作持续时间的方法来达到缩短工期的目的。在优化过程中，要注意不能将关键工作压缩成非关键工作。

1. 工期优化的步骤

（1）找出网络计划中的关键线路并计算出计划工期。

（2）按要求工期计算应缩短的时间 ΔT。

$$\Delta T = T_c - T_r \tag{4.59}$$

（3）按下列因素选择应该优先缩短持续时间的关键工作：①缩短实施时间对质量和安全影响不大的工作；②有充足备用资源的工作；③缩短持续时间所增加费用最少的工作。

（4）将应该优先缩短的关键工作压缩至最短持续时间，并找出关键线路，如被压缩的工作变成了非关键工作，则应将其持续时间延长，使之仍为关键工作。

（5）若计算工期仍超过要求工期，则重复以上步骤，直到满足工期要求或工期已不能再缩短为止。

（6）当所有关键工作的时间都已达到最短持续时间而工期仍不能满足要求时，应对计划的原技术、组织方案重新调整或对要求工期重新审定。

2. 缩短关键线路持续时间的措施

（1）调整工作关系法：将顺序工作调整为平行作业或交叉作业。

（2）关键线路转移法：延长非关键工作的持续时间或推迟非关键工作的开始。

（3）强制压缩法：在工作面允许时，通过从计划外增加资源（如增加作业队、作业班次、物资等）或将非关键工作上的资源调到关键工作上，从而压缩关键工作的持续时间，以达到缩短工期的目的。

(4) 采取技术措施或其他组织措施。

4.4.8.2　资源优化

资源优化就是对资源需求出现“高峰”和“低谷”等不均衡现象进行改善。资源优化有两种措施。

(1) 资源有限-工期最短。资源有限-工期最短，指在资源供应有限的条件下，要求保持网络计划各工作间的先后顺序关系不变，使单位时间内资源的需求量不大于资源的限量，并寻求整个计划工期最短的方案。“资源有限-工期最短”计划优化遵循原则：因资源减少而导致的工期延长时间最短资源分配的优先安排规则为：优先安排机动时间小的工作；或当几项工作的机动时间相同时，优先安排持续时间短的和资源强度小的工作。

具体的步骤为：①计算每天资源需用量，并列表；②逐日检查资源需求量并与资源量比较；③分析资源的时段，并找出相关工作；④计算各工作的最早完成时间和最迟开始时间；⑤确定需要调整工作的顺序；⑥绘制调整后计划，重复上述的步骤，直到满足要求为止。

(2) 工期固定-资源均衡。工期固定-资源源均衡做法主要是利用时差，推迟某些工作开始时间，如：优先推迟资源强度小的工作，或优先推迟机动时间大的工作；或在条件允许的情况下，可在资源需求量超限的时段内中断某些工作，以减少对资源的需求量；或改变某些工作的持续时间。

具体的步骤为：①计算每日所需资源量，并列表；②找出每日资源需要量的最大值，减去一个单位作为本次削峰的目标；③找出高峰时段的最后时间以及有关工作的最早开始时间和总时差；④计算有关工作的时间差值；⑤重复前面的工作，直到满足要求为止。

4.4.8.3　时间-费用优化

工程网络计划一经确定（工期确定），其所包含的总费用也就确定下来。网络计划所涉及的总费用包括直接费和间接费。直接费随工期的缩短而增加；间接费随工期的缩短而减小。两者进行叠加，必有一个总费用最少的工期，这就是费用优化所要寻求的目标。

时间-费用优化的基本步骤：①编制网络计划图，计算直接费用；②计算每缩短单位时间所增加的费用额-费用斜率；③找出关键工作中费用斜率最小的首先给予压缩，使直接费用增加最少；④计算调整后的总工期和总直接费用额，重新确定关键线路；⑤重复上述步骤，直到关键线路的工作都达到最短持续时间，不能再压缩为止；⑥绘制时间与直接费用、间接费用曲线，叠加成总费用曲线（图 4.86）；⑦总费用曲线上最低点所对应的工期就是项目计划总费用最低的最优工期。

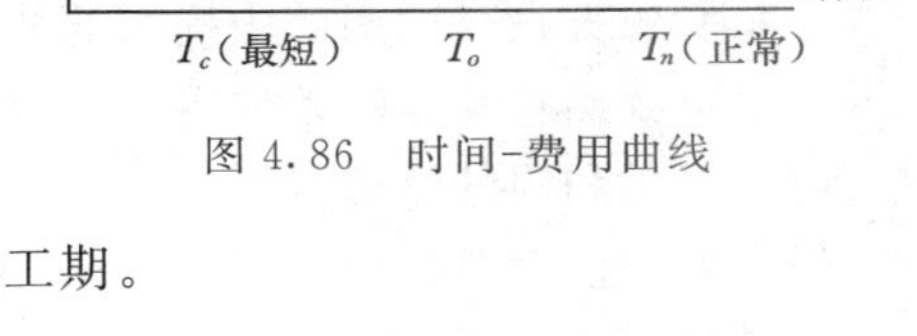

图 4.86　时间-费用曲线

情景5　编制资源需用量计划

【任务】 编制广西×××公路是国道主干线重庆至湛江公路的重要组成部分，其中起点桩号 K126＋000，终点桩号为 K154＋131 资源需用量计划。

【知识目标】 掌握编制资源计划和主要施工机具、材料计划的方法；

【专业能力目标】 初步具有确定人、材、机的安排能力，能进行资源调配。

5.1　编制资源需用量计划是施工项目管理的需要

资源供应计划与施工成本有着密切的关系，特别是材料供应计划，编制一定要切合实际，既要保证正常的施工需要，还要保证施工进度加快时的需要，否则计划过大增加施工成本，计划过小影响施工的正常进展。而且资源供应计划关系到项口流动资金的周转。资源供应计划编制的优劣与流动资金的周转率和利用率有直接关系。因此，施工进度安排确定之后，为了保证施工进度的实现，应编制资源的需要量及供应计划，以避免停工待料对施工进度产生影响 。

1. 资源供应计划的编制原则

(1) 遵循国家的法律、法规等法令性条文的有关规定。

(2) 遵循国家各项物资管理政策和要求。

(3) 因地制宜，按照市场供求规律编制资源供应计划。

(4) 根据甲方的合同要约编制资源供应计划。

(5) 尽量组织工程所在地的资源，以减小采购成本。

(6) 资源供应计划应与施工进度计划相适宜。

(7) 结合施工企业的流动资金状况编制切实可行的资源供应计划。

(8) 以满足施工质量、安全和进度等需要为前提。

2. 资源供应计划的编制依据

(1) 设计图纸及其工程量。

(2) 施工方案及施工进度计划。

(3) 发包方在合同条款中提出的特殊要求。

(4) 资源储备及运输条件等。

(5) 可供利用的资源状况。

(6) 资源消耗量标准。

3. 各项资源需要量计划内容

包含劳动力需要量计划、主要材料需用量计划、主要施工机具设备需要量计划等内容。

编制资源供应计划的要求保质、保量、适时、因地制宜、合理低价、充分挖掘社会资源。

4. 主要资源组织计划的编制方法

（1）确定主要施工资源。

（2）编制资源组织计划表格。

（3）计算每个施工项目单位时间的资源需要量。

（4）累计汇总。

（5）平衡和优化资源。

5.2　编制劳动力需要量计划

如果施工进度计划已确定，就可计算出各个施工项目每天所需的人工数，将同一时间内所有施工项目的人工数累加，即可绘出劳动力需要量图，根据劳动力需要量图，可以编制劳动力需要量计划，劳动力需要量计划是确定临时生活设施和组织施工工人进场的依据。

编制时，首先根据工程量汇总表中分别列出的各个建筑物的主要实物工程量，查预算定额或有关资料，便可得到各个建筑物主要工种的劳动量，再根据施工总进度计划表的各单位工程各工种的持续时间，即可得到某单位工程在某段时间里的平均劳动力数。按同样方法可计算出各个建筑物各主要工种在各个时期的平均工人数。

1. 施工劳动力组织

劳动力组织包括：确定人员结构及人员数量。确定合理的人员专业结构即各专业人员要配套，是由与工程目标相适应的各专业人员组成。确定劳动力组织中人员数量的影响因素有：工程规模大小、技术复杂程度、本单位业务水平和熟练程度，组织结构与职能分工等。

2. 劳动力需要量计划

劳动力需要量计划是确定临时设施规模和组织劳动力进场的依据。根据已确定的施工进度计划，可得到各工程项目在某段时间内的平均劳动力数量（详见 2.3.3.3 节的计算方法），逐项累加可绘出人工数随时间变化的劳动力需要量柱状图（图 5.1），据此即可编制劳动力需要量计划，见表 5.1。

表 5.1　　劳动力需要量计划表

序号	工种名称	总人数	需要人数及时间										备注
			××年					××年					
			一季度	二季度	三季度	四季度	合计	一季度	二季度	三季度	四季度	合计	
1	2	3	4	5	6	7	8	9	10	11	12	13	14

劳动力需要量计划是确定临时生活设施和组织施工工人进场的依据。此表的编制为劳动部门提供劳动力进退场时间，保证及时调配，搞好平衡，以满足施工的需要。

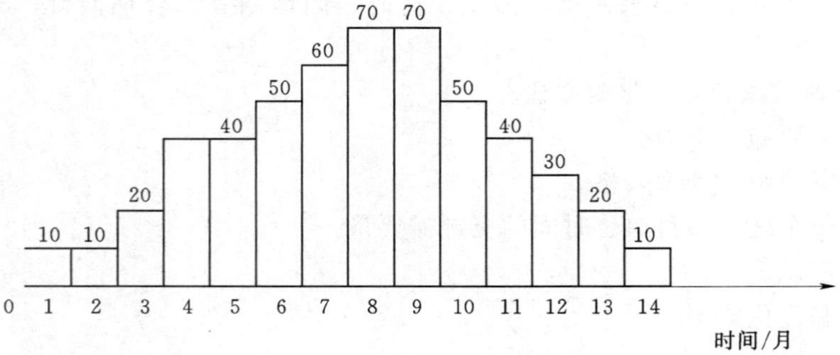

图 5.1　劳动力动态柱状图

3. 劳动力等资源的消耗均衡性的判断

劳动力需要量图反映了施工期间劳动力的动态变化，它是衡量施工组织设计合理性的重要标志。不同的工程进度安排，劳动力需要量图呈现不同的形状，一般可归纳为如图 5.2 所示的三种典型图式。图 5.2（a）出现短暂的劳动力高峰，图 5.2（b）劳动力需要量为锯齿波动形，这两种情况都不便于施工管理并增大了临时生活设施的规模，应尽量避免。图 5.2（c）在一个较长时间内劳动力保持均衡，符合施工规律，是最理想的状况。

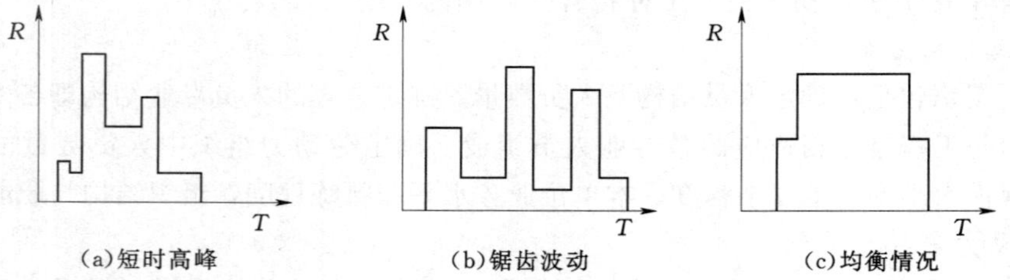

图 5.2　劳动力需要量图

劳动力消耗的均衡性，用劳动力不均衡系数 K 表示。劳动力不均衡系数应大于或等于1，越接近于1越合理，一般不允许超过1.5。

其值按下式计算：

$$K=R_{\max}/R_{平均} \tag{5.1}$$

式中　$R_{\max}$——施工期间人数最高峰值；

$R_{平均}$——施工期间加权平均人数，即总劳动量/计划总工期。

5.3　主要施工机具、设备需要量计划

在确定施工方案时，已考虑了各主要工程项目应选择何种施工机具。为做好机具设备的供应工作，应根据总进度计划的要求，编制施工机具需要量计划，以配合施工，保证施工能按进度计划正常进行。施工机具需要量计划除为组织机具供应外，还可作为施工用电、选择变压器容量等的计算和确定停放场地面积的依据。

1. 机械化施工组织的内容

（1）确定重点工程的机械化施工方案，合理选择机械设备。

（2）组建机械设备资源管理机构，确定机械作业流程、方法及操作规程。

（3）合理进行机械化施工场地布设。

（4）确定各季度计划台班数量，制定分部、分项工程主要机械的作业计划。

（5）制定机械设备供应计划。

2. 主要机械需要量计划的编制

（1）首先根据施工进度图中的时间坐标进程，逐月统计每月已开工的施工任务的个数，并确定和记录各施工任务的开工和结束时间。

（2）根据各种机械的作业量、作业周期并考虑作业班制及工作面等条件，确定完成每项施工任务时各种机械的需要量。

主要施工机具、设备需要量计划如表5.2。

表5.2 主要施工机具、设备需要量计划

序号	机具设备名称	规格型号	电动机功率	单位	数量			使用期限		备注
					需用	现有	不足	进场时间	退场时间	
1	2	3	4	5	6	7	8	9	10	11

3. 施工项目劳动力需要量、主要施工机具、设备需要量计算示例

【例5.1】 某水泥混凝土路面工程施工任务，路面厚度为20cm。工程量为50000m^2，分散拌和，手推车运输，人工铺筑。查施工进度计划，该项施工任务在120天内完成，采用1班制作业，①试确定日劳动力需要量；②确定完成每项施工任务时各种机械的需要量。

解：水泥混凝土路面工程的预算定额编号为［172—2—2—17—1］。查之可得：完成1000㎡（定额单位）水泥混凝土路面需要人工290.3工日/1000m^2，250L以内混凝土搅拌机7.43台班/1000m^2，水泥混凝土真空吸水机3.48台班/1000m^2，混凝土切缝机3.36台班/1000m^2，4000L以内洒水汽车1.44台班/1000m^2。

250L以内混凝土搅拌机是控制施工进度的主导机械，若按正常的施工条件组织施工，保证机械工效，充分发挥机械潜力，平均每个台班合理配置的人工数量为

$$290.3\div7.43=39.07(\text{人})\rightarrow39(\text{人})$$

按公式（4.16、4.17、4.18）进行计算：

（1）计算劳动量。

$$P_{\text{人}}=50000\text{m}^2\times290.3\ \text{工日}/1000\text{m}^2=14515\ \text{工日}$$

（2）计算机械作业量。

$$\text{搅拌机}\ P_1=50000\text{m}^2\times7.43\ \text{台班}/1000\text{m}^2=371.5\ \text{台班}$$

$$\text{吸水机}\ P_2=50000\text{m}^2\times3.48\ \text{台班}/1000\text{m}^2=174\ \text{台班}$$

$$\text{切缝机}\ P_3=50000\text{m}^2\times3.36\ \text{台班}/1000\text{m}^2=168\ \text{台班}$$

$$\text{洒水车}\ P_4=50000\text{m}^2\times1.44\ \text{台班}/1000\text{m}^2=72\ \text{台班}$$

(3) 工期固定，求每日需要的劳动量与作业量。

当要求该项施工任务 $T=120\text{d}$ 完成时，计划 1 班制，即 $C=1$，根据公式 4.22，每日需要的劳动量与作业量为：

$$R_{人}=14515\div(120\times1)=120.96(人)\rightarrow121(人)$$

$$R_{搅拌机}=371.5\div(120\times1)=3.10(台)\rightarrow适当延时加班为3台$$

$$R_{吸水机}==174\div(120\times1)=1.45(台)\rightarrow2(台)$$

$$R_{切缝机}==168\div(120\times1)=1.40(台)\rightarrow考虑适当延时加班为1台$$

$$R_{洒水车}==72\div(120\times1)=0.6(台)\rightarrow1(台)$$

(4) 制定劳动量需要计划及机械需用量计划。

1) 根据以上计算结果，在正常的施工条件下，每日合理配置人数在 3×39=117 至 121 人之间，施工时可按施工组织需要调整。

2) 制定出满足施工要求的主要机具、设备计划表。

5.4 编制主要材料需要量计划

工程的材料费用，一般要占总体工程造价的 50%～70%。做好材料供应计划和材料的采购、保管、使用等工作，是保证工程施工顺利进行，控制或降低工程成本的关键之一。

工程所用的材料主要有钢材、木材、沥青、水泥、砂、石等，以及有关临时设施和拟采取的各种施工技术措施用料。预制构件及其他半成品应列入主要材料需要量计划中。材料需要量计划是为物资部门落实组织货源、签订供应合同、组织运输进场以及确定临时设施规模的依据。

1. 材料需要量计划编制依据

材料需要量计划一般在已拟定了施工方案的基础上，并制定了施工进度计划后进行编制，其编制依据主要有：

(1) 施工图设计文件招标文件及其工程量清单施工方案和施工进度计划。

(2) 公路工程概算或预算定额施工方案和施工进度计划施工承包合同。

(3) 材料需要量的计算方法施工项目材料消耗量（供应量）＝施工项目工程数量×材料消耗定额。

(4) 施工项目每日消耗量＝施工项目材料消耗量（供应量）/作业工期，其中：施工项目工程数量＝施工项目实际（设计）工程量/定额单位。

2. 主要材料需要量的计算步骤

(1) 根据施工进度图中的时间坐标进程，逐月统计每月已（或应）开工的施工任务的个数，并确定和记录各施工任务的开工和结束时间。

(2) 确定材料种类及计算各种材料需要量。

1) 查定额，确定材料种类及其台班消耗量。

2) 计算各种材料需要量。

(3) 划定主材种类，计算主材每日消耗量。

3. 主要材料需要量计划的编制

主要材料需要量计划，是备料、供料和确定仓库、堆场面积及组织运输的依据，其编制方法是将施工进度计划表中各施工过程的工程量，按材料品种、规格、数量、使用时间、材料的来源及运输方式计算汇总而得。材料的需要量，可按照已确定的工程量，以进度计划为依据，查定额进行计算得出，从而编制出需要量计划。计划表格的形式如表 5.3 所示。

表 5.3　　主要材料需用量计划

序号	材料名称及规格	单位	数量	来源	运输方式	××年					××年					备注
						一季度	二季度	三季度	四季度	合计	一季度	二季度	三季度	四季度	合计	
1	2	3	4	5	6	7	8	9	10	11	12	13	14	15	16	17

【例 5.2】 查某合同段进度计划可知，该合同段面层为 C30 水泥混凝土路面，路面厚度为 20cm，工程量 35000m^2。计划工期 90d。施工方法为分散拌和，手推车运输，人工铺筑，采用 1 班制作业。求其材料供应量及材料日消耗量。

解：(1) 查《公路工程预算定额》。由 [172—2—2—17—1] “水泥混凝土路面可知，每完成 1000 ㎡ C30 水泥混凝土路面所消耗的材料种类和定额为：

32.5 级水泥 76.908t，碎石（4cm）169.32m^3，中（粗）砂 93.84m^3，锯材 0.066m^3，光圆钢筋 0.004t，型钢 0.054t，石油沥青 0.099t，煤 0.02t，水 29m^3，其他材料费 273.0 元。

(2) 计算材料供应量。

32.5 级水泥：35000÷1000×76.908=2691.78（t）

碎石（4cm）：35000÷1000×169.32=5926.2（m^3）

中（粗）砂：35000÷1000×93.84=3284.4（m^3）

锯材：35000÷1000×0.066=2.31（m^3）

光圆钢筋：35000÷1000×0.004=0.14（t）

型钢：35000÷1000×0.054=1.89（t）

石油沥青：35000÷1000×0.099=3.465（t）

煤：35000÷1000×0.02=0.7（t）

水：35000÷1000×29=1015（m^3）

其他材料费：35000÷1000×273.0=9555（元）

(3) 计算材料日消耗量。

32.5 级水泥：35000÷1000×76.908÷90=29.9（t/d）

碎石（4cm）：35000÷1000×169.32÷90=65.9（m^3/d）

中（粗）砂：35000÷1000×93.84÷90=36.5（m^3/d）

石油沥青：35000÷1000×0.099÷90=38.5（kg/d）

煤：35000÷1000×0.02÷90=7.8（kg/d）

水：$35000\div1000\times29\div90=11.3\ (m^3/d)$

5.5 测量、试验检测仪器设备需要量计划

测量与试验检测是工程施工中非常重要的基础技术工作，所配备仪器设备的数量、质量均应满足施工的需要，以及技术规范的要求，其需要量计划的表格形式分别见表5.4和表5.5。

表5.4 测量仪器需要量计划

序号	名称	规格或型号	单位	数量	备注
1	2	3	4	5	6

表5.5 试验检测仪器设备需要量计划

序号	名称	规格或型号	单位	数量	备注
1	2	3	4	5	6

5.6 资金需要量计划

工程施工是投入与产出的过程，为使施工正常进行，各个施工阶段都需要有足够的资金来保证。资金的不足，会导致工程无法按计划进度进行，使进度滞后或停顿，进而影响到总体工期。做好资金供应计划是保证总进度计划得以实现的重要内容之一。

按时间顺序，算出总进度计划中各个施工项目在单位时间内的资金需要量，逐项累加后得到总需要量，据此编制资金需要量计划，如表5.6。

表5.6 资金需要量计划 金额单位：万元

序号	资金项目	年					年					备注
		一季度	二季度	三季度	四季度	合计	一季度	二季度	三季度	四季度	合计	

【任务】 已知某工程项目的工程概况如下。

广西×××公路是国道主干线重庆至湛江公路的重要组成部分，其中起点桩号K126+000，终点桩号为K154+131，全长28.1km。本项目部主要承揽路面工程施工任务，合同工期335日历日。

结构形式：26cm水泥混凝土路面，路面宽度为14.0m；浆砌片石路肩，路肩宽度为0.5m；路面基层为18cm水泥稳定碎石，基层宽度为14.5m（全填）或14.0m（全挖）或14.25m（半填半挖）；路面底基层为16cm级配碎石，与95区顶同宽，即15m。

设计标准及主要技术指标：设计行车速度为60km/h，路基宽15m，土路肩宽0.5m，

水泥混凝土路面厚 26cm，平曲线最小半径 135m，最大纵坡 7%，最大超高 8%。设计荷载为汽车超——20 级，挂车——120 级。

施工顺序及进度计划安排为：

（1）底基层（全幅施工）。机械铺料，拖拉机带铧犁拌和。施工时间为 2004 年 12 月 1 日至 2005 年 6 月 30 日。

（2）基层施工（半幅施工）。施工时间为 2005 年 3 月 10 日至 2005 年 9 月 26 日。

（3）水泥混凝土面层（半幅施工）。施工时间为 2005 年 5 月 1 日至 2005 年 11 月 2 日。

要求：编制劳动需要量计划、主要机械设备需用量计划、主要材料需用量计划。

情景6　编制施工总平面设计

【任务】 编制南友公路至明阳工业区连接线两阶段施工图 K0＋000～K2＋700 段的施工平面图。

【知识目标】 认知工程施工平面布置的方法与要求

【专业能力目标】 初步具备场地布置能力，能正确绘制单位工程现场平面布置图。

施工总平面图是工程施工场地的总布置图。其设计是根据工程的规模、特点和施工现场的条件，按照施工方案和施工进度的要求以及一定的设计原则，对施工过程所需各种临时设施、动力供应、原材料堆放、场内运输、半成品生产场地等做出合理的规划布置，并用平面图的形式加以表达，用于正确处理工程在施工期间各种临建工程与已有建筑物和拟建工程之间合理的平面和空间位置关系。施工总平面图是针对整体工程进行规划设计的，是施工组织设计重要组成部分。

施工总平面图设计的绘图要求采用标准图例绘制在总平面图上，比例一般为 1∶1000～1∶2000。

6.1　施工平面图设计的依据、原则和步骤

1. 施工平面图设计的依据

(1) 工程结构设计的平面图及有关设计资料。包括工程总平面图、地形地貌地质、区域规划图、建设项目范围内有关的一切已有和拟建的各种设施。

(2) 建设地区的自然条件和经济条件。自然条件包括施工区域的地形、地物（道路、桥梁、河流、池塘等)、气象、水文及工程地质等资料；技术经济条件包括当地的交通运输、水源、电源、物资资源、生产和生活基地情况。

(3) 建设项目的建筑概况、施工进度计划和主要施工方案，以便了解各施工阶段情况，合理规划施工场地。

(4) 各种材料、半成品的供应计划；施工机械和运输工具一览表和运输方式，以便规划工地内部的存放场地和运输路线。

(5) 各类临时设施的性质、形式、面积和尺寸。

(6) 类临时加工场地的位置、规模和设备数量。

(7) 水源、电源资料。

(8) 施工进度计划和主要工程的施工方案。

2. 施工场地平面布置图的规划原则

施工场地平面布置是一项系统工程，在很大程度上决定于施工现场的具体条件。它涉

及的因素很广，不可能轻易获得令人满意的结果，必须通过方案的比较和必要的计算与分析才能决定。一般施工平面图规划设计应遵循下列原则：

（1）在保证施工顺利的前提下，尽量减少施工用地，少占农田，使平面布置紧凑合理。

（2）合理组织运输，外购材料力求直达工地，避免或减少二次搬运和场内的搬运距离，尽量使其运距最短，以缩短场内的搬运距离；合理布置施工现场的运输道路及各种材料堆放、工作车间、仓库位置、各种机具的位置，并将笨重的和大型的预制构件或材料设置在使用点附近，货物的运输量和起重量必须减至最小，保证运输方便、顺畅、经济。

（3）所有临时性建筑和运输线路的布置，必须便于为基本工作服务，并不得妨碍地面和地下建筑物的施工，并充分利用各种永久性建筑物、构筑物和原有设施，降低临时设施的费用。

（4）加工等附属企业基地应尽可能设在原料产地或运输集汇点（如车站、码头）。

（5）附属企业内部的布置应以生产工艺流程为依据，并有利于生产的连续性。

（6）应符合安全防火和劳动保护的要求，应考虑避免各种自然灾害侵袭的防护措施。

（7）各种生产生活设施便于工人的生产和文化生活，施工管理机构的位置必须有利于全面指挥。

（8）场地布置应与施工进度、施工方法、工艺流程和机械设备相适应，尽量减少专业工种和工程之间的干扰，有利于生产的连续性。

3. 施工场地平面布置图的设计步骤

（1）分析有关调查资料。

（2）合理确定起重、吊装、运输机械的布置（它直接影响仓库、料场、半成品制备场的位置和水、电线路以及道路的布置）。

（3）确定混凝土、沥青混凝土搅拌站的位置。

（4）考虑各种材料、半成品的合理堆放。

（5）布置水、电线路。

（6）确定各临时设施的布置和尺寸。

（7）决定临时道路位置、长度和标准。

6.2　施工平面图的类型及主要内容

1. 施工总平面图

施工总平面图是以整个工程为对象的施工平面布置方案。总平面图的设计是在在施工用地范围内的绘有等高线的地形地貌图上进行，一般可利用设计文件中的平面布置图，当不能满足要求时应补测绘制。

道路工程施工总平面图应包括以下内容：

（1）原有河流、居民点、交通路线（公路、铁路、大车道等）、车站、码头、通信、运输点等及工地附近与施工有关的建筑物和各种电力、供水、通信管线等的位置和尺寸。

(2) 施工用地范围和工程主要项目，沿路线里程的大中桥、隧道、渡口、交叉口、集中土石方等的位置；道班房、加油站等运输管理服务建筑物位置。

(3) 将施工组织设计的成果直接标在图上。

包括一切为工地施工服务的临时设施的位置和尺寸，包括：①临时便道、便桥，从场外引入的铁路、公路和航道码头；②机械设备的停放场地和维修车间；③各种施工材料、半成品的堆放场地和仓库；④水源、电源、变压器位置，临时供水管道和供热、供电线路、动力设施；⑤施工管理机构、生产和生活设施的位置；⑥一切安全、消防设施位置。

(4) 控制测量的放线标桩位置。

(5) 施工管理机构，如工程局、工程处、施工队及工程指挥系统的驻地。

(6) 其他与施工有关的内容，如地质不良地段、国家测量标志、气象台、水文站、防洪、防风、防火、安全设施等需要表示的内容。

2. 单项工程、分部分项工程施工平面图

该类平面图的布置有两种情况，一种是在施工总平面图的控制下进行布置；另一种是以施工总平面图为依据，即基本上按照施工总平面有关内容进行布置，但不论哪一种，都应比施工总平面图更加深入、更加具体。

(1) 重点工程施工场地布置图。一般说来，大桥、隧道、立交枢纽等都是重点工程，其施工场地布置图应在有等高线的地形图上按比例绘制。图上应详细绘出施工现场、辅助生产、生活等区域的布置情况，绘出原有地物情况。

(2) 其他单项局部平面布置图。对于大型项目，因施工周期长，管理工作量大，附属、辅助企业多，必要时应绘制其他的平面布置图。这类图主要有以下几种：

1) 沿线砂石料场平面布置图。

2) 大型附属企业如沥青混合料拌和厂、预制构件厂、主要材料加工厂（木工厂、机修厂）等平面布置图。

3) 临时供水、供电、供热基地及管线分布平面图。

4) 主要施工管理机构的平面布置图。

许多规模巨大的建筑项目，其建设工期往往很长。随着工程的进展，施工现场的面貌将不断改变。在这种情况下，应按不同阶段分别绘制若干张施工总平面图，或者根据工地的变化情况，及时对施工总平面图进行调整和修正，以便符合不同时期的需要。

6.3 施工总平面图设计的步骤

(1) 收集、分析研究原始资料。

(2) 确定搅拌站和加工场地的位置、尺寸。

(3) 考虑仓库的位置，材料和半成品的合理堆放。

(4) 场外交通的引入及现场运输道路的布置，临时便道便桥的位置、长度、标准。

(5) 各种临时设施的布置。

(6) 临时水电管网及动力设施的布置。

(7) 安全、消防设施的布置。

6.4 施工总平面图设计的具体要求

1. 场外交通的引入

设计全工地性施工总平面图时，首先应从研究大宗材料、成品、半成品、设备等进入工地的运输方式入手。当大宗材料由铁路运来时，首先要解决铁路的引入问题；当大批材料是由水路运来时，应首先考虑原有码头的运用和是否增设专用码头问题；当大批材料是由公路运入工地时，由于汽车线路可以灵活布置，因此，一般先布置场内仓库和加工厂，然后再布置场外交通的引入。

(1) 铁路运输。当大量物资由铁路运入工地时，应首先解决铁路由何处引入及如何布置问题。一般大型工业企业、厂区内都设有永久性铁路专用线，通常可将其提前修建，以便为工程施工服务。但由于铁路的引入将严重影响场内施工的运输和安全，因此，铁路的引入应靠近工地一侧或两侧。仅当大型工地分为若干个独立的工区进行施工时，铁路才可引入工地中央。此时，铁路应位于每个工区的侧边。

(2) 水路运输。当大量物资由水路运进现场时，应充分利用原有码头的吞吐能力。当需增设码头时，卸货码头不应少于两个，且宽度应大于2.5m，一般用石或钢筋混凝土结构建造。

(3) 公路运输。当大量物资由公路运进现场时，由于公路布置较灵活，一般先将仓库，加工厂等生产性临时设施布置在最经济合理的地方，再布置通向场外的公路线。

2. 仓库与材料堆场的布置

通常考虑设置在运输方便、位置适中、运距较短并且安全防火的地方。区别不同材料、设备和运输方式来设置。

(1) 当采用铁路运输时，仓库通常沿铁路线布置，并且要留有足够的装卸前线。如果没有足够的装卸前线，必须在附近设置转运仓库。布置铁路沿线仓库时，应将仓库设置在靠近工地一侧，以免内部运输跨越铁路。同时仓库不宜设置在弯道处或坡道上。

(2) 当采用水路运输时，一般应在码头附近设置转运仓库，以缩短船只在码头上的停留时间。

(3) 当采用公路运输时，仓库的布置较灵活。一般中心仓库布置在工地中央或靠近使用的地方，也可以布置在靠近于外部交通连接处。砂石，水泥、石灰木材等仓库或堆场宜布置在搅拌站、预制场和木材加工厂附近；砖、瓦和预制构件等直接使用的材料应该直接布置在施工对象附近，以免二次搬运。工业项目建筑工地还应考虑主要设备的仓库(或堆场)，一般笨重设备应尽量放在车间附近，其他设备仓库可布置在外围或其他空地上。

3. 加工厂布置

各种加工厂布置，应以方便使用、安全防火、运输费用最少、不影响建筑安装工程施工的正常进行为原则；一般应将加工厂集中布置在同一个地区，且多处于工地边缘。各种加工厂应与相应的仓库或材料堆场布置在同一地区。

（1）混凝土搅拌站。根据工程的具体情况可采用集中、分散或集中与分散相结合的三种布置方式。当现浇混凝土量大时，宜在工地设置混凝土搅拌站；当运输条件好时，以采用集中搅拌或选用商品混凝土最有利；当运输条件较差时，以分散搅拌为宜。

（2）预制加工厂。一般设置在建设单位的空闲地带上，如材料堆场专用线转弯的扇形地带或场外临近处。

（3）钢筋加工厂。区别不同情况，采用分散或集中布置。对于需进行冷加工、对焊、点焊的钢筋和大片钢筋网，宜设置中心加工厂，其位置应靠近预件构件加工厂；对于小型加工件，利用简单机具成型的钢筋加工，可在靠近使用地点的分散的钢筋加工棚里进行。

（4）木材加工厂。要视木材加工的工作量、加工性质和种类决定是集中设置还是分散设置几个临时加工棚。一般原木、锯材堆场布置在铁路专用线、公路或水路沿线附近；木材加工场亦应设置在这些地段附近；锯木、成材、细木加工和成品堆放，应按工艺流程布置。

（5）砂浆搅拌站。对于工业建筑工地，由于砂浆量小分散，可以分散设置在使用地点附近。

（6）金属结构、锻工、电焊和机修等车间。由于它们在生产上联系密切，应尽可能布置在一起。

4. 布置内部运输道路

根据各加工厂、仓库及各施工对象的相对位置，研究货物转运图，区分主要道路和次要道路，进行道路的规划。规划厂区内道路时，应考虑以下几点：

（1）合理规划临时道路与地下管网的施工程序。在规划临时道路时，应充分利用拟建的永久性道路，提前修建永久性道路或者先修路基和简易路面，作为施工所需的道路，以达到节约投资的目的。若地下管网的图纸尚未出全，必须采取先施工道路，后施工管网的顺序时，临时道路就不能完全建造在永久性道路的位置，而应尽量布置在无管网地区或扩建工程范围地段上，以免开挖管道沟时破坏路面。

（2）保证运输通畅。道路应有两个以上进出口，道路末端应设置回车场地，且尽量避免临时道路与铁路交叉。厂内道路干线应采用环形布置，主要道路宜采用双车道，宽度不小于6m，次要道路宜采用单车道，宽度不小于3.5m。

（3）选择合理的路面结构。临时道路的路面结构，应当根据运输情况和运输工具的不同类型而定。一般场外与省、市公路相连的干线、因其以后会成为永久性道路，因此，一开始就建成混凝土路面；场区内的干线和施工机械行驶路线，最好采用碎石级配路面，以利修补。场内支线一般为土路或砂石路。

5. 行政与生活临时设施布置

行政与生活临时设施包括：办公室、汽车库、职工休息室、开水房、小卖部、食堂、俱乐部和浴室等。根据工地施工人数，可计算这些临时设施的建筑面积。应尽量利用建设单位的生活基地或其他永久建筑，不足部分另行建造。

一般全工地性行政管理用房宜设在全工地入口处，以便对外联系；也可设在工地中间，便于全工地管理。工人用的福利设施应设置在工人较集中的地方，或工人必经之处。

生活基地应设在场外，距工地 500～1000m 为宜。食堂可布置在工地内部或工地与生活区之间。

6. 临时水电管网及其他动力设施的布置

当有可以利用的水源、电源时，可以将水电从外面接入工地，沿主要干道布置干管、主线，然后与各用户接通。临时总变电站应设置在高压电引入处，不应放在工地中心；临时水池应放在地势较高处。当无法利用现有水电时，为了获得电源，可在工地中心或工地中心附近设置临时发电设备，沿干道布置主线；为了获得水源可以利用地上水或地下水，并设置抽水设备和加压设备（简易水塔或加压泵），以便储水和提高水压。然后把水管接出，布置管网。施工现场供水管网有环状、枝状和混合式三种形式，根据工程防火要求，应设立消防站，一般设置在易燃建筑物（木材、仓库等）附近，并须有通畅的出口和消防车道，其宽度不宜小于 6m，与拟建房屋的距离不得大于 25m，也不得小于 5m，沿道路布置消防栓时，其间距不得大于 100 血，消防栓到路边的距离不得大于 2m。

临时配电线路布置与水管网相似。工地电力网，一般 3～10kV 的高压线采用环状，沿主干道布置；380/220V 低压线采用枝状布置。工地上通常采用架空布置，距路面或建筑物不小于 6m。

要点提示

上述各设计步骤不是截然分开，各自孤立进行的，而是互相联系，互相制约的，需要综合考虑，反复修正才能确定下来。当有几种方案时，尚应进行方案比较，并进行行优化确定最终方案。

6.5 施工总平面图的科学管理

（1）建立统一的施工总平面图管理制度，划分总图的使用管理范围。各区各片有人负责，严格控制各种材料、构件、机具的位置、占用时间和占用面积。

（2）实行施工总平面动态管理，定期对现场平面进行实录、复核，修正其不合理的地方，定期召开总平面执行检查会议，奖优罚劣，协调各单位关系。

（3）做好现场的清理和维护工作，不准擅自拆迁建筑物和水电线路，不准随意挖断道路。大型临时设施和水电管路不得随意更改和移位。在总平面图上。

6.6 施工总平面图设计示例

【例 6.1】 图 6.1 所示为宁武高速公路××合同段施工总平面布置示意图

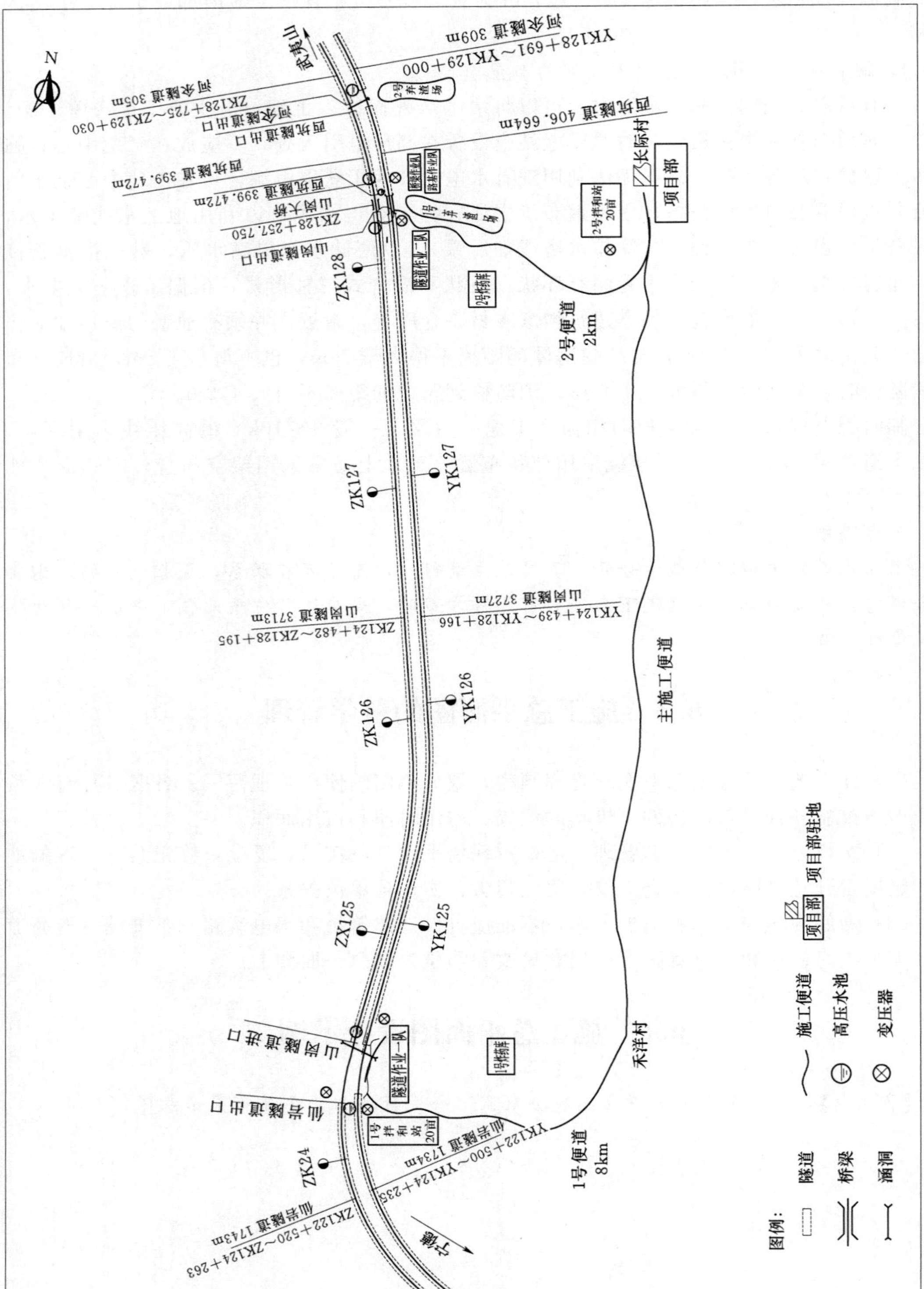

图 6.1 宁武高速公路(南平段)××合同施工总平面布置图

项目 3　编制施工项目管理计划

情景 7　公路工程施工项目进度控制

【任务】 编制南友公路至明阳工业区连接线两阶段施工图 K0＋000～K2＋700 段的施工项目进度计划

【知识目标】

1. 了解项目进度计划的编制方法

2. 掌握项目进度计划的程序、实施内容、检查方法、调整与控制原理

【专业能力目标】

1. 能进行项目进度计划的实施工作

2. 具备工程施工项目进度控制基本能力

7.1　公路工程施工项目进度控制概述

【任务】 编制施工项目进度保证措施

7.1.1　公路工程施工项目进度控制概述

1. 公路工程施工项目进度控制的概念内涵

公路工程建设进度控制指对公路工程建设各阶段中的工作内容、工作顺序、持续时间及工作之间的相互搭接关系等进行计划并付诸实施，然后在计划实施过程中经常检查实际进度是否按计划进行，一旦发现有偏差出现，应在分析偏差产生的原因的基础上采取有效措施排除障碍或调整、修改原进度计划后再付诸实施，如此循环，直至工程项目竣工验收、交付使用的过程。进度控制的对象是工程项目，进度控制的最终目的是确保项目进度的实现。

2. 工程建设项目进度控制的主体

工程建设项目进度控制的主体是项目管理者身份参与工程建设活动的业主单位、设计单位、施工承包单位、建设监理单位，上述各方均需要从各自不同的角度担当工程建设项目进度控制的组织与实施工作。

3. 建设工程项目进度控制的任务

(1) 业主方进度控制的任务是控制整个项目实施阶段的进度，包括控制设计准备阶段的工作进度、设计工作进度、施工进度、物资采购工作进度，以及项目动用前准备阶段的工作进度。

(2) 设计方进度控制的任务是依据设计任务委托合同对设计工作进度的要求控制设计工作进度，这是设计方履行合同的义务。另外，设计方应尽可能使设计工作的进度与招标，施工和物资采购等工作进度相协调。

在国际上，设计进度计划主要是各设计阶段的设计图纸（包括有关的说明）的出图计划，在出图计划中标明每张图纸的出图日期。

（3）施工方进度控制的任务是依据施工任务委托合同对施工进度的要求控制施工进度，这是施工方履行合同的义务，在进度计划编制方面，施工方应视项目的特点和施工进度控制的需要，编制不同深度的控制性、指导性和实施性施工的进度计划，以及按不同计划周期（年度，季度，月度和旬）的施工计划等。

（4）供货方进度控制的任务是依据供货合同对供货的要求控制供货进度，这是供货方履行合同的义务。供货进度计划应包括供货的所有环节，如采购、加工制造、运输等.

4. 公路工程项目进度控制的总目标

公路工程项目进度控制是工程项目建设管理中与质量控制、投资控制并列的三大目标之一。它们之间有着相互依赖和相互制约的关系，进度加快，需要增加投资，但工程能提前使用就可以提高投资效益。进度加快可能影响工程质量，而对质量控制严格，则有可能影响进度。但如因质量的严格控制而不致返工，又会加快进度。

公路工程项目进度控制的总目标是确保工程项目的既定目标工期的实现，或者在保证施工质量和不因此而增加施工实际成本的条件下，适当缩短施工工期。

7.1.2 影响施工项目进度的因素

1. 影响施工项目进度的因素及相应对策

影响施工项目进度的因素及相应对策见表 7.1。

表 7.1　　影响施工项目进度的因素及相应对策表

影响因素的种类	影响因素具体表现	相应对策
项目经理部内部因素	1. 施工组织不合理，人力、机械设备调配不当，解决问题不及时； 2. 施工技术措施不当或发生事故； 3. 质量不合格引起返工； 4. 与相关单位关系协调不善； 5. 项目经理部管理水平低	1. 项目经理部的活动对施工进度起决定性作用，因而要重视过程控制、早发现问题，早改正； 2. 提高项目经理部的组织管理水平、技术水平； 3. 提高施工作业层的素质； 4. 重视与内外关系的协调
相关单位因素	1. 设计图纸供应不及时或有误业； 2. 主要求设计变更； 3. 实际工程量增减变化； 4. 材料供应、运输等不及时或质量、数量、规格不符合要求； 5. 水电通信等部门、分包单位没有认真履行合同或违约； 6. 资金没有按时拨付等	1. 相关单位的密切配合与支持，是保证施工项目进度的必要条件，项目经理部应做好： 2. 与有关单位以合同形式明确双方协作配合要求，严格履行合同，寻求法律保护，减少和避免损失； 3. 编制进度计划时，要充分考虑向主管部门和职能部门进行申报、审批所需的时间，留有余地
不可预见因素	1. 施工现场水文地质状况比设计合同文件预计的要复杂得多； 2. 严重自然灾害； 3. 战争、政变等政治因素等	1. 该类因素一旦发生就会造成较大影响，应做好调查分析和预测； 2. 有些因素可通过参加保险，规避或减少风险

2. 责任的划分及处理

根据FIDIC合同条件下对造成工程进度拖延进行的责任区分及处理办法，又可按上述进度影响因素的作用后果归结为“工程延误和工程延期”。

工程延误是指由承包商自身的原因所导致的进度延误。

工程延期是指由承包商以外的原因所导致的工期延长。

区分作用是约束项目承、发包双方认真履行自身职责以确保工程进度计划的正常实施，并努力避免不可抗力因素所带来的风险。

我国《建设工程施工合同示范文本》通用条款明确规定：

因承包人原因导致工程实际进度与计划进度不符，其一切损失由承包人承担，承包人无权要求工期顺延或就加快进度的改进措施提出追加合同条款，由此给发包人造成的经济损失应由承包人承担。

反之，如因承包人以外的原因导致了延期开工、暂停施工及工程延期，则经过监理工程师确认属实，工期应作相应顺延，其中如果是由发包人的原因造成进度拖延并因此给承包人造成经济损失的，还应由发包人承担所发生的追加合同价款以赔偿承包人的经济损失。

7.2　公路工程施工项目进度控制措施

7.2.1　施工项目进度控制原理

施工项目进度控制是以现代科学管理原理作为其理论基础的，主要有系统原理、动态控制原理、信息反馈原理、弹性原理和封闭循环原理等。

1. 系统原理

系统原理就是用系统的概念来剖析和管理施工项目进度控制活动。进行施工项目进度控制应建立施工项目进度计划系统、施工项目进度组织系统。

（1）施工项目进度计划系统。施工项目进度计划系统是施工项目进度实施和控制的依据。施工项目进度计划包括施工项目总进度计划、单位工程进度计划、分部分项工程进度计划、材料计划、劳动力计划、季度和月（旬）作业计划等。形成了一个进度控制目标按工程系统构成、施工阶段和部位等逐层分解、编制对象从大到小、范围由总体到局部、层次由高到低、内容由粗到细的完整的计划系统。计划的执行则由下而上，从月（旬）作业计划、分项分部工程进度计划开始，逐级按进度目标控制，最终完成施工项目总进度计划。

（2）施工项目进度组织系统。施工项目进度组织系统是实现施工项目进度计划的组织保证。施工项目的各级负责人，从项目经理、各子项目负责人、计划人员、调度人员、作业队长、班组长以及有关人员组成了施工项目进度组织系统。这个组织系统既要严格执行进度计划要求、落实和完成各自的职责和任务，又要随时检查、分析计划的执行情况，在发现实际进度与计划进度发生偏离时，能及时采取有效措施进行调整、解决。也就是说，施工项目进度组织系统既是施工项目进度的实施组织系统，又是施工项目进度的控制组织系统，既要承担计划实施赋予的生产管理和施工任务，又要承担进度控制目标，对进度控制负责，这样才能保证总进度目标实现。

2. 动态控制原理

施工项目进度目标的实现是一个随着项目的施工进展以及相关因素的变化不断进行调整的动态控制过程。施工项目按计划实施，但面对不断变化的客观实际，施工活动的轨迹往往会产生偏差。当发生实际进度与计划进度超前或落后时，控制系统就要做出应有的反应：分析偏差产生的原因，采取相应的措施，调整原来计划，使施工活动在新的起点上按调整后的计划继续运行；当新的干扰影响施工进度时，新一轮调整、纠偏又开始了。施工项目进度控制活动就这样循环往复进行，直至预期计划目标实现。

3. 信息反馈原理

反馈是控制系统把信息输送出去，又把其作用结果返送回来，并对信息的再输出施加影响，起到控制作用，以达到预期目的。

施工项目进度控制的过程实质上就是对有关施工活动和进度的信息不断搜集、加工、汇总、反馈的过程。施工项目信息管理中心要对搜集的施工进度和相关影响因素的资料进行加工分析，由领导作出决策后，向下发出指令，指导施工或对原计划做出新的调整、部署；基层作业组织根据计划和指令安排施工活动，并将实际进度和遇到的问题随时上报。每天都有大量的内外部信息、纵横向信息流进流出。因而必须建立健全一个施工项目进度控制的信息网络，使信息准确、及时、畅通，反馈灵敏、有力，以及能正确运用信息对施工活动有效控制，才能确保施工项目的顺利实施和如期完成。

4. 弹性原理

施工项目进度控制中应用弹性原理，首先表现在编制施工项目进度计划时，要考虑影响进度的各类因素出现的可能性及其变化的影响程度，进度计划必须保持充分弹性，要有预见性；其次是在施工项目进度控制中具有应变性，当遇到干扰，工期拖延时，能够利用进度计划的弹性，或缩短有关工作的时间，或改变工作之间的逻辑关系，或增减施工内容、工程量，或改进施工工艺、方案等有效措施，对施工项目进度计划作出及时地相应调整，缩短剩余计划工期，最后达到预期的计划目标。

5. 封闭循环原理

施工项目进度控制是从编制项目施工进度计划开始的，由于影响因素的复杂和不确定性，在计划实施的全过程中，需要连续跟踪检查，不断地将实际进度与计划进度进行比较，如果运行正常可继续执行原计划；如果发生偏差，应在分析其产生的原因后，采取相应的解决措施和办法，对原进度计划进行调整和修订，然后再进入一个新的计划执行过程。这个由计划、实施、检查、比较、分析、纠偏等环节组成的过程就形成了一个封闭循环回路。而施工项目进度控制的全过程就是在许多这样的封闭循环中得到有效的不断调整、修正与纠偏，最终实现总目标的。

7.2.2 施工项目进度控制的措施

施工项目进度控制的措施主要有组织措施、技术措施、合同措施、经济措施和管理信息措施等，具体见表 7.2。

表 7.2　　施工项目进度控制措施

措施种类	措 施 内 容
管理信息措施	1. 建立对施工进度能有效控制的监测、分析、调整、反馈信息系统和信息管理工作制度； 2. 随时监控施工过程的信息流，实现连续、动态的全过程进度目标控制
组织措施	1. 建立施工项目进度实施和控制的组织系统； 2. 订立进度控制工作制度：检查时间、方法，召开协调会议时间、人员等； 3. 落实各层次进度控制人员、具体任务和工作职责； 4. 确定施工项目进度目标，建立施工项目进度控制目标体系； 5. 组织开展劳动竞赛，建立激励机制，对完成或超额完成生产任务的班组实行表扬和奖励充分调动积极性
技术措施	1. 尽可能采用先进施工技术、方法和新材料、新工艺、新技术，保证进度目标实现； 2. 落实施工方案，在发生问题时，能适时调整工作之间的逻辑关系，加快施工进度
合同措施	1. 以合同形式保证工期进度的实现，即①工程招投标时，合同中要求工期的确定应科学合理和允许投标工期在平衡投标报价中发挥作用；②工程进度款既是对施工单位履约程度的量化，又是推进项目运转的动力，在合同约定支付方式中加以体现，确保阶段性进度目标的顺利实现；③合同约定中应明确合同工期顺延的申报条件和许可条件。 2. 保持总进度控制目标与合同总工期相一致，分包合同的工期与总包合同的工期相一致； 3. 供货、供电、运输、构件加工等合同规定的提供服务时间与有关的进度控制目标一致
经济措施	1. 落实实现进度目标的保证资金； 2. 签订并实施关于工期和进度的经济承包责任制； 3. 建立并实施关于工期和进度的奖惩制度

7.2.3　施工项目进度控制目标体系

施工项目进度控制总目标是依据施工项目总进度计划确定的。然后对施工项目进度控制总目标进行层层分解，形成实施进度控制、相互制约的目标体系。

施工项目进度目标是从总的方面对项目建设提出的工期要求。但在施工活动中，是通过对最基础的分部分项工程的施工进度控制来保证各单项（位）工程或阶段工程进度控制目标的完成，进而实现施工项目进度控制总目标的。因而需要将总进度目标进行一系列的从总体到细部、从高层次到基础层次的层层分解，一直分解到在施工现场可以直接调度控制的分部分项工程或作业过程的施工为止。在分解中，每一层次的进度控制目标都限定了下一级层次的进度控制目标，而较低层次的进度控制目标又是较高一级层次进度控制目标得以实现的保证，于是就形成了一个自上而下层层约束、由下而上级级保证、上下一致的多层次的进度控制目标体系，如可以按单位工程或分包单位分解为交工分目标，按承包的专业或按施工阶段分解为完工目标，按年、季、月计划期分解为时间目标等。

7.2.4　施工项目进度控制程序

（1）项目经理部要根据施工合同的要求确定施工进度目标，明确计划开工日期、计划总工期和计划竣工日期，确定项目分期分批的开竣工日期。

（2）编制施工进度计划，具体安排实现计划目标的工艺关系、组织关系、搭接关系、起止时间、劳动力计划、材料计划、机械计划及其他保证性计划。分包人负责根据项目施工进度计划编制分包工程施工进度计划。

（3）向监理工程师提出开工申请报告，按监理工程师开工令确定的日期开工。

（4）实施施工进度计划。项目经理应通过施工部署、组织协调、生产调度和指挥、改善施工程序和方法的决策等，应用技术、经济和管理手段实现有效地进度控制。

项目经理部首先要建立进度实施、控制的科学组织系统和严密的工作制度，然后依据施工项目进度控制目标体系，对施工的全过程进行系统控制。正常情况下，进度实施系统应发挥监测、分析职能并循环运行，即随着施工活动的进行，信息管理系统会不断地将施工实际进度信息，按信息流动程序反馈给进度控制者，经过统计整理，比较分析后，确认进度无偏差，则系统继续运行；一旦发现实际进度与计划进度有偏差，系统将发挥调控职能，分析偏差产生的原因，及对后续施工和总工期的影响。必要时，可对原计划进度做出相应地调整，提出纠正偏差方案和实施的技术、经济、合同保证措施，以及取得相关单位支持与配合的协调措施，确认切实可行后，将调整后的新进度计划输入到进度实施系统，施工活动继续在新的控制下运行。当新的偏差出现后，再重复上述过程，直到施工项目全部完成。进度控制系统也可以处理由于合同变更而需要进行的进度调整。

（5）全部任务完成后，进行进度控制总结并编写进度控制报告。

施工进度控制程序示意图如图7.1所示。

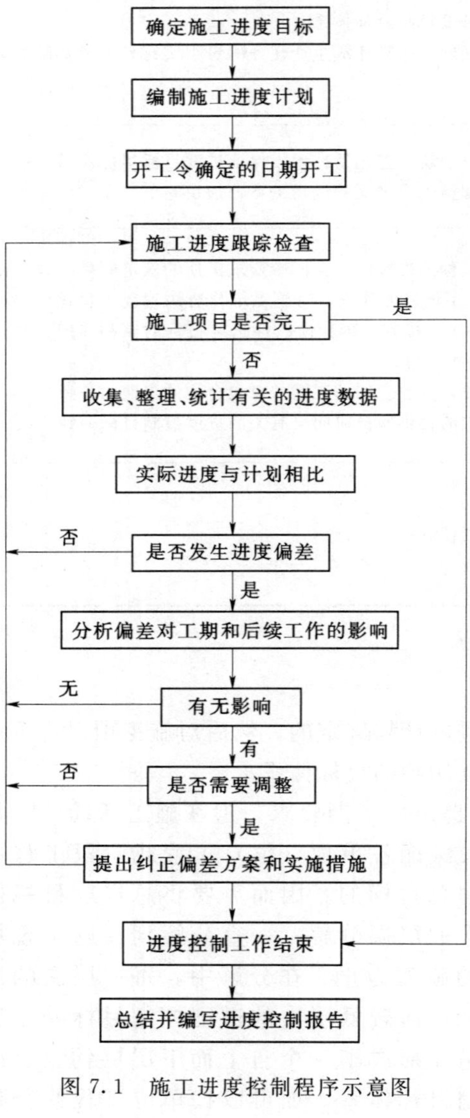

图7.1　施工进度控制程序示意图

7.2.5　施工项目进度计划的实施

施工项目进度计划实施的主要内容见表7.3，施工任务单见表7.4，限额领料单见表

7.5，限额领料发放记录见表 7.6。

表 7.3　　施工项目进度计划实施的内容

项　目	内　容
编制月（旬或周）作业计划	1. 每月（旬或周）末，项目经理提出下期目标和作业项目，通过工地例会协调后编制； 2. 应根据规定的计划任务，当前施工进度，现场施工环境、劳动力、机械等资源条件编制； 3. 作业计划是施工进度计划的具体化，应具有可实施性，使施工任务更加明确具体可行，便于测量、控制、检查； 4. 对总工期跨越一个年度以上的施工项目，应根据不同年度的施工内容编制年度和季度的控制性施工进度计划，确定并控制项目的施工总进度的重要节点目标； 5. 项目经理部应将资源供应进度计划和分包工程施工进度计划纳入项目进度控制范畴
签发施工任务书	1. 施工任务书是下达施工任务，实行责任承包，全面管理和原始记录的综合性文件； 2. 工任务书包括：施工任务单（表 7.4）、限额领料单（表 7.5、表 7.6）、考勤表等，其中施工任务单包括分项工程施工任务、工程量、劳动量、开工及完工日期、工艺、质量和安全要求； 3. 限额领料单根据施工任务单编制，是控制班组领用料的依据，其中列明材料名称、规格、型号、单位和数量、领退料记录等； 4. 工长根据作业计划按班组编制施工任务书，签发后向班组下达并落实施工任务； 5. 在实施过程中，做好记录，任务完成后回收，作为原始记录和业务核算资料保存
做好施工进度记录填施工进度统计表	1. 各级施工进度计划的执行者做好施工记录，如实记载计划执行情况； 2. 每项工作的开始和完成时间，每日完成数量； 3. 记录现场发生的各种情况、干扰因素的排除情况； 4. 跟踪做好形象进度、工程量、总产值、耗用的人工、材料、机械台班、能源等数量统计； 5. 及时进行统计分析并填表上报，为施工项目进度检查和控制分析提供反馈信息
做好施工调度工作	施工调度是掌握计划实施情况，组织施工中各阶段、环节、专业和工种的互相配合，协调各方面关系，采取措施，排除各种干扰、矛盾，加强薄弱环节，发挥生产指挥作用，实现连续均衡顺利施工，以保证完成各项作业计划，实现进度目标。其具体工作如下： 1. 执行施工合同中对进度、开工及延期开工、暂停施工、工期延误、工程竣工的承诺； 2. 落实控制进度措施应具体到执行人、目标、任务、检查方法和考核办法； 3. 监督检查施工准备工作、作业计划的实施、协调各方面的进度关系； 4. 督促资源供应单位按计划供应劳动力、施工机具、材料构配件、运输车辆等，并对临时出现问题采取解决的调配措施； 5. 由于工程变更引起资源需求的数量变更和品种变化时，应及时调整供应计划； 6. 按施工平面图管理施工现场，遇到问题做必要地调整，保证文明施工； 7. 及时了解气候和水、电供应情况，采取相应的防范和调整保证措施； 8. 及时发现和处理施工中各种事故和意外事件； 9. 协助分包人解决项目进度控制中的相关问题； 10. 定期、及时召开现场调度会议，贯彻项目主管人的决策，发布调度令； 11. 当发包人提供的资源供应进度发生变化不能满足施工进度要求时，应敦促发包人执行原计划，并对造成的工期延误及经济损失进行索赔

表 7.4 **施 工 任 务 单**

工程名称： 编号：No. □□□□□

任务名称		施工日期	20　年　月　日至 20　年　月　日
施工班组		施工部位	
任务内容			

备注：

施工人员施工前，了解图纸轴线、分格尺寸、标高、技术要求、施工要点、材料用途、进入施工现场必须戴好安全帽，系好帽扣，高空作业必须系上安全带，注意安全用电，电线不准乱拖乱拉，电源线均应架空扎牢，施工现场严禁吸烟、每天施工必须落手清，严禁材料乱堆乱放，注意成品保护。每天项目工长及核算员检查每天完成的数量、质量。安全员、质量员检查监督施工质量及安全生产执行情况。

本任务书签发后，施工班组必须保质保量完成。如未按照上述任务书所规定的日期完成施工任务的，将按每延误一天罚款______元进行处罚，因此所造成的其他一切损失，由该施工班组承担。

施工班组长确认签字	
完成质量	
安全文明生产情况	

项目工长意见： 年　月　日	核算员意见： 年　月　日
技术负责人意见： 年　月　日	项目经理意见： 年　月　日

表 7.5 **限 额 领 料 单**

年　月　日

单位工程			施工预算工程量				任务单编号			
分项工程			实际工程量				执行班组			
材料名称	规格	单位	施工定额	计划用量	实际用量	计划单价	金额	级配	节约	超用

表 7.6　　限额领料发放记录

月/日	名称、规格	单位	数量	领用人	月/日	名称、规格	单位	数量	领用人
/					/				
/					/				
/					/				
/					/				
/					/				

7.2.6　施工项目进度计划的检查

跟踪检查施工实际进度是项目施工进度控制的关键措施，其有关内容见表 7.7。

表 7.7　　施工项目进度计划检查

项目	说　　明
检查依据	施工进度计划、作业计划及施工进度计划实施记录
检查目的	检查实际施工进度，收集整理有关资料，并与计划对比，为进度分析和计划调整提供信息
检查时间	1. 根据施工项目的类型，规模、施工条件和对进度执行要求的程度确定检查时间和间隔时间； 2. 常规性检查可确定为每月、半月、旬或周进行一次； 3. 施工中遇到天气、资源供应等不利因素严重影响时，间隔时间临时可缩短，次数应频繁； 4. 对施工进度有重大影响的关键施工作业可每日检查或派人驻现场督阵
检查内容	1. 对日施工作业效率，周、旬作业进度及月作业进度分别进行检查，对完成情况做出记录； 2. 检查期内实际完成和累计完成工程量； 3. 实际参加施工的人力、机械数量和生产效率； 4. 窝工人数、窝工机械台班及其原因分析； 5. 进度偏差情况； 6. 进度管理情况； 7. 影响进度的特殊原因及分析
检查方法	1. 建立内部施工进度报表制度； 2. 定期召开进度工作会议，汇报实际进度情况； 3. 进度控制、检查人员经常到现场实地察看
数据整理比较分析	1. 将实际收集的进度数据和资料进行整理加工，使之与相应的进度计划具有可比性； 2. 一般采用实物工程量、施工产值、劳动消耗量、累计百分比等和形象进度统计； 3. 将整理后的实际数据、资料与进度计划比较，通常采用的方法有横道图法、列表比较法、S 形曲线比较法、“香蕉”形曲线比较法、前锋线比较法等； 4. 得出实际进度与计划进度是否存在偏差的结论：相一致、超前、落后

续表

项目	说　　明
检查报告	1. 由计划负责人或进度管理人员与其他管理人员协作，在检查后即时编写进度控制报告，也可按月、旬、周的间隔时间编写上报，其中： (1) 向项目经理、企业经理或业务部门以及建设单位上报关于整个施工项目进度执行情况的项目概要级进度报告； (2) 向项目经理、企业业务部门上报关于单位工程或项目分区进度执行情况的项目概要管理级进度报告； (3) 就某个重点部位或重点问题的检查结果应编制业务管理级进度报告，为项目管理者及各业务部门提供参考； 2. 施工项目进度控制报告的基本内容有： (1) 对施工进度执行情况做综合描述：检查期的起止时间、当地气象及晴雨天数统计、计划目标及实际进度、检查期内施工现场主要大事记； (2) 项目实施、管理、进度概况的总说明：施工进度、形象进度及简要说明；施工图纸提供进度；材料、物资、构配件供应进度；劳务记录及预测；日历计划；对建设单位和施工者的工程变更指令、价格调整、索赔及工程款收支情况；停水、停电、事故发生及处理情况；实际进度与计划目标相比较的偏差状况及其原因分析；解决问题措施；计划调整意见等

7.2.7 施工项目进度计划执行情况对比分析

施工项目进度计划的执行情况对比分析是将施工实际进度与计划进度对比，计算出计划的完成程度与存在的差距，也可结合与计划表达方式一致的图表进行图解分析。其对比分析方法如下：

7.2.7.1 计算对比法

1. 单一施工过程（一个分项工程）的进度完成情况

(1) 匀速施工情况。匀速施工是指每天完成的工程量是相同的，这时施工的时间进度和工程量进度是一致的。检查施工进度计划完成的计算分析公式是

$$Y(\text{施工进度计划完成程度\%})=\frac{\text{到检查日止实际施工时间(d)}}{\text{到检查日止计划施工时间(d)}}=\frac{\text{到检查日止累计实际完成工程量}}{\text{到检查日止累计计划完成工程量}}$$

若上式中的（实际－计划）累计完成工程量为 ΔQ，（实际－计划）施工进度时间（d）为 Δt，则判别关系见表7.8。

表7.8　　单一施工过程匀速施工进度计划完成情况

	未完成计划	刚好完成计划	超额完成计划
Y/%	<100	=100	>100
ΔQ	<0，拖欠工程量	=0，按量完成	>0，超额工程量
Δt/d	<0，拖后时间	=0，按时完成	>0，超前时间

(2) 变速施工情况。变速施工是指每天的计划施工速度不同，或者是实际施工速度与计划施工速度不同。这时应检查施工以来累计工程量进度完成情况，其计算公式是

$$Y(\text{累计工程量进度计划完成程度\%})=\frac{\text{到检查日止实际累计完成工程量}}{\text{到检查日止计划累计完成工程量}}=\frac{\text{到检查日止实际工程量累计完成百分比(\%)}}{\text{到检查日止计划工程量累计完成百分比(\%)}}$$

若上式中的（实际－计划）累计完成工程量为 ΔQ，实际施工时间（d）－完成实际累计完成工程量所需的计划施工时间（d）为 Δt，则判别关系见表7.9。

表7.9　单一施工过程变速施工进度计划完成情况

	未完成计划	刚好完成计划	超额完成计划
Y/%	<100	=100	>100
ΔQ	<0 拖欠工程量	=0 按量完成	>0 超额工程量
Δt/d	>0 拖后时间	=0 按时完成	<0 超前时间

2．多项施工过程（多工种、多分项分部工程）进度计划的综合完成情况

多项施工过程的工程量性质不同，不能相加，可用施工产值或消耗的劳动时间工日进行综合比较后，其计算公式为

$$Y1[\text{多项施工过程施工进度(累计产值)计划完成程度(\%)}]$$

$$=\frac{\sum(\text{到检查日止各项施工实际完成工程量}\times\text{预算单价})}{\sum(\text{到检查日止各项施工计划完成工程量}\times\text{预算单价})}$$

$$=\text{到检查日止用预算单价计算的}\left(\frac{\text{实际完成产值}}{\text{计划完成产值}}\right)$$

$$Y2[\text{多项施工过程施工进度(累计工日)计划完成程度(\%)}]$$

$$=\frac{\sum(\text{到检查日止各项施工实际完成工程量}\times\text{工日定额})}{\sum(\text{到检查日止各项施工计划完成工程量}\times\text{工日定额})}$$

$$=\text{到检查日止各项施工累计完成的}\left(\frac{\text{实际定额工日数}}{\text{计划定额工日数}}\right)$$

则 $Y1$、$Y2$ 判别关系见表7.10。

表7.10　多项施工过程进度计划完成情况

	未完成计划	刚好完成计划	超额完成计划
Y1/%	<100	=100	>100
Y2/%	<100	=100	>100

此法也可用于单位工程、单项工程和建设项目的计划完成情况的对比分析。

7.2.7.2　图形对比法

1．图形对比法的选择

图形对比法是在表示计划进度的图形上，标注出实际进度，根据两个进度之间的相对位置差距或形态差异，对进度计划的完成情况作出判断和预测的方法。它具有形象直观的优点。

由于施工过程包含的施工作业工作多样、复杂，因而施工进度的图形表达方式有很多

种，主要分为横道图法、垂直进度图法、S形曲线图法、香蕉形曲线图法、网络图法、模型图法、列表检查法等。一般是根据施工的特点和检查要求来选择适当的方法，详见表7.11。

表7.11　　施工进度图形对比法的特点及选择

检查对象	特　点	宜采用的方法
分项工程匀速施工 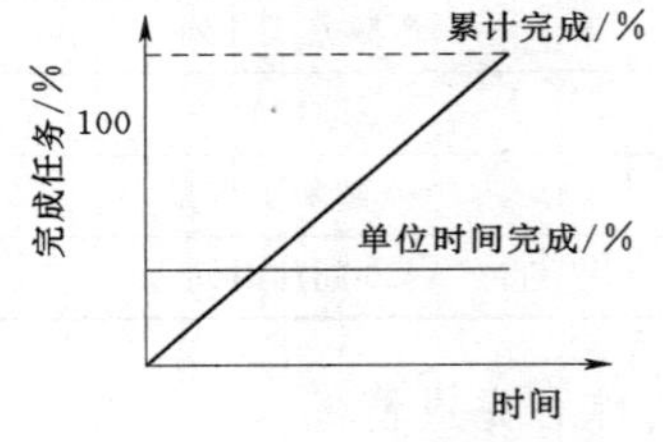	1. 施工速度是一条水平直线，即每天完成量相等； 2. 施工时间与累计完成施工任务%是线性关系，其斜率即为施工速度； 3. 施工时间长度与累计完成施工任务（%）同步增长； 4. 检查施工时间（天数）也就等于检查了累计完成施工任务（%）； 5. 利用实际与计划天数比例可换算累计完成施工任务%	1. 单比例横道图法； 2. 垂直进度图法； 3. 网络前锋线法
分项工程变速施工 或多项工程综合进度 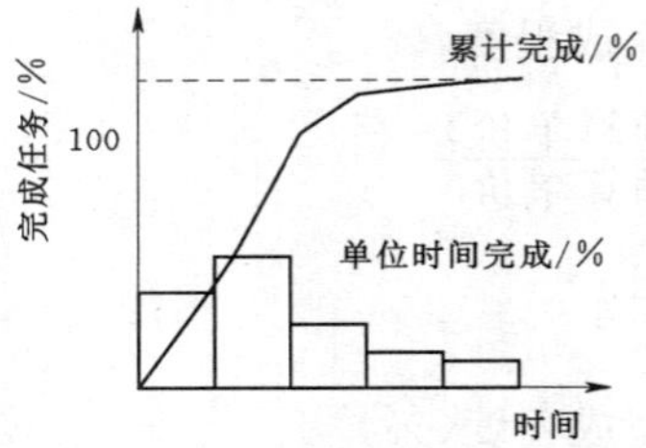	1. 施工速度是不同高度的水平线段，即每天完成任务量不等； 2. 施工时间与累计完成施工任务（%）是曲线（折线）关系，其各点斜率即为施工速度； 3. 检查时，应同时标注和检查施工时间（天数）和累计完成施工任务%的执行情况	1. 双比例单侧横道图法； 2. 双比例双侧横道图法； 3. S形曲线法； 4. 香蕉形曲线法
对单位（项）工程进度进行全局性检查时	1. 包含多项工作，须明确各工作之间的逻辑关系； 2. 重点检查关键工作、关键线路； 3. 预测对后续工作和总工期的影响； 4. 对计划的调整提供建议； 5. 仅检查进度目标工期实现情况	1. 网络图前锋线法； 2. 列表比较法； 3. 模型图比较法； 4. 单比例横道图法

2. 单比例横道图法

对分项工程检查时，匀速施工条件下，时间进度与完成工程量进度一致，仅按时间进度标注、检查即可。具体做法是将检查结果得到的实际进度（施工时间）用另一种颜色（或标记）标注在相应的计划进度横道图上。如果实际施工速度与计划速度不同，则应将实际完成施工任务量按计划速度换算为施工时间（天数）标注。将到检查日止的实际进度线与计划进度线的长度进行比较，二者之差为时间进度差Δt，$\Delta t=0$，为按期完成：$\Delta t>0$，为提前时间；$\Delta t<0$，为拖期时间。

如图7.12所示例中，在第10d检查时，A工程按期完成计划；B工程进度落后2d；C工程因早开工1d，实际进度提前了1d。

当进行单位（单项）工程或整个项目的进度计划检查，特别注重的是各组成部分的工期目标（完工或交工时间）是否实现，而不计较具体的施工速度时，也可采用单比例横道图法。

表 7.12　　单比例横道图进度表

工作编号	工作时间/d	施工进度/d												
		1	2	3	4	5	6	7	8	9	10	11	12	…
A	6													
B	9													
C	8													
⋮	⋮													

△

—— 计划进度　　══ 实际进度　　△ 检查时间

3. 垂直进度图法

垂直进度图法适用于多项匀速施工作业的进度检查。具体做法如下：

(1) 建立直角坐标系，其横轴 t 表示进度时间，纵轴 Y 表示施工任务的数量完成情况。施工数量进度可用实物工程量、施工产值、消耗的劳动时间（工日）等指标表示，但最常用的指标是由前述几个指标计算的完成任务百分比（%），因为它综合性强、便于广泛比较。

(2) 在图中绘制出表示每个工程的计划进度时间和相应计划累计完成程度的计划线。计划线与横轴的交点表示计划开始时间，与 100 水平线的交点是计划完工时间，各计划线的斜率表示每个工程的施工速度。

(3) 对进度计划执行情况检查，将在检查日已完成的施工任务标注在相应计划线的一侧。然后可按纵横两个坐标方向进行完成数量（进度百分比%）和工期进度的比较分析，在图 7.2 示例中，A、B、C、D、E、F 等 6 项工程的总工期 90d，在第 50d 检查时 A、B 工程已完成；D 工程完成了 60%，符合进度按计划要求；C 工程按计划应全部完成，但实际完成了 80%，相当于第 40 天计划任务，故拖期了 10d。

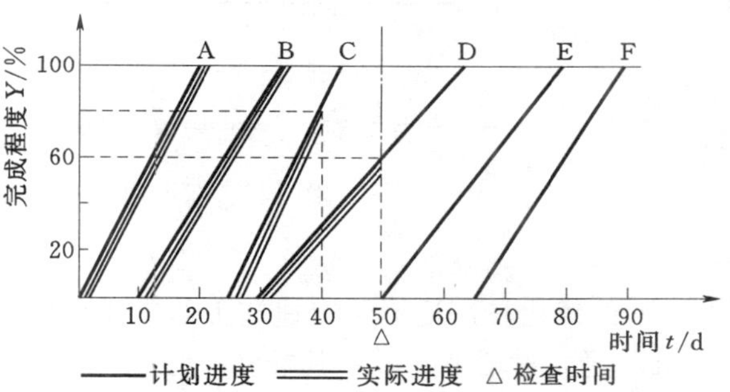

图 7.2　垂直图法示例

运用垂直进度图法检查进度，可在纵坐标上直接查到实际的数量进度，不必用时间进度去换算，在实际施工速度与计划施工速度不同时，尤为方便、快捷。

4. 双比例单侧（双侧）横道图法

双比例单侧（双侧）横道图法（图 7.3）用于检查变速施工进度或多项施工的综合进度。变速施工或多项施工条件下，单位时间完成的施工任务数量不同，且不能简单相加，时间进度与数量进度不一致，因而，应对时间坐标及计划和实际两个进度的累计完成百分比同时标注检查，才能准确地反映施工进度完成情况。具体做法如下：

（1）在计划横道图上方平行绘制出标注有时间及对应的累计计划完成%的横坐标。

（2）检查后，用明显标识将自开工日（或上一检查日）起至检查日止的实际施工时间标 注在计划横道图的一侧。

（3）在计划横道图下方平行标注出检查结果，即绘制出自开工日起至检查日止的实际累计完成程度（%）的横坐标，于是就得到了双比例单侧横道图。

（4）如果将每次检查的实际施工时间交替标注在计划横道图的上下两侧，得到的是双比例双侧横道图。双侧标注可以提供各段检查期间的施工进度情况等更多信息。

（5）观察同一时间的计划与实际累计完成程度（%）的差距，进行进度比较。

如图 7.3 所示，该项施工工期 8 个月。7 月末计划应完成计划的 90%，但实际只完成了计划的 80%，和 6 月末的计划要求相同，故拖延工期 1 个月；进度计划的完成程度为 89%（80%/90%），少完成了 10 个百分点（80%～90%）。

若该项工程每月末检查一次，其结果按双侧标注，将得到更多信息：前两个月尚能完成计划，从第 3 个月开始都没有完成计划。因而及早检查发现，采取措施是必要的。

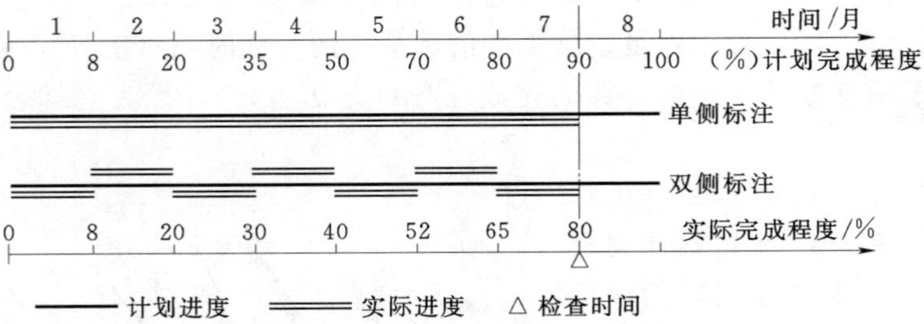

图 7.3　双比例单侧（双侧）横道图法

5. S 形曲线比较法

S 形曲线比较法适用于变速施工作业或多项工程的综合进度检查。具体做法如下：

（1）建立直角坐标系，其横轴 t 表示进度时间，纵轴 Y 表示施工任务的累计完成任务百分比（%）。

（2）在图中绘制出表示计划进度时间和相应计划累计完成程度的计划线。因为是变速施工，所以计划线是曲线形态，若施工速度（单位时间完成工程任务）是先快后慢，计划累计曲线呈抛物线形态；若施工速度是先慢后快，计划累计曲线呈指数曲线形态；若施工速度是快慢相间，曲线呈上升的波浪线；若施工速度是中期快首尾慢，计划累计曲线呈 S 形曲线形态，见表 7.13，其中后者居多。计划线上各点切线的斜率表示即时施工速度。

表 7.13　施工速度与累计量的关系表

施工速度与时间关系	累计完成任务量与时间关系
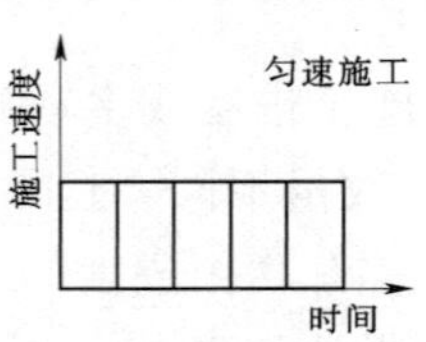	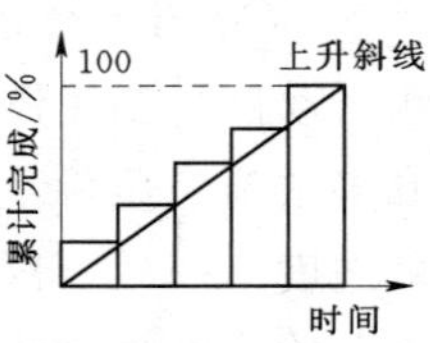

续表

<table>
<tr><th>施工速度与时间关系</th><th>累计完成任务量与时间关系</th></tr>
<tr><td>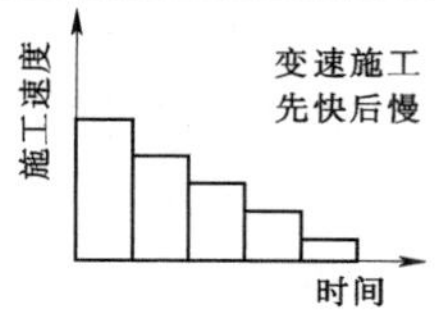</td><td>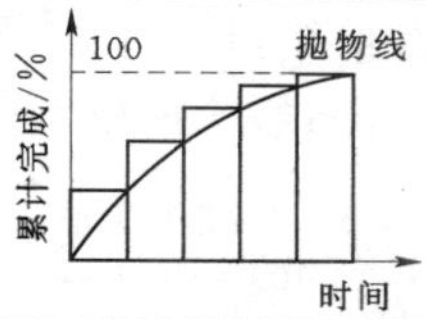</td></tr>
<tr><td>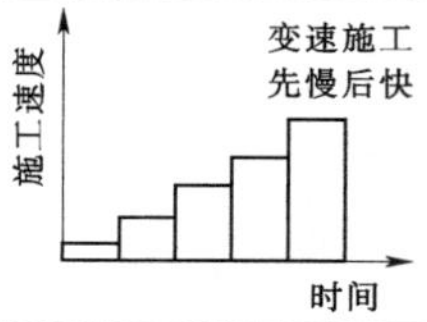</td><td>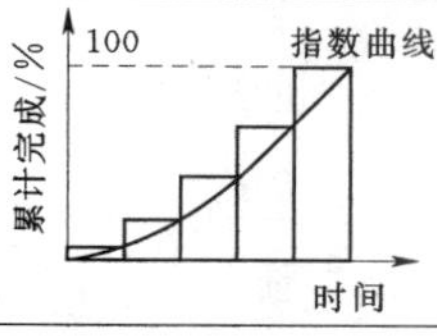</td></tr>
<tr><td>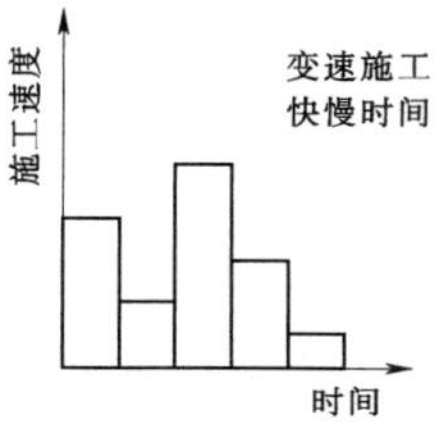</td><td>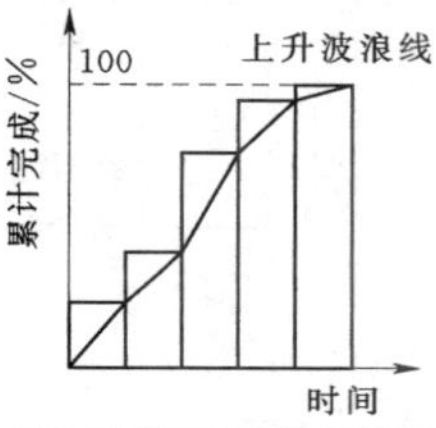</td></tr>
<tr><td>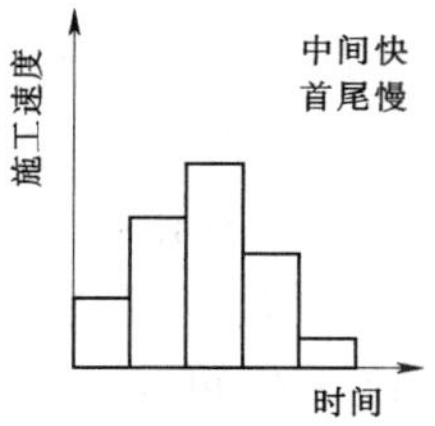</td><td>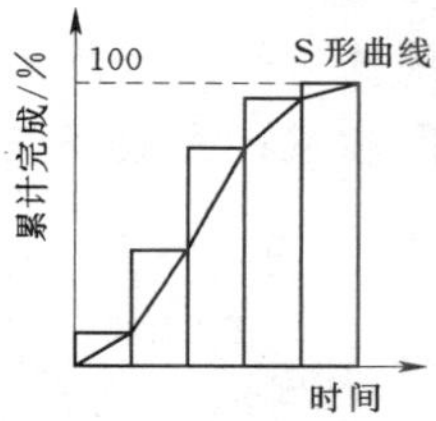</td></tr>
</table>

(3) 对进度计划执行情况检查，并在图上标注出每次检查的实际进度点，将各点连接成实际进度线。然后可按纵横两个坐标方向进行完成数量（进度百分比%）和工期进度的比较分析，具体判别关系见表 7.14。

表 7.14　　　　S 形曲线比较判别关系

纵向（数量）比较	同一时间内实际完成与计划完成数量（进度百分比%）Q 相比较		
实际点位于 S 线	上方	重合	下方
ΔQ	>0	$=0$	<0
进度计划执行情况	超额完成	刚好完成	未完成
横向（时间）比较	完成相同工作（进度百分比%）实际所用时间与计划需要时间 t 相比较		
实际点位于 S 线	左侧	重合	右侧
Δt	<0	$=0$	>0
进度计划执行情况	工期提前	按期完成	工期拖延

如图 7.4 所示，计划工期 90d。第 40d 检查时，实际进度点 a 落在了计划线的上方左侧，从纵向比较看：实际完成进度 30%，与同期计划比 $\Delta Q_a \approx 30\% - 20\% = 10\%$，即多完成 10 个百分点；从横向看：相当于完成了第 50d 的计划任务，$\Delta t_a = 40 - 50 = -10$，故

工期提前了10d。第70d检查时，实际进度点b落在了计划线的下方右侧，从纵向比较看：实际完成进度60%，与同期计划比，$\Delta Q_b=60\%-80\%=-20\%$，即少完成20个百分点；从横向看：相当于完成了第60d的计划任务，$\Delta t_b\approx 70-60=10$，故工期拖延了10d。若继续保持当前速度施工（施工进度呈直线），预计总工期有可能拖后$\Delta t_c=10$d。

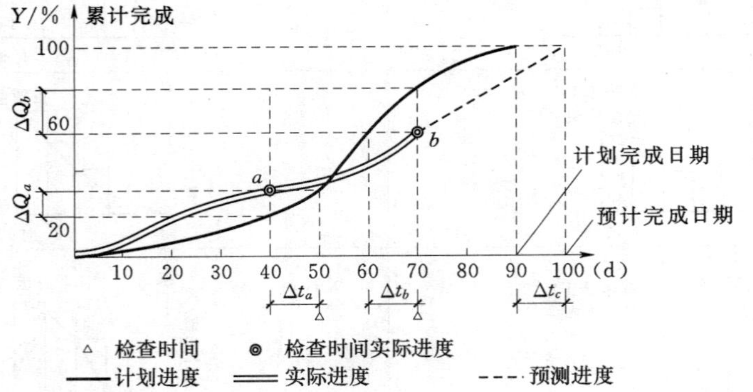

图7.4 S形曲线比较法

6. 香蕉形曲线比较法

香蕉形曲线的特征：香蕉形曲线是两条S形曲线组合成的闭合图形。如前所述，工程项目的计划时间和累计完成任务量之间的关系都可用一条S形曲线表示。在工程项目的网络计划中，各项工作一般可分为最早和最迟开始时间，于是根据各项工作的计划最早开始时间安排进度，就可绘制出一条S形曲线，称为ES曲线，而根据各项工作的计划最迟开始时间安排进度，绘制出的S形曲线，称为LS曲线。这两条曲线都是起始于计划开始时刻，终止于计划完成之时，因而图形是闭合的；一般情况下，在其余时刻，ES曲线上各点均应在LS曲线的左侧，其图形如图7.5所示，因形似香蕉得名。

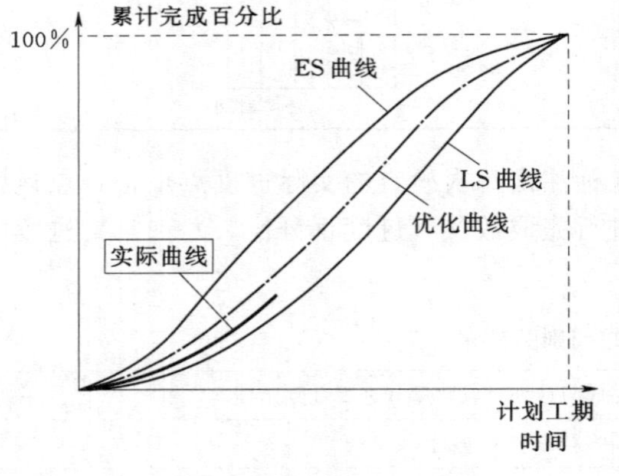

图7.5 香蕉形曲线比较图

因为在项目的进度控制中，除了开始点和结束点之外，香蕉形曲线的ES和LS上的点不会重合，即同一时刻两条曲线所对应的计划完成量形成了一个允许实际进度变动的弹性区间，只要实际进度曲线落在这个弹性区间内，就表示项目进度是控制在合理的范围内。在实践中，每次进度检查后，将实际点标注于图上，并连成实际进度线，便可以对工程实际进度与计划进度进行比较分析，对后续工作进度做出预测和相应安排，便于不同专业工种或分包单位施工的协调。

7.2.8 施工进度计划的调整与总结

施工进度计划的调整应依据施工进度计划检查结果，在进度计划执行发生偏离的时候，通过对施工内容、工程量、起止时间、资源供应的调整，或通过局部改变施工顺序，重新确认作业过程相互协作方式等工作关系进行的调整，更充分利用施工的时间和空间进行合理交叉衔接，并编制调整后的施工进度计划，以保证施工总目标的实现。

7.2.9　施工进度检查结果的处理意见

通过检查发现施工进度发生偏差后，可利用网络图分析偏差所处的位置及其与总时差 TF、自由时差 FF 的对比关系，判断对总工期和后续工作的影响，并依据施工工期要求提出处理意见，在必要时做出调整。每次检查之后都要及时调整，力争将偏差在最短期间内，在所发生的施工阶段内自行消化、平衡，以免造成影响太大。对施工进度检查结果的处理意见见表7.15。

表7.15　　施工进度检查结果的处理意见

<table>
<tr><th>工期要求</th><th colspan="2">进度偏差（Δ）分析</th><th>序号</th><th>处理意见</th></tr>
<tr><td rowspan="6">按期完工
总工期：T</td><td colspan="2">$\Delta=0$</td><td>①</td><td>执行原计划</td></tr>
<tr><td rowspan="3">$TF>0$</td><td>$\Delta<0$
$0<\Delta\leqslant FF$</td><td>②
③</td><td>不需调整</td></tr>
<tr><td>$FF<\Delta\leqslant TF$</td><td>④</td><td>按后续工作机动时间，确定允许拖延时间局部调整后续工作：移动工作起止时间，压缩后续工作持续时间</td></tr>
<tr><td>$\Delta>TF$</td><td>⑤</td><td>非关键线路上，后续工作压缩工期，同④关键线路上，后续工作压缩工期 $\Delta-TF$</td></tr>
<tr><td rowspan="2">$TF=0$</td><td>$\Delta<0$</td><td>⑥</td><td>将提前的 Δ 分配给耗资大的后续关键工作，以降低成本</td></tr>
<tr><td>$\Delta>0$</td><td>⑦</td><td>后续关键工作压缩 Δ</td></tr>
<tr><td rowspan="2">允许工期
延长 Δ'</td><td rowspan="2">$TF=0$</td><td>$\Delta>\Delta'>0$</td><td>⑧</td><td>新工期 $T+\Delta$ 后续关键工作压缩 $\Delta-\Delta'$</td></tr>
<tr><td>$\Delta'>\Delta>0$</td><td>⑨</td><td>新工期 $T+\Delta$ 后续关键工作不必压缩工期、不必改变工作关系，只需按实际进度数据修改原网络计划的时间参数</td></tr>
<tr><td rowspan="4">工期提前 Δ'
新工期
$T-\lvert\Delta'\rvert$</td><td rowspan="4">$TF=0$</td><td>$\Delta=0$</td><td>⑩</td><td>后续关键工作压缩工期 $\lvert\Delta'\rvert$</td></tr>
<tr><td>$\Delta>0$</td><td>⑪</td><td>后续关键工作压缩工期 $\lvert\Delta'\rvert+\Delta$</td></tr>
<tr><td>$0>\Delta>\Delta'$</td><td>⑫</td><td>后续关键工作压缩工期 $\lvert\Delta'\rvert-\lvert\Delta\rvert$</td></tr>
<tr><td>$0>\Delta=\Delta'$</td><td>⑬</td><td>新工期 $T+\Delta$ 后续关键工作不必压缩工期、不必改变工作关系，只需按实际进度数据修改原网络计划的时间参数</td></tr>
</table>

注　表中 Δ 为工期偏差、工期提前 $\Delta<0$；工期拖后 $\Delta>0$，Δ＝实际进度工期－计划进度工期。

7.2.10　施工进度控制总结

项目经理部应在施工进度计划完成后，及时进行施工进度控制总结，为进度控制提供反馈信息。

1. 总结依据的资料

（1）施工进度计划。

（2）施工进度计划执行的实际记录。

（3）施工进度计划检查结果。

(4) 施工进度计划的调整资料。

2. 总结的主要内容

(1) 合同工期目标和计划工期目标完成情况。

(2) 施工进度控制经验。

(3) 施工进度控制中存在的问题。

(4) 科学的施工进度计划方法的应用情况。

(5) 施工进度控制的改进意见。

7.2.11 技术经济指标评价

技术经济指标是编制工程施工组织设计的最后效果，应在编制相应的技术组织措施计划的基础上进行计算。评价一个施工方案的技术经济指标很多，结合执行情况而定，不必生搬。主要技术经济指标有如下：

(1) 工期指标。

(2) 劳动生产率指标。

(3) 质量、安全指标。

(4) 降低成本率。

(5) 主要工序机械化施工程度。

(6) 三大材料节约指标。

主要技术经济指标表达式见表 7.16。

表 7.16 主要技术经济指标

序号	指标名称	定义或表达式
1	施工工期	从工程开工到竣工所需要的时间
2	劳动生产率	(1) 产值指标： $建安工人劳动生产率=\frac{自行完成施工产值}{建安工人平均人数}$ (元/人) (2) 实物量指标： 1) $工人劳动生产率=\frac{完成某工种工程量}{某工种平均人数}$ (工程量单位/人) 2) $单位工程量用工=\frac{全部劳动工日数}{竣工面积}$ (工日/单位工作量)
3	劳动力不平衡系数 K	$K=\frac{施工期高峰人数}{施工期平均人数}$
4	降低成本额和降低成本率	(1) 降低成本额=预算成本－计划成本 (2) $降低成本率=\frac{降低成本额}{预算成本}\times 100\%$
5	综合机械化程度及其他指标	(1) $机械利用率=\frac{某种机械平均每台班实际产量}{某种机械台班定额产量}\times 100\%$ (2) $临时工程投资比=\frac{全部临时工程投资}{建安工程总值}$ (3) $机械化施工程度=\frac{机械化施工完成工作量（实物量）}{总工作量（实物量）}\times 100\%$

情景8　认知施工项目技术与质量控制

【任务】 编制南友公路至明阳工业区连接线两阶段施工图K0+000～K2+700段的施工项目合同管理与进度管理计划

【知识目标】

1. 了解施工项目技术管理的原则
2. 掌握技术管理的主要工作内容
3. 认知工程项目质量控制体系与质量控制的内容
4. 熟悉施工企业质量管理的主要环节
5. 掌握建筑施工质量验收的主要内容
6. 施工质量不合格的处理方法。

【专业能力目标】

1. 能运用所学知识进行技术管理
2. 具备质量控制与处置的能力
3. 能编制简单项目质量控制的计划
4. 能用常规的方法进行质量分析

8.1　认知施工项目技术管理

【任务】 编制案例工程项目的技术管理与技术保证措施

8.1.1　技术管理概述

1. 公路施工技术管理的概念

公路工程施工技术管理，是指以合同条款和技术规范为依据，通过一定的组织系统，按照规定的程序，运用各种有效和必要的方法，使工程最终质量达到一定的标准，满足设计要求，实现设计目的的一系列管理活动。

公路工程施工技术管理一般指与技术保障、技术数据、技术文件有关的管理活动，通常包括施工机械设备选型配置、工程进度设计编制与控制、技术方案的选择和编制、施工过程中日常技术管理、工程测量管理、工程试验管理、工程变更管理、工程技术资料和档案管理等工作。

施工技术管理，在很大程度上决定着企业的经济效益、企业信誉乃至企业的存亡，因此一定要重视技术管理工作，而做好技术管理工作，应尊重科学，按科学的要求进行施工；应将技术管理工作与经济效益相结合，在保证质量的前提下，也要保证经济效益。

2. 公路施工技术管理的特点

(1) 公路施工技术管理具有系统性。公路合同要求采用项目法施工，项目管理机构应是集人、材、物为一体的实体项目部。然而在实施中为了便于管理，项目经理部结合工程的实际分布情况设置作业分部或工区，负责相应管段内的工程内容，并且公路工程大都地质或地形复杂，技术难度大，技术含量高。因此，公路项目的技术管理具有点多面广，技术复杂，资料繁琐等特点，需要多方合作才能完成（是全员参与的多方位的管理活动）。所以，系统的管理显得尤为重要。

(2) 技术管理具有及时性。施工现场的突发事件在施工过程中是经常发生的，尤其是地质多变，结构复杂的工程。因此，技术管理对施工中突发事件必须反应敏捷，处理要及时准确；对施工现场出现的施工隐患也必须周密思考、及时解决；对安全隐患的技术处理更要及时、准确，才能避免很多安全事故的发生。因此，技术管理具有及时性。

(3) 技术管理受合同管理的指导和制约。合同文件是制约甲、乙双方行为的准则，是甲、乙双方联系的纽带，准确、系统理解合同文件是对每一位参建管理者的基本要求，直接体现管理者水平高低，直接关系到企业的经济利益。因此，合同管理对施工技术管理具有极强的指导性、制约性。如何结合工程特点利用合同赋予承包人的权利，避免潜在亏损，就需要深入的研究和分析合同，通过有效合同程序，挽回损失，为项目创效益。

3. 公路施工技术管理的主要作用

施工技术管理在整个施工中的作用，主要有以下几个方面：

(1) 保证施工过程符合施工技术规范和合同文件的要求，使施工生产始终在设计文件和图纸规定的技术及技术标准的控制下，正常有序地进行，也就是说使工程始终处于可控状态。

(2) 通过技术管理，不断提高技术管理水平和施工人员素质。依据一定的管理程序，有目的地分析施工中可能存在的技术薄弱环节，从而能预见性地发现和处理问题，并预先采取有针对性的措施，把技术和质量事故隐患消灭在萌芽之中，保证工程施工质量。

(3) 通过对技术的动态管理，充分发掘施工中人工、材料及机械设备等资源的潜力，从而在保证工程质量和生产计划的前提下，努力降低工程成本，提高经济效益和提升市场竞争能力。

(4) 通过技术管理，积极研究、开发与推广新技术、新工艺、新材料、新设备（“四新”技术），促进工程管理现代化，增加技术储备和技术积累，提高企业竞争能力。

4. 施工技术管理的基本任务

(1) 正确贯彻国家各项技术政策和上级有关技术工作的指示与决定。

科学地组织各项技术工作力量的作用，大力开展技术革新和开发工作，不断采用新技术；开展全面质量管理，确保工程质量，组织安全生产和文明生产。

(2) 加强技术研究的组织和技术教育的开展，努力提高机械化施工水平，做好信息情报和技术资料的管理，促进技术管理工作现代化。

5. 施工技术管理的原则

(1) 从企业实际管理情况和要求出发，正确贯彻国家规定的技术政策、规范和规程。

(2) 按技术规律要求和科学原理办事，对应用和推广的新技术，新工艺、新材料创造和革新的成果等，要坚持经过试验做出技术鉴定的原则。

（3）要全面考虑技术工作的经济效益。

8.1.2　技术管理的基础工作

施工技术管理的基础是指为实现施工企业技术管理、实现技术管理的任务、创造技术管理的客观有利条件而应事先做好的一系列最基础的工作。其主要内容有以下几个方面。

（1）建立和健全技术管理的组织机构和技术责任制，构筑完善的技术管理体系。建立与企业生产能力和规模相适应的一套技术管理机构，这是做好技术管理系统，从公司到施工队各级组织都要有技术管理的职能机构和技术职能人员，明确各人职责；项目经理部应根据项目规模设项目技术负责人。项目经理部必须在企业总工程师和技术管理部门的指导下，建立技术管理体系。

（2）贯彻和完善各种技术标准、规范和规程。技术标准、技术规范、技术规程是技术标准化的主要内容，是组织现代化施工的重要技术保证，是组织施工和检验、评定各种建筑材料技术性能以及工程质量的依据。

公路工程技术标准和技术规范是对公路工程的技术、质量标准、规格及其检验方法等作出规定，是公路设计和施工技术的依据。公路工程施工技术规程（包括操作规程）是技术标准、及时规范的具体化，是根据技术标准、技术规范的要求，对施工过程、操作方法、设备和工具的使用、施工安全技术要求等所作的具体规定。

技术规程因地区操作方法和操作习惯不同，一般由地区或企业自行自定执行。制定技术规程时，必须严格按技术标准和技术规范的要求。总结生产实践经验，在合理利用企业现有生产技术条件的同时，尽可能地采用国内外成熟的先进经验，已促进企业生产技术的发展。贯彻执行技术标准、技术规范和技术规范的基本要求：组织全体职工学习各种有关技术标准、规范和规程和要求，牢固地树立“百年大计，质量第一”的思想，自觉按照技术标准、规范和规程办事。加强技术监督和检查，发现违反技术标准、规范和规程的行为，任何施工管理人员都有权制止和纠正，对造成严重后果者要进行严肃处理。将技术标准、规范和规程作必要的分解和具体化，如对工程质量标准和操作规程，从原材料开始到每道工序、半成品和成品，对每一个具体工种的施工生产过程进行分解，从而规定出具体的要求，以便明确奋斗目标，落实到班组和个人。

（3）不断提高职工的技术素质。要提高企业整个技术水平和生产能力，学习和掌握国内外有关先进技术经验，要开展科学技术研究和创新，落实技术标准、技术规范和技术规程的贯彻执行，都必须有赖于全体职工不断提高文化程度和技术水平。为此，要经常组织职工学文化、学技术，组织技术的操作竞赛或进行必要的技术业务考核。只有这样，才能不断提高企业全体职工的技术素质水平，承担更重要、更复杂的施工生产任务。

（4）做好信息情报和技术资料管理工作。技术信息情报工作主要要求作好对有关技术资料的收集、整理、报道、交流，有条件的也可以组织编索文摘、简介及翻译科技文献等。技术资料管理工作包括对技术文件和资料的收发、复制、修改、制定、审批、装订、会签、归档、保管、借用、保密等一系列环节进行系统的科学管理。保证技术文件完整性、正确性和及时性，组织有序的交流，及时满足施工生产的需要。

（5）建立健全严格的技术管理制度。建立健全严格的技术管理制度把整个企业的技术管理工作科学的组织起来，是企业进行技术管理建立正常的生产技术秩序的一项重要工作。

1）建立技术责任制。健全严格的技术管理制度是把企业各级生产组织的技术工作，纳入集中统一的轨道，保证企业各级组织的各种技术岗位都有技术负责人，防止和杜绝施工中责任不清或无人负责的现象，保证工程质量和经济效益。为了达到这个目的，必须建立各级技术领导：工程局或公司设总工程师、处室设主任工程师、施工队设技术队长，实行岗位责任制，使每个技术人员各有专职，各司其事，有职有权有责。

2）建立图纸会审制度。图纸会审是一项极其严肃会重要的技术工作，认真做好图纸会审，对减少施工图纸中的差错，保证和提高工程质量有重要作用。

在图纸会审以前，施工单位必须组织人员学习施工图纸，熟悉图纸内容要求和特点，并由设计单位进行设计交底，以达到弄清设计意图，发现问题，消灭差错的目的。

图纸会审工作必须有组织、有领导、有步骤地进行，并按工程性质、规模大小、重要程度特殊要求，分别组织图纸会审。一般由建设单位负责组织，设计单位交底，施工单位参加，进行集体会审。

公司图纸会审的要点是全部设计图纸及说明是否齐全、清楚、明确、有无矛盾；施工的新技术及特殊工程和复杂设备的技术可行性和必要性；重点工程和具有普遍性工程的推行方法是否妥当；设计文件中提出的概算是否合理。

施工队图纸会审的要点是除细致审核细部尺寸及其研究操作上的问题外，还应对技术复杂、要求严格、施工操作困难的分部分项工程采取放大样、作模型，或另绘大样图的方法进行核对；对缺乏经验的新技术、新结构，可先做实物试点，取得经验后进行施工。

（6）编制相应的工程施工技术文件。工程施工技术文件主要包括实施阶段的总体施工组织设计、重大的施工组织设计、施工方案和施工技术措施，单项或分部工程的施工技术措施等。编制和优化施工方案时，应考虑到市场材料、技术、施工工艺和经济效益等因素；在编制施工方案后，还应对所编制的方案进行经济技术比较和质量、安全、进度与成本相结合的综合评估，确定最佳的施工方案。

（7）建立技术交底制度。严格按照施工组织设计和施工方案施工。通过技术交底，使参与施工的单位和工程技术人员在施工前充分了解和熟悉设计图纸（文件）、施工方法及施工技术要求，便于合理和科学地组织安排施工，确保工程施工进度、施工质量和施工安全目标的实现。

技术交底工作应分级进行，分级管理。

凡技术复杂（包括推行新技术）的重点工程，重点部位，应由总工程师向主任工程师、技术队长及有关职能部门负责人交底，明确关键性的施工技术问题，主要项目施工方法和特殊工程的技术、材料提出试验项目、技术要求及主要事项等内容。

普通工程应由主任工程师参照上述内容进行。

施工队一级的技术交底工作，由施工技术队长负责向技术人员、施工员、质量检察员、安全员以及班组长进行交代所承担的工程数量、要求期限、图纸内容、测量放样、施工方法、质量标准、技术措施、操作要求和安全措施等方面技术交底工作。

施工员向班组的交底工作，这是各级技术交底的关键。施工员向班组交底时，要结合具体操作部位，贯彻落实上级技术领导的要求，明确关键部位的质量要求、操作及注意事项，制定保证质量、安全的技术措施，对关键性项目、部位，新技术的推行项目应反复、细致的向操作组进行交底，必要时因作文字交底或示范操作。

(8) 建立施工测量、试验和工程变更管理制度。测量工作就是施工的起点，要求必须实行双校核、交叉检查，同时还要和施工点附近参照物进行比较核对。施工前应做好交接桩和施工复测工作，包括路基工程的导线、中线、水准点的复测，横断面检查、补测，构筑物定位点、水准点的增设等。施工测量必须严格操作制度，换手观测、认真校核，做到测量放线准确无误；测前应对设计进行转项校核，测中按规程操作，认真作好测量记录，测后仔细检查、闭和，完善测量资料。

试验工作关系施工质量也关系着施工效益，主要包括验证试验、标准试验、工艺试验、抽样试验和验收试验，所有试验原始记录均应作为重要技术管理记录进行保管。

(9) 建立材料验收管理制度。购进原材料、配件时，应建立了层层质量控制制度，凡用施工的原料，必须提供合格证明文件，对于没有合格证明的文件，在使用前都按规定进行抽查、复验，证明合格后，方可使用。

(10) 建立工程验收管理。在竣工验收时，应提交完整的施工原始记录、试验数据、分项工程自检数据等质量保证资料，并进行整理分析，其内容包括以下几个方面：所用材料、半成品和质量检验结果；材料配比和试验数据；地基处理和隐蔽工程施工记录；各项质量控制指标的试验记录和质量检验汇总表；施工过程中遇到的非正常情况记录等，这些内容都是竣工验收所需的资料，也是衡量技术管理工作好坏的一个硬指标。

(11) 建立做好工程技术档案与竣工图管理制。施工单位在工程竣工验收后，应做好工程技术档案与竣工图的管理工作，其内容包括设计说明书、隐蔽工程验收记录、质量验收记录、竣工验收证书、技术档案鉴定验收和移交接收书，工程位置图、总平面图、施工结构图等。

(12) 建立科研创新奖励制度。以项目为载体，推广应用"四新技术"(新技术，新设备，新工艺，新材料)。紧紧围绕缩短工期、提高质量、降低成本，策划新技术应用示范工程。在吸取同行业先进经验、先进技术的基础上，积极开展技术攻关，创新施工技术、施工工艺，解决施工生产中遇到的难题。通过学习、推广应用新技术，在实践中不断总结提高，形成企业的技术优势，在企业内部建立和完善引进机制、应用机制、积累机制、交流机制，奖励机制。要从发展战略高度重新认识、开发和梳理对人才问题的认识，全面提高专业技术人才的科学素质和创新能力，并在实践中不断拓展技术创新的领域，创造更大的社会、经济效益。

8.1.3　施工技术管理的内容

1. 按施工技术管理的内容组成分

(1) 施工技术管理的主要内容有：开工报告、技术交底、施工测量、设计变更、工程施工测量设备管理、工程试验与检验、施工日志、隐蔽工程及检验批检查验收、内业资料及竣工文件管理。

(2) 其他技术管理工作的主要内容有：创优规划、合同与投标承诺管理、施工工艺设计与控制、技术风险管理、技术质量管理、工程质量验收管理、工期与进度管理、工业产品投产鉴定管理、成品与半成品防护、成本分析与控制、验工计价。

2. 按施工阶段分

(1) 施工技术准备阶段的重点内容。

1) 工程项目资料交接：现场考察技术资料、投标答疑资料、投标文件、中标通知书、合同文件、与业主签订的协议、投标承诺、图纸等。

应注意的问题：注意检查交接资料是否齐全，并办理交接手续。保留一套完整的合同文件及设计图纸存档，以便于今后编制竣工文件。根据需要给相关人员提供资料的复印件。

2) 设计交桩及导线点复测。工程开工前，在业主（或监理）的主持下，由设计单位向施工单位进行交桩，交桩应在现场进行。设计单位将路线勘测时所设置的导线控制点、水准控制点及其他重要点位的桩位及相关技术资料逐一交给施工单位。

交桩应有交桩记录。在接受桩位时应注意观察桩位是否有移动、损坏甚至缺失现象，如有此类现象发生，应及时提出并提请设计单位进行补桩。接桩后安排专人负责，采取措施妥善保护。

项目接受导线控制点、水准控制点的桩位后，要及时对这些控制点进行复测，并将复测的结果报监理工程师审核批准，为下一步的控制测量做好准备。

3) 图纸复核。

图纸复核应重点关注的问题有：①是否符合现行相关技术标准、规范要求，有无重大原则错误；②现有施工技术水平能否满足设计要求；③是否符合现场和施工的实际条件；④设计是否能够进一步优化；⑤图纸本身有无矛盾；⑥图纸中的工程数量表、材料表是否有错误；⑦控制测量数据是否准确。

图纸复核工作应注意的问题：①应组织参加施工的全体技术人员参与对图纸的复核，不能仅仅局限于几个人；②在图纸复核的过程中要注意全面领会设计意图，不要轻易否定设计；③注意结合现场条件进行图纸复核；④要带着问题进行图纸复核，为设计交底和以后编制实施性施工组织设计及施工技术方案做准备，不要仅仅局限于工程量的复核。

4) 现场核对设计文件。现场核对包括以下几点：

a. 路线与构造物的总体布置、桥涵结构物形式等是否合理，相互之间是否有矛盾和错误。

b. 主要构造物的位置、尺寸、孔径是否恰当。

c. 新建的桥涵结构物等与原有道路、排水系统的衔接是否流畅。

d. 路线的高填深挖地段与设计是否有大的出入，是否合理。

e. 原有的灌溉、排水系统功能是否遭到破坏。

f. 对地质不良地段采取的技术处理措施是否恰当。

g. 设计推荐或投标文件中编制的总体施工方案及临时设施、便道、便桥方案是否合理可行。

5）为实施性施工组织设计和技术方案补充必要的现场调查资料。

a. 施工现场的地形、地貌。

b. 工程所在地的地质情况。

c. 水文情况调查。

d. 当地的气象情况。

e. 当地交通、电力、通信、文物、工程附近的建筑物对施工的干扰情况。

f. 当地的交通、运输条件。

g. 当地水电供应情况。

h. 地材供应情况。

i. 当地风俗习惯、医疗条件、通信条件、生活物资供应等情况。

j. 当地政府对建设工程颁布的相关管理规定。

6）划分单位、分部、分项工程。项目划分单位、分部、分项工程有两种方法：

a. 按业主下发的文件或合同文件的规定划分。

b. 按《工程质量检验评定标准》划分。

两种方法以业主的要求为准，当业主没有要求时，按《工程质量检验评定标准》执行。

7）建立控制测量网。测量工作就是施工的起点，要求必须实行双校核、交叉检查，同时还要和施工点附近参照物进行比较核对。施工前应做好交接桩和施工复测工作，包括路基工程的导线、中线、水准点的复测，横断面检查、补测，构筑物定位点、水准点的增设等。施工测量必须严格操作制度，换手观测、认真校核，做到测量放线准确无误；测前应对设计进行转项校核，测中按规程操作，认真作好测量记录，测后仔细检查、闭和，完善测量资料。

8）建立项目试验室或委托实验室，并提前做好先期工程试验及配合比相关工作。

9）提前做好机械、材料、设备计划，并提供有关的技术参数、质量要求和最早进场时间。

10）编制实施性施工组织设计与技术方案。

11）按业主要求和工程具体工作的需要，配备项目所需的技术标准、规范、规程及有关技术参数资料。

12）开工前的技术培训和项目部岗位、职责的确定。

13）其他技术准备工作。

（2）工程项目施工阶段技术管理。

1）开工报告的提报与审批。前期准备工作完成后，提报开工报告。开工日期的确定：建设项目开工日期，是指建设项目设计文件中规定的任何一项永久性工程第一次正式破土开槽开始施工的日期。不需开槽的工程，以建筑物组成部分正式打桩日期作为开工日期。铁路建设项目一般均以开始进行土、石方工程日期作为正式开工日期。工程地质勘察、平整场地、旧建筑物的拆除、临时建筑、施工用临时道路和水、电等施工不算正式开工。分期建设的项目分别按各期工程的开工时间来计算。

2）技术交底。技术交底的目的：是使全体施工人员了解设计意图，熟悉工程内容、特点、技术标准、施工方案、施工程序、工艺要求、质量标准、安全措施、工期要求，施工生产过程中应认真做好项目经理部向作业队，向班组作业人员及配合工种的技术交底工作。

3）设计变更。

a. 设计变更是指自工程初步设计批准之日起至通过竣工验收正式交付使用之日止，对已批准的初步设计文件、技术设计文件或施工图设计文件所进行的修改、完善等活动。

b. 建设单位、监理单位主管部门应当加强对工程设计变更活动的监督管理。施工图的修改权为设计单位及项目设计者所拥有，施工单位只应按施工图进行施工。未经设计单位及项目设计负责人允许，施工单位无权修改设计。

c. 现场（普遍）涉及设计变更的情况主要因素。

经过会审后的施工图，在施工过程中，发现施工图仍有差错与实际情况不符；或因施工条件发生变化与施工图的规定不符；或材料、半成品、设备等，与原设计要求不符。

d. 设计变更时变更的内容、手续及要求。

（a）工程设计变更应当符合有关工程强制性标准和技术规范的要求，符合工程质量和使用功能的要求，符合环境保护的要求。

（b）设计变更分为重大设计变更、较大设计变更和一般设计变更。重大、较大设计变更实行审批制。经批准的设计变更一般不得再次变更。

（c）勘察设计、施工及监理等单位可以向项目法人提出工程设计变更的建议。设计变更的建议要以书面形式提出，并要注明变更理由。

（d）由于工程勘察设计、施工等有关单位的过失引起工程设计变更并造成损失的，有关单位应当承担相应的费用和相关责任。

e. 新工艺、新技术以及职工提出合理化建议等受到采纳，需要对原设计进行修改时，均需用“变更设计申请”向设计单位办理修改手续。

f. 重要工程部位及较大问题的变更必须由建设单位、设计和施工单位三方进行洽商，由设计单位修改，向施工单位签发《设计变更通知单》方为有效。

g. 如果设计工程做较大变更而影响了建设规模和投资标准，需报请原批准初步设计的主管单位同意后方可修改。

h. “图纸会审纪要”“设计变更通知单”“技术联系单”等技术文件，都要有详细的文字记录，一并会成明细表归入工程档案，将作为施工和竣工结算的依据。

4）测量管理。测量复核签认制基本要求如下：

a. 在测量工作的各个程序中实行双检制。

（a）测量队应核对有关设计文件和监理签认的控制网点测量资料，应由两人独立进行，核对结果应作记录并进行签认，成果经项目技术部门主管复核签认，项目总工审核签认后方可使用。

（b）测量外业工作必须有多次观测，并构成闭合检测条件。控制测量、定位测量和重要的放样测量必须坚持“两人两种方法”制度，坚持采用两种不同方法（或不同仪器）或换人进行复核测量。利用已知点进行引测、加点和施工放样前必须坚持“先检测后利用”的原则。

（c）测量后，测量成果必须采用两人独立平行计算进行相互校核，测量队对测量成果进行复核签认。

b. 各工点、工序范围内的测量工作，测量组应自检复核签认，分工衔接上的测量工作，由测量队进行互检复核和签认。

c. 项目测量队组织对控制网点和测量组设置的施工用桩及重大工程的放样进行复核测量，经项目技术部门主管进行检查签认，项目总工程师审核签认合格后，报驻地监理工程师审批认可。

d. 项目总工和技术部门负责人要对测量队执行测量复核签认制进行检查，并做好检查记录。

（a）测量记录与资料必须分类整理、妥善保管，作为竣工文件的组成部分归档。具体包括：项目交接桩资料、监理工程师提供的有关测量控制网点、放样数据变更文件；项目及各工点、各工序测量原始记录，观测方案布置图、放样数据计算书；测量内业计算书、测量成果数据图表；计量器具周期检定文件。

（b）控制测量、每项单位工程施工测量必须分别使用单项测量记录本。测量记录统一使用水平仪簿和经纬仪簿。

（c）一切原始观测值和记录项目在现场记录清楚，不得涂改，不得凭记忆补记、绘。

（d）记录中不准连环更改，不合格时应重测。手簿必须填列页次，注明观测者、观测日期、起始时间、终止时间、气象条件、使用的仪器和类型及编号，并详细记载观测时的特殊情况。凡划去的观测记录，应注明原因，予以保存，不得撕毁。

（e）测量队应有专人管理原始记录和资料，建立台账，及时收集，按控制测量、单位工程分项整理立卷。项目工程完工，线路贯通竣工测量完成之后，测量队应将项目全部测量记录和资料档案，分类整理装订成册，上交项目部技术部门，经验收合格后，双方办理交接手续。项目部按交工验收的要求将测量记录资料编入竣工文件。

（f）内业计算前应复查外业资料，核对起算数据。计算书要书面整洁，计算清楚，格式统一。计算者、复核者要签认。

5）材料、构（配）件试验管理。

a. 原材料的验证试验。

（a）项目经理部必须严格控制工程进场材料的质量、型号、规格。根据材料部提供的有关资料，项目在采购材料之前，材料采购部门应填写《材料试验检验通知单》交项目委托试验室，由试验室指派试验人员配合材料采购人员到货源处取样，进行性能试验。经检验合格的材料，方可与供应方签订供应合同。

（b）试验室对进场的主要原材料按施工技术规范规定的批量和项目进行检测试验。对于进场的原材料，试验频次较多，试验人员按规定频率进行取样送样，取样要有代表性，决不能弄虚作假，如现场出现质量事故会追责处理。

（c）没有出厂合格证或试验单的材料及型号规格与图纸要求不符合的材料，一律不得在工程上使用。一旦发现应及时向上级技术负责人反映，通报工地材料员和试验员，及时取样做试验，及时提供材质证明和试验单。

（d）进场的材料要做到材质证明随材料走，材质证明要与所代表材料相符，做好材料的标识、标志。

b. 标准试验。

标准试验是对各项工程的内在品质进行施工前的数据采集，它是控制和指导施工的科学依据，包括各种标准击实试验、集料的级配试验、混合料的配合比试验、结构的强度试验等。应按以下要求进行：

（a）在各项工程开工前合同规定或合理的时间内，应完成标准试验，并将试验报告及试验材料提交监理工程师中心试验室审查批准。

（b）监理工程师中心试验室应在承包人进行标准试验的同时或以后，平行进行复核（对比）试验，以肯定、否定或调整承包人标准试验的参数或指标。

c. 工艺试验。工艺试验是依据技术规范的规定，在动工之前对路基、路面及其他需要通过预先试验方法能正式施工的分项工程预先进行工艺试验（所谓的路基试验段），然后依其试验结果全面指导施工。工艺试验应按以下要求进行：

（a）提出工艺试验的施工方案和实施细则并报监理工程师审查批准。

（b）工艺试验的机械组合、人员配额、材料、施工程序、预埋观测以及操作方法等应有两组以上方案，以便通过试验作出选定。

（c）试验结束后应提交试验报告，并经监理工程师审查批准。

d. 构（配）件进场验证试验。

（a）对构件的检验。

对构件厂生产的预制构件，安装前应核验出厂合格证，内容包括：构件型号、规格数量、出池或出厂强度、出厂日期。检验后加盖检验合格章。安装后，在合格证上注明使用部位。

（b）对于有缺陷的构件处理。

如认为采取一定的措施认可使用，一定要在合格证上注明鉴定处理意见和使用部位，做好标识。

e. 试验、检测记录管理。

（a）试验室对试验检测的原始记录和报告应印成一定格式的表格，原始记录和报告要实事求是，字迹清楚，数据可靠，结论明确，同时应有试验、计算、复核、负责人签字及试验日期，并加盖试验专用公章。

（b）工程试验检测记录应使用签字笔填写，内容应填写完整，没有填写的地方应划“—”。

（c）原始记录是试验检测结果的如实记载，不允许随意更改，不许删减。

（d）原始记录如果需要更改，作废数据应划两条水平线，并将正确数据填在上方，同时加盖更改人印章。

（e）试验室所有的质量记录，根据合同规定要求向业主提供足够份数，其余质量记录由试验室装订成册上交公司档案室。

（f）当所有规定的工程原材料检验、过程检验和试验均已完成，试验室应将所有的试验记录、报告以及分项工程、分部工程和单位工程的评定结果等资料，按交工验收要求整理成册，准备交工验收。

（3）工程项施工交竣工阶段技术管理。交竣工阶段内容如下：

a. 竣工验收准备。

b. 组织现场验收。

c. 移交竣工资料。

d. 办理交付手续。

8.1.4　公路工程施工变更

公路工程建设项目规模大、工期长、技术复杂、涉及面广，由于主客观的原因，在施工中必然会出现工程变更。

1. 公路工程变更的含义

在工程项目施工过程中，按照合同约定的程序对部分或全部工程在材料、工艺、功能、构造、尺寸、技术指标、工程数量及施工方法等方面做出的改变。由此理解，工程变更不只是图纸内容的改变、如材料替换、设备参数修改、施工方法的改变、功能调整、尺寸变化等都属工程变更范畴。

2. 公路工程变更的依据与变更权限

工程变更程序必须遵循《公路工程设计变更管理办法》（交通部令 2005 年第 5 号）、《公路工程施工监理规范》（JTG G10—2006）、各地方关于公路工程设计变更的管理办法、项目招标文件、合同文件和项目公司管理的有关规定。

工程变更的权限必须遵循《公路工程设计变更管理办法》（交通部令 2005 年第 5 号）、《公路工程施工监理规范》（JTG G10－2006）、各地方关于公路工程设计变更的管理办法、项目招标文件、合同文件和项目公司管理的有关规定。

3. 工程变更程序

设计单位根据业主设计委托书的要求进行设计，委托书一定要以书面形式给出。设计单位在完成施工图设计后，业主要组织把图纸送交专业职能部门和审图机构审核，审核通过后再把图纸交还业主。由业主组织设计、施工、监理各方一起对图纸进行会审，尽可能把存在的问题都提出来进行研究和讨论，并由设计单位做出解答，形成文字资料作为日后施工依据。

施工单位按照施工图施工。但在工程实施过程中往往还会遇到许多预想不到的问题，工程实体与设计图纸，设备、材料确定过程与技术说明、参数要求多少会有些变化，这些变更一定要经设计单位认可，给出工程变更通知后方可实施。

《公路工程施工监理规范》（JTG G10—2006）第 6.2.1 条，明确规定了监理机构处理工程变更的相关程序。

4. 公路工程变更的类型

（1）施工单位所提出的工程变更。

1）工单位对图纸或设计说明有不明确的问题向设计单位提出询问。

2）施工单位提出技术修改，如对某些材料、设备参数的选用提出变更请求。

3）施工单位对施工方法、施工议案提出修改。

4）施工单位要求修改图纸。比如实际的管路走向与图纸不符时，管线交叉相互碰撞时，施工单位提出修改图纸。

5）施工单位往往还会因材料采购，资金安排和人力组织方面的原因而提出变更施工组织设计施工方案的要求。

（2）监理单位提出的工程变更。监理工程师有着丰富的专实践经验，在施工过程中他们经常在现场巡视，往往会发现工程中存在的问题，并提出工程变更建议。

（3）设计单位提出的工程变更。在施工过程中，设计单位或其驻工地代表会对原设计中存在的错、漏、碰、缺提出设计修改和完善

（4）建设单位提出工程变更。

1）业主和建筑承包商之间签订的合同，都会有或多或少的缺陷，缺陷将导致工程变更。

2）业主改变工程结构形式。

3）业主改变施工方案中的技术部分。

4）业主增加或减为考虑市场因素，完善使用功能，或为了保证工程质量、降低工程造价，加快工程进度等原因，在施工过程中，业主往往也会提出工程变更要求。

（5）政府及其职能部门等第三方引起的变更。

1）公路工程建设项目，从项目报建、工程可行性研究、初步设计、施工图设计到施工，由于各种原因，项目的申报批复过程中，多少存在一些问题，这些问题起初往往被忽视，直到工程全面实施，才得以彻底显露，引起工程变更；

2）政府和职能部门，在工程实施的过程中，可能根据国家新的法规、政策的变化，对项目提出新的要求，由此产生工程变更

（6）客观因素的限制引起的变更。水利、文物、铁路、城建、电力、电信、环保等市场价格会有变化，这些方面的原因，加之他不可预见因素均可造成工程变更。这些问题在公路建设工程中，屡见不鲜。

5. 工程变更遵循的原则

工程变更应坚持高度负责的精神与严格的科学态度，对于工程变更，确保工程质量的前提下，节约用地、降低工程造价和加快施工进度这些方面有一方面需要时，就要考虑工程变更。将各方面的因素综合考虑，工程变更一般应遵循以下原则：

（1）所做的变更，应该对提高工程质量和技术标准有利。

（2）人文地理等不可预见因素导致原设计与现状不符时，设计方案必须变更。

（3）采用新技术、新工艺解决特殊的技术问题，从而增进科技进步和提高工效。

（4）有利于日后工程的养护或改善行车条件。

（5）不降低设计技术标准和工程质量，能显着缩短工期和节省投资的。

（6）必须保证使用功能，有利于保护环境。

（7）不得肢解设计变更规避审批，经审批的设计变更一般不得再次变更。

（8）对原设计方案进行优化时，在遵循上述原则的基础上应严格控制工程造价。

6. 公路工程管理

无论是那一方提出工程变更，都要填写表格履行工程变更手续，交总监，由总监召集

专业监理工程师进行审查，认为可行后，由业主报设计单位、设计单位签署意见或重新出图、总监发布工程变更令后方可交由施工单位执行。

8.2 认知工程项目质量控制体系

【任务】 编制案例工程项目的质量管理与保证措施

8.2.1 质量控制概述

1. 质量和工程质量

GB/T 19000—ISO9000 族标准中质量的定义：一组固有特性满足要求的程度。

质量不仅是指产品质量，也可以是某项活动或过程的工作质量，还可以是质量管理体系运行的质量。质量是由一组固有特性组成，这些固有特性是指满足顾客和其他相关方的要求的特性，并由其满足要求的程度加以表征。特性可以是固有的或赋予的，可以是定性的或定量的。质量特性是固有的特性，并通过产品、过程或体系设计和开发及其后之实现过程形成的属性。满足要求就是应满足明示的（如合同、规范、标准、技术、文件、图纸中明确规定的）、通常隐含的（如组织的惯例、一般习惯）或必须履行的（如法律、法规、行业规则）需要和期望。顾客和其他相关方对产品、过程或体系的质量要求是动态的、发展的和相对的。

建设工程质量简称工程质量。工程质量是指通过项目实施形成的工程实体的质量，是反映建筑工程满足相关标准规定或合同约定要求的，包括其在安全、使用功能及其在耐久性能、环境保护等方面所有的明显和隐含能力的特性总和。其特性主要表现在适用性、耐久性、安全性、可靠性、经济性。工程经济性、与环境的协调性6个方面，彼此之间是相互依存的，总体而言，适用、耐久、安全、可靠、经济、与环境适应性，都是必须达到的基本要求，缺一不可。

工程项目的质量是项目建设的核心，是决定工程建设成败的关键，是实现三大控制目标（质量、投资、进度）的重点。

2. 质量控制和工程项目质量控制

（1）质量控制。2000版GB/T 19000—2008/ISO9000标准中，质量控制的定义是：量控制是质量管理的一部分，是致力于满足质量要求的一系列相关活动。这些活动主要包括设定标准、测量结果、评价、纠偏。

质量控制是在明确的质量目标和具体的条件下，通过行动方案和资源配置的计划、实施、检查和监督，进行质量目标的事前预控、事中控制和事后纠偏控制，实现预期质量目标的系统过程。

质量控制的工作内容包括了作业技术和活动，也包括专业技术和管理技术两个方面。

质量控制应贯穿在产品形成和体系运行的全过程。

（2）工程质量控制。工程项目质量总目标是业主提出和决定的，参与各方均应满足业主要求的质量总目标。工程质量控制就是在项目实施的过程中项目参与各方致力于实现业主要求的项目质量总目标的一系列活动；即指致力于满足工程质量要求，也就是为了保证工程质量满足工程合同、规范标准所采取的一系列措施、方法和手段。工程质量要求主要表现为工程合同、设计文件、技术规范标准规定的质量标准。

工程项目质量控制包括建设、勘察、设计、施工工、监理各方面的质量控制活动。

工程项目质量控制的任务就是对项目参与各方的工程质量行为及项目工程实体质量的设计质量、材料质量、设备质量、施工安装质量进行控制。施工质量控制是项目质量控制的重点。

工程质量控制按其实施主体不同，主要包括以下四个方面：

1）政府的工程质量控制。政府属于监控主体，它主要是以法律法规为依据，通过抓工程报建、施工图设计文件审查、施工许可、材料和设备准用、工程质量监督、重大工程竣工验收备案等主要环节进行的。

2）工程监理单位的质量控制。工程监理单位属于监控主体，它主要是受建设单位的委托，代表建设单位对工程实施全过程进行的质量监督和控制，包括勘察设计阶段质量控制、施工阶段质量控制，以满足建设单位对工程质量的要求。

3）勘察设计单位的质量控制。勘察设计单位属于自控主体，它是以法律、法规及合同为依据，对勘察设计的整个过程进行控制，包括工作程序、工作进度、费用及成果文件所包含的功能和使用价值，以满足建设单位对勘察设计质量的要求。

4）施工单位的质量控制。施工单位属于自控主体，它是以工程合同、设计图纸和技术规范为依据，对施工准备阶段、施工阶段、竣工验收交付阶段等施工全过程的工作质量和工程质量进行的控制，以达到合同文件规定的质量要求。

工程质量控制按工程质量形成过程，包括全过程各阶段的质量控制，主要是：①决策阶段的质量控制；②工程勘察设计阶段的质量控制；③工程施工阶段的质量控制。

3. 质量管理

我国国家标准GB/T 19000—2000对质量管理的定义是：在质量方面指挥和控制组织的协调的活动。在质量方面指挥和控制活动，通常包括制定质量方针和质量目标以及质量策划、质量控制、质量保证和质量改进。

质量方针是指由组织的最高管理者正式发布的该组织总的质量宗旨和方向。它体现了该组织（项目）的质量意识和质量追求，是组织内部的行为准则，也体现了顾客的期望和对顾客作出的承诺。质量方针是总方针的一个组成部分，由最高管理者批准。

质量目标是指在质量方面所追求的目的，它是落实质量方针的具体要求，它从属于质量方针，应与利润目标、成本目标、进度目标等相协调。质量目标必须明确、具体，尽量用定量化的语言进行描述，保证质量目标容易被沟通和理解。质量目标应分解落实到各部门及项目的全体成员，以便于实施、检查、考核。

质量管理的定义可以说明，质量管理是企业（项目）围绕着使产品质量能满足不断更新的质量要求而开展的策划、组织、计划、实施、检查和监督、审核等所有管理活动的总和。它是企业（项目）各级职能部门领导的职责，而由企业最高领导（或项目经理）负全责，应调动与质量有关的所有人员的积极性，共同做好本职工作，才能完成质量管理的任务。

4. 质量管理体系

我国国家标准 GB/T 19000—2000 对质量管理体系的定义是：在质量方面指挥和控制组织的管理体系。质量管理体系是实施质量方针和目标的管理系统，其内容要以满足质量目标的需要为准，它是一个有机整体，强调系统性和协调性，它的各个组成部分是相互关联的。质量管理体系把影响质量的技术、管理、人员和资源等因素加以组合，在质量方针的指引下，为分别质量目标而发挥效能。

工程质量责任体系包括以下几点：

（1）建设单位的质量责任。

1）建设单位对其自行选择的设计、施工单位发生的质量问题承担相应责任。

2）建设单位按合同的约定负责采购供应的建筑材料、建筑构配件和设备，应符合设计文件和合同要求，对发生的质量问题，应承担相应的责任。

（2）勘察、设计单位的质量责任。勘察、设计单位必须按照国家现行的有关规定、工程建设强制性技术标准和合同要求进行勘察、设计工作，并对所编制的勘察、设计文件的质量负责。

（3）施工单位的质量责任。施工单位对所承包的工程项目的施工质量负责。实行总承包的工程，总承包单位应对全部建设工程质量负责。建设工程勘察、设计、施工、设备采购的一项或多项实行总承包的，总承包单位应对其承包的建设工程或采购的设备的质量负责；实行总分包的工程，分包应按照分包合同约定对其分包工程的质量向总承包单位负责，总承包单位与分包单位对分包工程的质量承担连带责任。

（4）工程监理单位的质量责任。工程监理单位应依照法律、法规以及有关技术标准、设计文件和建设工程承包合同，与建设单位签订监理合同，代表建设单位对工程质量实施监理，并对工程质量承担监理责任。监理责任主要有违法责任和违约责任两个方面。如果工程监理单位故意弄虚作假，降低工程质量标准，造成质量事故的，要承担法律责任。若工程监理单位与承包单位串通，牟取非法利益，给建设单位造成损失的，应当与承包单位承担连带赔偿责任。如果监理单位在责任期内，不按照监理合同约定履行监理职责，给建设单位或其他单位造成损失的，属违约责任，应当向建设单位赔偿。

（5）建筑材料、构配件及设备生产或供应单位的质量责任。建筑材料、构配件及设备生产或供应单位对其生产或供应的产品质量负责。

5. 工程质量政府监督管理体制及管理职能

（1）监督管理体制。国务院建设行政主管部门对全国的建设工程质量实施统一监督管理。国务院铁路、交通、水利等有关部门按国务院规定的职责分工，负责对全国的有关专业建设工程质量的监督管理。县级以上地方人民政府建设行政主管部门对本行政区域内的建设工程质量实施监督管理。县级以上地方人民政府交通、水利等有关部门在各自职责范围内，负责本行政区域内的专业建设工程质量的监督管理。

政府的工程质量监督管理具有权威性、强制性、综合性的特点。

（2）管理职能。

1）建立和完善工程质量管理法规。

2）建立和落实工程质量责任制。

3）建设活动主体资格的管理。

4）工程承发包管理。

5）控制工程建设程序。

6. 影响施工质量的因素

施工质量的影响因素主要有“人（Man）、材料（Material）、机械（Machine）、方法（Method）及环境（Environment）”五大方面，即4M1E。施工过程中对这五方面的因素进行严格控制，是保证施工质量的关键工作。

（1）人的因素。起决定性作用，施工质量控制的基本出发点。

人，是直接参与施工的决策者、管理者和作业者。人的因素影响主要是指上述人员的质量意识和质量活动能力对施工质量造成的影响。在质量管理中，人的因素起决定性的作用。所以，施工质量控制应以控制人的因素为基本出发点。

（2）材料的因素。材料质量是工程质量的基础，材料的因素是提供工程质量的重要保证。

材料包括工程材料和施工用料，又包括原材料、成品、半成品、构配件等。各类材料是工程施工的物资条件，材料质量是工程质量的基础，材料质量不符合要求，工程质量就不可能符合标准。所以加强材料的质量控制，是提高工程质量的重要保证。

（3）机械的因素。机械设备包括工程设备、施工机械和各类施工工器具。

工程设备是指组成工程实体的工艺设备和各类机具，如电梯、泵机、通风空调设备等，它们是工程项目的重要组成部分，其质量的优劣，直接影响工程使用功能的质量。施工机械设备是指施工过程中使用的各类机具设备，包括运输设备、操作工具、测量仪器、计量器具以及施工安全设施等。施工机械设备是工程项目实施的重要物质基础，合理选择和正确使用施工机械设备是保证施工质量的重要措施。

1）设备构成工程实体。其质量的优劣直接影响工程使用功能的发挥。

2）施工机械是施工过程中使用的各类机具设备，是工程项目实施的物质基础。

3）施工机械的合理选择是保证施工质量的重要基础。

（4）方法的因素（施工方法）。方法主要是指施工技术方案、施工工艺、施工技术措施；施工方法包括施工技术方案、施工工艺和施工技术措施等。

（5）环境的因素。环境因素对施工质量的影响具有复杂多变以及不确定性的特点。

环境的因素主要包括现场自然环境因素、施工质量管理环境因素和施工作业环境因素。环境因素对工程质量的影响，具有复杂而多变以及不确定性的特点。

环境因素包括三部分：现场自然环境因素、施工质量管理环境因素、施工作业环境因素。

1）现场自然环境因素。主要指工程地质、水文、气象条件和周边建筑、地下障碍物以及其他不可抗力等对施工质量的影响因素。

2）施工质量管理环境因素。主要指施工单位质量保证体系、质量管理制度和各参建施工单位之间的协调等因素。

3）施工作业环境因素。主要指施工现场的给排水条件，各种能源介质供应，施工照明、通风、安全防护设施、施工场地空间条件和通道，以及交通运输和道路条件等。这些条件是否良好，直接影响到施工能否顺利进行，以及施工质量能否得到保证。

8.2.2　工程项目质量控制体系

8.2.2.1　全面质量管理思想和方法的应用

1. 全面质量管理（TQC）的思想

TQC（Total Quality Control）即全面质量管理，是 20 世纪中期开始在欧美和日本广泛应用的质量管理理念和方法。我国从 20 世纪 80 年代开始引进和推广全面质量管理，其基本原理就是强调在企业或组织最高管理者的质量方针指引下，实行全面、全过程和全员参与的质量管理。

TQC 的主要特点是：以顾客满意为宗旨；领导参与质量方针和目标的制定；提倡预防主、科学管理、用数据说话等。

（1）全面质量管理。建设工程项目的全面质量管理，是指项目参与各方所进行的工程项目质量管理的总称其中包括工程（产品）质量和工作质量的全面管理。工作质量是产品质量的保证，工作质量接影响产品质量的形成。建设单位、监理单位、勘察单位、设计单位、施工总承包单位、施分包单位、材料设备供应商等，任何一方、任何环节的怠慢疏忽或质量责任不落实都会造成建设工程质量的不利影响。

（2）全过程质量管理。全过程质量管理，是指根据工程质量的形成规律，从源头抓起，全过程推进。应用“过程方法”进行全过程质量控制。要控制的主要过程有：项目策划与决策过程；勘察设计过程；设备材料采购过程；施工组织与实施过程；检测设施控制与计量过程；施工生产的检验试验过程；工程质量的评定过程；工程竣工验收与交付过程；工程回访维修服务过程等。

（3）全员参与质量管理。按照全面质量管理的思想，组织内部的每个部门和工作岗位都承担着相应的质量职能，组织的最高管理者确定了质量方针和目标，就应组织和动员全体员工参与到实施质量方针的系统活动中去，发挥自己的角色作用。开展全员参与质量管理的重要手段就是运用目标管理方法，将组织的质量总目标逐级进行分解，使之形成自上而下的质量目标分解体系和自下而上的质量目标保证体系，发挥组织系统内部每个工作岗位、部门或团队在实现质量总目标过程中的作用。

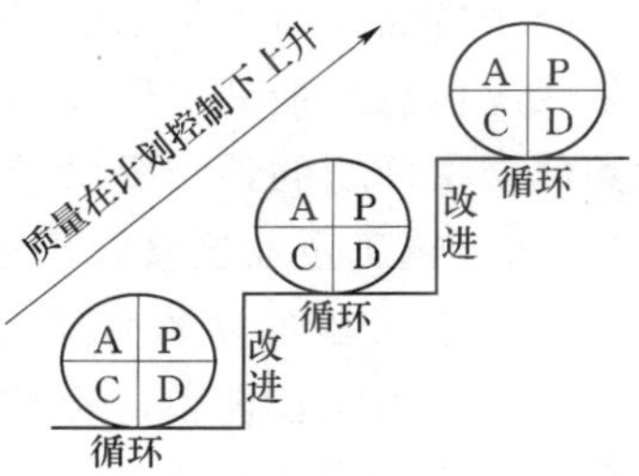

图 8.1　PDCA 循环

2. 质量管理的 PDCA 循环

在长期的生产实践和理论研究中形成的 PDCA 循环，是建立质量管理体系和进行质量管理的基本方法。PDCA 循环如图 8.1 所示。从某种意义上说，管理就是确定任各目标，并通过 PDCA 循环来实现预期目标。每一循环都围绕着实现预期的目标，进行计划、实施、检查和处置活动，随着对存在问题的解决和改进，在一次一次的滚动循环中逐步上升，不断增强质量管理能力，不断提高质量水平。每一个循环的四大职能活动相互联系，共同构成了质量管理的系统过程。

（1）计划 P（Plan）。计划由目标和实现目标的手段组成，所以说计划是一条“目标-

手段链”。质量管理的计划职能，包括确定质量目标和制定实现质量目标的行动方案两方面。实践表明质量计划的严谨周密、经济合理和切实可行，是保证工作质量、产品质量和服务质量的前提条件。

建设工程项目的质量计划，是由项目参与各方根据其在项目实施中所承担的任务、责任范围和质量目标，分别制定质量计划而形成的质量计划体系。其中，建设单位的工程项目质量计划，包括确定和论证项目总体的质量目标，制定项目质量管理的组织、制度、工作程序、方法和要求。项目其他各参与方，则根据国家法律法规和工程合同规定的质量责任和义务，在明确各自质量目标的基础上，制定实施相应范围质量管理的行动方案，包括技术方法、业务流程、资源配置、检验试验要求、质量记录方式、不合格处理及相应管理措施等具体内容和做法的质量管理文件，同时也须对其实现预期目标的可行性、有效性、经济合理性进行分析论证，并按照规定的程序与权限，经过审批后执行。

(2) 实施 D (Do)。实施职能在于将质量的目标值，通过生产要素的投入、作业技术活动和产出过程，转换为质量的实际值。为保证工程质量的产出或形成过程能够达到预期的结果，在各项质量活动实施前，要根据质量管理计划进行行动方案的部署和交底；交底的目的在于使具体的作业者和管理者明确计划的意图和要求，掌握质量标准及其实现的程序与方法。在质量活动的实施过程中，则要求严格执行计划的行动方案，规范行为，把质量管理计划的各项规定和安排落实到具体的资源配置和作业技术活动中去。

(3) 检查 C (Check)。指对计划实施过程进行各种检查，包括作业者的自检、互检和专职管理者专检。各类检查也都包含两大方面：一是检查是否严格执行了计划的行动方案，实际条件是否发生了变化，不执行计划的原因；二是检查计划执行的结果，即产出的质量是否达到标准的要求，对此进行确认和评价。

(4) 处置 A (Action)。对于质量检查所发现的质量问题或质量不合格，及时分析原因，采取必要的措施，予以纠正，保持工程质量形成过程的受控状态。处置分纠偏和预防改进两个方面。前者是采取有效措施，解决当前的质量偏差、问题或事故；后者是将目前质量状况信息反馈到管理部门，反思问题症结或计划的不周，确定改进目标和措施，为今后类似质量问题的预防提供借鉴。

8.2.2.2 施工企业质量管理体系的建立和认证

1. 质量管理原则的意义

对一个组织管理者，若想成功地领导和经营其组织，需采用一种系统的、透明的方式对其组织进行管理。针对所有相关方的需求，实施并保持持续改进组织业绩的管理体系，可以使组织获得成功。一个组织的管理涉及多方面，如质量管理、环境管理、职业健康与安全管理、财务管理等。质量管理是组织各项管理的内容之一，也是组织管理的重要组成部分。

2. 质量管理原则的内容

(1) 以顾客为中心。在当今的经济活动中，任何一个组织都要依存于他们的顾客。组织或企业由于满足或超过了自己的顾客的需求，从而获得继续生存下去的动力和源泉。以顾客为中心，不断通过 PDCA 循环进行持续的质量改进来满足顾客的需求。

(2) 领导作用。现场质量管理的领导者应该确立统一的宗旨和方向，创造并保持使职工能充分参与实现企业目标的内部环境。领导在企业的质量管理中起着决定性的作用。

（3）全员参与。各级人员都是组织之本，只有全员充分参加，才能使他们的才干为组织带来收益。产品质量是产品形成过程中全体人员共同努力的结果，其中也包含着为他们提供支持的管理、检查、行政人员的贡献。企业领导应对员工进行质量意识等各方面的教育，激发他们的积极性和责任感，为其能力、知识、经验的提高提供机会，发挥创造精神，鼓励持续改进，给予必要的物质和精神奖励，使全员积极参与，为达到让顾客满意的目标而奋斗。

而全员参与的核心是调动人的积极性，当每个人的才干得到充分发挥并能实现创新和持续改进时，组织将会获得最大收益据统计，至 2014 年，我国累计注册 QC 小组 3574 万个，年创可计算的经济效益达 478 亿元，累计效益达 7934 亿元。充分体现全员参与是思想的核心。

（4）过程方法。将相关的资源和活动作为过程进行管理，可以更高效地得到期望的结果。过程方法的原则不仅适用于某些简单的过程，也适用于由许多过程构成的过程网络。ISO9000 族标准建立在一个过程控制的基础上，对可以进行测量、检查的机会和控制点实行测量、检测和管理，便能控制过程的有效实施。过程方法的原则不仅适用于某些较简单的过程，也适用于由许多过程构成的过程网络。

（5）系统管理。将相互关联的过程作为系统加以识别、理解和管理，有助于组织提高实现其目标的有效性和效率。不同企业应根据自己的特点，建立资源管理、过程实现、测量分析改进等方面的关联关系，并加以控制。即采用过程网络的方法建立质量管理体系，实施系统管理。建立实施质量管理体系的工作内容一般包括：①确定顾客期望；②建立质量目标和方针；③确定实现目标的过程和职责；④确定必须提供的资源；⑤规定测量过程有效性的方法；⑥实施测量确定过程的有效性；⑦确定防止不合格并清除产生原因的措施；⑧建立和应用持续改进质量管理体系的过程。

（6）持续改进。持续改进总体业绩是组织的一个永恒目标，其作用在于增强企业满足质量要求的能力，包括产品质量、过程及体系的有效性和效率的提高。持续改进是增强和满足质量要求能力的循环活动，是使企业的质量管理走上良性循环轨道的必由之路。

（7）基于事实的决策方法。有效的决策应建立在数据和信息分析的基础上，数据和信息分析是事实的高度提炼。以事实为依据做出决策，可防止决策失误。为此企业领导应重视数据信息的收集、汇总和分析，以便为决策提供依据。

（8）与供方互利的关系。组织与供方是相互依存的，建立双方的互利关系可以增强双方创造价值的能力。供方提供的产品是企业提供产品的一个组成部分。处理好与供方的关系，涉及企业能否持续稳定提供顾客满意产品的重要问题。因此，对供方不能只讲控制，不讲合作互利，特别是关键供方，更要建立互利关系，这对企业与供方双方都有利。

3. 施工企业质量管理体系文件的构成

企业应有完整和科学的质量体系文件，这是企业开展质量管理和质量保证的基础，也是企业为达到所要求的产品质量，实施质量体系审核、质量体系认证、进行质量改进的重要依据。

（1）质量方针和质量目标。一般都以简明的文字来表述，是企业质量管理的方向目标，应反映用户及社会对工程质量的要求即企业相应的质量水平和服务承诺，也是企业质量经营理念的反映。

（2）质量手册。质量手册是规定企业组织建立质量管理体系的文件，质量手册对企业质量体系作系统、完整和概要的描述。内容一般包括：企业的质量方针、质量目标；组织机构及质量职责；体系要素或基本控制程序；质量手册的评审、修改和控制的管理办法。

（3）程序性文件。各种生产、工作和管理的程序文件是质量手册的支持性文件，是企业各职能部门为落实质量手册要求而规定的细则，企业为落实质量管理工作而建立的各项管理标准、规章制度都属于程序文件范畴。一般有以下 6 个方面的程序为通用性管理程序，各类企业都应在程序文件中制定：①文件控制程序；②质量记录管理程序；③内部审核程序；④不合格品控制程序；⑤纠正措施控制程序；⑥预防措施控制程序。及涉及质量形成过程各环节控件的程序文件；同时包含作业指导书、具体的工程质量计划等确保过程有效运行控制的相关文件。

（4）质量记录。质量记录是产品质量水平和质量体系中各项质量活动进行及结果的客观反映，以规定的形式和程序进行，并有实施、验证、审核等签署意见。

4. 施工企业质量管理体系的建立与运行

质量管理体系是企业质量管理的核心，也是贯彻质量管理和质量保证标准的关键，是在确定市场及顾客需求的前提下，按照八项质量管理原则制订企业的质量方针、质量目标、质量手册、程序文件及质量记录等体系文件，并将质量目标分解落实到相关层次、相关岗位的职能各职责中，形成企业质量管理体系的执行系统。

质量管理体系的运行是在生产及服务的全过程，按质量管理体系文件所制订的程序、标准、工作要求及目标分解的岗位职责进行运作。

质量管理体系的建立和运行一般可分为三个阶段，即质量管理体系的建立、质量管理体系文件的编制和质量管理体系的实施运行。

项目质量管理体系框图如图 8.2 所示的某施工项目质量管理体系框图。

5. 施工企业质量管理体系的认证与监督

施工企业质量管理体系按我国 GB/T 9000—2008 质量管理体系族标准进行建立与认证。由公正的第三方机构认证，按申请、审核、审批与注册发证等程序进行。企业获准认证的有效期为三年，认证后监督管理工作的主要内容有企业通报、监督检查、认证注销、认证暂停、认证撤销、复评及重新换证等。

8.2.2.3 施工质量保证体系

1. 质量保证体系的概念

质量保证体系是为使人们确信某产品或某项服务能满足给定的质量要求所必需的全部有计划、有系统的活动。因此，质量保证体系是企业内部的一种管理手段，在合同环境中，质量保证体系是施工单位取得建设单位信任的手段。

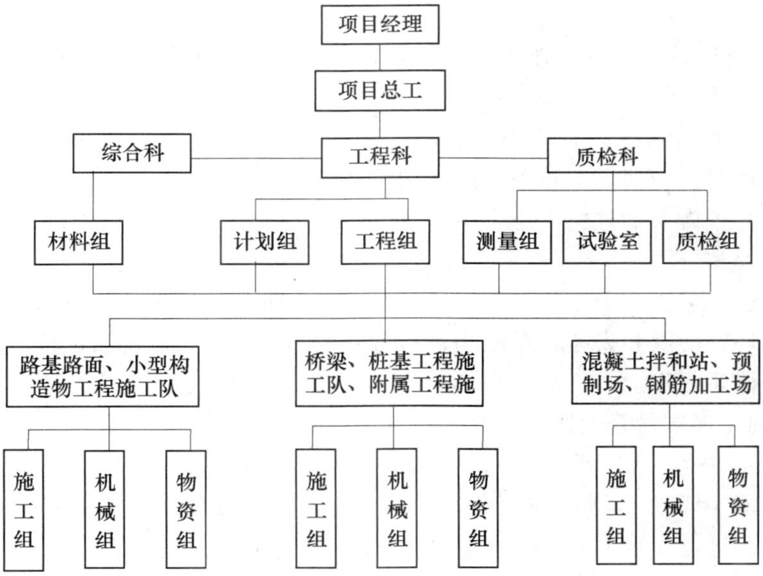

图 8.2　某施工项目质量管理体系框图

2. 施工质量保证体系的内容

(1) 质量管理与质量控制的保证措施。工程项目的质量管理和质量控制应遵照《建设工程质量管理条例》和《质量管理体系》GB/T 19000 族标准的要求，根据全面质量管理的基本观点和方法，建立持续改进质量管理体系，设立专职管理部门或专职人员。质量管理应坚持预防为主的原则，按照策划、实施、检查、处置的方式进行系统运作。项目经理部应通过对人员、机具、设备、材料、方法、环境等要素的过程管理，实现过程、产品和服务的质量目标。质量管理应满足发包人及其他相关方的要求以及建设工程技术标准和产品的质量要求。

1) 项目质量策划。

a. 项目经理部应进行质量策划，制定质量目标，规定实施项目质量管理体系的过程和资源，编制针对项目质量管理的文件。该文件称为质量计划。质量计划也可以作为项目管理实施规划的组成部分。

b. 质量计划的编制应依据下列资料：

(a) 合同有关产品（或过程）的质量要求。

(b) 与产品（或过程）有关的其他要求。

(c) 质量管理体系文件。

(d) 组织对项目的其他要求。

2) 质量计划应确定下列内容：

a. 质量目标和要求。

b. 质量管理组织和职责。

c. 工程项目领导班子应坚持全员、全过程质量管理，保持并实现工程项目达到规定要求。

d. 应使企业领导和上级主管部门相信工程施工正在实现并能保持所期望的质量，开展内部质量审核和质量保证活动。

e. 开展一系列有系统、有组织的活动，提供真实文件，使建设单位、政府质量监督部门和工程监理单位确信该工程项目能达到预期的目标。

(2) 质量管理体系的建立和运行。质量管理体系是为实施质量管理的组织机构、职责、程序、过程和资源。

质量管理体系包含一套专门的组织机构。建立质量管理体系的几项基本的原则性工作为：确定质量环；明确和完善体系结构；质量管理体系文件化；定期进行质量管理体系审核与质量管理体系复审。

1) 建立和完善质量管理体系的程序。

a. 项目领导决策。

b. 编制工作计划（包括培训教育、体系分析、职能分配、文件编制、配备仪器设备等内容）。

c. 分层次教育培训，组织学习ISO9000系列标准和全面质量管理知识。

d. 分析工程项目特点，确定采用哪些质量体系要素和采用程度。

e. 编制质量体系文件。

2) 质量管理体系的运行。质量管理体系运行是执行质量管理体系文件、实现质量目标、保持质量管理体系持续有效和不断优化的过程，其有效地运行是依靠体系的组织机构进行组织协调、实施质量监督、开展信息反馈、进行质量管理体系审核和复审来实现。

(3) 质量控制。项目经理部应依据质量计划的要求，运用动态控制原理进行质量控制。质量控制主要控制过程的输入、过程中的控制点以及输出，同时也应包括各个过程之间接口的质量。质量控制是为了确保合同、规范所规定的质量标准，而采取的一系列检测监控的措施、手段和方法。施工项目的质量控制是从工序质量到分项工程质量、分部工程质量、单位工程质量的系统控制过程，也是一个从对投入原材料的质量控制开始，直到完成工程质量检测为止的全过程。项目经理部应在质量控制过程中，跟踪收集实际数据并进行整理，并应将项目的实际数据与质量标准和目标进行比较，分析偏差，并采取措施予以纠正和处理，必需时对处置效果和影响进行复查。

在进行施工项目质量控制过程中，应遵循以下原则：①坚持“质量第一，用户至上”；②以人为核心，即以工作质量来保证工序质量和工程质量。人是质量的创造者，工程质量过程管理必须“以人为核心”，把人作为管理的动力，调动人的积极性、创造性；增强人的责任感，树立“质量第一”的观念，提高人的素质，避免人的失误；以人的工作质量保证工序质量、促进工程质量。③以预防为主。加强对质量的事前、过程控制，以及对工作质量、工序质量和中间产品质量的检查；④坚持质量标准，严格检查，一切用数据说话。质量标准是评价产品质量的尺度，数据是质量控制的基础和依据。产品的质量是否符合质量标准，必须通过严格检查，用数据说话。⑤贯彻科学、公正、守法的职业道德规范，建筑施工管理人员，在处理问题过程中，应尊重客观事实，尊重科学，正直、公正，不持偏见；遵纪、守法，杜绝不正之风；既要坚持原则、严格要求、秉公办事，又要谦虚谨慎、实事求是。

1）建立企业自检体系。施工单位作为工程产品的直接生产者，要依照合同计划完成工程建设的费用、进度和质量要求，在工程建设的质量管理保证体系中占有重要地位。因此，实行工程质量的企业自检是实现工程建设三大目标的必要条件。

自检体系的建立和完善应以全面质量管理的观点和方法为基础，实施 ISO9000《质量管理体系》标准，建立质量管理体系，加强质量控制，提供有效的质量保证。

2）质量控制的具体措施。对工程质量，可分为事前控制、过程控制和事后控制三个阶段：

a. 事前质量控制是指在正式施工前进行的质量控制，其控制重点是做好施工准备工作，且施工准备工作要贯穿于施工全过程中。

b. 过程质量控制是指在施工过程中进行的质量控制，其策略是全面控制施工过程，重点控制工序质量。具体措施如下：

(a) 工序施工有自控。

(b) 工序交接有检查。

(c) 隐蔽过程有验收。

(d) 质量预控有对策。

(e) 测量器具校正有复核。

(f) 施工项目有方案。

(g) 设计变更有手续。

(h) 技术措施有交底。

(i) 图纸会审有记录。

(j) 材料进场有控制、配制材料有试验。

(k) 质量事故处理有复查。

(l) 质量工程师行使质量控制有否决。

(m) 质量文件有档案。

c. 事后质量控制是指在完成施工过程形成产品后的质量控制，其具体工作内容有：准备交（竣）工验收资料，组织自检和初步验收；按规定的质量评定标准和办法，对完成的分项、分部工程和单位工程进行质量评定；参加交（竣）工验收。

(4) 质量改进。项目经理部应定期对项目质量状况进行检查、分析，向组织提出质量报告，提出目前质量状况、发包人及其他相关方满意程度、产品要求的符合性以及项目经理部的质量改进措施。

组织应对项目经理部进行检查、考核，定期进行内部审核，并将审核结果作为管理评审的输入，促进项目经理部的质量改进。

组织应了解发包人及其他相关方对质量的意见，对质量管理体系进行审核，确定改进目标，提出相应措施并检查落实。

项目质量管理保证体系框图如图 8.3 某施工项目质量保证体系框图。

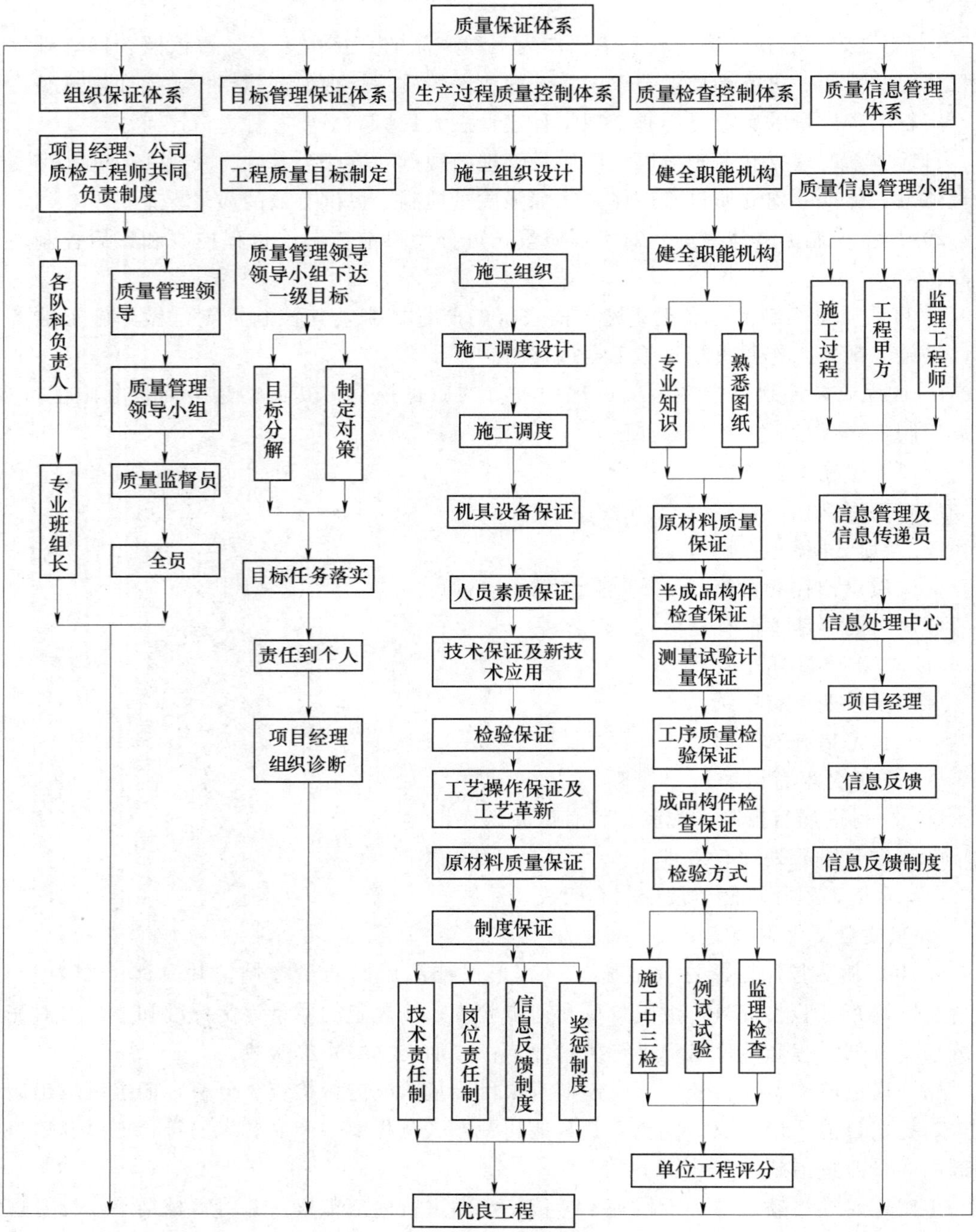

图 8.3　某施工项目质量保证体系框图

8.3　认知工程项目施工质量控制

建设工程项目的施工质量控制，有两个方面的含义：一是指建设工程项目施工单位的施工质量控制，包括总承包、分包单位，综合的和专业的施工质量控制；二是指广义的施工阶段的建设工程项目质量控制，即除了施工单位，还包括建设单位、设计单位、监理单位以及政府质量监督机构的监督管理和控制职能。

8.3.1　施工质量控制的依据与基本环节

1. 施工质量的基本要求

工程项目施工是实现项目设计意图形成工程实体的阶段，是最终形成项目质量和实现项目使用价值的阶段。项目施工质量控制是整个工程项目质量控制的关键和重点。施工质量要达到的最基本要求是：通过施工形成的项目工程实体质量经检查验收合格。

项目施工质量验收合格应符合下列要求：

(1) 符合相关专业验收规范的规定，如《公路工程质量检验评定标准》(JTGF80/1—2004)、《城镇道路工程施工与质量验收规范》(CJJ1—2008) 等规范。

(2) 符合工程勘察、设计文件的要求。

(3) 符合施工承包合同的约定。

“合格”是对项目质量的最基本要求，国家鼓励采用先进的科学技术和管理方法，提高建设工程质量。国家和地方 的建设主管部门或行业协会设立了“ 中国建筑工程鲁班奖(国家优质工程)”，以 及“金钢奖”“ 白玉兰奖”和以“某某杯” 命名的各种优质工程奖等，都是为了鼓励项目参建单位创造更好的工程质量。

2. 施工质量控制的依据

(1) 适用于施工质量管理有关的、通用的、具有普遍指导意义和必须遵守的基本法规。主要包括：国家和政府有关部门颁布的与工程质量管理有关的法律法规性文件，如《建筑法》《中华人民共和国招标投标法》《建设工程质量管理条例》等。

(2) 交通运输行业的各专业技术规范、文件。包括规范、规程、标准、规定等中，含有关建筑材料、半成品和构配件质量方面的专门技术法规性文件，有关材料验收、包装和标志等方面的技术标准和规定，施工工艺质量等方面的技术法规性文件，有关新工艺、新技术、新材料、新设备的质量规定和鉴定意见等。

(3) 项目专用性依据。指本项目的工程建设合同、勘察设计文件、设计交底及图纸会审记录、设计修改和技术变更通知，以及相关会议记录和工程联系单等。

3. 施工质量控制的基本环节

施工质量控制应贯彻全面、全员、全过程质量管理的思想，运用动态控制原理，进行质量的事前控制、事中控制和事后控制。

(1) 事前质量控制。即在正式施工前进行的事前主动质量控制，通过编制施工质量计划，明确质量目标，制定施工方案，设置质量管理点，落实质量责任，分析可能导致质量目标偏离的各种影响因素，针对这些影响因素制定有效的预防措施，防患于未然。事前质量预控必须充分发挥组织的技和管理面的整体优势，把长期形成的先进技术 、管理方法和经验智慧，创造性地应用于工程项目。事前质量预控要求针对质量控制对象的控制目标、活动条件、影响因素进行周密分析，找出薄弱环节，制定有效的控制措施和对策。

(2) 事中质量控制。指在施工质量形成过程中，对影响施工质量的各种因素进行全面的动态控制。事中质量控制也称作业活动过程质量控制，包括质量活动主体的自我控制和他人监控的控制方式。自我控制是第一位的，即作业者在作业过程对自己质量活动行为的约束和技术能力的发挥，以完成符合预定质量目标的作业任务；他人监控是对作业者的质量活动过程和结果 ，由来自企业内部管理者和企业外部有关方面进行监督检查，如工程监理机构、政府质量监督部等的监控。

施工质量的自控和监控是相辅相成的系统过程。自控主体的质量意识和能力是关键，是施工质量的决定因素；各监控主体所进行的施工质量监控是对自控行为的推动和约束。

因此，自控主体必须正确处理自控和监控的关系，在致力于施工质量自控的同时，还必须接受来自业主、监理等方面对其质量行为和结果所进行的监督管理，包括质量检查、评价和验收。自控主体不能因为监控主体的存在和监控职能的实施而减轻或免除其质量责任。

事中质量控制的目标是确保工序质量合格，杜绝质量事故发生；控制的关键是坚持质量标准；控制的重点是工序质量、工作质量和质量控制点的控制。

(3) 事后质量控制。事后质量控制也称为事后质量把关，以使不合格的工序或最终产品（包括单位工程或整个工程项目）不流入下道工序、不进入市场。事后控制包括对质量活动结果的评价、认定 ；对工序质量偏差的纠正；对不合格产品进行整改和处理。控制的重点是发现施工质量方面的缺陷，并通过分析提出施工质量改进的措施，保持质量处于受控状态。

以上三大环节不是互相孤立和截然分开的，它们共同构成有机的系统过程，实质也就是质量管理 PDCA 循环的具体化，在每一次滚动循环中不断提高，达到质量管理和质量控制的持续改进。

8.3.2 施工准备的质量控制与施工过程的质量控制

施工质量控制是一种过程性、纠正性和把关性的质量控制。

只有严格对施工全过程进行质量控制，即包括各项施工准备阶段的控制，施工过程中的质量控制和竣工阶段的控制，才能实现项目质量目标。

8.3.2.1 施工准备的质量控制

1. 施工技术准备工作的质量控制

施工技术准备是指在正式开展施工作业活动前进行的技术准备工作。

例如：熟悉施工图纸，组织设计交底和图纸审查；进行工程项目检查验收的项目划分和编号；审核相关质量文件，细化施工技术方案和施工人员、机具的配置方案，编制施工作业技术指导书，绘制各种施工详图（如测量放线图、大样图及配筋、配板、配线图表等)，进行必要的技术交底和技术培训。如果施工准备工作出错，必然影响施工进度和作业质量，甚至直接导致质量事故的发生。

技术准备工作的质量控制，包括对上述技术准备工作成果的复核审查，检查这些成果是否符合设计图纸和施工技术标准的要求；依据经过审批的质量计划审查、完善施工质量控制措施；针对质量控制点，明确质量控制的重点对象和控制方法；尽可能地提高上述工作成果对施工质量的保证程度等。

2. 现场施工准备工作的质量控制

（1）计量控制。这是施工质量控制的一项重要基础工作。施工过程中的计量，包括施工生产时的投料计量、施工测量、监测计量以及对项目、产品或过程的测试、检验、分析计量等。开工前要建立和完善施工现场计量管理的规章制度；明确计量控制责任者和配置必要的计量人员；严格按规定对计量器具进行维修和校验；统一计量单位，组织量值传递，保证量值统一，从而保证施工过程中计量的准确。

（2）测量控制。工程测量放线是建设工程产品由设计转化为实物的第一步。施工测量质量的好坏，直接决定工程的定位和标高是否正确，并且制约施工过程有关工序的质量。因此，施工单位在开工前应编制测量控制方案，经项目技术负责人批准后实施。要对建设单位提供的原始坐标点、基准线和水准点等测量控制点进行复核，并将复测结果上报监理工程师审核，批准后施工单位才能建立施工测量控制网，进行工程定位和标高基准的控制。

（3）施工平面图控制。建设单位应按照合同约定并充分考虑施工的实际需要，事先划定并提供施工用地和现场临时设施用地的范围，协调平衡和审查批准各施工单位的施工平面设计。施工单位要严格按照批准的施工平面布置图，科学合理地使用施工场地，正确安装设置施工机械设备和其他临时设施，维护现场施工道路畅通无阻和通信设施完好，合理控制材料的进场与堆放，保持良好的防洪排水能力，保证充分的给水和供电。建设（监理）单位应会同施工单位制定严格的施工场地管理制度、施工纪律和相应的奖惩措施，严禁乱占场地和擅自断水、断电、断路，及时制止和处理各种违纪行为，并做好施工现场的质量检查记录。

（4）材料设备的质量控制。对原材料、半成品及工程设备进行质量控制的主要内容：控制材料设备的性能、标准、技术参数与设计文件的相符性；控制材料、设备各项技术性能指标、检验测试指标与标准规范要求的相符性；控制材料、设备进场验收程序的正确性及质量文件资料的完备性；控制优先采用节能低碳的新型建筑材料和设备，禁止使用国家明令禁用或淘汰的建筑材料和设备等。

施工单位应在施工过程中贯彻执行企业质量程序文件中关于材料和设备封样、采购、进场检验、抽样检测及质保资料提交等方面明确规定的一系列控制标准。

（5）施工机械的质量控制。施工机械设备是所有施工方案和工法得以实施的重要物质基础，合理选择和正确使用施工机械设备是保证施工质量的重要措施。

1）对施工所用的机械设备，应根据工程需要从设备选型、主要性能参数及使用操作要求等方面加以控制，符合安全、适用、经济、可靠和节能、环保等方面的要求。

2）对施工中使用的模具、脚手架等施工设备，除按适用的标准定型选用外，一般需按设计及施工要求进行专项设计，对其设计方案及制作质量的控制及验收应作为重点进行控制。

3）按现行施工管理制度要求，工程所用的施工机械、模板、脚手架，特别是危险性较大的现场安装的起重机械设备，不仅要对其设计安装方案进行审批，而且安装完毕交付使用前必须经专业管理部门的验收，合格后方可使用。同时，在使用过程中尚需落实相应的管理制度，以确保其安全正常使用。

8.3.2.2　施工过程的质量控制

施工过程的质量控制，是在工程项目质量实际形成过程中的事中质量控制。

建设工程项目施工由一系列相互关联、相互制约的作业过程（工序）构成，因此施工质量控制，必须对全部作业过程，即各道工序的作业质量持续进行控制。从项目管理的立场看，工序作业质量的控制，首先是质量生产者即作业者的自控，在施工生产要素合格的条件下，作业者能力及其发挥的状况是决定作业质量的关键。其次，是来自作业者外部的各种作业质量检查、验收和对质量行为的监督，也是不可缺少的设防和把关的管理措施。

1. 工序施工质量控制

工序是人、材料、机械设备、施工方法和环境因素对工程质量综合起作用的过程，所以对施工过程的质量控制，必须以工序作业质量控制为基础和核心。因此，工序的质量控制是施工阶段质量控制的重点。只有严格控制工序质量，才能确保施工项目的实体质量。

工序质量控制的基本步骤是：①检测；②分析；③判断；④对策。

工序质量控制的原则：严格遵守工序作业标准或规程；主动控制工序活动条件的质量；及时控制工序活动效果的质量；合理设置工序质量控制点。

工序施工质量控制主要包括工序施工条件质量控制和工序施工效果质量控制。

（1）工序施工条件控制。工序施工条件是指从事工序活动的各生产要素质量及生产环境条件。工序施工条件控制就是控制工序活动的各种投入要素质量和环境条件质量。

工序施工条件控制的手段主要有：检查、测试、试验、跟踪监督等。

工序施工条件控制的依据主要是：设计质量标准、材料质量标准、机械设备技术性能标准、施工工艺标准以及操作规程等。

（2）工序施工效果控制。工序施工效果主要反映工序产品的质量特征和特性指标。对工序施工效果的控制就是控制工序产品的质量特征和特性指标能否达到设计质量标准以及施工质量验收标准的要求。

工序施工效果控制属于事后质量控制，其控制的主要途径是：实测获取数据、统计分析所获取的数据、判断认定质量等级和纠正质量偏差。

按有关施工验收规范规定，下列工序质量必须进行现场质量检测，合格后才能进入下道工序，如图 8.4 所示。

（3）工序质量控制点的设置。工序质量控制点是指在不同时期工序质量控制的重点。包括：

1）人的行为与物的状态。

2）材料的质量和性能。

3）施工方法与关键的操作。

4）施工顺序。

5）技术间隙与技术参数。

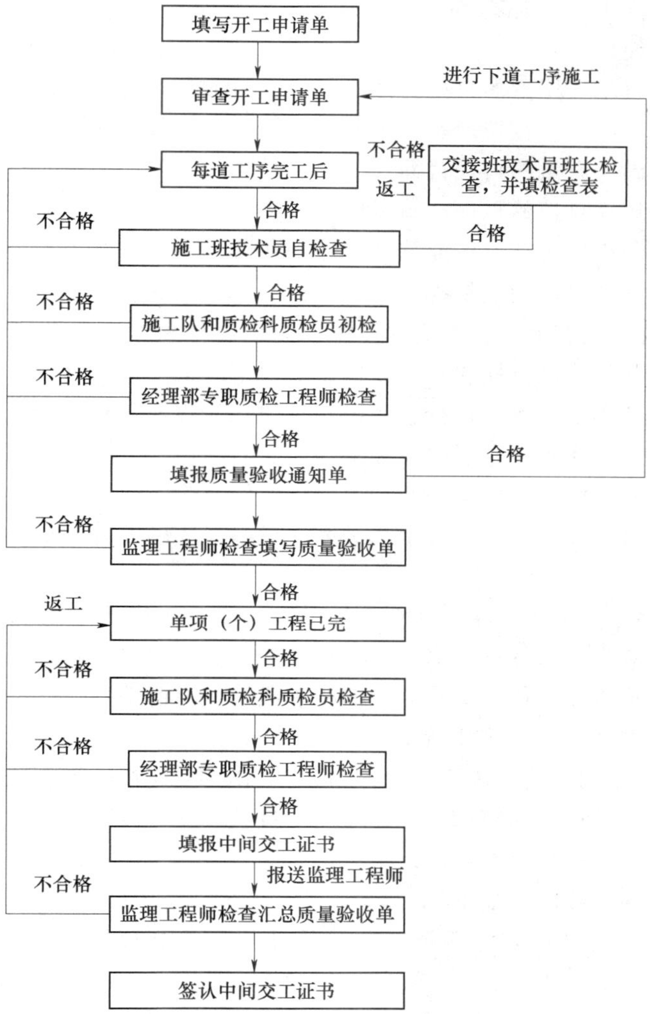

图 8.4　分部（分项）工程质量检验工作流程图

6）常见的质量通病。

7）新工艺、新技术、新材料的应用。

8）质量不稳定、质量问题较多的工序。

9）特殊土地基和特种结构。

2. 施工作业质量的自控

（1）施工作业质量自控的意义。施工作业质量的自控，从经营的层面上说，强调的是作为建筑产品生产者和经营者的施工企业，应全面履行企业的质量责任，向顾客提供质量合格的工程产品；从生产的过程来说，强调的是施工作业者的岗位质量责任，向后道工序提供合格的作业成果（中间产品）。因此，施工方是施工阶段质量自控主体。施工方不能因为监控主体的存在和监控责任的实施而减轻或免除其质量责任。我国《建筑法》和《建设工程质量管理条例》规定：建筑施工企业对工程的施工质量负责；建筑施工企业必须按照工程设计要求、施工技术标准和合同的约定，对建筑材料、建筑构配件和设备进行检验，不合格的不得使用。

施工方作为工程施工质量的自控主体，既要遵循本企业质量管理体系的要求，也要根据其在所承建的工程项目质量控制系统中的地位和责任，通过具体项目质量计划的编制与实施，有效地实现施工质量的自控目标。

（2）施工作业质量自控的程序。施工作业质量的自控过程是由施工作业组织的成员进行的，其基本的控制程序包括：作业技术交底、作业活动的实施和作业质量的自检自查、互检互查以及专职管理人员的质量检查等。

1）施工作业技术的交底。技术交底是施工组织设计和施工方案的具体化，施工作业技术交底的内容必须具有可行性和可操作性。从项目的施工组织设计到分部分项工程的作业计划，在实施之前都必须逐级进行交底，其目的是使管理者的计划和决策意图为实施人员所理解。施工作业交底是最基层的技和管理交底活动，施工总承包方和工程监理机构都要对施工作业交底进行监督。作业交底的内容包括作业范围、施工依据、作业程序、技术标准和要领、质量目标以及其他与安全、进度、成本、环境等目标管理有关的要求和注意事项。

2）施工作业活动的实施。施工作业活动是由一系列工序所组成的。为了保证工序质量的受控，首先要对作业条件进行再确认，即按照作业计划检查作业准备状态是否落实到位，其中包括对施工程序和作业工艺顺序的检查确认，在此基础上，严格按作业计划的程序、步骤和质量要求展开工序作业活动。

3）施工作业质量的检验。施工作业的质量检查，是贯穿整个施工过程的最基本的质量控制活动，包括施工单位内部的工序作业质量自检、互检、专检和交接检查；以及现场监理机构的旁站检查、平行检验等。

施工质量检查的一般内容如下：

a. 检查施工依据。即检查是否严格按质量计划的要求和相关的技术标准进行施工；有无擅自改变施工方法、粗制滥造、降低质量标准的情况。

b. 检查施工结果。即检查已完施工的成果是否符合规定的质量标准。

c. 检查整改落实。即检查生产组织和人员对质量检查中已被指出的质量问题或需要改进的事项是否认真执行整改。

施工作业质量检查是施工质量验收的基础，已完检验批及分部分项工程的施工质量，必须在施工单位完成质量自检并确认合格之后，才能报请现场监理机构进行检查验收。

前道工序作业质量经验收合格后，才可进入下道工序施工。未经验收合格的工序，不得进入下道工序施工，如图 8.3 所示。

（3）施工作业质量自控的要求。工序作业质量是直接形成工程质量的基础，为达到对工序作业质量控制的效果，在加强工序管理和质量目标控制方面应坚持以下要求：

1）预防为主。严格按照施工质量计划的要求，进行各分部分项施工作业的部署。同时，根据施工作业的内容、范围和特点，制定施工作业计划，明确作业质量目标和作业技术要领，认真进行作业技术交底，落实各项作业技术组织措施。

2）重点控制。在施工作业计划中，一方面要认真贯彻实施施工质量计划中的质量控制点的控制措施；同时要根据作业活动的实际需要，进一步建立工序作业控制点，深化工序作业的重点控制。

3）坚持标准。工序作业人员在工序作业过程应严格进行质量自检，通过自检不断改善作业，并创造条件开展作业质量互检，通过互检加强技术与经验的交流。对已完工序作业产品，即检验批或分部分项工程，应严格坚持质量标准。对不合格的施工作业质量，不得进行验收签证，必须按照规定的程序进行处理。

《公路工程质量检验评定标准》（JTGF 80/1—2004）是公路施工作业质量自控的合格标准。有条件的施工企业或项目经理部应结合自己的条件编制高于国家标准的企业内控标准或工程项目内控标准，或采用施工承包合同明确规定的更高标准，列入质量计划中，努力提升工程质量水平。

4）记录完整。施工图纸、质量计划、作业指导书、材料质保书、检验试验及检测报告、质量验收记录等，是形成可追溯性的质量保证依据，也是工程竣工验收所不可缺少的质量控制资料。

因此，对工序作业质量，应有计划、有步骤地按照施工管理规范的要求进行填写记载，做到及时、准确、完整、有效，并具有可追溯性。

（4）施工作业质量自控的制度。根据实践经验的总结，施工作业质量自控的有效制度有：

1）质量自检制度。

2）质量例会制度。

3）质量会诊制度。

4）质量样板制度。

5）质量挂牌制度。

6）每月质量讲评制度等。

3. 施工作业质量的监控

（1）施工作业质量的监控主体。为了保证项目质量，建设单位、监理单位、设计单位及政府的工程质量监督部门，在施工阶段依据法律法规和工程施工承包合同，对施工单位的质量行为和项目实体质量实施监督控制。

设计单位应就审查合格的施工图纸设计文件向施工单位作详细说明；应参与建设工程质量事故分析，并对因设计造成的质量事故，提出相应的技术处理方案。

建设单位在领取施工许可证或者开工报告前，应按照国家有关规定办理工程质量监督手续。

作为监控主体之一的项目监理机构，在施工作业实施过程中，根据其监理规划与实施细则，采取现场旁站、巡视、平行检验等形式，对施工作业质量进行监督检查，如发现工程施工不符合工程设计要求、施工技术标准和合同约定的，有权要求建筑施工企业改正。监理机构应进行检查而没有检查或没有按规定进行检查的，给建设单位造成损失时应承担赔偿责任。

必须强调，施工质量的自控主体和监控主体，在施工全过程相互依存、各尽其责，共同推动着施工质量控制过程的展开和最终实现工程项目的质量总目标。

（2）现场质量检查。现场质量检查是施工作业质量的监控的主要手段。

1）现场质量检查的内容。

a. 开工前的检查，主要检查是否具备开工条件，开工后是否能够保持连续正常施工，能否保证工程质量。

b. 工序交接检查，对于重要的工序或对工程质量有重大影响的工序，应严格执行“三检”制度（即自检、互检、专检），未经监理工程师（或建设单位技术负责人）检查认可，不得进行下道工序施工。

c. 隐蔽工程的检查，施工中凡是隐蔽工程必须检查认证后方可进行隐蔽掩盖。

d. 停工后复工的检查，因客观因素停工或处理质量事故等停工复工时，经检查认可后方能复工。

e. 分项、分部工程完工后的检查，应经检查认可，并签署验收记录后，才能进行下一工程项目的施工。

f. 成品保护的检查，检查成品有无保护措施以及保护措施是否有效可靠。

2）现场质量检查的方法。

a. 目测法。即凭借感官进行检查，也称观感质量检验，其手段可概括为“看、摸、敲、照”四个字。

（a）看。就是根据质量标准要求进行外观检查，例如，桥梁基础砌体表面应平整、砌缝不应有裂隙等。

（b）摸。就是通过触摸手感进行检查、鉴别，例如油漆的光滑度，浆活是否牢固、不掉粉等。

（c）敲。就是运用敲击工具进行音感检查，例如，对地面工程中的水磨石、面砖、石材饰面等，均应进行敲击检查。

（d）照。就是通过人工光源或反射光照射，检查难以看到或光线较暗的部位，例如，管道井、电梯井等内部管线、设备安装质量，装饰吊顶内连接及设备安装质量等。

b. 实测法。就是通过实测数据与施工规范、质量标准的要求及允许偏差值进行对照，以此判断质量是否符合要求，其手段可概括为“靠、量、吊、套”4个字。

（a）靠。就是用直尺、塞尺检查诸如墙面、地面、路面等的平整度。

（b）量。就是指用测量工具和计量仪表等检查断面尺寸、轴线、标高、湿度、温度等的偏差，例如，大理石板拼缝尺寸，摊铺沥青拌和料的温度，混凝土坍落度的检测等。

（c）吊。就是利用托线板以及线坠吊线检查垂直度，例如，墙体垂直度检查、门窗的安装等。

（d）套。是以方尺套方，辅以塞尺检查，例如，对阴阳角的方正、踢脚线的垂直度、预制构件的方正、门窗口及构件的对角线检查等。

c. 试验法。是指通过必要的试验手段对质量进行判断的检查方法，主要包括如下内容：

（a）理化试验。工程中常用的理化试验包括物理力学性能方面的检验和化学成分及化学性能的测定等两个方面。物理力学性能的检验，包括各种力学指标的测定，如抗拉强度、抗压强度、抗弯强度、抗折强度、冲击韧性、硬度、承载力等，以及各种物理性能方面的测定，如密度、含水量、凝结时间、安定性及抗渗、耐磨、耐热性能等。化学成分及化学性质的测定，如钢筋中的磷、硫含量，混凝土中粗骨料中的活性氧化硅成分，以及耐酸、耐碱、抗腐蚀性等。此外，根据规定有时还需进行现场试验，例如，对桩或地基的静载试验、下水管道的通水试验、压力管道的耐压试验、防水层的蓄水或淋水试验等。

(b) 无损检测。利用专门的仪器仪表从表面探测结构物、材料、设备的内部组织结构或损伤情况。在混凝土结构中的应用无损检测方法常用的有：回弹法、超声脉冲法、超声回弹综合法、钻芯法、拔出法等；在钢结构工程中应用的无损检测方法常用的有：X 射线和 γ 射线探伤、超声无损探测、磁粉探伤检测、渗透探伤检测；在砌体结构中应用的无损检测方法常用的有：原位轴压法、扁顶法、原位单剪法、原位单砖双剪法。

(3) 技术核定与见证取样送检。

1) 技术核定。在建设工程项目施工过程中，因施工方对施工图纸的某些要求不甚明白，或图纸内部存在某些矛盾，或工程材料调整与代用，改变建筑节点构造、管线位置或走向等，需要通过设计单位明确或确认的，施工方必须以技术核定单的方式向监理工程师提出，报送设计单位核准确认。

2) 见证取样送检。为了保证建设工程质量，我国规定对工程所使用的主要材料、半成品、构配件以及施工过程留置的试块、试件等应实行现场见证取样送检。见证人员由建设单位及工程监理机构中有相关专业知识的人员担任；送检的试验室应具备经国家或地方工程检验检测主管部门核准的相关资质；见证取样送检必须严格按执行规定的程序进行，包括取样见证并记录、样本编号、填单、封箱、送试验室、核对、交接、试验检测、报告等。

检测机构应当建立档案管理制度。检测合同、委托单、原始记录、检测报告应当按年度统一编号，编号应当连续，不得随意抽撤、涂改。

4. 隐蔽工程验收与成品质量保护

(1) 隐蔽工程验收。凡被后续施工所覆盖的施工内容，如地基基础工程、钢筋工程、预埋管线等均属隐蔽工程。加强隐蔽工程质量验收，是施工质量控制的重要环节。其程序要求施工方首先应完成自检并合格，然后填写专用的《隐蔽工程验收单》。验收单所列的验收内容应与已完的隐蔽工程实物相一致，并事先通知监理机构及有关方面，按约定时间进行验收。验收合格的隐蔽工程由各方共同签署验收记录；验收不合格的隐蔽工程，应按验收整改意见进行整改后重新验收。严格隐蔽工程验收的程序和记录，对于预防工程质量隐患，提供可追溯质量记录具有重要作用。

(2) 施工成品质量保护。建设工程项目已完施工的成品保护，目的是避免已完施工成品受到来自后续施工以及其他方面的污染或损坏。已完施工的成品保护问题和相应措施，在工程施工组织设计与计划阶段就应该从施工顺序上进行考虑，防止施工顺序不当或交叉作业造成相互干扰、污染和损坏；成品形成后可采取防护、覆盖、封闭、包裹等相应措施进行保护。

8.3.3 工程项目施工质量验收

公路工程施工质量验收应按《公路工程质量检验评定标准》(JTGF 80/1—2004)进行，是在施工过程中、在施工单位自行质量检查评定的基础上，参与建设活动的有关单位共同对检验批、分项、分部、单位工程的质量进行抽样复验，根据相关标准以书面形式对工程质量达到合格与否做出确认。

正确进行工程项目质量的检查评定和验收，是施工质量控制的重要环节。施工质量验收的内容包括施工过程的质量验收和施工项目竣工质量验收两个部分。

8.3.3.1 施工过程的质量验收

工程质量验收可将工程项目划分为检验批、分项工程、分部工程、单位工程。施工过程质量验收主要是指检验批和分项、分部工程的质量验收。

施工质量验收的依据：工程施工承包合同、工程施工图纸、国家和有关部门颁发的施工规范、质量标准、验收规范等。

1. 施工过程质量验收的内容

《公路工程质量检验评定标准》(JTGF 80/1—2004)与各个专业工程施工质量验收规范，明确规定了各分项工程的施工质量的基本要求，规定了分项工程检验批量的抽查办法和抽查数量，规定了检验批主控项目、一般项目的检查内容和允许偏差，规定了对主控项目、一般项目的检验方法，规定了各分部工程验收的方法和需要的技术资料等，同时对涉及人民生命财产安全、人身健康、环境保护和公共利益的内容以强制性条文作出规定，要求必须坚决、严格遵照执行。

检验批和分项工程是质量验收的基本单元；分部工程是在所含全部分项工程验收的基础上进行验收的，在施工过程中随完工随验收，并留下完整的质量验收记录和资料；单位工程作为具有独立使用功能的完整的建筑产品，进行竣工质量验收。

施工过程的质量验收包括以下验收环节，通过验收后留下完整的质量验收记录和资料，为工程项目竣工质量验收提供依据。

(1) 检验批质量验收。所谓检验批是指“按同一的生产条件或按规定的方式汇总起来供检验用的，由一定数量样本组成的检验体”，检验批可根据施工及质量控制和专业验收需要按楼层、施工段、变形缝等进行划分。检验批是工程验收的最小单位，是分项工程乃至整个建筑工程质量验收的基础。

检验批应由监理工程师（建设单位项目技术负责人）组织施工单位项目专业质量（技术）负责人等进行验收。

检验批质量验收合格应符合下列规定：

1) 主控项目和一般项目的质量经抽样检验合格。

2) 具有完整的施工操作依据、质量检查记录。

主控项目是指建筑工程中的对安全、卫生、环境保护和公众利益起决定性作用的检验项目。主控项目的验收必须从严要求，不允许有不符合要求的检验结果，主控项目的检查具有否决权。除主控项目以外的检验项目称为一般项目。

(2) 分项工程质量验收。分项工程的质量验收在检验批验收的基础上进行。一般情况下，两者具有相同或相近的性质，只是批量的大小不同而已。分项工程可由一个或若干检验批组成。

分项工程应由监理工程师（建设单位项目技术负责人）组织施工单位项目专业质量（技术）负责人进行验收。

分项工程质量验收合格应符合下列规定：

1）分项工程所含的检验批均应符合合格质量的规定。

2）分项工程所含的检验批的质量验收记录应完整。

（3）分部工程质量验收。分部工程的验收在其所含各分项工程验收的基础上进行。

分部工程应由总监理工程师（建设单位项目负责人）组织施工单位项目负责人和技术、质量负责人等进行验收；地基与基础、主体结构分部工程的勘察、设计单位工程项目负责人和施工单位技术、质量部门负责人也应参加相关分部工程验收。

分部（子分部）工程质量验收合格应符合下列规定：

1）分部（子分部）工程所含分项工程的质量均应验收合格。

2）质量控制资料应完整。

3）地基与基础、主体结构和设备安装等分部工程有关安全及功能的检验和抽样检测结果应符合有关规定。

4）观感质量验收应符合要求。

必须注意的是，由于分部工程所含的各分项工程性质不同，因此它并不是在所含分项验收基础上的简单相加，即所含分项验收合格且质量控制资料完整，只是分部工程质量验收的基本条件，还必须在此基础上对涉及安全和使用功能的地基基础、主体结构、有关安全及重要使用功能的安装分部工程进行见证取样试验或抽样检测；而且还需要对其观感质量进行验收，并综合给出质量评价，对于评价为"差"的检查点应通过返修处理等进行补救。

2. 施工过程质量验收不合格的处理

施工过程的质量验收是以检验批的施工质量为基本验收单元。检验批质量不合格可能是由于使用的材料不合格，或施工作业质量不合格，或质量控制资料不完整等原因所致，其处理方法有：

（1）在检验批验收时，发现存在严重缺陷的应推倒重做，有一般的缺陷可通过返修或更换器具、设备消除缺陷后重新进行验收。

（2）个别检验批发现某些项目或指标（如试块强度等）不满足要求难以确定是否验收时，应请有资质的法定检测单位检测鉴定，当鉴定结果能够达到设计要求时，应予以验收。

（3）当检测鉴定达不到设计要求，但经原设计单位核算仍能满足结构安全和使用功能的检验批，可予以验收。

（4）严重质量缺陷或超过检验批范围内的缺陷，经法定检测单位检测鉴定以后，认为不能满足最低限度的安全储备和使用功能，则必须进行加固处理，虽然改变外形尺寸，但能满足安全使用要求，可按技术处理方案和协商文件进行验收，责任方应承担经济责任。

(5) 通过返修或加固处理后仍不能满足安全使用要求的分部工程严禁验收。

8.3.3.2 竣工质量验收

项目竣工质量验收是施工质量控制的最后一个环节，是对施工过程质量控制成果的全面检验，是从终端把关方面进行质量控制。未经验收或验收不合格的工程，不得交付使用。

1. 竣工质量验收的依据

(1) 国家相关法律法规和建设主管部门颁布的管理条例和办法。

(2) 工程施工质量验收统一标准。

(3) 专业工程施工质量验收规范。

(4) 批准的设计文件、施工图纸及说明书。

(5) 工程施工承包合同。

(6) 其他相关文件。

2. 竣工质量验收的要求

建筑工程施工质量应按下列要求进行验收：

(1) 建筑工程施工质量应符合本标准和相关专业验收规范的规定。

(2) 建筑工程施工应符合工程勘察、设计文件的要求。

(3) 参加工程施工质量验收的各方人员应具备规定的资格。

(4) 工程质量的验收均应在施工单位自行检查评定的基础上进行。

(5) 隐蔽工程在隐蔽前应由施工单位通知有关单位进行验收，并应形成验收文件。

(6) 涉及结构安全的试块、试件以及有关材料，应按规定进行见证取样检测。

(7) 检验批的质量应按主控项目和一般项目验收。

(8) 对涉及结构安全和使用功能的重要分部工程应进行抽样检测。

(9) 承担见证取样检测及有关结构安全检测的单位应具有相应资质。

(10) 工程的观感质量应由验收人员通过现场检查，并应共同确认。

3. 竣工质量验收的标准

单位工程是工程项目竣工质量验收的基本对象。单位（子单位）工程质量验收合格应符合下列规定：

(1) 单位（子单位）工程所含分部（子分部）工程的质量均应验收合格。

(2) 质量控制资料应完整。

(3) 单位（子单位）工程所含分部工程有关安全和功能的检验资料应完整。

(4) 主要功能项目的抽查结果应符合相关专业质量验收规范的规定。

(5) 观感质量验收应符合要求。

4. 竣工质量验收的程序

建设工程项目竣工验收，可分为验收准备、竣工预验收和正式验收三个环节进行。整个验收过程涉及建设单位、设计单位、监理单位及施工总分包各方的工作，必须按照工程项目质量控制系统的职能分工，以监理工程师为核心进行竣工验收的组织协调。

(1) 竣工验收准备。施工单位按照合同规定的施工范围和质量标准完成施工任务后，应自行组织有关人员进行质量检查评定。自检合格后，向现场监理机构提交工程竣工预验收申请报告，要求组织工程竣工预验收。施工单位的竣工验收准备，包括工程实体的验收准备和相关工程档案资料的验收准备，使之达到竣工验收的要求，其中设备及管道安装工程等，应经过试车、试压和系统联动试运行，并有检查记录。

（2）竣工预验收。监理机构收到施工单位的工程竣工预验收申请报告后，应就验收的准备情况和验收条件进行检查，对工程质量进行竣工预验收。对工程实体质量及档案资料存在的缺陷，及时提出整改意见，并与施工单位协商整改方案，确定整改要求和完成时间。具备下列条件时，由施工单位向建设单位提交工程竣工验收报告，申请工程竣工验收。

1）完成建设工程设计和合同约定的各项内容。

2）有完整的技术档案和施工管理资料。

3）有工程使用的主要建筑材料、构配件和设备的进场试验报告。

4）有工程勘察、设计、施工、工程监理等单位分别签署的质量合格文件。

5）有施工单位签署的工程保修书。

（3）正式竣工验收。建设单位收到工程竣工验收报告后，应由建设单位（项目）负责人组织施工（含分包单位）、设计、勘察、监理等单位（项目）负责人进行单位工程验收。

建设单位应组织勘察、设计、施工、监理等单位和其他方面的专家组成竣工验收小组，负责检查验收的具体工作，并制定验收方案。

建设单位应在工程竣工验收前 7 个工作日前将验收时间、地点、验收组名单书面通知该工程的工程质量监督机构。建设单位组织竣工验收会议。正式验收过程的主要工作如下：

1）建设、勘察、设计、施工、监理单位分别汇报工程合同履约情况及工程施工各环节施工满足设计要求，质量符合法律、法规和强制性标准的情况。

2）检查审核设计、勘察、施工、监理单位的工程档案资料及质量验收资料。

3）实地检查工程外观质量，对工程的使用功能进行抽查。

4）对工程施工质量管理各环节工作、对工程实体质量及质保资料情况进行全面评价，形成经验收组人员共同确认签署的工程竣工验收意见。

5）竣工验收合格，建设单位应及时提出工程竣工验收报告，验收报告应附有工程施工许可证、设计文件审查意见、质量检测功能性试验资料、工程质量保修书等法规所规定的其他文件。

6）工程质量监督机构应对工程竣工验收工作进行监督。

5. 竣工验收备案

我国实行建设工程竣工验收备案制度。新建、扩建和改建的各类房屋建筑工程和市政基础设施工程的竣工验收，均应按《建设工程质量管理条例》规定进行备案。

（1）建设单位应当自建设工程竣工验收合格之日起 15 日内，将建设工程竣工验收报告和规划、公安消防、环保等部门出具的认可文件或准许使用文件，报建设行政主管部门或者其他相关部门备案。

（2）备案部门在收到备案文件资料后的 15 日内，对文件资料进行审查，符合要求的工程，在验收备案表上加盖“竣工验收备案专用章”，并将一份退建设单位存档。如审查中发现建设单位在竣工验收过程中，有违反国家有关建设工程质量管理规定行为的，责令停止使用，重新组织竣工验收。

（3）建设单位有下列行为之一的，责令改正，处以工程合同价款百分之二以上百分之四以下的罚款；造成损失的依法承担赔偿责任：

1）未组织竣工验收，擅自交付使用的。

2）验收不合格，擅自交付使用的。

3）对不合格的建设工程按照合格工程验收的。

8.4 施工质量不合格的处理

8.4.1 工程质量问题和质量事故的分类

8.4.1.1 工程质量不合格

1. 质量不合格和质量缺陷

根据我国标准《质量管理体系 基础和术语》（GB/T 19000—2008/ISO9000：2005）的规定，凡工程产品没有满足某个规定的要求，就称之为质量不合格；而未满足某个与预期或规定用途有关的要求，称为质量缺陷。

2. 质量问题和质量事故

凡是工程质量不合格，影响使用功能或工程结构安全，造成永久质量缺陷或存在重大质量隐患，甚至直接导致工程倒塌或人身伤亡，必须进行返修、加固或报废处理，按照由此造成直接经济损失的大小分为质量问题和质量事故。

8.4.1.2 工程质量事故

工程质量事故指由于勘测、设计、施工、监理、试验检测等责任过失而使工程在下述时限内遭受损毁或产生不可弥补的本质缺陷，因构造物倒塌造成人身伤亡或财产损失以及需加固、补强、返工处理的事故。

根据《公路工程质量管理办法》交公路发〔1999〕90号，工程质量事故分类如下。

1. 公路工程质量事故分质量问题、一般质量事故和重大质量事故三类

（1）质量问题：质量较差、造成直接经济损失（包括修复费用）在20万元以下。

（2）一般质量事故：质量低劣或达不到合格标准，需加固补强，直接经济损失（包括修复费用）在20万元至300万元之间的事故。一般质量事故分三个等级：

1）一级一般质量事故：直接经济损失在150万～300万元。

2）二级一般质量事故：直接经济损失在50万～150万元。

3）三级一般质量事故：直接经济损失在20万～50万元。

（3）重大质量事故：由于责任过失造成工程倒塌、报废或造成人身伤亡或重大经济损失的事故。

2. 重大质量事故分三个等级

（1）具备下列条件之一者为一级重大质量事故：

1）死亡30人以上。

2）直接经济损失1000万元以上。

3）特大型桥梁主体结构垮塌。

（2）具备下列条件之一者为二级重大质量事故：

1）死亡10人以上，29人以下。

2）直接经济损失500万元以上、1000万元以下。

3）大型桥梁主体结构垮塌。

（3）具备下列条件之一者为三级重大质量事故：

1）死亡1人以上9人以下。

2）直接经济损失300万元以上、500万元以下。

3）中小型桥梁主体结构垮塌。

8.4.2　施工质量事故的预防

建立健全施工质量管理体系，加强施工质量控制，就是为了预防施工质量问题和质量事故，在保证工程质量合格的基础上，不断提高工程质量。所以，施工质量控制的所有措施和方法，都是预防施工质量事故的措施。具体来说，施工质量事故的预防，应运用风险管理的理论和方法，从寻找和分析可能导致施工质量事故发生的原因入手，抓住影响施工质量的各种因素和施工质量形成过程的各个环节，采取针对性的预防控制措施。

8.4.2.1　施工质量事故发生的原因

施工质量事故发生的原因大致有如下四类：

（1）技术原因：指引发质量事故是由于在项目勘察、设计、施工中技术上的失误。例如，地质勘察过于疏略，对水文地质情况判断错误，致使地基基础设计采用不正确的方案；或结构设计方案不正确，计算失误，构造设计不符合规范要求；施工管理及实际操作人员的技术素质差，采用了不合适的施工方法或施工工艺等。这些技术上的失误是造成质量事故的常见原因。

（2）管理原因：指引发的质量事故是由于管理上的不完善或失误。例如，施工单位或监理单位的质量管理体系不完善，质量管理措施落实不力，施工管理混乱，不遵守相关规范，违章作业，检验制度不严密，质量控制不严格，检测仪器设备管理不善而失准，以及材料质量检验不严等原因引起质量事故。

（3）社会、经济原因：指引发的质量事故是由于社会上存在的不正之风及经济上的原因，滋长了建设中的违法违规行为，而导致出现质量事故。例如，违反基本建设程序，无立项、无报建、无开工许可、无招投标、无资质、无监理、无验收的“七无”工程，边勘察、边设计、边施工的“三边”工程，屡见不鲜，几乎所有的重大施工质量事故都能从这个方面找到原因；某些施工企业盲目追求利润而不顾工程质量，在投标报价中随意压低标价，中标后则依靠违法的手段或修改方案追加工程款，甚至偷工减料等，这些因素都会导致发生重大工程质量事故。

（4）人为事故和自然灾害原因：指造成质量事故是由于人为的设备事故、安全事故，导致连带发生质量事故，以及严重的自然灾害等不可抗力造成质量事故。

8.4.2.2 施工质量事故预防的具体措施

1. 严格按照基本建设程序办事

首先要做好项目可行性论证，不可未经深入的调查分析和严格论证就盲目拍板定案；要彻底搞清工程地质水文条件方可开工；杜绝无证设计、无图施工；禁止任意修改设计和不按图纸施工；工程竣工不进行试车运转、不经验收不得交付使用。

2. 认真做好工程地质勘察

地质勘察时要适当布置钻孔位置和设定钻孔深度。钻孔间距过大，不能全面反映地基实际情况；钻孔深度不够，难以查清地下软土层、滑坡、墓穴、孔洞等有害地质构造。地质勘察报告必须详细、准确，防止因根据不符合实际情况的地质资料而采用错误的基础方案，导致地基不均匀沉降、失稳，使上部结构及墙体开裂、破坏、倒塌。

3. 科学地加固处理好地基

对软弱土、冲填土、杂填土、湿陷性黄土、膨胀土、岩层出露、岩溶、土洞等不均匀地基要进行科学的加固处理。要根据不同地基的工程特性，按照地基处理与上部结构相结合使其共同工作的原则，从地基处理与设计措施、结构措施、防水措施、施工措施等方面综合考虑治理。

4. 进行必要的设计审查复核

要请具有合格专业资质的审图机构对施工图进行审查复核，防止因设计考虑不周、结构构造不合理、设计计算错误、沉降缝及伸缩缝设置不当、悬挑结构未通过抗倾覆验算等原因，导致质量事故的发生。

5. 严格把好建筑材料及制品的质量关

要从采购订货、进场验收、质量复验、存储和使用等几个环节，严格控制建筑材料及制品的质量，防止不合格或是变质、损坏的材料和制品用到工程上。

6. 对施工人员进行必要的技术培训

要通过技术培训使施工人员掌握基本的建筑结构和建筑材料知识，懂得遵守施工验收规范对保证工程质量的重要性，从而在施工中自觉遵守操作规程，不蛮干，不违章操作，不偷工减料。

7. 依法进行施工组织管理

施工管理人员要认真学习、严格遵守国家相关政策法规和施工技术标准，依法进行施工组织管理；施工人员首先要熟悉图纸，对工程的难点和关键工序、关键部位应编制专项施工方案并严格执行；施工作业必须按照图纸和施工验收规范、操作规程进行；施工技术措施要正确，施工顺序不可搞错，脚手架和楼面不可超载堆放构件和材料；要严格按照制度进行质量检查和验收。

8. 做好应对不利施工条件和各种灾害的预案

要根据当地气象资料的分析和预测，事先针对可能出现的风、雨、高温、严寒、雷电等不利施工条件，制定相应的施工技术措施；还要对不可预见的人为事故和严重自然灾害做好应急预案，并有相应的人力、物力储备。

9. 加强施工安全与环境管理

许多施工安全和环境事故都会连带发生质量事故，加强施工安全与环境管理，也是预防施工质量事故的重要措施。

8.4.3 施工质量问题和质量事故的处理

8.4.3.1 施工质量事故处理的依据

(1) 质量事故的实况资料。包括质量事故发生的时间、地点；质量事故状况的描述；质量事故发展变化的情况；有关质量事故的观测记录、事故现场状态的照片或录像；事故调查组调查研究所获得的第一手资料。

(2) 有关合同及合同文件。包括工程承包合同、设计委托合同、设备与器材购销合同、监理合同及分包合同等。

(3) 有关的技术文件和档案。主要是有关的设计文件（如施工图纸和技术说明）、与施工有关的技术文件、档案和资料，如施工方案、施工计划、施工记录、施工日志、有关建筑材料的质量证明资料、现场制备材料的质量证明资料、质量事故发生后对事故状况的观测记录、试验记录或报告等。

(4) 相关的建设法规。主要有《建筑法》《建设工程质量管理条例》和《关于做好房屋建筑和市政基础设施工程质量事故报告和调查处理工作的通知》（建质[.0103111 号）等与工程质量及质量事故处理有关的法规，以及勘察、设计、施工、监理等单位资质管理和从业者资格管理方面的法规，建筑市场管理方面的法规，以及相关技术标准、规范、规程和管理办法等。

8.4.3.2 施工质量事故报告和调查处理程序

1. 事故报告

工程质量事故发生后，事故现场有关人员应当立即向工程建设单位负责人报告；工程建设单位负责人接到报告后，应于 1 小时内向事故发生地县级以上人民政府住房和城乡建设主管部门及有关部门报告；同时应按照应急预案采取相应措施。情况紧急时，事故现场有关人员可直接向事故发生地县级以上人民政府住房和城乡建设主管部门报告。

事故报告应包括下列内容：

(1) 事故发生的时间、地点、工程项目名称、工程各参建单位名称。

(2) 事故发生的简要经过、伤亡人数和初步估计的直接经济损失。

(3) 事故原因的初步判断。

(4) 事故发生后采取的措施及事故控制情况。

(5) 事故报告单位、联系人及联系方式。

(6) 其他应当报告的情况。

2. 事故调查

事故调查要按规定区分事故的大小分别由相应级别的人民政府直接或授权委托有关部门组织事故调查组进行调查。未造成人员伤亡的一般事故，县级人民政府也可以委托事故发生单位组织事故调查组进行调查。事故调查应力求及时、客观、全面，以便为事故的分析与处理提供正确的依据。调查结果要整理撰写成事故调查报告，其主要内容应包括：

(1) 事故项目及各参建单位概况。

（2）事故发生经过和事故救援情况。

（3）事故造成的人员伤亡和直接经济损失。

（4）事故项目有关质量检测报告和技术分析报告。

（5）事故发生的原因和事故性质。

（6）事故责任的认定和事故责任者的处理建议。

（7）事故防范和整改措施。

3. 事故的原因分析

原因分析要建立在事故情况调查的基础上，避免情况不明就主观推断事故的原因。特别是对涉及勘察、设计、施工、材料和管理等方面的质量事故，事故的原因往往错综复杂，因此，必须对调查所得到的数据、资料进行仔细的分析，依据国家有关法律法规和工程建设标准分析事故的直接原因和间接原因，必要时组织对事故项目进行检测鉴定和专家技术论证，去伪存真，找出造成事故的主要原因。

4. 制定事故处理的技术方案

事故的处理要建立在原因分析的基础上，要广泛地听取专家及有关方面的意见，经科学论证，决定事故是否要进行技术处理和怎样处理。在制定事故处理的技术方案时，应做到安全可靠、技术可行、不留隐患、经济合理、具有可操作性、满足项目的安全和使用功能要求。

5. 事故处理

事故处理的内容包括：事故的技术处理，按经过论证的技术方案进行处理，解决事故造成的质量缺陷问题；事故的责任处罚，依据有关人民政府对事故调查报告的批复和有关法律法规的规定，对事故相关责任者实施行政处罚，负有事故责任的人员涉嫌犯罪的，依法追究刑事责任。

6. 事故处理的鉴定验收

质量事故的技术处理是否达到预期的目的，是否依然存在隐患，应当通过检查鉴定和验收作出确认。事故处理的质量检查鉴定，应严格按施工验收规范和相关质量标准的规定进行，必要时还应通过实际量测、试验和仪器检测等方法获取必要的数据，以便准确地对事故处理的结果作出鉴定，形成鉴定结论。

7. 提交事故处理报告

事故处理后，必须尽快提交完整的事故处理报告，其内容包括：事故调查的原始资料、测试的数据；事故原因分析和论证结果；事故处理的依据；事故处理的技术方案及措施；实施技术处理过程中有关的数据、记录、资料；检查验收记录；对事故相关责任者的处罚情况和事故处理的结论等。

8.4.3.3 施工质量事故处理的基本要求

（1）质量事故的处理应达到安全可靠、不留隐患、满足生产和使用要求、施工方便、经济合理的目的。

（2）消除造成事故的原因，注意综合治理，防止事故再次发生。

（3）正确确定技术处理的范围和正确选择处理的时间和方法。

（4）切实做好事故处理的检查验收工作，认真落实防范措施。

（5）确保事故处理期间的安全。

8.4.3.4　施工质量缺陷处理的基本方法

1. 返修处理

当项目的某些部分的质量虽未达到规范、标准或设计规定的要求，存在一定的缺陷，但经过采取整修等措施后可以达到要求的质量标准，又不影响使用功能或外观的要求时，可采取返修处理的方法。例如，某些混凝土结构表面出现蜂窝、麻面，或者混凝土结构局部出现损伤，如结构受撞击、局部未振实、冻害、火灾、酸类腐蚀、碱骨料反应等，当这些缺陷或损伤仅仅在结构的表面或局部，不影响其使用和外观，可进行返修处理。再比如对混凝土结构出现裂缝，经分析研究后如果不影响结构的安全和使用功能时，也可采取返修处理。当裂缝宽度不大于 0.2mm 时，可采用表面密封法；当裂缝宽度大于 0.3mm 时，采用嵌缝密闭法；当裂缝较深时，则应采取灌浆修补的方法。

2. 加固处理

加固处理主要是针对危及结构承载力的质量缺陷的处理。通过加固处理，使建筑结构恢复或提高承载力，重新满足结构安全性与可靠性的要求，使结构能继续使用或改作其他用途。对混凝土结构常用的加固方法主要有：增大截面加固法、外包角钢加固法、粘钢加固法、增设支点加固法、增设剪力墙加固法、预应力加固法等。

3. 返工处理

当工程质量缺陷经过返修、加固处理后仍不能满足规定的质量标准要求，或不具备补救可能性，则必须采取重新制作、重新施工的返工处理措施。例如，某防洪堤坝填筑压实后，其压实土的干密度未达到规定值，经核算将影响土体的稳定且不满足抗渗能力的要求，须挖除不合格土，重新填筑，重新施工；某公路桥梁工程预应力按规定张拉系数为 1.3，而实际仅为 0.8，属严重的质量缺陷，也无法修补，只能重新制作。再比如混凝土路面施工中，误用了安定性不合格的水泥，无法采用其他补救办法，不得不拆除重新浇筑。

4. 限制使用

当工程质量缺陷按修补方法处理后无法保证达到规定的使用要求和安全要求，而又无法返工处理的情况下，不得已时可作出诸如结构卸荷或减荷以及限制使用的决定。

5. 不作处理

某些工程质量问题虽然达不到规定的要求或标准，但其情况不严重，对结构安全或使用功能影响很小，经过分析、论证、法定检测单位鉴定和设计单位等认可后可不作专门处理。一般可不作专门处理的情况有以下几种：

（1）不影响结构安全和使用功能的。例如，有的工业建筑物出现放线定位的偏差，且严重超过规范标准规定，若要纠正会造成重大经济损失，但经过分析、论证其偏差不影响生产工艺和正常使用，在外观上也无明显影响，可不作处理。又如，某些部位的混凝土表面的裂缝，经检查分析，属于表面养护不够的干缩微裂，不影响安全和外观，也可不作处理。

（2）后道工序可以弥补的质量缺陷。例如，混凝土结构表面的轻微麻面，可通过后续的抹灰、刮涂、喷涂等弥补，也可不作处理。

(3) 法定检测单位鉴定合格的。例如，某检验批混凝土试块强度值不满足规范要求，强度不足，但经法定检测单位对混凝土实体强度进行实际检测后，其实际强度达到规范允许和设计要求值时，可不作处理。对经检测未达到要求值，但相差不多，经分析论证，只要使用前经再次检测达到设计强度，也可不作处理，但应严格控制施工荷载。

(4) 出现的质量缺陷，经检测鉴定达不到设计要求，但经原设计单位核算，仍能满足结构安全和使用功能的。例如，某一结构构件截面尺寸不足，或材料强度不足，影响结构承载力，但按实际情况进行复核验算后仍能满足设计要求的承载力时，可不进行专门处理。这种做法实际上是挖掘设计潜力或降低设计的安全系数，应谨慎处理。

6. 报废处理

出现质量事故的项目，通过分析或实践，采取上述处理方法后仍不能满足规定的质量要求或标准，则必须予以报废处理。

8.5 常用施工质量分析及其方法

统计质量管理是20世纪30年代发展起来的科学管理理论与方法，它把数理统计方法应用于产品生产过程的抽样检验，通过研究样本质量特性数据的分布规律，分析和推断生产过程质量的总体状况，改变了传统的事后把关的质量控制方式，为工业生产的事前质量控制和过程质量控制，提供了有效的科学手段。它的作用和贡献使之成为质量管理历史上一个阶段性的标志，至今仍是质量管理不可缺少的工具。对建筑工程，在进场材料的抽样检验、试块试件的检测试验等方面，仍然有广泛的应用。下面主要介绍分层法、因果分析图法、排列图法、直方图法的应用。

8.5.1 分层法的应用

1. 分层法的基本原理

由于项目质量的影响因素众多，对工程质量状况的调查和质量问题的分析，必须分门别类地进行，以便准确有效地找出问题及其原因之所在，这就是分层法的基本思想。

例如一个焊工班组有A、B、C三位工人实施焊接作业，共抽检60个焊接点，发现有18点不合格，占30%究竟问题出在谁身上？根据表8.1可知，主要是作业工人C的焊接质量影响了总体的质量水平。

表8.1　分层调查的统计数据表

作业工人	抽检点数	不合格点数	个体不合格率	占不合格点总数百分率
A	20	2	10%	11%
B	20	4	20%	22%
C	20	12	60%	67%
合计	60	18		100%

2. 分层法的实际应用

应用分层法的关键是调查分析的类别和层次划分，根据管理需要和统计目的，通常可按照以下分层方法取得原始数据：

（1）按施工时间分，如月、日、上午、下午、白天、晚间、季节。

（2）按地区部位分，如区域、城市、乡村、楼层、外墙、内墙。

（3）按产品材料分，如产地、厂商、规格、品种。

（4）按检测方法分，如方法、仪器、测定人、取样方式。

（5）按作业组织分，如工法、班组、工长、工人、分包商。

（6）按工程类型分，如住宅、办公楼`道路、桥梁、隧道。

（7）按合同结构分，如总承包、专业分包、劳务分包。

经过第一次分层调查和分析，找出主要问题的所在以后，还可以针对这个问题再次分层进行调查分析，一直到分析结果满足管理需要为止。层次类别划分越明确、越细致，就越能够准确有效地找出问题及其原因所在。

8.5.2 因果分析图法的应用

1. 因果分析法的基本原理

因果分析图法，也称为质量特性要因分析法，其基本原理是对每一个质量特性或问题，采用如图 8.4 所示的方法，逐层深入排查可能原因，然后确定其中最主要原因，进行有的放矢的处置和管理。

2. 因果分析图法的应用示例

图 8.5 表示混凝土强度不合格的原因分析，其中，把混凝土施工的生产要素即人、机械、材料、施工方法和施工环境作为第一层面的因素进行分析；然后对第一层的各个因素，再进行第二层面的可能原因的深入分析。依此类推，直至把所有可能的原因，分层次地一一罗列出来。

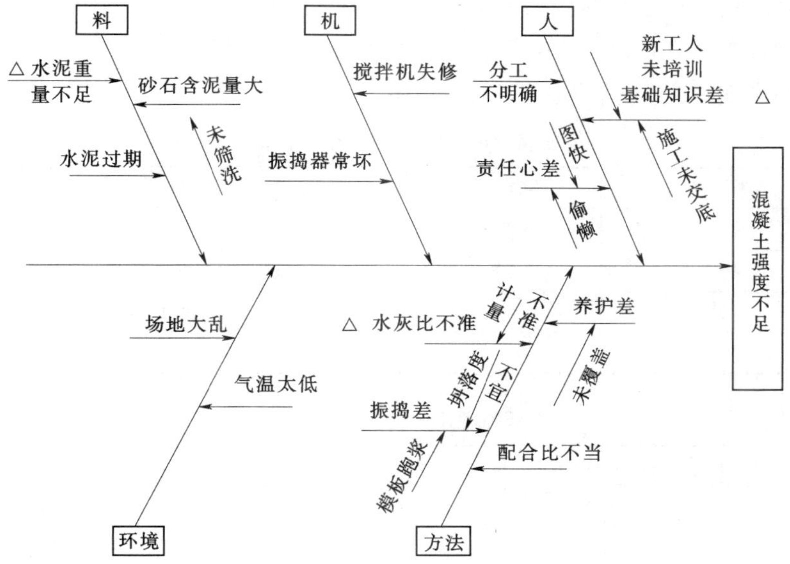

图 8.5 混凝土强度不足因果分析图

3. 因果分析图法应用时的注意事项

(1) 一个质量特性或一个质量问题使用一张图分析。

(2) 通常采用 QC 小组活动的方式进行，集思广益，共同分析。

(3) 必要时可以邀请小组以外的有关人员参与，广泛听取意见。

(4) 分析时要充分发表意见，层层深入，排出所有可能的原因。

(5) 在充分分析的基础上，由各参与人员采用投票或其他方式，从中选择 1～5 项多数人达成共识的最主要原因。

4. 因果分析图的绘制步骤

(1) 明确质量问题和结果。画出质量特性的主干线，箭头指向右侧的一个矩形框，框内注明研究的问题，即结果。

(2) 分析确定影响质量特性大的方面原因。一般从人、机、料、工艺、环境方面分析。

(3) 将大原因进一步分解为中原因、小原因，直至可以采取具体措施加以解决止。

(4) 检查图中所列原因是否齐全，做必要的补充及修改。

(5) 选择出影响较大的因素做出标记，以便重点采取措施。

8.5.3 排列图法的应用

1. 排列图法的适用范围

在质量管理过程中，通过抽样检查或检验试验所得到的关于质量问题、偏差、缺陷、不合格等方面的统计数据，以及造成质量问题的原因分析统计数据，均可采用排列图方法进行状况描述，它具有直观、主次分明的特点。

2. 排列图法的应用示例

表 8.2 表示对某项模板施工精度进行抽样检查，得到 150 个不合格点数的统计数据。然后按照质量特性不合格点数（频数）由大到小的顺序，重新整理为表 8.3，并分别计算出累计频数和累计频率。

表 8.2　某项模板施工精度的抽样检查数据表

序号	检查项目	不合格点数	序号	检查项目	不合格点数
1	轴线位置	1	5	平面水平度	15
2	垂直度	8	6	表面平整度	75
3	标高	4	7	预埋设施中心位置	1
4	截面尺寸	45	8	预留孔洞中心位置	1

表 8.3　重新整理后的抽样检查数据表

序　号	项　目	频　数	频率/%	累计频率/%
1	表面平整度	75	50.0	50.0
2	截面尺寸	45	30.0	80.0
3	平面水平度	15	10.0	90.0

续表

序　号	项　目	频　数	频率/%	累计频率/%
4	垂直度	8	5.3	95.3
5	标高	4	2.7	98.0
6	其他	3	2.0	100.0
合计		150	100	

根据表 8.3 的统计数据画排列图，如图 8.6 所示，并将其中累计频率 0～80%定为 A 类问题，即主要问题，进行重点管理；将累计频率在 80%～90%区间的问题定为 B 类问题，即次要问题，作为次重点管理；将其余累计频率在 90%～100%。区间的问题定为 C 类问题，即一般问题，按照常规适当加强管理。以上方法称为 AK 分类管理法。

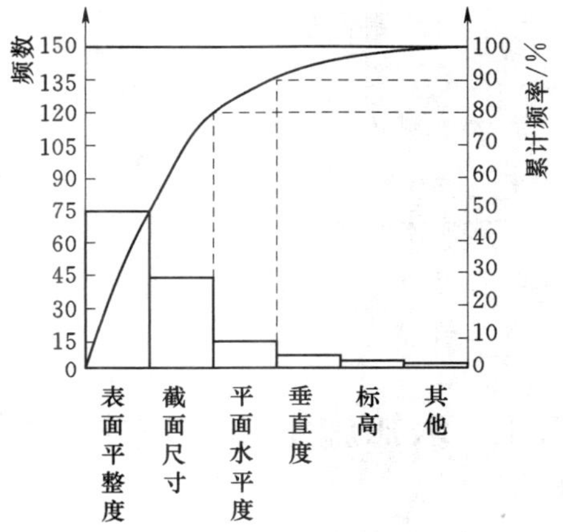

图 8.6　混凝土构件尺寸不合格点排列图

情景 9　认知施工项目成本控制

【任务】 编制南友公路至明阳工业区连接线两阶段施工图 K0＋000～K2＋700 段的施工项目合同的成本与材料管理计划

【知识目标】

1. 认知施工项目成本管理的任务与环节
2. 了解成本预测的方法
3. 熟悉成本的构成和分类、及编制办法
4. 理解成本控制的特点、内容、程序、范围和职责
5. 掌握施工项目部现场成本控制的主要内容

【专业能力目标】

1. 能运用所学知识人事基础成本管理工作
2. 具备成本控制与处置的能力
3. 能编制简单的项目成本控制的计划

9.1　认知施工项目成本管理

9.1.1　施工成本的定义

施工成本是指在建设工程项目的施工过程中所发生的全部生产费用的总和，包括所消耗的原材料、辅助材料、构配件等费用；周转材料的摊销费或租赁费；施工机械的使用费或租赁费；支付给生产工人的工资、奖金、工资性质的津贴；以及进行施工组织与管理所发生的全部费用支出等。建设工程项目施工成本由直接成本和间接成本所组成。

直接成本是指施工过程中耗费的构成工程实体或有助于工程实体形成的各项费用支出，是可以直接计入工程对象的费用，包括人工费、材料费和施工机具使用费等。

间接成本是指准备施工、组织和管理施工生产的全部费用支出，是非直接用于也无法直接计入工程对象，但为进行工程施工所必须发生的费用，包括管理人员工资、办公费、差旅交通费等。

9.1.2　成本目标与计划成本目标

建设工程项目施工成本管理应从工程投标报价开始，直至项目保证金返还为止，贯穿于项目实施的全过程。成本作为项目管理的一个关键性目标，包括责任成本目标和计划成本目标，它们的性质和作用不同。前者反映公司对施工成本目标的要求，后者是前者的具体化。

根据成本运行规律，成本管理责任体系应包括公司层和项目经理部。公司层的成本管理除生产成本以外，还包括经营管理费用；项目经理部应对生产成本进行管理。公司层贯穿于项目投标、实施和结算过程，体现效益中心的管理职能；项目经理部则着眼于执行公司确定的施工成本管理目标，发挥现场生产成本控制中心的管理职能。

9.1.3　施工成本管理的任务和环节

施工成本管理就是要在保证工期和质量满足要求的情况下，采取相应管理措施，包括组织措施、经济措施、技术措施、合同措施，把成本控制在计划范围内，并进一步寻求最大程度的成本节约。施工成本管理的任务和环节主要包括：

（1）施工成本预测。

（2）施工成本计划。

（3）施工成本控制。

（4）施工成本核算。

（5）施工成本分析。

（6）施工成本考核。

工程项目成本管理是一个有机联系与相互制约的系统过程，承包企业应按照其形成的特点和规律，建立文件化的工程项目成本管理流程，规范和指导工程项目成本管理的实施。工程项目成本管理流程如图 9.1 所示。在工程项目成本管理流程中，每个环节都是相互联系和相互作用的。

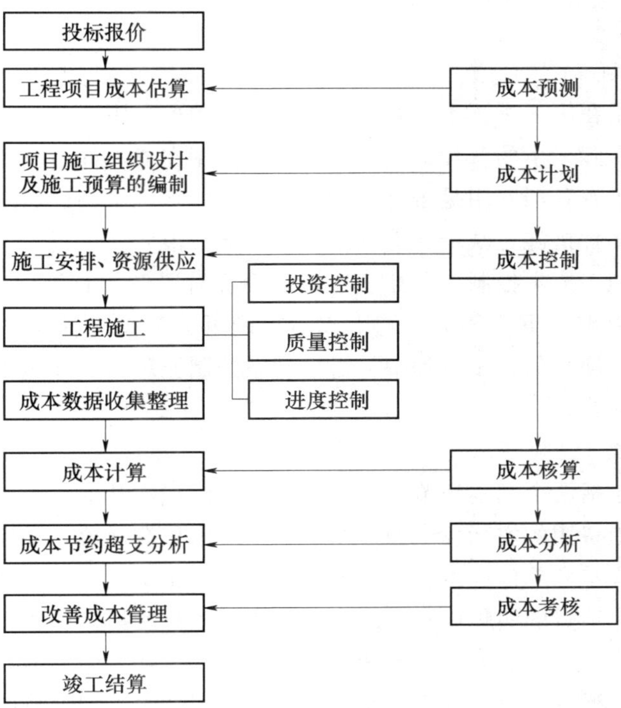

图 9.1　工程项目成本管理流程图

成本预测是成本决策的前提，成本计划是成本决策所确定目标的具体化。成本计划控制则是对成本计划的实施进行控制和监督，保证决策的成本目标的实现，而成本核算又是对成本计划是否实现的最后检验，它所提供的成本信息又将为下一个施工项目成本预测和决策提供基础资料。成本考核是实现成本目标责任制的保证和实现决策目标的重要手段。

1. 施工成本预测

施工成本预测是在工程施工前对成本进行的估算，是施工项目成本决策与计划的依据。施工成本预测，通常是对施工项目计划工期内影响其成本变化的各个因素进行分析，比照近期已完工施工项目或将完工施工项目的成本（单位成本），预测这些因素对工程成本中有关项目（成本项目）的影响程度，预测出工程的单位成本或总成本。通过成本预测，可以在满足项目业主和本企业要求的前提下，选择成本低、效益好的最佳成本方案，并能够在施工项目成本形成过程中，针对薄弱环节，加强成本控制，克服盲目性，提高预见性。

道路工程项目主要包含的施工成本预测内容有工、料、机费用预测；施工方案引起费用变化的预测；辅助工程费的预测；大型临时设施费的预测；小型临时设施费、工地转移费的预测；成本失控的风险预测等内容。

2. 施工成本计划

施工成本计划是以货币形式编制施工项目在计划期内的生产费用、成本水平、成本降低率以及为降低成本所采取的主要措施和规划的书面方案。它是建立施工项目成本管理责任制、开展成本控制和核算的基础，是项目降低成本的指导文件，是设立目标成本的依据。

3. 施工成本控制

施工成本控制是在施工过程中，对影响施工成本的各种因素加强管理，并采取各种有效措施，将施工中实际发生的各种消耗和支出严格控制在成本计划范围内；通过动态监控并及时反馈，严格审查各项费用是否符合标准，计算实际成本和计划成本之间的差异并进行分析，进而采取多种措施，减少或消除施工中的损失浪费。

建设工程项目施工成本控制应贯穿于项目从投标阶段开始直至保证金返还的全过程，它是企业全面成本管理的重要环节。施工成本控制可分为事先控制、事中控制（过程控制）和事后控制。在项目的施工过程中，需按动态控制原理对实际施工成本的发生过程进行有效控制。

4. 施工成本核算

施工成本核算包括两个基本环节：一是按照规定的成本开支范围对施工费用进行归集和分配，计算出施工费用的实际发生额；二是根据成本核算对象，采用适当的方法，计算出该施工项目的总成本和单位成本。施工成本管理需要正确及时地核算施工过程中发生的各项费用，计算施工项目的实际成本。施工项目成本核算所提供的各种成本信息，是成本预测、成本计划、成本控制、成本分析和成本考核等各个环节的依据。

施工成本核算一般以单位工程为对象，也可以按照承包工程项目的规模、工期、结构类型、施工组织和施工现场等情况，结合成本管理要求，灵活划分成本核算对象。

5. 施工成本分析

施工成本分析是在施工成本核算的基础上，对成本的形成过程和影响成本升降的因素进行分析，以寻求进一步降低成本的途径，包括有利偏差的挖掘和不利偏差的纠正。施工成本分析贯穿于施工成本管理的全过程，它是在成本的形成过程中，主要利用施工项目的成本核算资料（成本信息），与目标成本、预算成本以及类似的施工项目的实际成本等进行比较，了解成本的变动情况；同时也要分析主要技术经济指标对成本的影响，系统地研究成本变动的因素，检查成本计划的合理性，并通过成本分析，深入研究成本变动的规律，寻找降低施工项目成本的途径，以便有效地进行成本控制。成本偏差的控制，分析是关键，纠偏是核心；要针对分析得出的偏差发生原因，采取切实措施，加以纠正。

6. 施工成本考核

施工成本考核是指在施工项目完成后，对施工项目成本形成中的各责任者，按施工项目成本目标责任制的有关规定，将成本的实际指标与计划、定额、预算进行对比和考核，评定施工项目成本计划的完成情况和各责任者的业绩，并以此给予相应的奖励和处罚。通过成本考核，做到有奖有惩，赏罚分明，才能有效地调动每一位员工在各自施工岗位上努力完成目标成本的积极性，从而降低施工项目成本，提高企业的效益。

施工成本考核是衡量成本降低的实际成果，也是对成本指标完成情况的总结和评价。成本考核制度包括考核的目的、时间、范围、对象、方式、依据、指标、组织领导、评价与奖惩原则等内容。

以施工成本降低额和施工成本降低率作为成本考核的主要指标，要加强公司层对项目经理部的指导，并充分依靠技术人员、管理人员和作业人员的经验和智慧，防止项目管理在企业内部异化为靠少数人承担风险的以包代管模式。成本考核也可分别考核公司层和项目经理部。

公司层对项目经理部进行考核与奖惩时，既要防止虚盈实亏，也要避免实际成本归集差错等的影响，使施工成本考核真正做到公平、公正、公开，在此基础上落实施工成本管理责任制的奖惩或激励措施。

9.1.4　施工成本管理的措施

1. 施工成本管理的基础工作

施工成本管理的基础工作是多方面的，成本管理责任体系的建立是其中最根本最重要的基础工作，涉及成本管理的一系列组织制度、工作程序、业务标准和责任制度的建立。除此而外，应从以下各方面为施工成本管理创造良好的基础条件：

（1）统一组织内部工程项目成本计划的内容和格式。其内容应能反映施工成本的划分、各成本项目的编码及名称、计量单位、单位工程量计划成本及合计金额等。这些成本计划的内容和格式应由各个企业按照自己的管理习惯和需要进行设计。

（2）建立企业内部施工定额并保持其适应性、有效性和相对的先进性，为施工成本计划的编制提供支持。

（3）建立生产资料市场价格信息的收集网络和必要的派出询价网点，做好市场行情预测，保证采购价格信息的及时性和准确性。同时，建立企业的分包商、供应商评审注册名录，发展稳定、良好的供方关系，为编制施工成本计划与采购工作提供支持。

（4）建立已完项目的成本资料、报告报表等的归集、整理、保管和使用管理制度。

（5）科学设计施工成本核算账册体系、业务台账、成本报告报表，为施工成本管理的业务操作提供统一的范式。

2. 施工成本管理的措施

为了取得施工成本管理的理想成效，应当从多方面采取措施实施管理，通常可以将这些措施归纳为组织措施、技术措施、经济措施、合同措施、质量管理措施。

（1）组织措施。组织措施是从施工成本管理的组织方面采取的措施。施工成本控制是全员的活动，如实行项目经理责任制，落实施工成本管理的组织机构和人员，明确各级施工成本管理人员的任务和职能分工、权力和责任。施工成本管理不仅是专业成本管理人员的工作，各级项目管理人员都负有成本控制责任。

组织措施的另一方面是编制施工成本控制工作计划、确定合理详细的工作流程。要做好施工采购计划，通过生产要素的优化配置、合理使用、动态管理，有效控制实际成本；加强施工定额管理和施工任务单管理，控制活劳动和物化劳动的消耗；加强施工调度，避免因施工计划不周和盲目调度造成窝工损失、机械利用率降低、物料积压等现象。成本控制工作只有建立在科学管理的基础之上，具备合理的管理体制、完善的规章制度、稳定的作业秩序、完整准确的信息传递，才能取得成效。组织措施是其他各类措施的前提和保障，而且一般不需要增加额外的费用，运用得当可以取得良好的效果。

（2）技术措施。施工过程中降低成本的技术措施，包括：进行技术经济分析，确定最佳的施工方案；结合施工方法，进行材料使用的比选，在满足功能要求的前提下，通过代用、改变配合比、使用外加剂等方法降低材料消耗的费用；确定最合适的施工机械、设备使用方案；结合项目的施工组织设计及自然地理条件，降低材料的库存成本和运输成本；应用先进的施工技术，运用新材料，使用先进的机械设备等。在实践中，也要避免仅从技术角度选定方案而忽视对其经济效果的分析论证。

技术措施不仅对解决施工成本管理过程中的技术问题是不可缺少的，而且对纠正施工成本管理目标偏差也有相当重要的作用。因此，运用技术纠偏措施的关键，一是要能提出多个不同的技术方案；二是要对不同的技术方案进行技术经济分析比较，以选择最佳方案。

（3）经济措施。经济措施是最易为人们所接受和采用的措施。管理人员应编制资金使用计划，确定、分解施工成本管理目标。对施工成本管理目标进行风险分析，并制定防范性对策。对各种支出，应认真做好资金的使用计划，并在施工中严格控制各项开支。及时准确地记录、收集、整理、核算实际支出的费用。对各种变更，及时做好增减账，及时落实业主签证，及时结算工程款。通过偏差分析和未完工工程预测，可发现一些潜在的可能引起未完工程施工成本增加的问题，对这些问题应以主动控制为出发点，及时采取预防措施。因此，经济措施的运用绝不仅仅是财务人员的事情。

（4）合同措施。采用合同措施控制施工成本，应贯穿整个合同周期，包括从合同谈判开始到合同终结的全过程。对于分包项目，首先是选用合适的合同结构，对各种合同结构模式进行分析、比较，在合同谈判时，要争取选用适合于工程规模、性质和特点的合同结构模式。其次，在合同的条款中应仔细考虑一切影响成本和效益的因素，特别是潜在的风险因素。通过对引起成本变动的风险因素的识别和分析，采取必要的风险对策，如通过合理的方式，增加承担风险的个体数量，降低损失发生的比例，并最终将这些策略体现在合同的具体条款中。在合同执行期间，合同管理的措施既要密切注视对方合同执行的情况，以寻求合同索赔的机会；同时也要密切关注自己履行合同的情况，以防被对方索赔。

9.1.5 质量管理措施

加强质量管理，控制返工率。在施工过程中，要严把工程质量关，各级质量自检人员定点、定岗、定责、加强施工工序的质量自检和管理工作真正贯彻到整个过程中，采取防范措施，消除质量通病，做到工程一次成型、一次合格，杜绝返工现象的发生，避免造成因不必要的人、财、物等大量的投入而加大工程成本。

9.2 施工成本计划

【任务】 编制案例工程项目的成本管理计划

9.2.1 施工成本计划的类型

对于施工项目而言，其成本计划的编制是一个不断深化的过程，按照其发挥的作用可以分为以下三类。

1. 竞争性成本计划

竞争性成本计划是施工项目投标及签订合同阶段的估算成本计划。这类成本计划以招标文件中的合同条件、投标者须知、技术规范、设计图纸和工程量清单为依据，以有关价格条件说明为基础，结合调研、现场踏勘、答疑等情况，根据施工企业自身的工料消耗标准、水平、价格资料和费用指标等，对本企业完成投标工作所需要支出的全部费用进行估算。在投标报价过程中，虽也着力考虑降低成本的途径和措施，但总体上比较粗略。

2. 指导性成本计划

指导性成本计划是选派项目经理阶段的预算成本计划，是项目经理的责任成本目标。

它是以合同价为依据，按照企业的预算定额标准制定的设计预算成本计划，且一般情况下确定责任总成本目标。

3. 实施性成本计划

实施性成本计划是项目施工准备阶段的施工预算成本计划，它是以项目实施方案为依据，以落实项目经理责任目标为出发点，采用企业的施工定额通过施工预算的编制而形成的实施性施工成本计划。

以上三类成本计划相互衔接、不断深化，构成了整个工程项目施工成本的计划过程。

其中，竞争性成本计划带有成本战略的性质，是施工项目投标阶段商务标书的基础，而有竞争力的商务标书又是以其先进合理的技术标书为支撑的。因此，它奠定了施工成本的基本框架和水平。指导性成本计划和实施性成本计划，都是战略性成本计划的进一步开展和深化，是对战略性成本计划的战术安排。

4. 施工预算

施工预算是编制实施性成本计划的主要依据，是施工单位为了加强企业内部的经济核算，在施工图预算的控制下，依据企业内部的施工定额，以建筑安装单位工程为对象，根据施工图纸、施工定额、施工及验收规范、标准图集、施工组织设计（或施工方案）编制的单位工程（或分部分项工程）施工所需的人工、材料和施工机械台班用量的技术经济文件。它是施工企业的内部文件，同时也是施工企业进行劳动调配、物资技术供应、控制成本开支、进行成本分析和班组经济核算的依据。施工预算不仅规定了单位工程（或分部分项工程）所需人工、材料和施工机械台班用量，还规定了工种的类型，工程材料的规格、品种，所需各种机械的规格，以便有计划、有步骤地合理组织施工，从而达到节约人力、物力和财力的目的。

（1）施工预算不同于施工图预算。虽然有一定联系，但区别较大。

1）编制的依据不同。施工预算的编制以施工定额为主要依据，施工图预算的编制以预算定额为主要依据。而施工定额比预算定额划分得更详细、更具体，并对其中所包括的内容，如质量要求、施工方法，以及所需劳动工日、材料品种、规格型号等均有较详细的规定或要求。

2）适用的范围不同。施工预算是施工企业内部管理用的一种文件，与发包人无直接关系；而施工图预算既适用于发包人，又适用于承包人。

3）发挥的作用不同。施工预算是承包人组织生产、编制施工计划、准备现场材料、签发任务书、考核工效、进行经济核算的依据，它也是承包人改善经营管理、降低生产成本和推行内部经营承包责任制的重要手段；而施工图预算则是投标报价的主要依据。

（2）在编制实施性计划成本时要进行施工预算和施工图预算的对比分析，通过“两算”对比，分析节约和超支的原因，以便提出解决问题的措施，防止工程亏损，为降低工程成本提供依据。“两算”对比的方法有实物对比法和金额对比法。

1）实物对比法。将施工预算和施工图预算计算出的人工、材料消耗量，分别填入两算对比表进行对比分析，算出节约或超支的数量及百分比，并分析其原因。

2）金额对比法。将施工预算和施工图预算计算出的人工费、材料费、机具费分别填入两算对比表进行对比分析，算出节约或超支的金额及百分比，并分析其原因。

（3）“两算”对比的内容如下：

1）人工量及人工费的对比分析。施工预算的人工数量及人工费比施工图预算一般要低6%左右。这是由于两者使用不同定额造成的。例如，砌砖墙项目中，砂子、标准砖和砂浆的场内水平运输距离，施工定额按50m考虑；而计价定额则包括了材料、半成品的超运距用工。同时，计价定额的人工消耗指标还考虑了在施工定额中未包括，而在一般正常施工条件下又不可避免发生的一些零星用工因素，如土建施工各工种之间的工序搭接所需停歇的时间；因工程质量检查和隐蔽工程验收而影响工人操作的时间；施工中不可避免的其他少数零星用工等。所以，施工定额的用工量一般都比预算定额低。

2）材料消耗量及材料费的对比分析。施工定额的材料损耗率一般都低于计价定额，同时，编制施工预算时还要考虑扣除技术措施的材料节约量。所以，施工预算的材料消耗量及材料费一般低于施工图预算。

有时，由于两种定额之间的水平不一致，个别项目也会出现施工预算的材料消耗量大于施工图预算的情况。不过，总的水平应该是施工预算低于施工图预算。如果出现反常情况，则应进行分析研究，找出原因，制定相应的措施。

3）施工机具费的对比分析。施工预算机具费指施工作业所发生的施工机械、仪器仪表使用费或其租赁费。而施工图预算的施工机具是计价定额综合确定的，与实际情况可能不一致。因此，施工机具部分只能采用两种预算的机具费进行对比分析。如果发生施工预算的机具费大量超支，而又无特殊原因时，则应考虑改变原施工方案，尽量做到不亏损而略有盈余。

4）周转材料使用费的对比分析。周转材料主要指脚手架和模板。施工预算的脚手架是根据施工方案确定的搭设方式和材料计算的，施工图预算则综合了脚手架搭设方式，按不同结构和高度，以建筑面积为基数计算；施工预算模板是按混凝土与模板的接触面积计算，施工图预算的模板则按混凝土体积综合计算。因而，周转材料宜按其发生的费用进行对比分析。

9.2.2 施工成本计划的编制原则、依据、程序、要求与内容

9.2.2.1 施工成本计划编制原则

为了编制出能够发挥积极作用的施工成本计划，在编制施工成本计划时应遵循以下一些原则。

1. 从实际情况出发

编制成本计划必须根据国家的方针政策，从企业的实际情况出发，充分挖掘企业内部潜力，使降低成本指标既积极可靠，又切实可行。施工项目管理部门降低成本的潜力在于正确选择施工方案，合理组织施工；提高劳动生产率；改善材料供应；降低材料消耗；提高机械利用率；节约施工管理费用等。但必须注意避免以下情况发生：①为了降低成本而偷工减料，忽视质量；②不顾机械的维护修理而过度、不合理地使用机械；③片面增加劳动强度，加班加点；④忽视安全工作，未给职工办理相应的保险等。

2. 与其他计划相结合

施工成本计划必须与施工项目的其他计划，如施工方案、生产进度计划、财务计划、材料供应及消耗计划等密切结合，保持平衡。一方面，成本计划要根据施工项目的生产、技术组织措施、劳动工资、材料供应和消耗等计划来编制；另一方面，其他各项计划指标又影响着成本计划，所以其他各项计划在编制时应考虑降低成本的要求，与成本计划密切配合，而不能单纯考虑单一计划本身的要求。

3. 采用先进技术经济定额

施工成本计划必须以各种先进的技术经济定额为依据，并结合工程的具体特点，采取切实可行的技术组织措施作保证。只有这样，才能编制出既有科学依据、又切实可行的成本计划，从而发挥施工成本计划的积极作用。

4. 统一领导、分级管理

编制成本计划时应按照统一领导、分级管理的原则，同时应树立全员进行施工成本控制的理念。在项目经理的领导下，以财务部门和计划部门为主体，发动全体职工共同进

行，总结降低成本的经验，找出降低成本的正确途径，使成本计划的制订与执行更符合项目的实际情况。

5. 适度弹性

施工成本计划应留有一定的余地，保持计划的弹性。在计划期内，项目经理部的内部或外部环境都有可能发生变化，尤其是材料供应、市场价格等具有很大的不确定性，给拟定计划带来困难。因此在编制计划时应充分考虑到这些情况，使计划具有一定的适应环境变化的能力。

9.2.2.2 施工成本计划的编制依据

施工成本计划的编制依据包括：

(1) 投标报价文件。

(2) 企业定额、施工预算。

(3) 施工组织设计或施工方案。

(4) 人工、材料、机械台班的市场价。

(5) 企业颁布的材料指导价、企业内部机械台班价格、劳动力内部挂牌价格。

(6) 周转设备内部租赁价格、摊销损耗标准。

(7) 已签订的工程合同、分包合同（或估价书）。

(8) 结构件外加工计划和合同。

(9) 有关财务成本核算制度和财务历史资料。

(10) 施工成本预测资料。

(11) 拟采取的降低施工成本的措施。

(12) 其他相关资料。

9.2.2.3 施工项目成本计划的编制程序

施工项目的成本计划工作，是一项非常重要的工作，它是选定技术上可行、经济上合理的最优降低成本方案的过程。同时，通过成本计划把目标成本层层分解，落实到施工过程的每个环节，以调动全体职工的积极性，有效地进行成本控制。编制成本计划的程序，因项目的规模大小、管理要求不同而不同，大中型项目一般采用分级编制的方式，即先由各部门提出部门成本计划，再由项目经理部汇总编制全项目工程的成本计划；小型项目一般采用集中编制方式，即由项目经理部先编制各部门成本计划，再汇总编制全项目的成本计划。无论采用哪种方式，其编制的基本程序如下：

1. 搜集和整理资料

(1) 国家和上级部门有关编制成本计划的规定。

(2) 项目经理部与企业签订的承包合同及企业下达的成本降低额、降低率和其他有关技术经济指标。

(3) 有关成本预测、决策的资料。

(4) 施工项目的施工图预算、施工预算。

(5) 施工组织设计。

(6) 施工项目使用的机械设备生产能力及其利用情况。

(7) 施工项目的材料消耗、物资供应、劳动工资及劳动效率等计划资料。

(8) 计划期内的物资消耗定额、劳动工时定额、费用定额等资料。

(9) 以往同类项目成本计划的实际执行及有关技术经济指标完成情况的分析资料。

(10) 同类项目的成本、定额、技术经济指标资料及增产节约的经验和有效措施。

(11) 本企业的历史先进水平和当时的先进经验及采取的措施。

(12) 国外同类项目的先进成本水平情况等资料。

此外，还应深入分析当前情况和未来的发展趋势，了解影响成本升降的各种有利和不利因素，研究如何克服不利因素和降低成本的具体措施，为编制成本计划提供丰富具体和可靠的成本资料。

2. 估算计划成本，即确定目标成本

财务部门掌握了丰富的资料，并加以整理分析，最终确定目标成本，并把总的目标分解落实到各相关部门、班组，大多采用工作分解法。

工作分解法又称工程分解结构，它的特点是以施工图设计为基础，以本企业做出的项目施工组织设计及技术方案为依据，以实际价格和计划的物资、材料、人工、机械等耗量为基准，估算工程项目的实际成本费用，据以确定成本目标。

具体步骤是：首先把整个工程项目逐级分解为内容单一、便于进行单位工料成本估算的小项或工序，然后按小项自下而上估算、汇总，从而得到整个工程项目的估算。估算汇总后还要考虑风险系数与物价指数，对估算结果加以修正。

工作划分的越细、越具体，价格的确定和工程量估计越容易，工作分解自上而下逐级展开，成本估算自下而上，将各级成本估算逐级累加，便得到整个工程项目的成本估算。

3. 编制成本计划草案

对大中型项目，经项目经理部批准下达成本计划指标后，各职能部门应充分发动项目成员积极性，在总结上期成本计划完成情况的基础上，结合本期计划指标，找出完成本期计划约有利和不利因素，提出挖掘潜力、克服不利因素的具体措施，以保证计划任务的完成。为了使指标真正落实，各部门应尽可能将指标分解落实下达到各班组及个人，使得目标成本的降低额和降低率得到充分讨论、反馈、再修订，使成本计划既能够切合实际，又成为项目成员共同奋斗的目标。

各职能部门亦应认真讨论项目经理部下达的费用控制指标，拟定具体实施的技术经济措施方案，编制各部门的费用预算。

4. 综合平衡，编制正式的成本计划

在各职能部门上报了部门成本计划和费用预算后，项目经理部应结合各项技术经济措施，检查各计划和费用预算是否合理可行，并进行综合平衡，使各部门计划和费用预算之间相互协调、衔接；其次，要从全局出发，在保证企业下达的成本降低任务或本项目目标成本实现的情况下，以生产计划为中心，分析研究成本计划与生产计划、劳动工时计划、材料成本与物资供应计划、工资成本与工资基金计划、资金计划等的相互协调平衡。经反复讨论多次综合平衡，最后确定的成本计划指标，即可作为编制成本计划的依据，项目经理部正式编制的成本计划，上报企业有关部审核后即可正式下达至各职能部门执行。

9.2.2.4　施工成本计划应满足的要求

(1) 合同规定的项目质量和工期要求。

（2）组织对项目成本管理目标的要求。

（3）以经济合理的项目实施方案为基础的要求。

（4）有关定额及市场价格的要求。

（5）类似项目提供的启示。

9.2.2.5 施工成本计划的具体内容

1. 编制说明

编制说明指对工程的范围，投标竞争过程及合同条件，承包人对项目经理提出的责任成本目标，施工成本计划编制的指导思想和依据等具体说明。

2. 施工成本计划的指标

施工成本计划的指标应经科学的分析预测确定，可以采用对比法、因素分析法等方法。

施工成本计划一般情况下有以下三类指标：

（1）成本计划的数量指标。

1）按子项汇总的工程项目计划总成本指标；

2）按分部汇总的各单位工程（或子项目）计划成本指标；

3）按人工、材料、机具等各主要生产要素划分的计划成本指标。

（2）成本计划的质量指标，如施工项目总成本降低率，可采用以下算法：

1）设计预算成本计划降低率=设计预算总成本计划降低额/设计预算总成本

2）责任目标成本计划降低率=责任目标总成本计划降低额/责任目标总成本

（3）成本计划的效益指标，如工程项目成本降低额：

1）设计预算成本计划降低额=设计预算总成本-计划总成本

2）责任目标成本计划降低额=责任目标总成本-计划总成本

3. 按工程量清单列出单位工程计划成本汇总

按工程量清单列出的单位工程计划成本汇总见表9.1。

表9.1 单位工程计划成本汇总表

项目	清单项目编码	清单项目名称	合同价格	计划成本

4. 按成本性质划分的单位工程成本汇总

根据清单项目的造价分析，分别对人工费、材料费、机具费和企业管理费进行汇总，形成单位工程成本计划表。

成本计划应在项目实施方案确定和不断优化的前提下进行编制，因为不同的实施方案将导致人、料、机费和企业管理费的差异。成本计划的编制是施工成本预控的重要手段。因此，应在工程开工前编制完成，以便将计划成本目标分解落实，为各项成本的执行提供明确的目标、控制手段和管理措施。

9.2.2.6 公路工程施工项目成本计划编制具体内容示例

以项目的实际资源消耗测算为基础，根据所需资源的实际价格，详细计算各项活动或各项成本组成的目标成本。

人工费 = ∑各类人员计划用工量×实际工资标准

材料费 = ∑各类材料的计划用量×实际材料单价

施工机械使用费 = ∑各类机械的计划台班量×实际台班单价

1. 材料成本控制计划

按投标报价计算的单位估价表中的材料用量汇总统计。材料名目的粗细程度可根据需要列出，见表 9.2。由于材料是分批购买的，因此，又可以将实际发生的单价及总价多列几栏，以便在控制过程中根据情况列出已发生数和今后预测的调整数等。

表 9.2　材料成本控制计划表

序号	材料名称	单位	用料量		单价			总价			备注
			控制数	发生数	投标估价	控制价	实际发生数	投标估价	控制价	实际发生数	
一	钢材										
1	钢筋 $\phi6 \sim \phi10$										
2	钢筋 $\phi12 \sim \phi25$										
3	钢筋 $\phi25$ 以上										
4	……										
二	水泥										
1	普通水泥										
2	……										
						合计					

2. 设备成本控制计划

如同材料一样，列出细目进行控制，格式见表 9.3。

表 9.3　生产设备成本控制计划表

序号	材料名称	单位	用料量		单价			总价			备注
			控制数	发生数	投标估价	控制价	实际发生数	投标估价	控制价	实际发生数	
一	×分部工程										
1	××机械										
2	××动力										
3	……										
二	设备										
1	……										
						合计					

3. 劳务费成本控制计划

可按投标报价计算中的劳务数量进行估计，劳务来源和工资等各项成本费用应按实际情况核算。控制劳务费用的主要措施是合理安排进场和退场人员的时间，避免窝工现象，减少辅助生产人员，提高工效，降低劳务成本等。在简略成本计划中可以粗略地按人员估算即可。

4. 临时工程费用成本控制计划

根据施工组织设计中临时工程项目内容制订计划。因工程规模和工期长短不同而不同，工程费用的差别是很大的。例如，工期较长的工程，合理安排各类工人进场和退场时间，可以最大限度地利用工人的住宿营地，以减少营地建筑面积（表 9.4）。在此基础上，由项目经理部生产和财务管理人员结合施工技术和管理方案等测算措施费、项目经理部的管理费等，最后构成项目的目标成本。

表 9.4　　临时工程成本控制计划表

序号	材料名称	单位	用料量		单　价			总　价			备注
			控制数	发生数	投标估价	控制价	实际发生数	投标估价	控制价	实际发生数	
一	营地建设										
二	工地办公室										
三	临时生产面积										
四	临时供水										
五	临时道路										
六	……										
						合计					

9.2.3　编制施工成本计划的方法

施工成本计划的编制以成本预测为基础，关键是确定目标成本。计划的制订，需结合施工组织设计的编制过程，通过不断地优化施工技术方案和合理配置生产要素，进行工、料、机消耗的分析，制定一系列节约成本的措施，确定施工成本计划。一般情况下，施工成本计划总额应控制在目标成本的范围内，并建立在切实可行的基础上。

施工总成本目标确定之后，还需通过编制详细的实施性施工成本计划把目标成本层层分解，落实到施工过程的每个环节，有效地进行成本控制。施工成本计划的编制方式如下：

（1）按施工成本构成编制施工成本计划。

（2）按施工项目组成编制施工成本计划。

（3）按施工进度编制施工成本计划。

1. 按施工成本构成编制施工成本计划的方法

施工成本可以按成本构成分解为人工费、材料费、施工机具使用费和企业管理费等，如图 9.2 所示。在此基础上，编制按施工成本构成分解的施工成本计划。

2. 按施工项目组成编制施工成本计划的方法

大中型工程项目通常是由若干单项工程构成的，而每个单项工程包括了多个单位工

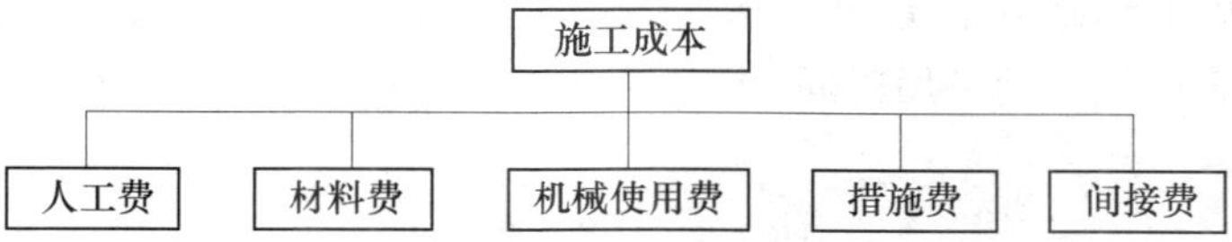

图 9.2　按施工成本构成

程，每个单位工程又是由若干个分部分项工程所构成。因此，首先要把项目总施工成本分解到单项工程和单位工程中，再进一步分解到分部工程和分项工程中，如图 9.3 所示。

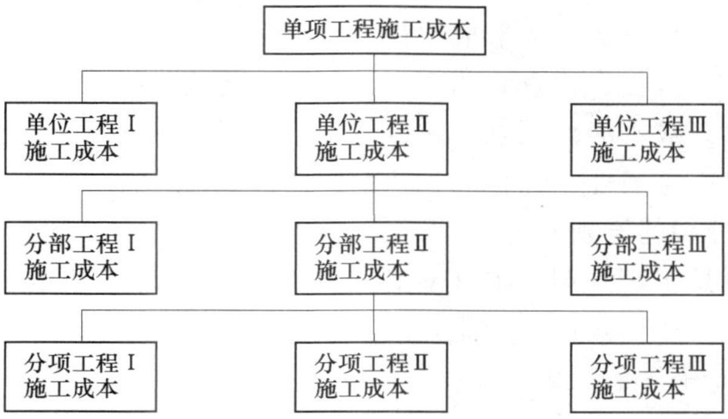

图 9.3　按施工项目组成

在完成施工项目成本目标分解之后，接下来就要具体地分配成本，编制分项工程的成本支出计划，从而形成详细的成本计划表，见表 9.5。

表 9.5　　分项工程成本计划表

分项工程编码	工程内容	计量单位	工程数量	计划成本	本分项总计
(1)	(2)	(3)	(4)	(5)	(6)

在编制成本支出计划时，要在项目总体层面上考虑总的预备费，也要在主要的分项工程中安排适当的不可预见费，避免在具体编制成本计划时，可能发现个别单位工程或工程量表中某项内容的工程量计算有较大出入，偏离原来的成本预算。因此，应在项目实施过程中对其尽可能地采取一些措施。

3. 按施工进度编制施工成本计划的方法

按施工进度编制施工成本计划，通常可在控制项目进度的网络图的基础上，进一步扩充得到。即在建立网络图时，一方面确定完成各项工作所需花费的时间，另一方面确定完成这一工作合适的施工成本支出计划。在实践中，将工程项目分解为既能方便地表示时间，又能方便地表示施工成本支出计划的工作是不容易的，通常如果项目分解程度对时间控制合适的话，则对施工成本支出计划可能分解过细，以至于不可能对每项工作确定其施工成本支出计划；反之亦然。因此在编制网络计划时，应在充分考虑进度控制对项目划分要求的同时，还要考虑确定施工成本支出计划对项目划分的要求，做到二者兼顾。

通过对施工成本目标按时间进行分解，在网络计划基础上，可获得项目进度计划的横道图，并在此基础上编制成本计划。其表示方式有两种：一种是在时标网络图上按月编制的成本计划直方图；另一种是用时间-成本累积曲线（S形曲线）表示。

9.3 施工成本控制

9.3.1 施工成本控制的特点、原则、分类

9.3.1.1 施工成本控制及其特点

施工成本控制是在项目成本的形成过程中，对生产经营所消耗的人力资源、物资资源和费用开支进行指导、监督、检查和调整，及时纠正将要发生和已经发生的偏差，把各项生产费用，控制在计划成本的范围之内，以保证成本目标的实现。

施工成本控制具有主动性、综合性、超前性的特点。

9.3.1.2 施工成本控制的原则

成本控制的对象是工程项目，其主体则是人的管理活动，目的是合理使用人力、物力、财力，降低成本，增加效益。为此，成本控制的一般原则如下。

1. 开源与节流相结合的原则

降低项目成本，需要一面增加收入，一面节约支出。在成本控制中，要求做到每发生一笔金额较大的成本费用，都要查一查有无与其相对应的预算收入，是否支大于收，在经常性的分部分项工程成本核算和月度成本核算中，也要进行实际成本与预算收入的对比分析，以便从中探索成本节超的原因，纠正项目成本的不利偏差，提高项目成本的降低水平。

2. 全面控制原则

(1) 项目成本的全员控制。项目成本涉及项目组织中各个部门、单位和班组的工作业绩。也与每个职工的切身利益有关。施工项目成本管理（控制）需要项目建设者的全员参与。

(2) 项目成本的全过程控制。是指在工程项目确定以后，自施工准备开始，经过工程施工，到竣工交付使用后的保修期结束的每一项经济业务，都要纳入成本控制的轨道。既不能疏漏，又不能时紧时松，使施工项目成本自始至终置于有效的控制之下。

(3) 中间控制原则。又称动态控制原则，对于具有一次性特点的施工项目成本来说，应该特别强调项目成本的中间控制。因为施工准备阶段的成本控制，重心确定成本目标、编制成本计划、制订成本控制的方案，为今后的成本控制做好准备。而竣工阶段的成本控制，由于成本盈亏已经基本定局，即使发生了偏差，也已来不及纠正。因此，把成本控制的重心放在主要施工阶段上，则是十分必要的。

(4) 目标管理原则。目标管理是贯彻执行计划的一种方法，把计划逐一加以分解，提出进一步的具体要求，并落实到执行计划的部门、单位甚至个人。目标管理的内容包括目标的设定和分解，目标的责任到位和执行，检查目标的执行结果，评价目标和修正目标，形成目标管理的P（计划）、D（实施）、C（检查）、A（处理）循环。

(5) 节约原则。节约人力、物力、财力的消耗，是提高经济效益的核心，也是成本控

制的一项最主要的基本原则。

(6) 例外管理原则。在工程项目建设过程的诸多活动中，有许多活动是例外的，常伴有一些不经常出现的问题，称为“例外问题”。这些“例外”问题，往往是关键性问题。对成本目标的顺利完成影响很大，必须予以高度重视。例如，在成本管理中常见的成本盈亏异常现象，；如由于平时机械维修费的节约，可能会造成未来的停工修理和更大的经济损失等，都应该视为“例外”问题，进行重点检查，深入分析，并采取相应的积极的措施加以纠正。

(7) 责、权、利相结合的原则。在项目施工过程中，项目经理、工程技术人员、业务管理人员以及各单位和生产班组都负有一定的成本控制责任及享有一定成本控制的权力，从而形成整个项目的成本控制责任网络。项目部要根据各成员在成本控制中的业绩进行定期的检查和考评，并与工资分配紧密挂钩，实行有奖有罚。实践证明，只有责、权、利相结合的成本控制，才是名实相符的项目成本控制，才能收到预期的效果。

9.3.1.3 施工成本控制的分类

1. 按成本控制的对象分

按成本控制的对象可分为人工成本控制、材料成本控制、机械成本控制、费用成本控制。

2. 按成本发生时间分

(1) 事前施工成本控制（基础）。事前施工成本制包含施工项目开工前项目管理规划的评审、施工项目成本制度控制及体系的建立等内容。

(2) 事中施工成本控制（重点）。即工程成本形成全过程的控制。包括：项目施工中计划成本的分析和控制；项目施工中分部和分层工程的成本控制等内容；项目施工中与计划同步跟踪的费用控制。

(3) 事后施工成本控制。即对成本计划的执行情况进行分析，含竣工结算、废旧材料的利用和回收、减少返修费用等。

9.3.2 施工成本控制的依据与步骤

9.3.2.1 施工成本控制的依据

施工成本控制的依据包括以下内容。

1. 工程承包合同

施工成本控制要以工程承包合同为依据，围绕降低工程成本这个目标，从预算收入和实际成本两方面，研究节约成本、增加收益的有效途径，以求获得最大的经济效益。

2. 施工成本计划

施工成本计划是根据施工项目的具体情况制定的施工成本控制方案，既包括预定的具体成本控制目标，又包括实现控制目标的措施和规划，是施工成本控制的指导文件。

3. 进度报告

进度报告提供了对应时间节点的工程实际完成量，工程施工成本实际支付情况等重要信息。施工成本控制工作正是通过实际情况与施工成本计划相比较，找出二者之间的差别，分析偏差产生的原因，从而采取措施改进以后的工作。此外，进度报告还有助于管理者及时发现工程实施中存在的隐患，并在可能造成重大损失之前采取有效措施，尽量避免损失。

4. 工程变更

在项目的实施过程中，由于各方面的原因，工程变更是很难避免的。工程变更一般包括设计变更、进度计划变更、施工条件变更、技术规范与标准变更、施工次序变更、工程量变更等。一旦出现变更，工程量、工期、成本都有可能发生变化，从而使得施工成本控制工作变得更加复杂和困难。因此，施工成本管理人员应当通过对变更要求中各类数据的计算、分析，及时掌握变更情况，包括已发生工程量、将要发生工程量、工期是否拖延、支付情况等重要信息，判断变更以及变更可能带来的索赔额度等。

5. 施工组织设计

6. 分包合同等有关文件资料

9.3.2.2 施工成本控制的步骤

要做好施工成本的过程控制，必须制定规范化的过程控制程序。成本的过程控制中，有两类控制程序，一是管理行为控制程序，二是指标控制程序。管理行为控制程序是对成本全过程控制的基础，指标控制程序则是成本进行过程控制的重点。两个程序既相对独立又相互联系，既相互补充又相互制约。

1. 管理行为控制程序

管理行为控制的目的是确保每个岗位人员在成本管理过程中的管理行为符合事先确定的程序和方法的要求。管理行为控制程序就是为规范项目施工成本的管理行为而制定的约束和激励机制，内容如下：

(1) 建立项目施工成本管理体系的评审组织和评审程序。

1) 建立以项目经理为核心的项目成本控制体系。实行项目经理负责制，就是要求项目经理对项目建设的进度、质量、成本、安全和现场管理标准化等全面负责，特别要把成本控制放在首位。

2) 建立项目成本管理责任制。它包含明确合同预算员的成本管理责任、工程技术人员的成本管理责任、材料人员的成本管理责任、机械管理人员的成本管理责任、行政管理人员的成本管理责任、财务成本员的成本管理责任，以及实行对施工队分包成本的控制和落实生产班组的责任成本的措施。

(2) 建立项目施工成本管理体系及运行的评审组织和评审程序。成本管理体系的建立不同于质量管理体系，质量管理体系反映的是企业的质量保证能力，由社会有关组织进行评审和认证；成本管理体系的建立是企业自身生存发展的需要，没有社会组织来评审和认证。因此企业必须建立项目施工成本管理体系的评审组织和评审程序，定期进行评审和总结，持续改进。

项目施工成本管理体系的运行有一个逐步推行的渐进过程。一个企业的各分公司、项目经理部的运行质量往往是不平衡的。因此，必须建立专门的常设组织，依照程序定期地进行检查和评审。发现问题，总结经验，以保证成本管理体系的保持和持续改进。

(3) 目标考核，定期检查。管理程序文件应明确每个岗位人员在成本管理中的职责，确定每个岗位人员的管理行为，如应提供的报表、提供的时间和原始数据的质量要求等。

要把每个岗位人员是否按要求去履行职责作为一个目标来考核。并设专人定期或不定期地检查。表 9.6 是为规范管理行为而设计的考核表。

表 9.6　项目成本主要岗位责任考核表

序号	岗位名称	职　责	检查方法	检查人	检查时间
1	项目经理	1. 建立项目成本管理组织； 2. 组织编制项目施工成本管理手册； 3. 定期或不定期地检查有关人员管理行为是否符合岗位职责要求	1. 查看有无组织结构图； 2. 查看《项目施工成本管理手册》	上级部门或自查	开工初期检查一次，以后每月检查一次
2	项目总工程师	1. 指定采用新技术降低成本的措施； 2. 编制总进度计划； 3. 编制总的工具及设备使用计划	1. 查看资料； 2. 现场实际情况与计划进行对比	项目经理或其委托人	开工初期检查一次，以后每月检查 1～2 次
3	主管材料员	1. 编制材料采购计划； 2. 编制材料采购月报表； 3. 对材料管理工作每周组织检查一次； 4. 编制月材料盘点表及材料收发结存报表	1. 查看资料； 2. 对现场实际情况与管理制度中的要求进行对比	项目经理或其委托人	每月或不定期抽查
4	成本核算员	1. 编制月度成本计划； 2. 进行成本核算，编制月度成本核算表； 3. 每月编制一次材料复核及成本报告； 4. 月度成本原始资料台账	1. 查看资料； 2. 审核编制依据	项目经理或其委托人	每月检查一次
5	施工员	1. 编制月度用工计划； 2. 编制月材料需求计划； 3. 编制月度工具及设备计划； 4. 开具施工任务单和限额领料单	1. 查看资料； 2. 计划与实际对比，考核其准确性及实用性	项目经理或其委托人	每月或不定期抽查
6	机械管理员	1. 编制月度机械使用计划，合理安排和使用机械施工，提高机械利用率，减少机械费成本； 2. 建立设备使用台账，充分发挥机械效能，节约机械费用； 3. 严格执行机械维修保养制度，保证机械完好率	1. 查看资料； 2. 计划与实际对比，考核其准确性及实用性	项目经理或其委托人	每月或不定期抽查

月度成本原始资料的收集和整理应根据检查的内容编制相应的检查表，由项目经理或其委托人检查后填写检查表。检查表要由专人负责整理归档。

（4）制定对策，纠正偏差。对管理工作进行检查的目的是为了保证管理工作按预定的程序和标准进行，从而保证项目施工成本管理能够达到预期的目的。因此，对检查中发现的问题，要及时进行分析，然后根据不同的情况，及时采取对策。

2. 指标控制程序

能否达到预期的成本目标，是施工成本控制是否成功的关键。对各岗位人员的成本管理行为进行控制，就是为了保证成本目标的实现。施工项目成本指标控制程序如下：

（1）确定施工项目成本目标及月度成本目标。在工程开工之初，项目经理部应根据公司与项目签订的《项目承包合同》确定项目的成本管理目标，并根据工程进度计划确定月度成本计划目标。

（2）收集成本数据，监测成本形成过程。过程控制的目的就在于不断纠正成本形成过程中的偏差，保证成本项目的发生是在预定范围之内。因此，在施工过程中要定期收集反映施工成本支出情况的数据，并将实际发生情况与目标计划进行对比，从而保证有效控制成本的整个形成过程。如图 9.4 所示是成本指标控制程序图。

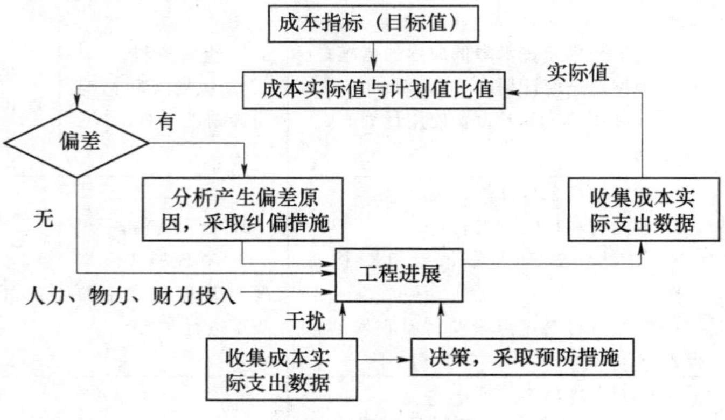

图 9.4　成本指标控制程序图

（3）分析偏差原因，制定对策。施工过程是一个多工种、多方位立体交叉作业的复杂活动，成本的发生和形成是很难按预定的目标进行的，因此，需要对产生的偏差及时分析原因，分清是客观因素（如市场调价）还是人为因素（如管理行为失控），及时制定对策并予以纠正。

（4）用成本指标考核管理行为，用管理行为来保证成本指标。管理行为的控制程序和成本指标的控制程序是对项目施工成本进行过程控制的主要内容，这两个程序在实施过程中，是相互交叉、相互制约又相互联系的。只有把成本指标的控制程序和管理行为的控制程序相结合，才能保证成本管理工作有序地、富有成效地进行。图 9.4 所示是成本指标控制程序图。

9.3.3　施工成本控制的方法

9.3.3.1　施工成本的过程控制方法

施工阶段是成本发生的主要阶段，这个阶段的成本控制主要是通过确定成本目标并按计划成本组织施工，合理配置资源，对施工现场发生的各项成本费用进行有效控制，其具体的控制方法如下。

1. 人工费的控制

人工费的控制实行“量价分离”的方法，将作业用工及零星用工按定额工日的一定比例综合确定用工数量与单价，通过劳务合同进行控制。

(1) 人工费的影响因素。

1) 社会平均工资水平。建筑安装工人人工单价必须和社会平均工资水平趋同。社会平均工资水平取决于经济发展水平。由于我国改革开放以来经济迅速增长，社会平均工资也有大幅增长，从而导致人工单价的大幅提高。

2) 生产消费指数。生产消费指数的提高会导致人工单价的提高，以减少生活水平的下降，维持原来的生活水平。生活消费指数的变动取决于物价的变动，尤其取决于生活消费品物价的变动。

3) 劳动力市场供需变化。劳动力市场如果供不应求，人工单价就会提高；供过于求，人工单价就会下降。

4) 政府推行的社会保障和福利政策也会影响人工单价的变动。

5) 经会审的施工图，施工定额、施工组织设计等决定人工的消耗量。

(2) 控制人工费的方法。加强劳动定额管理，提高劳动生产率，降低工程耗用人工工日，是控制人工费支出的主要手段。

1) 制定先进合理的企业内部劳动定额，严格执行劳动定额，并将安全生产、文明施工及零星用工下达到作业队进行控制。全面推行全额计件的劳动管理办法和单项工程集体承包的经济管理办法，以不超出施工图预算人工费指标为控制目标，实行工资包干制度。认真执行按劳分配的原则，使职工个人所得与劳动贡献相一致，充分调动广大职工的劳动积极性，以提高劳动力效率。把工程项目的进度、安全、质量等指标与定额管理结合起来，提高劳动者的综合能力，实行奖励制度。

2) 提高生产工人的技术水平和作业队的组织管理水平，根据施工进度、技术要求，合理搭配各工种工人的数量，减少和避免无效劳动。不断地改善劳动组织，创造良好的工作环境，改善工人的劳动条件，提高劳动效率。合理调节各工序人数安排情况，安排劳动力时，尽量做到技术工不做普通工的工作，高级工不做低级工的工作，避免技术上的浪费，既要加快工程进度，又要节约人工费用。

3) 加强职工的技术培训和多种施工作业技能的培训，不断提高职工的业务技术水平和熟练操作程度，培养一专多能的技术工人，提高作业工效。提倡技术革新和推广新技术，提高技术装备水平和工厂化生产水平，提高企业的劳动生产率。

4) 实行弹性需求的劳务管理制度。对施工生产各环节上的业务骨干和基本的施工力量，要保持相对稳定。对短期需要的施工力量，要做好预测、计划管理，通过企业内部的劳务市场及外部协作队伍进行调剂。严格做到项目部的定员随工程进度要求及时进行调整，进行弹性管理。要打破行业、工种界限，提倡一专多能，提高劳动力的利用效率。

2. 材料费的控制

材料费控制同样按照"量价分离"原则，控制材料用量和材料价格。

(1) 材料用量的控制。在保证符合设计要求和质量标准的前提下，合理使用材料，通过定额控制、指标控制、计量控制、包干控制等手段有效控制物资材料的消耗，具体方法如下。

1) 定额控制。对于有消耗定额的材料，以消耗定额为依据，实行限额领料制度。

a. 限额领料的形式。

(a) 按分项工程实行限额领料。按分项工程实行限额领料，就是按照分项工程进行限额，如钢筋绑扎、混凝土浇筑、砌筑、抹灰等，这是以施工班组为对象进行的限额领料。

(b) 按工程部位实行限额领料。按工程部位实行限额领料，就是按工程施工工序分为基础工程、结构工程等，这是以施工专业队为对象进行的限额领料。

(c) 按单位工程实行限额领料。按单位工程实行限额领料，就是对一个单位工程从开工到竣工全过程的建设工程项目的用料实行的限额领料，这是以项目经理部或分包单位为对象开展的限额领料。

b. 限额领料的依据。

(a) 准确的工程量。这是按工程施1：图纸计算的正常施工条件下的数量，是计算限额领料量的基础；

(b) 现行的施工预算定额或企业内部消耗定额，是制定限额用量的标准；

(c) 施工组织设计，是计算和调整非实体性消耗材料的基础；

(d) 施工过程中发包人认可的变更洽商单，这是调整限额量的依据。

c. 限额领料的实施。

(a) 确定限额领料的形式。施工前，根据工程的分包形式，与使用单位确定限额领料的形式。

(b) 签发限额领料单。根据双方确定的限额领料形式，根据有关部门编制的施工预算和施工组织设计，将所需材料数量汇总后编制材料限额数量，经双方确认后下发。

(c) 限额领料单的应用。限额领料单一式三份，一份交保管员作为控制发料的依据；一份交使用单位，作为领料的依据；一份由签发单位留存，作为考核的依据。

(d) 限额量的调整。在限额领料的执行过程中，会有许多因素影响材料的使用，如工程量的变更、设计更改、环境因素的影响等。限额领料的主管部门在限额领料的执行过程中要深入施工现场，了解用料情况，根据实际情况及时调整限额数量，以保证施工生产的顺利进行和限额领料制度的连续性、完整性。

(e) 限额领料的核算。根据限额领料形式，工程完工后，双方应及时办理结算手续，检查限额领料的执行情况，对用料情况进行分析，按双方约定的合同，对用料节超进行奖罚兑现。

2) 指标控制。对于没有消耗定额的材料，则实行计划管理和按指标控制的办法。根据以往项目的实际耗用情况，结合具体施工项目的内容和要求，制定领用材料指标，以控制发料。超过指标的材料，必须经过一定的审批手续方可领用。

3) 计量控制。准确做好材料物资的收发计量检查和投料计量检查。

4) 包干控制。在材料使用过程中，对部分小型及零星材料（如钢钉、钢丝等）根据工程量计算出所需材料量，将其折算成费用，由作业者包干使用。

(2) 材料价格的控制。材料价格主要由材料采购部门控制。控制材料价格，主要是通过掌握市场信息，应用招标和询价等方式控制材料、设备的采购价格。

施工项目的材料物资，包括构成工程实体的主要材料和结构件，以及有助于工程实体形成的周转使用材料和低值易耗品。从价值角度看，材料物资的价值约占建筑安装工程造价的60%甚至70%以上，因此，对材料价格的控制非常重要。由于材料物资的供应渠道和管理方式各不相同，所以控制的内容和所采取的控制方法也将有所不同。

3. 施工机械使用费的控制

合理使用施工机械设备对成本控制具有十分重要的意义，在道路工程施工中，据某些工程实例统计，机械费用占 10%～30%不等．由于不同的起重运输机械各有不同的特点，因此在选择起重机械时，首先应根据工程特点和施工条件确定采取的机械设备的组合方式。在确定采用何种组合方式时，首先应满足施工需要，其次要考虑到费用的高低和综合经济效益。

有效控制施工机械使用费支出主要从台班数量和台班单价两个方面进行控制。

（1）台班数量。

1）根据施工方案和现场实际情况，选择适合项目施工特点的施工机械，制定设备需求计划，合理安排施工生产，充分利用现有机械设备，加强内部调配，提高机械设备的利用率。

2）保证施工机械设备的作业时间，安排好生产工序的衔接，尽量避免停工、窝工，尽量减少施工中所消耗的机械台班数量。

3）核定设备台班定额产量，实行超产奖励办法，加快施工生产进度，提高机械设备单位时间的生产效率和利用率。

4）加强设备租赁计划管理，减少不必要的设备闲置和浪费，充分利用社会闲置机械资源。机械设备单位时间的生产效率和利用率。

（2）台班单价。

1）加强现场设备的维修、保养工作。降低大修、经常性修理等各项费用的开支，提高机械设备的完好率，最大限度地提高机械设备的利用率，避免因使用不当造成机械设备的停置。

2）加强机械操作人员的培训工作。不断提高操作技能，提高施工机械台。

3）加强配件的管理。建立健全配件领发料制度，严格按油料消耗定额控制油料消耗，做到修理有记录，消耗有定额，统计有报表，损耗有分析。通过经常分析总结，提高修理质量，降低配件消耗，减少修理费用的支出。

4）降低材料成本。做好施工机械配件和工程材料采购计划，降低材料成本。

5）成立设备管理领导小组，负责设备调度、检查、维修、评估等具体事宜。对主要部件及其保养情况建立档案，分清责任，便于尽早发现问题，找到解决问题的办法。

4. 施工分包费用的控制

分包工程价格的高低，必然对项目经理部的施工项目成本产生一定的影响。因此，施工项目成本控制的重要工作之一是对分包价格的控制。项目经理部应在确定施工方案的初期就要确定需要分包的工程范围。决定分包范围的因素主要是施工项目的专业性和项目规模。对分包费用的控制，主要是要做好分包工程的询价、订立平等互利的分包合同、建立稳定的分包关系网络、加强施工验收和分包结算等工作。

5. 其他费用的控制

对公路工程施工项目，由于施工的特点，还应考虑以下的经济控制方法：

（1）周转工具使用费的控制。在项目施工责任成本中，周转工具使用费是根据施工组织设计中的有关施工方案计算确定或按施工图预算的摊销费用总额乘以适当地降低率确定的。目标成本中该项费用是经过对施工组织总设计中的有关施工方案进一步细化确定的。实际发生的周转工具来源包括周转材料租赁和自购材料的领用。

周转工具使用费=(租用数量×租用时间×租赁单价)

+自购周转材料领用部分的合计金额×摊销率

因此，对周转工具使用费应从以下方面进行控制：

在计划阶段通过合理的安排施工进度、采用网络计划技术进行优化、采用先进的施工方案和先进的周转工具；控制周转工具使用费计划数低于目标成本的要求；在施工阶段控制租赁数量和进退场时间，减少租赁数量和时间；选择质优价廉的租赁单位，降低租赁费用。使用阶段通过建立规章制度、建立约束和激励机制，控制周转工具的损坏、修理和丢失。

(2) 现场经费的控制。现场经费包括项目经理部管理人员工资、奖金、临时设施费、交通费、业务费等，现场经费内容多，人为因素多，不易控制，超支现象较为严重。

控制的方法主要是根据现场经费的收入，实行全面预算管理。对某些不易控制的项目如交通费等可实行包干制对一些不宜包干的项目如业务费，可通过建立严格的审批手续来进行控制。

9.3.3.2 赢得值（挣值）法

赢得值法（Earned Value Management，EVM）作为一项先进的项目管理技术，最初是美国国防部于1967年首次确立的。目前，国际上先进的工程公司已普遍采用赢得值法进行工程项目的费用、进度综合分析控制。用赢得值法进行费用、进度综合分析控制，基本参数有三项，即已完工作预算费用、计划工作预算费用和已完工作实际费用。

1. 赢得值法的三个基本参数

(1) 已完工作预算费用。已完工作预算费用为BCWP（Budgeted Cost for Work Performed)，是指在某一时间已经完成的工作（或部分工作），以批准认可的预算为标准所需要的资金总额，由于发包人正是根据这个值为承包人完成的工作量支付相应的费用，也就是承包人获得（挣得）的金额，故称赢得值或挣值。

已完工作预算费用(BCWP)=已完成工作量×预算单价　　(9.1)

(2) 计划工作预算费用。计划工作预算费用，简称BCWS（Budgeted Cost for Work Scheduled)，即根据进度计划，在某一时刻应当完成的工作（或部分工作），以预算为标准所需要的资金总额。一般来说，除非合同有变更，BCWS在工程实施过程中应保持不变。

计划工作预算费用(BCWS)=计划工作量×预算单价　　(9.2)

(3) 已完工作实际费用。已完工作实际费用，简称ACWP（Actual Cost for Work Performed)，即到某一时刻为止，已完成的工作（或部分工作）所实际花费的总金额。

已完工作实际费用(ACWP)=已完成工作量×实际单价　　(9.3)

2. 赢得值法的四个评价指标

在这三个基本参数的基础上，可以确定赢得值法的四个评价指标，它们都是时间的函数。

（1）费用偏差CV（Cost Variance）。

费用偏差(CV)＝已完工作预算费用(BCWP)－已完工作实际费用(ACWP)　(9.4)

当费用偏差CV为负值时，即表示项目运行超出预算费用；当费用偏差CV为正值时，表示项目运行节支，实际费用没有超出预算费用。

（2）进度偏差SV（Schedule Variance）。

进度偏差（SV）＝已完工作预算费用（BCWP）－计划工作预算费用（BCWS）　(9.5)

当进度偏差SV为负值时，表示进度延误，即实际进度落后于计划进度；当进度偏差SV为正值时，表示进度提前，即实际进度快于计划进度。

（3）费用绩效指数（CPI）。

费用绩效指数(CPI)＝已完工作预算费用(BCWP))/已完工作实际费用(ACWP)　(9.6)

当费用绩效指数（CPI）＜1时，表示超支，即实际费用高于预算费用。

当费用绩效指数（CPI）＞1时，表示节支，即实际费用低于预算费用。

（4）进度绩效指数（SPI）。

进度绩效指数(SPI)＝已完工作预算费用(BCWP)/计划工作预算费用(BCWS)　(9.7)

当进度绩效指数（SPI）＜1时，表示进度延误，即实际进度比计划进度慢。

当进度绩效指数（SPI）＞1时，表示进度提前，即实际进度比计划进度快。

费用（进度）偏差反映的是绝对偏差，结果很直观，有助于费用管理人员了解项目费用出现偏差的绝对数额，并依此采取一定措施，制定或调整费用支出计划和资金筹措计划。但是，绝对偏差有其不容忽视的局限性。如同样是10万元的费用偏差，对于总费用1000万元的项目和总费用1亿元的项目而言，其严重性显然是不同的。因此，费用（进度）偏差仅适合于对同一项目作偏差分析。费用（进度）绩效指数反映的是相对偏差，它不受项目层次的限制，也不受项目实施时间的限制，因而在同一项目和不同项目比较中均可采用。

在项目的费用、进度综合控制中引入赢得值法，可以克服过去进度、费用分开控制的缺点，即当发现费用超支时，很难立即知道是由于费用超出预算，还是由于进度提前。相反，当发现费用低于预算时，也很难立即知道是由于费用节省，还是由于进度拖延。而引入赢得值法即可定量地判断进度、费用的执行效果。

9.3.3.3　偏差分析的表达方法

偏差分析可以采用不同的表达方法，常用的有横道图法、表格法和曲线法。

1. 横道图法

用横道图法进行费用偏差分析，是用不同的横道标识已完工作预算费用（BCWP）、计划工作预算费用（BCWS）和已完工作实际费用（ACWP），横道的长度与其金额成正比例，如图9.5所示。

横道图法具有形象、直观、一目了然等优点，它能够准确表达出费用的绝对偏差，而且能直观地表明偏差的严重性。但这种方法反映的信息量少，一般在项目的较高管理层应用。

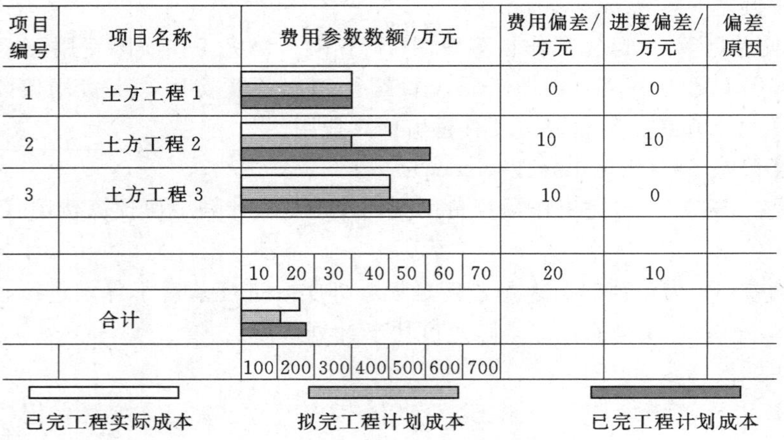

图 9.5　费用偏差分析的横道图法

2. 表格法

表格法是进行偏差分析最常用的一种方法。它将项目编号、名称、各费用参数以及费用偏差数综合归纳入一张表格中，并且直接在表格中进行比较。由于各偏差参数都在表中列出，使得费用管理者能够综合地了解并处理这些数据。

用表格法进行偏差分析具有如下优点：

（1）灵活、适用性强。可根据实际需要设计表格，进行增减项。

（2）信息量大。可以反映偏差分析所需的资料，从而有利于费用控制人员及时采取针对性措施，加强控制。

（3）表格处理可借助于计算机，从而节约大量数据处理所需的人力，并大大提高速度。

表 9.7 是用表格法进行偏差分析的例子。

表 9.7　　费用偏差分析表

序号	项目	计算方法	工　程		
(1)	项目编码		01	02	03
(2)	项目名称		土方工程 1	土方工程 2	土方工程 3
(3)	单位				
(4)	计划单位成本				
(5)	拟完工程量				
(6)	拟完工程计划施工成本	(5)×(4)	30	30	40
(7)	已完工程量				
(8)	已完工程计划施工成本	(7)×(4)	30	40	40
(9)	实际单位成本				
(10)	已完工程实际施工成本	(7)×(9)	30	50	50

续表

序号	项目	计算方法	工　　程		
(11)	施工成本局部偏差	(8)－(10)	0	－10	－10
(12)	施工成本局部偏差程度	(8)÷(10)	1	0.8	0.8
(13)	施工成本累计偏差	∑(11)			
(14)	施工成本累计偏差程度	∑(10)÷∑(8)			
(15)	进度局部偏差	(8)－(6)	0	10	0
(16)	进度局部偏差程度	(8)÷(6)	1	1.33	1
(17)	进度累计偏差	∑(15)			
(18)	进度累计偏差程度	∑(6)÷∑(8)			

3. 曲线法（赢得值法）

曲线法（赢值法）是用施工成本累计曲线（S形曲线）来进行施工成本偏差分析的一种方法。

考虑实际进度的影响，应当引入三条施工成本参数曲线，即已完工程实际施工成本曲线 a，已完工程实际施工成本曲线 b 和拟完工程计划施工成本曲线 p。图中曲线 a 与 b 的竖向距离表示施工成本偏差，曲线 b 与曲线 p 的水平距离表示进度偏差，如图 9.6 所示。

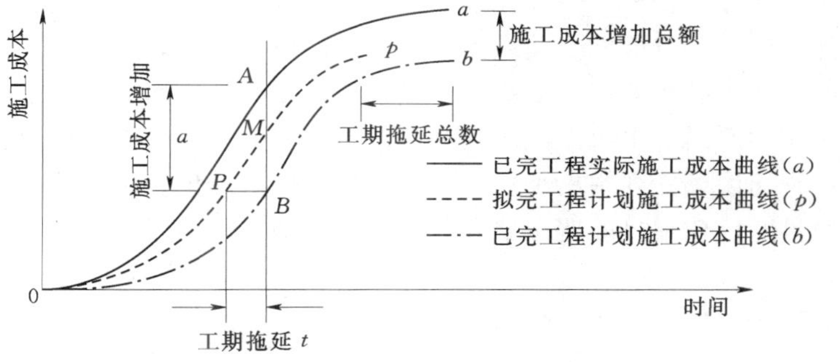

图 9.6　成本曲线图

在项目实施过程中，以上三个参数可以形成三条曲线，即计划工作预算费用（BCWS）、已完工作预算费用（BCWP）、已完工作实际费用（ACWP）曲线，如图 9.7 所示。

图中：CV＝BCWP－ACWP，由于两项参数均以已完工作为计算基准，所以两项参数之差，反映项目进展的费用偏差。

SV＝BCWP － BCWS，由于两项参数均以预算值（计划值）作为计算基准，所以两者之差，反映项目进展的进度偏差。

采用赢得值法进行费用、进度综合控制，还可以根据当前的进度、费用偏差情况，通过原因分析，对趋势进行预测，预测项目结束时的进度、费用情况。

BAC（budget at completion）是项目完工预算，指编计划时预计的项目完工费用。

EAC（estimate at completion）是预测的项目完工估算，指计划执行过程中根据当前的进度、费用偏差情况预测的项目完工总费用。

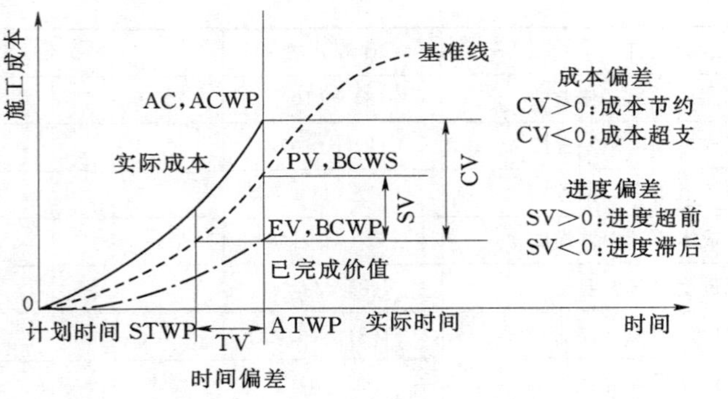

图 9.7　赢得值法评价曲线

ACV（at completion variance）是预测项目完工时的费用偏差。

$$ACV = BAC - EAC \tag{9.8}$$

注：用曲线法分析时，假定各项工作是匀速进行的，所绘曲线呈线形。

9.3.3.4　施工成本偏差原因分析与纠偏措施

1. 偏差原因分析

在实际执行过程中，最理想的状态是已完工作实际费用、计划工作预算费用、已完工作预算费用三条曲线靠得很近、平稳上升，表示项目按预定计划目标进行。如果三条曲线离散度不断增加，则预示可能发生关系到项目成败的重大问题。

偏差分析的一个重要目的就是要找出引起偏差的原因，从而有可能采取有针对性的措施，减少或避免相同原因的再次发生。在进行偏差原因分析时，首先应当将已经导致和可能导致偏差的各种原因逐一列举出来。导致不同工程项目产生费用偏差的原因具有一定共性，因而可以通过对已建项目的费用偏差原因进行归纳、总结，为该项目采用预防措施提供依据。

产生偏差的原因有以下几种，如图 9.8 示。

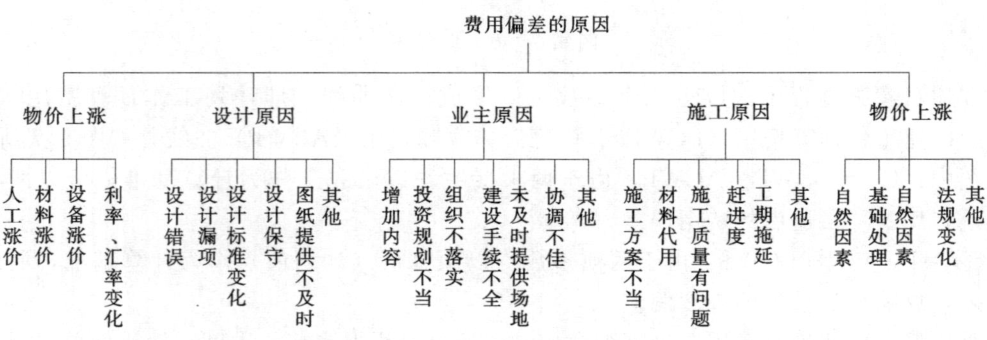

图 9.8　费用偏差原因

2. 纠偏措施

通常要压缩已经超支的费用，而不损害其他目标是十分困难的，一般只有当给出的措施比原计划已选定的措施更为有利，或使工程范围减少，或生产效率提高，成本才能降低。例如：

（1）寻找新的、更好更省的、效率更高的设计方案。

（2）购买部分产品，而不是采用完全由自己生产的产品。

（3）重新选择供应商，但会产生供应风险，选择需要时间。

（4）改变实施过程。

（5）变更工程范围。

（6）工程索赔。

9.4　施工项目部现场成本控制的主要内容

1. 施工项目成本控制的对象及其内容

当以施工项目成本形成的过程作为控制对象时，其内容如下：

在工程投标阶段，应根据工程概况和招标文件，进行项目成本的预测，提出投标决策意见；施工准备阶段，应结合设计图纸的自审、会审和其他资料（如地质勘探资料等），编制实施性施工组织设计，通过多方案的技术经济比较，从中选择经济合理、先进可行的施工方案，编制明细而具体的成本计划，对项目成本进行事前控制；施工阶段，以施工图预算、施工预算、劳动定额、材料消耗定额和费用开支标准等，对实际发生的成本费用进行控制；竣工交付使用及保修期阶段，应对竣工验收过程发生的费用和保修费用进行控制。

当以施工项目的职能部门、施工队和生产班组作为成本控制的对象时，成本控制的具体内容是日常发生的各种费用和损失。这些费用和损失，都发生在各个部门、施工队和生产班组。因此，也应以部门、施工队和班组作为成本控制对象，接受项目经理和企业有关部门的指导、监督、检查和考评。

当以分部分项工程作为项目成本的控制对象时，为了把成本控制工作做得扎实、细致，落到实处，还应以分部分项工程作为项目成本的控制对象。在正常情况下，应根据分部分项工程的实物工程量，参照施工预算定额，联系项目管理的技术素质、业务素质和技术组织措施的节约计划，编制包括工、料、机消耗数量、单价、金额在内的施工预算，作为对分部分项工程成本进行控制的依据。

2. 施工项目成本控制的组织和分工

（1）建立以项目经理为核心的项目成本控制体系。实行项目经理负责制，就是要求项召经理对项目建设的进度、质量、成本、安全和现场管理标准化等全面负责，特别要把成本控制放在首位。

（2）建立项目成本管理责任制。它包含明确合同预算员的成本管理责任、工程技术人员的成本管理责任、材料人员的成本管理责任、机械管理人员的成本管理责任、行政管理人员的成本管理责任、财务成本员的成本管理责任，以及实行对施工队分包成本的控制和落实生产班组的责任成本的措施。

3. 施工项目成本控制的实施

（1）施工前期的成本控制。

1）根据设计图纸和有关技术资料，对施工方法、施工顺序、作业组织形式、机械设备选型、技术组织措施等进行认真的研究分析，制定出科学先进、经济合理的施工方案。

2）根据企业下达的成本目标，以分部分项工程实物工程量为基础，联系劳动定额、材料消耗定额和技术组织措施的节约计划，在优化的施工方案的指导下，编制明细而具体的成本计划，并按照部门、施工队和班组的分工进行分解，作为部门、施工队和班组的责任成本落实下去，为今后的成本控制做好准备。

（2）施工期间的成本控制。

1）加强施工任务单和限额领料单的管理。特别要做好每一个分部分项工程完成后的验收（包括实际工程量的验收和工作内容、工程质量、文明施工的验收），以及实耗人工、实耗材料的数量核对，以保证施工任务单和限额领料单的结算资料绝对正确，为成本控制提供真实可靠的数据。

2）将施工任务单和限额领料单的结算资料与施工预算进行核对并计算分部分项工程的成本差异，分析差异产生的原因，并采取有效的纠偏措施。

3）做好月度成本原始资料的收集和整理，正确计算月度成本，分析月度预算成本与实际成本的差异。对于盈亏比例异常的现象，则要特别重视，并在查明原因的基础上，采取果断措施，尽快加以纠正。

4）在月度成本核算的基础上，实行责任成本核算。也就是利用原有会计核算的资料，重新按责任部门或责任者归集成本费用，每月结算一次，并与责任成本进行对比，由责任部门或责任者自行分析成本差异和产生差异的原因，自行采取措施纠正差异，为全面实现责任成本创造条件。

5）经常检查对外经济合同的履约情况，如遇拖期或质量不符合要求时，应根据合同规定向对方索赔；对缺乏履约能力的单位，要采取断然措施，立即中止合同，并另找可靠的合作单位，以免影响施工，造成经济损失。

6）定期检查各责任部门和责任者的成本控制情况。检查成本控制责、权、利的落实情况（一般为每月一次）。发现成本差异偏高或偏低的情况，应会同责任部门或责任者分析产生差异的原因，并督促他们来取相应的对策来纠正差异；如有因责、权、利不到位而影响成本控制工作的情况，应针对责、权、利不到位的原因，调整有关各方的关系，落实责、权、利相结合的原则，使成本控制工作得以顺利进行。

（3）竣工验收阶段的成本控制。

1）精心安排、干净利落地完成工程竣工扫尾工作。从现实情况看，很多工程“到竣工扫尾阶段，就把主要施工力量抽调到其他在建工程，以致扫尾工作拖拖拉拉、战线拉得很长，机械设备无法转移，成本费用照常发生，使在建阶段取得的经济效益逐步流失。

2）重视竣工验收工作，顺利交付使用。在验收以前，要准备好验收所需要的各种书面资料（包括竣工图）送甲方备查；对验收中甲方提出的意见，应根据设计要求和合同内容认真处理，如果涉及费用，应请甲方签证，列入工程结算。

3）及时办理工程结算。一般来说：工程结算造价＝原施工图预算±设计变更，但在施工过程中，有些按实结算的经济业务，是由财务部门直接支付的，项目预算员不掌握资料，往往在工程结算时遗漏。因此，在办理工程结算以前，要求项目预算员和成本员进行一次认真全面的核对。

4）在工程保修期间，应由项目经理指定保修工作的责任者，并责成保修责任者根据实际情况提出保修计划（包括费用计划），以此作为控制保修费用的依据。

9.5　施工成本核算

9.5.1　施工成本核算

施工成本核算是承包企业利用会计核算体系，对项目建设工程中所发生的各项费用进行归集，统计其实际发生额，并计算项目总成本和单位工程成本的管理工作。它是施工项目成本管理中最基本的职能，一方面它是施工项目进行成本预测、制定成本计划和实行成本控制所需信息的重要来源，另一方面它又是施工项目进行成本分析和成本考核的基本依据。

承包企业的项目成本核算应以项目经理责任成本目标为基本核算范围；以项目经理授权范围相对应的可控责任成本为核算对象，进行全过程分月跟踪核算。根据工程当月形象进度，对已完实际成本按分部分项工程进行归集，并与相应范围的计划成本进行比较，分析各分部分项工程成本偏差的原因，并在后续工程中采取有效控制措施并进一步寻找降本挖潜的途径。企业的项目经理部应在每月成本核算的基础上编制当月成本报告，作为项目施工月报的组成内容，提交企业主管领导、生产管理和财务部门审核备案。

9.5.2　施工项目成本核算的对象

施工成本核算的对象是指在计算工程成本中，确定、归集和分配产生费用的具体对象，即产生费用承担的客体。成本计算对象的确定，是设立工程成本明细分类账户、归集和分配产生费用以及正确计算工程成本的前提。

单位工程是合同签约、编制工程预算和工程成本计划、结算工程价款的计算单位。按照分批（订单）法原则，施工成本一般应以每一独立编制施工图预算的单位工程为成本核算对象，但也可以按照承包工程的规模、工期、结构类型、施工组织和施工现场等情况，综合成本管理要求，灵活划分成本核算对象。一般而言，划分成本核算对象有以下几种：

（1）一个单位工程由几个施工单位共同施工时，各施工单位都以同一单位工程为成本核算对象，各自核算自行完成的部分。

（2）规模大、工期长的单位工程，可以将工程划分为若干部位，以分部位的工程作为成本核算对象。

（3）同一建设项目，又由同一施工单位施工，并在同一施工地点，属同一结构类型，开竣工时间相近的若干单位工程，可以合并作为一个成本核算对象。

（4）改建、扩建的零星工程，可以将开竣工时间相近，属于同一建设项目的各个单位工程合并作为一个成本核算对象。

（5）土石方工程、桩基工程，可以根据实际情况和管理需要，以一个单项工程为成本核算对象，或将同一施工地点的若干个工程量较少的单项工程合并，作为一个成本核算对象。

在公路工程施工项目中，工程成本核算对象的划分，一般是根据《公路基本建设工程概算预算编制办法》的规定确定的。

9.5.3 施工项目成本核算的任务

（1）执行国家有关成本开支范围，费用开支标准、工程预算定额、企业施工预算和成本计划的有关规定，控制费用，促使项目合理，节约人力、物力和财力。这是施工项目成本核算的前提和首要任务。

（2）正确及时地核算施工过程中发生的各项费用，计算施工项目的实际成本。这是项目成本核算的主体和中心任务。

（3）反映和监督施工项目成本计划的完成情况，为项目成本预测，为参与项目施工生产、技术和经营决策提供可靠的成本报告和有关资料，促使项目改善经营管理，降低成本，提高经济效益。这是施工项目成本核算的根本目的。

9.5.4 施工项目成本核算的方法

1. 会计核算

会计核算是以会计方法为主要手段，通过设置账户、复式记账、填制和审核凭证、登记账簿、成本计算、财产清查和编制会计报表等一系列有组织有系统的方法，来记录企业的一切生产经营活动，然后据以提出用货币来反映的有关综合性经济指标的一些数据。资产、负债、所有者权益、营业收入、成本、利润等会计六要素指标，主要通过会计来核算。会计记录具有连续性、系统性、综合性等特点，所以它是施工成本分析的重要依据。

2. 业务核算

业务核算是各业务部门根据业务工作的需要而建立的核算制度，它包括原始记录和计算登记记录。如单位工程及分部分项进度登记、质量登记、功效及定额计算登记、物质消耗定额记录、测试记录等。

业务核算的范围比会计、统计核算要广。会计和统计核算一般是对已经发生的经济活动进行核算，而业务核算，不但可以对已经发生的，还可以对尚未发生或正在发生的经济活动进行核算，看是否可以做，是否有经济效益。

3. 统计核算

统计核算是利用会计核算资料和业务核算资料，把企业生产经营活动客观现状的大量数据，按统计方法加以系统整理，表明其规律性。

统计核算的计量尺度比会计核算的计量尺度宽，可以用货币计算，也可以用实物或劳动量计算。统计通过全面调查和抽样调查等特有的方法，不仅能提供绝对数指标，还能提供相对数和平均数指标，可以计算当前的实际水平，确定变动速度，还可以预测发展的趋势。统计核算除了主要研究大量的经济现象外，也很重视个别先进事例与典型事例的研究。

施工成本核算通过会计核算、业务核算和统计核算的“三算”方法，获得成本的第一手资料，并将总成本和各个分成本进行实际值与计划目标值的相互对比，用以观察分析成本升降情况，同时作为考核的依据。

通过实际成本与预算成本的对比，考核施工成本的降低水平；通过实际成本与计划成本的对比，考核工程成本的管理水平，称为两对比与两考核。

9.5.5 工程项目成本核算的基本内容

1. 人工费核算

(1) 内包人工费。指企业与项目两层分离后，企业所属的劳务分公司依据与项目经理部签订的劳务合同结算的全部工程价款。内包人工费按月结算，计入项目单位工程成本。适用于类似外包工式的合同定额结算支付办法。

(2) 外包人工费。按项目经理部与劳务队或直接与单位施工队伍签订的包清工合同，以当月验收完成的工程实物量计算人工费，并按月凭项目成本核算员提供的“包清工工程款月度成本汇总表”预提，计入项目单位工程成本。

2. 材料费核算

工程耗用的材料，根据限额领料单、退料单、报损报耗单、大堆材料耗用计算单等，由项目料具员按单位工程编制“材料耗用汇总表”，据以计入项目成本。

3. 周转材料费核算

(1) 周转材料实行内部租赁制，以租费的形式反映其消耗情况，按“谁租用谁负担”的原则，核算其项目成本。

(2) 按周转材料租赁办法和租赁合同，由出租方与项目经理部按月结算租赁费。租赁费按租用的数量、时间和内部租赁单价计算，计入项目成本。

(3) 周转材料在调入移出时，项目经理部都必须加强计量验收制度，如有短缺、损坏，一律按原价赔偿，计入项目成本（缺损数=进场数−退场数）。

(4) 租用周转材料的进退场运费，按其实际发生数，由调入项目负担。

(5) 对U形卡、脚手扣件等零件，除执行项目租赁制外，考虑到其比较容易散失的因素，按规定实行定额预提摊耗，摊耗数计入项目成本，但相应减少次月租赁基数及租赁费。单位工程竣工必须进行盘点，盘点后的实物数与前期逐月按控制定额摊耗后的数量差，按实调整清算计入成本。

(6) 实行租赁制的周转材料，一般不再分配负担周转材料差价。退场后发生的修复整理费用，应由出租单位进行出租成本核算，不再向项目另行收费。

4. 结构半成品或成品构件费核算

(1) 项目结构件的使用必须要有领发手续，并根据这些手续，按照单位工程使用对象编制“结构件耗用月报表”。

(2) 项目结构件的单价以项目经理部与外加工单位签订的合同为准，计算耗用金额并计入成本。

(3) 根据实际施工形象进度、已完施工产值的统计及各类实际成本消耗三者在月度时点上的三同步原则（配比原则的引申与应用），结构件耗用的品种和数量应与施工产值相对应；结构件数量金额账的结存数，应与项目成本员的账面余额相符。

(4) 结构件的高进高出价差核算同材料费的高进高出价差核算一致。结构件内三材数量、单价、金额均按报价书核定，或按竣工结算单的数量按实结算。报价内的节约或超支由项目自负盈亏。

(5) 如发生结构件的一般价差，可计入当月项目成本。

(6) 部位分项分包，如涵洞基础等，按照企业通常采用的类似结构件管理和核算方法，项目经济员必须做好月度已完工程部分验收记录，正确计报部位分项分包产值，并书面通知项目成本员及时、正确、足额计入成本。预算成本的拆算、归类可与实际成本的出账保持同口径。分包合同价可包括制作费和安装费等有关费用，工程竣工时根据分包合同结算书，按实调整成本。

(7) 在结构件外加工和部位分包施工过程中，项目经理部通过自身努力获取的经营利益或转嫁压价让利风险所产生的利益，均受益于施工项目。

5. 机械使用费核算

(1) 机械设备实行内部租赁制，以租赁费形式反映其消耗情况，按“谁租用谁负担”的原则，核算其项目成本。

(2) 按机械设备租赁办法和租赁合同，由企业内部机械设备租赁市场与项目经理部按月结算租赁费。租赁费根据机械使用台班、停置台班和内部租赁单价计算，计入项目成本。

(3) 机械进出场费，按规定由承租项目负担。

(4) 项目经理部租赁的各类大中小型机械，其租赁费全额计入项目机械费成本。

(5) 根据内部机械设备租赁市场运行规则要求，结算原始凭证由项目指定专人签证开班和停班数，据以结算费用。现场机、电、修等操作工奖金由项目考核支付，计入项目机械费成本并分配到有关单位工程。

(6) 向外单位租赁机械，按当月租赁费用金额计入项目机械费成本。

6. 其他直接费核算

(1) 材料二次搬运费。

(2) 临时设施摊销费。

(3) 生产工具用具使用费。

(4) 除上述以外的其他直接费内容，均应按实际发生的有效结算凭证计入项目成本。

7. 施工间接费核算

(1) 要求以项目经理部为单位编制工资单和奖金单列支工作人员薪金。项目经理部工资总额每月必须正确核算，以此计提职工福利费、工会经费、教育经费、劳保统筹费等。

(2) 劳务分公司所提供的炊事人员代办食堂承包，服务、警卫人员提供区域岗点承包服务及其他代办服务费用计入施工间接费。

(3) 内部银行的存贷利息，计入“内部利息”。

(4) 施工间接费，先在项目“施工间接费”总账归集，再按一定的分配标准计入受益成本核算对象（单位工程）。

8. 分包工程成本核算

(1) 包清工工程。纳入“人工费—外包人工费”内核算。

(2) 部位分项分包工程。纳入结构件费内核算。

（3）双包工程。指将整幢建筑物以包工包料的形式分包给外单位施工的工程。

（4）机械作业分包工程。指利用分包单位专业化施工优势，将打桩、吊装、大型土方、深基础等施工项目分包给专业单位施工的形式。

（5）由于上述双包工程和机械作业分包工程的收入和支出较易辨认（计算），项目经理部也可以对这两类分包工程采用竣工点交办法，即月度不结盈亏。

（6）项目经理部应增设“分建成本”项目，核算双包工程、机械作业分包工程成本状况。

（7）各类分包形式（特别是双包）对分包单位领用、租用、借用本企业物资、工具、设备、人工等费用，必须根据项目经理部管理人员开具的，且经分包单位指定专人签字认可的专用结算单据，如“分包单位领用物资结算单”及“分包单位租用工器具设备结算单”等结算依据入账，抵作已付分包工程款。

9.5.6　项目成本核算的基础工作

1. 健全企业和项目两个层次的核算组织体制

为了科学有序地开展施工项目成本核算，分清责任，合理考核，应做好以下工作。

（1）建立健全原始记录制度。

（2）建立健全各种财产物资的收发、领退、转移、保管、清查、盘点、索赔制度。

（3）制定先进合理的企业成本定额。

（4）建立企业内部结算体系。

（5）对成本核算人员进行培训。

2. 规范以项目核算为基点的企业成本会计账表

（1）工程施工账。

（2）施工间接费账表。

（3）其他直接费账表。

（4）项目工程成本表。

（5）在建工程成本明细表。

（6）竣工工程成本明细表。

（7）施工间接费表。

3. 建立项目成本核算的辅助记录台账

施工项目成本是生产耗费的货币表现，而不是生产耗费的原始实物形态，这往往使项目经理和项目管理人员难以掌握，并会有一种“模糊”的感觉。通过管理会计式台账，还其本来面目，就会有清晰的透明度。为了避免项目管理人员的重复劳动，原则上应作如下分工：由项目有关业务人员记录各项经济业务的过程，项目成本员记录各项经济业务的结果，并要求按时按质完成。

9.5.7　项目成本实际数据的收集

为使项目成本核算坚持施工形象进度、施工产值统计、实际成本归集的“三同步”原则，施工产值及实际成本的归集，宜按照下列方法进行：

（1）应按照统计人员提供的当月完成工程量的价值及有关规定，扣减各项上缴税费后，作为当期工程结算收入。

（2）人工费应按照劳动管理人员提供的用工分析和受益对象进行财务处理，计入工程成本。

（3）材料费应根据当月项目材料消耗和实际价格，计算当期消耗，计入工程成本；周转材料应实行内部调配制，按照当月使用时间、数量、单价计算，计入工程成本。

（4）机械使用费按照项目当月使用台班和单价计算，计入工程成本。

（5）其他直接费应根据有关核算资料进行财务处理，计入工程成本。

（6）间接成本应根据现场发生的间接成本项目的有关资料进行财务处理，计入工程成本。

9.5.8 项目月度成本报告

1. 人工费周报表

人工费用报表应该每周编制一份。项目经理部必须掌握人工费用的详细情况，了解该周某工程施工中的每个分项工程的人工单位成本和总成本，以及与之对应的预算数据。有了这些资料，就不难发现哪些分项工程的单位成本或总成本与预算存在差异，从而进一步找出症结所在。

2. 工程成本月报表

工程成本月报表包括工程的全部费用，是针对每一个施工项目设立的。该报表的资料数据很多都来自工程成本分类账。工程成本月报表有助于项目经理评价本工程中各个分项工程的成本支出情况。

3. 工程成本分析月报表

工程成本分析月报表将施工项目的分部分项工程成本资料和结算资料汇于一表，使得项目经理能够纵观全局。该报表一月一编报，也可以一季编报一次。工程成本分析月报表的资料来源于施工项目的成本日记账、成本分类账及应收账款分类账，起到报告工程成本现状的作用。

情景10　公路工程施工项目合同管理

【任务】 编制南友公路至明阳工业区连接线两阶段施工图K0＋000～K2＋700段的施工项目合同管理与进度管理计划

【知识目标】

1. 了解工程施工招标、投标的程序
2. 了解建设工程合同管理的任务
3. 了解施工承包合同文件的形式与内容
4. 掌握施工合同的实施控制、工程变更与工程索赔掌握进度控制的原理与步骤

【专业能力目标】

1. 学会应用合同进行施工项目基础工作的管理
2. 具有一定的风险防范能力
3. 能进行工程变更与索赔的管理工作

10.1　了解公路工程施工招标投标的程序

交通部2006年发布的《公路工程施工招标投标管理办法》对公路工程施工招标投标进行了规范化，以下是源自“办法”中关于招标投标的主要内容，供学习参考。

(1) 下列公路工程施工项目必须进行招标，但涉及国家安全、国家秘密、抢险救灾或者利用扶贫资金实行以工代赈等不适宜进行招标的项目除外：

1) 投资总额在3000万元人民币以上的公路工程施工项目。

2) 施工单项合同估算价在200万元人民币以上的公路工程施工项目。

3) 法律、行政法规规定应当招标的其他公路工程施工项目。

(2) 公路工程施工招标投标活动应当遵循公开、公平、公正和诚信的原则。依法必须进行招标的公路工程施工项目，其招标投标活动不受地区或者部门的限制，任何具备从事公路建设规定条件的企业法人都可以参加投标。任何组织和个人不得以任何方式非法干预公路工程施工招标投标活动。

(3) 公路工程施工招标的项目应当具备的条件：①初步设计文件已被批准；②建设资金已经落实；③项目法人已经确定，并符合项目法人资格标准要求。

公路工程施工招标的招标人，应当是依照本办法规定提出公路工程施工招标项目、进行公路工程施工招标的项目法人。

(4) 公路工程施工招标分为公开招标和邀请招标。

采用公开招标的，招标人应当通过国家指定的报刊、信息网络或者其他媒体发布招标公告，邀请具备相应资格的不特定的法人投标。采用邀请招标的，招标人应当以发送投标

邀请书的方式，邀请三家以上具备相应资格的特定的法人投标。

(5) 公路工程施工招标，应当按下列程序进行：

1) 确定招标方式。采用邀请招标的，应当按照国家规定报有关主管部门审批。

2) 编制投标资格预审文件和招标文件，招标文件按照本办法规定备案。

3) 发布招标公告，发售投标资格预审文件；采用邀请招标的，可直接发出投标邀请书，发售招标文件。

4) 对潜在投标人进行资格审查。

5) 向资格预审合格的潜在投标人发出投标邀请书和发售招标文件。

6) 组织潜在投标人考察招标项目工程现场，召开标前会。

7) 接受投标人的投标文件，公开开标。

8) 组建评标委员会评标，推荐中标候选人。

9) 确定中标人。评标报告和评标结果按照本办法规定备案并公示。

10) 发出中标通知书。

11) 与中标人订立公路工程施工合同。

(6) 公路工程施工招标投标应当对潜在投标人进行资格审查。招标文件中关于投标人的资质要求，应当符合法律、行政法规的规定，招标人不得在招标文件中制定限制性条件阻碍或者排斥投标人，不得规定以获得本地区奖项等要求作为评标加分条件或者中标条件。

(7) 招标人设定标底的，可自行编制标底或者委托具备相应资格的单位编制标底。标底编制应当符合国家有关工程造价管理的规定，并应当控制在批准的概算以内。招标人应当采取措施，在开标前做好标底的保密工作。

(8) 投标。公路工程施工招标的投标人是响应招标、参加投标竞争的公路工程施工单位。投标人应当具备招标文件规定的资格条件，具有承担所投标项目的相应能力。

施工单位可以独立投标，也可组成联合体参加公路工程施工投标。联合体各成员单位都应当具备招标文件规定的相应资质条件。由同一专业施工单位组成的联合体，按照资质等级较低的单位确定资质等级。

投标文件应当由投标人密封，并按照招标文件规定的时间、地点和方式送达招标人。

投标人参加投标，不得弄虚作假，不得与其他投标人互相串通投标，不得采取贿赂以及其他不正当手段谋取中标，不得妨碍其他投标人投标。

(9) 开标、评标和中标。开标时间应当与招标文件中确定的提交投标文件截止时间一致。开标地点应当是招标文件中预先确定的地点，不得随意变更。

开标应当公开进行。

开标时，由投标人或者其推选的代表检查投标文件的密封情况，也可以由招标人委托的公证机构检查并予以公证。

招标人设有标底的，应当同时公布标底。

招标人应当记录开标过程，并存档备查。

评标由招标人依法组建的评标委员会负责。

评标委员会成员名单在中标结果确定前应当保密。

评标委员会成员应当客观、公正地履行职责，遵守职业道德，对所提出的评审意见承担责任。任何单位和个人不得非法干预、影响评标过程和结果。

公路工程施工招标的评标方法可以使用合理低价法、最低评标价法、综合评估法和双信封评标法以及法律、法规允许的其他评标方法。公路工程施工招标评标，一般应当使用合理低价法。使用世界银行、亚洲开发银行等国际金融组织贷款的项目和工程规模较小、技术含量较低的工程，可使用最低评标价法。

招标人应当将评标结果在招标项目所在地省级交通主管部门政府网站上公示，接受社会监督。公示时间不少于 7 日。

招标人确定中标人后，应当向中标人发出中标通知书，并同时将中标结果通知所有未中标的投标人。招标人应当自确定中标人之日起 15 日内，将评标报告向第二十二条规定的备案机关进行备案。

招标人和中标人应当自中标通知书发出之日起 30 日内订立书面公路工程施工合同。

（10）公路工程施工合同应当按照招标文件、中标人的投标文件、中标通知书订立。招标人应当自订立公路工程施工合同之日起 5 个工作日内，向中标人和未中标的投标人退还投标保证金。由于中标人自身原因放弃中标，招标文件约定放弃中标不予返还投标保证金的，中标人无权要求返还投标保证金。

10.2　认知施工项目合同管理

随着市场经济机制的发育和完善，要求政府管理部门打破传统观念束缚，转变政府职能，更多地应用法律、法规和经济手段调节和管理市场，而不是用行政命令干预市场；承包商作为交通工程市场的主体，进行交通工程生产与管理活动，必须按照市场规律要求，健全和完善内部各项管理制度，其中合同管理制度是其管理制度的关键内容之一。

交通工程市场机制的健全和完善，施工合同必将成为调节业主和承包商经济活动关系的法律依据。加强建设工程施工合同的管理，是社会主义市场经济规律的必然要求。

合同管理是建设工程项目管理的重要内容之一。

建设工程施工合同有施工总承包合同和施工分包合同之分。施工总承包合同的发包人是建设工程的建设单位或取得建设项目总承包资格的项目总承包单位，在合同中一般称为业主或发包人。施工总承包合同的承包人是承包单位，在合同中一般称为承包人。

施工分包合同又有专业工程分包合同和劳务作业分包合同之分。分包合同的发包人一般是取得施工总承包合同的承包单位，在分包合同中一般仍沿用施工总承包合同中的名称，即仍称为承包人。而分包合同的承包人一般是专业化的专业工程施工单位或劳务作业单位，在分包合同中一般称为分包人或劳务分包人。

在国际工程合同中，业主可以根据施工承包合同的约定，选择某个单位作为指定分包商，指定分包商一般应与承包人签订分包合同，接受承包人的管理和协调。

公路工程的各类型合同按中华人民共和国交通运输部交公路发〔2009〕221 号《公路工程标准施工招标文件》的规定执行。

10.2.1 施工合同管理

1. 合同的定义

根据1999年颁布的《中华人民共和国合同法》，合同是平等主体的自然人、法人、其他组织之间的设立、变更、终止民事权利义务关系的协议。

2. 合同管理

(1) 合同管理是指国家合同管理机关和经济组织依照合同法规定的管理限权，管理合同的范围、内容、方法和组织形式的总称。

(2) 合同管理的原则。

1) 统一管理与分工管理相结合的原则。

2) 正确处理国家、企业和个人三者利益的原则。

3) 指导与监督同时并举的原则。

3. 合同法

合同法是调整合同关系当事人之间权利义务关系的法律规范的总称，是调整财产关系的主要法律之一。

4. 施工合同管理

企业合同管理是指企业对以自身为当事人的合同依法进行订立、履行、变更、解除、转让、终止以及审查、监督、控制等一系列行为的总称。其中订立、履行、变更、解除、转让、终止是合同管理的内容；审查、监督、控制是合同管理的手段。合同管理必须是全过程的、系统性的、动态性的。

(1) 施工项目合同管理是企业对工程项目施工过程中所发生的或所涉及到的一切经济、技术合同的签订、履行、变更、索赔、解除、解决争议、终止与评价的全过程进行的管理工作。是指参与施工项目的各方当事人为完成施工项目依照施工项目合同设立、变更、终止民事权利义务关系所从事的计划、组织、控制和激励的活动。它包括以下三个方面的含义：

1) 施工项目合同管理的主体。公路工程施工合同的当事人只有发包人和承包人，但在合同的实施和管理中除了前面所指的特定管理主体外，还涉及各个方面的关系人。如发包人有它的咨询公司、监理公司、发包人代表；承包人有它的项目经理和项目经理部、分包人、联合体的合伙人、各类材料和设备供应人；在发包人和承包人之间还有政府机关、质量监督站、银行和保险公司等。因此要处理好与工程实施有关各方的关系，这些关系实际上是工程承包与分包、劳务雇佣、代理、买卖、运输、保管、租赁、技术、担保、借贷、税务和保险等多方面的法律关系。

2) 合同的客观即公路工程施工项目。

3) 合同管理的内容主要包括计划、组织、控制和激励等活动。

(2) 施工项目合同管理组织一般实行企业、项目经理部两级管理。

1) 企业的合同管理

企业设立专职合同管理部门，在企业经理授权范围内负责制定合同管理的制度、组织全企业所有施工项目的各类合同的管理工作；编写本企业施工项目分包、材料供应统一合同文本，参与重大施工项目的投标、谈判、签约工作；定期汇总合同的执行情况，向经理汇报、提出建议；负责基层上报企业的有关合同的审批、检查、监督工作，并给予必要地指导与帮助。

2）施工项目经理部的合同管理。

a. 项目经理为项目总合同、分合同的直接执行者和管理者。在谈判签约阶段，预选的项目经理应参加项目合同的谈判工作，经授权的项目经理可以代表企业法人签约；项目经理还应亲自参与或组织本项目有关合同及分包合同的谈判和签署工作。

b. 项目经理部设立专门的合同管理人员，负责本部所有合同的报批、保管和归档工作；参与选择分包商工作，在项目经理授权后负责分包合同起草、洽谈，制定分包的工作程序，以及总合同变更合同的洽谈，资料的收集，定期检查合同的履约工作；负责须经企业经理签字方能生效的重大施工合同的上报审批手续等工作；监督分包商履行合同工作，以及向业主、监理工程师、分包单位发送涉及合同问题的备忘录、索赔单等文件。

5. 施工项目合同管理与合同法的关系

合同包括合同的订立、履行、变更、解除、终止和管理，它们都是法律行为。因此，必须要依法进行上述行为，只有依法订立的合同或依法实施的合同，才是有效的合同，才能受法律的保护。

6. 施工合同管理的任务

施工项目合同管理的任务是根据法律、政策的要求，运用指导、组织、检查、考核、监督等手段，促使当事人依法签订合同，全面实际地履行合同，及时妥善地处理合同争议和纠纷，不失时机地进行合理索赔，预防发生违约行为，避免造成经济损失，保证合同目标顺利实现，从而提高企业的信誉和竞争能力

10.2.2　施工项目合同管理的过程

1. 合同的订立

合同订立和程序为市场调查建立联系、表明合作意愿投标报、协商谈判、签署书面合同、鉴证与公证。

2. 公路工程施工项目承包合的内容

公路工程施工项目承包合同应当采用书面形式、合同的内容一般应包括以下条款：

（1）当事人的名称或者姓名和住所。

（2）标的。标的指经济合同当事人双方的权利、义务共同所指的对象，公路项目承包合同的标的是工程项目施工任务。

（3）数量。在公路项目承包合同中的工程量清单可以看成是标的数量。

（4）质量。即合同标的质量标准、技术要求或服务条件，如在公路项目中所使用的交通部颁布的《公路工程质量检验评定标准》（JT 071—98）。

（5）价款或者报酬。是取得标的物者或接受劳务者一方，向对方支付的酬金。在公路项目中，一般按概（预）算定额计价，同时还应规定索赔的条件和索赔的计价方式。

（6）履行期限、地点和方式。合同期限包括签订期限、有效期限和履行期限。在公路项目中，合同期限主要包括开工日期、工期要求、保修期限等。公路施工的合同履行地点

就是设计文件所规定的地点，当事人无法用协商的方法来加以变更。合同履行方式有完成任务的方式、价款支付方式、包装和验收方式。

（7）违约责任。由于当事人一方或双方的疏忽或过错，造成合同不能履行或不能完全履行时，违约方必须承担责任。

（8）解决争议的方法。对于公路项目，有监理工程师的裁定、协商解决、仲裁机关的仲裁和向人民法院提起诉讼。

3. 合同的履行

合同生效后，当事人应本着遵纪守法、诚实信用、协作履行的原则，严格按照合同规定的标的及内容来全面履行合同。

合同生效后，若当事人就质量、价款或者报酬、履行地点等内容没有约定或者约定不明确的，可以协议补充。不能达成补充协议的，可适用下列规定：

（1）质量要求不明确的，按照国家标准→行业标准→地方标准→特点标准执行，且均应选用最近标准。

（2）价款或者报酬不明确的，除应依法执行政府定价或指导价以外的按照订立合同时履行地的市场价格履行。

（3）履行地点不明确时，给付货币的，在接受货币一方所在地履行；交付不动产的，在不动产所在地履行；其他标的，在履行义务一方所在地履行。

（4）履行方式不明确的，按照有利于实现合同目的方式履行。

（5）履行费用的负担不明确的，由履行义务一方负担。

合同生效后，当事人不得因姓名、名称或者法定代表人、负责人、承办人的变动而不履行合同义务。

4. 合同的变更和转让

当事人协商一致后，可以变更合同。法律、行政法规规定变更合同应当办理批准、登记等手续的，依照其规定。但当事人对合同变更的内容约定不明确的，确定为未变更。

债权人可以将合同权利全部或者部分转让给第三人，但有下列情形之一的除外：①据合同性质不得转让；②照当事人约定不得转让；③照法律规定不得转让。

债权人转让权利的，应当通知债务人，否则，该转让对债务人不发生效力。

债务人转让权利的通知除经受让人同意外不得撤销。

合同变更一般由工程师提出变更指令，它不同于《示范文本》的“工程变更”或“工程设计变更”。后者是由发包人提出并报规划管理部门和其他有关部门重新审查批准。

合同变更的理由如下：

（1）工程量增减。

（2）资料及特性的变更。

（3）工程标高、基线、尺寸等变更。

（4）工程的删减。

（5）永久工程的附加工作，设备、材料和服务的变更等。

5. 合同的解除和终止

当事人协商一致，可以解除合同，合同解除后，尚未履行的，终止履行的；已经履行的，根据履行情况和合同性质，当事人可以要求恢复原状，采取其他补救措施，并有权要求赔偿损失。

有下列情况之一的，合同的权利义务终止：①债务已经按照约定履行；②合同解除；③债务相互抵消；④债务人依法将标的物提存；⑤债权人免除债务；⑥债权债务同归于一人；⑦法律规定或者当事人约定终止的其他情形。

合同终止后，当事人应当遵循诚实信用原则，根据交易习惯履行通知、协助、保密等义务。

6. 合同的违约

（1）定义。

违约是指合同当事人不履行合同或者履行合同义务不符合约定条件。其实质侵害合同所产生的民事责任——违约责任。

（2）违约的特点。

1）违约只能是合同关系的当事人，合同当事人是特定的并且必须具有民事行为能力的人。

2）违约必须以存在有效的合同关系为前提。

3）违约的后果，除由法律规定外，还可以由当事人在合同中约定。

4）违约的构成要件，一是当事人之间有有效合同的存在；二是当事人在客观上要有不履行合同义务或履行合同义务不符合约定条件的事实。

（3）违约责任的分类。

1）以违约责任的成立是否以过错为要件作为标准，违约责任可分为过错责任和无过错责任。

过错责任：是指由于行为人的过错致使其违反合同义务时承担的责任。

无过错责任：是指无论合同当事人主观上是否有过错，只要合同当事人有违约行为就要承担违约责任。

2）以承担违约责任的当事人的数量为标准，违约责任可以分为单独责任和共同责任。

单独责任：是指违约方仅为一人时所承担的违约责任。

共同责任：分为按份责任和连带责任。

3）按承担违约责任是当事人一方还是双方的不同，违约责任可以分为单方责任和混合责任。

单方责任：指违约责任一方向守约一方所承担的责任。

混合责任：指当事人双方对违约责任均有过错，各自依据过错程度承担相应的责任。

（4）违约行为的分类。

在履行施工合同过程中，主要的违约行为如下：

1）发包人违约：

a. 发包人不按合同约定支付各项价款，或工程师不能及时给出必要的指令、确认，致使合同无法履行，发包人承担违约责任，赔偿因其违约给承包人造成的直接损失，延误的工期相应顺延。

b. 未按合同规定的时间和要求提供材料、场地、设备、资金、技术资料等，除竣工日期得以顺延外，还应赔偿承包方因此而发生的实际损失。

c. 工程中途停建、缓建或由于设计变更或设计错误造成的返工，应采取措施弥补或减少损失。同时应赔偿承包方因停工、窝工、返工和倒运、人员、机械设备调迁、材料和构件积压等实际损失。

d. 工程未经竣工验收，发包单位提前使用或擅自动用，由此发生的质量问题或其他问题，由发包方自己负责。

e. 超过承包合同规定的日期验收，按合同的违约责任条款的规定，应偿付逾期违约金。

2）承包人违约：

a. 承包工程质量不符合合同规定，负责无偿修理和返工。由于修理和返工造成逾期交付的，应偿付逾期违约金。

b. 承包工程的交工时间不符合合同规定的期限，应按合同中违约责任条款，偿付逾期违约金。

c. 由于承包方的责任，造成发包方提供的材料、设备等丢失或损坏，应承担赔偿责任。

（5）违约责任处理原则。

1）承担违约责任应按“严格责任原则”处理，无论合同当事人主观上是否有过错，只要合同当事人有违约事实，特别是有违约行为并造成损失的，就要承担违约责任。

2）在订立合同时，双方应当在专用条款内约定发（承）包人赔偿承（发）包人损失的计算方法或者发（承）包人应当支付违约金的数额和计算方法。

3）当事人一方违约后，另一方可按双方约定的担保条款，要求提供担保的第三方承担相应责任。

4）当事人一方违约后，另一方要求违约方继续履行合同时，违约方承担继续履行合同、采取补救措施或者赔偿损失等责任。

5）当事人一方违约后，对方应当采取适当措施防止损失的扩大，否则不得就扩大的损失要求赔偿。

6）当事人一方因不可抗力不能履行合同时，应对不可抗力的影响部分（或者全部）免除责任，但法律另有规定的除外。当事人延迟履行后发生不可抗力的，不能免除责任。

10.3 施工项目的风险管理

1. 风险的含义

由于风险定义的角度不同，因而有不同的解释，但常用的解释如下：

（1）风险是损失分手的不确定性。即风险由不确定性和损失两个要素构成。

（2）风险是在一定条件下，一定时期内，某一件预期结果与实际结果间的变动程度，变动程度越大，风险越大：反之，则越小。

2. 项目风险管理

项目风险管理指通过风险识别，风险分析和分析评价去认识项目的风险，以此为基础合理地使用各种风险应对措施、管理方法、技术和手段对项目的风险实行有效的控制，妥善处理风险事件造成的不利后果，以最少的成本保证项目总体目标实现的管理工作。

3. 风险管理与项目管理的关系

风险管理是整个项目管理的一个部分，其目的是保证总目标的实现。

（1）从项目的时间、资粮和成本目标来看，风险管理与项目管理的目标是一致的，即通过风险管理来降低项目进度、质量和成本方面的风险，实现项目管理目标。

（2）从项目范围管理来看，项目管理范围的主要内容包括界定项目范围和对项目范围变动的控制。通过界定项目范围，可以将项目的任务细分为更具体、更便于管理的部分，避免遗漏而产生风险。项目进行过程中，各种变更是不可避免的，变更会带来新的不确定性，风险管理可以通过对风险的识别、分析来评价这些不确定性，从而项目范围管理提出任务。

（3）从项目计划的职能来看，风险管理为项目计划的制订提供了依据。项目计划考虑的是未来，而未来必然存在着不确定因素。风险管理的职能之一是减少项目整个过程中的不确定性，这有利于计划的准确执行。

（4）从项目沟通控制的职能来看，项目沟通控制主要是对沟通体系进行监控，特别要注意经常出现误解和矛盾的职能和组织间的接口，这些可为风险管理提供信息，反过来，风险管理中的信息又可通过信息传输到相应的部门和人员。

（5）已项目实施过程来看，不少风险都是在项目实施过程中由潜在变为现实。风险管理就是在风险分析的基础上，拟定出具体应对措施，以消除、缓和、转移风险，利用机会避免产生新的风险。

4. 风险识别

风险识别是风险管理的基础。风险识别是指风险管理人员在收集资料和调查研究之后，运用各种方法对尚未发生潜在风险以及客观存在的风险进行系统归类和全面识别。风险识别的主要内容是：识别引起风险的主要因素，识别风险是性质，识别风险可能引起的后果。

施工项目风险识别包括：

（1）费用超支风险。在施工过程中，由于通货膨胀、环境、新的的规定等原因，致使工程施工的实际费用超出原来的预算。

（2）工期拖延的风险。在施工过程中，由于设计错误、施工能力差、自然灾害等原因致使项目不能按期建成。

（3）质量风险。在施工过程中由于原材料、构配件质量不符合要求，技术员或操作人员水平不高，违反操作规程等原因而产生质量问题。

（4）技术风险。在施工项目中采用的技术不成熟，或采用新技术、新设备、新工艺时未掌握要点致使项目中出现质量、工期、成本质量问题。

（5）资源风险。在项目施工中因人力、物力、财力不能计划供应而影响项目顺利进行时造成的损失。

（6）自然灾害和意外事故风险。

（7）财务风险。由于业主经济状况不佳而拖欠工程款致使工程无法顺利进行，或由于意外使项目取得外部贷款发生困难，或已接受的贷款因利率过高而无法偿还。

5. 风险评估

风险评估是项目风险管理的第二步。项目风险评估包括估计与风险评价两个内容。风险评估的主要任务是确定风险发生概率的评估和评价，风险后果严重程度的估计的评价，风险影响范围大小的评估和评价，以及对风险发生时间的估计和评价。

（1）风险发生概率的估计。风险概率是指某一风险发生的可能性，风险概率分布应当根据历史资料和数据来确定。当没有足够的历史资料来确定风险事件的概率分布时，可以利用理论概率分布进行分先估计。常用的风险概率分布是正态分布。

（2）风险事件后果的估计。风险事故造成的损失大小要从三个方面来衡量：风险损失的性质、风险损失范围大小和风险损失的时间分布。

6. 风险应对计划

风险应对计划是指针对负责分析的结果，为提高实现项目目标的机会，降低风险的负面影响而定制的风险应对策略和应对措施的过程。风险应对方法为：

（1）回避风险。考虑到风险事件的存在和发生的可能性，主动放弃或拒绝实施可能导致风险损失的方案，这样可以直接消除风险损失。回避风险具有简单、易行、全面、彻底的优点，能将风险的概率保持为零，从而保证项目的安全运行。

（2）转移风险。是指一些单位和个人为避免承担风险损失，而有意识地将损失或与损失有关的财务后果转嫁给另外的单位或个人去承担。转移的风险形式如下：

1）控制型非保险转移。通过买卖合同分包合同、开脱责任合同和协议，消除或减少转让人对的损失责任和对第三者的损失责任。

2）财务型非保险转移。是转让人通过合同或协议中的免责约定、担保等条款来寻找外来资金补偿其损失。如工程项目未经验收，发包方提出使用，发现质量问题，承包方享有免除责任的权利。

3）保险。是通过专门的机构，根据有关法律，运用大数法则，签订保险合同，当发现事故发生时，就可以获得保险公司的补偿，从而将风险转移给保险公司。

（3）损失控制。是指损失发生前消除损失可能发生的根源，减少损失事件的频率，在风险事件发生后减少损失的程度。如在损失发生前可以采取工程技术手段、安全教育等方法给予预防，在事件发生时或发生后，可以采用划分风险单位，减少损失幅度或增加风险单位等方法来控制损失的增加。

（4）自留风险。又称承担风险，它是一种由厦门组织自己来承担风险事故所致损失的措施。

7. 风险监控

风险监控就是跟踪与识别风险，监视剩余风险和识别新的风险，保证风险计划的执行，并评估消减风险的有效性。

风险监控是建立在项目风险的阶段性、渐进性和可控性基础上的概率和损失的严重程度。从而进一步确定是否要采取监控措施，采取什么样的监控措施，监控到什么程度？采取监控措施后，原来的风险发生了什么变化是否产生了新的佛冈县？从而实现对项目风险的有效控制。

10.4 施工项目索赔

1. 索赔的概念

索赔是在经济活动中，合同当事人一方因对方违约，或其他过错，或无法防止的外因而受到损失时，要求对方给予赔偿或补偿的活动。

2. 施工索赔

在施工项目合同管理中的施工索赔，一般是指承包商（或分包商）向业主（或总承包商）提出的索赔，而把业主（或总承包商）向承包商（或分包商）提出的索赔称为反索赔，广义上统称索赔。

施工索赔是承包商由于非自身原因，发生合同规定之外的额外工作或损失时，向业主提出费用或时间补偿要求的活动。

3. 施工中通常可能发生的索赔事件

在施工过程中，通常可能发生的索赔事件主要有：

(1) 业主没有按合同规定的时间交付设计图纸数量和资料，未按时交付合格的施工现场等，造成工程拖延和损失。

(2) 工程地质条件与合同规定、设计文件不一致。

(3) 业主或监理工程师变更原合同规定的施工顺序，扰乱了施工计划及施工方案，使工程数量有较大增加。

(4) 业主指令提高设计、施工、材料的质量标准。

(5) 由于设计错误或业主、工程师错误指令，造成工程修改、返工、窝工等损失。

(6) 业主和监理工程师指令增加额外工程，或指令工程加速。

(7) 业主未能及时支付工程款。

(8) 物价上涨，汇率浮动，造成材料价格、工人工资上涨，承包商蒙受较大损失。

(9) 国家政策、法令修改。

(10) 不可抗力因素等。

4. 施工索赔的分类

工程索赔依据不同的标准可以进行不同的分类。

(1) 按索赔的合同依据可以将工程索赔分为合同中明示的索赔和合同中默示的索赔。

1) 合同中明示的索赔。合同中明示的索赔是指承包人所提出的索赔要求，在该工程项目的合同文件中有文字依据，承包人可以据此提出索赔要求，并取得经济补偿。这些在合同文件中有文字规定的合同条款，称为明示条款。

2) 合同中默示的索赔。合同中默示的索赔，即承包人的该项索赔要求，虽然在工程项目的合同条款中没有专门的文字叙述，但可以根据该合同的某些条款的含义，推论出承包人有索赔权。这种索赔要求，同样有法律效力，有权得到相应的经济补偿。

(2) 按索赔有关当事人之间的关系分类可以将工程索赔分为承包人同业主之间的索赔、总承包人和分包人之间的索赔和承包人同供货人之间的索赔。

1) 承包人同业主之间的索赔。这是工程承包施工中最普遍的索赔形式。最常见的是承包人向业主提出的工期索赔和费用索赔；有时，业主也向承包人提出经济赔偿的要求，即“反索赔”。

2）总承包人和分包人之间的索赔。总承包人和分包人，按照他们之间所签订的分包合同，都有向对方提出索赔的权利，以维护自己的利益，获得额外开支的经济补偿。分包人向总承包人提出的索赔要求，经过总承包人审核后，凡是属于业主方面责任范围内的事项，均由总承包人汇总编制后向业主提出；凡属总承包人责任的事项，则由总承包人同分包人协商解决。

3）承包人同供货人之间的索赔。承包人在中标以后，根据合同规定的机械设备和工期要求，向设备制造厂家或材料供应人询价订货，签订供货合同。

供货合同一般规定供货商提供的设备的型号、数量、质量标准和供货时间等具体要求。如果供货人违反供货合同的规定，使承包人受到经济损失时，承包人有权向供货人提出索赔，反之亦然。

（3）按索赔目的可以将工程索赔分为工期索赔和费用索赔。

1）工期索赔。由于非承包人责任的原因而导致施工进程延误，要求批准顺延合同工期的索赔，称之为工期索赔。工期索赔形式上是对权利的要求，以避免在原定合同竣工日不能完工时，被发包人追究拖期违约责任。一旦获得批准合同工期顺延后，承包人不仅免除了承担拖期违约赔偿费的严重风险，而且可能因提前工期而得到奖励，最终仍反映在经济收益上。

2）费用索赔。费用索赔的目的是要求经济补偿。当施工的客观条件改变导致承包人增加开支，要求对超出计划成本的附加开支给予补偿，以挽回不应由他承担的经济损失。

（4）按索赔事件所处合同状态可以分为正常施工索赔、工程停（缓）建索赔和解除合同索赔。

1）正常施工索赔。这是工程承包施工中最普遍的索赔形式。最常见的是在施工中承包人向业主提出的工期索赔和费用索赔。

2）工程停（缓）建索赔。由于某种原因，如不可抗力因素影响、发包人违约，使工程被迫在竣工前停止实施并不再继续进行或中断实施，使承包人蒙受经济损失，因此提出索赔。

3）解除合同索赔。是在合同履行当中，由于某种合同约定当事人一方原因造成合同的解除使对方受到经济的损失而造成的索赔。

（5）按索赔依据的范围可以分合同内索赔、合同外索赔和道义索赔。

1）合同内索赔。索赔以合同条文作为依据，发生了合同规定给承包人以补偿的干扰事件，承包人根据合同规定提出索赔要求。这是最常见的索赔。

2）合同外索赔。工程施工过程中发生的干扰事件的性质已经超过合同范围。在合同中找不出具体的依据，一般必须根据适用于合同关系的法律解决索赔问题。

3）道义索赔。由于承包人失误（如报价失误、环境调查失误等），或发生承包人应负责的风险而造成承包人重大的损失。

（6）按索赔的处理方式分为单向索赔和综合索赔。

1）单向索赔。单项索赔是针对某一干扰事件提出的。索赔的处理是在合同实施过程中，干扰事件发生时，或发生后立即进行。它由合同管理人员处理，并在合同规定的索赔有效期内向发包人提交索赔意向书和索赔报告。

2）综合索赔。综合索赔又叫一揽子索赔或总索赔。这是在国际工程中经常采用的索赔处理和解决方法。一般在工程竣工前，承包人将工程过程中未解决的单项索赔集中起来，提出一份总索赔报告。合同双方在工程交付前或交付后进行最终谈判，以一揽子方案解决索赔问题。

（7）按索赔中合同主从关系分为工程承包合同的索赔和工程承包合同从属合同的索赔。

1）工程承包合同的索赔。索赔以承包合同作为依据，发生了合同规定给承包人以补偿的干扰事件，承包人根据合同规定提出索赔要求。

2）工程承包合同从属合同的索赔。从属合同是指必须以他种合同的存在为前提，自身不能独立存在的合同。索赔以承包合同从属合同作为依据，发生了承包合同从属合同规定给承包人以补偿的干扰事件，承包人根据合同规定提出索赔要求。

（8）按索赔管理策略主动性分为索赔和反索赔。

1）索赔。一般是承包人向业主提出的工期和费用索赔。

2）反索赔。通常是业主向承包人提出的索赔。

（9）按引起索赔的原因分为合同违约索赔、工程量增减索赔、第三方因素或不可预见不可抗力因素索赔、工程停、缓建或加速施工索赔、政策法规变更索赔。

1）合同违约索赔。在合同履行当中，当事人一方违约或未履行合同所规定的义务造成的索赔。

2）工程量增减索赔。由于发包人或工程师指令修改设计、增加或减少工程量、增加或删除部分工程、修改实施计划、变更施工次序，造成工期延长和费用损失，承包人对此提出索赔。

3）第三方因素或不可预见不可抗力因素索赔。在施工过程中发生了意外事件，按照合同的有关约定给予承包商一定费用补偿或批准延长工期。

4）工程停、缓建或加速施工索赔。由于某种原因，发包人违约，使工程被迫在竣工前停止实施，使承包人蒙受经济损失，或工程师指令提前竣工使承包方造成额外的经济支出，因此提出索赔。施工加速索赔经常是延期或工程变更索赔的结果，有时也被称为“赶工索赔”，而施工加速索赔与劳动生产率的降低关系极大，因此又称为劳动生产率损失索赔。

5）政策法规变更索赔。国家政策及法律、法令变更，通常是指直接影响到工程造价的某些政策及法律、法令的变更，比如限制进口、外汇管制或税收及其他收费标准的提高。

5. 索赔的程序

索赔的程序如图 10.1 所示。

6. 工程索赔原则

（1）根据招标文件及合同要求中有关规定提出索赔意向书，意向书中应包含索赔桩号（结构物名称）、索赔事由及依据、事件发生起算日期和估算损失，无须附有详细的计算资

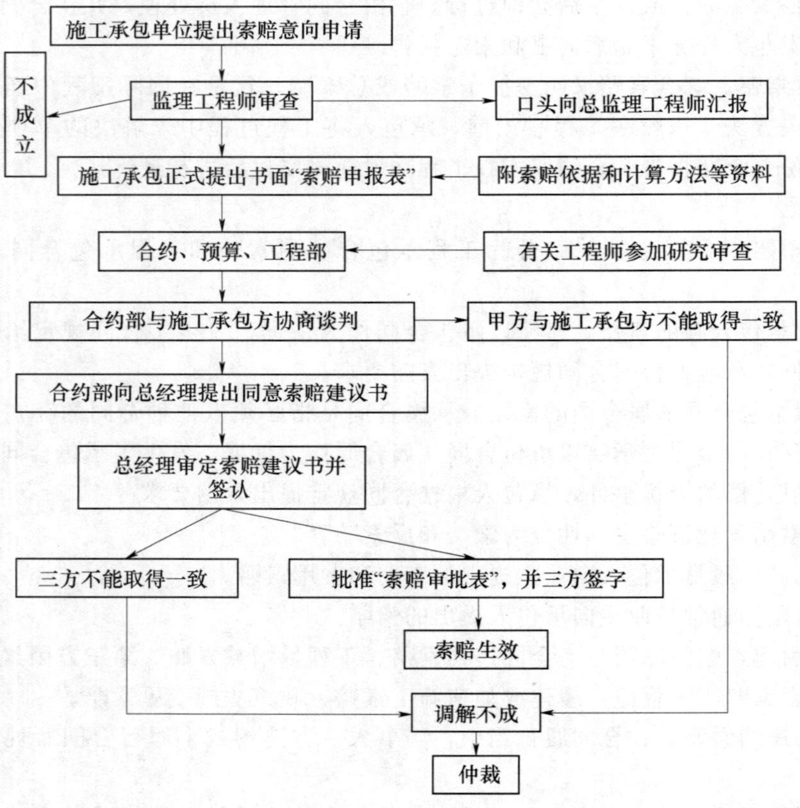

图 10.1　索赔程序图

料和证明。这样，使监理工程师通过意向书就可以把整个事件的起因、地点及索赔方向有大致了解。

(2) 索赔意向书递交监理工程师后应经主管监理工程师签字确认，必要时施工单位负责人、现场负责人及现场监理工程师、主管监理工程师要一起到现场核对。

(3) 索赔意向书送交监理工程师签字确认后要及时收集证据，收集的证据要确凿，理由要充分；所有工程费用和工期索赔应附有现场工程监理工程师认可的记录和计算资料及相关的证明材料。

7. 索赔的具体操作步骤

(1) 施工阶段常见索赔项目种类及起止日期计算方法。

1) 延期发出图纸引起的索赔：当接到中标通知书后 28 天之内，施工单位有权得到免费由业主或其委托的设计单位提供的全部图纸、技术规范和其他技术资料，并且向施工单位进行技术交底。如果在 28 天之内未收到监理工程师送达的图纸及其相关资料，为施工单位进行技术交底。如果在 28 天之内未收到监理工程师送达的图纸及其相关资料，作为施工单位应依照合同提出索赔申请，接中标通知书后的第 29 天为索赔起算日，收到图纸及相关资料的日期为索赔结束日。由于为施工前准备阶段，该类项目一般只进行工期索赔，相应施工机械进场，达到施工程度因未有详细图纸不能进行施工时应进行机械停滞费用索赔。

2）恶劣的气候条件导致的索赔：分为工程损失索赔及工期索赔；业主一般对在建项目进行投保，故由恶劣天气影响造成的工程损失可向保险机构申请损失费用，在建项目未投保时，应根据合同条款及时进行索赔；该类索赔计算方法：在恶劣气候条件开始影响的第一天为起算日，恶劣气候条件终止日为索赔结束日。

3）工程变更导致的索赔：分为工程施工项目已进行施工又进行变更、工程施工项目增加或局部尺寸、数量变化等；计算方法：施工单位收到监理工程师书面工程变更指令或业主下达的变更图纸日期为起算日，变更工程完成日为索赔结束日。

4）以承包商之能力不可预见引起的索赔：由于在工程投标时图纸不全，有些项目承包商无法作正确计算，如地质情况，软基处理等，该类项目一般索赔工程数量增加或需重新投入新工艺、新设备等。计算方法：在承包商未预见的情况开始出现的第一天为起算日，终止日为索赔结束日。

5）由外部环境而引起的索赔：属业主原因，由于外部环境影响（如征地拆迁、施工条件、用地的出入权和使用权等）而引起的索赔。根据监理工程师批准的施工计划影响的第一天为起算日。经业主协调或外部环境影响自行消失日为索赔事件结束日。该类项目一般进行工期及工程机械停滞费用索赔。

6）监理工程师指令导致的索赔：以收到监理工程师书面指令时为起算日，按其指令完成某项工作的日期为索赔事件结束日。

7）其他原因导致的施工单位的索赔，视具体情况确定起算和结束日期。

（2）同期记录。

1）索赔意向书提交后，就应从索赔事件起算日起至索赔事件结束日止，要认真做好同期记录，每天均应有记录，又有现场监理工程人员的签字；索赔事件造成现场损失时，还应做好现场照片、录像资料的完整性，且粘贴打印说明后请监理工程师签字。否则在理赔时难以成为有利证据。

2）同期记录的内容有：事件发生时及过程中现场实际状况、导致现场人员、设备的闲置清单；对工期的延误；对工程的损害程度；导致费用增加的项目及所用的人员、机械、材料数量、有效票据等。

（3）提交详细报告。

在索赔事件的进行过程中（每隔一星期，或更长时间，或视具体情况由监理工程师而定），承包人应向监理工程师提交索赔事件的阶段性详细情况报告，说明索赔事件目前的损失款额影响程度及费用索赔的依据。同时将详细情况报告抄送、抄报相关单位。

（4）提交最终索赔报告。

当索赔事件所造成的影响结束后，施工单位应在合同规定的时间内向监理工程师提交最终索赔详细报告，并同时抄送、抄报相关单位。

最终报告应包括以下内容：

（1）施工单位的正规性文件。

（2）填写索赔申请表。

（3）索赔依据。索赔依据一般包括在建工程技术规范、施工图纸、业主与建筑业企业签订的工程承包协议、业主对建筑业企业施工进度计划的批复、业主下达的变更图纸、变更令及大型工程项目技术方案的修改等。

(4) 索赔证明文件。包括业主下达的各项往来文件及建筑业企业在施工过程中收集到的各项有利证据，如：会议记录、往来信函、气相资料、施工备忘录、工程照片及影音资料、记工及考勤记录、施工进度记录、工程会计资料等

(5) 索赔金额及工期的计算资料。索赔金额及工期的计算一般参照承包单位与业主签订合同中包含的工程量清单、预算定额、定额编制办法、机械台班单价，地方下达的定额补充编制办法及业主、总监下达的有关文件。

(6) 批复的索赔意向书。

(7) 索赔报告。

8. 索赔的管理

(1) 认真对待索赔事件。

(2) 建立、健全工程索赔台账或档案。由于索赔引起费用或工期增加，故往往为上级主管单位复查对象，索赔台账应反映索赔发生的原因、索赔发生的时间，索赔意向提交时间，索赔结束时间，索赔申请工期和金额，监理工程师审核结果，业主审批结果等内容。

(3) 从事索赔工作的人员要精通工程业务，并做好原始记录及保管工作。

(4) 要讲究方法，注意策略，从全局出发，在谈判中要刚柔结合，以理服人。

(5) 注意搞好同业主、监理工程师的关系以创造索赔的平和气氛。

随着工程招、投标制度的不断完善及业主、监理、施工单位管理章程进一步健全，索赔工作也逐步步入正常轨道，只要我们充分理解施工图纸、技术规范及业主、监理、施工单位签订约合同协议和各项往来性文件，在索赔工作中做到有理、有据，将会有更多的索赔项目被受理或批复。

情景 11　建设工程职业健康安全与环境管理

【任务】 编制南友公路至明阳工业区连接线两阶段施工图 K0＋000～K2＋700 段的施工项目环境与安全管理措施

【知识目标】

1. 认知职业健康安全管理体系与环境管理体系
2. 掌握工程项目施工安全管理的程序及内容
3. 了解安全事故的分类及处理
4. 掌握编制项目施工安全管理技术措施内容与方法
5. 掌握现场文明施工与环境保护方案的编制方法

【专业能力目标】

1. 具备工程项目施工安全控制基本能力
2. 能进行建筑工程职业安全事故的分类和处理
3. 能编制项目施工安全管理技术措施
4. 能编制文明施工和现场环境保护

11.1　认知职业健康安全管理体系与环境管理体系

随着人类社会进步和科技发展，职业健康安全与环境的问题越来越受关注。为了保证劳动者在劳动生产过程中的健康安全和保护人类的生存环境，必须加强职业健康安全与环境管理。

11.1.1　职业健康安全管理体系标准与环境管理体系标准

1. 职业健康安全管理体系标准

职业健康安全管理体系是企业总体管理体系的一部分。作为我国推荐性标准的职业健康安全管理体系标准，目前被企业普遍采用，用以建立职业健康安全管理体系。该标准覆盖了国际上的。HSAS 18000 体系标准，即《职业健康安全管理体系要求》(GB/T 28001—2011)、《职业健康安全管理体系实施指南》(GB/T 28002—2011)。

根据《职业健康安全管理体系要求》(GB/T 28001—2011) 的定义，职业健康安全是指影响或可能影响工作场所内的员工或其他工作人员（包括临时工和承包方员工）访问者或任何其他人员的健康安全的条件和因素。

2. 环境管理体系标准

随着全球经济的发展，人类赖以生存的环境不断恶化。20 世纪 80 年代，联合国组建了世界环境与发展委员会，提出了“可持续发展”的观点。国际标准化制定的 ISO14000

体系标准，被我国等同采用。即《环境管理体系要求及使用指南》（GB/T 24001—2004）《环境管理体系原则、体系和支持技术通用指南》（GB/T 24004—2004）。

在《环境管理体系要求及使用指南》（GB/T 24001—2004）中，环境是指“组织运行活动的外部存在，包括空气、水、土地、自然资源、植物、动物、人，以及它（他）们之间的相互关系”。这个定义是以组织运行活动为主体，其外部存在主要是指人类认识到的、人类认识到的、直接或间接影响人类生存的各种自然因素及其相互关系。

3. 职业健康安全与环境管理体系标准的比较

职业健康安全管理和环境管理都是组织管理体系的一部分，其管理的主体是组织，管理的对象是一个组织的活动、产品或服务中能与职业健康安全发生相互作用的不健康、不安全的条件和因素，以及能与环境发生相互作用的要素。两个管理体系所需要满足的对象和管理侧重点有所不同，但管理原理基本相同。

（1）职业健康安全和环境管理体系的相同点。

1）管理目标基本一致。

2）管理原理基本相同。

3）不规定具体绩效标准。

（2）职业健康安全和环境管理体系的不同点。

1）需要满足的对象不同。

2）管理的侧重点有所不。

11.1.2 建设工程职业健康安全与环境管理的目的

1. 建设工程职业健康安全管理的目的

职业健康安全管理的目的是在生产活动中，通过职业健康安全生产的管理活动，对影响生产的具体因素进行状态控制，使生产因素中的不安全行为和状态尽可能减少或消除，且不引发事故，以保证生产活动中人员的健康和安全。对于建设工程项目，职业健康安全管理的目的是防止和尽可能减少生产安全事故、保护产品生产者的健康与安全、保障人民群众的生命和财产免受损失；控制影响或可能影响工作场所内的员工或其他工作人员（包括临时工和承包方员工）访问者或任何其他人员的健康安全的条件和因素；避免因管理不当对在组织控制下工作的人员健康和安全造成危害。

2. 建设工程环境管理的目的

环境保护是我国的一项基本国策。环境管理的目的是保护生态环境，使社会的经济发展与人类的生存环境相协调。对于建设工程项目，环境保护主要是指保护和改善施工现场的环境。企业应当遵照国家和地方的相关法律法规以及行业和企业自身的要求，采取措施控制施工现场的各种粉尘、废水、废气、固体废弃物以及噪声、振动对环境的污染和危害，并且要注意节约资源和避免资源的浪费。

11.1.3 建设工程职业健康安全与环境管理的特点

依据建设工程产品的特性，建设工程职业健康安全与环境管理有以下特点：

1. 复杂性

建设项目的职业健康安全和环境管理涉及大量的露天作业，受到气候条件、工程地质和水文地质、地理条件和地域资源等不可控因素的影响较大。

2. 多变性

一方面是项目建设现场材料、设备和工具的流动性大；另一方面由于技术进步，项目不断引入新材料、新设备和新工艺，这都加大了相应的管理难度。

3. 协调性

项目建设涉及的工种甚多，包括大量的高空作业、地下作业、用电作业、爆破作业、施工机械、起重作业等较危险的工程，并且各工种经常需要交叉或平行作业。

4. 持续性

项目建设一般具有建设周期长的特点，从设计、实施直至投产阶段，诸多工序环环相扣。前一道工序的隐患，可能在后续的工序中暴露，酿成安全事故。

5. 经济性

产品的时代性、社会性与多样性决定环境管理的经济性。

6. 多样性

产品的时代性和社会性决定了环境管理的多样性。

11.1.4　建设工程职业健康安全与环境管理的要求

1. 建设工程项目决策阶段

建设单位应按照有关建设工程法律法规的规定和强制性标准的要求，办理各种有关安全与环境保护方面的审批手续。对需要进行环境影响评价或安全预评价的建设工程项目，应组织或委托有相应资质的单位进行建设工程项目环境影响评价和安全预评价。

2. 建设工程设计阶段

设计单位应按照有关建设工程法律法规的规定和强制性标准的要求，进行环境保护设施和安全设施的设计，防止因设计考虑不周而导致生产安全事故的发生或对环境造成不良影响。

在进行工程设计时，设计单位应当考虑施工安全和防护需要，对涉及施工安全的重点部分和环节在设计文件中应进行注明，并对防范生产安全事故提出指导意见。

对于采用新结构、新材料、新工艺的建设工程和特殊结构的建设工程，设计单位应在设计中提出保障施工作业人员安全和预防生产安全事故的措施建议。

在工程总概算中，应明确工程安全环保设施费用、安全施工和环境保护措施费等。

设计单位和注册建筑师等执业人员应当对其设计负责。

3. 建设工程施工阶段

建设单位在申请领取施工许可证时，应当提供建设工程有关安全施工措施的资料。

对于依法批准开工报告的建设工程，建设单位应当自开工报告批准之日起 15 日内，将保证安全施工的措施报送建设工程所在地的县级以上人民政府建设行政主管部门或者其他有关部门备案。

对于应当拆除的工程，建设单位应当在拆除工程施工 15 日前，将拆除施工单位资质等级证明，拟拆除建筑物、构筑物及可能涉及毗邻建筑的说明，拆除施工组织方案，堆放、清除废弃物的措施的资料报送建设工程所在地的县级以上的地方人民政府主管部门或者其他有关部门备案。

施工企业在其经营生产的活动中必须对本企业的安全生产负全面责任。企业的代表人是安全生产的第一负责人，项目经理是施工项目生产的主要负责人。施工企业应当具备安全生产的资质条件，取得安全生产许可证的施工企业应设立安全机构，配备合格的安全人员，提供必要的资源；要建立健全职业健康安全体系以及有关的安全生产责任制和各项安全生产规章制度。对项目要编制切合实际的安全生产计划，制定职业健康安全保障措施；实施安全教育培训制度，不断提高员工的安全意识和安全生产素质。

建设工程实行总承包的，由总承包单位对施工现场的安全生产负总责并自行完成工程主体结构的施工。分包单位应当接受总承包单位的安全生产管理，分包合同中应当明确各自的安全生产方面的权利、义务。分包单位不服从管理导致生产安全事故的，由分包单位承担主要责任，总承包和分包单位对分包工程的安全生产承担连带责任。

4. 项目验收试运行阶段

项目竣工后，建设单位应向审批建设工程项目环境影响报告书、环境影响报告或者环境影响登记表的环境保护行政主管部门申请，对环保设施进行竣工验收。环保行政主管部门应在收到申请环保设施竣工验收之日起 30 日内完成验收。验收合格后，才能投入生产和使用。

对于需要试生产的建设工程项目，建设单位应当在项目投入试生产之日起 3 个月内向环保行政主管部门申请对其项目配套的环保设施进行竣工验收。

11.1.5 建筑工程的安全生产机制与方针

建筑工程的安全生产机制：企业负责、行业管理、国家监察、群众监督。

建筑工程的安全生产方针：安全第一、预防为主、综合治理。

11.1.6 我国现行的主要安全法规

安全生产法规是国家法律体系中的一个重要组成部分，是国家关于改善劳动条件，实现安全生产，保护劳动者在生产过程中的安全健康而采取的各种措施的总和。

1. 我国现行的主要安全法规

《中华人民共和国宪法》《中华人民共和国刑法》《中华人民共和国劳动法》《中华人民共和国建筑法》《中华人民共和国安全生产法》《建筑工程安全生产管理条例》，以及各行业的安全生产专业性法规等。

2. 我国现行的主要安全法规的部分内容解释

《中华人民共和国安全生产法》第一章第三条确定：安全管理，坚持“安全第一、预防为主、综合治理”的方针，同时这个方针已经写入了党的十三届五中全会决议。这既是安全生产管理的法律依据，又是安全管理工作的目的。

11.1.7 建筑工程安全生产管理制度

由于建设工程规模大、周期长、参与人数多、环境复杂多变，安全生产的难度很大。

因此，通过建立各项制度，规范建设工程的生产行为，对于提高建设工程安全生产水平是非常重要的。

《建筑法》《中华人民共和国安全生产法》（以下简称《安全生产法》）《安全生产许可证条例》《建设工程安全生产管理条例》《建筑施工企业安全生产许可证管理规定》等建设工程相关法律法规和部门规章对政府部门、有关企业及相关人员的建设工程安全生产和管理行为进行了全面的规范，确立了一系列建设工程安全生产管理制度。现阶段正在执行的主要安全生产管理制度包括：①安全生产责任制度；②安全生产许可证制度；③政府安全生产监督检查制度；④安全生产教育培训制度；⑤安全措施计划制度；⑥特种作业人员持证上岗制度；⑦专项施工方案专家论证制度；⑧危及施工安全工艺、设备、材料淘汰制度；⑨施工起重机械使用登记制度；⑩安全检查制度；⑪生产安全事故报告和调查处理制度；⑫“三同时”制度；⑬安全预评价制度；⑭意外伤害保险制度等。

11.2 公路工程安全管理概述

11.2.1 安全生产和安全生产管理

1. 安全生产

安全生产指的是在生产经营活动中，为保证人身健康安全，保证财产不受损失，确保生产经营活动得以顺利进行而采取的一系列措施和行动。

2. 安全生产管理

建筑工程安全生产管理是指建设行政主管部门、建筑安全监督管理机构、建筑施工企业及有关单位对建筑安全生产过程中的安全工作，进行计划、组织、指挥、控制、监督、调节和改进等一系列致力于满足生产安全的管理活动。

公路工程安全生产管理是以保证公路工程项目建成以后以及施工过程中以安全为目的的标准化、科学化的管理。

建筑工程的安全包括施工过程的安全和建筑物和构筑物使用的安全；其中施工过程的安全又包括运输的安全、仓储的安全、建筑设备和物资的安全、未完工程施工的安全、生产人员的安全及其他安全等。施工过程（生产）的安全是主要的。因此对公路建设工程而言，公路施工过程的安全管理尤其重要，其基本任务是发现、分析和控制工程施工过程中的危险、有害因素，建立安全管理系统，制定相应的安全管理制度，对企业内部实施安全监督、检查，对各类人员进行安全知识的培训和教育，防止发生事故和职业病，避免、减少有关损失。安全生产管理对于所有公路工程建设项目和施工单位都是企业管理的重要组成部分，是保证安全生产的必不可少的措施。

施工过程安全生产管理的基本对象：企业的员工，涉及企业中的所有人员、设备设施、物料、环境、财务、信息等各个方面

进行施工过程安全生产管理的目标包含安全控制目标、安全管理目标、工作目标三部分内容：

（1）安全目标：减少和控制危害，减少和控制事故，尽量避免生产过程中由于事故所

造成的人身伤害、财产损失、环境污染以及其他损失。

（2）管理目标。

1）及时消除重大事故隐患，一般隐患整改率达到的目标（不应低于95%）。

2）扬尘、噪声、职业危害作业点合格率（应为100%）。

3）保证施工现场达到当地省（市）级文明安全工地。

（3）工作目标。

1）施工现场实现全员案例教育，要求特种作业人员持证上岗率达到100%，操作人员三级安全教育率100%。

2）按期开展安全检查尘埃，隐患整改达到“五定”要求，即：定整改责任人、定整改措施、定整改完成时间、定整改完成人、定整改验收人。

3）必须把好安全生产的“七关”要求，即：教育关、措施关、交底关、防护关、文明关、验收关、检查关。

4）认真开展重大安全活动和施工项目的日常安全活动。

5）安全生产达标合格率100%，优良率80%以上。

施工过程安全生产管理包括安全生产法制管理、行政管理、监督检查、工艺技术管理、设备设施管理、作业环境和条件管理等。

11.2.2 安全生产的条件

《中华人民共和国安全生产法》中第四条规定：生产经营单位必须遵守本法和其他有关安全生产的法律、法规，加强安全生产管理，建立、健全安全生产责任制度，完善安全生产条件，确保安全生产。第二十一条规定生产经营单位应当对从业人员进行安全生产教育和培训，保证从业人员具备必要的安全生产知识，熟悉有关的安全生产规章制度和安全操作规程，掌握本岗位的安全操作技能。未经安全生产教育和培训合格的从业人员，不得上岗作业。第三十六条规定：生产经营单位应当教育和督促从业人员严格执行本单位的安全生产规章制度和安全操作规程；并向从业人员如实告知作业场所和工作岗位存在的危险因素、防范措施以及事故应急措施。

交通部《公路水运工程安全生产监督管理办法》（2007年第1号文）规定：从业单位从事公路水运工程建设活动，应当具备法律、行政法规规定的安全生产条件。任何单位和个人不得降低安全生产条件。

施工单位应当取得安全生产许可证，施工单位的主要负责人、项目负责人、专项安全生产管理人员（以下简称安全生产三类管理人员）必须取得考核合格证书，方可参加公路水运工程投标及施工。

施工单位主要负责人，是指对本企业日常生产经营活动和安全生产工作全面负责、有生产经营决策权的人员，包括企业法定代表人、企业安全生产工作的负责人等。

项目负责人是指由企业法定代表人授权，负责公路水运工程项目施工管理的负责人。包括项目经理、项目副经理和项目总工。

专职安全生产管理人员是指在企业专职从事安全生产管理工作的人员，包括企业安全生产管理机构的负责人及其工作人员和施工现场专职安全员。

施工单位的垂直运输机械作业人员、施工船舶作业人员、爆破作业人员、安装拆卸工、起重信号工、电工、焊工等国家规定的特种作业人员，必须按照国家规定经过专门的安全作业培训，并取得特种作业操作资格证书后，方可上岗作业。

从业单位应当对从业人员进行安全生产教育和培训，保证从业人员具备必要的安全生产知识，熟悉有关的安全生产规章制度和安全操作规程，掌握本岗位的安全操作技能。未经安全生产教育和培训合格的从业人员，不得上岗作业。

11.2.3　公路工程施工安全管理的范围

公路工程安全管理的范围主要包括：路基、路面、桥梁、隧道、水上、陆地、高空、爆破、电气使用等各种作业的安全管理。

（1）路基工程的安全管理包括：土方施工、石方施工的安全管理等。其中各个管理方面都包含了人的管理、系统中的各种机械、工具等的物的管理，以及对施工环境的管理。

（2）路面工程的安全管理包括：沥青路面工程、水泥混凝土路面工程的安全管理等。包括对施工中人员的安全管理、施工中机械的安全管理、施工环境的安全管理。

（3）桥梁工程的安全管理范围包括：基桩工程、墩台工程、墩身工程、桥面工程、塔身工程的安全管理等。其中各个管理方面都包含了对施工中人的安全管理，机械、工具等物的安全管理以及施工环境的安全管理。

（4）隧道工程的安全管理范围包括：隧道施工爆破作业、隧道内运输、隧道施工支护、隧道施工初衬的安全管理；隧道施工中通风、防尘、照明、排水以及防火、防瓦斯的安全管理等。

（5）水上工程的安全管理范围包括：针对施工管理人员的安全培训、技术交底等人员的安全管理；针对气象、水文、海域、航道等的外界施工环境的安全管理；针对水上交通、浮吊等施工机械的安全管理。

（6）陆地工程的安全管理范围包括：各类人员的安全培训考核、特殊工种持证上岗以及各种安全技术交底等针对人的安全管理；针对运输车辆、吊车、装载机、拌和站、摊铺机、压路机等的机械、机具的安全管理；针对施工现场各种安全防护、标识标语等的环境的安全管理。

（7）高空工程的安全管理范围包括：高空作业的人员管理：人员的培训、技术交底、现场监督检查等；高空作业临边防护及高空作业平台、高空防坠落等现场环境安全管理；高空作业机械、工具、各种用电等物的安全管理。

（8）爆破工程的安全管理包括：对操作人员进行的培训考核、技术交底、考试取证、安全教育等人员的安全管理；对炸药、雷管、导火索以及其他爆破用器材等的物的安全管理；对爆破现场安全距离、安全防护、安全警示等环境的安全管理。

（9）电气作业的安全管理包括：配电室、配电线路、施工现场配电箱与开关箱设置的安全管理；配电箱、开关箱内的电器装置、发电机组的安全管理；电动机械设备的安全管理；施工现场照明电器的安全管理等。

11.2.4 公路工程施工安全管理的特点

公路工程施工安全管理的特点是由公路工程产品特点、技术特点、和施工特点决定的。产品特点包括：公路工程产品的固定性、体形庞大、多样性、易损性、社会性。技术特点包括：线长点多、工种复杂、形式多样、特种作业多、作业技术含量低。施工特点包括：施工流动性大，作业场所不可能永久固定，一线岗位多是短期劳动雇佣关系：施工周期长，少则几月，多则几年；施工涉及的材料、机械设备，人员、工种多；施工参与人员和单位之间协调性高；施工受自然环境和外界干扰的影响大。

11.2.5 公路工程施工安全管理的基本原则

(1) 安全第一，预防为主的原则。

(2) 管生产必须管安全的原则。

(3) 谁主管、谁负责的原则。

(4) 计划性、系统性原则，即安全管理要进行安全目标管理。

(5) 动态管理的原则。即安全管理过程是一个动态的管理过程，随着工程的进展，安全管理的内容和重点也在发生着变化。

(6) 以人为本、关爱生命的原则。

(7) 坚持“五同时”的原则（计划、布置、检查、总结、评比)。即建筑施工企业新建、改建或扩建项目工程的安全设施必须与主体工程同时计划、同时布置、同时检查、同时总结、同时评比验收。

(8) 奖励和惩罚相结合的原则。

(9) 安全管理效果原则。

(10)“一票否决”的原则。即对发生重特大事故的项目、部门和单位，将实行安全生产“一票否决”，取消评优评先和领导干部晋职晋级的资格。

因此，公路工程的以上特点决定了公路工程施工安全管理必须强调：建立健全安全生产管理体系，安全生产规章制度具体细致，安全管理要注重协调性。

11.2.6 施工过程安全生产管理的重要性

施工过程安全生产管理从表面上看，仅仅是一个技术和经济问题，或者是发展中的管理问题，但是从深层次来看，安全生产关系到人或生命财产的安全，关系到国家经济和社会的安全健康发展，是一个涉及到特定生产关系和社会关系的重大社会和政治问题。必须站在讲政治的高度充分认识安全生产的重要性和当前的安全生产形势，增强抓好安全生产管理工作的危机感、紧迫感和责任感。

改革开放以来，随着我国基本建设规模的扩大，施工技术水平虽有所提高，但影响安全生产的因素仍困扰着施工企业，威胁着企业职工和人民群众的生命财产安全。影响了和谐社会的建设，已经成为了社会关注的重大热点和难点问题。

11.2.7　公路工程施工安全生产管理的现状及存在的问题

改革开放二十多年来，我国建筑业得到了持续快速的发展，建筑业在国民经济中的支柱产业地位不断加强，对国民经济的拉动作用更加显著。随着市场经济的发展，建筑施工企业面临着激烈的市场竞争。加入世贸组织，在给中国建筑业带来难得的发展机遇的同时，也带来了不可避免的冲击和挑战。随着我国基本建设规模的扩大，施工技术水平前所未有的提高，但影响安全生产的因素仍困扰着施工企业，威胁着企业职工和人民群众的生命财产安全。

（1）不规范的建筑市场环境，造成建筑安全责任不明确，阻滞了安全生产水平的提高。建筑市场环境中许多不规范的市场行为是引发安全事故的潜在因素。当前存在的垫资、拖欠工程款、肢解工程和非法挂靠、违法分包等行为，使得行业管理部门在查处力度上还难以达到理想的效果，不良的市场环境势的存在必影响安全生产管理，主要表现在一些安全生产制度、管理措施难以在施工现场落实，安全生产责任制形同虚设，总承包企业与分承包企业（尤其是业主方指定的分包商）在现场管理上缺乏相互配合合作的机制，现场的安全设施配合合作不协调，给安全生产留下隐患和难以预测的后果。

（2）竞争机制不够完善，施工企业对安全生产的投入不足。近几年来，我国的招标投标方式已从无标底投标逐步过渡到合理成本价中标的方式。但合理成本价目前还缺乏可操作的认定依据，实际操作中往往演变为最低价中标，企业的平均赢利越来越薄，发展缺乏后劲，安全生产经费和投入难以保证，安全生产工作处于滑坡状态。

（3）建筑施工企业的体制改革不完善使得安全产生制度的落实存在问题较多。建筑施工企业的体制改革起始于 20 世纪 90 年代，至目前大部分企业已完成了体制改革，由于新旧体制的过渡、利益分配的再调整，思想观念的改变以及改制后制定的一些企业规章制度还需要在实际运行中不断完善，保证安全生产的一些必要条件还有待解决，在提高专业技术人员的管理素质和保证安全生产的规章制度落实存在的问题较多。企业项目经理往往以工程进度、施工成本为追求目标，布在安全设施、提高作业人员的安全作业环境等方面不够重视，导致施工现场安全隐患长期得不到有效整治，施工人员处于不安全的作业条件下生产，各种伤害事故随时有可能发生。

（4）现场施工安全教育工作不到位，作业人员安全生产技能和自我防护意识薄弱。近十几年来，越来越多的农村富余劳动力参与建筑施工建设，作业人员稳定性差、流动性大。由于体制上的不完善和管理上的滞后，大量既没有进行劳动技能培训又缺乏施工现场安全教育的务工者上岗后，对现场的不安全因素一无所知，对安全生产的重要性没有足够认识、缺乏规范作业的知识，缺乏安全生产知识和自我防护意识，往往由于其本人的不安全行为给予自己或与其相关作业环境下的其他操作人员带来难以预料的伤害事故。另外，人员的不稳定、流动性大，是造成现场作业人员劳动技能和安全意识始终处于低水平状态的原因之一。

（5）施工现场安全管理缺乏有效的日常监督管理机制。由于建筑施工大中型机械为主，手工作业和体力劳动为辅状态，缺乏系统的、持续的安全生产管理体系，这种管理模式极容易使安全生产予以忽视，往往以完成生产任务为目标，缺少日常监督管理体制与措施，安全生产的有关法规规章、制度不能真正得到贯彻落实，监督检查依靠突击检查，安全生产交底没有真正的落到位，从而导致管理不到位、责任难落实、有禁不止、有令不行。

(6) 科技产品引入施工现场是提高安全生产水平的重要途径。但是，施工现场还有大量的设备及防护设施有待更新，有待提高科技含量。防高空坠落设施、设备危险状态预警系统、不安全因素检测设备等方面还有待高科技产品的引入。

(7) 联营项目部的引入，给施工安全埋下了极大地隐患。目前施工企业的体制是由大型国企和民营企业两种类型组成。作为民营企业，真正具备以实体项目部为主的不多，大部分是以联营（实质为挂靠）项目部为主，只有少量的实体项目部，且企业没有进行全方位的考察，设置必要的门槛，所以联营项目部管理水平参差不齐，鱼目混杂。

个别联营项目部做大做强后，不服从公司的管理，一切以其自身的管理模式和管理方式来进行管理。联营项目部人员素质参差不齐，与所承担的工程项目规模及管理要求不相适应，因此，现场管理无论在技术、安全还是成本方面都难以控制，项目经理没有真正把"安全第一"放在首位。劳务分包基本全部使用个体班组，安全设施以及设备采购没有按照程序进行考评、上报及审批，所以安全设施设备质量难以保证，给安全带来了极大地隐患，这也给重大事故的发生埋下了伏笔。

(8) 安全制度的落实与执行未真正从企业落实到个人实际行动中去。建筑施工公司近国家及主管部门的制定了一系列的安全管理规章制度，制度的执行和落实是我们搞好各项工作的关键，也是体现企业文化的重要组成部分。但部分企业缺乏实际的安全机制教育培训，各层次的管理人员存在关注制度、不懂制度的情况，订立的制度及责任制未经相关人员签字确认，所以所订立的制度可以说只能作为表面文章，没有规矩怎么能成方圆。作为项目部负责人法制观念淡薄，对安全生产各项法律法规不太熟悉，在管理的过程中所作出的管理行为与法律法规相悖，自己却毫不知晓，有的项目经理甚至在知道自己的行为是属于违规违法行为情况下依然我行我素，所以加强制度的执行和法律法规的教育以及违规违法责任的追究是企业在安全生产过程中至关重要的一环。

(9) 安全员的素质和技术技能水平有待提高。现代的施工管理要求安全人员即具有安全管理的能力，同时具备技术管理与质量管理的素质，建筑施工企业目前已建立了各级安全生产管理部门，配备了一定的专职安全管理人员，这些人员虽然有安全员证，但分公司及项目部配备部分人员的素质与其所承担的岗位责任不相匹配，业务水平和责任心达不到相应的要求，安全员只能是从事日常的安全工作，而对安全隐患的洞察及风险意识不足，也是造成安全责任事故的原因之一。

(10) 缺乏有力度的奖励政策和激励措施，导致施工方抓安全生产的主动性和积极性下降或受挫。在市场经济条件下，追求经济效益最大和成本最小，是每个企业的自觉行为和目标。在某种程度上，现行建设工程安全生产管理体制中缺乏激励机制，对违法、违章行为缺乏处罚力度。对安全生产没有事故发生的施工企业，政府和建设行政主管部门缺乏有力度的奖励政策和激励措施，导致施工方抓安全生产的主动性和积极性下降或受挫。对于不遵守国家法律、法规，不按国家及行业安全技术规范、规程进行施工，但侥幸没出安全事故的企业，缺乏有力度的处罚，客观上助长了施工方对待安全生产问题的侥幸心理安全生产工作关系到国家和人民生命财产安全，关系到人民群众的切身利益，关系到改革开放、国民经济健康发展和社会稳定。提高建筑施工安全，消除事故隐患，降低伤害事故的频率是各级管理部门义不容辞的责任，也是各施工企业共同追求的目标，提高安全生产水平不仅涉及经济问题、技术问题，也涉及市场环境、企业体制、人员素质等方面因素，实现从“要我安全”到“我要安全”转变，仍是我国工程建设项目安全管理的艰巨任务。因此这是一个综合性的课题。

11.3　公路工程施工项目安全生产管理

11.3.1　项目职业健康安全管理

1. 项目职业健康安全管理

项目职业健康安全管理应遵照《建设工程安全生产管理条例》和《职业健康安全管理体系》(GB/T 28001—2001) 标准，坚持安全第一、预防为主和防治结合的方针，建立并持续改进职业健康安全管理体系。项目经理应负责项目职业健康安全的全面管理工作。项目负责人、专职安全生产管理人员应持证上岗。

项目应根据风险预防要求和项目特点，识别并评价危险源及风险，确定职业健康安全目标，制定职业健康安全生产措施计划，确定职业健康及安全生产事故应急救援预案，完善应急准备措施，建立相关组织。发生事故，应按照国家有关规定，向有关部门报告。在处理事故时，应防止二次伤害。

项目应按有关规定必须为从事危险作业的人员在现场工作期间办理意外伤害保险。

项目现场应将生产区与生活区分离，配备紧急处理医疗设施，使现场的生活设施符合卫生防疫要求，采取防暑、降温、保暖、消毒、防毒等措施。

施工现场的安全管理，重点是进行人的不安全行为与物的不安全状态的控制，落实安全管理决策与目标，以消除一切事故、避免事故伤害、减少事故损失为管理目的。

安全生产是施工项目重要的控制目标之一，也是衡量施工项目管理水平的重要标志。同时，安全技术措施和安全制度，也是编制实施性施工组织设计的一项必不可少的重要内容。

2. 工程施工项目安全管理工作程序

工程施工项目安全管理工作程序如图 11.1 所示。

3. 发包人与承包人的施工安全责任及治安保卫责任

(1) 发包人的施工安全责任。

1) 发包人应按合同约定履行安全职责，授权监理人按合同约定的安全工作内容监督、检查承包人安全工作的实施，组织承包人和有关单位进行安全检查。

2) 发包人应对其现场机构雇佣的全部人员的工伤事故承担责任，但由于承包人原因造成发包人人员工伤的，应由承包人承担责任。

3) 发包人应负责赔偿以下各种情况造成的第三者人身伤亡和财产损失。

4) 工程或工程的任何部分对土地的占用所造成的第三者财产损失。

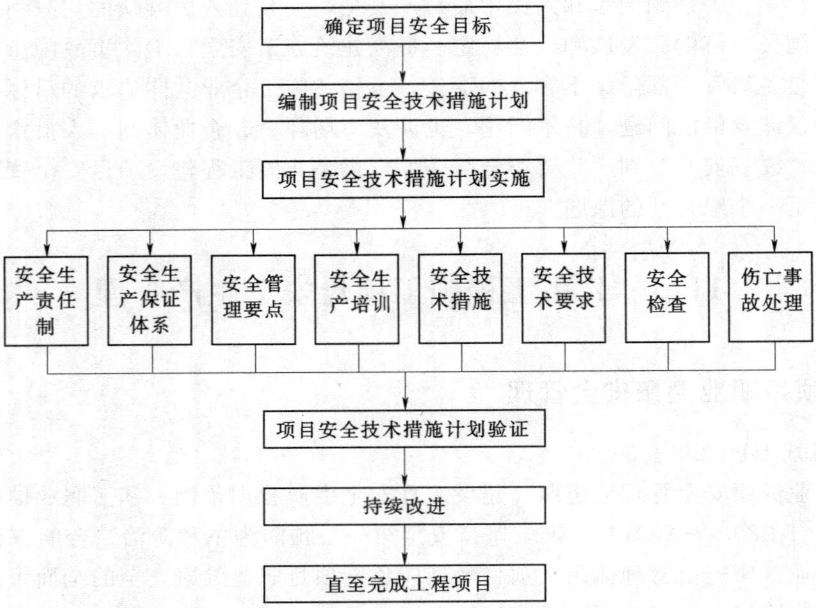

图 11.1　施工项目安全管理工作程序图

5）由于发包人原因在施工场地及其毗邻地带造成的第三者人身伤亡和财产损失。

（2）承包人的施工安全责任。

1）承包人应按合同约定履行安全职责，执行监理人有关安全工作的指示，并在专用合同条款约定的期限内，按合同约定的安全工作内容，编制施工安全措施计划报送监理人审批。

2）承包人应加强施工作业安全管理，特别应加强易燃、易爆材料、火工器材、有毒与腐蚀性材料和其他危险品的管理，以及对爆破作业和地下工程施工等危险作业的管理。

3）承包人应严格按照国家安全标准制定施工安全操作规程，配备必要的安全生产和劳动保护设施，加强对承包人人员的安全教育，并发放安全工作手册和劳动保护用具。

4）承包人应按监理人的指示制定应对灾害的紧急预案，报送监理人审批。承包人还应按预案做好安全检查，配置必要的救助物资和器材，切实保护好有关人员的人身和财产安全。

5）合同约定的安全作业环境及安全施工措施所需费用应遵守有关规定，并包括在相关工作的合同价格中。因采取合同未约定的安全作业环境及安全施工措施增加的费用，由监理人按合同要求商定或确定。

6）承包人应对其履行合同所雇佣的全部人员，包括分包人人员的工伤事故承担责任，但由于发包人原因造成承包人人员工伤事故的，应由发包人承担责任。

7）由于承包人原因在施工场地内及其毗邻地带造成的第三者人员伤亡和财产损失，由承包人负责赔偿。

（3）治安保卫。

1）除合同另有约定外，发包人应与当地公安部门协商，在现场建立治安管理机构或联防组织，统一管理施工场地的治安保卫事项，履行合同工程的治安保卫职责。

2）发包人和承包人除应协助现场治安管理机构或联防组织维护施工场地的社会治安外，还应做好包括生活区在内的各自管辖区的治安保卫工作。

3）除合同另有约定外，发包人和承包人应在工程开工后，共同编制施工场地治安管理计划，并制定应对突发治安事件的紧急预案。在工程施工过程中，发生暴乱、爆炸等恐怖事件，以及群殴、械斗等群体性突发治安事件的，发包人和承包人应立即向当地政府报告。发包人和承包人应积极协助当地有关部门采取措施平息事态，防止事态扩大，尽量减少财产损失和避免人员伤亡。

4. 为实现安全文明生产，施工单位从以下几个方面开展安全组织工作

（1）建立安全生产管理机构。施工单位主要负责人为安全生产第一责任人，根据工程规模、施工现场要求建立安全生产管理机构，明确专职安全人员及其分工。

（2）制定安全生产责任制度。建筑施工企业必须依法加强对建筑安全生产的管理，执行安全生产责任制度，采取有效措施，防止伤亡和其他安全生产事故的发生。

安全生产责任制度是施工单位最基本的安全管理制度，是施工单位安全生产的核心和中心环节。

（3）制定切合施工现场实际的各项安全技术措施。施工单位要在施工组织设计中编制安全技术措施和施工现场临时用电方案，对下列达到一定规模的危险性较大的分部分项工程编制专项施工方案，并附具安全验算结果，经施工单位技术负责人、总监理工程师签字后实施，由专职安全生产管理人员进行现场监督。

对工程中涉及深基坑、地下暗挖工程、高大模板工程的专项施工方案，施工单位还应当组织专家进行论证、审查。

施工单位对因建设工程施工可能造成损害的毗邻建筑物、构筑物和地下管线等，应当采取专项防护措施。遵守有关环境保护法律、法规的规定，在施工现场采取措施，防止或者减少粉尘、废气、废水、固体废物、噪声、振动和施工照明对人和环境的危害和污染。

（4）制定安全生产规章制度和操作规程。严格的规章制度和操作规程是安全生产的重要保障，只有通过规章制度和操作规程，才能将安全生产责任落实到基层，落实到每个岗位和每个职工。施工单位要根据本单位的实际情况，按照法律、法规、规章和工程建设标准强制性条文的要求，制定有关施工安全生产的具体规章制度，如安全生产责任制度、安全技术措施制度、安全检查制度等，并针对每一个具体工艺、工种和岗位制定具体的操作规程，形成有效的督促、检查和贯彻落实机制。

施工单位对所承担的建设工程要进行定期和专项安全检查，并做好安全检查记录。

（5）建立安全培训制度。安全生产教育培训制度，是指对从业人员进行安全生产的教育和安全生产技能的培训，并将这种教育和培训制度化、规范化，以提高全体人员的安全意识和安全生产的管理水平，减少和防止生产安全事故的发生。

《建筑法》规定：建筑施工企业应当建立健全劳动安全生产教育培训制度，加强对职工安全生产的教育培训；未经安全生产教育培训的人员，不得上岗作业。

1）施工单位三类管理人员的考核。《建设工程安全生产管理条例》规定：施工单位的主要负责人、项目负责人、专职安全生产管理人员应当经建设行政主管部门或者其他部门

考核合格后方可任职。施工单位的主要负责人要对本单位的安全生产工作全面负责，项目负责人要对所负责的建设工程项目的安全生产工作全面负责，安全生产管理人员更是要直接地、具体地承担本单位日常的安全生产管理工作。因此，这三类人员在施工安全方面的知识水平和管理能力直接关系到本单位、本项目的安全生产管理水平。多年来的惨痛教训表明，由于这三类人员缺乏基本的安全生产知识，安全生产管理和组织能力不强，甚至违章指挥，是导致事故发生的重要原因之一。因此，这三类人员必须经安全生产知识和管理能力考核合格后方可任职。

2）建立三级安全教育制度，每年至少进行一次全员安全生产教育培训。施工单位总公司、分公司应当对管理人员和作业人员每年至少进行一次安全生产教育培训，项目部每月至少进行一次安全生产教育培训，每个班组每周至少进行一次安全生产教育培训，其教育培训情况记入个人工作档案。安全生产教育培训考核不合格的人员，不得上岗。

安全教育主要包括安全思想教育、安全知识教育、安全技能教育、安全法制教育和事故案件教育等。安全教育培训可采取多种形式，包括安全报告会、事故分析会、安全技术交流会、安全奖惩会、安全竞赛及安全日（周、月）活动等。同时，必须严肃处理每个违章指挥、违章作业的人员，决不姑息迁就。

3）进入新的岗位或者新的施工现场前的安全生产教育培训。作业人员进入新的岗位或者新的施工现场前，应当接受安全生产教育培训。未经教育培训或者教育培训考核不合格的人员，不得上岗作业。

进入新岗位、新工地的作业人员往往是安全生产的薄弱环节。这是因为各岗位、各工地之间往往各有特殊性。因此，施工单位必须对新录用的职工和转场的职工进行安全教育培训，包括安全生产重要意义、施工工地特点及危险因素、有关法律法规及施工单位规章制度、安全技术操作规程、机械设备电气及高处作业安全知识、防火防毒防尘防爆知识、紧急情况安全处置与安全疏散知识、防护用品使用知识以及发生事故时自救、排险、抢救伤员、保护现场和及时报告等。

4）采用新技术、新工艺、新设备、新材料前的安全生产教育培训。施工单位在采用新技术、新工艺、新设备、新材料时，应当对作业人员进行相应的安全生产教育培训。

如果施工单位对所采用的新技术、新工艺、新设备、新材料的了解与认识不足，对其安全技术性能掌握不充分，或是没有采取有效的安全防护措施，没有对作业人员进行专门的安全生产教育培训，那就很可能会导致事故的发生。因此，施工单位在采用新技术、新工艺、新设备、新材料时，必须对作业人员进行专门的安全生产教育培训，让其了解不安全因素，学会危险辨识，并采取保证安全的防护措施，以防止事故发生。

5）特种作业人员的安全培训考核。《建设工程安全生产管理条例》规定：垂直运输机械作业人员、安装拆卸工、爆破作业人员、起重信号工、登高架设作业人员等特种作业人员，必须按照国家有关规定经过专门的安全作业培训，并取得特种作业操作资格证书后，方可上岗作业。

特种作业是指容易发生事故，对操作者本人、他人的安全健康及设备、设施的安全可能造成重大危害的作业。特种作业的范围包括电工作业（不含电力系统进网作业）焊接与热切割作业、高处作业、制冷与空调作业、煤矿安全作业、金属非金属矿山安全作业、石油天然气安全作业、冶金（有色）生产安全作业、危险化学品安全作业、烟花爆竹安全作业等。

6）消防安全教育培训。公安部、住房和城乡建设部等 9 部委联合颁布的《社会消防安全教育培训规定》中规定，在建工程的施工单位应当开展下列消防安全教育工作：①建设工程施工前应当对施工人员进行消防安全教育；②在建设工地醒目位置、施工人员集中住宿场所设置消防安全宣传栏，悬挂消防安全挂图和消防安全警示标识；③对明火作业人员进行经常性的消防安全教育；④组织灭火和应急疏散演练。

（6）建立安全交底制度。安全交底是具体贯彻安全措施的主要方法，是一项经常性的工作，也是最实际、最深刻的安全教育。各级领导在布置生产任务时，对施工安全要提出明确的要求，把施工技术和安全技术同时交底，并组织工人讨论，订立保证安防措施，使人人心中有数，个个做到安全。

（7）制定和落实安全检查和安全隐患排查制度。坚持创安工作评比，加强经常性的安全检查，每年定期进行二到四次群众性安全检查，每月定期检查工地一次。平时进行不定期的检查，做到及时发现隐患及时整改。

（8）保证本单位安全生产条件所需资金的投入。《建设工程安全生产管理条例》规定：施工单位对列入建设工程概算的安全作业环境及安全施工措施所需费用，要用于施工安全防护用具及设施的采购和更新、安全施工措施的落实、安全生产条件的改善，不得挪作他用。

安全生产必须有一定的资金投入。为了保证安全生产所需资金的投人和使用，施工单位要制定资金使用计划，并加强对资金使用情况的监督检查，防止资金被挪用，以确保安全生产费用的有效使用。

（9）建立事故分析制度。发生安全事故，及时报告，组织实地调查，找出事故原因，掌握事故发生的规律，采取预防措施。

11.3.2　项目施工安全技术措施

11.3.2.1　施工安全控制

1. 安全控制的概念

安全控制是生产过程中涉及的计划、组织、监控、调节和改进等一系列致力于满足生产安全所进行的管理活动。

2. 安全控制的目标

安全控制的目标是减少和消除生产过程中的事故，保证人员健康安全和财产免受损失。具体应包括：

（1）安全目标。

1）减少或消除人的不安全行为的目标。

2）减少或消除设备、材料的不安全状态的目标。

3）改善生产环境和保护自然环境的目标减少和控制危害，减少和控制事故，尽量避免生产过程中由于事故所造成的人身伤害、财产损失、环境污染以及其他损失。

(2) 管理目标。

1) 及时消除重大事故隐患，一般隐患整改率达到的目标(不应低于95%)。

2) 扬尘、噪声、职业危害作业点合格率(应为100%)。

3) 保证施工现场达到当地省(市)级文明安全工地。

(3) 工作目标。

1) 施工现场实现全员案例教育，要求特种作业人员持证上岗率达到100%，操作人员三级安全教育率100%。

2) 按期开展安全检查尘埃，隐患整改达到“五定”要求，即：定整改责任人、定整改措施、定整改完成时间、定整改完成人、定整改验收人。

3) 必须把好安全生产的“七关”要求，即：教育关、措施关、交底关、防护关、文明关、验收关、检查关。

4) 认真开展重大安全活动和施工项目的日常安全活动。

5) 安全生产达标合格率100%，优良率80%以上。

3. 施工安全控制的特点

建设工程施工安全控制的特点主要有以下几个方面：

(1) 控制面广。由于建设工程规模较大，生产工艺复杂、工序多，在建造过程中流动作业多、高处作业多、作业位置多变，遇到的不确定因素多，安全控制工作涉及范围大，控制面广。

(2) 控制的动态性。

1) 由于建设工程项目的单件性，使得每项工程所处的条件不同，所面临的危险因素和防范措施也会有所改变，员工在转移工地后，熟悉一个新的工作环境需要一定的时间，有些工作制度和安全技术措施也会有所调整，员工同样有个熟悉的过程。

2) 由于建设工程项目施工的分散性，现场施工分散于施工现场的各个部位，尽管有各种规章制度和安全技术交底的环节，但是面对具体的生产环境时，仍然需要自己的判断和处理，有经验的人员还必须适应不断变化的情况。

(3) 控制系统交叉性。建设工程项目是开放系统，受自然环境和社会环境影响很大，同时也会对社会和环境造成影响，安全控制需要把工程系统、环境系统及社会系统结合起来。

(4) 控制的严谨性。由于建设工程施工的危害因素复杂、风险程度高、伤亡事故多，所以预防控制措施必须严谨，如有疏漏就可能发展到失控，而酿成事故，造成损失和伤害。

4. 施工安全的控制程序

(1) 确定每项具体建设工程项目的安全目标。按“目标管理”方法在以项目经理为首的项目管理系统内进行分解，从而确定每个岗位的安全目标，实现全员安全控制。

(2) 编制建设工程项目安全技术措施计划。工程施工安全技术措施计划是对生产过程中的不安全因素，用技术手段加以消除和控制的文件，是落实“预防为主”方针的具体体现，是进行工程项目安全控制的指导性文件。

(3) 安全技术措施计划的落实和实施。安全技术措施计划的落实和实施包括建立健全安全生产责任制，设置安全生产设施，采用安全技术和应急措施，进行安全教育和培训，安全检查，事故处理，沟通和交流信息，通过一系列安全措施的贯彻，使生产作业的安全状况处于受控状态。

(4) 安全技术措施计划的验证。安全技术措施计划的验证是通过施工过程中对安全技术措施计划实施情况的安全检查，纠正不符合安全技术措施计划的情况，保证安全技术措施的贯彻和实施。

(5) 持续改进根据安全技术措施计划的验证结果，对不适宜的安全技术措施计划进行修改、补充和完善。

11.3.2.2　施工安全技术措施的一般要求和主要内容

《公路工程标准施工招标文件》（交公路发〔2009〕221 号）中规定：承包人应根据本工程的实际安全施工要求，编制施工安全技术措施，并在签订合同协议书后 28 天内，报监理人和发包人批准。该施工安全技术措施包括（但不限于）施工安全保障体系，安全生产责任制，安全生产管理规章制度，安全防护施工方案，施工现场临时用电方案，施工安全评估，安全预控及保证措施方案，紧急应变措施，安全标识、警示和围护方案等。对影响安全的重要工序和下列危险性较大的工程应编制专项施工方案，并附安全验算结果，经承包人项目总工签字并报监理人和发包人批准后实施，由专职安全生产管理人员进行现场监督。

1. 施工安全技术措施的一般要求

(1) 施工安全技术措施必须在工程开工前制定。施工安全技术措施是施工组织设计的重要组成部分，应在工程开工前与施工组织设计一同编制。为保证各项安全设施的落实，在工程图纸会审时，就应特别注意考虑安全施工的问题，并在开工前制定好安全技术措施。

(2) 施工安全技术措施要有全面性。按照有关法律法规的要求，在编制工程施工组织设计时，应当根据工程特点制定相应的施工安全技术措施。对于大中型工程项目、结构复杂的重点工程，除必须在施工组织设计中编制施工安全技术措施外，还应编制专项工程施工安全技术措施，或编制专项安全施工技术方案。

(3) 施工安全技术措施要有针对性。施工安全技术措施是针对每项工程的特点制定的，编制安全技术措施的技术人员必须掌握工程概况、施工方法、施工环境、条件等一手资料，并熟悉安全法规、标准等，才能制定有针对性的安全技术措施。

(4) 施工安全技术措施应力求全面、具体、可靠。施工安全技术措施应把可能出现的各种不安全因素考虑周全，制定的对策措施方案应力求全面、具体、可靠，这样才能真正做到预防事故的发生。但是，全面具体不等于罗列一般通常的操作工艺、施工方法以及日常安全工作制度、安全纪律等。这些制度性规定，安全技术措施中不需要再作抄录，但必须严格执行。

(5) 施工安全技术措施必须包括应急预案。施工技术措施计划必须包括面对突发事件或紧急状态的各种应急设施、人员逃生和救援预案，以便在紧急情况下，能及时启动应急预案，减少损失，保护人员安全。

(6) 施工安全技术措施要有可行性和可操作性。施工安全技术措施应能够在每个施工工序之中得到贯彻实施，既要考虑保证安全要求，又要考虑现场环境条件和施工技术条件能够做得到。

2. 公路工程项目施工安全技术措施的主要内容

（1）建立安全保证体系。施工项目应设立安全管理机构，建立职业健康安全生产责任制，并把目标分解落实到人，建立健全安全生产检查管理制定，施工现场设立专职安全员，班组设兼职安全员，从而形成一个健全的安全保证体系。

安全管理机构主要负责贯彻执行国家有关安全施工的方针政策、法令、规章制度和上级有关规定，协助领导在“安全第一、预防为主”的方针指导下组织和推动施工中的安全工作。

工地专职安全员的职责是认真贯彻执行上级有关安全施工的规定，推动和组织施工中的安全工作，在业务上接受上一级安全管理部门的领导。

班组兼职安全员协助班组长组织安全活动，进行现场安全检查，模范遵章守纪，对违章作业者进行批评教育，组织学习安全规程、制度及上级颁发的有关文件，指导班组人员正确使用个人防护用品等。

施工现场安全生产组织保证体系如图 11.2 所示。

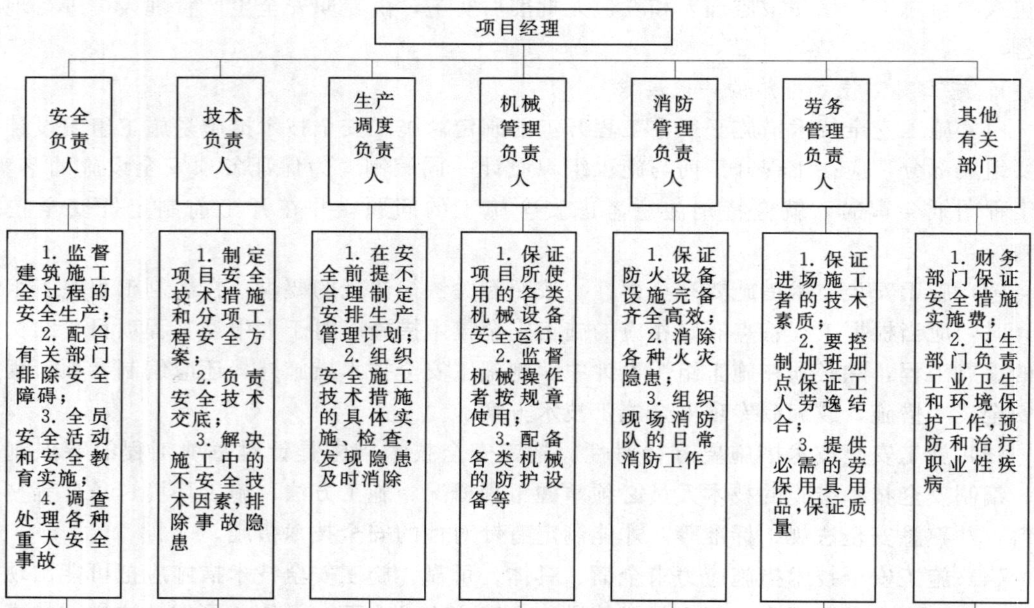

图 11.2　施工现场安全生产组织保证体系

（2）落实安全责任，实施责任管理。根据“全员管理，安全第一”的原则，建立各级人员安全生产责任制，明确规定各级领导、职能部门、工程技术人员和生产工人在施工生产中的安全责任。

(3) 强化安全教育与训练。进行安全教育与训练，能增强人的安全生产意识，提高安全生产知识，有效防止人的不安全行为，减少失误。安全教育包括知识、技能、意识三个阶段的教育，教育的主要内容有：进行安全思想教育，学习国家劳动保护法规、安全施工管理条例等；进行安全技术、工业卫生的科学知识教育，进行典型经验和事故教训的教育；进行法制教育等，通过教育和训练，不仅要使操作者掌握安全生产知识，而且能正确认真地在作业过程中表现出安全的行为。

(4) 安全检查。安全检查是发现不安全行为和不安全状态的重要途径，是消除事故隐患、落实整改措施、防止事故伤害、改善劳动条件的重要方法和措施。安全检查的形式有普遍检查、专业检查和季节性检查等。

(5) 作业标准化。在操作者的不安全行为中，不知正确的操作方法，为了干得快而省略必要的操作步骤，以及坚持自己的操作习惯等原因所占比重很大。因此，按科学的作业标准规范人的行为，有利于控制人的不安全行为，减少人的失误。

(6) 施工设计应考虑安全技术的因素，并对操作者进行交底。各分部、分项工程在施工进行之前，必须根据工作的具体情况和结构特点制定安全施工设计方案、施工操作工艺标准等，在方案和工艺应充分考虑安全因素，方案应有必要的安全防护措施，以保证施工过程中的人身、设施设备和结构物的安全。对危险性较大的工程作业，应编制专项施工方案，应按中华人民共和国建设部建质〔2004〕213 号文要求组织专家审查。为使操作人员充分理解方案的全部内容，减少实际操作中的失误，避免操作时的事故伤害，要将方案的设计思想、内容和要求等，向作业人员进行充分安全技术交底，建立班组安全生产责任制，经理部应保存安全技术交底记录。

(7) 作业标准化。在操作者的不安全行为中，不知正确的操作方法，为了干得快而省略必要的操作步骤，以及坚持自己的操作习惯等原因所占比重很大。因此，按科学的作业标准规范人的行为，有利于控制人的不安全行为，减少人的失误。

(8) 施工设计应考虑安全技术的因素，并对操作者进行交底。各分部、分项工程在施工进行之前，必须根据工作的具体情况和结构特点制定安全施工设计方案、施工操作工艺标准等，在方案和工艺应充分考虑安全因素，方案应有必要的安全防护措施，以保证施工过程中的人身、设施设备和结构物的安全。对危险性较大的工程作业，应编制专项施工方案，应按中华人民共和国建设部建质〔2004〕213 号文要求组织专家审查。为使操作人员充分理解方案的全部内容，减少实际操作中的失误，避免操作时的事故伤害，要将方案的设计思想、内容和要求等，向作业人员进行充分安全技术交底，建立班组安全生产责任制，经理部应保存安全技术交底记录。

(9) 优化安全技术组织措施。包括以改善施工劳动条件、防止伤亡事故等为目的的一切技术措施：

1) 开展以机械化、自动化为中心的技术革新，积极改进施工工艺和操作方法，改善劳动环境条件，减轻劳动强度，消除危险因素，保证安全生产。

2) 机械设备应有安全装置、严格按操作规程使用。

3）设置安全设施，如在施工现场设置安全围栏、防火设施，坚持使用高空作业的安全网、安全带、安全帽措施等。

（10）建立健全各种切实可行的规章制度。施工安全制度主要有：安全生产责任制度、安全生产教育制度、安全检查制度、安全技术措施制度、安全交底制度、事故分析和处理制度。

（11）项目职业健康安全隐患和事故处理。项目经理部应按安全检查制度进行检查，对检查出来的职业健康安全隐患应按下列规定进行处理：

1）区别不同的职业健康安全隐患类型，制定相应整改措施并在实施前进行风险评价。

2）对检查出的隐患及时发出职业健康安全整改通知单，限期纠正违章指挥和作业行为，并对违章人员进行处罚。

3）跟踪检查纠正预防措施的实施过程和实施效果，保存验证记录。

项目经理部进行职业健康安全事故处理应坚持事故原因不清楚不放过，事故责任者和人员没有受到教育不放过，事故责任者没有处理不放过，没有制定纠正和预防措施不放过的原则。

处理职业健康安全事故应遵循下列程序：报告安全事故，事故处理，事故调查，处理事故责任者，提交调查报告。

安全技术措施中必须包含施工总平面图，在图中必须对危险的油库、易燃材料库、变电设备、材料和构配件的堆放位置、塔式起重机、物料提升机（井架、龙门架）施工用电梯、垂直运输设备位置、搅拌台的位置等按照施工需求和安全规程的要求明确定位，并提出具体要求。

结构复杂、危险性大、特性较多的分部分项工程，应编制专项施工方案和安全措施。如基坑支护与降水工程、土方开挖工程、模板工程、起重吊装工程、脚手架工程、拆除工程、爆破工程等，必须编制单项的安全技术措施，并要有设计依据、有计算、有详图、有文字要求。

季节性施工安全技术措施，就是考虑夏季、雨季、冬季等不同季节的气候对施工生产带来的不安全因素可能造成的各种突发性事故，而从防护上、技术上、管理上采取的防护措施。一般工程可在施工组织设计或施工方案的安全技术措施中编制季节性施工安全措施；危险性大、高温期长的工程，应单独编制季节性的施工安全措施。

11.3.3 安全技术交底

1. 安全技术交底的内容

安全技术交底是一项技术性很强的工作，对于贯彻设计意图、严格实施技术方案、按图施工、循规操作、保证施工质量和施工安全至关重要。

安全技术交底主要内容如下：

（1）本施工项目的施工作业特点和危险点。

（2）针对危险点的具体预防措施。

（3）应注意的安全事项。

（4）相应的安全操作规程和标准。

(5) 发生事故后应及时采取的避难和急救措施。

2. 安全技术交底的要求

(1) 项目经理部必须实行逐级安全技术交底制度，纵向延伸到班组全体作业人员。

(2) 技术交底必须具体、明确，针对性强。

(3) 技术交底的内容应针对分部分项工程施工中给作业人员带来的潜在危险因素和存在问题。

(4) 应优先采用新的安全技术措施。

(5) 对于涉及"四新"项目或技术含量高、技术难度大的单项技术设计，必须经过两阶段技术交底，即初步设计技术交底和实施性施工图技术设计交底。

(6) 应将工程概况、施工方法、施工程序、安全技术措施等向工长、班组长进行详细交底。

(7) 定期向由两个以上作业队和多工种进行交叉施工的作业队伍进行书面交底。

(8) 保存书面安全技术交底签字记录。

3. 安全技术交底的作用

(1) 让一线作业人员了解和掌握该作业项目的安全技术操作规程和注意事项，减少因违章操作而导致事故的可能。

(2) 是安全管理人员在项目安全管理工作中的重要环节。

(3) 安全管理内业的内容要求，同时做好安全技术交底也是安全管理人员自我保护的手段。

11.3.4 施工现场安全防护措施

1. 危险部位设置安全警示标志

施工单位应当在施工现场入口处、施工起重机械、临时用电设施、脚手架、出入通道口、楼梯口、电梯井口、孔洞口、桥梁口、隧道口、基坑边沿、爆破物及有害危险气体和液体存放处等危险部位，设置明显的安全警示标志。安全警示标志必须符合国家标准。

2. 根据不同施工阶段等采取相应的安全施工措施

施工单位应当根据不同施工阶段和周围环境及季节、气候的变化，在施工现场采取相应的安全施工措施。施工现场暂时停止施工的，施工单位应当做好现场防护，所需费用由责任方承担，或者按照合同约定执行。由于施工作业有一定的时限，且又是露天作业较多，在不同的施工阶段如地下施工、高处施工等，应当采取不同的安全措施，并要根据周围环境和季节、气候变化，加强季节性安全防护措施。例如，夏季要防暑降温，在特别高温的天气下，要调整施工时间、改变施工方式等；冬期要防寒防冻，防止煤气中毒，冬期施工还应专门制定保证工程质量和施工安全的安全技术措施；夜间施工应有足够的照明，在深坑、陡坡等危险地段应增设红灯标志，以防发生伤亡事故；雨期和冬期施工时，应对运输道路采取防滑措施，如加铺炉渣、砂子等，如有可能应避免在雨期、冬期和夜间施工；傍山沿河地区应制定防滑坡、防泥石流、防汛措施；大风、大雨期间应暂停施工等。

3. 注重对施工现场周边的安全防护措施

《建设工程安全生产管理条例》规定，施工单位对因建设工程施工可能造成损害的毗邻建筑物、构筑物和地下管线等，应当采取专项防护措施。在城市市区内的建设工程，施工单位应当对施工现场实行封闭围挡。

建设工程施工多为露天、高处作业，对周围环境特别是毗邻的建筑物、构筑物和地下管线等可能会造成损害。因此，施工单位有责任、有义务采取相应的安全防护措施，确保毗邻的建筑物、构筑物和地下管线等不受损坏。施工现场实行封闭管理，主要是解决“扰民”和“民扰”问题。施工现场采用密目式安全网、围墙、围栏等封闭起来，既可以防止施工中的不安全因素扩散到场外，也可以起到保护环境、美化市容、文明施工的作用，还可以防盗、防砸打、损害物品等。

4. 加强对危险作业的施工现场安全管理

生产经营单位进行爆破、吊装等危险作业，应当安排专门人员进行现场安全管理，确保操作规程的遵守和安全措施的落实。

爆破、吊装等作业具有较大危险性，容易发生事故。因此，作业人员必须严格按照操作规程进行操作，施工单位也应当采取必要的防范措施，安排专门人员进行作业现场的安全管理。现场安全管理人员一方面可以检查作业现场的各项安全措施是否得到落实，另一方面可以监督作业人员是否严格遵守有关操作规程，及时对作业现场有关情况进行协调，发现事故隐患及时采取措施进行紧急排除。

5. 加强起重机械设备、安全防护设备、机械设备等的安全管理

施工单位在使用施工起重机械和整体提升脚手架、模板等自升式架设设施前，应当组织有关单位进行验收，也可以委托具有相应资质的检验检测机构进行验收；使用承租的机械设备和施工机具及配件的，由施工总承包单位、分包单位、出租单位和安装单位共同进行验收。验收合格的方可使用。

《建设工程安全生产管理条例》规定，施工单位采购、租赁的安全防护用具、机械设备、施工机具及配件，应当具有生产（制造）许可证、产品合格证，并在进入施工现场前进行查验。施工现场的安全防护用具、机械设备、施工机具及配件必须由专人管理，定期进行检查、维修和保养，建立相应的资料档案，并按照国家有关规定及时报废。

11.3.5 安全生产检查监督的类型和内容

工程项目安全检查的目的是为了清除隐患、防止事故、改善劳动条件及提高员工安全生产意识，是安全控制工作的一项重要内容。通过安全检查可以发现工程中的危险因素，以便有计划地采取措施，保证安全生产。施工项目的安全检查应由项目经理组织，定期进行。

11.3.5.1 安全生产检查监督的主要类型

1. 全面安全检查

全面安全检查应包括职业健康安全管理方针、管理组织机构及其安全管理的职责、安全设施、操作环境、防护用品、卫生条件、运输管理、危险品管理、火灾预防、安全教育和安全检查制度等内容。对全面安全检查的结果必须进行汇总分析，详细探讨所出现的问题及相应对策。

2. 经常性安全检查

工程项目和班组应开展经常性安全检查，及时排除事故隐患。工作人员必须在工作前，对所用的机械设备和工具进行仔细的检查，发现问题立即上报。下班前，还必须进行班后检查，做好设备的维修保养和清整场地等工作，保证交接安全。

3. 专业或专职安全管理人员的专业安全检查

由于操作人员在进行设备的检查时，往往是根据其自身的安全知识和经验进行主观判断，因而有很大的局限性，不能反映出客观情况，流于形式。而专业或专职安全管理人员则有较丰富的安全知识和经验，通过其认真检查就能够得到较为理想的效果。专业或专职安全管理人员在进行安全检查时，必须不徇私情，按章检查，发现违章操作情况要立即纠正，发现隐患及时指出并提出相应防护措施，并及时上报检查结果。

4. 季节性安全检查

要对防风防沙、防涝抗旱、防雷电、防暑防害等工作进行季节性的检查，根据各个季节自然灾害的发生规律，及时采取相应的防护措施。

5. 节假日检查

在节假日，坚持上班的人员较少，往往放松思想警惕，容易发生意外，而且一旦发生意外事故，也难以进行有效的救援和控制。因此，节假日必须安排专业安全管理人员进行安全检查，对重点部位要进行巡视。同时配备一定数量的安全保卫人员，搞好安全保卫工作，绝不能麻痹大意。

6. 要害部门重点安全检查

对于企业要害部门和重要设备必须进行重点检查，由于其重要性和特殊性，一旦发生意外，会造成大的伤害，给企业的经济效益和社会效益带来不良的影响。为了确保安全，对设备的运转和零件的状况要定时进行检查，发现损伤立刻更换，决不能“带病”作业；一过有效年限即使没有故障，也应该予以更新，不能因小失大。

11.3.5.2　安全生产检查监督的主要内容

1. 查思想

检查企业领导和员工对安全生产方针的认识程度，对建立健全安全生产管理和安全生产规章制度的重视程度，对安全检查中发现的安全问题或安全隐患的处理态度等。

2. 查制度

为了实施安全生产管理制度，工程承包企业应结合本身的实际情况，建立健全一整套本企业的安全生产规章制度，并落实到具体的工程项目施工任务中。在安全检查时，应对企业的施工安全生产规章制度进行检查。施工安全生产规章制度一般应包括以下内容：

（1）安全生产责任制度。

（2）安全生产许可证制度。

（3）安全生产教育培训制度。

（4）安全措施计划制度。

（5）特种作业人员持证上岗制度。

（6）专项施工方案专家论证制度。

（7）危及施工安全工艺、设备、材料淘汰制度。

(8) 施工起重机械使用登记制度。

(9) 生产安全事故报告和调查处理制度。

(10) 各种安全技术操作规程。

(11) 危险作业管理审批制度。

(12) 易燃、易爆、剧毒、放射性、腐蚀性等危险物品生产、储运、使用的安全管理制度。

(13) 防护物品的发放和使用制度。

(14) 安全用电制度。

(15) 危险场所动火作业审批制度。

(16) 防火、防爆、防雷、防静电制度。

(17) 危险岗位巡回检查制度。

(18) 安全标志管理制度。

3. 查管理

主要检查安全生产管理是否有效，安全生产管理和规章制度是否真正得到落实。

4. 查隐患

主要检查生产作业现场是否符合安全生产要求，检查人员应深入作业现场，检查工人的劳动条件、卫生设施、安全通道，零部件的存放，防护设施状况，电气设备、压力容器、化学用品的储存，粉尘及有毒有害作业部位点的达标情况，车间内的通风照明设施，个人劳动防护用品的使用是否符合规定等。要特别注意对一些要害部位和设备加强检查，如锅炉房、变电所、各种剧毒、易燃、易爆等场所。

5. 查整改

主要检查对过去提出的安全问题和发生安全生产事故及安全隐患后是否采取了安全技术措施和安全管理措施，进行整改的效果如何。

6. 查事故处理

检查对伤亡事故是否及时报告，对责任人是否已经作出严肃处理。在安全检查中必须成立一个适应安全检查工作需要的检查组，配备适当的人力物力。检查结束后应编写安全检查报告，说明已达标项目、未达标项目、存在问题、原因分析，给出纠正和预防措施的建议。

11.3.5.3 安全检查的注意事项

(1) 安全检查要深入基层、紧紧依靠职工，坚持领导与群众相结合的原则，组织好检查工作。

(2) 建立检查的组织领导机构，配备适当的检查力量，挑选具有较高技术业务水平的专业人员参加。

(3) 做好检查的各项准备工作，包括思想、业务知识、法规政策和物资、奖金准备。

(4) 明确检查的目的和要求。既要严格要求，又要防止一刀切，要从实际出发，分清主、次矛盾，力求实效。

(5) 把自查与互查有机结合起来。基层以自查为主，企业内相应部门间互相检查，取长补短，相互学习和借鉴。

(6) 坚持查改结合。检查不是目的，只是一种手段，整改才是最终目的。发现问题，要及时采取切实有效的防范措施。

(7) 建立检查档案。结合安全检查表的实施，逐步建立健全检查档案，收集基本的数据，掌握基本安全状况，为及时消除隐患提供数据，同时也为以后的职业健康安全检查奠定基础。

(8) 在制定安全检查表时，应根据用途和目的具体确定安全检查表的种类。安全检查表的主要种类有：设计用安全检查表；厂级安全检查表；车间安全检查表；班组及岗位安全检查表；专业安全检查表等。制定安全检查表要在安全技术部门的指导下，充分依靠职工来进行。初步制定出来的检查表，要经过群众的讨论，反复试行，再加以修订，最后由安全技术部门审定后方可正式实行。

11.3.6　施工安全隐患和安全事故的处理

11.3.6.1　安全隐患及处理

隐患，是指未被事先识别或未采取必要防护措施的可能导致安全事故的危险源或不利环境因素。就是指具有潜在的对人身安全或健康构成伤害，造成财产损失或兼具这些特点的起源或情况。工程施工安全隐患是在安全检查及数据分析过程中发现的。强调对工程安全事故隐患的处理，是为了对安全事故进行预防，避免安全事故的发生。隐患处理应根据隐患的严重程度以及隐患的应急程度，分别采用与其相适应的处理手段和处理方法。

1. 一般安全问题

一般安全问题是指不符合安全管理规定，不符合安全技术措施规范要求的现象或状态。这种现象或状态的程度尚不严重。

项目管理者对一般安全问题不能轻视而麻痹大意，对一般安全问题的处理，更不能麻木不仁而随之任之。及时处置出现的一般安全问题，保证施工顺利进行。

2. 严重安全隐患

严重安全隐患是指存在的安全隐患程度比较严重，或是其数量或规模较大；或是违反强制性条文标准，对施工现场的安全构成了明显的潜在的威胁。

项目经理应组织项目经理部相关管理人员对处理方案进行认真深入的分析，特别是安全事故隐患原因分析，找出安全事故隐患的真正起源点。必要时，项目经理可请工程监理单位、设计单位、分包单位、供应单位和建设单位各方共同参加分析，制定合理可行的安全事故隐患整改处理方案。

安全事故隐患整改处理方案内容包括：

(1) 安全事故隐患的部位、性质、现状、发展变化、时间、地点等详细情况。

(2) 现场调查的有关数据和资料。

(3) 安全事故隐患原因分析与判断。

(4) 安全事故处理的方案。

(5) 是否需要采取临时防护措施。

(6) 确定安全事故隐患整改负责人、整改完成时间和整改验收人。

(7) 涉及的有关人员和责任及预防该类安全事故隐患重复出现的措施等。

安全事故隐患处理完毕，施工单位应组织人员检查验收，写出安全隐患处理报告并存档。

11.3.6.2 生产安全事故的等级划分标准

明确生产安全事故的分级，区分不同事故级别所规定的报告和调查处理要求，是顺利开展生产安全事故报告和调查处理工作的前提，也是规范生产安全事故报告和调查处理的必然要求。

国务院《生产安全事故报告和调查处理条例》规定，根据生产安全事故（以下简称事故）造成的人员伤亡或者直接经济损失，事故一般分为以下等级：

(1) 特别重大事故，是指造成30人以上死亡，或者100人以上重伤（包括急性工业中毒，下同)，或者1亿元以上直接经济损失的事故。

(2) 重大事故，是指造成10人以上30人以下死亡，或者50人以上100人以下重伤，或者5000万元以上1亿元以下直接经济损失的事故。

(3) 较大事故，是指造成3人以上1。人以下死亡，或者10人以上50人以下重伤，或者1000万元以卫5000万元以下直接经济损失的事故。

(4) 一般事故，是指造成3人以下死亡，或者10人以下重伤，或者1000万元以下直接经济损失的事故。所称的“以上”包括本数，所称的“以下”不包括本数。

《生产安全事故报告和调查处理条例》还规定，没有造成人员伤亡，但是社会影响恶劣的事故，国务院或者有关地方人民政府认为需要调查处理的，依照本条例的有关规定执行。

11.3.6.3 交通建设工程重大生产安全事故报告.

1. 报告原则

事故发生现场有关单位安全负责人员应遵循“迅速、准确”的原则，在规定的时间内逐级上报重大生产安全事故的情况。

2. 报告程序

(1) 发生重大生产安全事故后，项目施工单位除向项目建设和监理单位报告外，应立即将事故情况如实向事故所在地交通主管部门、地方安全监管部门报告。实行工程总承包的交通建设项目，由总承包单位负责上报。

(2) 事故所在地交通主管部门接到事故报告后，应迅速核实有关情况，并立即报告同级人民政府和上一级交通主管部门。省级交通主管部门接到事故报告后，及时上报省级人民政府和交通部。

(3) 交通部接到一次死亡（或下落不明）10人以上事故报告后，部业务主管部门负责提供专报的文字材料，由部办公厅按规定渠道向国务院办公厅报送。

(4) 交通部设在长江干流的航务管理机构所管辖的长江航道工程发生重大生产安全事故，应向事故发生地的省级人民政府和地方安全监管部门报告外，还应向交通部报告。

(5) 部直属单位负责组织建设的公路水运工程发生重大生产安全事故，除向当地交通主管部门和地方安全监管部门报告外，还应向交通部专报。

3. 报告内容

（1）事故发生时间、地点、事故类型、人员伤亡情况、预估的直接经济损失。

（2）事故中的建设、勘察、设计、施工、监理等单位名称、资质等级情况，施工单位安全生产许可证号及发证机构，施工单位“三类人员”的姓名及岗位证书情况，监理人员执业资格等情况。

（3）项目的基本概况。

（4）事故的简要经过，紧急抢险救援情况，事故原因的初步分析。

（5）采取措施的情况。

（6）事故报告单拉、签发人及报告时间等。

4. 报告方式

紧急情况下，可采取电话、传真、电子邮件的形式先行报告事故概况，有新情况及时续报，但应在 12 小时内补齐书面材料。

11.3.6.4　发生事故后应采取的相应措施

《建设工程安全生产管理条例》规定，发生生产安全事故后，施工单位应当采取措施防止事故扩大，保护事故现场。需要移动现场物品时，应当做出标记和书面记录，妥善保管有关证物。

1. 组织应急抢救工作

《生产安全事故报告和调查处理条例》规定，事故发生单位负责人接到事故报告后，应当立即启动事故相应应急预案，或者采取有效措施，组织抢救，防止事故扩大，减少人员伤亡和财产损失。

事故发生后，生产经营单位应当立即启动相关应急预案，采取有效处置措施，组织开展先期应急工作，控制事态发展。对危险化学品泄漏等可能对周边群众和环境产生危害的事故，生产经营单位应当在向地方政府及有关部门进行报告的同时，及时向可能受到影响的单位、职工、群众发出预警信息，标明危险区域，组织、协助应急救援队伍和工作人员救助受害人员，疏散、撤离、安置受到威胁的人员，并采取必要措施防止发生次生、衍生事故。应急处置工作结束后，各企业应尽快组织恢复生产、生活秩序，配合事故调查组进行调查。

中央企业发生事故时，其总部应全力调动相关资源，有效开展应急救援工作。

2. 妥善保护事故现场

事故发生后，有关单位和人员应当妥善保护事故现场以及相关证据，任何单位和个人不得破坏事故现场、毁灭相关证据。因抢救人员、防止事故扩大以及疏通交通等原因，需要移动事故现场物件的，应当做出标志，绘制现场简图并做出书面记录，妥善保存现场重要痕迹、物证。

11.3.6.5　交通建设工程重大生产安全事故处理

1. 事故处理原则

坚持“四不放过”原则，即事故原因未查清不放过，事故责任者未受处理不放过，事故责任人和周围群众未受到教育不放过，防范措施未落实不放过。

发生一次死亡 6 人以上、一次受伤 20 人以上和涉险 30 人以上的事故，交通部派出现场督导组，省级交通主管部门同时予以配合。现场督导组由部质监总站负责组织，成员由与事故没有直接利害关系的相关专业技术专家和施工安全监管等专业人员组成。

发生一次死亡3～5人、一次受伤10～19人和涉险10～29人的事故，省级交通主管部门派出现场督导组，市级交通主管部门同时予以配合。省级现场督导练人员由省级交通主管部门负责组织。根据现场特殊情况或应省级交通主管部门的要求，交通部可派出专家组给予技术支援。

党中央、国务院、交通部批示的重大生产安全事故，交通部应按批示要求派出现场督导组，省级交通主管部门予以配合。

2. 事故发生单位落实防范和整改措施

事故发生单位应当认真吸取事故教训，落实防范和整改措施，防止事故再次发生防范和整改措施的落实情况应当接受工会和职工的监督。

安全生产监督管理部门和负有安全生产监督管理职责的有关部门应当对事故发生单位落实防范和整改措施的情况进行监督检查。

事故调查处理的最终目的是为了预防和减少事故。事故的调查不是为了调查事故而调查事故，事故的处理也不是为了追究责任而追究责任，其实质是要在查明事故原因、认定事故责任的基础上，提出防范和整改措施，进而防止事故的再次发生。因此，事故发生单位应当认真吸取事故教训，落实防范和整改措施，防止事故再次发生。

11.3.7 安全资料的整理与归档

安全管理的内业工作是安全工作中一项十分重要、必不可少的工作，是整个管理内业工作的重要组成部分。建立和健全安全记录与报告是做好安全监控、全面有效地执行施工合同、履行好施工项目安全职责的重要工作。

安全管理的内业是安全管理在实施交通建设工程施工项目管理过程中留下的重要依据，在工程建设中，一旦发生安全事故，安全管理的内业还是追溯安全管理工作，寻找事故原因，分析事故责任的重要凭证。安全管理的内业反映了工程建设的实施情况，反映了安全管理的工作情况，是全面总结交通建设工程安全管理经验的重要部分。

1. 安全管理的内业工作基本要求

安全管理的内业所记述的内容应该客观、务必数据可靠、措辞准确；在文字上要求字迹端正、清晰；在时间上必须迅速、及时。安全管理的内业资料应分类存放，且各类资料应做卷内目录，安全管理的内业由项目安全监理人员完成。

2. 施工现场安全管理内业资料一般包括的内容

（1）施工组织设计。

（2）安全管理计划。

（3）各类安全管理制度。

（4）施工现场安全管理措施。

（5）专项安全施工方案。

（6）结构复杂、危险性大的施工作业项目的专项方案。

（7）安全生产应急救援预案。

(8) 安全交底、安全培训、安全检查、安全巡视记录。

(9) 安全例会纪要和工地会议纪要中的安全内容。

(10) 各类工作指令、工程暂时停工指令及复工指令。

(11) 工程暂时停工指令及复工指令。

(12) 施工单位的主要负责人、项目负责人、专职安全生产管理人员、特种作业人员资格报审资料。

(13) 施工分包单位的资质（含安全生产许可证和主要负责人、项目负责人、专职安全管理人员的安全资格证）报审资料。

(14) 大、中型施工机械、安全设施验收报审资料。

(15) 安全隐患处理资料。

(16) 生产安全事故调查处理及报告资料。

(17) 施工工作总结中安全管理内容。

要点提示

本节需结合交通运输部《公路工程施工安全技术规范》（JTG F90—2015）进行学习。

11.4　环境保护措施与文明施工

11.4.1　环境保护措施要求

11.4.1.1　环境保护措施

项目经理部应遵照《环境管理体系要求及使用指南》（GB/T24001—2004）的要求，建立并持续改进环境管理体系，应根据批准的建设项目环境影响报告，通过对环境因素的识别和评估，确定管理目标及主要指标，并在各个阶段贯彻实施。

项目的环境管理应遵循下列程序：

(1) 确定项目环境管理目标。

(2) 进行项目环境管理策划。

(3) 实施项目环境管理策划。

(4) 验证并持续改进。

项目经理部负责现场环境管理工作的总体策划和部署，建立项目环境管理组织机构，制定相应制度和措施，组织培训，使各级人员明确环境保护的意义和责任。

项目经理部应按照分区划块原则，搞好项目的环境管理，进行定期检查加强协调，及时解决发现的问题，实施纠正和预防措施，保持现场良好的作业环境、卫生条件和工作秩序，做到污染预防。

项目经理部应对项目的环境因素进行控制，制定应急准备和相应措施，并保证信息通畅，预防可能出现非预期的损害。在出现环境事故时，应消除污染，并应制定相应措施，防止环境二次污染。

项目经理部应保存有关环境管理的工作记录。

项目经理部应进行现场节能管理，有条件时应规定能源使用指标。

11.4.1.2 施工现场环境保护

1. 一般要求

(1) 承包人在工程施工中，应严格遵守国家环境保护部门及本规范的有关规定。承包人有责任采取有效措施以预防和消除因施工造成的环境污染，对工程范围以外的土地及植被应注意保护，并应保证发包人避免由于污染而承担的索赔或罚款。

(2) 承包人生产、生活设施应符合环保要求，并接受当地政府及有关部门的监督。

(3) 承包人应在施工期间加强环保意识，保持工地清洁，控制扬尘，杜绝漏洒材料。由于扬尘、排污、噪声、材料漏失等对周围居民和环境造成的损失应由承包人自负。

(4) 沥青混合料应集中场站搅拌，其设备污染物排放应符合《大气污染物综合排放标准》(GB 16297—1996) 中的一级标准的规定。搅拌场站必须设在离开居民区、学校等环境敏感点 300m 以外的下风向处，且不能采用开敞式或半封闭式沥青熬化作业。

(5) 施工中应充分利用挖方，尽量减少弃方或不弃方，以节省占地面积和减少对环境的破坏。清表土中的腐殖土应按监理人的要求进行收集并加以管理，争取全部用在绿化植树或植草中。

(6) 工程施工必须做到兼顾生态保护和环境保护的原则，做到工程施工、生态保护、环境保护同步协调，避免出现施工后再治理、再补救、破坏生态环境现象。

2. 文物保护

(1) 公路工程施工时如发现文物古迹，不得移动和收藏，承包人应保护好现场，防止文物流失，并暂时停止作业，立即将有关情况报告监理人及当地文物保护部门。在主管部门未结束处理前，不得重新进行作业。

(2) 由于历史文物的发现和处理，致使承包人的工程进度延误和（或）导致费用的增加，则监理人与发包人和承包人应根据合同条款第一条的规定协商解决。

(3) 土方工程以及其他需要借土、弃土时，对现有的或规划的保护文物遗址，承包人应采取避让的原则进行地点的选择。

3. 防止水土流失和废料废方处理

(1) 防水排水。

1) 在公路工程施工期间应始终保持工地的良好排水状态，修建必要的临时排水渠道，并与永久性排水设施相连接，且不得引起淤积和冲刷。

2) 因承包人未设置足够的排水设施致使土方工程遭受破坏时，其责任由承包人自负。

3) 雨季填筑路堤应随挖、随运、随填、随压实。每层表面应筑成适当的横坡，确保不积水。

(2) 冲刷与淤积。

1) 承包人应采取有效预防措施，防止施工场所占用的土地或临时使用的土地受到冲刷。

2) 承包人应采取有效预防措施，防止从本工程施工中开挖的土石材料，对河流、水道、灌溉渠或排水系统产生淤积或堵塞。

3) 公路工程施工中的临时排水系统，应能最大限度地减少水土流失及水文状态的改变。

4）开挖或填筑的土质路基边坡应及时采取防护措施，防治雨季到来时水流对坡面的冲刷而影响排水系统的功能，减少对附近农田水域的污染。

5）承包人不管出于任何需要，未经监理人的事先书面同意，不得干扰河道、水道或现有灌溉或排水系统的自然流动，导致冲刷与淤积的发生。

（3）废料废方的处理。

1）清理场地的废料和土石方工程的废方处理，不得影响排灌系统及农田水利设施，不得向江河、湖泊、水库和专门堆放地以外的地方倾倒；应按图纸规定或监理人的指示在适当地点设置弃土场，有条件时，力求少占土地，并对弃土进行整治利用。

2）当设置弃土堆时，应按《公路路基施工技术规范》（JTG F10—2006）第 4.3.4 条的规定执行。

3）桥梁施工过程中的泥浆及废弃物等，应在工程完工时即时清除干净，以免堵塞河道和妨碍交通。

4）挖方工程及隧道工程的大型弃方场地，应采取以下水土保持措施：

a. 废方堆放点应统筹安排，远离河道，尽量不要压盖植被，尽可能选择荒地。

b. 及时对弃方进行压实，并在其表面进行植被覆盖，可以种植草皮、灌木或树木，达到防止水土流失，美化环境的目的。

c. 尽可能对弃土方加以整治后用作耕地。

d. 隧道弃渣点应选择植被稀疏的荒地。弃渣的下部和边角宜砌筑拦渣坝或墙，以防止水土流失。

5）承包人应将施工及生活中产生的废弃物及时处理，运至监理人及当地环保部门同意的指定地点弃置，应注意避免阻塞河流或泄洪系统和污染水源，并防止汛期淹没农田或村庄。如无法及时处理或运走，则必须设法防止散失。

4. 防止和减轻水、大气受污染

（1）保护水质。

1）施工废水、生活污水不得直接排入农田、耕地、灌溉渠和水库，严禁排入饮用水源。

2）公路工程施工区域、砂石料厂，在施工期间和完工以后，应妥善处理以减少对河道、溪流的侵蚀，防止沉渣进入河道或溪流。

3）冲洗集料或含有沉积物的操作用水，应采取过滤、沉淀池处理或其他措施，做到达标排放。

4）施工期间，施工物料如沥青、水泥、油料、化学品等应堆放管理严格，防止在雨季或暴雨将物料随雨水径流排入地表及附近水域造成污染。

5）施工机械应防止严重漏油，禁止机械在运转中产生的油污水未经处理就直接排放，或维修施工机械时油污水直接排放。

6）承包人应将施工及生活中产生的污水或废水集中处理，经检验符合《污水综合排放标准》（GB 8978—1996）环保标准后，才能排放到河流或沟溪中。承包人不得将含有污染物质或可见悬浮物质的水，排入河流、水道或灌溉系统中。承包人的排水不得增加河流或水道中的悬浮物或造成河道冲刷、水流污染。

7）保护农田排灌系统。当路线经过农田灌溉区域时，承包人在施工时应采取必要的临时措施，以保证不影响或中断农田的排灌作业。修建的临时设施应保证施工不影响当地农田的高峰排灌作业。在软土地区施工时，应注意路堤沉降对水源和排灌系统的影响。承包人应根据路线经过水田地区的情况，拟定需采取的措施，确定设计方案报监理人批准后执行，但监理人的批准并不意味着可以免除承包人的责任。

（2）控制扬尘。

1）为减少公路工程施工作业产生的灰尘，在施工区域内应随时进行洒水或采取其他抑尘措施，确保不出现明显的降尘。

2）易于引起粉尘的细料或松散料应予遮盖或适当洒水润湿；运输时，应用帆布、盖套及类似遮盖物覆盖。

3）运转时有粉尘发生的施工场地，如水泥混凝土拌和机站（场）大型轧石机场、沥青拌和机站（场）等投料器，均应有防尘设备。在这些场所作业的工作人员，应配备必要的劳保防护用品。

4）承包人应使施工场地砂石化或保持经常洒水，确保施工场地旁的农田作物绿叶无扬尘污染。

（3）减少噪声、废气污染。

1）各种临时设施和场地，如堆料场、加工厂、轧石厂、沥青厂等，距居民区不宜小于300m，而且应设于居民区主要风向的下风处。

2）使用机械设备的工艺操作，要尽量减少噪声、废气等的污染；建筑施工场地的噪声应符合《建筑施工场界噪声限值》（GB 12523—1990）的规定，并应遵守当地有关部门对夜间施工的规定。

3）如果承包人预防措施不力，并已对邻近区域的环境、卫生造成了危害，则由此而引起的一切损失及后果，应由承包人负责。

4）在居民集中居住区和靠近学校、医院等环境敏感区，噪声大的施工作业，应按监理人规定的作业时间施工。

5）承包人应通过有效的技术手段和管理措施，将施工噪声控制到最低程度。当施工工地距居民住宅区、学校、医院等环境敏感区距离小于150m，承包人不得在夜间安排噪声很大（55dB以上）的机械施工，应按监理人规定的作业时间施工。

5. 保护绿色植被

承包人应尽量保护公路用地范围之外的现有绿色植被。若因修建临时工程破坏了现有的绿色植被，应负责在拆除临时工程时予以恢复。

要保护公路两旁的古树名木和法定保护的树种，即使处在公路用地范围内，有可能时也要尽量设法保护。

施工期间工程破坏植被的面积应严格控制，除了不可避免的工程占地、砍伐以外，不应再发生其他形式的人为破坏。

6. 土地资源的保护

（1）妥善处理废方，山坡弃土应尽量避免破坏或掩埋路基下侧的林木、农田及其他工程设施。沿河弃土应避免壅塞河道、改变水流方向和抬高水位而淹没或冲毁农田、房屋。

应重视弃土堆的复垦，有条件时，宜在弃土堆顶面绿化或整平成为耕地。

(2) 取土坑应选在高地、荒地上，尽量不占耕地；当必须从耕地取土时，应将表面种植土铲除，集中成堆保存，并在工程交工前做好还地工作。对于深而宽的取土坑，可根据当地需要，用作蓄水池或鱼塘。在多年的经济作物区或重要的绿化带，不得设置取土坑。

(3) 在河床开采砂砾材料时，必须注意防止河流状态的改变，并应遵守《中华人民共和国水法》中“在行洪、排涝河道和航道范围内开采砂石、砂金，必须经河道主管部门批准，按照批准的范围和作业方式开采，涉及航道的，由河道主管部门会同航道主管部门批准”的规定。

(4) 采石场的位置，应结合环境保护的要求选择，其中包括噪声、爆破引起的地下振动、公共安全问题等。采石场的位置，应征得当地政府及环境管理部门的同意并办理必要的手续。

(5) 对施工人员加强保护自然资源及野生动植物的教育，在雇用合同中规定严禁偷猎和随意砍伐树木。

(6) 要认真贯彻《国务院关于坚决制止占用基本农田进行植树等行为的紧急通知》(国发明电〔2004〕1号) 的有关要求，对公路沿线是耕地的，要严格控制绿化带宽度。

7. 现有公用设施的保护

(1) 对于受本工程影响或正在受影响的一切公用设施与结构物，承包人应在本工程施工期间采取一切适当措施加以保护。

(2) 靠近公用设施的开挖作业，承包人应通知有关部门，并邀请有关部门代表在施工时到现场。承包人应将上述通知与邀请的副本提交监理人备查。

11.4.2 施工现场文明施工的要求

文明施工是指保持施工现场良好的作业环境、卫生环境和工作秩序。因此，文明施工也是保护环境的一项重要措施。文明施工主要包括：规范施工现场的场容，保持作业环境的整洁卫生；科学组织施工，使生产有序进行；减少施工对周围居民和环境的影响；遵守施工现场文明施工的规定和要求，保证职工的安全和身体健康。

文明施工可以适应现代化施工的客观要求，有利于员工的身心健康，有利于培养和提高施工队伍的整体素质，促进企业综合管理水平的提高，提高企业的知名度和市场竞争力。

11.4.2.1 建设工程现场文明施工的要求

依据我国相关标准，文明施工的要求主要包括现场围挡、封闭管理、施工场地、材料堆放、现场住宿、现场防火、治安综合治理、施工现场标牌、生活设施、保健急救、社区服务11项内容。总体上应符合以下要求：

(1) 有整套的施工组织设计或施工方案，施工总平面布置紧凑，施工场地规划合理，符合环保、市容、卫生的要求。

(2) 有健全的施工组织管理机构和指挥系统，岗位分工明确；工序交叉合理，交接责任明确。

(3) 有严格的成品保护措施和制度，大小临时设施和各种材料构件、半成品按平面布置堆放整齐。

(4) 施工场地平整，道路畅通，排水设施得当，水电线路整齐，机具设备状况良好，使用合理，施工作业符合消防和安全要求。

(5) 搞好环境卫生管理，包括施工区、生活区环境卫生和食堂卫生管理。

(6) 文明施工应贯穿施工结束后的清场。

实现文明施工，不仅要抓好现场的场容管理，而且还要做好现场材料、机械、安全、技术、保卫、消防和生活卫生等方面的工作。

11.4.2.2 建设工程现场文明施工的措施

1. 加强现场文明施工的管理

(1) 建立文明施工的管理组织。应确立项目经理为现场文明施工的第一责任人，以各专业工程师、施工质量、安全、材料、保卫等现场项目经理部人员为成员的施工现场文明管理组织，共同负责本工程现场文明施工工作。

(2) 健全文明施工的管理制度。包括建立各级文明施工岗位责任制、将文明施工工作考核列入经济责任制，建立定期的检查制度，实行自检、互检、交接检制度，建立奖惩制度，开展文明施工立功竞赛，加强文明施工教育培训等。

2. 落实现场文明施工的各项管理措施

针对现场文明施工的各项要求，落实相应的各项管理措施。

(1) 施工平面布置。施工总平面图是现场管理、实现文明施工的依据。施工总平面图应对施工机械设备、材料和构配件的堆场、现场加工场地，以及现场临时运输道路、临时供水供电线路和其他临时设施进行合理布置，并随工程实施的不同阶段进行场地布置和调整。

(2) 现场围挡、标牌。

1) 施工现场必须实行封闭管理，设置进出口大门，制定门卫制度，严格执行外来人员进场登记制度。沿工地四周连续设置围挡，市区主要路段和其他涉及市容景观路段的工地设置围挡的高度不低于2.5m，其他工地的围挡高度不低于1.8m，围挡材料要求坚固、稳定、统一、整洁、美观。

2) 施工现场必须设有“五牌一图”，即工程概况牌、管理人员名单及监督电话牌、消防保卫（防火责任）牌、安全生产牌、文明施工牌和施工现场总平面图。

3) 施工现场应合理悬挂安全生产宣传和警示牌，标牌悬挂牢固可靠，特别是主要施工部位、作业点和危险区域以及主要通道口都必须有针对性地悬挂醒目的安全警示牌。

(3) 施工场地。

1) 施工现场应积极推行硬地坪施工，作业区、生活区主干道地面必须用一定厚度的混凝土硬化，场内其他道路地面也应硬化处理。

2) 施工现场道路畅通、平坦、整洁，无散落物。

3) 施工现场设置排水系统，排水畅通，不积水。

4) 严禁泥浆、污水、废水外流或未经允许排入河道，严禁堵塞下水道和排水河道。

5) 施工现场适当地方设置吸烟处，作业区内禁止随意吸烟。

6) 积极美化施工现场环境，根据季节变化，适当进行绿化布置。

(4) 材料堆放、周转设备管理。

1) 建筑材料、构配件、料具必须按施工现场总平面布置图堆放，布置合理。

2) 建筑材料、构配件及其他料具等必须做到安全、整齐堆放（存放），不得超高。堆料分门别类，悬挂标牌，标牌应统一制作，标明名称、品种、规格数量等。

3) 建立材料收发管理制度，仓库、工具间材料堆放整齐，易燃易爆物品分类堆放，专人负责，确保安全。

4) 施工现场建立清扫制度，落实到人，做到工完料尽场地清，车辆进出场应有防泥带出措施。建筑垃圾及时清运，临时存放现场的也应集中堆放整齐、悬挂标牌。不用的施工机具和设备应及时出场。

5) 施工设施、大模板、砖夹等，集中堆放整齐，大模板成对放稳，角度正确。钢模及零配件、脚手扣件分类分规格，集中存放。竹木杂料，分类堆放、规则成方，不散不乱，不作他用。

(5) 现场生活设施。

1) 施工现场作业区与办公、生活区必须明显划分，确因场地狭窄不能划分的，要有可靠的隔离栏防护措施。

2) 宿舍内应确保主体结构安全，设施完好。宿舍周围环境应保持整洁、安全。

3) 宿舍内应有保暖、消暑、防煤气中毒、防蚊虫叮咬等措施。严禁使用煤气灶、煤油炉、电饭煲、热得快、电炒锅、电炉等器具。

4) 食堂应有良好的通风和洁卫措施，保持卫生整洁，炊事员持健康证上岗。

5) 建立现场卫生责任制，设卫生保洁员。

6) 施工现场应设固定的男、女简易淋浴室和厕所，并要保证结构稳定、牢固和防风雨。并实行专人管理、及时清扫，保持整洁，要有灭蚊蝇滋生措施。

(6) 现场消防、防火管理。

1) 现场建立消防管理制度，建立消防领导小组，落实消防责任制和责任人员，做到思想重视、措施跟上、管理到位。

2) 定期对有关人员进行消防教育，落实消防措施。

3) 现场必须有消防平面布置图，临时设施按消防条例有关规定搭设，做到标准规范。

4) 易燃易爆物品堆放间、油漆间、木工间、总配电室等消防防火重点部位要按规定设置灭火器和消防沙箱，并有专人负责，对违反消防条例的有关人员进行严肃处理。

5) 施工现场用明火做到严格按动用明火规定执行，审批手续齐全。

(7) 医疗急救的管理。展开卫生防病教育，准备必要的医疗设施，配备经过培训的急救人员，有急救措施、急救器材和保健医药箱。在现场办公室的显著位置张贴急救车和有关医院的电话号码等。

(8) 社区服务的管理。建立施工不扰民的措施。现场不得焚烧有毒、有害物质等。

(9) 治安管理。

1) 建立现场治安保卫领导小组，有专人管理。

2) 新入场的人员做到及时登记，做到合法用工。

3) 按照治安管理条例和施工现场的治安管理规定搞好各项管理工作。

4）建立门卫值班管理制度，严禁无证人员和其他闲杂人员进入施工现场，避免安全事故和失盗事件的发生。

3. 建立检查考核制度

对于建设工程文明施工，国家和各地大多制定了标准或规定，也有比较成熟的经验。在实际工作中，项目应结合相关标准和规定建立文明施工考核制度，推进各项文明施工措施的落实。

4. 抓好文明施工建设工作

（1）建立宣传教育制度。现场宣传安全生产、文明施工、国家大事、社会形势、企业精神、优秀事迹等。

（2）坚持以人为本，加强管理人员和班组文明建设。教育职工遵纪守法，提高企业整体管理水平和文明素质。

（3）主动与有关单位配合，积极开展共建文明活动，树立企业良好的社会形象。

情景12　公路施工项目的组织协调与竣工验收

12.1　公路施工项目的组织协调

在项目管理中，沟通与协调是进行各方面管理的纽带，是在人、思想和信息之间建立的联系，它对于项目取得成功是必不可少的，而且是非常重要的。沟通与协调可使矛盾着的各个方面而居于统一体中，使系统结构均衡，使项目实施和运行过程顺利。

12.1.1　施工项目组织协调的概念

施工项目组织协调是指以一定的组织形式、手段和方法，对施工项目中产生的关系不畅进行疏通，对产生的干扰和障碍予以排除的活动。

施工项目组织协调是施工项目管理的一项重要职能。项目经理部应该在项目实施的各个阶段，根据其特点和主要矛盾，动态地、有针对性地通过组织协调，及时沟通，排除障碍，化解矛盾，充分调动有关人员的积极性，发挥各方面的能动作用，协同努力，提高项目组织的运转效率，以保证项目施工活动顺利进行，更好地实现项目总目标。

12.1.2　施工项目组织协调的范围可分为内部关系协调和外部关系协调

内部关系协调主要指本企业与施工项目部、施工项目部各部门、人与人之间关系协调

外部关系协调又分为近外层关系协调和远外层关系协调。

近外层关系协调主要指：施工项目部与设计单位、监理单位、业主单位、供应商、分包人之间的关系协调。

远外层关系协调主要指：施工项目部与政府监督部门、行政主管部门、安保部门、环保部门、银行、与工程有关的其他部门的关系协调。

12.1.3　施工项目管理中应该着重做好各项沟通与协调工作

1. 内部人际关系的协调

项目经理所领导的项目经理部是项目组织的领导核心。通常，项目经理不直接控制资源和具体工作，而是由项目经理部中的职能人员具体实施控制，这就使得项目经理和职能人员之间以及各职能人员之间存在着必要的管理和协调。项目经理应积极引导，发挥技术人员的作用。

项目经理的协调工作包括：

（1）建立完善、实用的项目管理体系：明确各自的工作职责，设计比较完备的管理工作流程，明确规定项目中正式沟通方式、渠道和时间，使大家按程序、按规则办事。

（2）建立项目激励机制：由于项目的特点，项目经理更应注意从心理学、行为科学的

角度激励各个成员的积极性。例如：采用发扬民主的工作作风，不断钻研。改进工作关系，关心各个成员，礼貌待人。公开、公平、公正地处理事情。在向上级和职能部门提交的报告中，应包括对项目组织成员的评价和鉴定意见，项目结束时应对成绩显著的成员进行表彰等。

(3) 建立公平、公正的考评工作业绩的方法、标准，并定期客观、慎重地对成员进行业绩考评，在其中排除偶然、不可控制和不可预见等因素。

(4) 形成比较稳定的项目管理队伍：以项目作为经营对象的企业，应形成比较稳定的项目管理队伍，尽管项目是一次性的、常新的，但项目小组却应该相对稳定，因为项目各成员之间相对熟悉，彼此了解，可大大减少新组合班组间摩擦。

2. 项目经理部与企业管理层关系的协调

项目经理部与企业的各有关职能部门的关系既是上下级行政关系，又是服务与服从、监督与执行的关系，即企业层次生产要素的调控体系要服务于项目层次生产要素的优化配置，同时项目生产要素的动态管理要服从于企业主管部门的宏观调控。企业要对项目管理全过程进行必要的监督调控，项目经理部要按照与企业签订的责任书，尽职尽责、全力以赴地抓好项目管理各项的具体工作。

3. 项目经理部与发包人之间的协调

发包人代表项目的所有者，对项目具有特殊的权利，要取得项目的成功，必须获得发包人的支持。

项目经理首先要理解发包人的意图，反复阅读合同或项目任务文件。对于未能参加项目决策过程的项目经理，必须了解项目构思的基础、起因、出发点，了解目标设计和决策背景，否则可能对目标和任务的完成有不完整的，甚至无效的理解，会给工作造成很大的困难。如果项目管理和实施状况与最高管理层或发包人的预期要求不同，发包人将会干预，或改变这种状态。所以，项目经理必须花很大力气来研究发包人的意图，研究项目目标。

4. 项目经理部与监理机构关系的协调

项目经理部应及时向监理机构提供有关生产进度计划、统计资料、工程事故报告等，应按建设工程监理规范的规定和施工合同的要求，接受监理单位的监督和管理，搞好协作配合。

项目经理部应充分了解监理工作的性质、原则，尊重监理人员，对其工作积极配合，始终坚持双方目标一致的原则，并积极主动地工作。在合作过程中，项目经理部应注意现场签证工作，遇到设计变更、材料改变或特殊工艺以及隐蔽工程等应及时得到监理人员的认可，并形成书面材料，尽量减少与监理人员的摩擦。

项目经理部应严格地组织施工，避免在施工中发生矛盾。与监理人员意见不一致时，双方应以进一步合作为前提，在相互理解、相互配合的原则下进行协商，项目经理部应尊重监理人员或监理机构的最后决定。

5. 项目经理部与设计单位关系的协调

项目经理部应在设计交底、图纸会审、设计洽商与变更、地基处理、隐蔽工程验收和交工验收等环节上与设计单位密切配合，同时应接受发包人和监理工程师对双方的协调。

项目经理部应注重与设计单位的沟通，对设计中存在的问题应主动与设计单位磋商，积极支持设计单位的工作，同时也争取设计单位的支持。

项目经理部在设计交底和图纸会审工作中应与设计单位进行深层次交流，准确把握设计，对设计与施工不吻合或设计中的隐含问题应及时予以澄清和落实；对于一些争议性问题，应巧妙地利用发包人与监理工程师的职能，避免正面冲突。

6. 项目经理部与材料供应人关系的协调

项目经理部与材料供应人应该依据供应合同，充分利用价格招标、竞争机制和供求机制搞好协作配合。

项目经理部应在项目管理实施规划的指导下，认真做好材料需求计划，并认真调查市场，在确保材料质量和供应的前提下选择供应人。

为保证双方的顺利合作，项目经理部应与材料供应人签订供应合同，并力争使得供应合同具体、明确。为了减少资源采购风险，提高资源利用效率，供应合同应就数量、规格、质量、时间和配套服务等事项进行明确。

项目经理部应有效利用价格机制和竞争机制与材料供应人建立可靠的供求关系，确保材料质量和使用服务。

7. 项目经理部与分包人关系的协调

项目经理部与分包人关系的协调应按分包合同执行，正确处理技术关系、经济关系，正确处理项目进度控制、质量控制、安全控制、成本控制、生产要素管理和现场管理中的协调关系。项目经理部还应对分包单位的工作进行监督和支持。项目经理部应加强与分包人的沟通，及时了解分包人的情况，发现问题及时处理，并以平等的合同双方的关系支持承包人的活动，同时加强监管力度，避免问题的复杂化和扩大化。

12.1.4　施工管理人员在沟通与协调中常犯的错误

1. “我以为”的错误：以为沟通过，别人就清楚了；以为没有反馈，就是没有意见了。特别是跨部门的沟通，无论是口头还是书面，更是要注意双方是否理解一致。有时候太过主观，认为有些东西不说，对方也是知道自己的想法与立场，每个人想法不同，不可能完全猜到对方的心思，只有及时沟通，才能取得好的成效。

2. 不敢越级沟通，不敢与内部与外部高层直接沟通：内部主要表现在经常出现项目各级管理人员不敢直接找上级或项目经理或企业经理沟通，都要上级职能经理的协助。外部表现在不敢与监理工程师进行直接沟通。

3. 害怕被拒绝：这是人的本性。在项目管理中，经常出现这样的情况，可能有一些想法建议，要么思考很久才敢提出来，要么不敢与项目干系人提出，白白延误了好时机，或者需要其他部门协助时，不敢提出来。

4. 没有提前计划沟通好，造成等人局面：经常出现这样的时候，要确定某个事项，需要几个负责人参加，但因为没有提前计划，到时约不到人，结果推迟等待，无谓的增长滞后时间。实际上，对于难度较大问题，至少要提前两周计划好，预约好相关人员。

5. 欠缺适当的沟通技巧：自己不是管理专家，不用在沟通技巧中耗费太多时间，但需要掌握一些适当的沟通技巧，主要是对人对事的敏感度，能针对具体事情判断是单独沟通、书面沟通、口头沟通更有效，还是需要适当借力，能达到这个层次就可以了。

综上所述，完成一个成功的项目，除了具有坚强的领导能力、能承担基本职责外，项目经理还应具备一系列技能，应当懂得如何激励员工的士气，如何取得客户的信任。以及处理和解决问题的能力。工程项目管理中协调工作涉及面广且又琐碎，这方面的管理做好了，才有可能保证各项工作的顺利进行，才能保证所承建工程项目的顺利完成。

12.2 公路施工项目竣工验收的组织

12.2.1 竣工验收的含义

竣工验收指承包人完成了全部合同工作后，发包人按合同要求进行的验收。

国家验收是政府有关部门根据法律、规范、规程和政策要求，针对发包人全面组织实施的整个工程正式交付投运前的验收。

需要进行国家验收的，竣工验收是国家验收的一部分。竣工验收所采用的各项验收和评定标准应符合国家验收标准。发包人和承包人为竣工验收提供的各项竣工验收资料应符合国家验收的要求。

12.2.2 竣工验收申请报告

当工程具备以下条件时，承包人即可向监理人报送竣工验收申请报告：

（1）除监理人同意列入缺陷责任期内完成的尾工（甩项）工程和缺陷修补工作外，合同范围内的全部单位工程以及有关工作，包括合同要求的试验、试运行以及检验和验收均已完成，并符合合同要求。

（2）已按合同约定的内容和份数备齐了符合要求的竣工资料。

（3）已按监理人的要求编制了在缺陷责任期内完成的尾工（甩项）工程和缺陷修补工作清单以及相应施工计划。

（4）监理人要求在竣工验收前应完成的其他工作。

（5）监理人要求提交的竣工验收资料清单。

12.2.3 验收

监理人收到承包人提交的竣工验收申请报告后，应审查申请报告的各项内容，并按以下不同情况进行处理。

（1）监理人审查后认为尚不具备竣工验收条件的，应在收到竣工验收申请报告后的28天内通知承包人，指出在颁发接收证书前承包人还需进行的工作内容。承包人完成监理人通知的全部工作内容后，应再次提交竣工验收申请报告，直至监理人同意为止。

（2）监理人审查后认为已具备竣工验收条件的，应在收到竣工验收申请报告后的28天内提请发包人进行工程验收。

（3）发包人经过验收后同意接受工程的，应在监理人收到竣工验收申请报告后的56天内，由监理人向承包人出具经发包人签认的工程接收证书。发包人验收后同意接收工程但提出整修和完善要求的，限期修好，并缓发工程接收证书。整修和完善工作完成后，监理人复查达到要求的，经发包人同意后，再向承包人出具工程接收证书。

(4) 发包人验收后不同意接收工程的，监理人应按照发包人的验收意见发出指示，要求承包人对不合格工程认真返工重作或进行补救处理，并承担由此产生的费用。承包人在完成不合格工程的返工重作或补救工作后，应重新提交竣工验收申请报告。

(5) 除专用合同条款另有约定外，经验收合格工程的实际竣工日期，以提交竣工验收申请报告的日期为准，并在工程接收证书中写明。

(6) 发包人在收到承包人竣工验收申请报告 56 天后未进行验收的，视为验收合格，实际竣工日期以提交竣工验收申请报告的日期为准，但发包人由于不可抗力不能进行验收的除外。

12.2.4　单位工程验收

(1) 发包人根据合同进度计划安排，在全部工程竣工前需要使用已经竣工的单位工程时，或承包人提出经发包人同意时，可进行单位工程验收。验收的程序可参照验收的 12.2.2 和 12.2.3 的约定进行。验收合格后，由监理人向承包人出具经发包人签认的单位工程验收证书。已签发单位工程接收证书的单位工程由发包人负责照管。单位工程的验收成果和结论作为全部工程竣工验收申请报告的附件。

(2) 发包人在全部工程竣工前，使用已接收的单位工程导致承包人费用增加的，发包人应承担由此增加的费用和（或）工期延误，并支付承包人合理利润。

12.2.5　施工期运行

(1) 施工期运行是指合同工程尚未全部竣工，其中某项或某几项单位工程或工程设备安装已竣工，根据专用合同条款约定，需要投入施工期运行的，经发包人按第 18.4 款的约定验收合格，证明能确保安全后，才能在施工期投入运行。

(2) 在施工期运行中发现工程或工程设备损坏或存在缺陷的，由承包人按第 19.2 款约定进行修复。

12.2.6　试运行

(1) 除专用合同条款另有约定外，承包人应按专用合同条款约定进行工程及工程设备试运行，负责提供试运行所需的人员、器材和必要的条件，并承担全部试运行费用。

(2) 由于承包人的原因导致试运行失败的，承包人应采取措施保证试运行合格，并承担相应费用。由于发包人的原因导致试运行失败的，承包人应当采取措施保证试运行合格，发包人应承担由此产生的费用，并支付承包人合理利润。

12.2.7　竣工清场

(1) 除合同另有约定外，工程接收证书颁发后，承包人应按以下要求对施工场地进行清理，直至监理人检验合格为止。竣工清场费用由承包人承担。

1) 施工场地内残留的垃圾已全部清除出场。

2）临时工程已拆除，场地已按合同要求进行清理、平整或复原。

3）按合同约定应撤离的承包人设备和剩余的材料，包括废弃的施工设备和材料，已按计划撤离施工场地。

4）工程建筑物周边及其附近道路、河道的施工堆积物，已按监理人指示全部清理。

5）监理人指示的其他场地清理工作已全部完成。

（2）承包人未按监理人的要求恢复临时占地，或者场地清理未达到合同约定的，发包人有权委托其他人恢复或清理，所发生的金额从拟支付给承包人的款项中扣除。

12.2.8 施工队伍的撤离

工程接收证书颁发后的56天内，除了经监理人同意需在缺陷责任期内继续工作和使用的人员、施工设备和临时工程外，其余的人员、施工设备和临时工程均应撤离施工场地或拆除。除合同另有约定外，缺陷责任期满时，承包人的人员和施工设备应全部撤离施工场地。

12.2.9 缺陷责任与保修责任

1．缺陷责任期的起算时间

缺陷责任期自实际竣工日期起计算。在全部工程竣工验收前，已经发包人提前验收的单位工程，其缺陷责任期的起算日期相应提前。

2．缺陷责任

（1）承包人应在缺陷责任期内对已交付使用的工程承担缺陷责任。

（2）缺陷责任期内，发包人对已接收使用的工程负责日常维护工作。发包人在使用过程中，发现已接收的工程存在新的缺陷或已修复的缺陷部位或部件又遭损坏的，承包人应负责修复，直至检验合格为止。

（3）监理人和承包人应共同查清缺陷和（或）损坏的原因。经查明属承包人原因造成的，应由承包人承担修复和查验的费用。经查验属发包人原因造成的，发包人应承担修复和查验的费用，并支付承包人合理利润。

（4）承包人不能在合理时间内修复缺陷的，发包人可自行修复或委托其他人修复，所需费用和利润的承担，按第（3）项约定办理。

3．缺陷责任期的延长

由于承包人原因造成某项缺陷或损坏使某项工程或工程设备不能按原定目标使用而需要再次检查、检验和修复的，发包人有权要求承包人相应延长缺陷责任期，但缺陷责任期最长不超过2年。

4．进一步试验和试运行

任何一项缺陷或损坏修复后，经检查证明其影响了工程或工程设备的使用性能，承包人应重新进行合同约定的试验和试运行，试验和试运行的全部费用应由责任方承担。

5．承包人的进入权

缺陷责任期内承包人为缺陷修复工作需要，有权进入工程现场，但应遵守发包人的保安和保密规定。

6. 缺陷责任期终止证书

在第 1.1.4.5 目约定的缺陷责任期，包括根据第 19.3 款延长的期限终止后 14 天内，由监理人向承包人出具经发包人签认的缺陷责任期终止证书，并退还剩余的质量保证金。

7. 保修责任

合同当事人根据有关法律规定，在专用合同条款中约定工程质量保修范围、期限和责任。保修期自实际竣工日期起计算。在全部工程竣工验收前，已经发包人提前验收的单位工程，其保修期的起算日期相应提前。

情景13　公路施工实施性施工组织设计实例

××高速公路××合同段实施性施工组织设计

第1章　编　制　依　据

1.1　编制说明

通过对施工现场实际情况的了解和对当地资源的调查，贯彻合同要求和设计意图，经本段技术人员进行分析整理，做到施工方案科学，组织合理，按时、优质地完成合同任务。为了确保本合同工程在施工质量和施工管理方面能达到一流的水平，建成优良工程，标段技术人员结合项目部人员机构及机械设备等各方面的实际情况，特编制本项目工程总体施工组织计划。

1.2　编制依据

(1) ××××至××至××高速公路项目土建工程××合同段《合同文件》。

(2) ××××至××至××高速公路项目土建工程××合同段两阶段施工图设计文件。

(3) ××××至××至××高速公路项目土建工程××合同段《招标文件》。

(4)《公路桥涵施工技术规范》(JTJ 041—2000)。

(5)《公路工程水泥及水泥混凝土试验规程》(JTG E30—2005)。

(6)《公路工程岩石试验规程》(JTG E41—2005)。

(7)《公路工程金属试验规程》(JTJ055—83)。

(8)《公路工程水质分析操作规程》(JTJ056—84)。

(9)《公路工程质量检验评定标准》(JTG F80/1—2004)。

(10)《公路工程施工安全技术规程》(JTJ076—95)。

(11)《公路工程技术标准》(JTG B01—2003)。

(12)《公路软土地基路堤设计与施工技术规范》(JTJ017—96)。

(13)《公路路基施工技术规范》(JTJ F10—2006)。

(14)《公路土工试验规程》(JTJE40—2007)。

(15)《国家环境保护法》《中华人民共和国公路法》《中华人民共和国合同法》等现行的国家技术规范、行业技术标准、规范、规程等。

(16) 现场实际情况。

1.3　编制原则

(1) 应用科学的计划方法确定最合理的施工组织方法。根据本工程特点和工期要求，因地制宜地采用快速施工、平行作业，对控制工程通过网络计划找出最优施工方案。

（2）科学而合理地安排施工程序，在保证质量的基础上，尽可能地缩短工期，加快施工进度。

（3）采用先进的施工方法和技术，不断提高施工机械化、预制装配化程度，减轻劳动强度，提高劳动生产率。

（4）贯彻合同要求及设计意图。

（5）确保施工安全，工程质量优良。

（6）积极推行新技术、新工艺，实施规范化、标准化作业，确保质量目标的实现。

（7）做到精细化施工。

第2章　工　程　说　明

2.1　工程概况

2.1.1　工程简介

本合同段为××高速公路项目××合同段，位于××省××县境内，起于××镇××村（××2＋000），经××镇××村、××城、终于××镇××村（××0＋000），全长8km。主要工程内容为：路基挖土方1021361m^3 路基挖石方255727m^3 挖淤泥335406m^3 路基填土方1001684m^3 路基填石方194980m^3 碎石回填74400m^3，防护及排水工程圬工数量67175.74m^3，20cm厚4％水泥稳定碎石底基层221672m^2 等。主线（含××互通）有桥梁3座：××2＋075××中桥、××7＋543.251××分离式立体交叉和××8＋062××高架桥；天桥4座：××2＋640人行天桥、××5＋820人行天桥、××6＋120××分离式立体交叉、××8＋410××村分离式立体交叉；钢筋混凝土盖板涵7道，圆管涵22道，钢筋混凝土盖板通道35道。

2.1.2　主要技术标准

本合同段为××高速公路项目××合同段，位于××省××县境内，全长8km，采用高速公路标准。

设计技术标准表

项　目	高速公路	项　目	高速公路
设计行车速度/(km/h)	100	凹形竖曲线半径/m	9143.52
最大纵坡/%	4.0	路基宽度/m	26.0
最小坡长/m	370	桥涵设计荷载	公路，Ⅰ级
凸形竖曲线半径/m	10000	桥涵设计洪水频率	特大桥1/300，大、中、小桥、涵洞1/100

2.1.3　工程内容及主要工程量

工程内容及主要工程量统计表

序号	工程项目	单位	工程数量	备注
1	路基挖土方	m^3	1021361	
2	路基挖石方	m^3	255727	

续表

序号	工程项目	单位	工程数量	备注
3	挖淤泥	m^3	335406	
4	路基填土方	m^3	1001684	
5	路基填石方	m^3	194980	
6	碎石回填	m^3	74400	
7	防护及排水工程圬工	m^3	67175.74	
8	20cm 厚 4%水泥稳定碎石底基层	m^2	221672	
9	××2+075××中桥	座	1	
10	××7+543.251××分离式立体交叉	座	1	
11	××8+062××高架桥	座	1	
12	××6+120××分离式立体交叉	座	1	
13	××8+410××村分离式立体交叉	座	1	
14	××2+640 人行天桥	座	1	
15	××5+820 人行天桥	座	1	
16	钢筋混凝土盖板涵	道	7	
17	圆管涵	道	22	
18	钢筋混凝土盖板通道	道	35	

2.2 自然条件

2.2.1 地形、地貌

本合同段位于××省中部丘陵区，地势总体北高东低，南高西低。区内地貌类型主要为侵蚀构造低山丘陵型地貌，地形起伏不大，分布零散，地形平缓，山体多呈扁圆形、条带形山，山间谷地较开阔，沟谷多呈“U”字形。丘顶浑圆呈垄状延伸。切割深度 10～40m，坡脚小于 10°。坡体坡面较缓，植被发育，覆盖层薄，山体主要由花岗岩组成，局部为砂砾岩组成。

本合同段分布地层包含第四系全新统（填筑土、种植土、淤泥质黏土、粉质黏土、细砂、中砂、粗砂）第四系更新统（黏性土、碎石土、砂类土）白垩系上统砾岩，含砾砂岩，砂岩，燕山期花岗岩，松散覆盖层成因类型有坡积、残积、冲积等。

本合同段内下伏基岩为燕山期花岗岩，地表多出露全风化岩层，中风化岩层较完整，强度高。

2.2.2 气象、水文

本合同段地处××省××县境内，属于中亚热带季风湿润气候，既具季风性，又兼具大陆性。基本特征为气候温和降水充沛，雨热同期，四季分明。春末夏初多雨，夏末秋季多旱；春湿多变，夏秋多晴，严冬期短，暑热期长。

本合同段内年平均气温 16.5～17.5℃，年极端最高气温 40.1℃，年极端最低气温－12.1℃。多年平均降水量 1300～1400mm，1 日间最大降水量 147.3mm，降水多集中在 4～7月。夏冬季长，春秋季短，夏季约 118～127 天，冬季 117～122 天，春季 61～64 天，秋季 59～69 天。春温变化大，夏初雨水多，伏秋高温久，冬季严寒少。3 月下旬至 5 月中旬，冷暖空气相互交绥，形成连绵阴雨低温寡照天气。从 5 月下旬起，气温显著提高，夏季日平均气温在 30℃以上有 85 天，气温高于 35℃的炎热日，年平均约 30 天，盛夏酷热少雨。9 月下旬后，白天较暖，入夜转凉，降水量减少，低云量日多。

区内对线路影响较大的灾害性天气为暴雨，冲沟特别是汇水面积较大地段，应加强排水与防护工程设计，另冰冻天气也会对山区路线产生较大影响。

2.2.3　河流水文

本合同段沿线地表水系除湘江及其支流外一般为冲沟之间的小河、溪流，流量受天然降水量控制。路线所经区域内地表水系不太发育。

2.2.4　不良地质现象

根据勘察及物探资料表明：本合同段内无岩溶、滑坡、泥石流、采空区、构造带等不良地质病害。

2.2.5　地震

据《中国地震动峰值加速度区划图》（GB 18306—2001），路线区处于地震动峰值加速度为 0.05g、反映谱特征周期为 0.35s 的区域，地震基本烈度为Ⅵ度区，设计地震分组为第一组。按《公路桥梁抗震设计细则》（JTG/TB 02—01—2008）的划分，区内 B 类桥梁及隧道可只进行抗震措施设计，抗震设防措施等级为 7 级，地震加速度值为 0.05g，一般构造物抗震设防措施等级为 6 级。

2.3　施工条件

2.3.1　交通情况

项目经理部设在××××××镇镇政府，交通便利，施工主要通过×县道、乡村公路进入主线。

2.3.2　通信情况

施工通信采用固定电话、移动通信设备联系，并接入宽带互联网络。

2.3.3　沿线筑路材料情况

沿线材料供应表

序号	筑路材料种类	路用性能	储量/供应量/万 m³	平均运距/km
1	一般材料	达标	充足	15
2	沥青	达标	充足	25
3	钢材	达标	充足	25
4	水泥	达标	充足	25
5	木材	达标	充足	15
6	砂、砂砾、卵石	达标	充足	50
7	碎石、块片石	达标	充足	20
8	生石灰	达标	充足	15

沿线电力情况供应良好，工程用电可与地方电力部门协商解决，另可自行准备部分发电机，以备急需。

2.3.4 施工生活用水

本项目沿线水资源丰富，工程用水可于沿线河流、水库、常流溪沟内取用，这些水源水质良好、无污染、无工程腐蚀性，能满足公路施工需要，运距近，采运方便。生活用水可与当地水管部门联系，接通自来水管道。

2.4 主要工程特点

本路段集路基土石方、桥梁、涵洞工程为一体，沿线地形相对复杂，同时所在区雨水充沛，自然灾害较多，任务重，需精心组织，合理安排，确保优质安全按期完成施工任务，本段所处地理位置为旅游胜地，应做好施工环保、与周围环境和自然景观的协调。

第3章 施工总体部署和施工准备计划

3.1 安全、质量、环保、工期目标

3.1.1 安全目标

“三无、一杜绝、一创建”。“三无”即无工伤死亡事故、无交通死亡事故、无火灾洪灾事故；“一杜绝”即杜绝重大伤亡事故，“一创建”即创建安全文明单位。

3.1.2 质量目标

本工程在施工过程中将全面贯彻公司“实行科学管理，创建精品工程，确保优质服务”的质量方针，严格按照批准的设计文件和部颁有关规范以及技术操作规程进行施工，本工程的质量标准是交通部优质工程标准，质量评定必须为优良工程，我公司的质量目标：交通部优质工程标准，质量评定必须为优良工程。

3.1.3 环保目标

不破坏可视范围景观，不污染环境。

3.1.4 工期目标

确保在有效工期20个月内完成全部工程项目。

3.2 施工组织机构

为了对本合同项目进行全面高效的施工组织管理，现成立精干高效、运转自如的“××高速公路××标项目经理部”，项目经理部的职能是依据合同规定内容对承担的全部工程项目按计划进行有序的施工组织，对工程中的各施工环节进行有效控制，充分保证质量目标和进度指标顺利完成。同时，项目经理部对外负责与业主、监理工程师、设计单位和地方政府保持联系并建立良好关系，保证有一个良好的施工环境；对内实行统一指挥，协调各部门的关系，实现高效运转，严格控制工程成本和工程质量，确保文明施工、安全生产。

项目经理部下设“五部、三室”和按所施工的工作内容分五个施工队（共计十一个施工小队）。

项目经理：项目经理作为本工程的总负责人，负责项目部全面管理工作，是质量、进度、安全的第一负责人，对工程质量、安全生产负完全责任，主要负责后勤保障和安全工作。

项目副经理：负责本项目的施工生产、劳动力和机械调配、材料供应等管理工作。

项目总工程师：负责本项目的技术、质量管理工作。

项目总经济师：负责本项目的计量、结算、定额管理及计划、经济核算等管理工作。

项目总会计师：负责项目的资金管理和使用等工作。

工程部：负责施工、技术、测量、施工工序的抽检工作安排以及工程实物的验收、报检、内业资料的整理工作。

合约部：负责合同、计划管理及计量支付等。

材料部：负责物资的采购、运输、保管、储存、控制发放及机械管理、调度、维修、保养节能等。

人财部：负责人员工资和奖金发放、财务成本核算。

质安部：负责施工现场、驻地的安全保卫及安全、环境保护的监督检查等工作。

综合办公室：负责项目部人员劳保用品发放，办公用品、生活设施和医疗卫生、文化娱乐等后勤保障工作。

中心试验室：提供各种配比、原材料进场检验、完成各种标准试验，施工过程质量控制、竣工时的各种试验检验。

路基工程队：负责软土地基处理、路基土方填筑、防护工程的施工和质量管理，同时还负责底基层施工及质量管理。

桥梁工程队：负责全线桥梁施工和空心板梁的预制及其施工质量管理。

通道、涵洞施工队：负责全线涵洞、通道施工及施工质量管理。

防护排水工程队：负责全线防护、排水工程施工及施工质量管理。

路面施工队：负责全线底基层施工及施工质量管理。

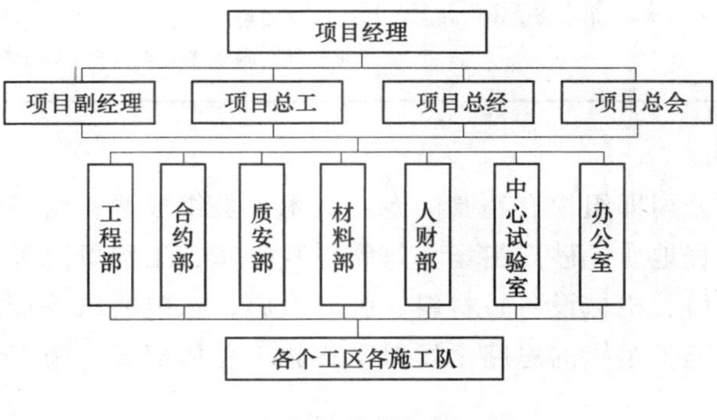

组织机构框架图

3.3　施工单元划分和施工队伍安排

施工单元及任务划分表

施工队	分项工程	主要设备数量	劳动力
路基一队	××2+000～××5+000 路基土石方工程	挖机 12 台、推土机 6 台、自卸车 50 台、压路机 6 台、平地机 4 台、装载机 3 台、羊足碾 1 台、潜孔钻机 2 台	30
路基二队	××5+000～××7+500 路基土石方工程		35
路基三队	××7+700～××0+000 路基土石方工程		25

续表

<table>
<tr><th>施工队</th><th>分项工程</th><th>主要设备数量</th><th>劳动力</th></tr>
<tr><td>防护排水一队</td><td>××2+000～××6+900</td><td>小型设备 2 套</td><td>80</td></tr>
<tr><td>防护排水二队</td><td>××6+900～××2+000</td><td>小型设备 2 套</td><td>80</td></tr>
<tr><td>桥梁一队</td><td>××2+000～××6+000 桥梁施工</td><td rowspan="2">冲击钻 6 台、龙门吊机 3 套、运梁台车 2 套、汽车吊 4 台、混凝土搅拌站 2 座、压浆设备 2 套、张拉设备 2 套、混凝土搅拌运输车 6 台、混凝土输送泵 2 台、发电机组 4 套（1 套 500kW、3 套 200kW）电焊机 10 台、木加工设备 3 套</td><td rowspan="2">205</td></tr>
<tr><td>桥梁二队</td><td>××6+000～××0+000 桥梁施工</td></tr>
<tr><td>通道、涵洞工程施工一队</td><td>××2+000～××6+900 通道、涵洞工程</td><td rowspan="4">汽车吊 1 台、混凝土搅拌站 1 座、混凝土搅拌运输车 3 台、发电机组 2 套、电焊机 6 台、木加工设备 3 套</td><td>65</td></tr>
<tr><td>通道、涵洞工程施工二队</td><td>××2+000～××6+900 通道、涵洞工程</td><td>65</td></tr>
<tr><td>通道、涵洞工程施工三队</td><td>××2+000～××6+900 通道、涵洞工程</td><td>65</td></tr>
<tr><td>通道、涵洞工程施工四队</td><td>××6+900～××0+000 通道、涵洞工程</td><td>60</td></tr>
<tr><td>路面（底基层）施工队</td><td>××2+000～××0+000</td><td>400t 及其以上稳定土搅拌站 1 座、自动找平混合料摊铺机 1 台、20t 以上振动压路机 2 台、装载机 2 台、洒水车 2 台、20t 以上轮胎压路机 2 台</td><td>23</td></tr>
</table>

3.4 施工准备情况

合同签订后，本公司即组织有经验的专业技术人员组成调查组，深入现场对本段地形地貌、气象水文、工程地质、砂石料场、筑路材料分布、工程概况等作了进一步调查，初步确定了参建施工队伍、机械设备、材料、临时设施、水电通讯等资源的配备方案，并从便于全面管理、利于施工组织的思路出发对工程施工总体部署、施工方案和进度计划作出了初步安排。

3.4.1 内业准备

工程技术人员进场后立即做好施工图纸审核和现场调查工作，同时建立、健全施工图纸复核、技术交底、工程质量检验与验收、技术质量责任、工程材料和构件的检查、验收、安全操作及技术人员岗位责任等各项制度，以便按设计和技术规范要求提供更详细具体的施工方法和安排。按照设计文件对全段导线点、水准点进行贯通复测并加密，同时根据结构物的精度要求和施工方案补充加密施工所需的各种控制点，以建立好施工控制网，待监理审核确认无误后，及时组织施工定位放线测量。

3.4.2 外业准备

配合业主抓紧做好红线内征地、拆迁工作，以保证施工用地需要。对临时工程的征地、拆迁按施工需要，在业主协助下及时办好征地、青苗补偿手续和拆迁手续，以保证工程施工顺利进行。对各种工程材料进一步调查且取样鉴定，并及时向监理工程师提供试验鉴定结果，在材料合格的基础上搞好各种配合比的设计、试验及选定、审批工作。对外购的成品、半成品等各种材料及时按技术规范规定取样检测试验，确保材料质量。

第 4 章　临建工程和施工现场布置

临时用地计划表

序号	计划日期	征地位置	所属村镇	征地面积 /m^2	备注
1	2011 年 3 月 20 日	××6+200 右	××镇××村	700	炸药库（××城已征用）
2	2011 年 4 月 10 日	全线	××桥乡、××镇	24500	施工便道
3	2011 年 4 月 25 日	××7+600	弃土场	11472	
4	2011 年 4 月 25 日	××7+720	弃土场	19520	
5	2011 年 9 月 10 日	××6+200 右	取土场	11000	

4.1　施工便道

施工便道主要考虑从现有乡村路进入红线后（应和经过的村镇签订协议），利用红线内现有的村道作临时便道使用，不够宽的便道以及没有道路的地方，利用施工现场挖方石料作填料，填筑成宽 5m，厚 50cm 的路堤，其面层为 5cm 的泥结碎石路面，间隔 400m 设置一错车道，错车道宽度为 7m，长度为 20m，用推土机推平做成双向横坡后压路机碾压密实，遇有横向水沟时，埋设圆管，管顶上填土和天然砂砾，便道两侧设置排水沟，在急弯和陡坡地段设置醒目的安全警示标志，不破坏原有水系和农田灌溉系统，施工期间指定专业施工队进行养护，特别是雨季更要做好道路的排水及养护工作，确保施工期间便道交通能够正常运行，以满足施工生产的需要。

便道的修建主要考虑沿线取土场、弃土场的分布、筑路材料运输方便与否以及构件（预制梁板）运输难度等几点因素。可穿插着在主线范围内运送材料和路基填料，从而满足施工生产要求。

4.2　施工房建

项目经理部设在××镇公路管养所院内，院内有栋三层楼房，生活，占地面积约 2600m^2；新建板房作为项目经理部试验室，占地面积约 160m^2。

4.3　施工通信

工地内部主要采用无线对讲机进行联系，营地设置无线电对讲系统，同时使用移动式电话作为补充，项目经理部安装程控电话实现对外通讯的传真和互联网信息交换。

4.4　施工场地

拌和站设置在××互通收费广场内，占地面积 15 亩，预制场设置在××互通收费广场旁主线路基上，占地面积 10 亩，其生产能力能满足施工设计和施工生产的需要。

4.5 取弃土场

本合同段弃土场分别位于：××7＋600 红线左侧 100m，可弃土方 52831m^3；××7＋720 红线左侧 323m，可弃土方 106057m^3，取土方 22270m^3。

本合同段取土场位于××6＋200 红线右侧 120m，可取土方 60398m^3。

第 5 章 工期及施工总体进度计划

为了确保关键工程、重点工程施工进度和工程质量，保证关键线路上的关键工程按时、优质完成，计划开工时间定于 2011 年 4 月 30 日。

施工进度计划如下：

（1）施工准备：2011.1.23—2011.4.30。

（2）清表：2011.4.30—2011.5.20。

路基处理：2011.4.30—2011.8.30。

（3）路基填方试验段：2011.5.10—2011.5.25。

（4）路基开挖及填筑：2011.5.25—2012.8.1。

（5）路面底基层：2012.8.5—2012.10.6。

（6）涵洞、通道工程：2011.5.6—2011.12.6。

（7）主线桥梁工程。

a. 桩基工程：2011.5.6—2011.8.20。

b. 系梁、承台：2011.6.10—2011.9.25。

c. 墩柱工程：2011.7.1—2011.9.30。

d. 盖梁工程：2011.8.10—2011.10.15。

e. 空心梁预制：2011.10.10—2012.6.1。

f. 空心梁安装：2011.10.30—2012.7.1。

g. 桥面铺装以及附属工程：2011.11.15—2012.7.20。

（8）天桥。

a. 基础工程：2011.8.30—2012.6.30。

b.（墩）台身：2011.9.20—2012.7.30。

c. 连续梁、桥面板：2011.10.30—2012.9.30。

（9）防护及排水工程：2011.8.1—2012.10.6。

（10）其他工程：2012.10.7—2012.12.6。

（11）竣工验收：2012.12.7—2013.1.6。

附：《合同段总体施工进度计划横道图》

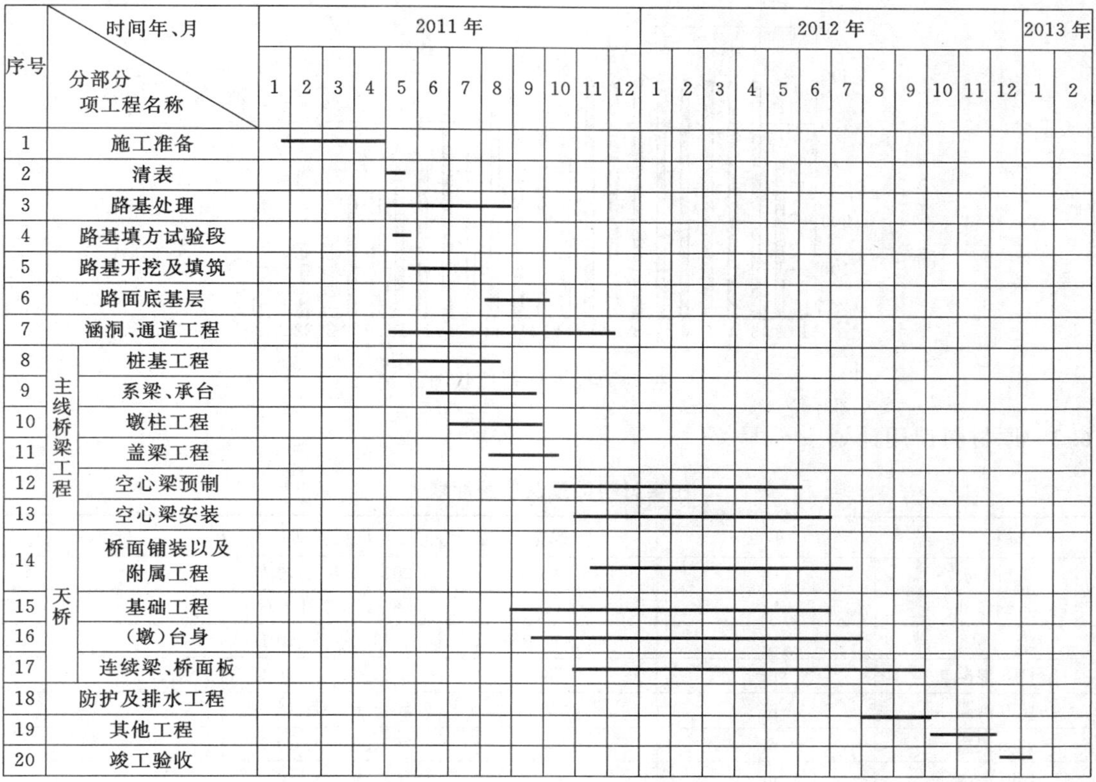

合同段总体施工进度计划横道图

第6章 资源配置计划

6.1 劳动力计划

劳动力计划表

单位	部门名称	人数	部门名称	人数	小计
项目经理部	项目经理	1	工程部	5	36
	项目书记	1	材料部	3	
	项目总经	1	人财部	1	
	项目总会	1	办公室	1	
	项目副经理	1	测量队	3	
	项目总工	1	试验室	5	
	质安部	2	合约部	3	
	协调部	1	拌和站	1	
	施工员兼技术员	5			
工区	一工区	135	二工区	150	450
	三工区	165			
总计		486			

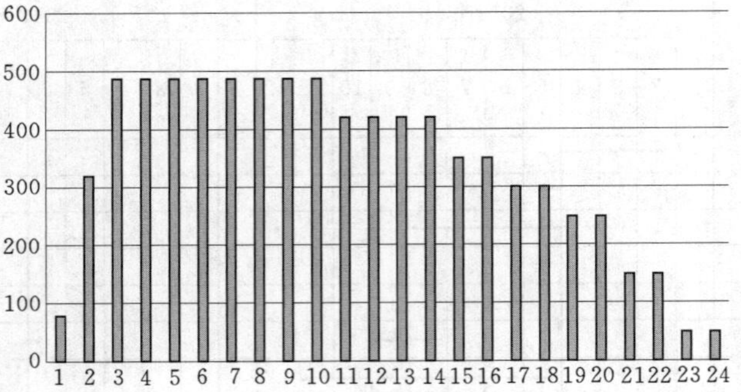

劳动力投入计划柱状图

6.2 原材料使用计划

主要材料数量及使用计划表

材料名称	单位	数量	进场时间	备注
钢筋	t	1915	2011 年 5 月 10 日	
钢绞线	t	143	2011 年 9 月 1 日	
水泥	t	15000	2011 年 5 月 10 日	
C15 混凝土	m^3	778.2	2011 年 5 月 15 日	
C20 混凝土	m^3	3500	2011 年 5 月 15 日	
C25 混凝土	m^3	4200	2011 年 5 月 20 日	
C30 混凝土	m^3	24700	2011 年 7 月 10 日	
C40 混凝土	m^3	700	2011 年 8 月 20 日	
C50 混凝土	m^3	4790	2011 年 11 月 10 日	
土工格栅	m^2	71800	2012 年 5 月 20 日	
片（块）石	m^3	53161	2011 年 5 月 20 日	
水泥稳定碎石	m^2	242609	2012 年 8 月 1 日	

6.3 主要施工机械及测试仪器设备配置

主要施工机械设备表

设备名称	单位	数量	型号、产地、功率
挖掘机	台	12	EX－300，韩国
平地机	台	4	PY190C，徐州，145kW
推土机	台	6	HD230G－5，陕西
激振力振动拖式羊足碾	台	1	CA50，徐州
振动压路机	台	4	XS－190，徐州，20t
潜孔钻机	台	2	ZJ150－1，郑州，130mm
液压油炮机	台	1	KB2000，韩国，20t
$9m^3$ 以上空压机	台	4	S－15A，上海，$11m^3$
混凝土搅拌站	座	2	HZS60，山东，$50m^3/h$
混凝土输送车 *	台	5	XZJ5270GJB38m^3/245kW
桩基钻机	台	4	YKC—30 河南，50kW
装载机	台	4	ZLG50，厦门，$3m^3$
稳定土搅拌站 400t/h 以上	座	1	WCB－500，徐州，500t/h

续表

设备名称	单位	数量	型号、产地、功率
自动找平混合料摊铺机 *	套	1	L1200，徐州，135kW
自卸汽车	台	20	SQ3322BM294K，济南/2004
汽车吊	台	2	QY50，徐州徐工、50t
发电机	台	2	BF-V668，北京，380kW
预应力张拉设备	套	6	YCW250，陕西，2500kW
8000L 洒水车	辆	2	西安

主要材料试验、测量、质检仪器设备表

序号	仪器名称	型号	数量	单位
1	液压万能压力机	WEB-1000	1	台
2	恒加载全自动压力试验机	YAS-2000	1	台
3	恒加载全自动电子压力机	CXAW-300	1	台
4	电动抗折机	DZK-5000B	1	台
5	水泥胶砂搅拌机	JJ-5	1	台
6	水泥净浆搅拌机	NJ-160B	1	台
7	水泥胶砂振实台	ZS-15	1	台
8	水泥标准养护箱	YH-40B	1	台
9	混凝土振实台	1M2	1	台
10	干燥箱	HWX-L	1	台
11	沸煮箱	RAF-A	1	台
12	强制式混凝土搅拌机	HJZ-50	1	台
13	电子分析天平	200g/0.001g	1	台
14	混凝土贯入阻力仪	HG-80	1	台
15	混凝土抗渗仪	HP-4.0	1	台
16	标养室自动控制器	WS-Ⅲ	1	台
17	钢筋标距仪	TD-1	1	台
18	泥浆比重计	NB-1	1	台
19	泥浆黏度计	1006	1	台
20	泥浆含砂量	NA-1	1	台
21	电动重型击实仪	DZY-2	1	台
22	光电液塑限联合测定仪	FG-3	1	台
23	承载比试验仪（CBR）	0613	1	台
24	无侧限压力仪		1	台
25	轻型探触器（地基承载力试验仪器）		1	台
26	全站仪（带四个对讲机）	徕卡 ZT80+	1	台
27	水准仪	DSC-332	3	台

第7章　资金使用计划

为保证工程按时开工和正常进行施工生产，我单位除将按招标文件合同条款的要求取得动员预付款和工程款项，还将在工程的初始阶段垫资组织生产，以确保工程及早开工，使之纳入正常的施工轨道，同时也能为业主提供资金使用动态，便于业主安排资金的使用及平衡，为此编制了资金使用计划。

资金使用计划表

序号	时间	主要用途	所占比例/%
1	2011年1—3月	驻地建设	0.8
2	2011年2—4月	施工准备	1
3	2011年5月	清表、拌和站	1
4	2011年5月	路基处理、挖方、填方、桩基、涵洞、通道	5
5	2011年6月	路基处理、挖方、填方、桩基、涵洞、通道、系梁、承台	6
6	2011年7月	路基处理、挖方、填方、桩基、涵洞、通道、系梁、承台	6
7	2011年8月	路基处理、挖方、填方、桩基、涵洞、通道、系梁、承台、墩柱	7
8	2011年9月	路基处理、挖方、填方、桩基、涵洞、通道、系梁、承台	8
9	2011年10月	路基挖方、填方、涵洞、通道、墩柱、盖梁、空心梁预制、防护和排水	9
10	2011年11月	路基挖方、填方、桩基、通道、盖梁、空心梁预制、防护和排水	8
11	2011年12月	路基挖方、填方、盖梁、空心梁预制、安装、桥面铺装、防护和排水	7
12	2012年1月	路基挖方、填方、空心梁预制、桥面铺装防护和排水	5
13	2012年2月	路基挖方、填方、空心梁预制、桥面铺装防护和排水	2
14	2012年3月	路基挖方、填方、空心梁预制、桥面铺装防护和排水	2
15	2012年4月	路基挖方、填方、空心梁预制、桥面铺装、安装、防护和排水	5
16	2012年5月	路基挖方、填方、空心梁预制、安装、桥面铺装、防护和排水	5
17	2012年6月	路基挖方、填方、空心梁预制、安装、桥面铺装、防护和排水	4
18	2012年7月	路基挖方、填方、安装、桥面铺装、防护和排水	4
19	2012年8月	路基挖方、填方、空心梁预制、安装、桥面铺装、防护和排水	4
20	2012年9月	路基挖方、填方、水泥稳定碎石底基层、防护和排水	3
21	2012年10月	水泥稳定碎石底基层、防护和排水	4
22	2012年11月	水泥稳定碎石底基层、防护和排水	3
23	2012年12月	其他工程	0.2
24	2013年1月	其他工程	
25	2013年2月	其他工程	

第8章　主要工程项目的施工方案和施工方法

8.1　路基土石方工程

8.1.1　工程概述

本合同段内路基土石方工程包括：路基挖土方 1021361m^3，路基挖石方 255727m^3，挖淤泥 335406m^3，路基填土方 1001684m^3，路基填石方 194980m^3，碎石回填 74400m^3。

8.1.2　总体施工组织与安排

清表：2011.4.30—2011.5.20。

路基处理：2011.4.30—2011.8.30。

路基填方试验段：2011.5.10—2011.5.25。

路基开挖及填筑：2011.5.25—2012.8.1。

8.1.3　工程特点

土石方量大、施工面广、劳动繁重、施工条件复杂。

8.1.4　关键工程施工组织及施工进度计划

8.1.4.1　清淤覆盖施工

清淤覆盖：2011.4.30—2011.6.30。

8.1.4.2　软土地基处理

软土地基处理：2011.6.30—2011.8.30。

8.1.4.3　路基挖方及路基填筑

路基开挖及填筑：2011.5.25—2012.8.1。

8.1.4.4　路床及路基精加工

路床及路基精加工：2012.6.25—2012.8.1。

8.1.4.5　台背回填

台背回填：2011.7.25—201.9.25。

8.1.5　施工方案和方法

8.1.5.1　施工总体方案和方法

路基土石方施工分为三个施工队负责施工，各施工作业队的施工顺序如下：

一队：进行××2+000～××5+000 段土石方施工。

二队：进行××5+000～××7+500 段土石方施工。

三队：进行××7+700～××0+000 段土石方施工。

每个施工队优先软土路基处理与高填方路基的施工，以保证路堤沉降期。

8.1.5.2　分项工程施工方案和方法

8.1.5.2.1　土方路堑施工

土方开挖按图纸要求自上而下分层进行，严禁掏底开挖，采用推土机配合挖掘机或装载机进行开挖，土方开挖及运输作业，当运距在 100m 内时，利用推土机推送，当运距超过 100m 时，采用装载机或挖掘机开挖、自卸车运输。

施工工艺主要有：测量放线、清除地表植被、开挖施工、边坡开挖、路基防护、路堑基床开挖等。施工方法如下：

(1) 测量放线。根据设计图纸及现场交桩情况，准确测设出路堑坡顶线和边沟位置。

(2) 清除地表植被。清理、挖除设计开挖段地表有机土和草皮、树根等，运往指定弃土场。

(3) 开挖施工。事先开挖截水沟，保证雨水顺利排出路基范围以外。施工中，土方的开挖使用挖掘机挖土和装车，在坡度不超过 15°时，可利用推土机在一定的高度内，自上向下推土将土层推至低平区域，再利用挖掘机或装载机装车运输，以加快施工进度，对强风化岩石，当挖掘机挖不动时，按石方路基方案进行施工。

施工注意事项：开挖前，调查地下管线、文物古迹及其他既有设施，在施工中要予以保护。开挖过程中，如发现未示出的管线、文物古迹和其他需保护的结构物，要立即报告监理工程师并予以保护听候处理。

(4) 边坡开挖及防护。标出边线，检查边坡开挖坡度，及时纠正偏差。并按照设计将防护工程紧跟，针对高边坡段，二级、三级台阶边坡必须在施工完毕防护工程后，再进行下一台阶的路基开挖。

(5) 基床开挖。按基床设计断面，依据测量放线桩，用红漆作出明显的标志。利用推土机对基床进行推平，重型压路机碾压以保证路基密实，修整路拱，人工整平达到设计要求。

8.1.5.2.2 石方路堑施工

路堑石方爆破开挖采用小型及松动爆破，不得采用大爆破，确保路基边坡的稳定和临近房屋及人员的安全。对于324国道改线工程，开挖爆破作业时间要求定时间进行作业，封闭交通。运渣过程中要求封闭半幅车道，并设置安全标志牌，专职安全员进行交通疏导。

(1) 开挖方案。根据半填半挖断面和全挖断面两种开挖断面形式，充分考虑施工工效及安全，分别对两种开挖形式进行爆破方案的设计。路堑石方开挖采用松动控制爆破和光面爆破相结合的方案进行施工：全断面开挖的路堑，采取分梯段纵向松动控制爆破后开挖，从两端掘进开挖施工；半填半挖路段先挖浅地段，再挖深地段，以增加开挖工作面；风化层和松软岩部位，先用大马力推土机松动，对于无法松动的部分，实施浅眼松动爆破或深孔松动控制爆破；风化层和松软岩地段的边坡用人工配合挖掘机清刷，次坚石和坚石地段用预留光爆层实施光面爆破；石方装车用挖掘机或装载机，运输用载重自卸汽车。

1) 全断面开挖施工方案。对于横坡较小，挖深不大（小于10m）的路基段施工采用“留靴”式爆破。首先根据实地测量放样情况沿路基外侧形成一条槽式堑沟，然后再按设计爆破剩余部以阻止路基上部山体爆破岩石滚落至路基施工现场以外。同时在爆破II部分岩体时，采用微差控制爆破以控制爆破方向。对于横

坡较陡，挖深大于10m路段，需要分台阶开挖，每个台阶开挖前，先做好安全防护，一般采用控制爆破作业及堑沟进行防护，特殊地段设置片石挡墙。

a. Ⅰ部分（即堑沟）岩体爆破施工。考虑到工程机械和自卸车的装运，钻孔设备的操作、爆破网络的设计等因素，拟沿路基挖方较矮一侧的坡脚开挖一条宽约3m的堑沟。堑沟开挖时采用潜孔钻机布孔，微差控制爆破，从路堑两端向中间推进直至整个路堑接通，为石方爆破提供运输通道。

b. Ⅱ部分岩体爆破施工。根据边坡设计的变坡分级情况自上而下依次爆破，同时每一工作面由堑沟方向从外向里采用微差控制爆破，使岩体抛掷到堑沟内，减少推土机清渣工作量，加快施工进度。为确保边坡的稳定，不产生超挖和欠挖，施工时预留30cm的坡面，采用光面爆破刷坡。

2) 半填半挖断面开挖方案。半填半挖断面的开挖根据开挖面积情况，采用分层横向

台阶爆破（适用于挖方较短处）和分层纵向台阶爆破（适用于纵向开挖较长处）。为保证路基断面的尺寸和边坡的稳定性、顺直性，边坡采用光面爆破进行开挖。

具体布置图如下：

（2）松动爆破施工方法。路堑石方主要采取松动爆破，不得使用大爆破施工。爆破施工前，进行爆破设计，报监理工程师批准后再实施。施工方法如下：

1）爆破设计。采取梯段（台阶）爆破，其炮孔布置见下图：

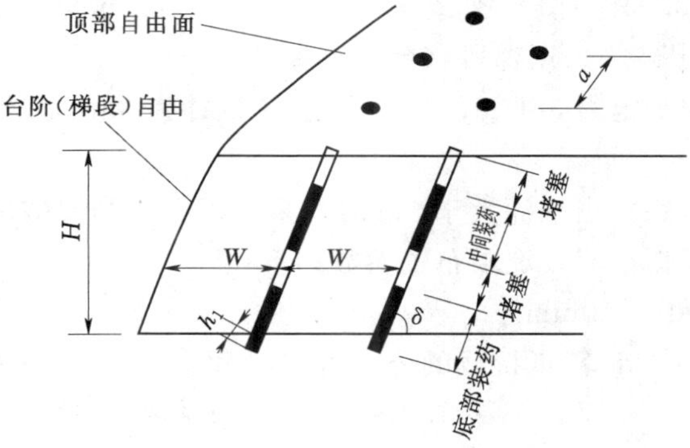

a. 炮孔参数。

（a）炮孔倾角 δ 一般为 90°～60°，使用的炸药为硝铵炸药。

（b）台阶（梯段）高度：

$H \geqslant (0.060 \sim 0.064)d$ 或 $d \leqslant (15.6 \sim 16.7)H$，$d$ 为炮孔直径（mm）。

（c）爆破断面内的最大抵抗线（以下简称最大抵抗线）

$W_{max} \leqslant (0.032 \sim 0.034)d$，且 $W_{max} \leqslant (0.50 \sim 0.58)H$

（d）实际最小抵抗线：

当 $H \leqslant 5$m 时，$W = W_{max} - 0.05H$

当 $H > 5$m 时，$W = W_{max} - 0.1 - 0.03H$

（e）炮孔底部超钻：$h_1 =$（0.2～0.3）W_{max}

（f）堵塞长度：$h_0 = (0.7 \sim 1.0)W$

（g）炮孔间距：$a = (1.0 \sim 1.25)W$

b. 药量计算：每个炮孔装药量计算公式为

$$Q = qaWH$$

式中 q 为单位耗药量，kg/m^3。

c. 起爆网路设计。采用塑料导爆管非电起爆网络，网路具体模式依爆区地形、爆破方量、炮孔布置以及对爆破作业要求的不同需要具体设计。

根据本合同段的情况，实施浅眼松动爆破或深孔松动控制爆破方案如下：

（a）浅眼爆破：

该方法具有操作简单、炸药消耗量少、岩石破碎均匀、飞石距离小的特点，适用于挖深小于 5m 的地段，采用 YT－30 风动凿岩机械成孔，炮眼布置的技术参数如下：

a）炮孔直径：$d = 38$mm。

b）炮眼深度：在次坚石中炮眼深度约等于开挖或台阶高度 $h=H$，在软石或易破碎的岩石中，孔深大多为开挖深度的 80%～90%，即 $h=(0.8-0.9)H$，由于爆破效果和孔深有密切关系，在路基开挖过程中，除打边沟外，炮孔深度不应小于 0.8m。

c）最小抵抗线一般为 $W=(0.6-0.8)H$，这里取 $0.8H$。

d）炮眼间距当采用火花起爆时 $a=(1.4-2.0)W$，电力起爆时 $a=(0.8-2.0)W$，这里取 $a=1.2W$。

e）炮眼排距 $b=(0.85-1.1)W$ 或 $b=(0.5-0.8)H$，这里取 $b=W$。

f）浅孔光面控制爆破，采用梯段（台阶）爆破。

本爆破炮孔直径初步定为 38mm，台阶高度 H 设计为 3m，其他爆破参数根据现场由实验确定。

（b）深孔控制爆破法：当挖深大于 5m 时均采用深孔控制爆破法，其原则为充分利用天然临空面或更多的新临空面，炮眼布置参数如下：

a）炮孔直径 $d=90$～110mm。

b）底盘抵抗线 $W_{底}$：计算抵抗线的公式可选用 $W_{底}=(0.6\sim0.9)H$。

c）孔距 a：一般 $a=mW_{底}$（$m=1.0\sim1.5$，疏密系数），这里 $m=1.2$。

d）排距 b：本段多采用多排微差爆破，不同段的排距可取 $b=a$。

e）台阶高度 H。为充分发挥钻孔效率，$d=100$mm 时，H 选为 8～12m，这里取 10m。

f）钻孔深度 h，主要取决于岩性、岩石的层理、节理、裂隙等，并与抵抗线台阶高度等参数有关，本合同主要为节理较发育的石质，选用经验公式 $h=(0.15-0.25)W$ 底或 $h=(0.1-0.15)H$。

g）填塞长度 h_0：一般可选为 $h_0=(0.7-1.0)$W。

h）装药量计算：$Qt=qHaW$ 式中 q 为试装药量，是计算药量的关键参数，当采用松动爆破时取 $q=0.3\text{kg/m}^3$。

（c）微差爆破法（多排起爆时均采用微差爆破）：采用毫秒延期爆破，可改善爆破质量，降低振动量级，控制爆破作用方向，使爆破后岩石块度均匀，减少大块率，提高爆破效率。因此，多排起爆时均采用微差起爆。

双边坡路堑开挖时，由路堑中间部分石方开挖爆破和沿边坡的光面爆破两种爆破方法组成，可采取爆区中心首先起爆的全路堑起爆方案。

2）施工操作。

a. 平整钻机作业场地。为使钻机就位，除了修便道外，还需平整钻机的作业场地，作业面的平整度以保障钻机移动和钻孔时安全为标准。

b. 布孔与钻孔。首先按设计的孔距、排距布孔。对台阶面边沿的孔，要特别注意最小抵抗线不要过小，以防最小抵抗线方向出现飞石。

钻孔时要根据设计要求，确保孔位、方向、倾斜角和孔深。

c. 装药与堵塞。装药之前，测量孔深，对过浅或过深的炮孔，要调整装药量。往孔中装药时，要定量定位，要防止卡孔。

回填堵塞的材料选取一定湿度的黏土，为防止卡孔，要分多次回填，边回填边用木炮棍捣实，还要注意保护好孔中的导爆管。

d. 网路连接。为确保网路准爆，采用双雷管双导爆管网路。起爆雷管待网络联结检查合格、撤出人员后联结。

e. 爆破安全警戒与检查。放炮之前，人员及机械撤离到安全区，设置安全警戒哨。爆破之后，暂不要解除警戒，要到现场查看，发现哑炮应及时处理。

（3）光面爆破施工方法。

根据断面高度和边坡设计坡度等确定钻深，采用潜孔钻按设计坡比与竖孔一起钻好斜向孔。钻孔间距和装药密度等根据岩石的结构计算，现场试验加以调整。路堑爆破后马上进行光面爆破，然后用推土机配合挖掘机和自卸车进行清渣，同时采用挖掘机配液压锤对边坡进行修整，从而确保边坡顺直，为边坡防护工程创造条件。

光面爆破参数的设计如下：

1）最小抵抗线 $W=(7\sim20)D$，D 为钻孔直径。

2）炮孔间距 $a=(0.6\sim0.8)W$。

3）装药量 $Q=(0.12\sim2.1)L$，L 为光爆深度，装药量要在现场试验。

单孔装药量，用线装药密度 Q_X 表示，则 $Q_X=qaW$

q＝松动爆破单耗药量

在光爆孔装药时，使用小直径的药卷，沿钻孔深度间断绑在传爆线上。起爆采用塑料导爆管同时起爆。

路堑施工工艺流程见下图：

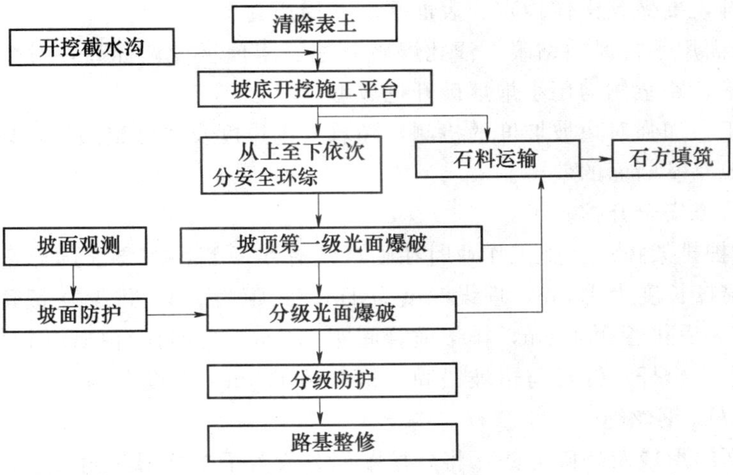

路堑施工工艺流程图

（4）爆破后的装运。石方爆破后，用挖掘机进行装车，自卸车运输至填筑地点。石方路堑的路床顶面标高要符合设计要求，高出的部分用人工辅以小爆破予以整平，超挖部分按监理工程师批准的材料进行回填并碾压密实稳定。

（5）路堑石方开挖施工措施。

1）施工前，将爆破器材的存放地点、数量、警卫、收发、安全措施及施工方案编制报告，并在爆破器进入工地28天前报监理工程师审批，同时将运入路线和时间报有关部门批准。

2）爆破作业人员必须经指定的部门培训，考试合格后持证上岗。

3）在确定的爆破危险区边界设置明显的标志，建立警戒线、警戒信号，在危险区入口或附近道路设置标志并派材专人看守，防止人、畜、公路设施等受到危害和损失。

4）对靠近房屋处的石方爆破要采取松动爆破，同时采取安全防护措施。采用炮被对炮眼进行覆盖防护，炮被用废旧的轮胎剪成条状，编织后用铁丝绑扎。炮被覆盖的方法是：在起爆山体的炮眼表面覆盖炮被，每块炮被四角用粗铁丝拽拉固定在稳定的物体上，防止飞石。

按照爆破作业安全要求，对爆破现场进行安全警戒，严禁爆破期间有行人或车辆进入爆破安全警戒范围。

5）爆破检查：爆破之后，暂不要解除警戒，要到现场查看，发现哑炮应及时处理。

6）对比较松软的岩石采用推土机裂土器、挖掘机松动开挖，对比较坚硬的岩石采用钻爆法施工。

7）为减小爆破对边坡的振动破坏，控制爆破大块率，便于装渣施工。路堑石方爆破主要采用硝铵炸药及乳化防水炸药，非电毫秒雷管进行毫秒微差爆破，同时适当调小炮孔孔距。爆破后大石块用手持风钻钻眼、爆破改小，装碴采用挖掘机挖装、自卸车运输至填方地段。

8）路堑边坡力求平顺光滑，无明显的局部凹凸差，边坡突出的个别欠挖部分，人工浅孔爆破凿除清理。边坡上出现的坑洼凹槽人工清除松动岩石，将基座凿平一定宽度的基座面后砌筑嵌补，要做到嵌体稳定、表面平顺、周边封严。

9）路基底面用手持风钻钻眼，浅孔爆破开挖、清理至设计标高，对个别凹凸不平处用级配碎石填平。路堑侧沟用小炮爆破开挖成型。

10）在施工中加强对边坡坡度的检测，随着开挖进度及时修整边坡，以免因边坡坡度控制不严而造成路基断面的偏差。

（6）路堑石方安全开挖施工。

1）双层防护排架搭设。施工作业时在临近既有线一侧，按要求选择适当位置钻孔埋设 $\phi32$ 地锚，锚杆长度为 1.5m，埋设深度为 1m，间距为 2m。排架立管套住地锚杆，纵向管距 1m，前、后排管距 40cm，排架横管间距 2.0m，内侧挂竹排，同时设剪刀撑、水平支撑杆。水平支撑杆设锚杆与边坡锚固，锚杆长 1.3m，埋设深为 1m，间、排距为 4m×4m，拉筋为 $\phi12$ 钢丝绳。

开挖作业面的形成及爆破方法：将开挖断面分成若干个梯形三角台阶，纵向从两端向中间控爆，横向台阶的工作面一般与线路方向形成 60°～70°夹角，以使最小抵抗线方向背离既有线方向。根据边坡设计要求，光爆地段采取间隔装药、微差爆破等方法进行施工。

2）炮位覆盖措施。

炮孔覆盖：购置废旧车胎编制柔性炮被覆盖于炮位上。这种覆盖材料有较高的强度、弹性和韧性，不易折断，并有一定的重量，不易被爆炸气浪抛起，而且这种材料可反复使用、易修补、经济实惠。要求胶皮炮被厚度不得小于 1cm，编织要严实，四面用钢丝扎紧加固。

土袋覆盖加压：在柔性炮被上方加压土袋，并对有可能出现危险滚石的地段加设钢丝绳网或布鲁克网防护，钢丝绳网或布鲁克网四周设锚杆拉紧。以防止滚石危及既有线行车安全。土袋均采用工地废弃水泥编织袋装土，严禁装石子，以免飞石伤人。

炮孔阻塞：炮孔阻塞长度应大于或等于最小抵抗线，阻塞材料采用沙土堵塞。

（7）施工安全防护措施。

1）防护排架在搭设过程中要设专职质检员亲临现场指导施工，并设专职安全员解决搭设过程中可能会出现的安全问题。当排架分段搭设完毕后要经技术负责人检查评定验收后方可投入使用。

2）防护排架任何一个断面的高度保证高出爆破作业面至少 3m。

3）堑坡顶部爆破边坡坡面形成后，按间距约 5m 设置揽风绳，揽风绳采用钢丝绳制作，并用 ϕ32 钢筋锚固于边坡坡面上。

4）在爆破施工现场按规定选择适当位置设置爆破标志牌。

5）炮位覆盖柔性炮被，上另压一层土袋，并对有可能出现滚石的地段加设钢丝绳网或布鲁克网防护。

6）为防止出现意外事故，爆破作业现场准备抢险接触网杆、钢钎、大铁锤等必备材料并在起爆之前组织足够的抢险人员待命。

7）为防止爆破作业过程中意外险情影响车辆运行安全，在施工爆破作业现场设防护人员，防护员配备一面红色信号旗，信号旗要求用塑料胶带粘接，在出现特殊意外险情时拦停车辆

8.1.5.2.3　路基填方施工

（1）在试验路段开工前 28 天，选择能代表整个合同段施工特点的 200m（××3＋150～××3＋350 全幅路基）作为试验路段，将用于试验路填筑的材料进行所需的各种试验。

（2）将试验结果以及试验路段施工方案、施工位置、设备及人员组织等报监理工程师审批。

（3）经监理工程师同意后，在所选定位置铺试验路，试验路分为填土试验路和土石混填试验路、填石试验路，做好试验路段各种原始数据的记录。

1）清理场地后的地面，当地面横坡为 1∶10 时，填筑前须碾压，横坡不陡于 1∶5 时，直接填筑；陡于 1∶5 时，将原地面挖成宽度不小于 2m 的台阶，以满足压实设备操作的需要。

2）用于填方的土不得含有腐殖土、树根、草根或其他有害物质，填方作业应分层进行摊铺，平地机整平、控制每层松铺厚度。

3）每层填料铺设的宽度，每侧超出路堤设计宽度 30～50cm，以保证刷坡后的路基边缘有足够的压实度。

4）填土路堤分层施工时，如其交接处不在同一时间填筑，则先填段应按 1∶1 坡度分层挖台阶，如两段同时施工，则应分层交叠，其搭接长度不得小于 2m。

5）路基填筑时，试验控制同步进行。

6）路基填土安排专人负责挂线、打石灰方格网控制填土施工。

（4）将试验路所得的压实系数、压实遍数、方法、施工现场的最佳含水量、碾压速

度、沉降差、各工序的组合形式、合理的机械配备方式等数据整理成文，报监理工程师批准，作为以后全面施工的依据。

8.1.5.2.3.1 填土路基施工

（1）清理场地后的地面横坡或纵坡不陡于1∶5时，可直接填筑路基；当地面横坡或纵坡陡于1∶5时，应将原地面挖成宽度不小于1m的台阶，台阶顶面做成2%～4%的内倾斜坡，并用小型机具加以夯实。砂类土可不挖台阶，但应将原地面以下20～30cm的土翻松压实。

（2）在处理好的原地面上布方格按路面平行线分层进土，分层填土，用推土机配合平地机平整，平整时应注意保持2%～4%的路基横坡，填筑宽度应超出设计宽度每侧50cm。每层填料摊铺的松铺厚度不大于30cm，填筑至路床顶面最后一层的最小压实厚度不应小于8cm，填土平整后进行碾压，碾压方法根据试验路成果控制。施工中控制填土含水量在最佳含水量的±2%范围内。不同的土质应分层填筑。路堤施工时在路基两侧用花杆挂线。

（3）当路基填土高度小于0.8m时，对于原地面清理挖除之后的土质基底，应将表面翻松30cm深，然后整平压实，其压实度应不小于96%。

（4）用透水性小的土填筑路堤时，压实时含水量应控制在最佳含水量的±2%范围内，以透水性较差的土填筑路堤上层时，不应覆盖在透水性好的土所填筑的下层边坡上。

（5）任何靠压实设备无法压碎的大块硬质材料，应予以清除或破碎，破碎后的硬质材料最大尺寸不超过层厚的2/3。

（6）若填土路堤分成几个作业段施工，其相邻交接处不在同一时间填筑时，则先填段应留台阶，如两段同时施工，则应分层相互交叠衔接，其搭接长度不小于2m。

8.1.5.2.3.2 填石路基施工

（1）在填石路堤开工前，填筑200m（全幅路基）的试验路，试验内容包括不同石料的压实方法、压实机具、压实度控制标准与检测方法，将成果报监理工程师批准后方可施工；

（2）石料分层填筑，分层压实，细料嵌缝。卸料后，用推土机摊铺，形成一个较密实平整表面，便于压路机工作。石料分层松铺厚度不大于50cm，强度不小于15MPa。

（3）石方爆破时，用小爆破的压渣爆破方法将开挖爆破后的石块尺寸尽量控制在规范要求的范围内，大于规范要求的用人工破碎或解炮处理。在填筑时，对于石块间的空隙用人工填塞，密实后进行碾压。

（4）压实时，首先用重型羊足碾碾压，使石块相互嵌压稳定。然后用18t以上的振动压路机压实，当压实层顶面稳定，不再下沉（无轮迹），则可判断为密实状态，经监理工程师检测合格后，进行上一层的填筑。严格遵照“卸上推下”“分层填筑”的方式施工。

（5）路床顶面以下80cm范围内填筑符合要求的土并分层压实，填料最大料径不得大于10cm。

（6）填石路堤边坡用粒径大于30cm的大块石码砌，石料强度不小于20MPa，在码砌时，不大面积平铺，石块彼此交错搭接、码砌，空隙用小石块等填塞密实。

（7）在填筑和压实过程中，如外侧码砌的石块有所松动，及时纠正。每填筑完一级后，及时修坡防护。在防护时，先将上层的松散石块清除掉。

（8）在雨季施工时，注意做好排水工作，路基顶面做成 2%～4%的横坡，做临时急流槽。对于被雨水掏空、冲刷的边坡，雨后及时填土夯实。

（9）在填筑过程中，不断总结、完善压实方式和检测方法，以指导以后的填石路基施工。

8.1.5.2.3.3　土石混填路基施工

（1）土石混合料填料中石料强度大于 20MPa 时，石块的最大粒径不得超过压实层厚的 2/3；石料强度小于 15MPa 时，最大粒径不得超过压实层厚。

（2）混合路堤不得采用倾填方法，应分层填筑、压实。

（3）当土石混合填料来自不同路段，其岩性或土石混合比相差较大合料铺于填筑层的下面，且石块不得过分集中或重叠，上面再铺含软质石料混合料，然后整平。

（4）土石混合填料中，当石料含量超 70%时，应先铺填大块石料，且大面向下，放置平稳，再铺小块石料、石渣或石屑嵌缝找平，然后碾压；当石料含量小于 70%时，土石可混合填铺，但应避免硬质石块（特别是尺寸大的石块）集中。

（5）土石路堤的路床顶面以下 30～50cm 范围内应填筑符合路床要求的土并分层压实，填料最大粒径不大于 10cm。

（6）土石路堤的压实度采用灌砂法或水袋法检测。其标准干容重应根据每一种填料的不同含石量的最大干容重作出标准干密度曲线，然后根据试坑挖取试样的含石量，从标准干容重曲线上查出对应的标准干密度。

（7）如几种填料混合填筑，则应从试坑挖取的试样中计算各种填料的比例，利用混合填料中几种填料的标准干容重曲线查得对应的标准干容重，用加权平均的计算方法，计算所挖试坑的标准干容重。

（8）土石混填的压实度标准，应在施工前作出不同比例的标准干密度曲线后确定，采用灌砂法或水袋法检测并符合规范的要求，并报监理工程师批准。

8.1.5.2.4　特殊路基施工

8.1.5.2.4.1　软土路基处理施工

沿线软土主要为淤泥质黏性土，呈软塑状态，厚度一般为 0.4～1.2m，最大厚度为 3m，其物理力学性质差，承载力低，不宜作路基持力层。施工中根据淤泥不洞的深度采取不同的施工方法，当软土厚度小于 3m 时采用第一种方案，其具体施工方法是采用挖机清除淤泥后换填合格的砂砾、片石和卵石，换填后的顶面标高应高于常水位标高；当软土厚度大于 3m 时采用打入碎石桩，桩顶铺设砂砾垫层，覆盖土工布的方式进行复合地基处理。

（1）本合同段软土地基主要表现为淤泥。全段共有开挖淤泥 335406m^3，在开挖前 7 天对其进行动力触探，确定清淤深度，并按触探点纵横向 5m 的间距绘制平面、纵断面图及作出回填材料试验等资料，报监理工程师审批方可开挖。施工通过水塘、水库、水沟等路堤，应进行围堰，然后抽水，再用挖掘机清除淤泥后随即进行回填砂砾土，淤泥由自卸车运弃于弃土场。砂砾土分层碾压，压实度达到设计要求。

本合同段大部分路基为水稻田路基或水塘。其主要施工方法为：

1）在筑路施工前在全路幅范围两侧先筑土埂，开挖临时排水沟将水引出（必要时抽除积水），排水疏干。

2）当地面水排除后，将淤泥杂物清理、清除，然后回填土，进行碾压，再行填筑路基。

3）跨越水稻田路基应确保农田灌溉不受影响，施工中当发现设计与农田灌溉要求不相适用时，应及时按程序提出变更设计。

4）施工时根据实际地质情况，或按设计要求增铺土工布和增设反压护道。

（2）碎石桩施工。

1）清理、平整场地至桩顶设计标高，布置桩位。

2）布置场内运输道路，设置排水沟等临时排水设施、料场、沉淀池、清水池等设施。

3）放线、定位：测量放线后吊车就位，徐徐吊起振冲器，使其悬定、竖直，距地面10～20cm，并让尖端对准桩位，检查水压、电压和振冲器电流。

4）造孔：开启高压清水泵，注入高压水，开启振冲器，振冲器在压力冲击作用和振动作用下竖直进入地层至设计深度。

5）清孔：造孔完毕后，将振冲器全部吊出后再对准孔位，保持竖直状态，贯入孔底，进行一次清孔排浆，记录清孔过程，并根据实际成孔排浆情况，确定清孔次数。

6）填料、振密、制桩：清孔完毕，控制室改用加密电流，并改变水压，采取连续填料，分段振密的制桩方法。将振冲器提离孔口1.0～1.5m，用装载机装载石料倾倒至接料器向孔内倒石料，每次填料数量视土质条件而定，一般每次填料高度为0.5～0.8m。待石料沉入孔底后，再缓慢下沉振冲器，振密孔底桩体，当振冲器工作电流达到规定的密实电流后，留振10～20s。循环上段工序，进行下一段桩体的压密工作直至孔口，则完成一根桩的制桩过程。

7）关机、停水，振冲器移位至下一桩位。

8）清沟排污：打桩过程中，施工现场安排人力清沟，保证排污网络畅通，避免泥浆漫淌，沉淀后的泥浆采用泥浆车出运至弃土场排放；做好场地整洁，文明施工。

9）填料记录：每根桩体的充盈系数$\beta=1.2\sim1.5$，施工过程中通过振冲器上配备的振冲碎石桩施工自动监控系统记录仪，对每段桩体的成孔电流、密实电流、填料量及留振时间等进行现场施工过程的实时跟踪记录，作为设计、监理部门质量签认的主要依据。每桩施工均填写施工记录表。

10）铺设碎石垫层：振冲碎石桩处理完成后，在桩顶上铺填30cm厚碎石垫层，全部处理范围均采用20t振动压路机重叠轮迹碾压至少二遍。

8.1.5.2.4.2 半挖半填地段施工

本合同段路基填挖变化频繁，尤其是半填半挖及填挖交界路基较多，交界处采用铺设土工格栅。

当地面横坡大于1∶5时，原地面应挖台阶，半填半挖路基和地面横坡大于1∶3时应在路床范围内铺设土工格栅，土工格栅的规格为抗拉强度≥50kN/m，土工格栅靠路堑一侧采用$\phi8$钢筋固定。土工格栅的铺筑面应先平整，铺筑层经验收合格后，为防纵向歪斜现象，先按幅宽在铺筑层划出白线或挂线后，方可开始铺筑，然后用铁钉固定格栅的端部

（每米宽用钉8根，均匀距离固定）。固定好格栅端部后，将格栅缓缓向前拉铺，每铺10m长进行人工拉紧和调直一次，直至一卷格栅铺完，再铺下一卷，操作同前。铺完一卷后用8t的压路机从起始点开始向前进方向碾压一遍即可。

在填挖交界段边坡高度3m处前5m范围内设置路堑边坡渐变段，完成路侧安全区和路堤护坡道的渐变，同时护栏利用该路段设置外展式端头。路基纵向横向填挖交界处，若地下水，裂隙水较发育，应在路床底部填挖交界处位置设置碎石渗沟。

8.1.5.2.4.3　高填方路堤施工

（1）高填方路堤开始前先做好原地面的清理工作，重点是控制填料粒径、分层厚度和压实三个环节。石料最大粒径在96区以上不超过10cm，在94区以下不超过层厚的2/3。碾压分层厚度96区控制在30cm以内，94区以下控制在30～40cm。高填方路堤的基底按照设计要求和承压强度用重型压路机进行压实，压实度不小于设计要求。当地基松软仅依靠对原土压实不能满足设计要求的承载力强度时，进行地基改善加固处理，以达到设计要求。

（2）高填方路堤的基底处于陡峭山坡上或谷底时，按规范规定挖台阶处理，并严格分层填筑和压实，场地较宽时，采用重型振动压路机或振动夯进行压实达到设计要求。

（3）高填方路堤分层填筑时，按照路堤高度和边坡坡度将该层的路堤宽度（包括加宽量）填足。

（4）高填方路堤的分层压实、松铺厚度、填筑材料和压实机具，压实检验方法与一般填方相同。

（5）高路堤处理：高填方路堤，上部高度8m以内边坡坡率采用1∶1.5，下部高度12m以内采用1∶1.75，20m以上边坡一般按1∶2边坡坡比设计，在边坡高度为20m处设置2.0m宽的路堤平台，且在变坡点的位置，分层铺设土工格栅，减少路堤的沉降。

8.1.5.2.4.4　深挖路堑施工

1. 土方路堑的开挖

已开挖的适用于种植草皮或其他用途的表土应集中堆放储存于弃土场范围内或路基红线内路基边坡以外。土方开挖应自上而下的进行，不得乱挖、超挖，严禁掏洞取土。

（1）准确放出开挖线，清理表土。做好截水及临时排水，并与永久排水设施相结合，使施工场地始终处于良好的排水状态。

（2）深挖方路堑土方开挖，采用挖掘机配合自卸车装运，把合格的土料直接进行填方地段填筑路基，不合格的土方弃至弃碴场。当设计挖高≤5m时采用单层横向全宽挖掘法施工；当设计挖高大于5m时采用自上而下分层横向全宽挖掘法施工，分层厚度一般为3～4m，应考虑设计图边坡台阶高度。不得超挖、乱挖，不挠动边坡及影响边坡稳定。

（3）深挖方路堑开挖时如发现土层性质有变化，及时通知试验人员取土进行相关的试验检测。修改开挖方案并报项目工程管理部及监理组同意后再行组织施工。

（4）深挖方路堑挖土方路段施工加强测量监控，严格控制边坡率，边开挖边修整、防护，防止雨水冲刷而影响边坡的稳定性。

（5）雨季开挖路堑时，每层底面留设2%～4%的纵坡便于排水。挖方边坡面及路基顶面预留30cm厚，待雨季后边坡用人工整修到设计要求，路基顶面用挖掘机挖到路槽标高后，翻松路槽以下30cm，碾压至压实度≥96%，弯沉检测符合设计规范要求。

2. 石方路堑开挖

(1) 准确放出边桩，并标出开挖线，砌筑截水沟并与填方路段临时排水沟相连。

(2) 爆破施工前，根据现场地形、地质以及挖深制订出切实可行的爆破方案，送监理工程师和当地主管部门审批。

(3) 爆破方案：路堑石方梯段松动控制爆破。

1) 开挖深度大于5m，且石方数量较大的爆破地段，采用潜孔钻机钻孔；开挖深度小于5m，且石方数量较小的爆破地段，采用风钻钻孔。并实施梯段松动控制爆破。

2) 为提高破碎效果，降低大块率，并降低爆破震动效应，采用宽孔距、小排距梅花形布孔，并采用导爆管毫秒雷管实施逐排微差挤压爆破。

3) 为确保基底平整坚实，不论采用潜孔钻机还是风钻钻孔进行爆破，到最底层2.0m时，均用风钻钻孔进行爆破，并严格控制钻孔深度和孔底标高，适当缩小孔距和排距，采用逐排微差起爆方法。

(4) 清理表层覆盖土及危石，根据爆破方案在地面上准确放出炮眼位置，竖立标牌，标明孔号、深度及装药量。

(5) 检查边坡的稳定性及坡度，防止超欠挖，适时整修边坡和清理危石和松动石块，保持边坡稳定及坡面平顺。

(6) 当开挖到路堑底时，按基床设计面放样，开挖修整，高出部分辅以人工凿平，超挖部分按监理工程师批准的材料回填并碾压密实。

3. 深挖方路堑边坡监测

××5+815～××5+835段、××5+890～××5+910段为深挖路基，中心最大填挖高度为11.6m和19.7m，最大边坡高度为30.6m和30.4m。深挖方路堑以分层开挖、控制爆破、防护紧跟、动态观测为准则组织施工。

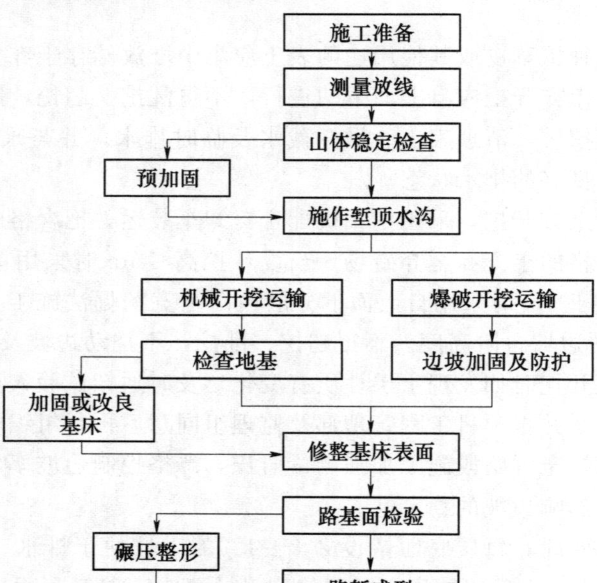

路基开挖施工工艺框图

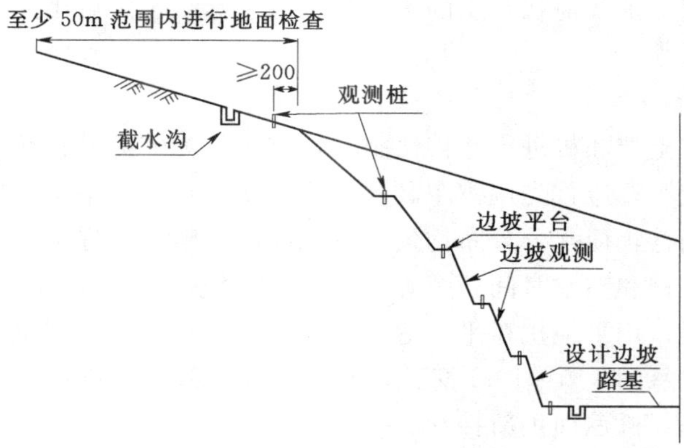

深挖方路堑观测桩横断面布置示意图

8.1.5.2.4.5　路床施工

路床面以下 50cm 范围内的填料，应选用液限不大于 40、塑性指数不大于 16CBR 大于 8%、填料最大粒径小于 10cm 的黏性土，精加工层应用平地机仔细进行平整，表面高程、平整度、横坡度、平面位置和线型应符合规范要求。施工中应严格控制其含水量，及时进行碾压，其压实度应达到 95%，并进行路基弯沉值检测。

8.1.5.2.4.6　路基改良土施工

本合同段××2+000～××6+795、××8+095～××9+000 上路堤路床采用 5%石灰掺配土改良处理。拟采用路拌法施工。

施工步骤：摊铺平整土→检测土的含水量→掺灰→拌匀→灰剂量检测→检验合格后平整碾压→检测压实度→养生→下层施工

1. 材料要求

土、灰除满足规范要求外，在施工中控制要点为：

（1）石灰应符合Ⅲ级以上标准，石灰在使用前 10 天充分消解。

（2）消石灰存放时间宜控制在 2 个月以内。

（3）一个作业段内采用土质相同的土（击实标准和灰剂量相同），以便对压实度进行准确控制。

2. 准备下承层

（1）石灰土施工前，应对上路床顶严格验收，验收内容包括压实度、宽度、标高、横坡度、平整度等项目。

（2）按要求设置路面施工控制桩。

3. 备土、铺灰

（1）备土：按照松铺厚度将土摊铺均匀一致，有利于机械化施工。铺土后，先用推土机大致推平，然后放样用平地机整平，清余补缺，保证厚度一致，表面平整。

（2）备灰、铺灰：备灰前，用压路机对铺开的松土碾压 1～2 遍，保证备灰时不产生大的车辙，严禁重车在作业段内调头。备灰前根据灰剂量、不同含水量情况下的石灰松方干容重及石灰土最大干容重计算每平方米的石灰用量。备灰前事先在灰条位置标出两条灰线，以确保灰条顺直。铺灰前在灰土的边沿打出格子标线，然后用人工将石灰均匀地铺撒在标线范围内。

4. 拌和

采用专用的稳定土拌和机进行路拌法施工，铧犁作为辅助设备配合翻拌。

(1) 土的含水量小，应首先用铧犁翻拌一遍，使石灰置于中，下层，然后洒水补充水分，并用铧犁继续翻拌，使水分分布均匀。考虑拌和，整平过程中的水分损失，含水量适当大些（根据气候及拌和整平时间长短确定），土的含水量过大，用铧犁进行翻拌晾晒。

(2) 水分合适后，用平地机粗平一遍，然后用灰土拌和机拌和第一遍。拌和时要指派专人跟机进行挖验，每间隔 5～10m 挖验一处，检查拌和是否到底。对于拌和不到底的段落，及时提醒拌和机司机返回重新拌和。

(3) 桥头两端在备土时应留出 2m 空间，将土摊入附近，拌和时先横向拌和两个单程，再进行纵向拌和，以确保桥头处灰土拌和均匀。第二遍拌和前，宜用平地机粗平一遍，然后进行第二遍拌和。若土的塑性指数高，土块不易拌碎，应增加拌和遍数，并注意下一次拌和前要对已拌和过的灰土进行粗平和压实，然后拌和，以达到拌和均匀，满足规范要求为准。压实的密度越大，对土块的破碎效果愈好，采用此法可达到事半功倍的目的，否则即使再多增加拌和遍数也收效甚微。拌和时拌和机各行程间的搭接宽度不小于 10cm。

5. 整平

用平地机，结合少量人工整平。

(1) 灰土拌和符合要求后，用平地机粗平一遍，消除拌和产生的土坎、波浪、沟槽等，使表面大致平整。

(2) 用振动压路机或轮胎压路机稳压 1～2 遍。

(3) 利用控制桩用水准仪或挂线放样，石灰粉作出标记，样点分布密度视平地机司机水平确定。

(4) 平地机由外侧起向内侧进行刮平。

(5) 重复 (3) ～ (4) 步骤直至标高和平整度满足要求为止。灰土接头、桥头、边沿等平地机无法正常作业的地方，应由人工完成清理、平整工作。

(6) 整平时多余的灰土不准废弃于边坡上。

6. 碾压

碾压采用振动式压路机和 15～18t 三轮静态压路机联合完成。

整平完成后，先用振动压路机由路两侧向路中心碾压。碾压时后轮应重叠 1/2 轮宽，一般碾压 4～5 遍，压路机的碾压速度，头两遍以采用 1.5～1.7 公里/小时，以后用 2.0～2.5 公里/小时，至无明显轮迹，总之，碾压时遵循“由边到中，先轻后重，由慢到快”的原则。

7. 检验

(1) 试验员应盯在施工现场，完成碾压遍数后，立即取样检验压实度（要及时拿出试验结果），压实不足要立即补压，直到满足压实要求为止。

(2) 成型后的两日内完成平整度、标高、横坡度、宽度、厚度检验，检验不合格要求采取措施予以处理。

8. 接头处理

碾压完毕的石灰土的端头应立即将拌和不均，或标高误差大，或平整度不好的部分挂线重直切除，保持接头处顺直、整齐，下一作业段与之衔接处，铺土及拌和应空出 2m，待整平时再按松铺厚度整平。

桥头处也按上述方法处理，铺土及拌和应空出 2m，先横拌 2 遍再纵拌，待整平时再按松铺厚度整平。

9. 养生

不能及时覆盖上层结构层的灰土，养生期不少于 7 天，采用洒水养生法，养生期间要保持灰土表面经常湿润。养生期内应封闭交通，除洒水车外禁止一切车辆通行。灰土完成后经验收合格，即可进行下道工序施工。

8.1.5.2.4.7　台背回填施工

（1）涵洞两侧与顶部、台背回填分层填筑压实，按照规范要求分层检查，每点都必须合格，密实度≥96%，防止台背跳车。

（2）涵洞两侧的回填与压实和桥台背后与锥坡的填土与压实对称或同时进行。

（3）涵洞或桥台的台背回填材料按设计要求，选用透水性良好的砂性土进行填筑，压实采用小型冲击打夯机夯实，每层填土厚度≤15cm，但涵顶填土先用轻路滚分层压实，当填土厚度达到 1.0m 以上时，再用重滚压实。

8.2　桥梁工程

8.2.1　工程概况

本合同段，桥涵工程主要有××7+543.251 分离式立体交叉一座，结构形式为 3m×20m 跨后张预应力空心板梁桥；××2+075××中桥一座，结构形式为 3m×20m 跨后张预应力空心板梁桥；××8+062××高架桥一座，结构形式为 3m×20m 跨后预应力空心板梁。桥梁施工严格按照《公路桥涵施工技术规范》（JIJ041—2000）执行。

桥 梁 一 览 表

编号	起　止	桥　名	孔数—跨径/(m×m)	桥梁长/m	上部结构类型	下部结构类型
1	××2+042.58～××2+107.42	××中桥	3×20	64.84	预应力混凝土连续空心板	柱式墩、桩基础、柱式台、桩基础
2	××7+510.831～××7+575.671	××分离式立体交叉	3×20	64.84	预应力混凝土连续空心板	柱式墩、桩基础、柱式台、肋板台、桩基础
3	××7+979.56～××8+144.44	××高架桥	8×20	164.88	预应力混凝土连续空心板	柱式墩、桩基础、柱式台、桩基础

8.2.2　工程特点

工期紧、任务重。

8.2.3　工程地质情况

桥位区处属于丘陵谷地地貌，地形起伏变化不大，中部分布溪流低阶地地层，桥梁各墩地面高差不大。桥址区分布地层主要分布第四系全新统填筑土、粉质黏土、细砂、燕山期花岗岩。

8.2.4 总体施工进度与安排

本合同段把预制梁片放在预制场集中预制供应，为保证工期使应优先进行××中桥、××分离式立体交叉、××高架桥的基础及下部构造施工，以保证这几座桥梁上部构造尽早完成，为拉通全线路基创造条件。

8.2.5 分部分项工程施工组织及施工进度计划

8.2.5.1 桥梁下部

桥梁下部：2011.5.6—2011.9.25。

8.2.5.2 梁体预制与安装

梁体预制与安装：2011.10.10—2012.7.1。

8.2.5.3 现浇箱梁或T梁

8.2.5.4 桥面系

桥面系：2011.11.10—2011.7.10。

8.2.5.5 桥梁附属工程

桥梁附属工程：2011.11.15—2012.7.20。

8.2.6 施工方案及方法

8.2.6.1 施工总体方案和方法

桥涵施工以先地下后地上的原则，先桩基础，后桥墩梁体，最后是桥面工程。施工中以预制空心板、桩基础施工为重点，下部结构工程紧跟配套，为使工程尽早成型，施工中按交叉、平行、流水作业施工。

8.2.6.2 分项工程施工方案和方法

8.2.6.2.1 施工准备

测量定位：对桥梁中心线在开工之前，应进行施工放样，并报监理工程师检查批准，施工工程中对所有的测量进行记录，测量完成后测量记录及成果资料提交监理工程师审查后认可，作为原始记录保存。

在开工前对桥梁所需用的材料送中心试验室或监理工程师认可的试验室，进行复测，并将上述复试成果报请监理工程师审批。

8.2.6.2.2 基础施工

1. 桥台扩大基础施工

扩大基础尽量安排在旱季施工，首先应做好施工准备，在基坑四周适当距离设截水沟，防止地表水流入坑内冲刷坑壁，造成塌方。基坑顶应留有护道，静载距坑缘不少于0.5m，动载路坑缘不少于1.0m。同时进行地表清理工作。然后测量放线，进行基础开挖。石质基础，采用人工手持风钻打眼，松动爆破，基坑较深时采用卷扬机提升；土质基础采用人工开挖。若施工便道能达到基坑位置时，采用反铲挖装，自卸汽车运输。土质边坡坡比控制在1∶1，石质边坡坡比控制在1∶0.5；基坑施工不可延续时间过长，自基坑开挖至基础完成，应连续施工。爆破或机械开挖至接近坑底标高时应保留不少于30cm的保护层，最后由人工清挖修整至基底设计标高。

采用组合钢模板，混凝土由自动计量搅拌站拌和，混凝土输送泵泵送入模。

2. 桥墩挖孔桩施工

施工准备→测量定位→搭设雨棚和安装提升设备→桩位放线→人工开挖→外运弃渣→护壁跟进（此前三个工序循环进行）→成孔检查→安装钢筋笼、导管→检查签证→灌注桩体混凝土

具体施工方法如下：

（1）施工准备。

平整场地，清除松软的土层并夯实，施测桩孔准确位置，设置护桩并经常校核，孔口四周挖排水沟，做好排水系统，在开挖桩的孔口搭设雨棚，安装好提升设备，布置好出渣道路，合理堆放材料和机具，使其不致增加孔壁压力影响施工。第一节护壁混凝土长1.3m，高出自然地面0.3m，并在其周围填土成坡状，以防止下雨时地表水的渗入和土、石等杂物落入孔内伤人，根据水文地质条件配置排水设备。

（2）施工方案及安排。

1）设备配置。

挖孔桩提升动力设备为1t的卷扬机。施工中在桩孔位置搭设由角钢焊接而成支撑架，在支撑架上安装铁辘轳，并将其与电动卷扬机连接，形成完整的提升设备，以提升弃渣。挖掘设备主要为铁锹、羊镐和风镐。

2）测量控制。

挖孔作业必须随时处于受控状态，以免开孔空间几何尺寸超差造成质量事故。桩位轴线采取地面基线十字网控制，高程水准点由控制水准点基点引至护壁顶面。施工过程中由专职技术人员经常检查桩位、孔深、垂直度和截面尺寸，发现问题，及时处理。

3）挖孔。

根据本工程地质结构情况，当开挖表层种植土、填筑土及亚黏土时宜采用羊镐、铁锹等工具，当开挖至砂岩或板岩层时，则采用风镐施工。开挖时，应确保成孔垂直，扣除护壁厚度后的有效孔径不得小于设计要求。根据孔内渗水情况可采取吊桶或潜水泵排除孔内渗水，保证挖掘工作正常进行。

挖孔过程中，若孔内岩石必须爆破时，应采用浅眼爆破法，严格控制炸药用量，并在炮眼附近加强支撑和护壁，防止震塌孔壁。当桩底进入倾斜岩层时，桩底应凿成水平状或台阶形。孔内经爆破后，应先通风排烟，经检查无毒气后，施工人员方可下井继续作业。工艺要求：控制孔壁衬砌，以增加桩的摩擦力；桩孔误差平面位置不大于50mm，倾斜度不超过1%，孔径、孔深要符合设计要求；为防止坍孔支扩要及时，挖孔及支撑护壁两道工序连续作业。

对需要爆破的桩孔岩石，为提高生产效率，确保施工安全，采用导爆索起爆，并设置上下方便的设施。炮眼数目、位置、斜插方向，按岩层结构进行爆破设计，严禁裸露药包：严格控制用药量，以松动为主，避免瞎炮。炮眼附近的支撑要加固或设保护措施。一个孔内进行爆破作业，其他孔内的施工人员也要到安全处躲避。放炮后用高压风管迅速进行排烟、除尘后，再进入孔内施工，在开挖过程中随时注意用高压管注气，以防氧气不足危害作业人员。

开挖过程中要经常检查护桩位置和桩孔孔径、倾斜度，要根据每天挖掘进度和地质剖面及时填写挖孔记录。每开挖一段深度后，及时浇注混凝土护壁，护壁采用内齿形，不浸入桩孔。开挖过程中进入弱风化岩层时，及时报请监理工程师检验并做好记录，以便将来判定桩孔准确入岩深度。如果开挖过程中地质情况与设计不符或挖至设计孔底标高时未能满足设计。

4）护壁。

护壁采用钢筋混凝土结构，混凝土浇筑采用钢模板施工，模板高1m，浇筑混凝土时，拆上节、支下节，自上而下周转使用。每次浇筑，护壁混凝土高1m，内设Φ6钢筋网@150，混凝土采用混凝土工厂的自拌混凝土，用吊桶运输人工浇筑捣实，护壁混凝土采用C20。

5）终孔检查。

挖孔达到设计要求后，即进行孔底处理，要求做到平整，无松渣、淤泥等软层，嵌微风化岩层的深度不少于500mm，并作相应桩底扩孔处理。自检合格后，应请监理工程师进行检查、签认。

6）钢筋笼的制作与安装。

a. 按成孔的实际桩长来决定钢筋的下料，依桩的长度来确定分段制作的长度，钢筋笼在钢筋车间加工成型，用平板车运至墩位处安装。

b. 依设计图纸的规定，先制作摆放相应的加劲筋，然后按设计的根数布置主筋。排列好后将主筋按规定间距焊于加劲筋上，再绑扎或焊接箍筋。主筋接头按规范要求上下错开。

c. 成孔验收第一次清孔后，利用吊机将钢筋笼分节吊入孔内安装接长。钢筋笼分节制作安装，每下一节即用钢管或型钢固定，再用吊机吊另一节进行对接，段间接头用帮条焊焊接。在钢筋笼外侧绑扎混凝土垫块以保证保护层的厚度。吊放钢筋笼入桩孔时，始终保持钢筋笼居中均匀下落。钢筋笼吊装到位后，采用三根钢筋吊杆将钢筋笼吊挂并固定于护筒上。

7）浇注桩身混凝土（桩基混凝土灌注采用导管法灌注）。

在浇筑混凝土前首先探明从孔底或孔壁渗入的地下水的上升速度。

a. 地下水上升速度小于6mm/min时，可采用导管进行常规的空气中浇筑混凝土。混凝土坍落度宜为7～9cm，灌注混凝土的速度应尽可能加快，使混凝土对孔壁的压力尽快地大于渗水压力，防水渗入孔内，混凝土浇至设计桩顶后应及时清除水泥浮浆。

b. 地下水上升速度大于6mm/min时，应视为有水桩，应按灌注水下混凝土的工艺进行浇筑。

（a）干孔。当孔底及附近孔壁渗入的地下水的上升速度较小、孔内水量小时，可以采用普通混凝土的浇注方法实施，混凝土采用普通C25混凝土，坍落度为70～90mm，考虑泵送时按要求增加。采用导管或串筒引导混凝土自由下落，导管或串筒应对准孔中心，开始灌注时，孔底积水深不宜超过5cm，桩顶或承台、连系梁底部3m以下灌注的混凝土，可依靠自由坠落捣实，不必再用人工捣实，在此线以上灌注的混凝土应以振捣器捣实。

（b）湿孔。当孔底渗入的地下水上升速度较大、孔内水量较大时，干孔浇注实施困难时，视为有水桩，采用导管法灌注水下C25混凝土，导管采用直径为ϕ250mm或ϕ300mm卡扣式导管，导管初次进场使用前要进行水密性试验，合格后方可投入使用。准备工作完成后，进行剪球，下放首批混凝土，首批混凝土方量必须满足导管埋置深度≥1.0m的要求，应注意导管埋深控制在2～6m，防止导管进水或埋管，同时注意导管在孔内的位置，应使其居中，避免卡管和钢筋笼上浮现象的发生。混凝土灌注顶面标高一般控制在高于设计标高50cm以上。

8）破除桩头、成桩检验。混凝土强度符合要求后，用风镐等将桩头完全破除至桩顶设计标高，经检合格后可以进行下一道工序的施工。

9）安全技术措施。设专职安全员一名，经常检查工地安全，放炮时有专人指挥，并按照本合同编制的《安全生产“三项制度”》执行。挖孔工人必须配有安全帽、安全绳，必要时应搭设掩体，取渣用的吊桶、吊钩、钢丝绳、卷扬机等应经常检查，挖孔过程中经常检查孔内二氧化碳含量，如超过0.3%或孔深过10m时，则应采用机械通风。暂停挖孔时，孔口必须罩盖，井孔应安设可靠的安全梯，以便于施工人员上下。

挖孔时如有水渗入，应及时支护孔壁，防止水在孔壁浸泡流淌造成坍孔，渗水应设法排除；桩孔挖掘和支撑护壁两道工序必须连续作业，不宜中途停顿，以防坍孔；

挖孔时应注意施工安全。挖孔工人必须配有安全帽、安全绳，必要时搭设掩体。取出土渣的吊桶、吊钩、钢丝绳、卷扬机等机具，必须经常检查。井口周围须用木料、型钢或混凝土制成框架或围圈予以围护，井口围护应高于地面20～30cm，以防止土、石、杂物滚入孔内伤人。应随时注意孔内的空气质量，必要时及时用机械通风。

孔内爆破施工，要求采用电雷管引爆，方便操作人员迅速撤离现场；必须打眼放炮，严禁裸露药包，软岩体炮眼深度不超过80cm，硬岩石炮眼深度不超过50cm；严格控制用药量，以松动为主，一般中间炮眼装硝铵炸药1/2节，边眼装药1/3～1/4节；有水眼孔要用防水炸药，尽量避免瞎炮，如有瞎炮要按安全规程处理；孔内放炮后须迅速排烟，可采用铁桶生火放入孔底，促进空气对流，或用高压风管或电动鼓风机放入孔底吹风等措施；一个孔内进行爆破作业，其他孔内的施工人员也必须地面安全处躲避。

10）成孔及成桩质量要求。成孔、成桩的质量要求，按现行《公路桥涵施工技术规范》及《公路工程质量检验评定标准》的有关规定执行。

3. 钻孔灌注桩施工

钻孔灌注桩施工工艺如下：

钻孔灌注桩的施工顺序为：平整场地→初步放样→恢复定线→护筒埋设→钻孔→成孔检测清孔→下钢筋笼→下导管→混凝土浇筑→成桩检测→破桩头。

（1）平整场地：施工前先排水、修路、清除桩基位置的淤泥，换填山皮土并刮平压实，使施工机具顺利进出，能保证钻机在施工中平稳。

（2）初步放样：根据设计提供的导线点（经导线复测闭合后）进行桩位放样，打木桩做好标记。

（3）护筒埋设，恢复定线：护筒埋设是重要一环，起到定位、导向，靠筒内水位和泥浆比重使孔内水压大于外部水压，防止塌孔，护筒内径比桩经大300mm，护筒高度宜高出地面0.3m，护筒埋置深度宜为2m。护筒中心竖直线应与桩中心线重合，平面允许误差

50mm，竖直线倾斜不大于1%，护筒顶部焊加强筋和吊耳，开出水口，钻进过程中要经常检查是否发生偏移和下沉，并及时纠正。

（4）钻孔：中心复测，检查合格后开钻，否则进行钻机调整。

（5）成孔检测：成孔检测一般包括孔的中心位置、倾斜度、钻孔底标高、深度、直径、护筒顶标高等，成孔深度采用测绳检测，垂直度和孔径采用检孔器检测，孔的中心位置应在±50mm范围内，孔径大于设计桩径，倾斜度小于1%，不大于最大容许偏差，孔深比设计值超深不不小于50mm。只有成孔检测合格后才可清孔。清孔方法采用有换浆。

（6）钢筋笼的制造和安放。

1）钢筋笼的制造：为保证钢筋笼安装的垂直度和安装效率，采用平地整体胎膜长线法制造。钢筋笼的制造除满足设计要求外，按照设计要求在骨架处设置控制保护层厚度的混凝土垫块和定位钢筋，并在骨架顶端设吊环。

2）钢筋笼的安放：整个桩采用两段钢筋笼，在孔口进行连接，接头错开1m。骨架下放时注意防止碰撞孔壁，放至孔内设计标高后将骨架吊环挂在孔口，并临时与护筒口焊接牢固。

（7）检测管安装。根据设计要求以及施工技术规范对称布置检测管，检测钢管紧贴钢筋笼内壁，采用绑扎铁丝的办法固定检查钢管。

（8）下导管、混凝土的配制。

1）下导管：吊装时导管应位于井孔中央，并应在灌注混凝土前进行承压、密水和抗拉拔试验，应使位置居中，轴线顺直，稳步沉放，防止卡挂钢筋骨架和孔壁碰撞，导管下口到孔底的距离一般控制为25～40cm。导管上口设置隔水装置和储料斗，储料斗口中盖钢扳，挂细钢丝，灌注时用吊车吊出。

2）混凝土的灌注：在混凝土灌注之前进行第二次清孔，同时检查孔底存渣厚度，混凝土配制要有良好的和易性，运输和灌注过程中无显著离析、泌水现象，保持足够的流动性。混凝土浇筑要高出设计标高80cm以上以保证混凝土强度。

（9）成桩检测：混凝土强度达到设计要求后可做桩基无破损检测。

（10）破桩头：用汽镐或人工进行，直至设计高程，要保持钢筋的完整，桩顶基本平整、干净。

8.2.6.2.3 承台施工

1. 围堰的选择

（1）位于旱地，可直接采用明挖基坑形式，为了减少开挖量，可采用木板加固围堰，边挖边支护，如基坑有地下水，将水抽干，平整夯实后浇筑15cm厚C15混凝土垫层作为底模、安装侧面模板，浇注承台混凝土。

（2）对于承台底标高位于河塘水中，可采用木桩围堰或草袋围堰，抽干水，垫土夯实，浇筑15cm厚C15混凝土垫层作为底模，以下施工同干处浇灌承台混凝土。

2. 开挖基坑

（1）采用挖掘机开挖，人工配合。机械开挖至基底设计标高以上20～30cm时停止作业，由人工开挖至设计标高，严禁对基底土进行扰动，破坏土壤结构。基坑的开挖尺寸要求，根据承台（系梁）或基础的尺寸，支模及操作的要求，设置排水沟及集水坑的需要等因素进行确定。基坑开挖完成后首先进行地质鉴定和承载力检验，合格后及时通知监理工程师进行验收。勿使基坑暴露过久而受到水的浸泡。遇到岩石地段采用爆破施工，人工整修。

（2）基坑的开挖坡度以保证边坡的稳定为原则，根据地质条件，开挖深度，现场的具体情况确定，当基坑壁坡不易稳定或放坡开挖受场地限制，或放坡开挖工作量较大时，可按具体情况采取加固坑壁措施，如挡板支撑，混凝土护壁，钢板桩，锚杆支护等。

（3）基坑顶面设置防止地面水流入基坑的截水沟。

（4）当基坑地下水采用普通排水方法难以解决，可采用井点降水，井点类型根据其土层的渗透系数，降水的深度及工程的特点进行确定。

3. 承台（系梁）基础底的处理

当基底层土质有足够的承载力，又无地下水或能排干时，检查合格后立即支立模板，模板采用组合钢模板。可按天然地基上修筑基础的施工方法进行施工。当承台底层土质为松软土，且能排干水施工时，可挖除松软土，换填10～30cm厚砂砾土垫层，使其符合基底的设计高并整平，即立模灌筑承台混凝土。如不能排干水时，用静水挖泥方法换填水稳性材料，立模灌筑水下混凝土封底后，再抽干水灌筑承台混凝土。

4. 模板及钢筋

在设置模板前按前述做好承台底的处理，破除桩头，调整桩顶钢筋，作好喇叭口。模板采用整体钢模，纵、横楞木采用型钢，在施工前必须进行详细的模板设计，以保证模板有足够的强度、刚度和稳定性，能可靠的承受施工过程中可能产生的各项荷载，保证结构各部形状、尺寸的准确。模板要求平整，接缝严密，拆装容易，操作方便。一般先拼成若干大块，再由吊车或浮吊（水中）安装就位，支撑牢固。钢筋的制作严格按技术规范及设计图纸的要求进行，墩身的预埋钢筋位置要准确、牢固。

5. 混凝土的浇筑

（1）混凝土的配制要满足技术规范及设计图纸的要求外，还要满足施工的要求。如泵送对坍落度的要求。为改善混凝土的性能，根据具体情况掺加合适的混凝土外加剂。如减水剂、缓凝剂等。

（2）混凝土的拌和采用拌和站集中拌和，混凝土灌车运输到浇注位置。采用流槽、漏斗或泵车浇筑。

（3）基础混凝土浇筑采用水平分层法施工，每层浇注厚度不大于30cm，振捣器振捣插入要快，拔出混凝土的速度要慢，以免产生空洞，振捣器垂直插入混凝土内，并要插至前一层混凝土5～10cm，以保证新浇混凝土与先浇混凝土结合良好，振捣时应尽可能避免与模板、钢筋及预埋件相接触，振捣充分，一般以振动到混凝土不再下沉，不出现大量气泡，表面摊平且开始泛浆为度，防止漏振、欠振和过振，务必使混凝土表面无蜂窝麻面、混凝土达到内实外美的标准。

6. 混凝土养生和拆模

混凝土浇筑后要适时进行养生，尤其是体积较大，气温较高时要特别注意，防止混凝土开裂。混凝土强度达到拆模要求后再进行拆模。在基础脱模后及早进行基坑回填。回填土要分层回填，分层夯实，基坑四周同步进行。若基坑内有积水时，需将积水排出，清淤后再回填。在钻孔桩施工结束并经检测合格后，用挖掘机开挖基坑，如边坡不稳，则以简易板桩进行临时支护。机械开挖至桩顶标高以上15cm左右时，必用人工挖土整平，凿除桩头预留混凝土并整平基底，经监理工程师检查合格后，进行承台施工。

（1）模板：采用自制大块钢模，钢模接缝采用公母榫，并贴加密防止混凝土漏浆。

（2）钢筋：钢筋在预制厂钢筋加工棚加工，现场绑扎。

（3）模板支撑：钢筋绑扎后在钢筋笼上设置内撑，模板外侧采用钢管斜撑和钢丝绳控制模板垂直度。

（4）混凝土浇筑：混凝土采用自动计量拌和站拌和，混凝土运输车运输，采用分层浇注，每层浇注厚度为50cm，根据地形条件，混凝土入模采用溜槽、吊车配合吊斗以及混凝土输送泵的方法，混凝土采用振动棒振捣，振捣时间、范围以及插入深度满足桥涵施工技术规范要求。

（5）混凝土采用洒水覆盖养生。

8.2.6.2.4 墩（台）身施工

1. 桥台台身施工

采用特制钢模板，模板上、下及环向均采用螺栓连接，现场拼装。

满堂支架根据所承受的荷载来进行设计，搭设外架及部分内架，按系梁的多少分次搭设，从桩基至系梁顶面为一施工阶段，系梁顶至系梁顶面为一施工阶段，系梁顶面至盖梁顶面为一施工阶段，每个施工阶段均一次性立模，一次性灌注混凝土。对外架的搭设要进行合理的组织安排，充分利用设备、人员的配置，内架的搭设主要在墩柱施工完后进行。

墩身钢筋的下料和制作在预制场内进行，然后运至现场安装，钢筋制作严格按施工技术规范的有关规定执行，并注意钢筋的预留。

在桥梁预制厂内设混凝土自动计量拌和站，采用混凝土灌车运输，混凝土输送泵泵送入模，插入式捣固器振捣。

（1）钢筋混凝土墩台施工要点：

1）施工前在基础顶面放出墩台中线和内外轮廓线的准确位置。

2）现浇混凝土墩台钢筋的绑扎与混凝土的浇筑配合进行，在配置垂直方向的钢筋时应有不同的长度，以便同一断面上的钢筋混凝土接头符合现行规范的规定，水平钢筋的接头也应内外、上下相互错开。

3）混凝土的浇筑速度要符合要求，并应连续进行，以保证整体性。

4）在混凝土浇筑的过程中，随时观察所设置的预埋件、预留孔等的位置，若发现位移及时校正。

5）在混凝土浇筑的过程中，注意模板、支架情况，如有变形或沉陷立即校对并加固。

6）浇筑完成后，要注意养护；强度达到规范要求后报监理，许可后拆模。

7）施工中不得已需留施工缝时要注意墩、柱的施工缝位置距墩、桩顶部的距离不得小于50cm。

（2）桥梁施工安全保证措施如下：

1）制度保证措施。

a. 必须严格执行安全生产责任制，各级各部门必须有明确的安全责任、落实到人。

b. 执行三级安全教育制度，并做好登记。变换工种、工序前应接受所从事工作、工序的安全教育。

c. 所有特种作业人员，必须持证上岗，严禁非特殊工种从事特种作业（特种作业指对操作者本人，尤其对他人和周围设施的安全有重大危害因素的作业。本桥的特种作业有电工、起重工及司机、焊工、机动车司机及高空作业人员）。

d. 在编制其分项施工组织设计和施工计划时，必须同时制定安全技术措施计划和专门安全技术交底。技术交底时，同时有书面的安全技术交底。

e. 必须执行定期安全检查制度，每次检查必须有记录，检查出的事故隐患，整改要定人、定时间、定措施，对重大隐患整改通知书，必须如期按要求整理完善。

f. 正确使用个人防护用品和安全防护措施。进入施工现场，必须戴安全帽，禁止穿拖鞋或光脚。在没有防护设施的高空，必须系安全带。上下交叉作业有危险的出入口要有防护棚或其他隔离设施。距地面 3 米以上作业要有防护栏杆、挡板或安全网。安全帽、安全带、安全网要定期检查，不符合要求的，严禁使用。参加施工的工人，要熟知本工种的安全技术操作规程。

g. 在操作中应坚守工作岗位。严禁酒后操作。施工现场的脚手架、防护设施，安全标志和警告牌，不得擅自拆动。需要拆动的，必须经工地施工负责人同意后，方可付诸实施。

h. 悬空高处作业必须设置有可靠的安全防护措施，在高墩辅助脚手架上，无防护的施工平台上，高墩上设置安全防护网。在高墩施工中，只要没有牢靠立足点的地方，都必须设置防高空坠落的措施。从事高处作业人员要定期或随时体检，发现有不宜登高的病症，不得从事高处作业。严禁酒后登高作业。高处作业人员不得穿拖鞋或硬底鞋，登高时所带工具必须放在工具包内。高处作业有专人负责，用通讯工具与地面人员联系。运送人员、物件的起吊设备应每日检查、并每月定期保修。确保安全起吊。起吊设备应专人统一指挥，参加吊装的起重工应掌握相应的安全要求，施工中应明确分工；起重设备坚决不得超负荷起吊；在施工作业中如遇停电或特殊情况，应将重物落回原地，不得悬于空中。施工中的输送泵管，在垂直高度每隔 20m 设置导链，用以加固。

2）人员保证措施。

a. 配备安全员跟班作业。

b. 安检工程师进行定期和不定期检查，发现安全隐患行为有权制止，并有权勒令整改，对不能及时排除的安全隐患有权下暂时停工令，采取措施排除安全隐患，安全隐患消除后下复工令。

3）物质保证措施。

a. 设置专项安全费用。

b. 购置安全设施。

4）技术保证措施。

a. 辅助性支架和人行楼梯施工前需要施工图纸和受力计算，保证在各种工况下都有足够的安全富裕系数。

b. 塔吊基础受力要进行计算，基础承载力应满足各种工况的安全要求，附着要采取可靠措施，根据塔吊的三个参数严格控制吊重。

c. 板连接采取一些可靠的措施，在拆卸的过程，模板需系安全绳，拆卸工人系安全带。

d. 要设置安全设施，例如，防落网、防护网、安全护栏等。

2. 桥墩墩身施工

(1) 桥墩立柱支架。

1) 立柱支架采用 $\phi48$ 脚手管，脚手管之间用旋转扣件连接。安装钢管脚手架时横杆要水平、立杆要垂直，立杆所立地基要稳固，且剪刀斜撑安装中要及时跟上，确保稳定，在脚手架外侧挂网封闭施工，脚手架搭好后经验收合格后才能使用。

2) 支架搭设搭设时要考虑扎筋的方便和立柱模今后吊入的空间。模板底部通过预埋在立柱四周的定位钢筋来固定，上口沿纵横轴线方向拉钢丝绳，通过松紧钢丝绳来调整立柱垂直度。

3) 搭设时要考虑施工人员的上下通道的设置。

(2) 立柱钢筋。本工程立柱较高，立柱钢筋按施工缝分次绑扎，为了减少钢筋的接头，考虑在系梁施工时插筋一次插到第一次施工分缝，为了防止钢筋笼松散变形，立柱的箍筋要在立筋接长前绑扎，防止在浇混凝土时插筋摇晃，可用缆绳作缆风固定。

(3) 立柱模板安装。

1) 立柱分段原则上每 5m 设一施工缝，为了防止今后立柱的拼缝过于明显，模板拼缝采用薄型泡沫板夹嵌，要求泡沫板略伸出模板内，派专人到模板内用美工刀进行仔细切削，模板表面要清除干净，涂刷优质脱模剂。

2) 模板成型后用吊车配合安装，用全站仪对设在模板上的标志点进行定位测量，并用钢丝绳作为缆风进行控制，通过花兰螺丝调整模板的垂直度，地锚采用脚手管打入土中 1.5m。横桥向立柱模板的稳定依靠此墩位的 2 根立柱间的刚性连接，2 根立柱用剪刀撑固定，顶部用 3 根 12 号槽钢拉结。

(4) 立柱混凝土浇筑。立柱混凝土均采用集中拌和，搅拌车运输，地泵或吊斗入模。立柱混凝土浇筑时每一层混凝土浇捣厚度为 30cm，同一立柱上下层混凝土振捣方向相反，在浇捣时高度大于 2m 时采用串筒，串筒口离开混凝土面必须小于 2m，以免造成混凝土离析，混凝土捣固选用 $\phi50$ 插入式振动棒，严格控制振捣质量，严禁漏振及过振，振捣时必须插入下一层 5～10cm，并距模板至少 5cm，严禁碰撞钢筋及模板，振动棒应快插慢拔，逐渐将混凝土内气泡吊出，振捣间距 25cm，以混凝土面泛浆且基本无气泡冒出为停振标准。在混凝土浇捣应随时观察模板的变化，发现问题及时修正。直到混凝土浇捣至规定标高。

一般立柱混凝土最终标高必须比设计标高高 5cm，人工凿除顶面浮浆。

(5) 拆模、养护。当混凝土强度达到 2.5MPa 时方可拆模，拆模时要精心，吊走钢模时不得碰撞立柱，损伤立柱。拆模后立即采用聚乙烯塑料薄膜包裹养护。

8.2.6.2.5 盖梁（台帽）施工

本工程盖梁拟采用抱箍法施工，具体施工方法如下：墩身施工到横撑底面位置或墩身施工完成后，安装抱箍；上纵梁；在纵梁上横向铺设 15cm×15cm 的方木或小型钢，方木上铺设底模，并将其粗调接近设计高程。模板采用专业厂家加工的专用定型刚模板，底模涂抹脱模剂后绑扎钢筋、立侧模及浇筑混凝土并养护，施工工艺与其他钢筋混凝土施工相似。模板可利用外套PVC管的拉筋加固，人工配合汽车吊进行模板的拆除。

8.2.6.2.6　梁体预制施工

后张法20m预应力空心板桥上部结构施工是本标段的重点，计划设置一个预制场及相应设备负责全标段空心板的预制，以减少临时用地。

8.2.6.2.6.1　工程概况

全线共有20m梁302片，计划设20个台座，配备2台50t龙门吊，另设置1台小龙门吊主要负责混凝土浇筑、拆装模板以及协助钢筋制作安装。

8.2.6.2.6.2　预制场施工

遵循“安全、紧凑、通畅”的原则，根据现场实际情况，拌和站设置在××互通收费广场内，占地面积15亩，预制场设置在××互通收费广场旁主线路基上，占地面积10亩，其生产能力能满足施工设计和生产的需要。

8.2.6.2.6.3　模板施工

1. 一般要求

（1）具有必需的强度、刚度和稳定性、能可靠地承受施工过程中产生的各项荷载，保证结构的设计形状，尺寸和模板各部件之间相互位置的准确性。

（2）尽可能采用组合钢模或板大模板，以节约木材，提高模板的适应性和周转率。

（3）模板表面光滑平整、接缝严密，确保不漏浆。

（4）便于制作、装拆容易、施工操作方便，保证安全。

2. 底模的制作

要求在底模混凝土表面铺设钢板，复测反拱度，对不合格位置进行调整，复衬的钢板焊接处和锚钉固定处用砂轮磨光机磨制光滑，铺设的钢板必须平整光滑，并与底模联结成为一个整体，预留PVC管孔道应畅通。经验收合格后方可投入正常使用。

3. 模板的制作

截面尺寸与长度要准确。钢模放线与下料务必准确。考虑到焊缝的收缩对模扇长度的影响，模扇的下料长度应较设计长度长1/1000。如模板长度不足，则在组拼时在拼缝处稍加调整，若模板过长则不易处理。

模板面要平直，转角要光滑，焊缝要平顺，为此模板应采用对满焊，焊缝应打光磨平。模扇间连接螺栓孔的配合要准确，在组装模扇时，相对位置要准确，焊缝要平顺。端模要平正，预应力筋预留孔的位置要准确。端模必须采用整体式，并保证有足够的刚度。要求采用分节为5m以上的组合钢模，模板的套数要满足现有的生产能力。

4. 模板的安装

模板的安装与钢筋配合进行，妨碍绑扎钢筋的模板应待钢筋安装完毕之后安设。一般在底板平整，钢筋骨架安装后，安装侧模和端模，模板不应和脚手架发生联系，以免脚手架上运存的材料和人工操作引起模板变形。模板安装的精度要求要高于预制梁的要求。每次模板安装完后需通过验收合格后方可进行下一工序。

侧模板横向上、下设对拉螺杆，防止侧模侧向变形和位移，并设压杆，以防芯模上浮。

5. 模板的拆除

非承重侧模应在混凝土强度达到 2.5MPa 时方可拆除侧模。芯模应在混凝土强度能保证其表面不发生塌陷和裂缝现象可拆除。承重模板应在混凝土强度能承受自重和其他可能的外荷载时方能拆除。模板拆离梁体后，吊放到存放处，清洗、修理、涂油以供下次使用

8.2.6.2.6.4 钢筋施工

钢筋制作和安装应符合设计和规范要求。进场钢筋必须有出厂合格证，并按规范进行钢筋力学性能试验，不合格不得使用。

在钢筋底模上计算出钢筋的位置，然后进行一次性绑扎。受力钢筋搭接焊时，单面焊缝长不小于 $10d$，双面焊缝不小于 $5d$，焊缝宽度不小于 $0.7d$，焊缝厚度不小于 $0.3d$。

钢筋加工完成后，进行波纹管安装，安装前应详细检查波纹管是否有破裂、漏洞，如果有，应切掉。

波纹管穿好时在力筋的导引下，顺定位钢筋内穿入骨架，接头处用胶带缠好，确保混凝土在强烈的振动下不漏浆。为防止波纹管损坏而引起孔道堵塞现象，应预先在波纹管内穿入硬质塑料管，在浇注过程中，应不断抽动塑料管，确保钢绞线能够顺利穿入。注意保护好埋设的波纹管，防止压扁变形，接头处应防止漏浆和卷口，焊接时钢花不得溅落在波纹管上。

波纹管定位按照图纸要求采用“#”字箍，波纹管安装完毕后将其端部盖好，防止水或其他杂物进入。

钢绞线在下料设备上截取尺寸，应以相同的牵引力拉直，保证下料精度，同一时间下的料绑扎在一起，按设计绑扎成束，每根钢绞线头部都要编号，并做出可靠的标识，注明长度、使用部位，并分别存放，防止错乱。

钢绞线的弯折处采用圆曲线过度，管道必须圆滑，定位钢筋在曲线部位间距为 50cm，直线段间距为 100cm 设置一组。

在钢筋骨架外侧应用专业的硬塑卡，和芯模定位块；保证钢筋骨架的保护层厚度满足要求。

8.2.6.2.6.5 混凝土施工

预制梁开始前，首先进行试浇，试浇成功后才可进行大批量生产。

浇注混凝土前，对模板、钢筋、保护层、预埋件，预留孔道进行检查。并认真检查模板的结构尺寸，中线位置、水平位置，脱模剂的涂抹，钢筋骨架的安装，止浆垫的设置等情况，经检查合格后，方可浇注混凝土。

严格控制进场原材料的质量；不合格的原材料不准进场；在浇注前，测定原材料的含水率，据此开出本次施工配合比，在浇注过程中，应经常测定拌和物的和易性和坍落度。

混凝土的浇筑顺序：安装好侧模和钢筋后、顶板钢筋和预埋件，先浇筑底层混凝土，振捣密实后再放置芯模、并将芯模定位后再浇筑腹板、顶板混凝土。混凝土按一定的顺序和方向连续浇注，不能停顿，一片梁必须在最初浇注的混凝土初凝前浇注完毕，混凝土的振捣采用插入式振动器和高频附着式振动器，防止漏振和过振；在梁端部钢筋较密集，锚垫板下的混凝土用插入式振捣器进行振捣密实；在采用插入式振捣器振捣时，应防止插破

波纹管而导致漏浆堵塞波纹管。

浇筑混凝土，应从梁的一端向另一端进行，在接近另一端时，为避免梁端混凝土产生蜂窝等不密实现象，应从另一端向相反方向投料。底板和顶板为整断面浇筑，腹板对称浇筑，分层厚度不超过 30cm。

分层下料并振捣，上下层间隔时间不宜超过 1.5 小时（气温 30℃以下时）或 1 小时（气温 30℃以上时）上层混凝土必须在下层混凝土振捣密实后方能灌注，浇注时应均匀、连续，在钢筋密集处，以插入式振捣棒辅助下料。

混凝土浇筑时，应设专人检查模板、钢筋和预埋件、预留孔，发现有松动，变形，移位时应及时处理，并严格保护波纹管不损坏，不位移，不堵塞。

为避免孔道变形，浇筑过程中不得用振捣器触及波纹管。

防止波纹管漏浆，在浇注过程中，不断地抽动 PVC 管，以确保张拉工作的顺利进行。

为了保证混凝土的强度，待初凝后，应及时覆盖并人工洒水养生；视天气温度，每天洒水 5～7 遍，保证混凝土表面经常处于湿润状态，养护时间 1 周以上。

混凝土施工时，温度控制在 5～32℃之间，如果温度过高或过低，应采取降温或升温措施。

8.2.6.2.6.6　预应力施工

当混凝土强度达到设计张拉强度时，用 YCD－150 穿心式千斤顶张拉预制梁钢束。张拉前必须做好千斤顶和油泵的编号和标定，与张拉吨位相应的油压表的读数和钢丝伸长量的计算，张拉顺序的确定和清孔穿束工作。为了使油压表正确反映千斤顶张拉力，千斤顶每半年或张拉超过 200 次，或多次出现断丝等其他不正常现象时要进行校验，换油压表后也要重新标定。为保证张拉时对称张拉，采用四台千斤顶同时张拉。

1. 准备工作

准备工作包括：检查管道轴心线是否与锚垫板垂直，不垂直的加楔形垫调整垂直；垫板下的混凝土是否密实，不密实的要及时处理，把不密实的部分凿掉，用环氧树脂砂浆补强；检查管道是否畅通，堵塞处立即凿除，使其畅通，以供穿束。

2. 锚头及张拉设备

锚具根据设计选定：穿心张拉千斤顶 4 台，高压油泵 4 台。

3. 张拉

4 人一组，操持一台千斤顶，其中一人负责开油泵，2 人安装千斤顶对称张拉各预应力束。另一人负责填写张拉记录，量取钢绞线伸长值和油表读数。

张拉工艺张拉前须做好千斤顶和压力表的校验，与张拉吨位相应的油压表读数和钢丝伸长量的计算，对千斤顶和油泵进行仔细的检查，以保证各部分不漏油并能正常工作，应画出油压表读数和实际拉力的标定曲线，确定预应力束中应力值和油压表读数间的直接关系，采用两端对称张拉。

钢绞线的张拉程序采用：

0～15％设计吨位（初应力值作延伸量的标记）→控制张拉力（保持 2 分钟，测延伸量）→锚固。

张拉时钢绞线应力用油压表读数来控制，同时量伸长量作校核。根据应力与伸长的比例关系，实测的伸长量与计算的伸长量相差不应超过±6%。

4. 张拉质量保证措施

施加预应力的质量关系到桥梁的寿命和安全。

具体从以下几个方面着手进行控制：

(1) 采用应力和应变双控。实测伸长值和理论伸长值比较值控制在±6%以内。除油泵司机根据给定读数保证达到张拉吨位以外，技术人员要检查压力表读数，防止错看或误看。当伸长值出现异常时，立即查明原因，采取措施。

(2) 及时准确在施工现场作好张拉记录，不得补记。

5. 张拉安全注意事项

(1) 经常不断地深入细致地开展安全教育工作，建立岗位责任制，牢固树立安全第一、质量第一的观点。技术人员要进行现场交底，讲清楚操作中的危险点。

(2) 工作现场要设立明显的安全标志，与该项工作无关的人员不得随意进入施工现场。

(3) 施工现场由专人负责指挥，高吨位时不得随意靠近千斤顶。伸长值由专人从侧面量取，严禁从正面或后面量取。

(4) 已张拉完毕的钢束，不得敲击锚具和钢丝。

(5) 高压油泵要经常检查，防止高压油射出伤人。

(6) 工作现场要保持良好的秩序。

8.2.6.2.6.7 压浆封锚施工

张拉完成后，及时在钢绞线上作好醒目的标记，如发现滑丝，则采用千斤顶配合卸荷座处理，将卸荷座支承在锚具上，用千斤顶张拉滑丝的钢绞线，将滑丝夹片取出，换上新夹片，张拉至设计张拉力后锚固即可，如遇严重滑丝或在滑丝过程中钢绞线受到严重伤害，则应将锚具上的所有钢绞线全部卸荷，找出原因并解决，再重新张拉。

压浆采用真空压浆法，其工作原理为：首先采用真空泵抽吸预应力孔道中的空气，使孔道达到负压0.1MPa左右的真空度，然后在孔道的另一端再用压浆机以不小于0.7MPa的正压力将水泥浆压入预应力孔道，以提高孔道压浆的饱满度，减少气泡影响。

真空压浆工艺流程如下：

(1) 张拉工序完成。

(1) 切断外露的钢绞线，注意保证钢绞线外露量不大于25mm。

(3) 清理清洁锚座、盖帽，装圆形橡胶密封圈，然后装盖帽。

(4) 装配盖帽，将螺栓加垫片对齐位置旋入螺孔内，旋紧。注意保证排气口要垂直朝正上方。排气口处用闷头加密封带旋紧。

(5) 在两端锚座上安装压浆管、球阀和快换接头。必须检查并确保所安装阀能安全开启及关闭。

(6) 定出抽吸真空端及压浆端。一般情况下，抽吸真空端为置于高处锚座上的压浆孔，压浆端为置于低处锚座上。

(7) 在安装完盖帽及设备后拧开排水口，利用高压风将管道可能存在的水分吹出。

(8) 将接驳在真空泵负压容器上的三向阀的上端出口用透明喉管连接到抽真空端的快

接换头上。

(9) 开始真空辅助压浆。启动真空泵，开启出浆端接在驳管上的阀门。关闭入浆端的阀门。抽吸真空使真空达到－0.1MPa 以上的负压。

(10) 启动压浆机并压出残存在压浆机及喉管的水分、气泡，并检查所排出的水泥浆的稠度。在满意的水泥浆从喉管排出后，暂停压浆机并将压浆机压浆喉管通过快换接头接到锚座的压浆快换接头上。

(11) 保持真空泵启动状态，开启压浆端阀门并将已搅好的水泥浆往管道压注。

(12) 待水泥浆从出浆端接往负压容器的透明喉管压出时，关闭球阀停止抽真空，关闭真空泵，检查所有压出水泥浆的稠度，直到稠度一致及流动顺畅后，关闭出浆端阀门。停止压浆机。

(13) 开启置于压浆盖上的出气孔，开动压浆机。直到水泥浆从出气孔流出，待流出的水泥浆稠度一致及流动顺畅后，暂停压浆机，密封出气孔。

(14) 开动压浆机，保持压力于 0.7MPa，持压 1min。

(15) 关闭压浆机及压浆端阀门，完成压浆。

真空压浆的主要施工设备如下：

真空压浆主要施工设备技术指标

主要设备名称	主要技术指标
混浆压浆泵	输出：6.8m^3/h；内径：38mm；压力：1MPa；混合容量：370kg；功率：5.5kW/1450 (r/min)
真空泵	电压：220V/380V，50Hz；功率：1.3kW；吸真空能力：40m^3/h
负压容器	最大压力：0.4MPa；容量：24L

真空压浆的注意事项：

a. 正式压浆前，用真空泵试吸真空，真空度要达到－0.1MPa。

b. 压浆时要保持压力 0.7MPa，压完后持压 1min。

c. 混浆压浆泵，一定要保证输出量 6.8m^3/h，以及转速 1450r/min。

d. 对水灰比 0.33 的水泥浆的流速，不能采用《公路桥涵施工技术规范》的 14～18s 之间，这样水泥浆中水的含量过大，不能保证其泌水率。压浆的浆体流速应在 24～30s 以内。

e. 对灌浆水泥要进行仔细试验和检查，不允许使用结块及过期的水泥。

f. 出浆口的水泥浆稠度一定要跟进浆口的水泥浆稠度一致，并无夹带气泡的情况下才可封堵。

g. 外加剂的用量以及水泥用量和水的用量要准确计量。

8.2.6.2.6.8　移梁、存梁

成品梁由龙门吊纵移至存梁场暂时存放，梁体存放必须采用四点支承堆放，支承垫块顶面位于同一平面内，误差不大于 2mm。支承中心顺桥向距腹板外缘 20cm，支承垫块宽平面尺寸为 30cm×30cm。

每片梁应有写有详细编号（编号包括：梁所在的跨数，左、右幅和梁所在每幅的位置，从左侧算起），存放顺序应按每片梁的编号顺序由前到后排放在存梁区。

当孔道里的水泥浆达到 20MPa（一般是 1 天），构件强度达到 100%后才能出运。空

心板吊运至存梁区，空心板存放时，下垫枕木，枕木放置牢固，空心板的堆放区设龙门吊的生产线上，故出运时，采用龙门吊进行作业。

1. 吊运步骤

(1) 首先封好吊钩、钢吊梁上的钢丝绳，锁紧钢吊梁上的4条吊销。

(2) 利用钢梁上的钢丝绳吊架拉起4条吊索（起升吊钩）。因为钢丝绳太长拖动，只有拉起4条吊索超过混凝土梁一定高度后，门吊才能移动。

(3) 移动门吊至待吊混凝土中间，对准混凝土梁上顶板预留的穿孔（人工操作），下降吊钩，吊索两端交叉放下。

(4) 吊索扣穿套在混凝土梁两端的吊销，并使之尽量靠近混凝土梁的底边。

(5) 在梁的两端系好拉绳，以防混凝土梁吊起后以吊钩为中心两边摆移。

(6) 移正吊钩至混凝土梁纵横轴线的中心位置，起升吊钩拉紧吊索，检查其他方面无误后，慢慢起升吊钩。

(7) 起升一定高度后，移动门吊小车或大车（注意禁止同时操作两个动作）至装车位置，慢慢下降吊钩，垫好混凝土梁两端，然后放松吊索。

(8) 吊索放松到一定时候，利用钢丝绳吊架上的小钢丝绳锁住吊索，然后起升吊钩，直至吊索拉出混凝土梁上顶板上面，在起升过程中，操作工人在混凝土梁上看拉吊索，防止钢丝绳在混凝土梁上翼板穿孔处叉住。

(9) 取出梁两边吊销，移动门吊，操作完毕。

2. 安全操作规程

(1) 遵守门吊安全操作规程。

(2) 遵守起重，指挥安全操作规程。

(3) 在起吊前混凝土梁两边不得有人，人们必须站在安全范围内，在梁的两边设支撑木，在梁的两端必须各有一名操作人员，负责观察混凝土梁脱模一刻的情况。

(4) 在起吊过程中，在混凝土梁板脱模那一刻，暂停起升动作，观察混凝土梁侧倾和两端平衡情况，确保混凝土梁板平衡和稳定的情况下，才能继续起升动作。

(5) 在平移的通道无阻的情况下，起升高度尽量低。这样门吊平移停止时，可以减少混凝土梁上下摆动惯性。

(6) 由于单钩起吊和混凝土梁较长，因此要求门吊驾驶在操作时要缓慢、平移，避免跳挡加、减速或突然停止。

(7) 禁止同时指挥或操作两个动作，只有一个动作完成停止后，才能指挥或操作另一个动作。

(8) 由于混凝土梁板长，受风面积大，在风力达到三级时，应停止吊运工作。

8.2.6.2.6.9　养生

在梁体表面覆盖塑料布并洒水养护。气温较高时，应注意对构件进行洒水养护。养护时间最少保持7天，或达到设计强度为止。

8.2.6.2.7　梁体安装施工

1. 安装准备工作

(1) 平整桥下场地，使吊车有较平整的作业场地。

（2）测量放样，把桥中轴线放出来，并把梁的位置用墨线弹在盖梁上，打墨线弹出支座位置。支座垫石顶面高程，必须用水平仪逐个检查控制，相差较大时（1～2cm），应将原垫梁石凿毛，以高标号砂浆铺垫抹平，使其成为一体。

（3）构件运输使用大吨位拖车运送，在预制场现场使用龙门吊吊装，运输过程中确保支承牢固，避免运输扭伤构件。

（4）构件移运按安装顺序进行，尽量减少吊车来回移动位置。

2. 吊运安装

（1）在施工现场采用汽车吊吊装，安装时须先将墩、台顶的支座固定好，符合设计后进行吊装，吊装时统一指挥，以确保吊装的安全。

（2）吊装时的吊装绳索采取大兜方式，吊点按设计要求严格控制。为防止吊绳交角过小，必要时加设扁担梁，以免发生意外。

（3）安装顺序先边后中或先中后边逐片安装，视运梁而定。

（4）落梁时根据设计，按中心线使与支座轴线相吻合，保证梁顶水平、垂直度符合要求。

3. 梁板吊装的注意事项

（1）梁板在脱底模、移运、堆放、吊装时，混凝土的强度不低于设计所要求的吊装强度，并孔道水泥浆的强度不低于设计要求。

（2）支承结构（墩柱、盖梁）的强度符合设计要求，盖梁及预埋件的尺寸、标高及平面位置符合设计要求。

（3）梁板吊装前，先检查其外形和预埋件的尺寸和位置，其允许偏差不能超过规定要求。

（4）梁板安装就位完毕并经过检查校正符合设计要求后，才允许焊接固定，进行下步工作。

（5）梁板吊运安装时，必须遵守有关安全操作技术规程。

（6）吊运工具设备的使用技术要求，遵照起重吊装的有关规定执行。

4. 预制梁安装必须做到以下安全措施

（1）预制梁吊装必须派熟练人员精心操作，整个吊装过程由专人指挥。

（2）作业人员必须佩戴安全帽，穿防滑鞋。

（3）预制梁起吊后，横梁及预制梁底下严禁站人。

（4）预制梁吊装前，必须对操作人员进行安全技术交底。

（5）经常检修卷扬机和平车钢丝绳，发现问题及时更换。

（6）预制梁就位后需对预制梁进行临时支撑，支好后方可解除吊绳。

（7）在墩顶及架桥机横梁顶作业必须系安全带。

5. 安装空心板的应急预案

（1）空心梁安装时，安全领导小组成员全部到现场，分工负责。

（2）为避免突发停电导致不能移梁，特备用一台125kW和一台150kW发电机随时启用。

（3）准备充足的架桥机易损件，如卷扬机电器元件、吊具等。当施工中出现异常，如架桥机电机出现故障时，有备用电机可即时更换。

（4）如有物体坠落桥下，及时报告有关部门，并组织人力和设备尽快清理。

8.2.6.2.8 现浇梁体施工

8.2.6.2.9 桥面系施工

1. 湿接缝施工

按图纸要求穿纵向钢筋，主筋连接处采用双面焊接，焊缝长度不小于 $5D$，并保证受力主筋在同一条直线上。主筋穿完后按要求绑扎箍筋。钢筋绑扎完毕后采用吊模法支湿接缝模板，模板连接处用双面胶黏结，确保不漏浆。拉杆与横担连接牢固，防止拉杆脱落。模板支立完毕经监理验收后，方可浇注混凝土。混凝土用商品混凝土，采用搅拌运送，输送泵泵送。混凝土施工时，振捣棒要倾斜插入，呈梅花形振捣，不可振捣模板和钢筋。混凝土施工完毕后，及时洒水覆盖养生。

2. 泄水管安装

泄水管为桥面的主要排水设施，在浇筑上部构造混凝土时安装，泄水管顶端略低于桥面面层，泄水管下缘伸出梁翼缘外 15cm。

3. 桥面铺装混凝土施工

湿接缝混凝土施工完毕并达到龄期后，清理其上的覆盖物，并用高压水枪冲洗桥面上的杂物。焊接好连接钢板和伸出的钢筋，按设计绑扎桥面钢筋网。并在距防撞栏内缘 50cm 设置标高控制钢筋，标高控制钢筋上点焊一条纵向 Φ22 钢筋，钢筋表面顺直。钢筋焊接完毕后，用高标号砂浆填充纵向钢筋下空隙，并形成砂浆槽。桥面混凝土铺装时预留好伸缩缝的工作槽，埋好安装伸缩缝的预埋件。桥面混凝土采用商品混凝土，由混凝土罐车运输，输送泵泵送。人工摊铺，分段进行，用振捣棒和平板振捣器振捣，最后用振捣梁拉平。振捣梁拉平混凝土表面并在混凝土初凝之前，人工用竹笤帚将混凝土表面拉毛。混凝土施工时，设专人用水准仪测量检查表面高程。当混凝土初凝以后开始养护，养护采用塑料薄膜覆盖，保持潮湿状态。

4. 防撞护栏施工

桥面现浇层施工完成后，开始浇筑防撞栏。钢筋绑扎好后，支立防撞栏模板，模板用对拉螺栓固定。立模时应加密水准点，以保证防撞栏顶部的平顺；相邻两段防撞栏，立模时应从先灌注一端平顺引入水准，拆模时，立即拉线检查，即时修整，如有缺陷，只能打磨，不得加抹砂浆。防撞栏混凝土采用商品混凝土，由混凝土运输车运到现场，混凝土输送泵或混凝土运输车直卸浇筑。混凝土浇筑时，在预应力箱梁梁端、跨中设置断缝，防止防撞栏产生不规则裂缝。防撞栏内有管道时，因混凝土浇筑而变形下沉，因而，管道连接处应密封，不使混凝土在浇筑时进入，拆模后应立即检查是否通顺，并填好有关表格。当防撞栏外侧有路灯及门架、摄像机等基座时，应认真核对其预埋件的位置、种类，并报监理签认。

5. 安装伸缩缝

安装伸缩缝时，预留的伸缩缝槽要清理干净，伸缩缝两边构件与桥面平顺，结合良好。

8.2.6.2.10 附属工程施工

桥面附属工程严格按照设计图施工，不能遗漏。

（1）桥头搭板施工前应检查后台填料及压实情况，符合标准后方准本工序施工，搭板结构、厚度应符合设计要求、标高、宽度等应与已完成面合理回合，不允许搭板出现坍塌、沉降、断裂现象。

（2）锥坡施工。

1）锥体填土应按设计高程及坡度填足，砌筑片石厚度不够时再将土挖去，不允许填土不足，临时边砌石边补填土。锥坡拉线放样时，坡顶应预先放高 2～4cm，使锥坡随同锥体填土沉降后，坡度仍符合设计规定。

2）砌石时放样拉线要张紧，表面要平顺，锥坡片石背后应按规定做碎石反滤层，防止锥体土方被水浸蚀变形。

3）锥坡与路肩或地面的连接必须平顺，以利排水，避免砌体背后冲刷或渗透坍塌。

4）在大孔土地区，应检查锥坡基底及其附近有无陷穴，并彻底进行处理，保证锥坡稳定。

5）干砌片石锥坡，用小石子砂浆勾缝时，应尽可能在片石护坡砌筑完成后间隔一段时间，待锥体基本稳定再进行勾缝，以减少灰缝开裂。

6）锥体填土应分层夯实，填料一般以黏土为宜。锥坡填土应与台背填土及路基填方同时进行，并应按设计宽度一次填足。

（3）台后填土施工。

1）填土应分层夯实，每层松土厚 15cm，夯实使密实度达到 97%，并作好密实度测定。靠近台背处的填土打夯较困难时，采用小型打夯机进行，与路堤搭接处宜挖成台阶形。

2）台背填筑前应在土基上或某一合适高度设置泄水管或盲沟，并注意将泄水管及盲沟引出路基之外。

3）台背填土顺路线方向长度，一般应自台身起，底面不小于桥台高度加 2m，顶面不小于 2m。

8.3　隧道工程

本合同段内无隧道工程。

8.4　通道与涵洞工程

8.4.1　工程概况

本合同段共有 35 座通道、7 座盖板涵和 22 座圆管涵，具体详见下表

盖板通道一览表

序号	中心里程	管涵类型	右交角	孔数—跨径/（孔—m×m）	涵长/m	上部结构
1	××2+163	盖板通道	120°	1—6.0×5.0	33.71	钢筋混凝土盖板
2	××2+420	盖板通道	90°	1—4.0×4.0	29	钢筋混凝土盖板
3	××2+900	盖板通道	90°	1—4.0×4.0	29	钢筋混凝土盖板
4	××3+222	盖板通道	90°	2—4.0×4.0	41	钢筋混凝土盖板
5	××3+790	盖板通道	90°	1—4.0×4.0	32	钢筋混凝土盖板

续表

序号	中心里程	管涵类型	右交角	孔数—跨径/(孔—m×m)	涵长/m	上部结构
6	××4+030	盖板通道	90°	1—6.0×5.0	33	钢筋混凝土盖板
7	××4+300	盖板通道	90°	1—4.0×4.0	32	钢筋混凝土盖板
8	××4+440	盖板通道	90°	1—4.0×4.0	36	钢筋混凝土盖板
9	××4+520	盖板通道	115°	1—4.0×3.0	31.02	钢筋混凝土盖板
10	××4+640	盖板通道	90°	1—4.0×4.0	30	钢筋混凝土盖板
11	××4+884	盖板通道	90°	1—4.0×4.0	58	钢筋混凝土盖板
12	××5+200	盖板通道	90°	1—4.0×4.0	32	钢筋混凝土盖板
13	××5+370	盖板通道	90°	1—4.0×4.0	43	钢筋混凝土盖板
14	××5+587	盖板通道	90°	1—4.0×4.0	62	钢筋混凝土盖板
15	××6+505	盖板通道	90°	1—4.0×4.0	31.75	钢筋混凝土盖板
16	××6+720	盖板通道	90°	1—4.0×4.0	35	钢筋混凝土盖板
17	××8+595	盖板通道	90°	1—4.0×3.0	29.75	钢筋混凝土盖板
18	××8+840	盖板通道	90°	1—4.0×4.0	35	钢筋混凝土盖板
19	××9+000	盖板通道	90°	1—4.0×4.0	29	钢筋混凝土盖板
20	××9+142	盖板通道	60°	1—4.0×4.0	34.36	钢筋混凝土盖板
21	××9+380	盖板通道	90°	1—4.0×4.0	43	钢筋混凝土盖板
22	××9+520	盖板通道	90°	1—4.0×4.0	29	钢筋混凝土盖板
23	××0+000	盖板通道	90°	1—6.0×5.0	29	钢筋混凝土盖板
24	××6+840	盖板通道	90°	1—4.0×4.0	52	钢筋混凝土盖板
25	××7+073	盖板通道	90°	1—4.0×4.0	40	钢筋混凝土盖板
26	××7+350	盖板通道	45°	1—4.0×4.0	83.7	钢筋混凝土盖板
27	××7+571	盖板通道	120°	1—4.0×3.0	41	钢筋混凝土盖板
28	××7+700	盖板通道	90°	1—4.0×4.0	30	钢筋混凝土盖板
29	AK0+380	盖板通道	90°	1—4.0×4.0	15	钢筋混凝土盖板
30	AK0+660	盖板通道	90°	1—4.0×4.0	29	钢筋混凝土盖板
31	AK0+920	盖板通道	90°	1—4.0×4.0	19	钢筋混凝土盖板
32	CK0+160	盖板通道	90°	1—4.0×4.0	18	钢筋混凝土盖板
33	DK0+400	盖板通道	90°	1—4.0×4.0	14	钢筋混凝土盖板
34	AK0+260	盖板通道	90°	2—6.0×5.0	19	钢筋混凝土盖板
35	AK0+720	盖板通道	90°	1—6.0×5.0	30	钢筋混凝土盖板

盖 板 涵 一 览 表

序号	中心里程	通涵类型	夹角	孔数—跨径/（孔—m×m）	涵长/m	上部结构
1	××3+710	盖板涵	90°	1—2.0×2.0	31.25	钢筋混凝土盖板
2	××3+864	盖板涵	90°	1—3.0×3.0	51	钢筋混凝土盖板
3	××6+180	盖板涵	90°	1—4.0×4.0	33.8	钢筋混凝土盖板
4	××6+400	盖板涵	90°	1—4.0×4.0	37.00	钢筋混凝土盖板
5	××8+540	盖板涵	90°	1—4.0×4.0	37.00	钢筋混凝土盖板
6	××7+020	盖板涵	90°	1—3.0×3.0	50.00	钢筋混凝土盖板
7	××7+533	盖板涵	90°	1—3.0×3.0	49.00	钢筋混凝土盖板

圆 管 涵 一 览 表

序号	中心里程	通涵类型	右交角	孔数—跨径/（孔—m）	涵长/m	上部结构
1	××2+280	圆管涵	90°	1—1.25	38.5	预制圆管
2	××2+960	圆管涵	90°	1—1.25	38.5	预制圆管
3	××3+140	圆管涵	90°	1—1.25	51.5	预制圆管
4	××3+540	圆管涵	90°	1—1.25	29	预制圆管
5	××4+832	圆管涵	90°	1—1.25	48	预制圆管
6	××5+040	圆管涵	90°	1—1.25	30	预制圆管
7	××5+270	圆管涵	90°	1—1.25	47.5	预制圆管
8	××6+610	圆管涵	90°	1—1.25	29.5	预制圆管
9	××8+220	圆管涵	90°	1—1.25	40.5	预制圆管
10	××8+295	圆管涵	120°	1—1.25	47.38	预制圆管
11	××8+370	圆管涵	90°	1—1.25	32.5	预制圆管
12	××8+773	圆管涵	120°	1—1.25	44.88	预制圆管
13	××8+952	圆管涵	90°	1—1.25	42	预制圆管
14	××9+300	圆管涵	90°	1—1.25	30.5	预制圆管
15	××9+428	圆管涵	90°	1—1.25	53.5	预制圆管
16	××9+650	圆管涵	90°	1—1.25	30	预制圆管
17	××9+810	圆管涵	90°	1—1.25	34.5	预制圆管
18	××7+212	圆管涵	90°	1—1.25	44.5	预制圆管
19	××7+780	圆管涵	90°	1—1.25	51	预制圆管
20	××7+880	圆管涵	90°	1—1.25	37.5	预制圆管
21	AK0+100	圆管涵	90°	1—1.25	21	预制圆管
22	EK0+085	圆管涵	45°	1—1.25	17.74	预制圆管

8.4.2 施工组织与安排

（1）优先安排具有工作面、材料设备具有进场条件的通道、涵洞施工。

（2）对路基土石方，结构物等项目施工将影响当地居民出行方便、农田、排水灌溉等通道涵洞，要利用时间差，及时安排施工作业，以满足当地居民的需求。

（3）将影响路基进一步开挖，填筑的通道涵洞，要提前做好施工安排，以满足整体工期的需要。

（4）通道、涵洞施工计划安排，要满足全线路基土石方等项目施工的平行流水作业。

（5）制约并影响关键工程、关键工序的涵洞通道。要创造条件，优先安排施工作业。

8.4.3 施工进度计划

通道与涵洞工程：2011.5.6—2011.12.6。

8.4.4 施工方案与方法

8.4.4.1 盖板涵施工

（1）基础开挖，测量放样，开挖基础，并注意处理好排水，检测地基承载力是否符合设计要求，合格后进入下道工序。在下道工序施工前要保证基槽的暴露面不致破坏。

（2）基础检验合格后要及时铺设垫层和浇筑混凝土基座，垫层的压实度应按根据不同材质严格控制。对于圆管涵在基础强度达到70%后可进行管节安装。对于盖板涵应随即进行墙身钢筋加工安装和模板安装。

（3）浇注混凝土涵身，并进行养护。同桥梁工程墩台施工方法相同。

（4）本标段盖板采用就近预制，汽车吊吊装，或就地支架现浇。

（5）预制盖板，必须在强度达到设计强度的70%后，才可脱底模移动和堆放。盖板堆放时，应在块件端部两点搁置，不得上下倒置。

（6）安装盖板时，涵台顶面应用砂浆抹平，盖板必须放置平稳，盖板与台背间的缝隙用20号水泥砂浆填满捣实，使盖板与台背顶紧起支撑梁作用。

（7）洞口与洞身应分开砌筑，缝内用沥青麻絮或其他具有弹性且不透水的材料填塞。

1. 基础

（1）基础开挖。涵洞结构物基础采用机械开挖，预留20～30cm，进行基底承载力自检，承载力达到设计要求后请监理工程师验收，验收合同后突击清底，进入下一道工序施工。否则上报试验资料至监理工程师和设计代表，请求解决。

（2）基底换填。基底采用碎石或砂砾拟采用小型机械夯实。在施工前，首先试验确定碎石或砂砾的松铺厚度，然后挂线进行松铺、夯实。

（3）基础施工。基础混凝土采用组合钢模板，混凝土由拌和站集中拌合，混凝土输送车运输，从中心向两端一次连续浇注，插入式振捣器振捣。基础模板拆除后，及时对基坑进行回填、养护。根据涵洞墙身形式，基础要预埋连接钢筋或石笋。

2. 墙身

（1）涵身施工。测量放线、定位，安放支架垫木，设置支架，检查支架牢固后，安装内模，涂脱模剂。加固支立外模。检查平面几何尺寸合格后，进行侧墙浇筑，插入式振动器振捣，浇筑完毕后，及时拆模洒水覆盖养生。

（2）台帽。台帽模板采用组合钢模板，为防止模板漏浆，模板接缝用海面条粘贴，同时模板拉杆与模板接触处加垫橡胶片，墙身混凝土水平分层灌注，插入式振动器振捣。

3. 盖板

（1）预制钢筋混凝土盖板施工。钢筋混凝土盖板预制在预制场进行，采用塑料薄膜等材料覆盖，保湿养生，成品达到规范要求的强度后，用汽车运输至现场，汽车吊吊装。盖板钢筋焊接满足设计以及规范要求。

（2）现浇钢筋盖板施工。采用满堂钢管支架，模板采用钢模，底模安装后涂脱模剂，支架模板安装完成后请监理工程师验收，验收合格后进行钢筋制作安装。混凝土采用混凝土运输车送料，插入式振动器振捣，浇筑完毕后覆盖保湿养生7d，混凝土达到设计要求后采取拆除支架和模板。

4. 洞身、洞口

洞口及附属砌筑：采用7.5号砂浆砌片石修筑，进出水口的沟床应整理顺直，使上下游水流稳定畅通。

5. 台背回填

侧墙背后填土在墙身混凝土强度达到100%和盖板安装完成后进行，回填材料采用经批准的、能充分压实的、透水性好的材料在通涵两侧分层对称回填并压实，分层压实厚度和压实度满足设计要求。

6. 清理现场

工程结束后，进行场地清理，疏通道路、水路，做到道路畅通，水路顺畅。

8.4.4.2　钢筋混凝土圆管及倒虹吸管施工

（1）钢筋混凝土管在预制场采用定型钢模生产，施工时应注意：

1）管节端面应平整，并与其轴线垂直，斜交管涵的两端进、出水口管节的外端要按斜交角度进行处理。

2）节内、外侧表面应平直光滑，如有蜂窝，每处面积不大于3cm×3cm，深度不超过1cm，蜂窝麻面的总面积应小于全表面积的1%，并不得露筋，蜂窝处应进行修补完善后方可使用。

3）管节长度偏差在1cm以内，内、外直径不小于设计，管壁厚度误差不小于－3mm，正值不限，顺直度要求矢度不大于0.2%。

4）管节混凝土强度符合设计要求。

5）管节外壁应注明管顶填土高度。

（2）管节在装卸和运输过程中，应特别小心谨慎，运输途中每个管节底面将铺以稻草，并用木块、圆木楔紧，用绳索捆绑固定，以防管节滚动，互相碰撞破坏。管节上车时应用油漆标明直径、所有涵洞里程桩号及填土高度。

（3）管涵的基槽开挖后检查地基是否符合设计要求，否则采用碎石等材料换填处理，处理方案和加固措施经监理工程师审核批准后进行。

（4）基槽开挖后应立即分层压实，压实度应大于95%，并浇筑混凝土基座，管基混凝土分两次浇筑，先浇管底以下部分，注意预留管壁厚度及要放管节坐浆混凝土2～3cm，待安入管节后，再浇管底以上部分，并应使新旧混凝土结合及管基混凝土与管壁的结合。基座的沉降缝位置应与管节的接缝位置下一致，沉降缝宽为2～3cm，其位置以设在路基中心线和行车道外侧为宜。

(5) 管节的安装将采用滚动法、滚木法、压绳法并配合汽车吊安装。安装时将从下游开始，使接头面向上游，所有管节应按正确的轴线和图纸所示的坡度敷设。如管壁厚度不同，应使内壁齐平，水流平顺，在安装过程中，须保持管内清洁无脏物，无多余的砂浆及其他杂物。

(6) 涵管的接缝宽度不得大于10cm，严禁加大接缝宽度来满足涵长的要求，并用沥青麻絮填塞接缝，接头处再用两层宽150cm浸透沥青的油毡包缠，并用铅丝捆扎接缝部位。管壁涂沥青前应先清除管壁上的粉屑、污泥，并在干燥、温暖天气于管壁上涂沥青防水层。沉降缝亦用沥青麻絮填塞。

(7) 当涵管防水层做好后，应立即对称于涵管在不小于两倍孔径的范围内，在管两侧同时对称填土并夯实，保证培（填）料与管节密贴，其压实度不小于95%。再修筑涵管出入口端墙，翼墙及两端涵底和整修工作，待混凝土强度达到设计强度的75%时，在洞身两侧不小于两倍孔径的范围内进行水平分层对称回填作业。当涵顶填土大于0.5～1.0m时才能用机械回填。

(8) 施工中，禁止所有施工机械直接在涵管构造物上通过，当涵管构造物上方填土高度大于0.5m时，方允许施工机械通过。长度较大、填土较高的管涵应按设计规定设置预拱度，若计无规定时，对基底土为砂、砂砾、碎石类土预留上拱度 H/布80cm（H 为路中心线位置涵洞底面至路面顶面高度，单位为cm），若基底土为半干硬状态、硬塑状态黏土时，预留上拱度 H/50cm，或按弹性地基梁考虑，涵洞洞身设上拱度后，涵洞入口流水槽面的高程不应低于涵身中部流水槽面的高程。各管节设预拱度后，管内底面应平顺圆滑曲线，不得有逆坡。

8.5 路基防护工程

8.5.1 工程概况

本合同段路基边坡原则上全部进行防护，分为混凝土、浆砌护坡和草皮防护。主要有：碎石回填74400m^3，7.5级浆砌片石边沟8800m^3，浆砌片石排水沟15402m^3，浆砌片石截水沟1665m^3，预制块截水沟392m^3，M7.5级浆砌片石急流槽3375m^3，满砌护坡3843m^3，方格骨架护坡10408m^3，拱形骨架护坡16843m^3，浆砌片（块）石挡土墙18315m^3，浆砌片石护坡584.2m^3，C25现浇钢筋混凝土骨架2798m^3。挂镀锌网客土喷播护坡基础904.2m^2，M7.5级浆砌片石锥坡5217.2m^3；播种草籽58623m^2，铺植草皮9905m^2，三维植被网护坡52840m^3。

8.5.2 施工组织与安排

路基防护工程的施工一直贯穿工程实施的全过程，但从时间上可划分为三个主要施工期。前一阶段，在路基土石方作业初期，完成路堤防护等的施工，以利于路基土石方填筑顺利展开；第二阶段在部分路段的路基切方开挖到一定程度或路堤基本成型后，完成坡面防护的施工；第三阶段，路基基本成型后，随即安排切方渗沟、边沟的施工，在路基精加工之前完成剩余切方段的防护排水施工。

8.5.3 施工进度计划

路基防护工程：2011.8.1—2012.10.6。

8.5.4　施工方案与方法

8.5.4.1　护坡施工

防护工程采用平行流水作业法施工，基坑采用人工开挖，基础埋置深度和分段长度应按图纸规定或工程师的指示进行。

坡面修整后，重新放样开挖基坑，基坑经监理工程师验收合格后，立即进行砌筑。护坡坡脚采用挖槽方法进行施工，使基础嵌入槽内，基础埋置深度符合图纸要求。砌筑前将片石用干净水洗净并使其饱和。砌筑采用坐浆法分层砌筑。

护坡的沉降缝和伸缩缝按设计图纸要求设置，砌筑沉降缝采用角石加工整齐划一，以保证沉降缝砌筑后垂直并且宽度上下一致。

砌筑过程中，随时对已砌筑砌体养生，保持其表面湿润，视天气情况养生 7～14 天或监理工程师要求的时间内。

8.5.4.2　植物防护

植物防护可美化路容，协调环境，调节边坡的温度和湿度，起到固结和稳定边坡的作用。本合同段植物防护主要为种草和铺草皮。

（1）铺草皮：当坡面冲刷比较严重，边坡较陡，采用铺草皮的植物防护方法。铺草皮需预先备料。草皮可就近培育，切成整齐块状，然后移铺在坡面上。铺时应自下而上，并用竹木小桩将草皮钉在坡面上，使之稳固。草皮根部土应随草切割，坡面要预先整平。必要时应加铺种植土，草皮应随挖随铺，注意相互贴紧。

（2）三维植被网：施工时用小竹竿或小木棍穿于整卷网垫中，顺坡拉出网垫，四周用木钉、塑料钉或 U 形铁钉钉住。

草籽播种后，土层的含水量应以 40%～60%为宜，并在土层加压，以有利于草籽发芽。

网垫在护坡顶端铺设时，网垫纵向连接处应有 60°夹角，埋入土中 30cm。坡度应有 50cm 以上的水平面。因工程中坡面上端的含水量要比下层低得多，不利于草籽发芽，应在离开网垫 20cm 坡顶处顺势开一条蓄水沟，以利于灌水。

铺设时机，是整个工程的关键（在护坡上使用时），一般应选择在雨季前 3～4 个月时进行，让草皮有一定的生长时间。

8.5.4.3　挂网喷锚和坡面防护施工

1. 施工前的准备工作

（1）提前 21 天向监理工程师提供计划用于工程的材料样品，施工设备及施工方法，以便获得监理工程师的批准。

（2）框架位置应按设计图纸放样，按图示坐标准确防线定位。

（3）备好各项工作的机具和器材。

（4）做好对作业人员的是安全教育培训和施工安全防护技术措施。

2. 施工工艺

（1）锚杆施工。

1）单元格框架为 ϕ18 和 ϕ22、ϕ28 钢筋锚杆，其布置应按设计图进行。

2）施工工艺流程

3）锚杆成孔及清孔应视不同地质条件选取合适的方法，报监理工程师批准后实施。

4）杆体使用前应平直、除锈、除油。

a. 注浆用砂浆配合比：水泥：砂宜为为1：1～1：2，水灰比宜为0.38～0.45。

b. 砂浆应拌和均匀，随拌随用，一次拌和的砂浆应在初凝前用完，并严防石块、杂物混入。

c. 注浆开始或中途停止超过30min时，应用水或稀水泥浆润滑注浆罐及其管道。

d. 注浆时，注浆管应插至距孔底50～100mm，随砂浆的入缓慢匀速拔出；杆体插入后，若孔口无砂浆溢出，应及时补注。

e. 杆体插入孔内长度应不小于图纸规定的95%，锚杆安装后，不得随间敲击，3d内不得悬挂重物。

f. 每段工程应取代表性段落对锚杆进行抗拔试验，要求锚杆搞拔力大于图纸规定，通过试验修正施工参数，指导大面积施工。

（2）边坡喷射混凝土施工。

1）施工前应先确定喷射混凝土的施工工序（干式、湿式）及混凝土的配合比、选择使用的喷射机具，报监理工程师批准。喷射混凝土前应先进行试、调整回弹量、确定混凝土的配合比及施工操作程序，经监理工程师认可后方可大面积施工。

2）喷射混凝土的混合料配合比应符合下列规定：

a. 水泥与集料的重量比宜为1：4～1：4.5。

b. 砂率宜为45%～55%。

c. 水灰比宜为0.40～0.45。

d. 速凝剂掺量应通过试验后确定。

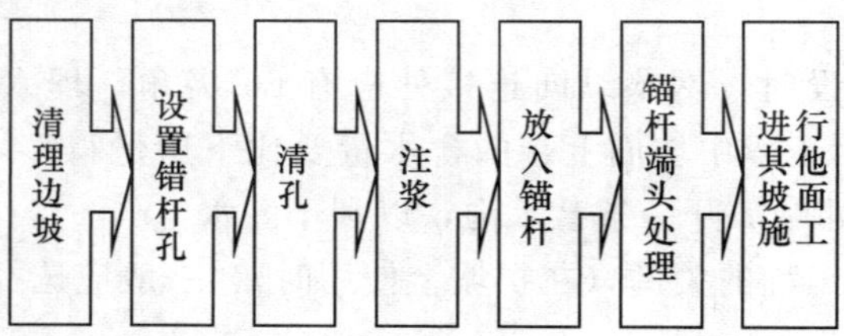

3）喷射混凝土的配合设计严格按照规范要求。

4）混合料宜随拌随用。不掺速凝剂时，存入时间不宜超过2h；掺速凝剂时，存入时间不宜超过2min。混合料的拌和时间严格按照规范要求。

5）混合料运输、存入过程中，应严防雨淋、滴水及大块石等杂物混入，在装入喷射机前应过筛。

6）喷射混凝土应分段、分片由下向上进行。作业开始时，应先送风，后开机，在给料；结束时，应待料喷完后，再关机。向喷射机供料时应连续均匀，机器正常运转时，料斗应保持足够的存料。喷层厚度均匀，符合图纸要求的厚度。

7）喷射开始时，应减少喷头至喷坡面的距离，并调节喷射角度，以保证铁丝网与岩面间混凝土的密实性。

8）喷射时，应保持混凝土表面平整，呈湿润光泽，无干斑或滑移流淌现象。

9）喷射后，当采用普通硅酸盐水泥时，养护应不小于10d；当采用矿渣硅酸盐水泥或火山灰硅酸盐水泥时，养护不得少于14d，喷层周边与未防护坡面的衔接处应做好封闭处理。

10）喷射混凝土应符合图纸规定的厚度，并按图纸规定或监理工程师指示设置伸缩缝及泄水孔。喷射混凝土的回弹物，不能收集起来放入下批配料中，以免影响喷射混凝土的质量。

下列情况应暂停喷施工：

a. 雨天冲刷新喷面上的水泥，造成混凝土脱落。

b. 气温低于5℃及大风妨碍喷射手进行工作。

8.5.4.4　锥坡施工

（1）锥体填土应按设计高程及坡度填足，砌筑片石厚度不够时再将土挖去，不允许填土不足，临时边砌石边补填土。锥坡拉线放样时，坡顶应预先放高约2～4cm，使锥坡随同锥体填土沉降后，坡度仍符合设计规定。

（2）砌石时放样拉线要张紧，表面要平顺，锥坡片石背后应按规定做碎石反滤层，防止锥体土方被水浸蚀变形。

（3）锥坡与路肩或地面的连接必须平顺，以利排水，避免砌体背后冲刷或渗透坍塌。

（4）在大孔土地区，应检查锥坡基底及其附近有无陷穴，并彻底进行处理，保证锥坡稳定。

（5）干砌片石锥坡，用小石子砂浆勾缝时，应尽可能在片石护坡砌筑完成后间隔一段时间，待锥体基本稳定再进行勾缝，以减少灰缝开裂。

（6）锥体填土应分层夯实，填料一般以黏土为宜。锥坡填土应与台背填土及路基填方同时进行，并应按设计宽度一次填足。

8.5.4.5　挡土墙施工

（1）挡土墙施工前，做好场地排水。施工时，土质基坑防止受水浸泡。当基坑有渗透水时，及时排除，墙前水沟要及时砌筑。

（2）基础开挖后要及时测定承载力、基坑断面尺寸，符合要求时请监理工程师检查验收，合格后及时进行基础施工。

（3）基础砌筑前将基底表面风化、松软土石清除，要分段进行，一般每隔10～15m或在地质变化处设置沉降缝。

（4）墙身在适当高度处设置泄水孔，泄水孔进口要设置反滤层。砌出地面后立即回填夯实，并做好基坑顶面排水、防渗设施，伸缩缝与沉降缝内两侧平齐无搭接，缝中防水材料按要求深度填塞密实。

（5）浆砌片石时，外圈定位行列和转角石，选择形状较方正尺寸较大的片石，并长短相间地与里层砌块咬接成一体，上下层石块交错排列，竖缝不得重合。

（6）较大的砌块用于下层，尖锐突出部分要敲除。竖缝较宽时，要在砂浆中塞以小石块，不得在石块下面用高于砂浆砌缝的小石片支垫。

（7）按照设计及规范要求设置泄水孔，孔后按设计设置砂砾垫层。

（8）沉降缝间距按设计要求设置，当地质地形变化时，设置沉降缝。

（9）沉降缝采用沥青麻絮填塞。

（10）采用块石的墙身不得采用易风化的石料或未经凿面的大卵石砌筑。

(11) 挡土墙墙后填料应在浆砌圬工强度达到75%以上，方可添筑夯实，填料要求及地基承载力均应满足设计要求。

8.6 路基排水工程

8.6.1 工程概况

本合同段排水工程设施主要有：边沟、排水沟、截水沟、急流槽等，排水工程采用平行流水作业法施工。各种水沟基坑采用人工或挖掘机配合开挖，砂浆机机械拌和。

8.6.2 施工组织与安排

路基防护排水工程的施工一直贯穿工程实施的全过程，但从时间上可划分为三个主要施工期。前一阶段，在路基土石方作业初期，完成截水沟等的施工，以利于路基土石方填筑顺利展开；第二阶段在部分路段的路基切方开挖到一定程度或路堤基本成型后，完成排水沟、急流槽的施工；第三阶段，路基基本成型后，随即安排切方渗沟、边沟的施工，在路基精加工之前完成剩余切方段的防护排水施工。

8.6.3 施工进度计划

路基排水工程：2011.8.1—2012.10.6。

8.6.4 施工方案与方法

各单项工程施工方法及施工要求如下：

施工前测量放样。沟壁修整：铺砌或混凝土浇筑之前，对边沟、排水沟、截水沟进行修整，保证沟底和沟壁坚实平整，沟底标高及断面尺寸符合图纸要求。

铺设砂砾垫层：按设计要求铺设砂砾垫层，并夯压密实。

铺砌：放样后，沿沟壁纵向挂线，先铺砌沟底，再铺砌侧壁，保证铺砌时座浆饱满，铺砌成型的排水沟平整密实，沟底顺畅，不积水，并按设计或现场具体情况将沟内流水与原有农田排水灌溉相结合，合理导流。

现浇混凝土工程：将边沟开挖修整好，测量放样后装模，保证线形流畅，对混凝土使用插入式振捣器进行振捣，浇筑后注意养生。

砌体所用的预制块采用集中预制，机压成型，表面平整。

8.7 天桥

8.7.1 工程概况

本合同段有立体交叉2座，1处为连续梁、1处为简支箱梁。人行天桥2座，都为连续梁，施工时应严格按设计和规范的要求进行施工。

天桥设置一览表

序号	中心里程	通涵类型	夹角	孔数—跨径/(孔—m)	桥长/m	上部结构
1	××6+120	××分离式立体交叉	90°	16.4+33.2+16.4	70.88	连续梁
2	××8+410	××村分离式立体交叉	90°	1×38	54.1	简支箱梁
3	××2+640	人行天桥	90°	12+32+12	58.58	连续梁
4	××5+820	人行天桥	90°	12+32+12	58.58	连续梁

8.7.2　施工组织与安排

遵循先地下后地上，先基础、后主体结构的施工程序。首先进行桩基工程施工；其次进行下部结构施工：包括墩柱、盖梁、梯步施工；再次进行上部结构施工：包括支座安装等；最后进行桥面系及附属工程的施工。

合理地安排施工顺序，保证劳动力、物资以及资金消耗量最少的情况下，按规定的工期和质量目标顺利完成施工任务。

8.7.3　施工进度计划

天桥工程

基础工程：2011.8.30—2012.6.30。

墩（台）身：2011.9.20—2012.7.30。

连续梁、桥面板：2011.10.30—2012.9.30。

8.7.4　施工方案与方法

1. 地基处理

现浇梁支架搭设之前，首先清除地面杂物，做好支架地基处理和周围排水系统。采取掺石灰处理，并用压路机碾压密实，密实度达到90%以上，地基处理后承载力必须有足够的安全系数，四周设好排水沟、挡水埝，确保支架稳定。地基的处理范围至少应宽出搭设支架之外0.5m。

2. 支架搭设与预压

满堂式脚手架采用模数为60cm的WDJ碗扣式多功能支架拼装，支架的布置根据梁截面大小并通过计算确定以确保强度、刚度、稳定性满足要求，计算时除考虑梁体重量外，还需考虑模板及支架重量，施工荷载（人、料、机等），作用于模板、支架上的风力及其他可能产生的荷载（如雨水、雪等）。

其支架结构形式为：沿线路横向按照支架间距设5cm厚条形木板，然后搭设支架，支架间距纵向120cm，横向腹板处60cm，其余地方90～120cm。支架上设U型托座，沿托座方向横向铺一层8cm×15cm的方木，间距同支架间距，纵向按间距30～50cm铺设一层10cm×10cm的方木，上铺底模。

现浇梁施工之前，首先进行支架预压，预压方式采用编织袋装砂，堆码在底模上，预压重量不小于梁重，以消除支架的非弹性变形和收集支架、地基的变形数据，作为设置预拱度的依据，预拱度一般按二次抛物线设置。

3. 模板制作与安装

模板由底模、侧模及内模三个部分组成，底模及侧模采用优质大块的钢模，底模铺放在方木上，内模采用木模和组合钢模相结合，内模采用碗扣式支架支撑加固。模板要有足够的强度、刚度及光洁度。

4. 桥梁支座安装

安装前先除去支座位置处的浮砂，在支座位置处铺设水泥砂浆，将支座粘接在水泥砂浆上，然后将底模安装就位于支座周围。

5. 钢筋安装

先安装底板和腹板部分，待安放好内侧模及内顶模后安装顶板和翼缘板钢筋。钢筋骨架在加工厂集中制作，人工或自卸车运至现场，用汽车吊吊放入模，按设计图进行绑扎、焊接，为保证混凝土保护层厚度，应在钢筋骨架与模板之间错开放置适当数量的塑料垫块，骨架侧面的垫块应绑扎牢固。

6. 混凝土的浇筑和养护

施工前，做混凝土的配合比设计及各种材料试验，并报请工程师批准。

（1）浇筑。梁体混凝土采用一次浇筑成型。混凝土在拌和站集中拌制，搅拌运输车运至现场，泵车送混凝土入模。

混凝土浇筑采用水平分层、斜向分段，横桥向全断面（以均匀消除沉降）推进式从低端向高端纵桥向连续浇注。对于箱型梁同一截面，浇注混凝土时应先浇注腹板处，再从工作口浇注底板处，最后再浇注顶板混凝土。混凝土的振捣采用插入式振捣器进行，振捣器的移动间距不超过其作用半径的1.5倍，并插入下层混凝土5～10cm。对于每一个振动部位，必须振动到该部位混凝土密实为止，也不得超振。振捣时要避免振捣棒碰撞模板、钢筋，尤其是波纹管，不得用振捣器运送混凝土。对于锚下混凝土及预应力管道下的混凝土振捣要特别仔细，保证混凝土密实，由于该处钢筋密、空隙小，振捣棒一般要选用小直径的。

（2）混凝土的养护。梁体混凝土浇筑完毕，待收浆后应立即用土工布覆盖养护，养护时间不得少于14天，在养护期间，使混凝土表面保持湿润，防止雨淋、日晒。因此，对混凝土外露面。当气温低于+5℃时，覆盖保温，不得洒水。

7. 支架拆除

拆架应待混凝土的强度达到设计或规范规定的强度时方可进行。落架程序应从梁挠度最大处的支架节点开始，逐步卸落相邻两侧的节点，并要求对称、均匀、有序的进行；同时要求各节点应分多次卸落，以使梁的沉降曲线逐步加大。通常可从跨中向两端进行。此项工作宜在白天进行，且卸落支架时应由专人负责指挥

8.8 路面底基层

8.8.1 工程概况

本合同段有20cm厚4%水泥稳定碎石底基层221672m^2。

8.8.2 施工组织与安排

路面基层及面层的施工应在优先考虑主线工程进度的情况下在冬季到来前完成。

8.8.2.1 拌和场（后场）组织

（1）在中心站用厂拌设备进行集中拌和，采用连续式拌和机。

（2）在集中拌和站建立试验室，试验人员对集料颗粒组成进行筛分对拌和好的混合料的含水泥量和含水量等进行检测。根据检测集料和混合料含水量大小及时调整加水量。

（3）碎石材料用装载机装入料斗经计量通过皮带运输机送入拌和机，水泥经计量同时进入拌和机回水拌和，混合料在略大于最佳含水量的1%～2%情况下拌和均匀。每天收工或停拌后应用水将拌和仓内清洗干净。

（4）集中拌和掌握以下三个要点：

1）配料要准确

2）含水量要略大于最佳值使混合料运到铺筑地段，摊铺后在碾压时的含水量不小于

最佳值。

3）拌和要均匀。

（5）要严格控制混合料的拌和数量与现场摊铺的能力相匹配。

（6）拌和好的混合料及时地用大型自卸汽车运抵现场摊铺。

8.8.2.2　运输组织

（1）采用大型汽车运输水泥稳定级配碎石混合料，根据日计划产量备足汽车以保证拌和好的混合料及时运至摊铺地段。运输车的运量应较拌和能力和摊铺速度有所富余。

（2）自卸汽车的车厢要保持干净，收工后要进行冲洗或清扫。

（3）装运混合料为防止离析，装料后用苫布盖。以防止运输途中水分蒸发。

8.8.2.3　底基层摊铺组织（前场）

（1）水泥稳定级配碎石基层施工前，应铺筑试验路段。检验所确定的配合比、拌和、摊铺、整形及压实机械设备的效率和施工方法、施工组织的适应性。试验段满足技术规程要求后并入工程之内。如试验段任何部分不合格，则将该部分挖除，再进行试验段的试验至达到符合要求的标准为止。

（2）采用一台摊铺机摊铺水泥稳定级配碎石混合料。

（3）摊铺机传感器搭在基准线上，并把摊铺机的横向坡度仪调在设计规定的坡度运行，进行混合料的铺筑。

（4）摊铺机按设计高程加上通过试验段确定的虚铺厚度就位，启动摊铺机。铺筑开始后立即用水准仪检测高程，用直尺检测平整度，合格后继续摊铺否则再调机至合格才能继续大面积的铺筑。摊铺机运行速度一般控制在2～4m/min。

（5）在混合料摊铺中设专人每隔5～10m在基准桩上挂线量测（或用水准仪检测）保证摊铺机在高程的厚度合格的状态下正常工作。

（6）在摊铺机后面设专人消除局部细集料离析现象。用点补的方法掺撒新混合料或铲除局部粗集料搭窝之处，用新拌混合料填补。

（7）在摊铺时摊铺机就位、启动、摊铺机的左、右侧的传感器均沿着铁桩上的基准线进行摊铺。但是摊铺机的行驶速度要放慢，一般宜控制在2m/min左右，以保证混合料的连续不间断的均衡地摊铺。

8.8.2.4　前场和后场的协调与配合

安排专人进行前后场之间的调度，统一安排。施工中尽可能缩短拌和内加水。拌和到碾压终了的延迟时间不应超过2小时。

8.8.3　施工进度计划

路面底基层：2012.8.5—2012.10.6。

8.8.4　施工方案与方法

1. 工艺流程（水泥稳定碎石基层工艺流程图）

施工前对下承层按质量验收标准进行验收，并精心矫正。之后，恢复中线，直线段每20～25m设一桩，平曲线段每10～15m设一桩，并在两侧路面边缘外0.3～0.5m处设指示桩，在指示桩上用红漆标出基层边缘设计标高及松铺厚度的位置，并用人工培填路肩。每隔10m设一固定支架，架设供摊铺机的传感器控制标高、方向用的钢丝。

2. 水泥稳定碎石的组成

(1) 水泥的选用，规范要求水泥选用初凝时间 3 小时以上，终凝时间较长在 6 小时以上的普通硅酸盐或矿渣硅酸盐低标号水泥。

(2) 碎石根据规范通常采用四种规格的石料进行掺配，采用 10～30、10～20mm 粗集料、5～10mm 中集料、5mm 以下的细石屑，其中集料的各项指标必须满足技术规范，其级配曲线应平顺圆滑，并应在规范要求范围之间。

(3) 水采用地下机井水。

(4) 水泥稳定碎石技术参数确定。根据试验强度确定水泥剂量，在达到强度的前提下，采用最小水泥剂量。

由试验室确定的目标配合比，在生产中应通过拌和机进行矿料比例调试，试拌、试铺试验路段，确定符合生产的施工配合比。一般采用的水泥剂量较设计增加 0.5%。

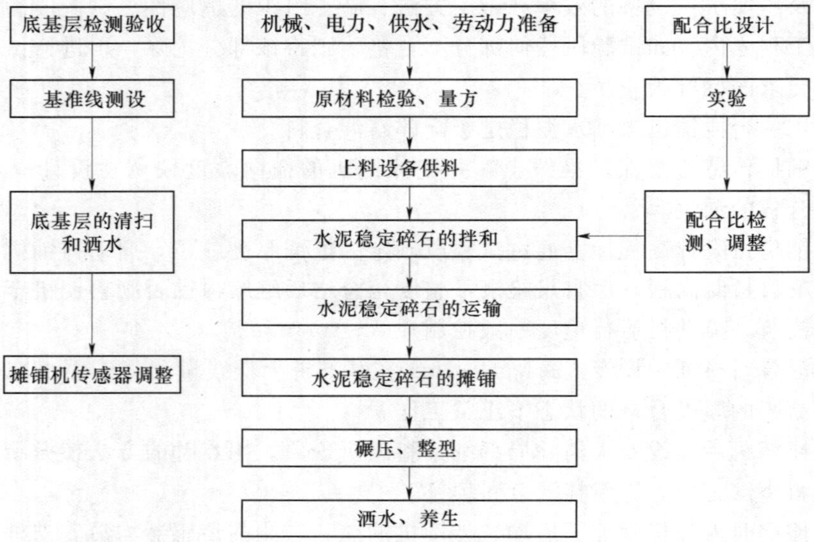

水泥稳定碎石基层工艺流程图

施工前对下承层按质量验收标准进行验收，并精心矫正。之后，恢复中线，直线段每 20～25m 设一桩，平曲线段每 10～15m 设一桩，并在两侧路面边缘外 0.3～0.5m 处设指示桩，在指示桩上用红漆标出基层边缘设计标高及松铺厚度的位置，并用人工培填路肩。每隔 10m 设一固定支架，架设供摊铺机的传感器控制标高、方向用的钢丝。

3. 水泥稳定碎石的组成

(1) 水泥的选用，规范要求水泥选用初凝时间 3 小时以上，终凝时间较长在 6 小时以上的普通硅酸盐或矿渣硅酸盐低标号水泥。

(2) 碎石根据规范通常采用四种规格的石料进行掺配，采用 10～30mm、10～20mm 粗集料、5～10mm 中集料、5mm 以下的细石屑，其中集料的各项指标必须满足技术规范，其级配曲线应平顺圆滑，并应在规范要求范围之间。

(3) 水采用地下机井水。

(4) 水泥稳定碎石技术参数确定。

根据试验强度确定水泥剂量，在达到强度的前提下，采用最小水泥剂量。

由试验室确定的目标配合比，在生产中应通过拌和机进行矿料比例调试，试拌、试铺试验路段，确定符合生产的施工配合比。一般采用的水泥剂量较设计增加 0.5%。

4. 水泥稳定碎石试验段

在进行施工之前，先做一个试验段是十分必要的，通过修建试验段进行施工优化组合，找出主要问题，并加以探索和解决。由此提出一套能指导大面积施工的施工工法，从而达到施工质量高、速度快、降低成本的目的，修建试验路段的具体任务是检验拌和、运输、摊铺、碾压、养生等所投入设备的可靠性，并检验混合料配合比设计是否满足设计要求和质量要求，检验各道工序的质量控制措施，测出施工用的生产配合比和松铺系数，确定一次施工长度和摊铺厚度，测定拌和到碾压成型所需时间，从而制定施工工法。

5. 水泥稳定碎石的拌和

(1) 级配碎石集料的质量控制。半刚性材料的特点是容易产生收缩和干缩裂缝，因此，在施工和设计中要控制好级配，选择合理的级配，以减少和避免裂缝的产生。

我们采用国产稳定土拌和设备集中拌和，在拌和之前，应反复检试调整，使其符合级配要求，同时每天开始拌和的前几盘应作筛分试验，如有问题及时调整，全天拌和料应按摊铺面积和规范要求的检测频率进行抽检。

(2) 水泥剂量的控制。水泥剂量系影响水泥稳定级配碎石强度的重要指标。考虑到施工离散性的影响，实际施工水泥剂量应比设计值增加 0.5%，在拌和过程中应随时观察混合料的颜色，防止水泥堵塞不流动，同时检测水泥出料重量，值得重视的是水泥剂量不能多加，也不能少加。剂量不够难以达到设计强度；剂量过大，造成水泥稳定碎石干缩和温缩裂缝增多。因此，其剂量误差应控制在 0.5%以内。

(3) 含水量的控制。含水量是水泥稳定级配碎石中的又一重要控制指标，含水量过低，小于最佳含水量 2 个百分点时，混合料难以成型，压实度达不到，且钻芯取样松散，板结性差，其强度达不到设计要求，如果含水量偏大，大于最佳含水量 1.5 个百分点时，碾压粘轮，并将部分料带起，大于 2.5 个百分点时，碾压有明显轮迹，且局部出现弹簧。在炎热的夏季施工，考虑到拌和、运输、摊铺等水分的蒸发，可以在拌和时加大水量，水量加大值应由拌和出料时含水量和摊铺完成碾压时的含水量进行对比，损失多少补多少，根据我工程处以往其他项目工程施工的经验，在夏季上午 9 点前和下午 5 点后，加水量比最佳含水量可增加 0.5%～1%，在 9 点到下午 5 点前加水量比最佳含水量可增加 0.8%～1.5%，在雨季期间施工，由于下雨的影响，砂石料含有一定的水量，因此，在每天拌和前都应对砂石料进行含水量检测，加水量应按最佳含水量减去砂、石料含水量进行控制，在其他季度施工可以不增加或少量增加，控制在 0.5%内。

(4) 防止碎石集料窜斗和大于最大粒径碎石进入拌和机。为避免上料时常发生窜斗现象，造成级配不准，影响水泥稳定级配碎石质量，料斗用挡板隔开；为了避免进入拌和机，在其出口处加设一层方格网，将大于最大粒径的碎石从筛网上及时剔除。

(5) 水泥稳定级配碎石的运输和摊铺。

1）水泥稳定碎石的运输。为了减少摊铺机等料时间，一般采用15t以上的自卸汽车运输，同时应用篷布覆盖，一方面减少运输中洒漏污染路面；另一方面，减少运输途中水分过分蒸发。发料时应认真填写发料单，认真查看混合料出厂时间，从拌和到摊铺现场限定水泥混合料不能超过3小时，否则应将全车料废弃，禁止使用，避免因混合料时间过长造成局部质量事故而返工。

2）水泥稳定碎石的摊铺。摊铺前应将路面底基层局部松散部分清除，清扫干净，并洒水保持湿润但不积水。水泥稳定级配碎石的摊铺方法采用ABG摊铺机进行摊铺。具体施工方法如下：

摊铺前事先测量钢钎标高，挂好钢丝绳，钢钎选用具有较大刚度的$\phi16\sim\phi18$光圆钢筋进行加工，并配固定架。固定架采用丝扣为好，便于拆卸和调整标高，钢钎长度60—70cm，钢丝绳采用3mm为好，另配两套紧线器，将钢丝绳拉紧固定，钢钎一般以10米一个断面，间距大容易产生悬链，两钢钎之间钢丝下垂出现误差，间距太小则增加了工作量，测量跟不上，遇到平曲线路段，应加密钢钎，采用5m一个断面，钢钎应打设在离铺设宽度以外30—40cm处，以防与施工机械碰撞，或由于机械的振动，造成钢丝的跳动，而干扰摊铺机的自动找平系统。钢钎打完后，测量钢钎顶标高，由控制标高（设计高加虚铺厚度），钢钎顶标高推算固定架高度。安装好固定架挂好钢丝绳，钢丝绳挂好后应用肉眼进行扫描，检查是否有特殊点即忽高忽低现象，如出现这种情况则应进行标高复测，直到调整好为止。如果夜晚加班摊铺，则应白天完成所有测量任务，此外，测量人员还要留人跟班进行检测。

摊铺起点，先将摊铺机烫平板升起，按虚铺厚度为控制标高垫好方木，然后落烫平板到方木上，方木采用强度较高不易变形的杂木。各项准备工作就绪后，开始倒料摊铺。

摊铺过程中，如果出现混合料供应断档超过2.5h的情况，则应移动摊铺机，将烫平板下混合料和压路机碾压不到位的混合料进行铲除清理，铲除时应垂直铲除，并成直线，然后将摊铺机倒回，重新垫方木控制铺设厚度，再进行摊铺。

每天的工作完成后，应将摊铺机退出。碾压完后，处理好横向接缝，如果摊铺时间不长，则可以采用人工，将其做成纵向垂直、水平成直线的接缝。如果时间过长，水泥稳定级配碎石已板结成型，那么则用切割机进行处理，切割应整齐、平顺并到底处，将废料铲除到路基以外，清理干净，然后开始下一段路面的摊铺。

在铺料时，严禁人为对钢丝绳干扰，设专人巡视检查，以免造成摊铺出来的水泥稳定碎石混合料忽高忽低。

摊铺最好连续作业，遇到不平整或起梗现象，则用人工修补或平地机配合找平，并在修整后表面均匀布撒1∶3水泥浆，补充混合料表面散失的水分。拌和、摊铺前后台应统一协调指挥，保持通讯联系。

6. 水泥稳定碎石的碾压

碾压水泥稳定碎石应采用较大吨位的振动压路机，快速压实，压路机的组合为2台YZ—18的振动压路机，一台宝马BW25压路机和一台三轮压路机。碾压顺序为，先静压，后振压，再静压，因虚铺较厚，接头处容易拥包，故碾时纵向应成锯齿状，不能在同一线上压齐，横向应按重叠半轮的方法进行。先用振动压路机，不开振动，稳压一遍，然后振动压6遍。三轮压2～3遍。三轮压的目的主要是为了光面和消除轮迹。压路机的行走速度以及起步、制动都十分关键。稳压阶段行走速度应控制在1.5km/h，压实阶段的速度控制在2km/h。光面阶段行走速度应控制在2.5km/h。起步和制动做到慢速启动、慢速刹车，杜绝快速启动、紧急刹车现象。

碾压过程中，发现局部拥包，用人工和平地机配合刮平处理后，再继续碾压，碾压全过程控制在1h内完成，如果超过1h则应再增加压路机台数。

碾压规定遍数后，及时检测压实度，如果发现压实度没有达到规范要求则继续碾压，但补压时间与前面拌和碾压时间加起来不能超过水泥的终凝时间。

7. 水泥稳定碎石的养生

水泥稳定级配碎石是水硬性材料，铺完后应及时养生，养生采用水车洒水养生或覆盖塑料薄膜，保证表面不干燥，养生不少于7天。

在养生期间内加覆盖层以前，尽可能禁止车辆通行，遇有确实躲不开的车辆也必须遵循轻车慢速行驶的原则，否则将导致水泥稳定碎石面层松散，剥落，形成坑洼。出现这种情况一方面只能用上层料找补造成经济损失，另一方面影响上一层的平整度控制。

第9章　总体工程及各分项工程的施工顺序

本工程各主要分项工程施工顺序如下：

9.1　路基工程

1. 填方路基施工

填前碾压→放样及地面高程复测→分层填筑→整平→压路机压实→中线及边坡校核→检测→填筑下一层。

2. 挖方路基施工

测量放样→砍树、挖根及清表→重新放样→确定开挖边界→挖探→设置临时截水沟、排水沟→开挖运土→挖至设计标高→检验中线、边线→整平压实。

3. 圆管涵施工

施工放样→挖基→验收→铺设垫层、浇筑混凝土基础→验收→吊装圆管涵→验收→回填。

4. 通道、盖板涵施工

施工放样→挖基→验收→浇筑基础→验收→浇筑墙身→验收→安装盖板（浇注顶板）→浇筑铺装层→验收。

9.2　桥涵工程

1. 灌注桩基础施工

施工准备（测量定位）→护筒埋设→钻孔、清孔→钢筋笼骨架安装→安装导管→灌注水下混凝土→桩检测验收。

2. 基坑开挖施工

施工准备→测量放样→机械开挖→基坑排水→人工清底、打垫层→验收。

3. 承台、系梁施工

施工准备（确定配合比、测量放样）→钢筋绑扎、预埋件埋设→钢筋绑扎分项验收→模板支立→模板分项验收→混凝土搅拌→混凝土运输→混凝土浇筑→模板拆除→混凝土养生

4. 墩柱施工

施工准备（确定配合比、测量放样等）→钢筋绑扎、预埋件安放→钢筋绑扎分项验收→模板支立→模板分项验收→混凝土搅拌→混凝土输送→混凝土浇筑→模板拆除→混凝土养生。

5. 盖梁、台帽施工

安装槽钢（支立排架）→安装垫梁→预压→铺安底模→绑扎钢筋→立侧模→灌注混凝土→拆模→养护。

6. 后张法预应力混凝土空心板预制

清理底模→绑扎钢筋→预应力孔道预留→支立模板→浇筑混凝土→养生→张拉→压浆→移梁。

7. 空心板安装施工

预制场装车→运梁车运输→板沿导梁运至安装孔→再通过墩顶龙门架将梁板横移→落梁就位。

8. 桥上部结构施工

施工准备→梁板吊装→接缝浇筑→预埋管线、桥面铺装→防撞护栏

第 10 章　工程质量和工期保证措施

10.1　工程质量保证措施

10.1.1　质量方针、目标

质量方针：

召唤绿色珍爱生命，筑环保路架安康桥；

预防为主顾客满意，追求卓越共创辉煌。

质量目标：

工程一次交验合格率100%，优质工程率达到95%以上，我公司保证将××高速公路××标段建设成部颁标准优良工程。

10.1.2　建立健全质量保证体系、质量管理和质量自检组织机构

10.1.2.1　质量保证体系

（1）建立以总工程师为首的质量管理体系。

（2）质量责任制：项目经理、总工程师对整个工程负责，项目生产负责人协助经理、总工程师管理好各分项工程施工进度，各施工队长、主管技术员负责所管辖工程的质量，保证优质、安全、按期完工。

10.1.2.2　质量管理组织机构

1. 设置专职质量管理机构和制度

（1）机构：该项目设内部监理工程师，负责本合同的质量管理工作，各工区长、工

区主管技术员负责所管辖分项或分部工程按合同技术规范要求施工，并搞好自检自查工作。

（2）制度：我公司颁布的“工程质量内部监理实施细则”对内部监理工程师的职责、权限有明确规定，强调了施工过程的质量控制与质量检查，工序之间的质量检查、验收要严格按技术规范进行，上道工序不检查签认，下道工序不准进行，严格执行工序之间的交接、签认手续，本级检查不合格的工程项目不准呈报上一级的质检人员检查验收。

对进场的原材料半成品、成品的检查验收，要严格按技术规范要求进行，不合格的材料、半成品不准进场，已进场要移走处理。

管理制度的执行情况要定期进行检查，项目经理每月组织一次由各工段长、技术员参加的质量检查，检查结果通报各工段和监理工程师。

2. 严格“三检制度”，加强过程控制

质量控制，关键在过程，施工中要严格自检、互检、专检制度，按照ISO9001质量体系文件的要求，每道工序完成后，由工段技术人员进行自检，工段内部复查，合格后由内部监理工程师进行检查，然后再报驻地监理检查。检查过程以测量和试验数据为依据，工序交接要填写工序交接单，明确工序负责人的责任，同时要填写“质量过程控制卡”，将质量终身制得以具体体现。

3. 加强各业务部门的技术质量管理

（1）技术质量管理按我公司“施工技术管理制度”“承包工程技术管理暂行条例”、“试验检测的组织机构和仪器设备配置标准”等制度办理。以上制度满足不了或有关条文与合同技术规范不一致以技术标准为准。

（2）生产管理按我公司“管理制度汇编”执行。

（3）材料管理及计量管理按我单位“物资管理办法”及“计量管理制度”执行，同时满足合同技术规范要求。

（4）机械设备管理按我公司“机械设备管理制度”执行。

4. 建立质量信息反馈系统

（1）公司与项目经理部采取有关措施加强生产调度和质量信息传递。

（2）建立信息报表、内部监理报表、工序间的书面交接通知单、质量台账等制度。

5. 根据“ISO9001”设立内部质量审核员，建立“质量保证体系”和“产品保证体系”，按照国际惯例进行管理，保证工程质量。

10.1.3　确保承诺质量目标的管理措施

1. 路基工程质量保证措施

（1）路基填筑严格按照试验段试验结果并经监理工程师批准的数据和填筑工艺组织施工。路基施工中除保证达到规范要求压实度外，还要达到层层找平，即每层均有一定的平整度，每层都要有路拱，随时阻止雨水聚积，影响填方质量。对路基填料随时检测含水量，偏低时洒水，偏高时晾晒，保证碾压时达到最佳含水量。路堤基底未经监理工程师验收，不得开始填筑，下一层填土未经工程师检验合格，上一层填土不得进行。

（2）斜坡上填筑路基时，原地挖成台阶，台阶宽度不小于规范要求，用小型压路机加以压实。

（3）每层填料铺设的宽度，每侧应超出路堤的设计宽度30～50cm，以保证修整路基边坡后的路缘有足够的压实度。

（4）路堑开挖，无论是人工或机械作业，必须严格控制路基设计宽度，若有超挖，应用与挖方相同的土壤填补，并压实至规定要求的密实压，如不能达到规定要求，应用合适的筑路材料补填压实。

（5）桥台背后、管涵两侧与顶部、锥坡与挡土墙等构造物背后的填土均应分层压实，每层压实的松铺厚度不宜超过规范规定的要求。由于工作面限制和构造物受压影响，应尽量采用小型手扶式振动压路机，以符合规定的压实度为准。

（6）压实度的保证措施：配备大吨位的振动压路机进行碾压，严格按照报验程序进行报验，压实度不合格坚决不允许上土，控制压实厚度和宽度，特别是路基边缘的压实度，碾压时控制在最佳含水量时碾压。路基的每层填土的平整度也是保证路基整体压实度的关键。

（7）特殊路基处理的保证措施：对于特殊路基处理地段，在施工中严格按照图纸及招标文件的要求进行施工，严格按照技术规范的要求去做，把路基的基础打好。从进料的材料进行控制（如砂砾等），回填的土方及砂砾满足规范要求。

（8）防止路基不均匀沉降的保证措施：严格按照路基施工技术规范的要求去做，加强桥头处的填筑质量，路基边缘的压实度，在施工中严格执行技术规范中对压实度的要求，它是不均匀沉降的主要原因。同时对纵向路基接头处应按照路基施工技术规范的要求去做。

2. 桥涵工程质量保证措施

（1）桥梁基础质量控制：基坑开挖应避免超挖，已经超挖或松动部分，应将松动部分予以清除。挖至标高后不得长时间暴露、扰动或浸泡，而削弱其承载能力。挖至接近标高时，保留10～20cm一层（俗称最后一锹工）在基础施工前以人工突击挖除，并迅速检验，随即进行基础施工。

（2）墩台施工质量控制。

1）墩台的钢模板具有足够的强度、刚度和稳定性，可承受施工中可能产生的各项荷载，保证结构物各部尺寸、形状准确。

2）桥台模板基本使用大尺寸钢模，板面平整，接缝严密不漏浆。浇注墩台混凝土施工中，严格控制技术标准，切实保证混凝土的配合比、水灰比和坍落度等指标要求。

（3）预制梁的质量控制。

1）浇筑预制大梁的场地，必须平整、坚实、避免低洼、积水。

2）浇筑预制大梁的模板尺寸、垫块、钢筋位置和预埋件的固定，均经检查符合设计、施工要求后，方可进行浇筑，并在浇筑过程中随时复查，防止跑模。

3）每块大梁的混凝土均一次浇筑完成，不得中途间断。

4）采用附着式振动器和插入式振捣棒组合振捣密实。

5）及时进行养护。

（4）混凝土内在质量的保证措施。

1）首先应控制原材料的质量及混凝土配合比的准确。其标准试验满足要求，在施工中确保施工配合比的准确。

2）混凝土的振捣严格按桥规的要求进行，振捣密实。

3）同时养生也是混凝土强度增长的重要因素，要使混凝土的表面始终保持湿润。

4）拌和设备应具有自动记录和打印功能，砂、碎石进料控制在±2%，水泥、水进料控制在±1%。

5）坍落度控制（外观、强度影响）严格控制入模混凝土坍落度。

6）混凝土密实度能够保证的情况下尽量用平板振动器进行振捣。

7）加强混凝土强度试验。

（5）混凝土外观质量问题：

1）减水剂影响振捣后的混凝土强度，用干粉不要用乳液，因为乳液的粉剂含量不明确，使用干粉称量以后在桶内加水充分溶解，并在混凝土中扣除所用水量。

2）拌和时间不小于3min，项目部要对每盘混凝土的去向明确，不能失控。

3）坍落度要控制好。

4）石子不能超粒径。

5）脱模剂可采用变压器油，效果比较好。

（6）原材料质量的保证措施。

1）集料。

a. 混凝土用的集料必须满足图纸和技术规范的要求，在运输或工地存储时，应使其不受污染。

b. 集料应按不同尺寸运抵工地，并贮存在相互分开的不同料堆中。

2）水泥。

a. 水泥在运输过程中必须用防水篷布或其他有效的防水覆盖物加以覆盖。

b. 水泥应贮存足够的数量，以满足混凝土的浇筑需要。任何时候不能因水泥供应中断而暂停浇筑。

c. 保存水泥的地点建在完全干燥、通风良好、防风雨、防潮湿的足够容量的库房放置水泥，袋装水泥应紧密堆放，以减少空气流通，水泥库的地面和外墙内侧进行防潮处理。

d. 水泥交货后尽快使用，使用时应为松散流动体和没有结块。

3）钢筋。

a. 所有钢筋应符合图纸和技术规范的规定，钢筋的力学、工艺性能都应符合规范规定。

b. 钢筋必须按不同钢种、等级、牌号、规格及生产厂分批验收，分别堆存，且立牌以便于识别。

c. 钢筋应用于工程时，钢筋应无灰尘、有害的锈蚀、松散锈皮、油漆、油脂等其他杂质。

d. 应用于工程中的钢筋无有害的缺陷，例如裂纹及剥离层等。钢筋尺寸力学性能等都符合规定要求。

10.1.4 工期质量管理奖惩制度

工程质量与个人效益挂钩：质量领导小组每月至少进行一次全面质量检查和评分，并将结果予以通报。

10.1.5 与业主配合，共同创建优质工程

按照业主要求确保施工安全，工程质量优良。积极推行新技术、新工艺，实施规范化、标准化作业，确保质量目标的实现，做到精细化施工。

10.1.6 正确处理进度和质量的关系

工程建设项目的实施，必须保证施工计划、施工方案的执行，必须进行进度控制和一系列的管理工作。根据工程建设项目的进度控制实践，进度控制的要点主要包括：工程施工进度计划的编制、施工进度计划的审批和施工进度计划的检查与调整。

质量控制在工程建设中，其控制的要点主要有"人、材、机、方法和环境"等五大方面。因此，事先对这五方面的因素予以控制，加以规划和设计，是保证建设项目施工质量的关键。只要紧紧抓住进度控制和质量控制的要点，就可以保证建设工程在施工中不出现大的质量问题，为顺利的保质、保量、保期完成建设施工任务创造出一个好的局面。

10.1.7 克服各种质量通病的主要技术措施

1. 桥头跳车及预防措施

桥头接线路基与桥台的沉降量不同常引起跳车现象，预防措施如下：

（1）台背路基严格按照设计尺寸、设计材料进行台背填筑。

（2）回填材料采用天然砂砾。

（3）采取分层强夯压实措施。

2. 混凝土外表质量差及预防措施

混凝土外表质量差是混凝土工程中通病，预防措施主要有：

（1）接缝处模板拼装要严密，采取加劲加强，保留一节模板下拆，下节模板在保留节模板上接长，接处用腻子灰刮平，贴透明胶纸，可有效地预防。

（2）气泡孔多的预防，调整配合比掺入粉煤灰，适宜的外掺剂，减少用水量，加强振捣，可有效地预防。

（3）颜色不一致的预防，采用同厂家、同牌号的水泥，并防模板褪色，如铁锈、油漆，并用清洁脱模剂。

（4）外轮廓线条不顺直的预防。模板须由专业厂家加工，模板安装应准确、牢固，防止模板移位，并注意拆模时间和拆模时对混凝土外表及轮廓的保护。

10.2 工期保证措施

10.2.1 工期保证方案

根据工期要求规定，本标段工程计划2011年4月30日开工，2013年2月28日完工。

10.2.2 工期保证组织机构与体系

工程施工进度保证体系由组织保证、资源保证、技术保证、措施与制度保证、经济保证五大部分组成，各个部分再将指标要求分解至各职能部门、施工队、班组及个人，分部门、分层次逐一落实，保证总体计划实现。具体内容如工程施工进度保证体系框

图所示。

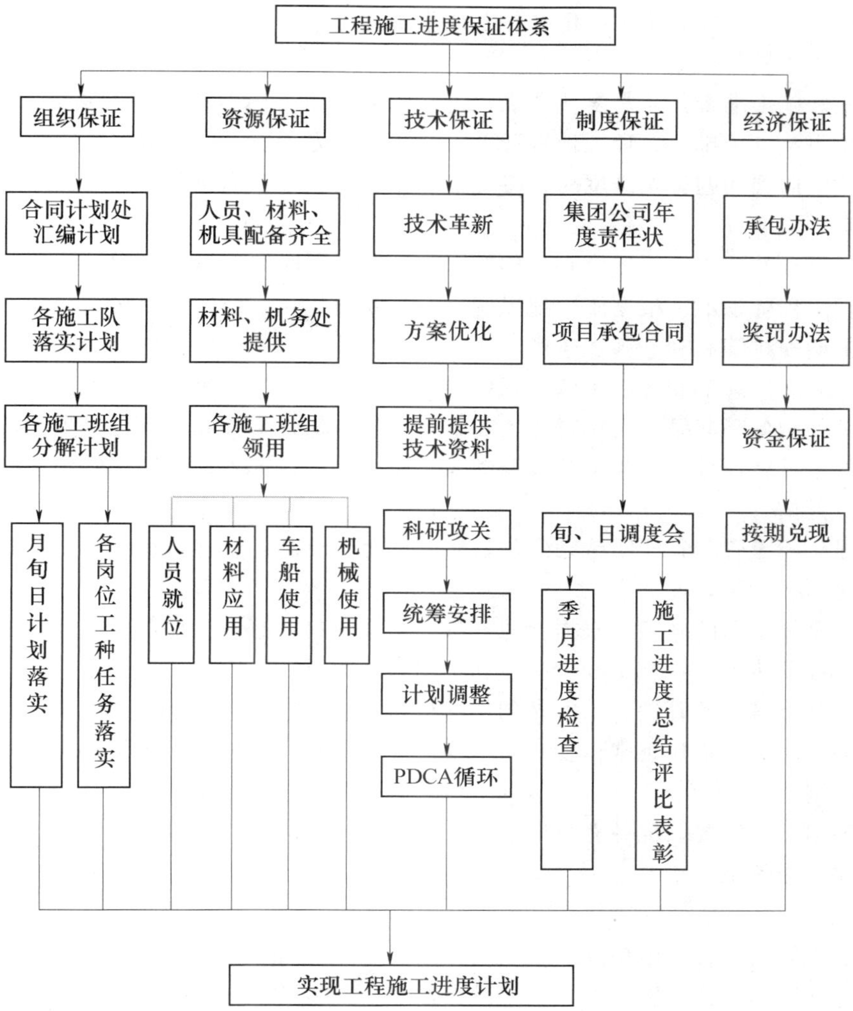

工程施工进度保证体系框图

10.2.3 工期保证的管理措施

为保证按期顺利完成工程任务，应落实保证以下措施：

1. 组织保证

(1) 建立、健全调度指挥系统。

(2) 各级领导层层负责，分片包干。

(3) 加强思想教育、提高合同工期意识。

(4) 协调好各方关系、分造良好施工环境。

2. 工作保证

(1) 为加快本合同的建设，成立本合同段项目经理部，对内指挥施工生产，对外负责合同履行及协调联络。

（2）实施本合同的施工队伍已选定，目前已熟悉投标图纸，中标后即可迅速到场，进行施工。机械设备将随同施工队伍有计划地不影响总体进度安排的前提下迅速抵达，确保主体工程按时或提前完成。

（3）做好施工准备，认真复核图纸，进一步完善施工组织设计，落实重大施工方案，积极配合业主及有关单位办理征地拆迁手续。疏通地方关系，取得地方政府及有关部门的支持，施工中遇到问题影响进度时，将统筹安排及时调整，确保总体工期，杜绝返工和安全事故。

（4）以投标的施工组织进度和工期要求为依据，同时完善施工组织设计，落实施工方案，报监理工程师批准。根据施工情况变化，不断地优化，使工序衔接，劳动力组织，机具设备，工期安排等有利于施工生产。

（5）建立从经理部到各施工队的调度指挥系统，全面、及时掌握并迅速、准确地处理影响施工进度的各种问题。对工程交叉和施工干扰应加强指挥和协调，对重大关键问题提前研究，制定措施，及时调整工序和调动人、财、机，保证工程的连续性和平衡性，突出重点、日清月结。

（6）强化施工管理，严明劳动纪律，对劳动力实行动态管理，优化组合，使作业专业化、正规化、标准化。

（7）安排好雨季的施工，根据当地气象、水文资料，有预见地调整好各项工作的施工顺序，并做好预防工作，使工程能有序和不间断地运行。

（8）加强机械设备管理。切实做到加强机械设备的检修和维修工作，配足维修人员，配足常备构件，确保机械正常运转，对主要工序将储备一定的备用机械，确保机械化施工的连续顺利进行。

（9）根据工程需要，配备充足的技术人员和技术工人，并采用各项措施，提高劳动者技术素质和工作效率。

3. 制度保证

（1）建立健全工程例会制度。

（2）建立工期责任制度。

（3）实行内部承包制，加大产值所占比。

10.2.4 劳动力保障措施

我公司有长期合作、合格有资质的劳务分包队伍，能满足施工劳动力的要求。

10.2.5 机械设备保障措施

项目部自有机械能满足施工要求，在施工实际需求时，可通过租赁一部分机械的方式来满足施工需求。

10.2.6 施工、生活、后勤保障措施

（1）工期进度情况和计划安排、调整及时通知物质机料供应部门、行政后勤部门、使有关部门心中有数，及早作出材料供应和后勤保障安排。

（2）后勤和材料供应部门应经常深入施工现场，了解施工动态与工程需要，及时调整库存数量与采购、供应计划。

（3）后勤和材料供应部门应为施工提供优质服务，态度和蔼、时间及时、保质、保量、保工期。

10.2.7　重点、关键或难点工程工期保障措施

根据本工程的特点，在确保本合同段按期完成的前提下，需保证重点、难点工程的按期完工，特制定如下措施：

（1）施工过程中利用我公司拥有的先进仪器、设备，进行施工质量检测，尽可能杜绝施工质量事故及其隐患，确保工期。

（2）对重点、难点工程制定周密的、切实可行的、且选用最优的施工方案，配备高素质、技术全面的工程师担任重点、难点工程的指挥，同时选用有丰富经验的技术工人和施工队伍负责该工程的施工。

（3）对重点、难点工程集中力量，除按正常工作时间施工外，在获取工程师批准的情况下，昼夜施工，确保既定工期目标的实现。

（4）合理利用资金，保证工程用款，确保工程顺利进行。

第 11 章　冬季和雨季施工安排

11.1　冬季施工安排

本工程是跨年度施工，该地区冬季平均气温为 16.5～17.5℃，冬季来临前应做好冬季施工各项准备工作，加强气象监测和预报工作，做好冬季工程用料储备。当工地昼夜平均气温低于 5℃或最低气温低于－3℃时，混凝土工程施工严格按规范规定的冬季施工办法进行。

（1）冬季来临前早做安排，及时收听天气预报，不便于采取冬季养生措施的工程项目要在冬季来临气温下降前半个月完成施工。

（2）混凝土施工。

1）水泥采用硅酸盐水泥，施工中水灰比控制在不大于 0.6 范围内，浇筑混凝土宜采用防冻剂；原材料的温度不能满足要求时，考虑对拌合用水进行加热。

2）加强拌和场的防寒保温措施，将罐车大罐用土工布包裹，防止混凝土运输过程中热量损失过快，保证混凝土入模温度。

3）冬季混凝土浇筑要控制入模温度，采用机械振捣，振捣要快，混凝土灌注结束后，立即铺设保温材料进行防寒保温。

4）砂石骨料保持干燥状态，骨料在存放中不得夹有冰膜雪团。

5）冬季混凝土施工，砂、石、骨料和水泥保持在 0℃以上，拌和温度不低于 12℃，运输过程中应保证不降温，入模温度不低于 10℃，养生温度不低于 8℃，箱梁顶面浇筑温度不低于 18℃。拌和处设防寒措施。

6）冬季施工优先考虑加热水的方法。当外界温度较低，只加热水尚不能满足拌和物出机温度要求时，可对砂和碎石等骨料加热。

（3）做好机械的常规保养和防冻保温工作。

11.2　雨季施工安排

本合同段地处××省××县境内，属于中亚热带季风湿润气候，既具季风性，又兼具

大陆性。基本特征为气候温和降水充沛，雨热同期，四季分明。春末夏初多雨，夏末秋季多旱；春湿多变，夏秋多晴，严冬期短，暑热期长。段内年平均气温16.5～17.5℃，年极端最高气温40.1℃，年极端最低气温－12.1℃。多年平均降水量1300～1400mm，一日间最大降水量147.3mm，降水多集中在4—7月。夏冬季长，春秋季短，夏季约118～127天，冬季117～122天，春季61～64天，秋季59～69天。春温变化大，夏初雨水多，伏秋高温久，冬季严寒少。3月下旬至5月中旬，冷暖空气相互交绥，形成连绵阴雨低温寡照天气。从5月下旬起，气温显著提高，夏季日平均气温在30℃以上有85天，气温高于35℃的炎热日，年平均约30天，盛夏酷热少雨。9月下旬后，白天较暖，入夜转凉，降水量减少，低云量日多。区内对线路影响较大的灾害性天气为暴雨，冲沟特别是汇水面积较大地段，应加强排水与防护工程设计，另冰冻天气也会对山区路线产生较大影响。因气候影响施工的时段主要是冬春交替期，一般自12月下旬至来年2月中旬，路基土方及构造物要不失时机地做好施工计划安排。

雨季期间要做好以下工作：

（1）订购气象预报，经理部、拌和场、各工区安置今、明两日气象通知，随时掌握气候情况。

（2）开展雨季影响小的工作，同时加强设备的维修保养、备料人员培训等工作。

（3）依据计划要求必须在雨季施工的项目，做好防护和排水工作。

（4）施工过程中如果突然下雨；在雨比较大时应立即停止作业，并将新作业段用彩条布覆盖，以免水毁，在雨较小时若继续施工应做好防水工作。

（5）雨季期间路基施工时土方要随上土随摊铺随碾压，采取小路段施工，尽量不让未摊铺、未压实土方过夜，如实在来不及压实时，也要快速碾压2～3遍，封住表层。

（6）每层路基表面的路拱一定要做好，路基两侧做好土埂，以便雨水能及时排除，边坡要设置临时排水沟，避免雨水将边坡冲毁。

（7）雨天停止土石方开挖和回填作业，高空作业要做好雷、电防护工作。

（8）雨季施工前，根据现场具体情况确定雨季可进行地段，并编制实施性的雨季施工组织计划。

与当地政府及有关部门密切联系，疏通既有排水系统，保证排水畅通。施工道路面平整不积水，确保道路畅通。桥梁墩台基坑开挖后，组织力量突击施工，并做好临时排水措施，防止水淹浸泡基坑。混凝土浇筑过程中或刚浇注完如遇下雨，立即用塑料膜覆盖。汛期期间时，设专人值班与当地气象部门联系，及时了解水位等气象信息，做好安全防范工作。

第12章 安全保证措施

12.1 安全方针、目标

“三无、一杜绝、一创建”。“三无”即无工伤死亡事故、无交通死亡事故、无火灾洪灾事故；“一杜绝”即杜绝重大伤亡事故，“一创建”即创建安全文明单位。

12.2 安全管理组织机构与安全保证体系

12.2.1 安全管理组织机构

成立以项目经理为组长的安全生产管理组，下设安全质量环保部。安质部设多名安全检查工程师，工程队设专职安全员，工班设兼职安全员，形成自上而下的安全生产监督、保障体系，对施工生产全过程实施安全监控。建设安全标准化工地，搞好现场文明施工，为实现安全生产提供强有力的组织保证。

12.2.2　安全保证体系

建立健全安全保证体系，贯彻执行“安全第一、预防为主”和坚持“抓生产必须抓安全，以安全促生产”的原则，成立以项目经理为组长、项目总工程师为副组长的安全领导小组。由专职安全工程师组成监察组具体负责本合同段工程项目的全部安全监察和管理工作，各施工区设兼职安全员，从而形成一个健全的安全保证体系。

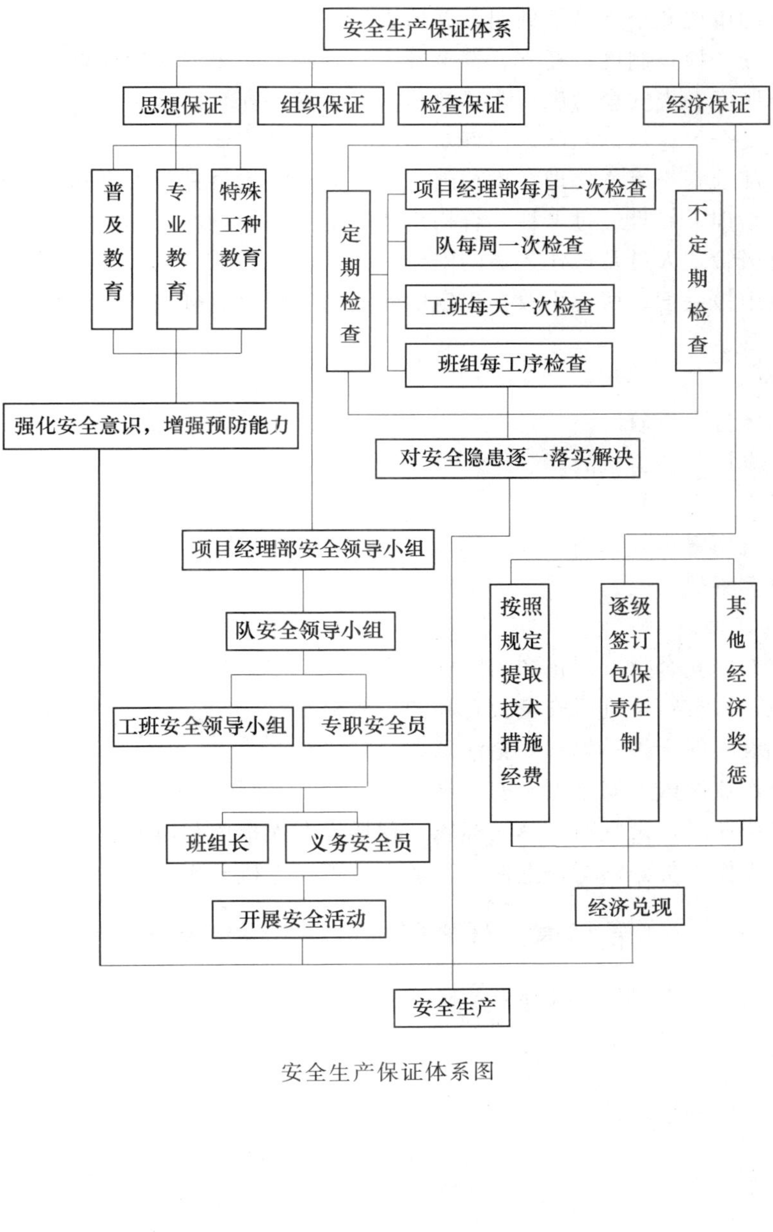

安全生产保证体系图

12.2.3 安全生产综合性保证措施

1. 基础工作

（1）建立安全生产责任制。明确规定各职能部门、各级人员在安全管理工作中所承担的职责、任务和权限，形成一个“人人讲安全、事事为安全、时时想安全、处处要安全”的良好施工氛围。

（2）建立持证上岗制度。安全员、质量员、试验员等管理人员和特殊工种操作工人佩戴胸牌并持证上岗。

（3）明确安全生产目标。在开工前，明确安全生产总目标，并根据总目标制定分阶段、分项安全目标及相应的安全措施，确保安全目标的实现。

（4）建立安全奖惩制度。根据规定对安全生产工作做出成绩的单位和个人给予奖励，对于违章施工的单位和个人给予处罚，并追查责任。

（5）坚持安全检查制度。建立、健全安全检查制度，采取定期检查与不定期抽查相结合的安全检查制度，查安全隐患、查事故苗头，消除不安全因素。

（6）坚持安全教育培训制度。做好对新工人、特种作业人员安全生产教育和各级领导干部、管理干部的安全生产培训，推行新工艺前向有关人员进行安全知识、技能、意识的专项安全教育培训，并且经过考核，合格后才能上岗。经理部定期对所有员工进行安全培训，以增加各级管理人员及操作人员的安全意识。

（7）事故申报制度。所有事故在规定的时间内申报。对事故进行详细调查，并写出事故调查处理报告。

2. 防范重点

（1）防物体打击事故。

（2）防机具设备伤害事故。

（3）防高空坠落事故。

（4）防电机伤害事故。

（5）防行车事故。

3. 技术保证措施

（1）设立专职安全员，纠正和消除施工中出现不安全苗头。

（2）对施工人员定期进行安全教育和知识考核。

（3）工地设立安全警示牌和安全注意事项宣传栏。

（4）高空作业佩戴“安全帽、安全带、安全网”，确保安全。

（5）吊装作业时，设立明显禁入标志，现场设专人指挥和协调。

（6）机械操作人员必须持证上岗，其他人员不得上机操作。

第13章　环境保护及水土保持措施

13.1 环境保护及水土保持管理体系

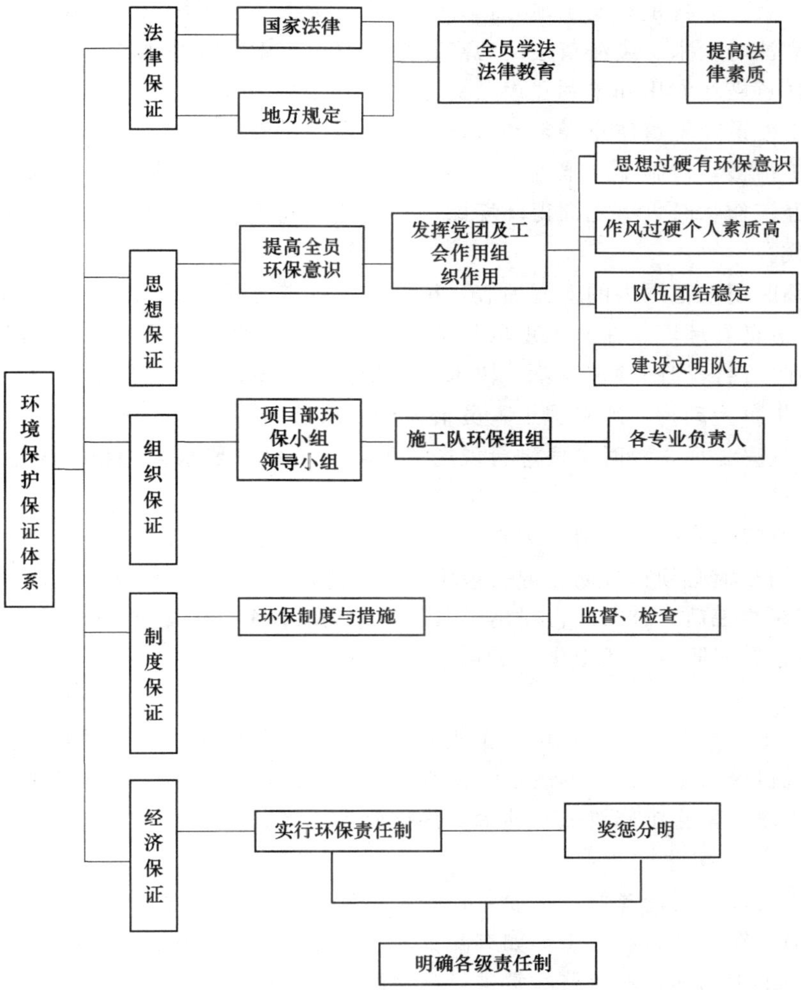

环境保护保证体系框图

13.2　环境保护及水土保持措施

1. 水土及生态环境的保护措施

为了加强公路建设的环境保护工作，减少因公路建设而导致的环境污染，切实做好防治措施，保护自然资源，改善生态环境和人民生活环境，在施工过程中，除严格遵守部颁技术规范、料场管理和设计说明环境保护规定条例，还制定了以下施工措施：

（1）开工前对全体干部职工进行环境保护学习，增强环保意识，形成良好的环保习惯，使施工工作中对生态环境的受损采取有效措施，并使其降至最低程度。

（2）按设计要求堆放砂、石料等施工材料，运送混凝土及砂、石料等流散物资时设置挡板，加盖彩条布，做到不丢不撒。

（3）合理布置施工场地，生产、生活设施尽量布置在征地线以内，少占或不占耕地，尽量不破坏原有植被，保护自然环境。

(4) 油库设在无村镇的安全地方，并配专职值班人员、消防安全设施。

(5) 对废油、废水、废渣按指定地点存放，避免污染空气和水源。

(6) 不任意破坏农田和水利建设及交通设施。

(7) 施工便道及辅道注意经常洒水，防止扬尘、污染环境。

(8) 保护植被，对施工界限内、外的植被、树木等尽量维持原状。如因施工需要砍除树木和其他经济作物时，事先征得环境保护和水土保持部门、所有者和业主的批示同意，严禁乱砍滥伐。

(9) 对临时用地范围内的裸露地表，植草或种树进行绿化。

(10) 营造良好环境。在施工现场和生活区设置足够的临时卫生设施，经常进行卫生清理，同时在生活区周围种植花草、树木，美化生活环境。

(11) 保护野生动物，严禁施工人员猎杀野生动物。

(12) 工程完工后，及时彻底进行现场清理，并按设计要求采用植被覆盖或其他处理措施。

(13) 对有害物质（如燃料、废料、垃圾等），按规定处理后。

(14) 运输车辆必须作好防止漏失措施，以防物料污染道路。

(15) 道路竣工后，临时所占耕地及其他用地切实做到工完、料净、场地清。

(16) 注意做好职工生活卫生、美化生活环境。

2. 水资源保护措施

(1) 靠近生活水源的施工，用沟壕或堤坝同生活水源隔开，避免污染生活源。

(2) 清洗机械、施工设备的废水严禁直接排入江河，禁止机械在运转中产生油污未经处理就直接排放，禁止维修机械时油水直接排放入江河。

3. 大气环境保护及粉尘的防治

(1) 在设备选型时选择低污染设备，安装空气污染控制系统。

(2) 运输水泥、砂、石、土等如有漏失，及时清扫干净，保持道路整洁。

(3) 对施工现场和运输道路经常进行洒水湿润，减少扬尘。

(4) 汽油等易挥发品的存放要密闭，并尽量缩短开启时间。

(5) 水泥混凝土、稳定土拌和站应有防尘措施。操作人员要配备必要的劳保防护用品。

4. 生产、生活垃圾的管理

(1) 施工营地和施工现场的生活垃圾，集中堆放。

(2) 施工和生活中的废弃物经当地环保部门同意后，运至指定地点。工地设置厕所，派专人清理打扫，并定期对周围喷药消毒，以防蛆蝇滋生，病毒增生。

(3) 报废材料立即运出现场，并进行掩埋等处理。对于施工中废弃的零碎配件、边角料、水泥袋、包装箱等，及时清理并搞好现场卫生，以保护自然环境景观不受破坏。

(4) 弃土不得随意堆放，须运至指定弃土场。

5. 完工后场地清理及恢复平整的环保措施

工程完工后对临时用地内所有建筑、生活垃圾应进行清理，垃圾运至指定位置处理，场地清理平整合格后，将其恢复原状。

6. 环境保护原则

（1）环境保护组织管理。并充分发挥本公司的组织管理优势，会同有关部门组织环境监测，调查和掌握环境状态，督促全体职工自觉做好保护工作，并认真接受业主和环保部门的监督指导，同时建立相应的管理体系。

（2）大气污染的防治措施。旱季注重道路洒水养护，降低粉尘对环境的污染，雨季做好沟渠疏通，防止对道路造成污染；专设砂浆干粉仓库和砂浆搅拌作业棚，减少砂浆搅拌时的烟尘、粉尘污染。

（3）水土保持及弃渣处理措施。在施工过程中，不得伤及施工区征地范围以外的地形、地貌，原有植物和植被。

临时工程的布置尽量减少对环境的干扰。

废土弃石应合理堆放在指定范围内，弃渣场应采取挡渣坝工程，场内注意排水，保持平整、稳定。设置临时滞淤池、截水沟和淤泥收集设施，以防止淤泥进入毗邻水域。完工时要与有关部门协商并实施对弃渣场和取土场的处理工作，必要时按要求对指定区域复耕。

钻孔过程中会有大量的泥浆水排放，为防止污染水源、破坏环境。钻孔过程中的泥浆先集中在沉淀池沉淀，并经净化处理，符合要求后排放，严禁乱流乱淌。

设专人负责施工期间的施工排水系统的建立与日常维护，保证施工区排水沟的畅通，施工区域无积水，保证施工区道路畅通。污水排入化粪池，浴室淋浴设施，保持清洁，排水畅通，有专人管理。

施工中要充分重视腐质土的保护，将腐质土集中堆放以备将来地表回填，恢复植被。

在土方开挖回填时避开雨季，雨季来临前将开挖回填、弃方的边坡处理完毕。施工取土时采取平行作业，边开挖、边平整、边绿化，计划取土，及时还耕，及时进行景观再造。

（4）固体废物的防治措施。加强施工管理，实行文明施工，对环境有污染的城建渣土和商业固体废物，必须经过处理后方可外运。

选用采用易回收利用、易处理或者在环境中易消纳的包装物的产品。

（5）噪声的防治措施。合理安排施工机械作业，尽可能安排在不影响周围居民正常生活的时段下进行。运输车辆在夜间进入居民居住区的道路后，应禁止鸣笛。

第 14 章　文明施工、文物保护保证体系及保证措施

1. 文明施工的总目标

创文明施工工地，做文明施工标兵。

2. 文明施工措施

（1）项目经理部及工地现场按照工作制度，合理工作，有序施工。

（2）场地规划整齐，集料按规格隔离堆放，料场标示明确，保持施工场地清洁卫生。

（3）提前疏通施工便道与地方道路有冲突的地段，做到便道畅通，要做好现场施工车辆与其他车辆的调度，以保证施工顺利进行。

（4）加强现场安全管理，在施工现场设置“六牌一图”即单位名称牌、工程概况牌、

警卫制度牌、安全措施牌、安全记录牌、安全质量宣传牌和现场总平面图。

（5）健全制度，严格管理以确保文明施工。

3. 施工现场场容管理

（1）按要求将拟建的道路等临时工程的详细设计与说明，提交监理工程师批准。

（2）修建的道路等临时工程包含标志、护栏、警告等安全设施的设置。

（3）工程施工与现有的道路发生冲突和干扰时，要在工程施工前修建临时道路。

（4）工程施工期间，要配备人员对临时道路进行养护，以保证临时道路和结构物的正常使用。

4. 驻地建设文明要求

（1）按施工组织设计合理布置生产、生活设施。设置施工与管理所需的办公室、住房、医疗卫生、车间、工作场地、仓库与贮料场及消防设施。

（2）为了工程免遭损坏及对附近过往群众的安全与方便，在驻地和施工现场适当的地方，设必要的照明、警卫、围栏、警告标志等安全防护设施。

5. 卫生与供水

采取应有的卫生防护措施，经常保持现场及驻地整洁和卫生，保护职工的健康。工程施工期间，设置必要的医务人员和配备必要的医疗设施，为工地人员提供必要的医疗和急救服务。

第15章　项目风险预测与防范，事故应急预案、救援演练方式

15.1　项目风险预测与防范

1. 项目实施过程中存在的风险

（1）质量与安全风险。质量与安全是施工企业的生命线，也是工程项目重要的管理内容，一旦发生质量与安全事故，不仅给伤害者本人及家庭造成巨大的痛苦，同时也将给企业带来相应的经济损失，轻则罚款、通报批评，重则停止市场活动，降级甚至吊销执照，直接关系到企业的生死存亡。

（2）项目施工管理风险。总包项目施工过程中有时由于工程工期较紧，分项工艺较多，工序较繁杂，技术难度及要求高，管理上难免顾此失彼而造成风险。

（3）项目经理作为对施工项目全面负责人，其素质、能力往往是项目目标实现的关键所在，如果项目经理的管理与指挥组织能力不足或缺乏职业道德，那么项目的顺利实施及赢利就可能会大打折扣，从而给项目管理带来风险。

（4）材料价格风险。

建筑工程项目成本的60%～70%以上都是材料成本，任何一种主要材料的大幅波动都会给项目带来巨大的影响。

2. 项目竣工阶段存在的风险

施工项目竣工后，如不能及时办理工程竣工验收，编制工程竣工决算，即可能造成项目财务结算邂逅，不能及时收回工程结算尾款，增加项目资金负担，同时又延长了工程保修时间，增加工程维修费用，从而使项目成本增大，也会带来相应的风险。

3. 工程施工项目风险的防范策略

工程施工项目风险防范的前提是树立合同意识、风险意识和索赔意识，在具体的防范控制中有以下几个策略：

（1）风险回避策略。为预防项目立项阶段所面临的业主风险，在投标报价钱，认真分析业主所在的政治、经济状况，业主的工程款落实情况和支付信誉；在编制投标报价阶段，熟悉招标文件，做好现场勘查，在单价和总价中考虑风险因素；如果发现项目所面临风险超出自己所能承受的限度，及时终止项目已避免风险。

（2）风险降低（减少）策略。有效降低（减少）风险，着重把握好两大环节：

项目施工过程中这一环节。把握这一环节首先要制定先进的、经济合理的施工方案，以达到缩短工期、提高质量、降低成本的目的。施工方案的优化选择是施工企业降低成本的主要途径之一，制定施工方案要以合同工期为依据，结合施工项目规模、性质、复杂程度、施工现场条件等因素综合考虑，可同时制定几个施工方案，相互比较，从中优选最合理、经济的一个。

其次，在项目实施过程中，要实行全面成本控制，按照所选定的施工方案，严格按照成本计划实施和控制。对构成生产资料费用的材料、人工、机械施工现场管理费用分别不同情况，采取不同措施加以控制。

一是降低材料成本。由于材料成本占整个工程成本的 60%～70%，是降低工程成本的关键。因此，必须对主要材料实行限额领用，根据施工预算严格控制，按理论用量加合理耗材的办法与施工班组结算，节约给予奖励，促使施工班组合理使用材料，避免损失浪费。

另外必须健全收料制度，实行三级收料，材料进场，先由收料员清点数量，编制材料计划，确定合理的材料进出场时间，避免材料的毁损以及增加材料的二次搬运费用。

二是降低人工及机械费用，减少窝工浪费，实行合理的奖励制度；加强劳动纪律，压缩非生产性用工与辅助用工，严格控制非生产人员的比例。正确选配合理利用机械设备，尽量减少施工中所消耗的机械台班量，通过全面施工组织、机械调配，提高机械设备的利用率和玩好率，同时加强现场设备的维修、保养工作，降低大修、经常性修理等各项费用的开支，并避免造成机械设备的闲置。加强租赁设备计划的管理，充分利用社会闲置机械资源，从不同角度降低机械使用费用。

三是降低施工管理费用，施工管理费中开支较大的是管理人员工资、差旅费与业务招待费、项目开始时实施时，根据施工预算及工期要求，制定出费用开支计划，对每一个费用项目逐一核定指标，并严格按照计划执行。精简管理人员，严格出差审批手续。严格控制业务招待费用的支出，实行事前报告和事后审批制度，以达到降低管理费用开支的目的。

项目施工完成后这一环节。及时办理竣工验收，编制工程竣工决算，按照施工合同规定的时间办理决算送审。对于设计变更部分或应业主原因导致的停工损失，产地狭窄而发生的材料倒运等费用应及时进行现场签证，追加合同条款办理工程结算，确保取得足额结算收入，加速竣工工程量，合理预计可能发生的维修费用，并制定保修计划，以此作为维修费用的控制依据，根据实际情况，项目部可委派专人或由就近施工的人员代理，尽量节约开支。

15.2 事故应急预案

为了避免最大限度地减少或消除施工或工作中可能发生的职业健康安全紧急情况或意外事故所造成的损失，项目部特意制定了相关应急情况预案及处理程序。

1. 主要应急事件

(1) 高空坠落、物体打击、机械伤害、触电、坍塌托等造成的人员伤亡。

(2) 火灾、爆炸事故。

(3) 集体食物中毒与中暑、施工中毒与窒息事故。

2. 应急事件预防及处理程序

(1) 火灾事故应急。在施工现场和工作场所配备足够的灭火器、消火栓、沙箱、灭火铲、担架等，在施工场地有明显标示。工地供水管兼作消防水管，必要时应设置消防水池。施工道路保持通畅，工地安全员要随时检查并做好记录。应急小组组织义务消防队进行消防演练和培训，使之获得基本的消防知识和技能。

(2) 人员伤亡事故应急。施工现场配备急救箱1～2只、内置应急包等外伤急救医疗卫生用品及消炎镇痛药材，施工前对工程所在地120急救中心，就近医院、伤科医院等医疗机构地点、交通线路、联系电话了解清楚，打印粘贴在安全宣传栏上。

培训：项目部对进场员工尤其是农民工，要认真细致地进行安全培训，做好三级安全教育，认真讲解“发生紧急情况急救措施和报告办法”和“本岗位预防事故的办法”，并做好记录，项目部为员工购买意外伤害保险。

急救程序：

急救小组组长、副组长在第一时间内赶赴现场。就地组织员工及时抢救伤员至安全地带。

工地维护员对重伤员进行止血急救措施，全部伤员立即转送医院诊断救护，对伤亡人员立即转送医院，请求医疗诊断，提出结论。

现场警戒：保安人员在第一时间内到达现场，负责警戒，保护现场，阻止一切无关人员进入，以等待调查。

报告和沟通：项目部立即向主管部门书面报告人员伤亡情况。请求协助。项目部按当地政府和上级主管单位规定做好伤亡人员家属及善后工作。

恢复生产：

在应急领导小组主持下，应急领导小组其他相关人员和项目应急小组共同进行事故调查，经现场照相、访问、提取物证后，写出事故调查报告，并报告上级主管部门及政府相关部门。应急小组调查结束后，可以发出生产指令。应急小组召开员工大会，通报事故情况，总结教训，采取纠正和预防措施，提出后续工作的安全生产目标。

(3) 集体食物中毒与中暑、施工中中毒与窒息应急。项目部对全体进场员工进行安全教育和培训，认证贯彻项目部相关规章制度。

宿舍卫生：工地员工宿舍通风良好，配置电扇，并保持清洁卫生，符合地方和企业文明施工要求。项目部定期检查，并做好记录。

食堂卫生：员工食堂管理应满足国家、地方职业健康安全有关规定和文明施工要求。

公司、项目部定期检查，并做好记录。

应急程序：

急救报告：如果项目施工处发生集体中毒/中暑事件，事发点员工应在第一时间内报告项目部应急小组，应急小组有关成员应在第一时间内到达县城组织处理。

中毒/窒息人员救治：应急小组应迅速将食物中毒、施工中毒与窒息人员转送医院救治，必要时求助120急救中心，请求救护车转送病人。

中暑人员救护：应急小组迅速将中暑人员护送至阴凉地带，服用防暑药品，平卧休息，食堂熬制预防中暑饮料送到救护现场；重症人员则立即送医院救治。

发生集体食物中毒事件后，应急小组应组织调查中毒原因，采取纠正和预防措施，必要实请求局医院或当地医疗机构牵头做医疗鉴定和调查。

（4）自然灾害应急。气象信息的收集：暴风和暴雨季节，项目部均应设专人收集气象信息，做好记录，并张版公布

生产生活设施检查：如刮暴风，项目部要对生产生活临时设施进行加固处理，同时清理场内排水沟道，保持通畅。

暴雨期间尽可能不安排混凝土连续生产浇筑作业，如果施工必须，则应做好防雨措施（如随浇筑随覆盖）和施工缝设置预案。

应急程序：

用电管理：暴风和暴雨期间，要加强用电管理。期间除了必需的生活用电外，工地实施用电管制，任何人未经批准不得启动电源。

人员疏散：特大暴风、暴雨期间，工地停工，人员有组织的疏散到安全住地。

第16章　其他应该说明的事项

1. 民工工资保证措施

我公司把农民工工资拖欠问题作为促进企业和谐健康发展的关键性问题，采取三大措施保障了农民工工资支付：

（1）建立工资支付监控制度，为各施工队伍建立考核台账，检查农民工工资支付情况，按月、季度等周期进行考核。在节前，加大监控力度，想方设法确保农民工及时获得劳动报酬。

（2）实行工资保证金制度，项目部为各个施工队伍进行月计量支付时扣除一定的工资保证金，在当月确定施工队已支付完农民工工资时返还上月的工资保证金，以此类推。

（3）推行拖欠工资举报制度，各个施工队伍农民工若遇到拖欠工资问题可及时向项目工会反映，项目工会设立专人受理并及时与施工队伍负责人协调沟通，保障农民工工资支付，受举报的施工队伍给以经济处罚，情节严重时将予以清逐出场。

2. 文物保护

（1）地下文物是中华民族不可再生的宝贵财富，保护文物是每个单位和个人应尽的责任。施工前组织全体职工认真学习文物保护的有关法律法规，广泛宣传文物保护知识，增强全体职工的文物保护意识。

（2）施工中，发现有历史文物或有考古、地质研究价值的物品时，立即停止施工，并

向文物保护部门、业主、监理和公安等有关部门报告，同时采取有效的保护措施，制止一切可能发生的哄抢和破坏。

（3）积极协助文物保护部门进行文物发掘，配合相关部门做好保卫管理的工作，待业主、文物管理部门、设计单位协商做出处理意见后，按业主通知要求，做好善后事宜。

3. 廉政建设措施

为了加强工程建设中的党风廉政建设，增强党员、干部的廉洁意识，发扬艰苦奋斗的作风，密切党群关系，我单位采取以下措施进行廉政建设。

（1）领导班子成员和全体党员、干部要认真学习《廉政准则》和《中国共产党纪律处分条例》，增强廉洁自律意识。

（2）领导班子成员和有关业务人员不准接受与项目有业务关系和劳务协作单位的宴请。

（3）不向其他单位及个人馈赠礼金、有价证券、贵重礼品；不为其他单位及个人报销应由其支付的任何费用；不安排其他单位工作人员参加超标准宴请及娱乐活动；不为其他单位和个人购置或提供通信工具、交通工具和高档办公用品等。

（4）不用公款到营业性歌厅、舞厅、夜总会等举办、参与任何娱乐性活动和高消费活动。

（5）在生产经营活动中，严禁员工行贿、受贿、索贿或收取回扣；在对外公务活动中，不准接受他人的礼金和物品。

（6）严格控制招待费用开支，项目招待费用每年向职代会报告情况。

（7）在工程施工和业务活动中坚持公开、公正、诚信、透明的原则，不得损害国家和集体利益，不得违反工程建设管理规章制度。

（8）与业主签订工程合同的同时签订《廉政合同》，并在施工过程中严格遵循。